Joseph Kardinal Ratzinger im Gespräch mit Prälat Richard Schulte Staade (1932–2020), Wallfahrtsrektor in Kevelaer und Pfarrer der Marienbasilika von 1974 bis 2006, anlässlich des 17. Marianischen und 10. Mariologischen Weltkongresses vom 11. bis 20. September 1987. Siehe unten S. 543–549.
(© Kath. Kirchengemeinde St. Marien / Wallfahrtsleitung Kevelaer; alle Rechte vorbehalten)

180

eine völlig neue Gestalt und einen gänzlich verwandelten Sinn gegeben hat.

Das Alte Testament kennt eine Reihe von wunderbaren Geburten, jeweils an entscheidenden Wendepunkten der Heilsgeschichte: Sara, die Mutter Isaaks (Gn 18), die Mutter Samuels (1Sam 1-3) und die anonyme Mutter Samsons (Ri 13) sind unfruchtbar und jede menschliche Hoffnung auf Kindersegen ist sinnlos geworden. Bei allen dreien kommt die Geburt des Kindes, das zum Heilsträger für Israel wird, zustande als eine Tat der gnädigen Erbarmung Gottes, der das Unmögliche möglich macht (Gen 18,14; Lk 1,37), der die Niedrigen erhöht (1Sam 2,7; 1,11; Lk 1,52; 1,48) und die Stolzen vom Throne stößt (Lk 1,52). Bei Elisabeth, der Mutter Johannes' des Täufers, wird diese Linie fortgeführt (Lk 1,7-25.36), die bei Maria an ihrem Höhepunkt und Ziel ankommt. Der Sinn des Geschehens ist allemal derselbe: Das Heil der Welt kommt nicht vom Menschen und dessen eigener Macht; der Mensch muß es sich schenken lassen und nur als reines Geschenk kann er es empfangen. Die Jungfrauengeburt bedeutet weder ein Kapitel Askese noch gehört sie unmittelbar der Lehre von der Gottessohnschaft Jesu zu; sie ist zuerst und zuletzt Gnadentheologie, Botschaft davon, wie uns das Heil zukommt: in der Einfalt des Empfangens, als unerzwingbares Geschenk der Liebe, die die Welt erlöst. Im Buch Jesaja ist dieser Gedanke des Heils allein aus Gottes Macht großartig formuliert, wenn es heißt: "Frohlocke, Unfruchtbare, die nicht gebar; brich los und juble, die keinen Geburtsschmerz kannte! Denn zahlreicher werden sein der Vereinsamten Kinder als die der Vermählten, spricht der Herr" (Jes 54,1; vgl. Gal 4,27; Röm 4,17-22). In Jesus hat Gott inmitten der unfruchtbaren und hoffnungslosen Menschheit einen neuen Anfang gesetzt, der nicht Ergebnis ihrer eigenen Geschichte, sondern Geschenk von oben ist. Wenn schon jeder Mensch etwas unaussprechbar Neues, mehr als die

Aus dem Korrekturexemplar der „Einführung in das Christentum".
(Archiv des *Institut Papst Benedikt XVI.*,
Signatur: 1.8.2, A 6; siehe JRGS 4, 254 f.)

JOSEPH RATZINGER
GESAMMELTE SCHRIFTEN
Band 5

JOSEPH RATZINGER
GESAMMELTE SCHRIFTEN

Herausgegeben von Gerhard Ludwig Müller

in Verbindung mit dem
Institut Papst Benedikt XVI., Regensburg:
Rudolf Voderholzer, Christian Schaller,
Franz-Xaver Heibl, Tanja Constien, Barbara Krämer

Band 5
Herkunft und Bestimmung

Joseph Ratzinger

Herkunft und Bestimmung

Schöpfungslehre – Anthropologie – Mariologie

FREIBURG · BASEL · WIEN

In Zusammenarbeit
mit der
Libreria Editrice Vaticana

© Verlag Herder GmbH, Freiburg im Breisgau 2021
Alle Rechte vorbehalten
www.herder.de
Umschlaggestaltung: Finken & Bumiller, Stuttgart
Satz: SatzWeise, Bad Wünnenberg
Herstellung: Friedrich Pustet GmbH & Co. KG, Regensburg
Gedruckt auf alterungsbeständigem, chlorfrei gebleichtem Papier
Printed in Germany
ISBN 978-3-451-38605-3

Inhalt

Gott, der Schöpfer und Vollender
Eine Hinführung zu den Beiträgen von Joseph Ratzinger zur
Schöpfungslehre, Anthropologie und Mariologie 15
Christian Schaller

Abkürzungsverzeichnis 22

Teil A
Herkunft aus
Gottes ewiger Vernunft und Liebe

Im Anfang schuf Gott.
Vier Predigten über Schöpfung und Fall
Konsequenzen des Schöpfungsglaubens

Vorwort [1985] 33

Vorbemerkung zur Neuauflage [1996] 35

Gott der Schöpfer
1. Fastenpredigt, München, 8. März 1981 37
   1. Die Differenz von Gestalt und Gehalt im Schöpfungs-
      bericht 38
   2. Die Einheit der Bibel als Maßstab der Auslegung . . . 41
   3. Der christologische Maßstab 45

Inhalt

Der Sinn der biblischen Schöpfungsberichte
2. Fastenpredigt, München, 15. März 1981 48
1. Die Vernünftigkeit des Schöpfungsglaubens 48
2. Die bleibende Bedeutung der symbolischen Elemente
des Textes 50
a) Schöpfung und Kult 52
b) Die Sabbat-Struktur der Schöpfung 54
c) Ausbeutung der Erde? 56

Die Erschaffung des Menschen
3. Fastenpredigt, München, 22. März 1981 61
1. Der Mensch – von der Erde genommen 61
2. Ebenbild Gottes 63
3. Schöpfung und Evolution 66

Sünde und Erlösung
4. Fastenpredigt, München, 29. März 1981 73
1. Zum Thema Sünde 73
2. Grenze und Freiheit des Menschen . . . . , . . . 75
3. Die Erbsünde . . . . , ... 80
4. Die Antwort des Neuen Testaments 82

Konsequenzen des Schöpfungsglaubens 84
1. Die Verdrängung des Schöpfungsglaubens im
neuzeitlichen Denken 86
2. Drei Weisen der Verdeckung des Schöpfungsbegriffs
im Denken der Gegenwart 92
3. Schöpfungsglaube als anthropologischer
Grundentscheid 95

SCHÖPFUNG, GESCHÖPF UND DAS HEIL DER WELT

Schöpfung
[Lexikonartikel, 1964] 101

Schöpfungsglaube und Evolutionstheorie 111

Inhalt

Die Arche Noah – Vorausbild der Kirche
Predigt im Rahmen der Morgenandacht, Haus Ohrbeck /
Georgsmarienhütte, 19. Februar 1974 124

Emanation
[Lexikonartikel, 1959] 128

Licht
[Lexikonartikel, 1963] 139

Nachwort des Theologen
Zu: Karl Hummel, *Was Theologen nicht mehr sagen sollten.*
Überlegungen eines Naturwissenschaftlers, in: ThQ 149
(1969) 336–343 152

Die Erbsünde – ein »präkosmisches Geschehen«?
Rezension zu: Christa Jerrentrup-Heide, *Die Menschheit*
woher – wohin? Ein Durchbruch zu Uranfängen und ihre
Bedeutung für Gegenwart und Zukunft, Köln 1971 160

Evolution als Anfrage an Glaube und Theologie
Geleitwort zu: Robert Spaemann / Reinhard Löw /
Peter Koslowski, *Evolutionismus und Christentum*
(= Civitas-Resultate 9), Weinheim 1986 166

»Die Vermittlung des Epiphanie-Begriffs«
Rezension zu: Heinz Robert Schlette, *Epiphanie als*
Geschichte. Ein Versuch, München 1966 169

Abschied vom Teufel?
Gedanken zu den Versuchungen Jesu (Mk 1, 12 f. par.) . . . 173

Der Stärkere und der Starke (Mk 3, 27)
Zum Problem der Mächte des Bösen in der Sicht des
christlichen Glaubens 183
    Vorüberlegungen zur Fragestellung 183
    Zum Kontext der Religionsgeschichte 186

7

Inhalt

Die Entfaltung der Frage im Glauben des Alten
Testaments 188
Was lässt sich zu unserer Frage dem Neuen Testament
entnehmen? 191
Abschließende Konsequenzen 197

Christliche Freiheit und Zuversicht
Vorwort zu: Léon-Joseph Suenens, *Erneuerung und Mächte
der Finsternis,* Salzburg 1983 201

TEIL B
DER GESCHAFFENE MENSCH ALS GOTTES BILD

DIE SENDUNG DES MENSCHEN IN DER WELT

Was ist der Mensch? 209
   I. Die unheimliche Offenheit der Frage 210
  II. Eine erste Antwort: Die Gottebenbildlichkeit des
     Menschen und ihre Deutungen 212
 III. Die Doppelgesichtigkeit des Menschen im Spiegel
     der biblischen Zwei-Brüder-Thematik 220
 IV. Der neue Adam 226

»Sorge um das Menschsein des Menschen«
Geleitwort zu: Augusto Sarmiento / Javier Escriva-Ivars
(Hg.), *Enchiridion Familiae. Textos del magisterio pontificio
y conciliar sobre el matrimonio y la familia,* 6 Bände,
Madrid 1992 229

Die Schule des guten Lebens
Geleitwort zu: Martin Bialas CP, *Lieben und Leiden.
Betrachtungen im Geiste des hl. Paul vom Kreuz,*
Innsbruck 1994 233

Aufruf zu einer menschlichen Gesellschaft 235

Ehe und Familie im Plan Gottes
Zum Apostolischen Schreiben »Familiaris consortio« . . . 239
1. Die anthropologische und theologische Grundlegung
von Ehe und Familie (Nr. 11) 239
2. Die Ehe in der Heilsgeschichte; ihre Sakramentalität
(Nr. 12 und 13) 242
3. Ehe und Familie (Nr. 14 und 15) 245
4. Ehe und Jungfräulichkeit (Nr. 16) 246

Die Frau, Hüterin des Menschen
Versuch einer Hinführung zum Apostolischen Schreiben
»Mulieris Dignitatem« 249
1. Das Menschenbild 250
2. Die geschichtliche Situation 251
3. Zwei Grundformen fraulicher Existenz 253
4. Die neue Dimension 254
5. Hüterin des Menschen 255

Die Gabe der Weisheit 257

Freiheit als zentrale Wirklichkeit
Vorwort zu: Fernando Ocáriz, *Naturaleza, gracia y gloria*
(= BTeo 24), Pamplona 2000 270

Grundfragen des Menschseins

»Seht, das ist der Mensch« (Joh 19, 5) 277
Warum diesem Drama weiterhin eine öffentliche Stimme
verleihen? 277
Das Recht des Stärkeren – die Stärke des Rechts 279
»Ecce homo« 281
Der Blick auf den anderen bewahrt die Wahrheit und die
Würde des Menschen 282

Inhalt

Der Mensch zwischen Reproduktion und Schöpfung
Theologische Fragen zum Ursprung des menschlichen
Lebens 286
   I. Reproduktion und Prokreation: das philosophische
      Problem zweier Terminologien 286
   II. Gespräch mit der Geschichte 290
     1. »Homunculus« in der Geistesgeschichte 290
     2. Die Herkunft des Menschen nach dem Zeugnis
       der Bibel 294
   III. Das Einzigartige im Ursprung des Menschen 298

Der Mensch – Objekt oder Person?
Christliche Erwägungen zu Fragen der Bioethik 303
   1. Fragen der Bioethik an die Kirche 303
   2. An den Wurzeln einer Verständnisschwierigkeit . . . 304
   3. »Grenzerfahrungen« und Versuchung des Vergessens. 305
   4. Der Glaube und die Frage nach dem letzten Sinn . . 308
   5. Das vollständige Ausmaß der christlichen Moral . . . 311
   6. Die Grundregel der Bioethik 312
   7. Identität der Medizin 314

Jeder Mensch ist ein Ebenbild Gottes
Über die Würde von geistig Behinderten und psychisch
Kranken 317

Heilung der wahren Wunde der Menschheit
Vorwort zu: Javier Lozano Barragán, *Teología y medicina*,
Bogotá 2000 326

Nur wer Gott kennt, findet den Menschen
Korbiniansfest der Jugend, Freising, 12. November 1978 . . 329

Taufe – Heilung unserer Blindheit
Predigt im Rahmen der Morgenandacht, Haus Ohrbeck /
Georgsmarienhütte, 20. Februar 1974 333

10

Inhalt

GNADE UND RECHTFERTIGUNG

Gratia praesupponit naturam
Erwägungen über Sinn und Grenze eines scholastischen
Axioms 339
 [Vorbemerkung, 1962] 339
 [Vorbemerkung, 1973] 339
 I. Das Problem 341
 II. Die Einzelelemente einer Antwort 346
  1. Das ursprüngliche Verständnis des scholastischen
   Axioms 347
  2. Die Antwort der Schrift 352
 III. Versuch einer Synthese 355

Wie weit trägt der Konsens über die Rechtfertigungslehre? . 360
 Die Abwesenheit des Themas Rechtfertigung im gegen-
 wärtigen Bewusstsein 360
 Die religiöse Erfahrung Luthers und das heutige Bild von
 Gott und Mensch 364
 Die Grundelemente des Konsenses über die Recht-
 fertigung 369

Die Freiheit Gottes und die Macht der Gnade
Geleitwort zu: Ludwig Weimer, *Die Lust an Gott und seiner
Sache. Oder lassen sich Gnade und Freiheit, Glaube und
Vernunft, Erlösung und Befreiung vereinbaren?*, Freiburg
1981 377

Erich Przywaras Alterswerk
Rezension zu: Erich Przywara, *Alter und Neuer Bund.
Theologie der Stunde*, Wien 1956 380

Karl Barth und der katholische Glaube
Rezension zu: Hans Küng, *Rechtfertigung. Die Lehre
Karl Barths und eine katholische Besinnung* (= SlgHor 2),
Einsiedeln 1957 383

11

Inhalt

Rechtfertigungslehre und Christologie
Rezension zu: Hans Küng, *Rechtfertigung. Die Lehre
Karl Barths und eine katholische Besinnung* (= SlgHor 2),
Einsiedeln 1957 386

Teil C
Maria als typologische und personale Vorwegnahme der Vollendung in der Gnade

Die Tochter Zion.
Betrachtungen über den Marienglauben der Kirche

Vorwort 399

1. Kapitel
Der biblische Ort der Mariologie 401

2. Kapitel
Der Marienglaube der Kirche 413
   1. Das marianische Urdogma: Jungfrau und Mutter . . . 417
     a) Die neutestamentlichen Texte 417
     b) Der theologische Sinn 423
   2. Die Freiheit von der Sünde Adams 431
   3. Die leibliche Aufnahme in die himmlische
     Herrlichkeit 437

Biblische und systematische Aspekte der Mariologie

»Du bist voll der Gnade«
Elemente biblischer Marienfrömmigkeit 446
   Maria, die Tochter Zion – die Mutter der Glaubenden . 448
   Maria, Prophetin 453
   Maria im Geheimnis von Kreuz und Auferstehung . . . 457

Inhalt

Erwägungen zur Stellung von Mariologie und Marienfrömmigkeit im Ganzen von Glaube und Theologie 462
1. Hintergrund und Bedeutung der mariologischen
   Aussage des Zweiten Vatikanischen Konzils 462
2. Die positive Funktion der Mariologie in der Theologie 466
3. Der Ort der Mariologie im Ganzen der Theologie . . 469
4. Mariologie – Anthropologie – Schöpfungsglaube . . 471
5. Marianische Frömmigkeit 474

Das Zeichen der Frau
Versuch einer Hinführung zur Enzyklika »Redemptoris
Mater« 477
I. Methodische Aspekte 478
  1. Die Bibel als Ganzheit lesen 478
  2. Die weibliche Linie in der Bibel 480
  3. Eine geschichtlich-dynamische Mariologie 483
  4. Bimillenarismus? 484
II. Vier inhaltliche Schwerpunkte 486
  1. Maria – die Glaubende 486
  2. Das Zeichen der Frau 488
  3. Mittlerschaft Marias 490
  4. Sinngebung des Marianischen Jahres 495

Das Problem der Mariologie
Überlegungen zu einigen Neuerscheinungen 497

»Entwicklung hebt Identität nicht auf«
Geleitwort zu: Franz Mußner, *Maria, die Mutter Jesu im
Neuen Testament*, St. Ottilien 1993 513

Eine Theologie über Fatima
Rezension zu: Virgil Marion, *Eine Theologie über Fatima.
Versuch einer Sinndeutung der Sühneforderung Marias*,
Innsbruck 1960 517

Kommentar zum Geheimnis von Fatima 523

13

Inhalt

Öffentliche Offenbarung und Privatoffenbarungen –
ihr theologischer Ort 523
Die anthropologische Struktur der Privatoffenbarungen . 528
Versuch einer Auslegung des »Geheimnisses« von Fatima 531

Maria zeigt uns, worauf es ankommt
Fatima, 13. Oktober 1996 538

»Gott hat die Schöpfung nicht aus der Hand gelassen«
Eröffnung des 17. Marianischen und 10. Mariologischen
Weltkongresses, Kevelaer, 11. September 1987 543
1. »Du bist voll der Gnade« 544
2. »Du wirst einen Sohn empfangen« 546
3. »Sie waren vereint im Gebet mit den Frauen und
mit Maria« 548

ANHANG

Literaturverzeichnis 553

Editorische Hinweise 583

Bibliographische Nachweise 604

Schriftstellenregister 615

Namenregister 621

14

Gott, der Schöpfer und Vollender

Eine Hinführung zu den Beiträgen von
Joseph Ratzinger zur
Schöpfungslehre, Anthropologie und Mariologie

1) Das Symbolum des *Nicäno-Konstantinopolitanum* hebt mit
dem Bekenntnis an:»Ich glaube an den einen Gott, den allmächtigen Vater, den Schöpfer des Himmels und der Erde, alles Sichtbaren und Unsichtbaren.«[1] Damit wird deutlich, dass sich unser
Glaube an einen Gott richtet, der als Person die Welt und den
Menschen geschaffen hat, und der es dem Menschen ermöglicht,
im Rückbezug auf das Bekenntnis und den personalen Gottesbegriff, der sich darin ausdrückt, die Welt und alles, was existiert,
als Schöpfung wahrzunehmen und auszusprechen. Das Mitmenschliche und Geschichtliche wird zum Raum für das Erkennen der Welt als von Gott geschaffene Realität, die durch die Vernunft verstehbar wird:»Gott hat es dem Menschen offenbart. Seit
Erschaffung der Welt wird seine unsichtbare Wirklichkeit an den
Werken der Schöpfung mit der Vernunft wahrgenommen, seine
ewige Macht und Gottheit« (Röm 1,19b–20).

Mit den existentiellen Fragen des Menschen nach seinem eigenen Sinn und nach dem für ihn vorbehaltenen Ziel stößt er unausweichlich auf Gott als transzendenten Grund seines eigenen
Personseins. Weil sich die Schöpfung und das sich daraus ableitbare Handeln Gottes in der Geschichte als freie, personale und
gnadenhafte Herkunft verstehen lassen, ist die Schöpfung als
Selbstoffenbarung Gottes zu deuten. Mit dem Akt des Ursprungs
wird der Mensch angesprochen und zu einer Antwort berufen.
Der Mensch ist Geschöpf in der geschaffenen Welt und seit Anbeginn des Seins koexistent Angesprochener und Antwortender
(vgl. Apg 17,27). Das Schöpfungshandeln Gottes ist insofern kein
abgeschlossener Vorgang»vor aller Zeit«, sondern eine bleibende

---

[1] DH 150.

und andauernde Wirklichkeit, die sich in der Dynamik menschlichen Seins in seinen Vollzügen ablesen lässt: in der Hinordnung auf Gott und der darin erhofften Vollendung und in der Einbindung in das mitmenschlich-soziale Gefüge innerweltlicher Gegebenheiten. Unter dem Aspekt, dass der Mensch seine Aktualität als dynamische Bewegung auf Gott hin versteht, und diese durch Gottes Heilshandeln geprägt ist, tritt der gnadenhafte Charakter menschlicher Kommunikation mit Gott hervor. Die Schöpfung ist das Koordinatensystem der Geschichte Gottes mit dem heilsbedürftigen Menschen, der in seiner Hoffnung auf Vollendung auf die Gnade Gottes angewiesen bleibt, denn er weiß, »dass es einen Gott und Vater aller gibt, der über allem und durch alles und in allem ist« (Eph 4,6). Die Relation Schöpfer–Geschöpf bildet in diesem Rahmen nicht das zusammenhanglose Gegenüber verschlossener monolithischer Seinsweisen, sondern erschafft eine Einheit in der Zweiheit von freiem Wort und freier Antwort.

Mit der auf exklusive Weise für den Heilsplan Gottes erwählten Gestalt Marias wird das Leben in der Gnade bereits an einem Menschen exemplarisch vorweggenommen. In ihr verbindet sich das Angesprochensein mit der durch die Gnade bewirkten Antwort der völligen Hingabe an den Willen Gottes, wodurch die Mutter des Herrn zum Topos gelungener Lebenswirklichkeit wird, die sich aus der Hinordnung des Menschen auf das von Gott für ihn ursprungshaft vorgesehene Dasein ergibt. Die schöpferische Offenbarung ist in Maria durch die Gnade angenommen worden und Maria ist durch ihre personale Vollendung zur Typologie wahren Menschseins geworden. Die Struktur der Annahme der sich in der Schöpfung ausgedrückten Selbstoffenbarung zeigt dem Menschen zugleich die Dynamik seiner Heilserfüllung durch die Gnade Gottes. Herkunft, Bestimmung und Vollendung sind in Maria vorgebildet und verwirklicht.

2) Joseph Ratzinger / Benedikt XVI. ist die Durchdringung der inneren Zusammenhänge der einzelnen theologischen Traktate immer ein besonderes Anliegen gewesen. Auch wenn die Aufteilung in unterschiedliche Themenfelder und die daraus entstandenen Fächer der Theologie Ergebnis einer notwendigen Spezialisierung sind, zu verstehen als Reaktion auf geistesgeschichtliche

Gott, der Schöpfer und Vollender

Herausforderungen, bleibt die Theologie doch insgesamt einem einheitsgebenden Formalobjekt verschrieben, von dem her eine Isolierung einzelner Teildisziplinen unmöglich und dem Gesamt aller theologischen Erkenntnisse unzuträglich oder es sogar verdunkelnd ist. Ihr fundamentaler Auftrag liegt in der Erschließung und Darstellung des Glaubensbekenntnisses und der Praxis des Glaubens.

Wenn im vorliegenden Band 5 die drei Traktate Schöpfung, Anthropologie und Mariologie zusammengefasst werden, so ist dies nicht nur der Erfüllung des Wunsches einer umfassenden Präsentation der einzelnen jeweils zugeordneten Texte geschuldet, sondern dient auch der systematischen Erschließung dreier Glaubensthemen in ihrer inneren Verbundenheit im Gesamt der theologischen Wissenschaft: der vom Schöpfer in Liebe erschaffenen Welt als Selbstoffenbarung seines Seins, in der dem Menschen die Möglichkeit gegeben ist, in Freiheit und Würde das Heil anzunehmen, das in Maria bereits konkrete exemplarische Gestalt gefunden hat.

Gegenwärtig sind die Anfragen an das Welt- und Menschenbild, das sich vom Schöpfungsglauben her erschließen lässt, fundamentaler Art. Hat der Glaube, dass Gott die Welt und alles, was da ist, erschaffen hat, über Jahrhunderte keine zweifelnden Infragestellungen erfahren, so erlebten gerade die letzten 150 Jahre durch die Veränderungen aller Lebensbereiche des Menschen die Zurückdrängung dieses ersten Satzes aus dem Credo. Die theologische Reflexion als Reaktion auf die aufkommenden Naturwissenschaften, die nach der evolutiven Veränderung des Lebens fragten, auf neue Felder der Medizin, die mittels der Psychoanalyse das Menschsein und sein Handeln neu zu bewerten sich anschickte, auf radikal sich verändernde Arbeitsbedingungen seit der Industrialisierung und die agnostischen und atheistischen Philosophien sowie die das gesamte politische Gefüge umstürzende Situation zu Beginn des 20. Jahrhunderts mit ihren grausamen Ergebnissen, führte zu einer Neubelebung der Schöpfungstheologie, die, wie der Autor an verschiedenen Stellen bemerkt[2], lange Zeit nicht vertieft worden ist.

---

[2] Vgl. z. B. Ratzinger, *Konsequenzen des Schöpfungsglaubens*, 84. Die Angaben

Gott, der Schöpfer und Vollender

Aber mit der Veränderung wurde auch die Dringlichkeit einer eingehenden Betrachtung des Schöpfungsglaubens deutlich. Steht hinter dem Sein ein bloßer Evolutions-Zufall (Jacques Monod[3]), hinter dem Menschen die Freiheit seines Handelns oder ist Gott die Hypothese für die Erkenntnis des Dramas der Freiheit, in die der Mensch geworfen ist (Jean-Paul Sartre)?[4] Wie eng verknüpft Schöpfungsglaube und Anthropologie sind, entscheidet sich am Bekenntnis zum Schöpfergott. Schaffte Gott aus dem Nichts das Sein, so blieben die Konsequenzen für Welt und Mensch abhängig von den Vorgaben der sich in der Schöpfung artikulierten Selbstoffenbarung Gottes als Schöpfer. Die Welt ist nicht nur Materie im Kosmos, sondern Raum der Gottesbegegnung, der Mensch ist nicht nur eine Reproduktion zur Erhaltung der Art, sondern Ausdruck gewollter und geliebter Existenz, die Verwiesenheit und eine »Dynamik, die den Menschen in Bewegung bringt auf den Ganz-Anderen hin«[5], einschließt.

3) Im Widerstreit der verschiedenen Zugänge der Existenzbegründung des Seins und ihrer sich stets, aber in besonderem Maße im 20. Jahrhundert bereits abzeichnenden kulturellen Krisen, deren Maß letztlich die Demütigung des Menschen in der Welt ist, betont Joseph Ratzinger die Vernünftigkeit des Glaubens an den Schöpfer: Es geht nicht nur um die naturwissenschaftliche Erklärung der sichtbaren und stets sich verändernden Phänomene der Natur, sondern auch um die rein innerweltlich-wissenschaftlich nicht zu klärende Frage nach dem Sinn des Seins. Der Schöpfungsglaube setzt bei der Herkunft Welt aus dem göttlichen Logos an, dem schöpferischen Wort Gottes, bei der Vernunft, bei der Freiheit und bei der Liebe, und bietet damit ein Erklärungsschema, das Idealismus wie Materialismus, rein monistische oder dualistische Vorstellungen von Gott und Welt hinter sich lässt und

---

der Seitenzahlen der Beiträge von Joseph Ratzinger in dieser Hinführung beziehen sich auf den vorliegenden Band.

[3] Dahinter steht die von Joseph Ratzinger häufig auch in anderen Bänden der JRGS kritisch aufgegriffene Veröffentlichung MONOD, *Zufall und Notwendigkeit*.

[4] Vgl. RATZINGER, *Was ist der Mensch?*, 209–228.

[5] RATZINGER, *Die Erschaffung des Menschen*, 64.

18

Gott, der Schöpfer und Vollender

den Menschen in die Vernunft hineinzieht, die die bloßen materiellen Vorgegebenheiten übersteigt, und ihn festhalten lässt an der Wahrheit und der Liebe des göttlichen Schöpfungswillens.

Die biblischen Schöpfungstexte sind in ihrer Unterschiedlichkeit geprägt von der Dynamik der Vertiefung des Schöpfungsglaubens durch das Hineingenommensein in die Vernunft Gottes. Der Inhalt des Schöpfungsglaubens wird durch das Weiterdenken in den Psalmen (vgl. Ps 93; 104) und in der sich mit der Kultur des Hellenismus konfrontiert sehenden Weisheitsliteratur nicht relativiert (vgl. Weish 11, 17), sondern im Gegenteil durch die Partizipation an der Vernunft fortschreitend erhellt. Ihr Ursprung in der Vernunft macht die Welt sinnvoll und geordnet, die zugleich zur Freiheit bestimmt ist aus dem Willen der Liebe und der Wahrheit Gottes. Die Schöpfung ist »die wahre Aufklärung«[6], in der der Mensch zum freien Wesen in Selbstgestaltung wird und er, weil er Abbild Gottes ist, den Ursprung allen Seins in der Vernunft erkennen kann. In dieser Denkform des Schöpfungsglaubens geht es nicht um die Vermessung der Welt, wie in den experimentell forschenden Naturwissenschaften, sondern um die Grundfragen der Ontologie, um das Sein als Sein.

4) In der Verringerung des Seins auf messbare Strukturen, deren letzte Konsequenz in der Trennung von Mensch und Gott liegt, gehen die anthropologischen Dimensionen von Freiheit, Würde, Vernunft verloren. Der Mensch ist seiner Individualität und seiner Würde beraubt. Es entwickelt sich eine inhumane Ethik ohne Personalität, deren Grundgestalt verfügbar und unfrei ist, weil sie nicht selbstbestimmt ist und die Wahrheit verdunkelt. Den inneren Zusammenhang von Ethik und Schöpfungsglaube, Anthropologie und Protologie herauszustellen, wird die Herausforderung der Zukunft sein, um das wahre Menschsein zu beschreiben. Denn: Eine Welt ohne Gott führt nicht zur Selbsterlösung (Karl Marx), und die Divinisierung von Welt und Kosmos (Giordano Bruno) kann dem Menschen nicht seinen Ursprung und die daraus ableitbaren Konsequenzen erklären. Der christliche Schöpfungsglaube vereint den Gedanken des Empfangens des Seins

---

[6] Ratzinger, *Gott der Schöpfer*, 39 und 44.

19

und der Liebe mit der Möglichkeit der Selbstannahme und des ethischen Handelns, das im anderen dem Abbild Gottes gegenübertritt. Diese positive Entscheidung einer sich an der Schöpfung orientierenden Ethik steht einer antitheistischen, gnostischen Ablehnung der Schöpfung gegenüber, in der Welt und Mensch eingebunden sind in eine Unfreiheit, in der nur das Wissen, das greifbar Empirische zur eigentlichen Gestaltungsgrundlage der Gegenwart und vor allem der Zukunft wird. Es geht um das Abstreifen des Geschaffenseins, um es durch die Konstruktion zu ersetzen. Aber die Abhängigkeit des Menschen von Gott ist nicht »Verminderung des Eigenen durch die Konkurrenz des anderen, sondern dann konstituiert sie gerade das Eigene als Eigenes und befreit es, denn Liebe hat ja wesentlich die Form ›ich will, dass Du bist‹, sie ist das *Creativum*, die einzig schöpferische Macht, die anderes als anderes hervorbringen kann ohne Neid, das Eigene zu verlieren.«[7] Seine so beschriebene Abhängigkeit erst ermöglicht dem Menschen die Erlösung, denn Unfreiheit kann nur durch Liebe in Freiheit gewandelt werden, wofür ihm die Gewissheit des am Kreuz sich hingegebenen Sohnes Gottes, des Schöpfers, geschenkt ist: »Wir existieren aufgrund seiner Liebe.«[8]

In dem Augenblick, in dem der Schöpfergott als Ursprung des Seins erkannt wird, ist die Frage nach der Erlösungsfähigkeit des Menschen mitgestellt. Wer sich der Ordnung der Schöpfung, deren Größe und Weite sich der menschlichen Vernunft erschließt, entgegenstellt und sie verneint, wird dem Kreislauf der unerlösten Unfreiheit nicht entkommen: »Der Schöpfer allein ist der wahre Erlöser des Menschen, und nur wenn wir dem Schöpfer trauen, sind wir auf dem Weg der Erlösung der Welt, des Menschen und der Dinge.«[9]

5) Es kann nicht Aufgabe dieser Hinführung sein, das ganze Themenfeld Schöpfung – Anthropologie – Mariologie vorzustellen, aber auf wichtige Grundlagen des Denkens von Joseph Ratzinger

---

[7] RATZINGER, *Konsequenzen des Schöpfungsglaubens*, 96. Dort findet sich auch der wichtige Hinweis auf PIEPER, *Über die Liebe*, 38.
[8] RATZINGER, *Konsequenzen des Schöpfungsglaubens*, 96.
[9] RATZINGER, *Der Sinn der biblischen Schöpfungsberichte*, 59.

Gott, der Schöpfer und Vollender

hinzuweisen und eine Einladung zur Lektüre auszusprechen. Für ihn war seit Beginn seines akademischen Wirkens die Frage nach der Schöpfung und nach dem Menschen (mit Maria als exemplarischer Gestalt der Heilsgeschichte) immer verknüpft mit den philosophischen, biblischen und systematischen Grundlagen.[10] Vergangene und gegenwärtige In-Frage-Stellungen des biblischen Schöpfungsglaubens sind auf der Basis der ideengeschichtlichen Entwicklungen der beiden letzten Jahrhunderte der Naturwissenschaften und der ideologischen Abkehr vom Christentum in ihrem Inhalt dargestellt und einer kritischen Würdigung unterzogen worden. Die daraus jeweils ableitbaren Konsequenzen für das Welt- und Menschenbild stellen, wie in den letzten 70 Jahren, auch heute eine Herausforderung für die Theologie und die Katechese dar.

In einer jedem Genre der Vermittlung gegenüber offenen Weise tritt Joseph Ratzinger auch im nun vorliegenden Band 5 der *Joseph Ratzinger Gesammelte Schriften* als Theologe hervor, der mit der dem Christentum gegenüber kritisch bis ablehnend gegenüberstehenden Gegenwart das Gespräch und einen der Wahrheit verpflichteten Disput führen möchte. Aus seinen Einschätzungen und Analysen werden Antworten und weiterführende Diskussionsbeiträge, die zu einem vertieften Verstehen dessen führen, was wir mit dem ersten Satz des Glaubensbekenntnisses bekennen: »Ich glaube an den einen Gott, den allmächtigen Vater, den Schöpfer des Himmels und der Erde«.

München, am Fest des heiligen Benno von Meißen,
16. Juni 2021

Christian Schaller

---

[10] Bereits im Sommersemester 1955 als Dozent an der Philosophisch-Theologischen Hochschule in Freising hielt er eine erste Vorlesung zur Lehre von der Schöpfung. Weitere Lehrveranstaltungen zu Schöpfung und Anthropologie folgten an den Universitäten Bonn (1962 und 1964), Münster (1963/64 und 1964), Tübingen (1966/67) und Regensburg (1970 und 1976).

Abkürzungsverzeichnis

I. Quellen

AMBROSIUS VON MAILAND

Hex	*Hexameron*
In Luc	*Expositio Evangelii secundum Lucam*

ARISTOTELES

EN	*Nikomachische Ethik*
Met	*Metaphysik*

ATHANASIUS

Decr Nic syn	*De decretis Nicaenae synodi*
Dion	*De sententia Dionysii*
Exp fid	*Expositio fidei*
Exp Ps	*Expositiones in Psalmos*
Or adv Ar	*Orationes adversus Arianos*
Syn	*De synodis Arimini in Italia et Seleucia in Isauria*

AUGUSTINUS

An	*De anima et eius origine*
Civ	*De civitate Dei*
Ep	*Epistulae*
Gen litt	*De Genesi ad litteram*
Mor eccl	*De moribus ecclesiae catholicae et de moribus Manichaeorum*
Ord	*De ordine*
Quant an	*De quantitate animae*
Serm	*Sermones*
Serm dom m	*De sermone domini in monte*
Trin	*De trinitate*
Virg	*De sancta virginitate*

Abkürzungsverzeichnis

BENEDIKT VON NURSIA
Reg Ben *Regula Benedicti*

BERNHARD VON CLAIRVAUX
In Cant *Sermones in cantica canticorum*
Serm div *Sermones de diversis*

BONAVENTURA
I–IV Sent *In IV Libros Sententiarum*
Brev *Breviloquium*
Hex *In Hexaëmeron*
Itin *Itinerarium mentis in Deum*
Myst Trin *De mysterio Ss. Trinitatis*
Perf ev *De perfectione evangelica*
Red *De reductione artium ad theologiam*

CANDIDUS ARIANUS
Epist *Epistola ad Marium Victorinum*
Gen div *Liber de generatione divina*

CLEMENS VON ALEXANDRIEN
Ecl *Eclogae propheticae*
Exc *Excerpta ex Theodoto*
Fr *Fragmente*
Paedag *Paedagogus*
Prot *Protreptikos*
Strom *Stromata*

CLEMENS VON ROM
1 *Clem* *Epistula Clementis ad Corinthios*

COLLECTIO CODICIS NOVARIENSIS XXX
Ex *Exempla sanctorum patrum*

Did *Didache*

PS-DIONYSIUS AREOPAGITA
Div nom *De divinis nominibus*
Myst *De mystica theologia*

EPIPHANIUS VON SALAMIS
Haer *Panarion omnium haeresium*

Abkürzungsverzeichnis

EUSEBIUS VON CAESAREA
Eccl theol *De ecclesiastica theologia*
Praep ev *Praeparatio evangelica*

GREGOR DER GROSSE
In Ez hom *Homiliae in Ezechielem*
Past *Regula pastoralis*

GREGOR VON NYSSA
Fac hom *In scripturae verba, Faciamus hominem ad imaginem et similitudinem nostram*

HERMAS
PH *Pastor Hermae (Hirte des Hermas)*

HILARIUS VON POITIERS
Syn *Liber de synodis seu de fide orientalium*

HIPPOLYT VON ROM
El *Elenchos*

IGNATIUS VON ANTIOCHIEN
IgnEph *Epistula ad Ephesios*

IRENÄUS VON LYON
Haer *Adversus haereses*

JOHANNES MAXENTIUS
Prof br *Professio brevissima catholicae fidei*

JUSTINIAN
Ep ad Menam *Epistola ad Menam*

MAXIMUS CONFESSOR
Opusc theol *Opuscula theologica et polemica ad Marinum*

ORIGENES
Cels *Contra Celsum*
Comm in Mt *Commentarius in Matthaeum*
Fr ep hebr *Fragmenta in Epistulam ad Hebraeos*
Hom in Num *Homiliae in Numeri*

24

Abkürzungsverzeichnis

Or   *De oratione*
Princ   *De principiis*

PETRUS LOMBARDUS
I–IV *Sent*   *Sententiarum libri quatuor*

PLATON
Hor   *Horoi*
Nom   *Nomoi*
Phaidr   *Phaidros*

PLOTIN
Enn   *Enneades*

PS   *Pistis Sophia*

TERTULLIAN
Adv Marc   *Adversus Marcionem*
Adv Prax   *Adversus Praxean*
An   *De anima*
Apol   *Apologeticum*

THEODOTOS VON ANKYRA
Hom   *Homiliae*

THOMAS VON AQUIN
ScG   *Summa contra gentiles*
Sent   *In IV Libros Sententiarum*
Sth   *Summa theologiae*

II. Sekundärliteratur

(nach: Siegfried M. Schwertner, IATG[3], Berlin 2014)

AAS   Acta Apostolicae Sedis
ACO   Acta conciliorum oecumenicorum
Ant. R. 1   Antiquitas. Reihe 1
Anthr.   Anthropos
ASS   Acta Sanctae Sedis
ATD   Das Alte Testament Deutsch

Abkürzungsverzeichnis

BAug	Bibliothèque augustinienne
BBB	Bonner biblische Beiträge
BEvTh	Beiträge zur evangelischen Theologie
BGPhMA	Beiträge zur Geschichte der Philosophie (und Theologie) des Mittelalters
BHT	Beiträge zur historischen Theologie
BKAT	Biblischer Kommentar – Altes Testament
BKV	Bibliothek der Kirchenväter
BL	Bibel-Lexikon
BSH	Bücherei der Salzburger Hochschulwochen
BSPLi	Beiheft zu den Studia patristica et liturgica
BTeo	Biblioteca de teología. Pamplona
BThF	Buchreihe Theologie im Fernkurs
BZNW	Beihefte zur Zeitschrift für die neutestamentliche Wissenschaft
Cath.	Catholicisme
Cath(M)	Catholica. Münster
CChr.SL	Corpus Christianorum. Series Latina
CDF	Kongregation für die Glaubenslehre
ChHe	Christ heute. Eine zeitgemäße Reihe
CMe	Christliche Meister
CRE	Christus und die Religionen der Erde
CSEL	Corpus scriptorum ecclesiasticorum latinorum
CSyc.C	Collection »Le syennunes – Série x.Jieniius de crètes«
D	Enchiridion symbolorum (ed. Denzinger)
DH	Enchiridion symbolorum (ed. Denzinger / Hünermann)
DS	Enchiridion symbolorum (ed. Denzinger / Schönmetzer)
DSp	Dictionnaire de spiritualité ascétique et mystique
DtBis	Die deutschen Bischöfe
DThC	Dictionnaire de théologie catholique
DV	Zweites Vatikanisches Konzil, Dogmatische Konstitution über die göttliche Offenbarung »Dei Verbum«
EKL	Evangelisches Kirchenlexikon
ErJb	Eranos-Jahrbuch
EThSt	Erfurter theologische Studien
FRLANT	Forschungen zur Religion und Literatur des Alten und Neuen Testaments
FThSt	Freiburger theologische Studien
GCS	Die griechischen christlichen Schriftsteller der ersten drei Jahrhunderte
Gr.	Gregorianum

Abkürzungsverzeichnis

GS	Zweites Vatikanisches Konzil, Pastoralkonstitution über die Kirche in der Welt von heute »Gaudium et spes«
GSL.NT	Geistliche Schriftlesung. NT
HDG	Handbuch der Dogmengeschichte
HerKorr	Herder-Korrespondenz
HThG	Handbuch theologischer Grundbegriffe
HThKNT	Herders Theologischer Kommentar zum Neuen Testament
IATG	Internationales Abkürzungsverzeichnis für Theologie und Grenzgebiete
IKaZ Communio	Internationale katholische Zeitschrift »Communio«
ITK	Internationale Theologische Kommission
J Med Philos	Journal of Medicine and Philosophy
JRGS	Joseph Ratzinger Gesammelte Schriften
KEK	Kritisch-exegetischer Kommentar über das Neue Testament
KKD	Kleine Katholische Dogmatik
KKK	Katechismus der Katholischen Kirche
KNA ÖKI	Katholische Nachrichten-Agentur, Ökumenischer Informationsdienst
KuD	Kerygma und Dogma
KuM	Kerygma und Mythos
LF	Liturgiegeschichtliche Forschungen
LG	Zweites Vatikanisches Konzil, Dogmatische Konstitution über die Kirche »Lumen gentium«
LThK	Lexikon für Theologie und Kirche
Mar.	Marianum. Ephemerides Mariologiae
MdKI	Materialdienst des Konfessionskundlichen Instituts, Bensheim
MOK	Münchener Ordinariatskorrespondenz
MThZ	Münchener Theologische Zeitschrift
MyC.D	Le mystère chrétien. Théologie dogmatique
MySal	Mysterium Salutis. Grundriss heilsgeschichtlicher Dogmatik
NEB. AT	Neue Echter Bibel. Kommentar zum Alten Testament
NTA.NF	Neutestamentliche Abhandlungen. Neue Folge
NZSTH	Neue Zeitschrift für systematische Theologie und Religionsphilosophie
NTS	New testament studies. London
ON	Ordensnachrichten
OR	L'Osservatore Romano

Abkürzungsverzeichnis

OR(D)	L'Osservatore Romano: Wochenausgabe in deutscher Sprache
Par.	Paradosis
PG	Migne, Patrologia Graeca
PL	Migne, Patrologia Latina
PRE	Paulys Realencyclopädie der classischen Altertumswissenschaft
QD	Quaestiones disputatae
RAC	Reallexikon für Antike und Christentum
RGG	Religion in Geschichte und Gegenwart
RNT	Regensburger Neues Testament
RSTh	Regensburger Studien zur Theologie
RWA	Reihe Wort und Antwort
SBB	Stuttgarter biblische Beiträge
SBS	Stuttgarter Bibelstudien
SChr	Sources chrétiennes
SlgHor	Sammlung Horizonte
StdZ	Stimmen der Zeit
StGen	Studium Generale
SSL	Spicilegium sacrum Lovaniense
SUC	Schriften des Urchristentums
SWB	Studien der Bibliothek Warburg
Test.	Testimonia. Schriften der altchristlichen Kirche
ThGl	Theologie und Glaube
ThMed	Theologische Meditationen
ThÖ	Theologie der Ökumene
ThQ	Theologische Quartalschrift. Tübingen
ThRv	Theologische Revue
ThWAT	Theologisches Wörterbuch zum Alten Testament
ThWNT	Theologisches Wörterbuch zum Neuen Testament
ThZ	Theologische Zeitschrift. Basel
TThZ	Trierer theologische Zeitschrift
UnSa	Unam Sanctam
UTS	Untersuchungen zur Theologie der Seelsorge
VApS	Verlautbarungen des Apostolischen Stuhles
VigChr	Vigiliae Christianae. Review of early Christian life and language
WA	Weimarer Ausgabe (der Werke Martin Luthers)
WuW	Wort und Wahrheit
ZKG	Zeitschrift für Kirchengeschiche
ZkTh	Zeitschrift für katholische Theologie
ZSth	Zeitschrift für systematische Theologie

TEIL A
HERKUNFT AUS GOTTES EWIGER VERNUNFT UND LIEBE

Im Anfang schuf Gott.
Vier Predigten über Schöpfung und Fall
Konsequenzen des Schöpfungslaubens

Vorwort

Die Bedrohung des Lebendigen durch das Werk des Menschen, von der heute allenthalben die Rede ist, hat dem Thema Schöpfung eine neue Dringlichkeit gegeben. Paradoxerweise ist aber gleichzeitig ein nahezu völliges Verschwinden der Schöpfungsbotschaft in Katechese, Predigt und auch Theologie festzustellen.[*]

---

[*] Für das praktische Aufgeben der Schöpfungslehre in einem einflussreichen Strang moderner Theologie möchte ich nur zwei bezeichnende Beispiele nennen. In dem bekannten, von Johannes FEINER und Lukas VISCHER herausgegebenen *Neues Glaubensbuch* versteckt sich das Schöpfungsthema in einem »Geschichte und Kosmos« überschriebenen Kapitel, das seinerseits dem mit »Glaube und Welt« überschriebenen vierten Teil des Buches zugehört, dem »Die Frage nach Gott« (1. Teil), »Gott in Jesus Christus« (2. Teil), »Der Neue Mensch« (3. Teil) vorangehen. Wagt man schon nach dieser Platzierung nicht mehr viel Positives zu erhoffen, so übertrifft der von André DUMAS und Otto Hermann PESCH verantwortete Text die schlimmsten Befürchtungen. Der Leser erfährt hier: »Begriffe wie Selektion und Mutation sind intellektuell viel redlicher als der Schöpfungsbegriff« (433). »›Schöpfung‹ als kosmischer Plan ist ein zu Ende gekommener Gedanke« (433). »Der Schöpfungsbegriff ist damit ein irrealer Begriff« (435). »Schöpfung bedeutet Berufung für den Menschen – was sonst dazu noch gesagt werden mag, auch in der Bibel, ist nicht die Botschaft von der Schöpfung selbst, sondern ihre teilweise mythologische, apokalyptische Formulierung« (435 f.). Ist es zu hart geurteilt, wenn man sagt, das weitere Verwenden der Vokabel »Schöpfung« laufe unter diesen Voraussetzungen auf ein semantisches Betrugsmanöver hinaus?
Weniger krass formuliert findet man dieselbe reduktionistische Position wieder in: *La foi des catholiques*. Das 736 Seiten starke Werk widmet dem Schöpfungsthema ganze fünf Seiten. Sie finden sich hier im dritten Teil »Une humanité selon l'Evangile« (Teil 1: Une foi vivante; Teil 2: La révélation chrétienne). Schöpfung wird folgendermaßen definiert: »Ainsi, en parlant de Dieu comme créateur, on affirme que le sens premier et dernier de la vie se trouve en Dieu même, présent au plus intime de notre être« (356). Auch hier verliert die Vokabel »Schöpfung« vollständig ihren originären sprachlichen Sinn. Überdies

Herkunft aus Gottes ewiger Vernunft und Liebe

Die Schöpfungsberichte werden versteckt; ihre Aussage gilt als nicht mehr zumutbar. Auf dem Hintergrund dieser Situation habe ich mich im Frühjahr 1981 entschlossen, in vier Fastenpredigten im Münchener Liebfrauendom eine Schöpfungskatechese für Erwachsene zu versuchen. Dem vielfach an mich herangetragenen Wunsch nach Veröffentlichung in Buchform konnte ich damals nicht entsprechen, weil die Zeit fehlte, die von verschiedenen Seiten freundlich erstellten Tonbandnachschriften durchzuarbeiten. In den folgenden Jahren ist mir von meiner neuen Aufgabe her der Notstand des Schöpfungsthemas in der heutigen Verkündigung noch deutlicher geworden, sodass ich mich nun doch gedrängt fühlte, die alten Manuskripte wieder hervorzuholen und sie für den Druck zu bearbeiten, wobei der Grundcharakter unverändert geblieben ist und die Grenzen in Kauf genommen wurden, die mit dem Typus der Predigt gegeben sind. Ich hoffe, dass das kleine Buch ein Anstoß dafür sein kann, dass andere es besser machen und dass so die Botschaft vom Schöpfergott wieder den ihr gebührenden Rang in unserer Verkündigung erhält.

Rom, am Fest des heiligen Augustinus 1985

---

werden in einer vom übrigen Text abgehobenen Drucktype, die sonst für ergänzende Zitate oder zusätzliche Texte verwendet wird, die »gängigen Einwände gegen Schöpfung« in vier Punkten dargeboten, worauf der normale Leser (wozu ich mich zähle) im Text keine Antwort findet – es sei denn die, dass er Schöpfung zu Daseinssinn uminterpretieren müsse. Mit solch »existentieller« Reduktion des Schöpfungsthemas tritt aber ein ungeheuerer (wenn nicht totaler) Wirklichkeitsverlust des Glaubens ein, dessen Gott jedenfalls mit der Materie nichts mehr zu schaffen hat.

Vorbemerkung zur Neuauflage

Seit der Veröffentlichung der 1981 im Münchener Dom gehaltenen Fastenpredigten zum Thema Schöpfung und Fall ist mehr als ein Jahrzehnt vergangen, in dem sich die Dringlichkeit des Schöpfungsglaubens nur immer deutlicher gezeigt hat. Auch wenn mir die Grenzen meines damals unternommenen Versuchs, die wesentlichen Elemente des Themas in einer allgemein verständlichen Form darzustellen, heute noch mehr bewusst sind als damals, so scheint mir doch, dass das kleine Buch auch heute noch nützlich sein kann, um die wesentlichen Anliegen des christlichen Schöpfungsglaubens wieder ins Bewusstsein zu rücken und Ermutigung für ihre Entfaltung in Verkündigung und Theologie zu geben. Deshalb habe ich gern dem Vorschlag des Johannes Verlags für eine unveränderte Neuauflage zugestimmt. Inhaltlich sehe ich keine Notwendigkeit zu Veränderungen; die bloße Hinzufügung neuer Literaturangaben, die nicht schwerfiele, scheint mir nicht sinnvoll. Der in die Neuauflage mitaufgenommene Vortrag »Konsequenzen des Schöpfungsglaubens« gehört dem Bereich der Fachtheologie zu. Er versucht, geistesgeschichtliche Hintergründe auszuleuchten, die den Schöpfungsglauben allmählich an den Rand des christlichen Bewusstseins rückten; gerade von dem so erscheinenden Defizit her kann dann seine wahre Bedeutung und sein weit über den Bereich der Kirche hinausreichendes menschliches Gewicht neu sichtbar werden. Wenn in jüngster Zeit »Schöpfungsspiritualität« und christlicher Erlösungsglaube verschiedentlich gegeneinander ausgespielt werden, so versucht dieses kleine Buch demgegenüber zu zeigen, wie beides von innen her zueinander gehört. Nur wo Schöpfung und Erlösung zusammen gedacht und der Glaube in seiner Ganzheit gelebt wird,

Herkunft aus Gottes ewiger Vernunft und Liebe

kommt Schöpfung zu ihrem Recht und wird der Mensch wahr, das heißt erlöst.

Rom, am Fest Peter und Paul 1996

Gott der Schöpfer

1. Fastenpredigt, München, 8. März 1981

Lesung: Gen 1, 1–19

Diese Worte, mit denen die Heilige Schrift anhebt, wirken auf mich immer wie der festliche Klang einer großen alten Glocke, der von weit her mit seiner Schönheit und Würde das Herz anrührt und es etwas von dem Geheimnis des Ewigen ahnen lässt. Für viele von uns verbindet sich mit diesen Worten außerdem die Erinnerung an das erste Begegnen mit Gottes heiligem Buch, der Bibel, die uns an dieser Stelle aufgeblättert wurde; uns sogleich aus unserer kleinen, kindlichen Welt herausführte, mit ihrer Poesie gefangen nahm und uns etwas von der Unermesslichkeit der Schöpfung und ihres Schöpfers ahnen ließ.

Und dennoch gibt es eine gewisse Zwiespältigkeit diesen Worten gegenüber. Sie sind schön und vertraut, aber sind sie auch wahr? Alles scheint dagegen zu sprechen, denn die Naturwissenschaft hat die Vorstellungen, die wir da eben gehört haben, längst beiseitegewischt: den Gedanken einer in Raum und Zeit überschaubaren Welt, den Gedanken, dass in sieben Tagen Stück um Stück dieser Schöpfung aufgebaut worden wäre. Stattdessen begegnen uns nun Maße, die alles Vorstellen überschreiten. Man spricht von dem Urknall vor vielen Milliarden Jahren, mit dem die Ausdehnung des Weltalls begann, das nun immerfort seinen Weg weitergeht. Und nicht in einem Nacheinander wurden die Gestirne aufgehängt, das Grüne geschaffen, sondern auf verworrenen Wegen hat sich in gewaltigen Zeiträumen langsam die Erde und die Welt so herausgebildet, wie wir sie kennen.

Gilt also dies alles nicht mehr? In der Tat hat ein Theologe vor einiger Zeit gesagt, Schöpfung sei nun zu einem irrealen Begriff geworden. Intellektuell redlich solle man nicht mehr von Schöp-

37

fung, sondern nur von Mutation und Selektion sprechen.[a] Sind die Worte wahr?

Oder sind sie vielleicht mit dem ganzen Wort Gottes, mit der ganzen biblischen Überlieferung zurückgetreten in die Träume aus der Kinderzeit der Menschheitsgeschichte, Träume, nach denen wir vielleicht Heimweh empfinden, aber die wir doch nicht zurückholen können, weil man von der Nostalgie nicht leben kann. Gibt es auch eine positive Antwort, die wir verantworten können in dieser unserer Zeit?

1. Die Differenz von Gestalt und Gehalt im Schöpfungsbericht

Nun, eine erste Weise von Antwort wurde schon vor Langem erarbeitet, als das wissenschaftliche Weltbild sich allmählich kristallisierte; sie ist wahrscheinlich vielen von Ihnen im Religionsunterricht begegnet. Sie sagt so: Die Bibel ist kein Lehrbuch der Naturwissenschaft, sie will es auch nicht sein. Sie ist ein religiöses Buch, und deshalb kann man aus ihr keine naturwissenschaftlichen Auskünfte erhalten, nicht erfahren, wie die Weltentstehung naturgeschichtlich verlaufen ist, sondern nur religiöse Erkenntnis aus ihr gewinnen. Alles andere ist Bild, eine Weise, den Menschen das Tiefere, das Eigentliche fassbar zu machen. Man müsse unterscheiden zwischen Darstellungsform und dargestelltem Inhalt. Die Form sei aus dem Verstehbaren jener Zeit heraus gewählt, aus den Bildern, in denen die Menschen von damals lebten, in denen sie sprachen und dachten, in denen sie das Größere, das Eigentliche verstehen konnten. Und nur das Eigentliche, das durch die Bilder hindurchleuchtet, sei das wahrhaft Bleibende und Gemeinte. So wolle die Schrift uns nicht erzählen, wie die Pflanzenarten allmählich entstanden, wie Sonne und Mond und die Sterne sich herausbildeten, sondern letzten Endes nur *eines* sagen: *Gott* hat die Welt geschaffen. Die Welt ist nicht, wie die Menschen von damals weithin meinten, ein Gewirr einander widerstreitender Kräfte, sie ist nicht eine Behausung dämonischer Mächte, vor denen der Mensch sich schützen muss. Sonne und

---

[a] Vgl. Dumas / Pesch, *Geschichte und Kosmos*, 433–435.

Gott der Schöpfer

Mond sind nicht Gottheiten, die über ihm walten, und dieser Himmel über uns ist nicht von gegensätzlichen, geheimen Gottheiten durchlebt, sondern dies alles kommt nur aus *einer* Macht heraus, aus Gottes ewiger Vernunft, die im Wort Schöpfungskraft wurde. Dies alles kommt aus Gottes Wort, dem gleichen Wort, dem wir im Geschehen des Glaubens begegnen. Und so wurde den Menschen, indem sie erfuhren, dass die Welt aus dem Wort ist, nicht nur die Angst vor den Göttern und Dämonen weggenommen; die Welt wurde frei gemacht für die Vernunft, die sich zu Gott hin erhebt, und der Mensch wurde geöffnet, furchtlos diesem Gott zu begegnen. Er erfuhr in diesen Worten die wahre Aufklärung, die die Götter und die geheimen Mächte beiseitewischt und ihn erkennen lässt, dass nur *eine* Macht »an allen Enden ist und wir in ihren Händen«[(b)]: der lebendige Gott, und dass dieselbe Macht, die diese Erde und die Sterne geschaffen hat, dieselbe Macht, die dieses ganze All trägt, es ist, der wir im Wort der Heiligen Schrift begegnen. In diesem Wort rühren wir an die eigentliche Urgewalt der Welt, an die eigentliche Macht über allen Mächten.[1]

Ich glaube, dass diese Auskunft richtig ist. Aber sie genügt noch nicht. Denn wenn uns nun gesagt wird, dass wir unterscheiden müssen zwischen den Bildern und dem Gemeinten, dann kann man dagegen fragen: Warum hat man das eigentlich nicht früher schon gesagt? Denn offenbar muss man früher anders gelehrt haben, sonst hätte es ja den Prozess um Galilei gar nicht geben können. So steigt der Verdacht auf, dass am Ende vielleicht doch diese Auskunft nur ein Trick der Kirche und der Theologen sei, die eigentlich am Ende sind mit ihrem Latein, aber es nicht zugeben wollen und daher eine Bemäntelung finden, hinter der sie sich verschanzen. Und insgesamt entsteht der Eindruck, dass die Geschichte des Christentums in den letzten vierhundert Jahren ein ständiges Rückzugsgefecht gewesen sei, in dem ein Stück nach dem anderen von den Behauptungen des Glaubens und der Theo-

---

[1] Eine gute Darstellung dieser Auslegung des Genesisberichts findet man z. B. bei SCHMAUS, *Dogmatik* 2, 30–39; dort auch ausführliche Literaturangaben.

[(b)] Vgl. CLAUDIUS, *Der Mensch lebt und bestehet.*

logie weggenommen worden ist. Freilich hat man immer irgend-
einen Trick gefunden, um sich zurückziehen zu können. Aber die
Angst ist fast unentrinnbar, dass wir allmählich doch ins Leere
hinausgedrückt werden und dass der Augenblick kommen wird,
wo nichts mehr zu verteidigen und zu bemänteln ist, wo das ganze
Terrain der Schrift und des Glaubens durch eine Vernunft besetzt
sein wird, die all dies nicht mehr im Ernst weiterbestehen lässt.
Damit verbindet sich auch noch ein weiteres Unbehagen. Man
kann nämlich fragen: Wenn die Theologen oder auch die Kirche
die Grenzsteine zwischen Bild und Aussage, die Grenzsteine zwischen dem, was ins Vergangene versinkt, und dem, was gilt, so
verschieben können, warum dann nicht auch anderswo, etwa bei
den Wundern Jesu. Und wenn dort, warum dann nicht auch im
Zentrum, beim Kreuz und bei der Auferstehung des Herrn. Eine
Operation, die den Glauben verteidigen will, indem sie sagt: Hinter dem, was dasteht und was wir nicht mehr verteidigen können,
ist etwas Eigentlicheres – eine solche Operation gerät oft erst recht
zur Anfechtung des Glaubens, weil die Frage nach der Ehrlichkeit
seiner Ausleger sich erhebt, weil die Frage sich erhebt, ob da überhaupt irgendetwas Festes ist. Bei nicht wenigen ist nach solcherlei
theologischen Auskünften zuletzt der Eindruck zurückgeblieben,
dass der Glaube der Kirche wie eine Qualle sei, wo man nirgends
recht zugreifen, nirgends finden kann, wo der Kern ist, auf den
man sich letztlich verlassen kann. Von den vielen halbherzigen
Auslegungen des biblischen Worts her, die heute umlaufen und
die mehr Ausflucht als Auslegung scheinen, rührt dieses Kranke
eines Christentums, das nicht mehr wirklich zu sich selber steht
und das daher nicht Ermutigung und Begeisterung ausstrahlen
kann. Es vermittelt viel eher den Eindruck eines Vereins, der wei-
terredet, obwohl er eigentlich nichts mehr zu sagen hat, weil ge-
schraubte Worte nicht mehr Überzeugung verkünden, sondern
nur noch ihren Verlust zu verdecken suchen.

Gott der Schöpfer

2. Die Einheit der Bibel als Maßstab der Auslegung

So müssen wir nun nochmals fragen: Ist die Unterscheidung von Bild und eigentlicher Aussage nur eine Ausflucht, weil wir zum Text nicht mehr stehen können, aber trotzdem weitermachen wollen, oder gibt es Maßstäbe aus der Bibel selbst, die uns solche Wege weisen, also *in* ihr selbst diese Unterscheidung beglaubigen? Gibt sie uns Markierungen dieser Art an die Hand, und hat der Glaube der Kirche um diese Markierungen auch früher gewusst und sie anerkannt?

Schlagen wir mit diesen Fragen neu die Heilige Schrift auf. Da können wir zunächst einmal feststellen, dass der Schöpfungsbericht Genesis 1, den wir gerade gehört haben, nicht wie ein erratischer Block von Anfang an fertig und geschlossen in sich dasteht. Ja, überhaupt die ganze Heilige Schrift ist nicht wie ein Roman oder wie ein Lehrbuch einfach von Anfang bis Ende durchgeschrieben worden; sie ist vielmehr der Widerhall der Geschichte Gottes mit seinem Volk. Sie ist herausgewachsen aus dem Ringen und den Wegen dieser Geschichte; durch sie hindurch können wir die Aufstiege und Abstiege, die Leiden, die Hoffnungen, das Große und wieder das Versagende dieser Geschichte erkennen. Die Bibel ist so Ausdruck von Gottes Ringen mit dem Menschen, um sich allmählich ihnen verständlich zu machen; sie ist aber zugleich auch Ausdruck für das Ringen des Menschen, allmählich Gott zu begreifen. So ist das Schöpfungsthema nicht in *einem* hingestellt, sondern es geht mit Israel durch die Geschichte hindurch, ja, der ganze Alte Bund ist ein Unterwegssein mit dem Wort Gottes. Nur in solchem Unterwegssein hat sich die eigentliche Aussage der Bibel Schritt um Schritt geformt. Deswegen können auch wir nur im Ganzen dieses Weges seine wahre Richtung erkennen. In dieser Weise – als Weg – gehören Altes und Neues Testament zusammen. Altes Testament erscheint für den Christen insgesamt als Vorwärtsgehen auf Christus zu; erst wo es bei ihm anlangt, wird sichtbar, was es eigentlich meinte; was es Schritt für Schritt bedeutete. So empfängt alles Einzelne seinen Sinn vom Ganzen und das Ganze seine Bedeutung von seinem Ziel – von Christus her. Wir legen also – so sahen es die Kirchenväter und der Glaube der Kirche zu allen Zeiten – den einzelnen

41

Text theologisch nur richtig aus, wenn wir ihn als Stück eines vorwärtsdrängenden Weges begreifen; wenn wir in ihm das Gefälle, die innere Richtung dieses Weges erkennen.[2]

Was bedeutet nun diese Einsicht für das Verstehen der Schöpfungsgeschichte? Eine erste Feststellung muss lauten: Immer hat Israel an den Schöpfergott geglaubt, und in diesem Glauben kommunizierte es mit allen großen Kulturen der Alten Welt. Denn selbst durch die Verdunklungen des Monotheismus hindurch haben alle großen Kulturen immer um den Schöpfer des Himmels und der Erde gewusst, in überraschenden Gemeinsamkeiten auch zwischen Zivilisationen, die sich äußerlich niemals berühren konnten. In dieser Gemeinsamkeit dürfen wir durchaus etwas von der tiefsten, nie ganz verlorenen Berührung der Menschheit mit Gottes Wahrheit erkennen. In Israel selbst hat das Schöpfungsthema mancherlei Geschicke durchschritten. Es war nie ganz abwesend, aber nicht immer gleich wichtig. Es gab Zeiten, in denen Israel so mit den Leiden oder den Hoffnungen seiner Geschichte beschäftigt war, so unmittelbar auf das Jetzige hingeheftet, dass es bis zur Schöpfung kaum durchzublicken brauchte, kaum durchblicken konnte. Die eigentlich große Stunde, in der Schöpfung zum beherrschenden Thema wurde, ist das babylonische Exil gewesen. In dieser Zeit hat auch der Bericht, den wir eben hörten, freilich aufgrund sehr alter Überlieferungen, seine eigentliche, jetzige Gestalt gefunden. Israel hatte sein Land verloren, es hatte seinen Tempel verloren. Für die damalige Mentalität war dies etwas Unbegreifliches; denn dies hieß ja, dass der Gott Israels besiegt war – der Gott, dem man sein Volk, sein Land, seine Anbeter hatte wegnehmen können. Ein Gott, der seine Anbeter und seine Anbetung nicht schützen konnte, war damals als ein schwacher, ja nichtiger Gott erwiesen; er war als Gott abgetreten. So war die Vertreibung aus dem Land, das Ausgelöscht-Werden von der Landkarte der Völker, für Israel eine ungeheure Glaubensversuchung: Ist unser Gott nun besiegt, unser Glaube leer?

---

[2] Vgl. dazu und zum Folgenden besonders WESTERMANN, *Genesis* (1983), 1–103; zur Lektüre der Bibel aus der Einheit der in ihr sich darstellenden Geschichte heraus besonders GESE, *Zur biblischen Theologie*, 9–30.

In dieser Stunde haben die Propheten ein neues Blatt aufgeschlagen und Israel gelehrt, dass sich jetzt erst das wahre Gesicht ihres Gottes zeigte, der nicht an jenen Flecken Land gebunden war. Er war es nie gewesen: Er hatte dies Stück Land Abraham verheißen, ehe der dort zu Hause war. Er hatte sein Volk aus Ägypten herausführen können: Beides konnte er, weil er nicht Gott eines Landes war, sondern über Himmel und Erde verfügte. Und deshalb konnte er nun sein ungetreues Volk vertreiben in ein anderes Land hinein, um sich dort zu bezeugen. Nun wurde begreiflich, dass dieser Gott Israels nicht ein Gott wie die Götter war, sondern der Gott, der über alle Länder und Völker verfügte. Das aber konnte er, weil er selbst alles, den Himmel und die Erde, geschaffen hatte. In der Verbannung, in der scheinbaren Niederlage Israels geschieht der Durchbruch zur Erkenntnis von dem Gott, der alle Völker und die ganze Geschichte in Händen hält; der alles trägt, weil er der Schöpfer von allem ist, bei dem alle Macht steht.

Dieser Glaube musste nun sein eigenes Gesicht finden, gerade gegenüber den Versuchungen der scheinbar siegreichen Religion Babylons, die sich in prunkvollen Liturgien darstellte, etwa in der Liturgie des Neujahrsfestes, in der die Neuschöpfung der Welt liturgisch begangen und vollzogen wurde. Er musste sein Gesicht finden gegenüber dem großen babylonischen Schöpfungsbericht Enuma Elisch, der auf seine Weise die Herkunft der Welt schildert. Dort wird gesagt, dass die Welt aus einem Kampf gegensätzlicher Mächte entstand und dass sie ihre eigentliche Gestalt fand, als der Lichtgott Marduk auftrat und den Leib des Urdrachen zerspaltete. Aus diesem gespaltenen Leib seien Himmel und Erde geworden. Beides zusammen, das Firmament und die Erde, seien also der aufgerissene Leib des getöteten Drachen; aus seinem Blut aber habe Marduk die Menschen geschaffen. Es ist ein unheimliches Bild von Welt und Mensch, das uns hier begegnet: Eigentlich ist die Welt ein Drachenleib, der Mensch trägt Drachenblut in sich. Auf dem Grund der Welt lauert das Unheimliche, und im Tiefsten des Menschen steckt die Rebellion, das Dämonische und das Böse. Es ist eine Vorstellung, nach der nur der Vertreter Marduks, der Diktator, der König von Babylon, das Dämonische niederhalten und die Welt ins Lot bringen kann.[3]

Solche Vorstellungen waren keine reinen Märchen: In ihnen drücken sich die unheimlichen Erfahrungen des Menschen mit der Welt und mit sich selber aus. Denn oft genug erscheint es wirklich so, als ob die Welt ein Drachenhaus und das Blut des Menschen Drachenblut wäre. Aber all diesen bedrängenden Erfahrungen gegenüber sagt der Bericht der Heiligen Schrift: So ist es nicht gewesen. Die ganze Geschichte von den unheimlichen Mächten schmilzt in einen halben Satz zusammen: »Die Erde war wüst und leer.« In den hier verwendeten hebräischen Wörtern stecken noch die Ausdrücke, die den Drachen, die dämonische Macht benannt hatten. Nun ist er nur noch das Nichts, gegenüber dem Gott als der allein Mächtige steht. Und gegenüber aller Furcht vor diesen dämonischen Mächten wird uns gesagt: Gott allein, die ewige Vernunft, die die ewige Liebe ist, hat die Welt geschaffen, und in seinen Händen steht sie. Auf diesem Hintergrund erst begreifen wir das Ringen, das hinter diesem biblischen Text steht, sein eigentliches Drama ist, dass er all diese verworrenen Mythen beiseiteschiebt und dass er die Welt auf Gottes Vernunft und auf Gottes Wort zurückführt. Man könnte das Stück für Stück an diesem Text zeigen, etwa wenn nun Sonne und Mond als Lampen bezeichnet werden, die Gott aufhängt am Himmel, um die Zeiten zu messen. Für die Menschen von damals musste es wie ein ungeheurer Frevel erscheinen, die großen Gottheiten Sonne und Mond zu Lampen zwecks Zeitmessung zu erklären. Dies ist die Kühnheit, die Nüchternheit des Glaubens, der im Ringen mit den heidnischen Mythen das Licht der Wahrheit zum Vorschein bringt, indem er zeigt, dass die Welt nicht ein Streit der Dämonen ist, sondern dass sie aus Vernunft, aus Gottes Vernunft kommt und auf Gottes Wort steht. So erweist sich dieser Schöpfungsbericht als die entscheidende »Aufklärung« der Geschichte, als der Durchbruch aus den Ängsten, die den Menschen niedergehalten hatten. Er bedeutet die Freigabe der Welt an die Vernunft, die Erkenntnis ihrer Vernünftigkeit und Freiheit. Als

---

[3] Der Text von Enuma Elisch ist zugänglich z.B. bei SCHEDL, *Geschichte des Alten Testaments* 1, 52–61.

die *wahre* Aufklärung erweist er sich aber auch darin, dass er die menschliche Vernunft festhält am Urgrund der schöpferischen Vernunft Gottes, um sie so festzuhalten in der Wahrheit und in der Liebe, ohne die Aufklärung maßlos und letzten Endes töricht wird.

Noch ein Weiteres müssen wir hinzunehmen. Ich hatte eben gesagt, langsam, im Ringen mit der heidnischen Umwelt, im Ringen mit dem Herzen Israels erfährt dies Volk, was »Schöpfung« ist. Das schließt ein, dass der klassische Schöpfungsbericht nicht der einzige Schöpfungstext des heiligen Buches ist. Gleich nach ihm folgt ein weiterer, früher verfasster, mit anderen Bildern. In den Psalmen stehen wieder andere, und nach ihnen geht das Ringen um die Klärung des Schöpfungsglaubens weiter: In der Begegnung mit dem Griechentum wird in der Weisheitsliteratur das Thema neu durchgeknetet, ohne dass man sich an die alten Bilder – wie die sieben Tage usw. – gebunden hielt. So können wir in der Bibel selbst sehen, wie sie die Bilder immer neu dem weitergehenden Denken anverwandelt; sie also immer neu umwandelt, um immer neu das *eine* zu bezeugen, das ihr wahrhaft aus Gottes Wort zugekommen ist: die Botschaft von seinem Schöpfertum. In der Bibel selbst sind die Bilder frei, korrigieren sich fortwährend und lassen so in diesem langsamen, ringenden Vorangehen durchscheinen, dass sie nur *Bilder* sind, die ein Tieferes und Größeres aufdecken.

3. Der christologische Maßstab

Ein Entscheidendes müssen wir noch hinzufügen: Mit dem Alten Testament ist der Weg nicht zu Ende. Was in der sogenannten Weisheitsliteratur bedacht wird, ist die letzte Brücke eines langen Weges; sie führt hinüber zur Botschaft Jesu Christi, hinüber in den Neuen Bund. Erst dort finden wir den endgültigen, maßstäblichen Schöpfungsbericht der Heiligen Schrift. Er lautet: »Im Anfang war das Wort, und das Wort war bei Gott, und Gott war das Wort. [...] Alles ist durch das Wort geworden, und nichts ist geworden ohne das Wort« (Joh 1, 1.3). Johannes hat hier ganz bewusst noch einmal die Anfangsworte der Bibel aufgenommen und den Schöp-

Herkunft aus Gottes ewiger Vernunft und Liebe

fungsbericht mit Christus neu gelesen, um neu, endgültig zu sagen, was durch die Bilder hindurch das Wort ist, mit dem Gott an unseren Herzen rütteln will. So wird uns sichtbar: Wir Christen lesen das Alte Testament nicht in sich selbst und für sich selbst; wir lesen es immer mit ihm und durch ihn. Deswegen ist es so, dass das Gesetz des Mose, die Reinheitsbestimmungen, die Speisegebote und all das andere von uns nicht erfüllt werden muss, ohne dass das biblische Wort deswegen sinnlos oder bedeutungslos geworden wäre. Wir lesen all dies nicht als etwas fertig in sich selber Stehendes. Wir lesen mit ihm, in dem alles erfüllt ist und in dem so alles seine eigentliche Gültigkeit und Wahrheit öffnet. Darum lesen wir wie das Gesetz so auch den Schöpfungsbericht mit ihm, und von ihm her wissen wir – von ihm, nicht aus einem nachträglich erfundenen Trick heraus –, was Gott durch die Jahrhunderte allmählich dem Menschen ins Herz und in die Seele senken wollte. Christus befreit uns von der Knechtschaft des Buchstabens, und gerade so gibt er uns die Wahrheit der Bilder neu zurück.

Dies haben auch die Alte Kirche und die Kirche des Mittelalters gewusst. Sie wussten, dass die Bibel ein Ganzes ist und dass wir sie wahr nur hören, wenn wir sie von Christus her hören: von der Freiheit her hören, die er gegeben hat, und von der Tiefe her, mit der er durch die Bilderwand hindurch das Bleibende offenbar macht, den festen Boden, auf dem wir allezeit stehen können. Erst zu Beginn der Neuzeit hat man allmählich diese Dynamik, die lebendige Einheit der Schrift vergessen, die wir immer nur mit Christus verstehen können in der Freiheit, die er uns gibt, und damit in der Gewissheit, die aus dieser Freiheit kommt. Das heraufsteigende historische Denken wollte jeden Text nur noch in sich selbst, in seiner nackten Buchstäblichkeit lesen. Es suchte nur noch nach der genauen Erklärung des Einzelnen und vergaß darüber die Bibel als Ganzes. Es las – mit einem Wort – die Texte nicht mehr nach vorwärts, sondern nach rückwärts, d.h. nicht mehr auf Christus zu, sondern von ihrer vermutlichen Entstehung her. Nicht mehr von seiner vollendeten Gestalt her wollte man erkennen, was ein Text sagt oder ein Ding ist, sondern von seinem Anfang, seiner Entstehung her. Durch diese Isolierung vom Ganzen, durch diese Buchstäblichkeit des Einzelnen, die dem ganzen

46

inneren Wesen der biblischen Texte widerspricht, aber nun als allein wissenschaftlich galt – dadurch ist jener Konflikt zwischen Naturwissenschaft und Theologie entstanden, der bis heute eine Belastung des Glaubens ist. Sie müsste nicht sein, weil der Glaube von Anfang an größer, weiter und tiefer war. Glaube an Schöpfung ist auch heute nicht irreal, er ist auch heute vernünftig. Er ist, auch von den Ergebnissen der Naturwissenschaft her gesehen, die »bessere Hypothese«, die mehr erklärt und besser erklärt als alle anderen Theorien. Der Glaube ist vernünftig. Die Vernunft der Schöpfung stammt aus Gottes Vernunft: Es gibt keine andere wirklich überzeugende Antwort. Auch heute noch ist gültig, was der Heide Aristoteles 400 Jahre vor Christus gegen diejenigen gesagt hat, die behaupteten, alles sei durch Zufall – apo t'automatou – entstanden; er sagte es, obwohl er selber den Schöpfungsglauben nicht kannte.[4] Die Vernunft der Welt lässt uns Gottes Vernunft erkennen, und die Bibel ist und bleibt die wahre »Aufklärung«, die die Welt der Vernunft des Menschen, nicht seiner Ausbeutung durch den Menschen, übergeben hat, weil sie die Vernunft öffnete in Gottes Wahrheit und Liebe hinein. Deswegen brauchen wir den Schöpfungsglauben auch heute nicht zu verstecken. Wir *dürfen* ihn nicht verstecken, denn nur wenn die Welt aus Freiheit, aus Liebe und Vernunft kommt, nur wenn dies die eigentlich tragenden Mächte sind, können wir einander trauen, können wir in die Zukunft hineingehen, können wir als Menschen leben. Nur weil Gott der Schöpfer aller Dinge ist, ist er ihr Herr und nur darum können wir beten zu ihm. Denn dies bedeutet, dass Freiheit und Liebe nicht ohnmächtige Ideen, sondern dass sie die Grundmächte der Wirklichkeit sind.

Darum dürfen und wollen wir auch heute dankbar und freudig das Bekenntnis der Kirche sprechen: »Ich glaube an Gott, den Vater, den Allmächtigen, den Schöpfer des Himmels und der Erde.«

---

[4] Vgl. ARISTOTELES, *Met* Z 7 (ed. Bekker 2, 1032).

Der Sinn der biblischen Schöpfungsberichte
2. Fastenpredigt, München, 15. März 1981

Lesung: Gen 1, 20–2, 4

Bei unserem ersten Zugehen auf den Schöpfungsglauben von Bibel und Kirche sind vor allen Dingen zwei Erkenntnisse deutlich geworden. Die erste können wir so zusammenfassen: Als Christen lesen wir die Heilige Schrift mit Christus. Er ist uns der Wegweiser durch sie hindurch. Er zeigt uns verlässlich, was Bild ist und wo der eigentliche, bleibende Sachgehalt der biblischen Aussage liegt. Er ist zugleich die Befreiung von einer falschen Knechtschaft der Buchstäblichkeit und Bürgnis für die feste, realistische Wahrheit der Bibel, die sich nicht in einen Nebel frommer Anmutungen auflöst, sondern der klare Boden bleibt, auf dem wir stehen können. Unsere zweite Erkenntnis war: Der Schöpfungsglaube ist vernünftig. Auch wenn die Vernunft ihn sich vielleicht nicht selber geben kann, so ruft sie danach und findet in ihm die Antwort, nach der sie Ausschau gehalten hat.

1. Die Vernünftigkeit des Schöpfungsglaubens

Diese Einsicht müssen wir nun nach zwei Richtungen hin vertiefen. Zunächst einmal geht es hier um das einfache »Dass« der Schöpfung. Dieses Dass fordert einen Grund; es verweist auf jene Macht, die am Anfang stand und sagen konnte: Es werde! Im 19. Jahrhundert mochte das anders aussehen. Die Naturwissenschaft war geprägt durch die beiden großen Erhaltungssätze von der Erhaltung des Stoffes und der Erhaltung der Energie. Damit erschien diese ganze Welt als ein ewig beständiger, von den immerwährenden Gesetzen der Natur beherrschter Kosmos, der aus sich und in sich ist und nichts außer sich braucht. Er stand da als ein Ganzes, über das Pierre-Simon Laplace sagen konnte: »Ich

Der Sinn der biblischen Schöpfungsberichte

brauche die Hypothese Gott nicht mehr.«[a] Aber dann kamen neue Erkenntnisse. Der Entropiesatz wurde gefunden, der sagt, dass Energie in einen Zustand verbraucht wird, aus dem sie nicht mehr zurückverwandelt werden kann. Das aber bedeutet: Die Welt geht einen Gang des Werdens und des Vergehens. Die Zeitlichkeit ist in sie selber eingeschrieben. Dann kam die Erkenntnis von der Verwandelbarkeit des Stoffes in Energie hinzu, die die beiden Erhaltungssätze aus sich veränderte. Es kam die Relativitätstheorie, und noch manche andere Erkenntnisse waren hinzuzufügen, die alle zeigten, dass die Welt gleichsam ihre Uhren in sich trägt – Uhren, die uns Anfang und Ende, einen Weg von Beginn zu Ende erkennen lassen. Wenn auch die Zeiten sich unermesslich dehnten, so wird doch durch das Dunkel der Jahrmilliarden hindurch im Wissen um die Zeithaftigkeit des Seins wieder jener Augenblick sichtbar, den die Bibel nennt: der Anfang – jener Anfang, welcher auf den verweist, der die Macht hatte, Sein zu setzen; zu sagen: Es werde – und es ward.

Eine zweite Überlegung bezieht sich nun nicht mehr auf das pure Dass des Seins. Sie betrachtet sozusagen das Design der Welt; das Modell, in dem sie gebaut ist. Aus jenem »Es werde« ging ja nicht ein chaotischer Brei hervor. Je mehr wir von der Welt erkennen, desto größer tritt uns aus ihr eine Vernunft entgegen, deren Wege wir nur staunend nach-denken können. Durch sie hindurch sehen wir ganz neu jenen Schöpfergeist, dem auch unsere eigene Vernunft sich verdankt. Albert Einstein hat einmal gesagt, dass sich in der Naturgesetzlichkeit »eine so überlegene Vernunft offenbart, dass alles Sinnvolle menschlichen Denkens und Anordnens dagegen ein gänzlich nichtiger Abglanz ist«[1]. Wir erkennen, wie im Allergrößten, in der Welt der Gestirne sich eine machtvolle Vernunft offenbart, die das All zusammenhält. Immer mehr lernen wir aber auch, in das Allerkleinste, in die Zelle, in die Ureinheiten des Lebendigen hineinzuschauen; auch hier entdecken wir eine Vernünftigkeit, die uns staunen lässt, sodass wir mit dem heiligen Bonaventura sagen müssen: »Wer hier

---

[1] EINSTEIN, *Mein Weltbild* (1953) 21; vgl. meine *Einführung,* 149.

---

[a] FAYE, *Sur l'origine du monde,* 110.

nicht sieht, ist blind. Wer hier nicht hört, ist taub, und wer hier nicht anfängt anzubeten und den Schöpfergeist zu lobpreisen, der ist stumm.«[b] Jacques Monod, der jede Weise von Gottesglaube als unwissenschaftlich ablehnte und die ganze Welt auf das Zusammenspiel von Zufall und Notwendigkeit zurückführt, erzählt in dem Werk, in dem er diese seine Sicht der Welt zusammenfassend darzustellen und zu begründen versucht, dass nach den Vorträgen, die dann zum Buche wurden, François Mauriac gesagt habe: »»Was dieser Professor sagt, ist noch viel unglaublicher als das, was wir armen Christen glauben.‹«[2] Monod bestreitet nicht, dass es so ist. Seine These lautet, das ganze Konzert der Natur steige aus Irrtümern und Misstönen auf. Er kann nicht umhin, selber zu sagen, dass eine solche Auffassung eigentlich absurd ist. Aber die wissenschaftliche Methode – so sagt er – zwingt dazu, eine Frage nicht zuzulassen, auf die die Antwort »Gott« heißen müsste. Welch armselige Methode – kann man da nur sagen. Durch die Vernunft der Schöpfung blickt uns Gott selber an. Physik und Biologie, die Naturwissenschaften überhaupt, haben uns einen neuen, unerhörten Schöpfungsbericht geliefert mit großen, neuen Bildern, die uns das Angesicht des Schöpfers erkennen und uns von Neuem wissen lassen: Ja, am Urbeginn und Grund allen Seins steht der Schöpfer*geist*. Die Welt ist nicht ein Produkt des Dunkels und des Sinnlosen. Sie kommt aus Verstehen; sie kommt aus Freiheit, und sie kommt aus Schönheit, die Liebe ist. Dies zu sehen gibt uns den Mut, der uns leben lässt; der uns ermächtigt, getrost das Abenteuer des Lebens auf uns zu nehmen.

2. Die bleibende Bedeutung
der symbolischen Elemente des Textes

Diesen beiden Überlegungen, mit denen wir die Grunderkenntnisse der ersten Betrachtung vertieft haben, müssen wir nun einen weiteren Schritt hinzufügen. Bisher wurde sichtbar, dass die

---

[2] Monod, *Zufall und Notwendigkeit* (1975), 110 und 124.

[b] Bonaventura, *Itin* I 15, (V 299).

Schöpfungsberichte der Bibel eine andere Weise des Redens von Wirklichkeit sind, als wir sie aus Physik und Biologie kennen. Sie schildern nicht den Hergang des Werdens und die mathematische Struktur der Materie, sondern sagen auf viele Weise: Es gibt nur *einen* Gott; die Welt ist nicht ein Streit dunkler Mächte, sondern Schöpfung seines Wortes. Aber das heißt nun nicht, dass die einzelnen Sätze des biblischen Textes ins Bedeutungslose versinken und nur noch sozusagen dieser nackte Extrakt in Geltung bleibt. Auch sie sind Ausdruck von Wahrheit, freilich auf andere Art, als es bei Physik und Biologie der Fall ist. Sie sind Wahrheit in der Weise des Symbols – in der Weise etwa, wie ein gotisches Fenster uns im Spiel seiner Lichter und in seinen Zeichen Tiefstes erkennen lässt. Nur zwei Elemente möchte ich herausgreifen. Ein erstes: Der biblische Schöpfungsbericht ist gekennzeichnet durch Zahlen, die nicht die mathematische Struktur der Welt wiedergeben, sondern gleichsam das innere Muster ihres Gewebes, die Idee, nach der sie gebaut ist. Es dominieren da die Zahlen drei, vier, sieben und zehn. Zehnmal wird im Schöpfungsbericht gesagt: »Gott sprach.« So weist die Schöpfungsgeschichte schon voraus auf das Zehnerwort, die zehn Gebote. Sie lässt uns erkennen, dass diese zehn Gebote gleichsam der Widerhall der Schöpfung sind; nicht willkürliche Erfindungen, durch die dem Menschen Zäune gebaut werden gegen seine Freiheit, sondern Einweisung in den Geist, in die Sprache und in den Sinn der Schöpfung, übersetzte Sprache der Welt, übersetzte Logik Gottes, die die Welt erbaute. Die beherrschende Zahl des Ganzen ist die Sieben; im Schema der sieben Tage prägt sie unübersehbar das Ganze. Dies ist die Zahl einer Mondphase; so wird uns durch diesen Bericht hindurch gesagt, dass der Rhythmus unseres brüderlichen Gestirns uns auch den Rhythmus des menschlichen Lebens zeigt. Es wird vernehmlich, dass wir Menschen nicht verschränkt sind in unser kleines Ich hinein, sondern dass wir im Rhythmus des Alls stehen; dass wir gleichsam vom Himmel herunter auch den Rhythmus, die Bewegung unseres eigenen Lebens lernen und so recht werden können im Hineinschwingen in die Vernunft des Alls. In der Bibel ist dieser Gedanke noch eine Stufe weitergeführt. Sie lässt uns wissen, dass der Rhythmus der Gestirne tieferhin

Ausdruck ist für den Rhythmus des Herzens, für den Rhythmus der Liebe Gottes, der sich darin anzeigt.[3]

a) Schöpfung und Kult

Damit sind wir bei dem zweiten Bildelement des Schöpfungsberichts angelangt, über das ich etwas sagen wollte. Da begegnen wir nämlich nicht bloß dem Siebenerrhythmus und seiner kosmischen Bedeutung; dieser Rhythmus steht vielmehr im Dienst einer noch tiefer gehenden Aussage: Die Schöpfung geht auf den Sabbat zu, der das Zeichen des Bundes zwischen Gott und dem Menschen ist. Wir werden das gleich noch etwas genauer bedenken müssen. Einstweilen können wir in einem ersten Anlauf daraus folgern: Schöpfung ist so gebaut, dass sie auf die Stunde der Anbetung zugeht. Die Schöpfung wurde gemacht, damit ein Raum der Anbetung sei. Sie erfüllt sich, sie wird recht, wenn sie immer neu auf Anbetung hin gelebt wird. Die Schöpfung ist um der Anbetung willen da. »Operi Dei nihil praeponatur«, hat der heilige Benedikt in seiner Regel gesagt: »Nichts soll dem Dienst Gottes vorgezogen werden.«[(c)] Dies ist nicht Ausdruck einer exaltierten Frömmigkeit, sondern reine, nüchterne Übersetzung des Schöpfungsberichtes, seiner Botschaft an unser Leben. Die eigentliche Mitte, die von innen bewegende und ordnende Kraft im Rhythmus der Sterne und unseres Lebens ist die Anbetung. Dann wogt der Rhythmus unseres Lebens recht, wenn er von ihr her durchprägt wird.

Letzten Endes haben dies alle Völker gewusst. In allen Kulturen laufen die Schöpfungsberichte darauf hinaus, dass die Welt da sei für den Kult, für die Verherrlichung Gottes. Diese Einheit der Kulturen in den tiefsten Fragen des Menschseins ist etwas sehr Kostbares. Mir wird im Gespräch mit den afrikanischen und asiatischen Bischöfen, besonders auch bei den Bischofssynoden,

---

[3] Zur Auslegung des Genesisberichts ist außer dem oben erwähnten grundlegenden Kommentar von Claus Westermann noch besonders zu verweisen auf RAD, *1 Mose* (1987) und nun auch auf SCHARBERT, *Genesis 1–11*.

[(c)] *Reg Ben* 43, 3 (PL 66, 675).

Der Sinn der biblischen Schöpfungsberichte

immer neu und oft auf überraschende Weise deutlich, wie in den großen Traditionen der Völker eine tiefe Einheit mit dem biblischen Glauben besteht. In ihnen ist ein Urwissen der Menschen verwahrt, das sich auch auf Christus hin öffnet. Unsere Gefahr in den technischen Zivilisationen besteht heute darin, dass wir uns von diesem Urwissen abgeschnitten haben; dass uns die Besserwisserei missverstandener Wissenschaftlichkeit hindert, die Weisung der Schöpfung zu hören. Es gibt ein gemeinsames Urwissen, das ein Wegweiser ist und das die großen Kulturen verbindet.

Freilich müssen wir redlicherweise hinzufügen: Dieses Wissen ist immer wieder auch entstellt. Die Weltreligionen kennen den großen Gedanken: Welt ist für die Anbetung da. Aber er ist vielfach verunstaltet durch die Meinung, dass in der Anbetung der Mensch den Göttern etwas gibt, was sie brauchen. Man denkt, die Gottheit benötige diese Versorgung durch die Menschen und auf diese Weise erhalte der Kult die Welt. Damit aber ist die Tür aufgetan für die Spekulation mit der Macht. Der Mensch kann nun sagen: Die Götter brauchen mich, also kann ich auch Druck auf sie ausüben, sie notfalls erpressen. Aus dem reinen Verhältnis der Liebe, das die Anbetung sein sollte, wird der erpresserische Versuch, sich selbst der Welt zu bemächtigen. So gerät dann Kult zur Verfälschung der Welt und des Menschen. Die Bibel konnte demnach zwar den Grundgedanken der Zuordnung der Welt auf die Anbetung hin aufgreifen; sie musste ihn aber gleichzeitig auch reinigen. In ihr taucht die Idee nun, wie schon gesagt, im Bild des Sabbats auf. Die Bibel sagt: Die Schöpfung hat ihre Struktur in der Ordnung des Sabbat. Der Sabbat aber wiederum ist die Zusammenfassung der Thora, des Gesetzes Israels. Das bedeutet: Die Anbetung trägt sittliche Gestalt in sich. In sie ist die ganze sittliche Ordnung Gottes mit hineingenommen. Nur so ist sie wahrhaft Anbetung. Ein Weiteres gehört noch dazu: Die Thora, das Gesetz, ist Ausdruck für die Geschichte, die Israel mit Gott erlebt. Sie ist Ausdruck für den Bund, der Bund aber ist Ausdruck für die Liebe Gottes, für sein Ja zum Menschen, den er geschaffen hat, damit er ein Liebender sei und Liebe empfange.

So können wir nun den Gedanken genauer fassen. Wir können sagen: Gott hat die Welt geschaffen, um mit dem Menschen eine Geschichte der Liebe einzugehen. Er hat sie geschaffen, damit

Liebe sei. Dahinter tauchen Worte Israels auf, die direkt ins Neue Testament hinüberweisen. Über die Thora, die das Geheimnis des Bundes, der Liebesgeschichte Gottes mit den Menschen verkörpert, wird in jüdischen Schriften gesagt: Sie war am Anfang. Sie war bei Gott; durch sie ist alles geworden, was geworden ist. Sie war das Licht, und sie war das Leben der Menschen. Johannes brauchte diese Formeln nur noch aufzunehmen in den, der das lebendige Wort Gottes ist, um zu sagen: Alles ist durch ihn geworden (vgl. Joh 1,3). Und schon vorher hatte Paulus gesagt: »Alles ist durch ihn und auf ihn hin erschaffen« (Kol 1,16; vgl. Kol 1,15–23). Gott hat die Welt geschaffen, um ein Mensch werden und um seine Liebe ausströmen zu können, um sie auch auf uns zu legen und uns zur Antwort des Mitliebens einzuladen.

b) Die Sabbat-Struktur der Schöpfung[4]

Nun müssen wir aber noch einmal einen Schritt weitergehen und fragen: Wie ist das näherhin zu verstehen? Im Schöpfungsbericht wird der Sabbat geschildert als der Tag, an dem der Mensch in der Freiheit der Anbetung an Gottes Freiheit, an Gottes Ruhe und so an Gottes Frieden teilnimmt. Sabbat feiern, das heißt den Bund feiern. Es bedeutet zurückkehren in den Ursprung, wegräumen all der Verunreinigungen, die unser Werk in ihn eingetragen hat. So bedeutet es zugleich auch das Vorausgehen auf eine neue Welt zu, in der es nicht mehr Sklaven und Herren, sondern nur noch freie Kinder Gottes geben wird – auf eine Welt, in der Mensch und Tier und Erde zusammen geschwisterlich am Frieden Gottes und an seiner Freiheit teilhaben werden.

Aus diesem Gedanken heraus ist die mosaische Sozialgesetzgebung entwickelt. Sie hat ihre Grundlage darin, dass der Sabbat die Gleichheit aller bewirkt. Das wird über den wöchentlichen Sabbattag hinaus so erweitert, dass alle sieben Jahre ein Sabbatjahr trifft, in dem die Erde und die Menschen ruhen dürfen. Alle siebenmal sieben Jahre ist dann das große Sabbatjahr, in dem alle Schulden erlassen werden, alle Ankäufe und Verkäufe rückgängig

---

[4] Wichtiges dazu bei SCHWARTE, *Vorgeschichte,* besonders 220–256.

Der Sinn der biblischen Schöpfungsberichte

gemacht sind. Jeder steht wieder am Neubeginn, in dem die Welt sich neu aus den Schöpferhänden Gottes empfängt. Das Gewicht dieser faktisch wohl nie befolgten Anordnung können wir vielleicht am besten aus einer kleinen Bemerkung ersehen, die im Buch der Chronik steht. Schon in der ersten Meditation hatte ich darauf hingewiesen, wie Israel unter dem Vorgang der Verbannung gelitten hat, in dem Gott sich gleichsam selbst verneinte, sein Land, seinen Tempel, seine Verehrung wegnahm. Auch nach dem Exil ging das Überlegen weiter: Warum konnte Gott uns solches antun? Warum diese unermessliche Strafe, in der Gott gleichsam sich selber straft – wobei man noch nicht ahnen konnte, wie sehr er am Kreuz alle Strafe auf sich selbst laden würde, durch seine Liebesgeschichte mit den Menschen sich verwunden lassen würde. Wie konnte das sein? Die Antwort im Buch der Chronik lautet: All die vielen Sünden, gegen die die Propheten aufstanden, konnten letztlich für eine so unermessliche Strafe nicht der zureichende Grund sein. Der Grund muss in etwas noch Tieferem, mehr an die Wurzeln Gehenden liegen. Das Chronikbuch umschreibt diese tiefste Ursache des Exils so: »Das Land bekam seine Sabbate ersetzt, es lag brach während der ganzen Zeit der Verwüstung, bis siebzig Jahre voll waren« (2 Chr 36, 21).

Das will sagen: Der Mensch hat sich der Ruhe Gottes, der Muße von ihm her, der Anbetung, ihrem Frieden und ihrer Freiheit verweigert, und so ist er in die Knechtschaft des Machens geraten. Er hat die Welt in die Sklaverei seines Machens getrieben und damit sich selbst versklavt. Darum musste Gott ihm den Sabbat geben, den er selbst nicht mehr wollte. Im Nein gegen den Rhythmus der Freiheit und der Muße von Gott her hat der Mensch sich von seiner Gottebenbildlichkeit entfernt und damit die Welt zertreten. Darum musste er aus der Verbohrtheit in sein eigenes Werk herausgerissen werden; darum musste Gott ihn neu zu seinem Eigentlichsten bringen; ihn von der Herrschaft des Machens erlösen. »Operi Dei nihil praeponatur« – zuerst die Anbetung, die Freiheit und die Ruhe Gottes. So und nur so kann der Mensch wahrhaft leben.

Herkunft aus Gottes ewiger Vernunft und Liebe

c) Ausbeutung der Erde?

Damit sind wir bei einer letzten Erwägung angelangt. *Ein* Wort des Schöpfungsberichts bedarf noch einer besonderen Auslegung. Ich meine den berühmten Vers 28 des ersten Kapitels, die Anrede Gottes an die Menschen: »Macht euch die Erde untertan!« Dieser Satz ist seit einiger Zeit immer mehr zum Ansatzpunkt der Angriffe gegen das Christentum geworden. An den gnadenlosen Folgen dieses Satzes widerlege sich das Christentum selbst, das die ganze Schuld an dem Elend unserer Tage trage. Der »Club of Rome«, der vor gut zehn Jahren mit seinem Fanfarenstoß über die Grenzen des Wachstums den Fortschrittsglauben der Nachkriegszeit bis auf den Grund erschütterte, hat seine inzwischen zum geistigen Strom angewachsene Zivilisationskritik auch als Kritik am Christentum verstanden, das die Wurzel dieser Zivilisation der Ausbeutung sei: Der Auftrag an den Menschen, sich die Erde untertan zu machen, habe jenen verhängnisvollen Weg eröffnet, dessen bitteres Ende sich nun abzeichne. Ein Münchener Schriftsteller hat im Gefolge solcher Gedanken das seither eifrig wiederholte Wort von den gnadenlosen Folgen des Christentums geprägt.[d] Was wir ehedem gerühmt hatten, dass die Welt durch den Schöpfungsglauben entgöttert und vernünftig geworden ist; dass Sonne, Mond und Sterne nicht mehr unheimliche und große Gottheiten, sondern bloße Leuchten sind; dass Tiere und Pflanzen ihren mythischen Charakter verloren – das alles wird nun zur Anklage gegen das Christentum. Die großen brüderlichen Mächte der Welt habe das Christentum zu Gebrauchsgegenständen des Menschen verkehrt und ihn damit angeleitet, Pflanzen und Tiere, die Kräfte dieser Welt überhaupt zu missbrauchen in einer Ideologie des Wachstums, die nur noch an sich selber denkt und nur noch sich selber meint.

Was soll man dazu sagen? Der Auftrag des Schöpfers an den Menschen heißt, dass er die Welt als Gottes Schöpfung, im Rhythmus und in der Logik der Schöpfung pflegen solle. Der Sinn des Auftrags wird im folgenden Kapitel der Genesis umschrieben mit

---

[d] Vgl. AMERY, *Das Ende der Vorsehung.*

den Worten »bebauen und bewahren« (Gen 2, 15). Er zielt also auf ein Eingehen in die Sprache der Schöpfung selbst; er bedeutet, dass sie zu dem gebracht wird, wessen sie fähig ist und wozu sie berufen ist, aber nicht, dass sie gegen sich gekehrt wird. Biblisches Glauben schließt vor allem ein, dass der Mensch sich nicht in sich allein hinein verengt; er muss immer wissen, dass er im großen Leib der Geschichte steht, der schließlich zum Leibe Christi werden soll. Vergangenheit, Gegenwart und Zukunft müssen sich in jedem Menschenleben begegnen und durchdringen. Erst unserer Zeit blieb jener verquälte Narzissmus vorbehalten, der sich von Vergangenheit und Zukunft gleichermaßen abschneidet und nur noch die eigene Gegenwart will.

Aber nun müssen wir erst recht fragen: Wie ist es dann zu den Auswüchsen der Mentalität des Machens und des Herrschens gekommen, die uns heute alle bedroht? Ein erstes Wetterleuchten einer neuen Gesinnung zeigt sich in der Renaissance etwa bei Galilei, wenn er sinngemäß[e] sagt: Falls die Natur nicht freiwillig auf unsere Fragen antwortet und ihre Geheimnisse enthüllt, werden wir sie auf die Folter spannen und im peinlichen Verhör ihr ihre Antworten entreißen, die sie nicht gutwillig gibt. Die Konstruktion der Instrumente der Naturwissenschaft ist für ihn gleichsam die Bereitung dieser Foltermittel, in der der Mensch als der absolute Herr sich die Antworten holt, die er von diesem Angeklagten wissen will. Konkrete und geschichtswirksame Gestalt hat die neue Gesinnung freilich erst später angenommen, vollends bei Karl Marx. Er war es, der dem Menschen sagte, nach seiner Herkunft, nach seinem Ursprung solle er nicht mehr fragen. Dies sei eine sinnlose Frage.[f] Man will damit jene Frage der Vernunft nach dem Woher der Welt und ihrem Design, von dem wir anfangs sprachen, wegschieben, weil die Schöpfung in ihrer inneren Vernunft die stärkste und unüberhörbarste Botschaft von dem Schöpfer ist, von dem wir uns niemals emanzipieren können. Weil die Frage der Schöpfung letztlich gar nicht anders beantwortet werden kann als vom Schöpfergeist her, darum wird schon die

---

[e] Deutlich ausgedrückt bei BACON, *Dig et aug*, 287–298; vgl. STAUDINGER / BEHLER, *Chance und Risiko der Gegenwart*, 57.
[f] Vgl. MARX, *Nationalökonomie und Philosophie*, 307.

Frage als unsinnig erklärt. Nicht die geschaffene Schöpfung zählt; der Mensch muss erst die wirkliche Schöpfung hervorbringen, die dann etwas taugen wird. Daher ist das Verändern der Grundauftrag des Menschen, darum der Fortschritt die eigentliche Wahrheit und die Materie das Material, aus dem der Mensch die Welt schafft, die es wert sein wird, dass man in ihr lebt.[5] Ernst Bloch hat diese Gedanken in eine wahrhaft beängstigende Form hinein gesteigert. Er hat gesagt, dass nicht das Wahrheit ist, was wir erkennen; Wahrheit sei allein die Veränderung. Wahrheit ist demnach, was sich durchsetzt, und die Wirklichkeit ist folglich eine »Anweisung zum Eingriff und eine Anleitung zum Angriff«[6]. Sie braucht einen »konkreten Hasspol«[7], damit wir den nötigen Elan des Veränderns finden. Das Schöne ist so für Bloch nicht das Durchscheinen der Wahrheit der Dinge, sondern der Vorschein der Zukunft, auf die wir zugehen und die wir selber machen. Deswegen, so sagt er, wird die Kathedrale der Zukunft das Laboratorium sein; die Markuskirchen der neuen Zeit werden die Elektrizitätswerke sein. Dann – so behauptet er – wird man nicht mehr zu scheiden brauchen zwischen Sonntag und Werktag; es wird keines Sabbats mehr bedürfen, weil der Mensch in allem sein eigener Schöpfer ist. Er wird auch aufhören, sich bloß um Naturbeherrschung oder Naturgestaltung zu mühen, er wird die Natur selbst als Verwandlung darstellen.[8] Hier ist in einer sonst kaum zu findenden Deutlichkeit das formuliert, was die Bedrängnis unserer Zeit ist. Ehedem konnte der Mensch immer nur bestimmte

---

[5] Vgl. dazu meine kleine Studie: *Konsequenzen des Schöpfungsglaubens*, 84–98.

[6] Ich entnehme die folgenden Zitate dem erhellenden Buch von HARTL, *Der Begriff des Schöpferischen*, vgl. hierzu 74–80; vgl. BLOCH, *Das Prinzip Hoffnung*, 319.

[7] »Ohne Parteiung in der Liebe, mit ebenso konkretem Hasspol, gibt es keine echte Liebe; ohne Parteilichkeit des revolutionären Klassenstandpunkts gibt es nur noch Idealismus nach rückwärts statt Praxis nach vorwärts« (BLOCH, *Das Prinzip Hoffnung*, 318; HARTL, *Der Begriff des Schöpferischen*, 80).

[8] Markuskirchen und Elektrizitätswerke: vgl. BLOCH, *Das Prinzip Hoffnung*, 928 f.; Verzicht auf abgetrennte Sonn- und Feiertage: vgl. BLOCH, *Das Prinzip Hoffnung*, 1071 f.; vgl. HARTL, *Der Begriff des Schöpferischen*, 109–146, besonders 130 und 141 f. Weiteres interessantes Material aus dem Bereich marxistischen Denkens zur selben Frage bei PIEPER, *Zustimmung zur Welt*, 133 ff.

Dinge in der Natur verändern. Die Natur als solche war nicht Gegenstand, sondern Voraussetzung seines Wirkens. Nun ist sie selbst, als ganze, ihm ausgeliefert; damit aber sieht er sich plötzlich auch seiner tiefsten Gefährdung ausgesetzt. Der Ausgangspunkt dafür liegt in jener Haltung, die die Schöpfung nur als Produkt von Zufall und Notwendigkeit sieht. So hat sie kein eigenes Recht, und es kann keine Weisung von ihr ausgehen. Jener innere Rhythmus ist verstummt, den der Bericht der Heiligen Schrift uns vorgibt: der Rhythmus der Anbetung, der der Rhythmus der Geschichte der Liebe Gottes mit den Menschen ist. Heute freilich spüren wir zusehends das Schreckliche der Ergebnisse solcher Einstellung. Wir verspüren eine Bedrohung, die nicht eine ferne Zukunft, sondern uns selbst ganz unmittelbar betrifft. Die Demut des Glaubens ist verschwunden, der Hochmut des Machens gescheitert; so bildet sich eine neue, nicht minder verderbliche Haltung heraus – eine Einstellung, die den Menschen als den Störenfried ansieht, der alles zerbricht und der der wahre Schädling, die Krankheit der Natur ist. Der Mensch mag sich nicht mehr; er möchte sich am liebsten selbst zurücknehmen, damit die Natur wieder gesund sein könne. Aber auch so stellen wir die Welt nicht her; denn wir widersprechen dem Schöpfer auch, wenn wir den Menschen nicht mehr wollen, den er gewollt hat. Damit heilen wir die Natur nicht; wir zerstören uns und die Schöpfung damit. Wir nehmen ihr die Hoffnung, die in ihr liegt, und die Größe, zu der sie berufen ist.

So bleibt der christliche Weg als der wahrhaft rettende. Zum christlichen Weg gehört die Überzeugung, dass wir wirklich »kreativ«, also schöpferisch nur sein können, wenn wir es sind in der Einheit mit dem Creator, mit dem Schöpfer der Welt. Wir können der Erde nur wahrhaft dienen, wenn wir sie nehmen in der Weisung von Gottes Wort. Dann aber können wir uns selbst und die Welt wahrhaft voranbringen und vollenden. »Operi Dei nihil praeponatur« – dem Werk Gottes soll nichts vorgezogen, dem Dienst Gottes nichts vorangestellt werden. Dieser Satz ist der wahre Erhaltungssatz der Schöpfung gegen die falsche Anbetung des Fortschritts, gegen die Anbetung der Veränderung, die den Menschen zertritt, und gegen die Verlästerung des Menschen, die gleichfalls die Welt und die Schöpfung zerstört und von ihrem Ziel abhält. Der Schöpfer allein ist der wahre Erlöser des Menschen, und nur wenn wir dem Schöpfer trauen, sind wir auf dem Weg der Erlösung der Welt, des Menschen und der Dinge.

Die Erschaffung des Menschen
3. Fastenpredigt, München, 22. März 1981

Lesung: Gen 2, 4–9

Was ist der Mensch? Diese Frage ist jeder Generation und jedem einzelnen Menschen auferlegt; denn im Gegensatz zu den Tieren ist uns das Leben nicht einfach fertig vorgezeichnet. Was Menschsein ist, bleibt für jeden von uns auch Aufgabe, Anruf an seine Freiheit. Er muss das Menschsein neu erfragen; entscheiden, wer oder was er als Mensch sein will. In seinem Leben muss jeder von uns, ob er will oder nicht, Antwort auf die Frage nach dem Menschsein geben.

Was ist der Mensch? Der Schöpfungsbericht der Heiligen Schrift will uns Weisung geben auf dem Weg in das geheimnisvolle Land des Menschseins. Er will uns Hilfe sein, um zu erkennen, was Gottes Projekt mit dem Menschen ist. Er will uns helfen, schöpferisch die neue Antwort zu geben, die Gott von einem jeden von uns erwartet.

1. Der Mensch – von der Erde genommen[1]

Was wird nun da gesagt? Zunächst wird berichtet, dass Gott den Menschen aus der Erde des Ackerbodens formte. Das ist Demütigung und Tröstung zugleich. Demütigung – denn damit wird uns gesagt: Du bist kein Gott, du hast dich nicht selbst gemacht, und du verfügst nicht über das All; du bist begrenzt. Du bist ein Wesen zum Tod wie alles Lebendige, du bist nur Erde. Aber es ist auch Tröstung; denn es wird uns so auch gesagt: Der Mensch ist kein

---

[1] Die auf den folgenden Seiten ausgeführten Gedanken habe ich ausführlicher dargestellt in meinem Artikel Fraternité.

Herkunft aus Gottes ewiger Vernunft und Liebe

Dämon, wie es bisweilen scheinen könnte, kein böser Geist. Der Mensch ist nicht geformt aus negativen Mächten, sondern er ist gebildet aus Gottes guter Erde. Dahinter schimmert noch Tieferes auf. Es wird uns nämlich gesagt, dass *alle* Menschen Erde sind. Jenseits aller Unterscheidungen, die Kultur und Geschichte geschaffen haben, bleibt bestehen, dass wir im Letzten dasselbe sind, derselbe sind. Der Gedanke, den das Mittelalter unter den schreckhaften Erfahrungen der alle bedrohenden Macht des Todes zur Zeit der großen Pestepidemien in den Totentänzen geformt hat, ist in der Sache hier schon ausgesprochen: Kaiser und Bettler, Herr und Knecht, sie sind im Letzten eins, ein und derselbe Mensch, ein und derselben Erde entnommen und dazu bestimmt, in ein und dieselbe Erde zurückzukehren. In allen Verwüstungen und Erhöhungen der Geschichte bleibt der Mensch derselbe, bleibt er Erde, geformt aus ihr und dazu bestimmt, in sie zurückzukehren.

So wird zugleich die Einheit des ganzen Menschengeschlechtes sichtbar: Wir alle sind nur aus *einer* Erde. Es gibt nicht verschiedenerlei »Blut und Boden«. Es gibt nicht von Grund her verschiedene Menschen, wie die Mythen so vieler Religionen so mancher Zeit und Weltanschauungen zu mancher Zeit es aussprechen. Es gibt nicht verschiedene Kasten und Rassen, in denen Menschen verschiedenwertig wären. Wir alle sind die *eine* Menschheit, aus Gottes *einer* Erde geformt. Gerade dieser Gedanke liegt dem Schöpfungsbericht, liegt der ganzen Bibel zutiefst am Herzen. Gegen all die Trennungen und Überhebungen des Menschen, mit denen sich der eine über den anderen und gegen den anderen stellt, wird die Menschheit als die *eine* Schöpfung Gottes aus seiner *einen* Erde erklärt. Was hier im Anfang gesagt wird, wird dann nochmals wiederholt nach der Sintflut: In der großen Stammtafel von Genesis 10 kehrt derselbe Gedanke wieder, dass es nur *einen* Menschen in den vielen Menschen gibt. Die Bibel sagt gegen jeden Rassismus, gegen jede Teilung der Menschheit ein entschiedenes Nein.

Die Erschaffung des Menschen

2. Ebenbild Gottes

Aber damit der Mensch werde, muss noch ein Zweites geschehen. Der Grundstoff ist die Erde; aus ihr wird der Mensch, weil Gott dem von ihr geformten Körper seinen Atem in die Nase bläst. Es tritt göttliche Wirklichkeit in die Welt herein. Der erste Schöpfungsbericht, den wir bei den vorigen Meditationen bedachten, sagt das Gleiche in einem anderen, schon tiefer reflektierten Bild. Seine Formel lautet: Der Mensch ist geschaffen nach Gottes Bild und Gleichnis (vgl. Gen 1,26f.). In ihm berühren sich Himmel und Erde. Gott tritt in ihm in seine Schöpfung herein; der Mensch ist direkt zu Gott. Er ist angerufen von ihm. Das Gotteswort des Alten Bundes gilt für jeden einzelnen Menschen: »Bei deinem Namen rufe ich dich, du bist mein« (Jes 43,1). Jeder Mensch ist von Gott gekannt und geliebt. Jeder ist von Gott gewollt. Jeder ist Bild Gottes. Darin besteht nun erst die tiefere und größere Einheit der Menschheit, dass wir alle, dass jeder Mensch das *eine* Projekt Gottes erfüllt, der gleichen Schöpfungsidee Gottes entspringt. Darum sagt die Bibel: Wer sich am Menschen vergreift, der vergreift sich an Gottes Eigentum (vgl. Gen 9,6). Menschliches Leben steht unter dem besonderen Schutz Gottes, weil jeder Mensch, wie armselig oder wie hoch erhoben er sei, wie krank und leidend, wie unnütz oder wie wichtig er sein möge, ob geboren oder ungeboren, ob unheilbar krank oder strotzend von Lebenskraft – weil jeder Gottes Atem in sich trägt, jeder Gottes Bild ist. Dies ist der tiefste Grund für die Unverletzlichkeit der Menschenwürde, und darauf steht letzten Endes jede Zivilisation. Wo der Mensch nicht mehr so als unter Gottes Schutz stehend, Gottes Atem in sich tragend gesehen wird, da fangen die Überlegungen an, ihn nach seinem Nutzwert zu betrachten. Da tritt die Barbarei hervor, die die Würde des Menschen zertritt. Und umgekehrt: Wo dies da ist, da ist der Rang des Geistigen und des Sittlichen herausgestellt.

Unser aller Schicksal hängt daran, ob es gelingt, diese sittliche Würde des Menschen in der Welt der Technik und all ihrer Möglichkeiten zu verteidigen. Denn hier gibt es eine besondere Versuchung des technisch-naturwissenschaftlichen Zeitalters. Die technische und naturwissenschaftliche Haltung hat eine besondere Art von Gewissheit hervorgebracht, jene nämlich, die durch das

Experiment und die mathematische Formel bestätigt werden kann. Sie hat dem Menschen damit eine bestimmte Freiheit von Angst und Aberglauben, eine bestimmte Macht über die Welt gegeben. Aber nun ist die Versuchung da, nur noch das als vernünftig und daher als ernsthaft anzusehen, was in der Weise des Experiments und der Berechnung gewiss gemacht werden kann. Das bedeutet dann, dass das Sittliche und das Heilige nicht mehr zählt. Es wird dem Bereich des zu Überwindenden, des Irrationalen zugerechnet. Wo der Mensch aber dies tut, wo wir Ethik auf Physik zurückführen, löschen wir gerade das Eigentliche des Menschen aus und befreien ihn nicht mehr, sondern zerstören ihn. Wir müssen wieder erkennen, was Kant durchaus noch erkannt und gewusst hat: dass es zwei Weisen der Vernunft gibt, die theoretische und die praktische Vernunft, wie er sich ausdrückt; sagen wir ruhig: die physikalisch-naturwissenschaftliche und die sittlich-religiöse Vernunft. Es geht nicht an, die sittliche Vernunft, nur weil sie anders geartet ist und weil ihre Erkenntnis sich anders darstellt als die mathematische, zur blanken Unvernunft und zum Aberglauben zu erklären. Sie ist die eine und die größere Weise der Vernunft, die erst der Naturwissenschaft wie der Technik ihren menschlichen Rang wahren und sie davor bewahren kann, Zerstörung des Menschen zu werden. Kant sprach noch von dem Vorrang der praktischen Vernunft vor der theoretischen, davon, dass das Größere, die tieferen und entscheidenden Wirklichkeiten jene sind, die die sittliche Vernunft des Menschen in seiner moralischen Freiheit erkennt. Denn dort, so müssen wir hinzufügen, ist der Raum der Gottebenbildlichkeit, das, was den Menschen zu mehr als »Erde« werden lässt.[2]

Tun wir einen nächsten Schritt. Das Wesen eines Bildes besteht darin, dass es etwas darstellt. Wenn ich es sehe, erkenne ich zum Beispiel den Menschen, den es abbildet, oder die Landschaft usw. Es verweist auf ein anderes außerhalb seiner selbst. Das Eigentliche des Bildes besteht also nicht in dem, was es bloß in sich selber ist, Öl, Leinwand, Rahmen; sein Eigentliches als Bild besteht darin, dass es über sich hinausweist, dass es etwas zeigt, was es nicht in sich selber ist. So bedeutet auch Gottebenbildlichkeit

---

[2] Vgl. dazu KRIELE, *Befreiung*, besonders 72–107.

Die Erschaffung des Menschen

zuallererst, dass der Mensch nicht in sich selbst geschlossen sein kann. Versucht er dies, so verfehlt er sich. Gottebenbildlichkeit heißt: Verwiesenheit. Sie ist Dynamik, die den Menschen in Bewegung bringt auf den Ganz-Anderen hin. So bedeutet sie Beziehungsfähigkeit, ist die Gottfähigkeit des Menschen. Dann ist er folglich am meisten Mensch, wenn er aus sich heraustritt; wenn er fähig wird, zu Gott Du zu sagen. Ja, auf die Frage: Was unterscheidet eigentlich den Menschen vom Tier, was ist sein ganz Neues – muss man antworten: Er ist das Wesen, das Gott zu denken vermag; er ist das Wesen, das beten kann. Dann ist er am tiefsten bei sich selbst, wenn er die Beziehung zu seinem Schöpfer findet. Darum bedeutet Gottebenbildlichkeit auch, dass der Mensch ein Wesen des Wortes und der Liebe ist; ein Wesen der Bewegung zum anderen hin, dazu bestimmt, sich dem anderen zu schenken und in rechtem Sichverschenken sich erst wahrhaft zurückzuerhalten.

Noch einen weiteren Schritt ermöglicht uns die Heilige Schrift, wenn wir wieder unserer Grundregel folgen, dass wir Altes und Neues Testament zusammen lesen müssen, dass erst vom Neuen her sich der tiefste Sinn des Alten erschließt. Im Neuen Testament wird Christus der zweite Adam, der endgültige Adam und das Bild Gottes genannt (z. B. 1 Kor 15, 44–48; Kol 1, 15). Das heißt: Erst in ihm kommt vollends die Antwort auf die Frage zum Vorschein: Was ist der Mensch? Erst in ihm tritt der tiefste Inhalt dieses Entwurfes hervor. Er ist der endgültige Mensch, und die Schöpfung ist gleichsam ein Vorentwurf auf ihn zu. So können wir sagen: Der Mensch ist das Wesen, das Bruder Jesu Christi werden kann. Er ist das Geschöpf, das mit Christus und darin mit Gott selbst eins werden kann. So bedeutet diese Verwiesenheit von Schöpfung auf Christus, von erstem auf zweiten Adam, dass der Mensch ein Wesen auf dem Wege, ein Wesen des Übergangs ist. Er ist noch nicht er selbst, er muss es erst endgültig werden. Hier tritt mitten im Schöpfungsgedanken bereits das österliche Geheimnis, das Geheimnis des gestorbenen Weizenkorns vor uns hin. Der Mensch muss gestorbenes Weizenkorn werden mit Christus, um wahrhaft aufstehen zu können, wahrhaft aufgerichtet zu werden, wahrhaft er selbst zu sein (vgl. Joh 12, 24). Der Mensch ist nicht zu verstehen allein aus seiner vergangenen Herkunft oder aus einem isolierten Ausschnitt, den wir Gegenwart nennen. Er ist verwiesen auf seine Zukunft, erst sie lässt vollends hervortreten, wer er ist (vgl. 1 Joh 3,2). Wir müssen im anderen Menschen immer den sehen, mit dem ich einmal Gottes Freude teilen soll. Wir müssen ihn ansehen als den, mit dem ich gemeinsam Glied am Leibe Christi zu werden berufen bin, mit dem ich einmal an Abrahams, Isaaks und Jakobs Tisch, am Tische Jesu Christi sitzen werde, um sein Bruder und mit ihm Bruder Jesu Christi, Kind Gottes zu sein.

3. Schöpfung und Evolution

Nun könnte man sagen: Dies ist alles schön und gut. Aber ist es nicht doch letztlich durch unsere naturwissenschaftlichen Erkenntnisse von der Abstammung des Menschen aus dem Tierreich widerlegt? Nun, die nachdenklicheren Geister haben längst erkannt, dass es hier kein Entweder-oder gibt. Wir können nicht sagen: Schöpfung *oder* Evolution. Die richtige Formel muss heißen: Schöpfung *und* Entwicklung, denn die beiden Dinge beantworten zwei verschiedene Fragen. Die Geschichte von dem Acker boden und von dem Atem Gottes, die wir eben hörten, erzählt ja nicht, wie ein Mensch entsteht. Sie erzählt, was er ist. Sie erzählt seinen innersten Ursprung; sie klart das Projekt auf, das hinter ihm steht. Und umgekehrt: Die Evolutionslehre versucht biologische Abläufe zu erkennen und zu beschreiben. Aber sie kann die Herkunft des »Projekts« Mensch damit nicht erklären, seinen inneren Ursprung und sein eigenes Wesen. Insofern stehen wir hier vor zwei sich ergänzenden, nicht vor zwei sich ausschließenden Fragen.

Aber sehen wir noch ein Stück näher zu, weil auch hier der Fortgang des Denkens gerade in den letzten zwei Jahrzehnten uns hilft, die innere Einheit von Schöpfung und Entwicklung, von Glaube und Vernunft neu zu begreifen. Es gehörte zu den besonderen Einsichten des 19. Jahrhunderts, dass es immer mehr die Geschichtlichkeit, die Gewordenheit aller Dinge begriff. Es sah ein, dass Dinge, die wir für unveränderlich und immer gleichartig halten, Produkt eines langen Werdens sind. Dies gilt im Bereiche des Menschlichen, aber es gilt auch im Bereich der Natur. Es wurde sichtbar, dass das Weltall nicht so etwas wie ein großer Kasten ist, in den alles fertig hineingestellt wurde, sondern eher einem lebendigen Baum in seinem Wachsen und Werden zu vergleichen ist, der allmählich seine Zweige immer höher in den Himmel streckt. Diese allgemeine Einsicht wurde und wird oft einigermaßen phantastisch ausgelegt, aber mit dem Fortgang der Forschung zeichnen sich doch mehr und mehr Klärungen darüber ab, wie sie rechtens zu verstehen sei. Ich möchte einiges davon ganz kurz andeuten im Anschluss an Jacques Monod, der als Wissenschaftler von hohem Rang einerseits und als entschiedener Bekämpfer jedes Schöpfungsglaubens andererseits gewiss als unverdächtiger Zeuge gelten darf.[3]

Zwei wichtige Präzisierungen grundsätzlicher Art, die er herausgestellt hat, scheinen mir vorab wichtig zu sein. Die erste besagt: Es gibt in der Wirklichkeit nicht nur das Notwendige. Man kann nicht, wie Laplace es noch wollte und wie Hegel es sich auszudenken versuchte, alles in der Welt mit einer unbedingten Notwendigkeit nacheinander und voneinander ableiten. Es gibt nicht die Formel, aus der dann alles andere zwingend folgt. In der Welt gibt es nicht nur Notwendigkeit, sondern Zufall, sagt Monod. Wir würden als Christen eine Stufe tiefer gehen und sagen: Es gibt Freiheit. Aber kehren wir zu Monod zurück. Er weist darauf hin,

---

[3] Dabei bin ich mir bewusst, dass seit dem Buch von Monod die Debatte nicht nur weitergegangen ist, sondern geradezu eine Explosion neuer Veröffentlichungen zum Thema in den verschiedensten Richtungen mit neuen empirischen Erkenntnissen, vor allem aber auch mit neuen theoretischen Positionen stattgefunden hat. Um nur die in Deutschland bekanntesten Veröffentlichungen zu nennen, verweise ich auf EIGEN / WINKLER, *Das Spiel;* RIEDL, *Strategie;* RIEDL, *Biologie;* zum anderen auf SPAEMANN / LÖW, *Die Frage Wozu?;* SPAEMANN, *Evolutionstheorie.* In den Predigten konnte es aber selbstverständlich nicht um wissenschaftliche Detaildiskussionen gehen, sondern um das Herausstellen der Grundlinien der Fragestellung sowie um Grenze und Beziehung der einzelnen Methoden und der den Einzelwissenschaften entsprechenden Erkenntnisebenen. Dazu aber scheint mir nach wie vor Monods Werk durch die Genauigkeit und Klarheit seiner Argumentation den besten Ausgangspunkt zu bieten. An methodischer Strenge hat ihn, gerade was die Beziehung von Empirie und Philosophie betrifft, m. W. keine der folgenden Publikationen mehr erreicht.

dass es besonders zwei Wirklichkeiten gibt, die nicht sein mussten: Sie konnten sein, aber sie mussten es nicht. Die eine davon ist das Leben. So, wie die physikalischen Gesetze sind, *konnte* es entstehen, *musste* aber nicht. Ja, er fügt hinzu: Es war höchst unwahrscheinlich, dass dies geschah. Die mathematische Wahrscheinlichkeit dafür war nahezu bei null, sodass man auch annehmen kann, dass es wohl nur dieses eine Mal, auf unserer Erde, dieses höchst unwahrscheinliche Ereignis gab, dass Leben aufstand.[4]

Das zweite, was sein konnte, aber nicht musste, ist das geheimnisvolle Wesen Mensch. Auch er ist so unwahrscheinlich, dass Monod als Naturwissenschaftler feststellt: Bei dem gegebenen Grad an Unwahrscheinlichkeit kann es wohl nur einmal geschehen sein, dass dieses Wesen aufstand. Wir sind ein Zufall, sagt er. Wir haben in der Lotterie eine Glücksnummer gezogen, und wir müssen uns vorkommen wie jemand, der plötzlich im Losspiel unvermutet eine Milliarde gewonnen hat.[5] In seiner atheistischen Sprache drückt er so von Neuem aus, was der Glaube der Jahrhunderte die »Kontingenz« des Menschen genannt hatte und was dem Glauben zum Gebet geworden war: Ich müsste nicht sein, aber ich bin, und du, o Gott, hast mich gewollt. Nur setzt Monod an die Stelle von Gottes Willen den Zufall, die Lotterie, die uns hervorgebracht hat. Wäre es so, dann würde es sehr fraglich, ob man wirklich behaupten darf, dass dies ein Glückslos war. Ein Taxifahrer hat im Gespräch kürzlich mir gegenüber bemerkt, dass immer mehr junge Leute sagen: Man hat mich ja nicht gefragt, ob ich geboren werden will. Und ein Lehrer sagte mir, dass er ein Kind zu mehr Dankbarkeit den Eltern gegenüber führen wollte mit dem Hinweis: »Du verdankst ihnen doch, dass du lebst!« Aber das Kind habe geantwortet: »Dafür bin ich gar nicht dankbar.« Es

---

[4] Vgl. MONOD, *Zufall und Notwendigkeit* (1975), 52 ff.; 128 f.
[5] MONOD, *Zufall und Notwendigkeit* (1975), 129: »Die moderne Naturwissenschaft kennt keine notwendige Vorherbestimmtheit. [...] Das [nämlich die Entstehung des Menschen] ist ein weiteres einmaliges Ereignis, das uns schon deshalb vor einem jeglichen Anthropozentrismus warnen sollte. Wenn es so einzigartig und einmalig war wie das Erscheinen des Lebens, dann deshalb, weil es vor seinem Eintreten ebenso unwahrscheinlich war. Das Universum trug weder das Leben, noch trug die Biosphäre den Menschen in sich. Unsere ›Losnummer‹ kam beim Glücksspiel heraus.«

Die Erschaffung des Menschen

sah kein Glückslos im Menschsein. Und in der Tat, wenn uns nur der blinde Zufall ins Meer des Nichts hineingeworfen hat, dann gibt es Gründe genug, dies eher für ein Unglückslos zu halten. Nur wenn wir wissen, dass da einer ist, der nicht ein blindes Los geworfen hat, dass wir nicht Zufall sind, sondern aus Freiheit und aus Liebe, dann können wir, die Nicht-Notwendigen, für diese Freiheit danken und dankend wissen, dass es doch ein Geschenk ist, ein Mensch zu sein.

Gehen wir nun direkt an die Frage nach der Entwicklung und ihrer Mechanismen heran. Mikrobiologie und Biochemie haben hier umwälzende Einsichten gebracht. Immer weiter dringen sie in das innerste Geheimnis des Lebens ein, suchen seine Geheimsprache zu dechiffrieren und zu erkennen, was das denn nun eigentlich ist: das Leben. Sie sind dabei zu der Erkenntnis gekommen, dass man durchaus einen Organismus und eine Maschine in vieler Hinsicht vergleichen kann. Beide haben nämlich gemeinsam, dass sie ein Projekt, einen bedachten und vernünftigen Entwurf verwirklichen, der in sich stimmig und logisch ist. Ihr Funktionieren beruht auf einer präzis durchdachten und daher nachdenkbaren Konstruktion. Aber neben dieser Gemeinsamkeit stehen auch Unterschiede. Ein erster, noch eher unwichtiger, ist so zu umschreiben: Das Projekt Organismus ist unvergleichlich gescheiter und kühner als die raffiniertesten Maschinen. Die sind stümperhaft konstruiert und gedacht, verglichen mit dem Projekt Organismus. Ein zweiter Unterschied geht tiefer: Das Projekt Organismus betreibt sich selbst, von innen her, nicht wie die Maschine, die von außen her durch jemand betätigt werden muss. Und schließlich der dritte Unterschied: Das Projekt Organismus hat die Kraft, sich selbst zu reproduzieren; es kann das Projekt, das es selber ist, erneuern und weitergeben. Anders gesagt: Es hat die Fähigkeit der Fortpflanzung, durch die wiederum ein solches lebendiges, stimmiges Ganzes in Existenz tritt.[6]

Hier kommt nun etwas ganz Unerwartetes und Wichtiges zum Vorschein, das Monod die platonische Seite der Welt nennt. Das bedeutet: Es gibt nicht bloß das Werden, in dem sich ständig alles verändert, sondern es gibt das Beständige, die immerwährenden

---

[6] Vgl. MONOD, *Zufall und Notwendigkeit* (1975), 23–37.

Ideen, die die Wirklichkeit durchleuchten und ihre ständigen Leitprinzipien sind. Es gibt die Beständigkeit, und sie ist so beschaffen, dass jeder Organismus streng sein Muster, das Projekt, das er ist, wieder weitergibt. Ein jeder Organismus ist – wie Monod ausdrückt – konservativ angelegt. Er reproduziert sich selbst in der Fortpflanzung genau wieder. Monod formuliert demgemäß: Für die moderne Biologie ist die Evolution keine Eigenschaft der lebendigen Wesen, sondern ihre Eigenschaft ist gerade, dass sie unveränderlich sind: Sie geben sich weiter; ihr Projekt bleibt.[7]

Monod findet dann dennoch den Weg für die Evolution in der Feststellung, dass es in der Weitergabe des Projekts Übertragungsfehler geben kann. Weil die Natur konservativ ist, wird dieser Fehler, wenn es ihn einmal gibt, so fortgepflanzt. Solche Fehler können sich summieren, und aus der Summierung von Fehlern kann Neues entstehen. Nun folgt ein verblüffender Schluss: Auf diese Weise ist die ganze Welt des Lebendigen, so ist der Mensch entstanden. Wir sind ein Produkt zufälliger Fehler.[8]

Was sollen wir zu dieser Antwort sagen? Es bleibt Sache der Naturwissenschaft zu klären, durch welche Faktoren der Baum des Lebens im Einzelnen weiterwächst und neue Äste aus ihm aufsteigen. Dies ist nicht die Frage des Glaubens. Aber wir müssen und dürfen die Kühnheit haben zu sagen: Die großen Projekte des

---

[7] MONOD, *Zufall und Notwendigkeit* (1975), 99: »Den Biologen meiner Generation fiel es zu, die Quasi-Identität der Zellchemie in der gesamten Biosphäre zu enthüllen. Seit 1950 war man sich dessen gewiss, und jede neue Veröffentlichung brachte eine Bestätigung. Die Hoffnungen der überzeugtesten ›Platoniker‹ waren mehr als erfüllt.« 104 f.: »Das ganze System ist folglich total konservativ, streng in sich abgeschlossen und absolut unfähig, irgendeine Belehrung aus der Außenwelt anzunehmen. [...] Es ist von Grund auf kartesianisch und nicht hegelianisch«.

[8] Vgl. MONOD, *Zufall und Notwendigkeit* (1975), 105 ff. Zusammenfassend 110: »So mancher ausgezeichnete Geist scheint auch heute noch nicht akzeptieren oder auch nur begreifen zu können, dass allein die Selektion aus störenden Geräuschen das ganze Konzert der belebten Natur hervorgebracht haben könnte.« Es wäre leicht zu zeigen, dass eigens Spieltheorien, die dem Zufall doch seine Logik zu geben versuchen, in Wirklichkeit keine neuen Faktoren einführen und insofern die Feststellungen Monods eher verschleiern als vertiefen oder ergänzen.

Die Erschaffung des Menschen

Lebendigen, sie sind nicht Produkt von Zufall und Irrtum. Sie sind auch nicht Produkte einer Selektion, der man Gottesprädikate beilegt, die an dieser Stelle unlogisch und unwissenschaftlich, ein moderner Mythos sind. Die großen Projekte des Lebendigen verweisen auf schöpferische Vernunft, sie zeigen uns den Schöpfergeist, heute leuchtender und strahlender denn je. So dürfen wir heute mit neuer Gewissheit und Freudigkeit sagen: Ja, der Mensch ist ein Projekt Gottes. Nur der Schöpfergeist war stark genug und groß und kühn genug, dies Projekt zu ersinnen. Der Mensch ist nicht ein Irrtum, sondern er ist gewollt, er ist Frucht einer Liebe. Er kann in sich selbst, in dem kühnen Projekt, das er ist, die Sprache des Schöpfergeistes entdecken, der zu ihm spricht und der ihn ermutigt zu sagen: Ja, Vater, du hast mich gewollt.

Als die römischen Soldaten Jesus gegeißelt, mit Dornen gekrönt und mit einem Spottmantel umkleidet hatten, führten sie ihn zu Pilatus zurück. Dieser hartgesottene Militär war offenbar erschüttert von diesem zerstörten, zerschlagenen Menschen. Er stellte ihn mitleidheischend vor die Menge hin mit den Worten: »Idu ho anthropos!« »Ecce homo« (Joh 19, 5) – wir übersetzen gewöhnlich: »Seht, welch ein Mensch«: Aber genauer heißt es vom Griechischen her: »Seht, das ist der Mensch!« In der Meinung des Pilatus war dies das Wort eines Zynikers, der sagen wollte: Wir rühmen uns des Menschseins, aber nun, schau her, hier ist er, dieser Wurm – das ist der Mensch! Wie verächtlich, wie klein ist er. Aber der Evangelist Johannes hat in dem Wort des Zynikers dennoch ein prophetisches Wort erkannt und es so der Christenheit überliefert. Ja, Pilatus hat recht, will er sagen: Seht, das ist der Mensch! An ihm, Jesus Christus, können wir ablesen, was der Mensch ist, das Projekt Gottes, und unseren Umgang damit. An dem geschundenen Jesus können wir sehen, wie grausam, wie klein, wie niedrig der Mensch sein kann. An ihm können wir die Geschichte des menschlichen Hasses und der Sünde ablesen. Aber an ihm und seiner für uns leidenden Liebe können wir mehr noch Gottes Antwort ablesen: Ja, dies ist der Mensch, der bis in den Staub hinein von Gott Geliebte, der von Gott so Geliebte, dass er ihm bis in die letzte Not des Todes nachgeht. Auch in der letzten Erniedrigung bleibt er der von Gott Gerufene, Bruder Jesu Christi und so zur Teilhabe an Gottes ewiger Liebe gerufen. Die Frage

»Was ist der Mensch?« findet ihre Antwort in der Nachfolge Jesu Christi. In ihren Schritten können wir Tag um Tag in der Geduld des Liebens und Leidens mit ihm erlernen, was der Mensch ist, und Menschen werden.

So wollen wir in dieser Fastenzeit auf ihn hinschauen, den Pilatus, den die Kirche vor uns hinstellt. *Er* ist der Mensch. Bitten wir ihn, dass Er uns lehren möge, wahrhaft Menschen zu werden und zu sein.

Sünde und Erlösung

4. Fastenpredigt, München, 29. März 1981

Lesung: Gen 3, 1–12.17–19.23–24

1. Zum Thema Sünde[1]

Als wir nach dem Ende der Bischofssynode, die dem Thema Familie gewidmet gewesen war, im kleinen Kreis über mögliche Themen der nächsten Synode berieten, fiel unser Blick auf das Wort Jesu, in dem Markus zu Beginn seines Evangeliums die ganze Botschaft Jesu zusammenfasst: »Die Zeit ist erfüllt und das Reich Gottes ist nahe. Bekehrt euch und glaubt an das Evangelium« (Mk 1, 15). Einer der Bischöfe wurde nachdenklich über diesem Wort und sagte, er habe den Eindruck, dass wir die so zusammengefasste Botschaft Jesu seit Langem eigentlich halbiert hätten. Wir sprechen sehr viel und sehr gern von Evangelisierung, von der frohen Botschaft, um den Menschen das Christentum anziehend zu machen. Aber kaum jemand – so meinte der Bischof – wagt noch die prophetische Botschaft auszusprechen: Bekehrt euch! Kaum jemand wagt, diesen elementaren Ruf des Evangeliums in unsere Zeit hineinzusagen, mit dem der Herr uns dahin bringen will, ein jeder persönlich sich als Sünder, als Schuldigen zu erkennen, Buße zu tun, ein anderer zu werden. Der Mitbruder fügte hinzu, unsere christliche Predigt von heute komme ihm vor wie das Tonband einer Symphonie, bei der die Anfangstakte mit dem ersten Grundthema weggeschnitten sind, sodass die ganze Symphonie amputiert und in ihrem Gange unverständlich geworden ist. Damit war ein wunder Punkt unserer gegenwärtigen geistesgeschichtlichen Lage berührt. Das Thema Sünde ist rundum zu einem der verschwiegenen Themen unserer Zeit geworden. Die

---

[1] Wichtige Anmerkungen für diese Predigt verdanke ich der Arbeit von Pieper, *Über den Begriff der Sünde.*

religiöse Verkündigung versucht ihm tunlichst auszuweichen. Theater und Film benützen das Wort ironisch oder als Unterhaltungselement. Soziologie und Psychologie versuchen es als Illusion oder als Komplex zu entlarven. Selbst das Recht versucht immer mehr, ohne den Gedanken der Schuld auszukommen. Es bedient sich lieber der soziologischen Figur, die den Gedanken von Gut und Böse ins Statistische kehrt und stattdessen zwischen abweichendem und regelmäßigem Verhalten unterscheidet. Dabei ist eingeschlossen, dass sich die statistischen Proportionen auch umkehren können: Was jetzt das Abweichende ist, kann einmal die Regel werden, ja, vielleicht sollte man sogar danach streben, das Abweichende zum Normalen zu machen. Mit solcher Rückführung auf das Quantitative ist demgemäß die Idee des Moralischen überhaupt aufgegeben. Das ist logisch, wenn es kein Maß für den Menschen gibt, das uns vorangeht; nicht von uns erfunden wird, sondern aus dem inneren Gutsein der Schöpfung folgt.

Damit sind wir schon beim eigentlichen Kern des Vorgangs angelangt. Der Mensch von heute kennt kein Maß, ja, er will keines kennen, weil er im Maß die Bedrohung seiner Freiheit sähe. Dabei könnten einem die Worte der französischen Jüdin Simone Weil in den Sinn treten, die einmal gesagt hat. »Die Erfahrung des Guten gewinnt man nur, indem man es vollbringt [...]. Wenn man das Böse vollbringt, dann erkennt man es *nicht* – weil das Böse das Licht scheut.«[2] Das Gute erkennt man nur, wenn man es tut. Das Böse erkennt man nur, wenn man es nicht tut.

So ist das Thema Sünde zu einem verdrängten Thema geworden, aber allenthalben zeigt sich doch auf der anderen Seite, dass es eben nur verdrängt und dennoch wahr geblieben ist. Bezeichnend scheint mir die jederzeit sprungbereit gewordene Aggressivität, die wir in unserer Gesellschaft zusehends erleben – diese immer lauernde Bereitschaft, den anderen zu beschimpfen, ihn als Schuldigen am eigenen Unglück zu erkennen; die Gesellschaft

---

[2] WEIL, *Schwerkraft und Gnade*, 101 f.; zitiert nach: PIEPER, *Über den Begriff der Sünde*, 69. Pieper macht ebd. auch auf ein ähnlich gerichtetes Goethe-Wort aufmerksam, wonach wir »einen Fehler nicht eher einsehen [können], als bis wir ihn los sind« (GOETHE, *Aus meinem Leben. Dichtung und Wahrheit* II 8, 349).

zu brandmarken und durch Gewalttätigkeit die Welt ändern zu wollen. Mir scheint, dass dies alles nur zu begreifen ist als Ausdruck für die verdrängte Wahrheit der Schuld, die der Mensch nicht wahrhaben will. Weil sie dennoch da ist, muss er sie angreifen und zertreten. Weil es so steht, d. h. weil der Mensch Wahrheit verdrängen, aber nicht beseitigen kann und weil er an der verdrängten Wahrheit erkrankt, darum ist es eine der Aufgaben des Heiligen Geistes, »die Welt der Sünde zu überführen« (Joh 16, 8 f.). Es geht dabei nicht darum, den Menschen das Leben zu verleiden, sie mit Verboten und Negationen einzuengen. Es geht einfach darum, sie in die Wahrheit zu führen und so zu heilen. Der Mensch kann nur heil werden, wenn er wahr wird; wenn er aufhört, Wahrheit zu verdrängen und zu zertreten. Das dritte Kapitel des Buches Genesis, das dieser Betrachtung vorausgeht, ist ein Stück dieses die Geschichte hindurchgehenden Tuns des Heiligen Geistes. Er überführt die Welt und uns der Sünde, nicht um uns zu erniedrigen, sondern um uns wahr und um uns gesund zu machen, uns zu »erlösen«.

2. Grenze und Freiheit des Menschen

Dieser Text erzählt seine unser Begreifen überschreitende Wahrheit vor allem in zwei großen Bildern: dem des Gartens, dem das Bild des Baumes zugehört, und dem der Schlange. Der Garten ist Bild für eine Welt, die dem Menschen nicht Wildnis, Gefährdung und Bedrohung, sondern Heimat ist, die birgt und nährt und trägt. Er ist Ausdruck für eine Welt, die die Züge des Geistes trägt; für eine Welt, die dem Willen des Schöpfers gemäß geworden ist. So greifen darin zwei Bewegungen ineinander. Zum einen dies, dass der Mensch die Welt nicht ausbeutet, sie sich nicht selbst zu einem von Gottes Schöpferwillen losgelösten Privateigentum machen will, sondern als die Gabe des Schöpfers erkennt und sie zu dem erbaut, wozu sie geschaffen ist. Dann zeigt sich umgekehrt, dass die Welt, die in die Einheit mit ihrem Herrn hineingestellt wird, nicht Drohung ist, sondern Gabe und Geschenk, Zeichen der rettenden und einenden Güte Gottes.

Das Bild der Schlange ist aus den orientalischen Fruchtbar-

Herkunft aus Gottes ewiger Vernunft und Liebe

keitskulten genommen. Es steht so zunächst für diese Fruchtbarkeitsreligionen, die Jahrhunderte hindurch die eigentliche Versuchung Israels gewesen sind, die Gefahr, den Bund zu verlassen und einzutauchen in die allgemeine Religionsgeschichte von damals. Durch die Fruchtbarkeitskulte hindurch spricht die Schlange zum Menschen: Halte dich nicht an diesen fernen Gott, der dir nichts zu geben hat. Halte dich nicht an diesen Bund, der so weit weg ist und dir so viel Grenzen auferlegt. Tauche ein in den Strom des Lebens, in seinen Rausch und in seine Ekstase, so kannst du selbst an der Wirklichkeit des Lebens und an seiner Unsterblichkeit teilhaben.[3]

In der Zeit, in der der Paradiesesbericht seine endgültige literarische Gestalt fand, war die Gefährdung riesengroß, dass Israel das Nahe, Sinne und Geist Faszinierende jener Religionen übernehme und der so fern scheinende Gott der Verheißung und der Schöpfung darob verschwinde und vergessen werde. Man kann auf dem Hintergrund der Geschichte, wie wir sie etwa aus den Erzählungen vom Propheten Elija wissen, diesen Text sehr viel besser verstehen. »Eva sah, dass es köstlich wäre, von diesem Baum zu essen, dass er eine Augenweide war und dazu verlockte, klug zu werden« (Gen 3, 6). Die Schlange war in jener Religiosität das Symbol der Klugheit, die die Welt beherrscht, und der Fruchtbarkeit, in der der Mensch in den göttlichen Strom des Lebens eintaucht, sich selbst für Augenblicke mit seiner göttlichen Macht verschmolzen weiß. So wird die Schlange auch zum Symbol für die Attraktion, die diese Religionen für Israel gegenüber dem Geheimnisvollen des Bundesgottes bedeuteten.

Im Spiegel der Versuchung Israels stellt die Heilige Schrift die Versuchung Adams, überhaupt das Wesen von Versuchung und Sünde zu allen Zeiten dar. Die Versuchung beginnt nicht mit der Leugnung Gottes, mit dem Absturz in offenen Atheismus. Die

---

[3] Zum religionsgeschichtlichen Hintergrund der Gestalt der Schlange besonders SCHARBERT, *Genesis 1–11*, 55, ausführlich (wenn auch nicht in allem überzeugend) WESTERMANN, *Genesis 1–11* (1983), 323–328; Gerhard von Rad geht in seiner Auslegung auf die Bedeutung der Schlange nicht näher ein, stellt aber sehr schön als Kern der Versuchung die »Ausweitung des menschlichen Wesens über die von Gott in seiner Schöpfung gesetzten Schranken hinaus« dar (RAD, *1 Mose* [1987], 63).

76

Schlange leugnet Gott nicht; sie fängt vielmehr mit einer scheinbar ganz sinnvollen Informationsfrage an, die aber in Wahrheit eine Unterstellung enthält und den Menschen in diese Unterstellung hineinzieht, ihn herauszieht aus dem Vertrauen in das Misstrauen hinein: »Ihr dürft von keinem Baum des Gartens essen?« (Gen 3,1). Das Erste ist nicht die Leugnung Gottes, sondern die Verdächtigung seines Bundes, der Gemeinschaft des Glaubens, des Betens, der Gebote, in der wir vom Bundesgott her leben. Es ist ja so viel Einleuchtendes dabei, wenn man den Bund verdächtigt, das Misstrauen weckt, die Freiheit beschwört und so den Bundesgehorsam als Fessel denunziert, die uns von den eigentlichen Verheißungen des Lebens abschneidet. Es ist so leicht, dem Menschen einzureden, dass dieser Bund nicht Gabe und Geschenk sei, sondern Ausdruck eines Neides gegenüber dem Menschen, dass er ihn seiner Freiheit und der köstlichsten Dinge des Lebens beraube. Mit dieser Verdächtigung des Bundes kommt der Mensch dann auf den Weg, auf dem er sich selbst seine Welt erbaut. Anders gesagt: Darin ist der Vorschlag an den Menschen eingeschlossen, dass er die Grenze seines Wesens nicht annehmen solle; dass er die Grenze von Gut und Böse, die Grenze des Sittlichen überhaupt, nicht als eine Grenze betrachten, sondern sich einfach freimachen solle und könne, indem er sie weglässt.[4]

Diese Verdächtigung des Bundes und die damit verbundene Einladung an den Menschen, sich von seiner Grenze zu befreien, geht in vielen Varianten die Geschichte hindurch und bestimmt auch das Panorama unserer Zeit.[5] Ich nenne nur zwei Varianten: die ästhetische und die technische. Beginnen wir mit der ästhetischen Spielart. Sie beginnt mit der Frage: Was darf die Kunst eigentlich? Die Antwort scheint ganz einfach: Sie darf alles, was sie »künstlerisch« kann. Sie darf nur *eine* Regel haben: sich selbst, das künstlerische Können. Und nur *einen* Fehler gibt es gegen sie: den Kunstfehler, das künstlerische Unvermögen. Folglich gibt es dann nicht gute und schlechte Bücher, sondern nur gut oder schlecht

---

[4] Vgl. zu dieser Auslegung besonders RAD, *1 Mose* (1987), 61–64; verwandte Überlegungen klingen kurz an bei AUER, *Die Welt – Gottes Schöpfung*, 527 f.
[5] Die folgenden Überlegungen fußen auf den sorgfältigen Reflexionen, die PIEPER, *Über den Begriff der Sünde*, 27–47, zum Begriff der Sünde entwickelt hat.

geschriebene Bücher, nur gut oder schlecht gemachte Filme usw. Nicht das Gute, das Moralische kann da zählen, so scheint es, sondern nur das Können: denn Kunst kommt von Können (sagt man) – alles andere ist Vergewaltigung. Wie einleuchtend ist das! Aber es bedeutet dann, konsequent genommen, dass es da einen Raum gibt, in dem der Mensch sich über seine Grenzen erheben kann: Wenn er Kunst macht, dann hat er seine Grenze nicht; dann kann er, was er kann. Und das heißt dann, dass des Menschen Maß allein sein Können ist und nicht das Sein, nicht das Gute und Böse. Was er kann, darf er auch – wenn es so steht.

Was das bedeutet, sehen wir heute sehr viel deutlicher an der zweiten Variante, der technischen; aber es ist eine Variante desselben Gedankens und derselben Sache, denn auch das Wort »Techne« heißt zu Deutsch »Kunst«, und kommt von »können«. So ist auch hier die Frage: Was darf die Technik? Sehr lange galt als völlig klar: Sie darf, was sie kann; der einzige Fehler, den sie kennt, ist der Kunstfehler. Robert Oppenheimer erzählt, als die Möglichkeit der Atombombe auftauchte, sei für sie, die Atomphysiker, das »technically sweet«, das technisch Reizvolle, ihre Faszination gewesen – wie ein Magnet, dem sie folgen mussten: das technisch Mögliche, das Können auch zu wollen und zu tun. Einer der letzten Kommandanten von Auschwitz, Rudolf Höß, hat in seinem Tagebuch festgehalten, dass das Vernichtungslager eine unerhörte technische Leistung gewesen sei. Es sei der Fahrplan des Ministeriums zu berücksichtigen gewesen, die Kapazität der Krematorien und deren Feuerungskraft; und dies so ineinander zu bringen, dass es lückenlos funktionierte, bildete ein faszinierendes und stimmiges Programm, das sich als solches selber rechtfertigte.[6] Mit solchen Beispielen könnte man noch lange fortfahren. Alle Produktionen des Schrecklichen, deren fortwährenden Steigerungen wir heute fassungslos und letztlich hilflos zusehen, haben diese eine gemeinsame Grundlage. An den Folgen dieses Prinzips sollten wir heute aber endlich wieder erkennen, dass es ein Betrug des Satans ist, der den Menschen und die Welt zerstören will. Wir sollten einsehen, dass der Mensch sich nie in einen bloßen Raum

---

[6] Beide Beispiele sind dem Buch von PIEPER, *Zum Begriff der Sünde,* 38 und 41, entnommen.

Sünde und Erlösung

der Kunst zurückziehen kann. In allem, was er tut, tut er sich selbst. Darum ist er selbst, ist die Schöpfung, ist ihr Gut und Böse immer als sein Maß gegenwärtig, und wenn er dieses Maß verneint, belügt er sich. Er macht sich nicht frei, sondern er stellt sich gegen die Wahrheit. Und das heißt: Er zerstört sich und die Welt.

Dies also ist das Erste und Grundlegende, das in der Adamsgeschichte über das Wesen menschlicher Schuld und so über unser aller Existenz zum Vorschein kommt. Die Ordnung des Bundes wird verdächtigt. Der nahe Bundesgott und mit ihm die Grenze von Gut und Bös; das innere Maß des Menschseins, die Geschöpflichkeit. Wir können von da aus geradezu sagen: Der tiefste Gehalt der Sünde ist es, dass der Mensch sein Geschöpfsein leugnen will, weil er das Maß und die Grenze nicht annehmen möchte, die darin eingeschlossen sind. Er will nicht Geschöpf sein, will nicht gemessen sein, will nicht abhängig sein. Er deutet seine Abhängigkeit von Gottes schöpferischer Liebe als Fremdbestimmung. Fremdbestimmung aber ist Sklaverei; von Sklaverei muss man sich freimachen. So will der Mensch selbst Gott werden. Wo er dies versucht, ändert sich alles. Es ändert sich das Verhältnis des Menschen zu sich selbst, es ändert sich das Verhältnis zum anderen: Für den, der Gott sein möchte, wird auch der andere zur Grenze, zum Konkurrenten, zur Bedrohung. Die Beziehung zu ihm wird zu gegenseitiger Beschuldigung und zu Kampf, wie es die Paradiesesgeschichte meisterhaft im Gespräch Gottes mit Adam und Eva darstellt (Gen 3,8–13). Es ändert sich schließlich das Verhältnis zur Welt derart, dass es ein Verhältnis des Zertretens und des Ausbeutens wird. Der Mensch, der die Abhängigkeit von der höchsten Liebe als Sklaverei betrachtet und der seine Wahrheit – sein Geschaffensein – leugnen will, der wird nicht frei; der zerstört die Wahrheit und die Liebe. Er macht sich nicht zum Gott – das kann er nicht, sondern zur Karikatur, zum Pseudo-Gott, zum Sklaven seines Könnens, das ihn zersetzt. Sünde ist – so wird nun deutlich – ihrem Wesen nach Absage an die Wahrheit. Damit können wir nun auch verstehen, was es mit diesem geheimnisvollen Wort auf sich hat: »Wenn ihr davon esst (d.h. wenn ihr die Grenze verneint, wenn ihr das Gemessensein verneint), dann werdet ihr sterben« (vgl. Gen 3,3). Das bedeutet: Der Mensch, der die Grenze von Gut und Bös, das innere Maß

79

der Schöpfung, verneint, leugnet die Wahrheit. Er lebt in der Unwahrheit, in der Unwirklichkeit. Sein Leben wird zum Schein; es steht unter der Herrschaft des Todes. Wir, die wir weithin in einer solchen Welt der Unwahrheiten, des Un-lebens stehen, wissen, wie sehr es diese Herrschaft des Todes gibt, die das Leben selbst zu einer Negation, zu einem Totsein macht.

3. Die Erbsünde

In dem Genesisbericht, den wir betrachten, kommt zu dieser Wesensbeschreibung der Sünde noch ein weiterer Grundzug hinzu. Die Sünde wird nicht allgemein als eine abstrakte Möglichkeit beschrieben, sondern als eine Tatsache, als die Sünde jemandes – Adams, der am Anfang der Menschheit steht und von dem eine Geschichte der Sünde ausgeht. Der Bericht sagt uns: Sünde bringt Sünde hervor, und alle Sünden der Geschichte hängen so untereinander zusammen. Die Theologie hat für diesen Sachverhalt das sicher missverständliche und ungenaue Wort »Erbsünde« gefunden. Was hat es damit auf sich? Nichts erscheint uns heute fremder, ja absurder, als Erbsünde zu behaupten, weil Schuld nach unserer Auffassung ja immer nur das Persönlichste sein kann; weil Gott nicht ein Konzentrationslager beherrscht, in dem es Sippenhaft gibt, sondern der freie Gott der Liebe ist, der jeden bei seinem Namen ruft. Was also bedeutet »Erbsünde«, wenn wir sie richtig auslegen?

Um hier Antwort zu finden, ist nichts Geringeres nötig, als den Menschen wieder besser verstehen zu lernen. Wir müssen uns wieder klarmachen, dass kein Mensch in sich selbst geschlossen ist, dass keiner von sich allein und für sich allein leben kann. Wir empfangen unser Leben nicht nur im Augenblick der Geburt, sondern jeden Tag von außen her, vom anderen, von dem, was nicht mein Ich ist, und doch ihm zugehört. Der Mensch hat sein Selbst nicht nur in sich, sondern auch außer sich: Er lebt in denen, die er liebt; in denen, von denen er lebt und für die er da ist. Der Mensch ist Beziehung und er hat sein Leben, sich selbst, nur in der Weise der Beziehung. Ich allein bin gar nicht ich, sondern nur im Du und am Du bin ich Ich-selbst. Wahrhaft Mensch sein heißt: in

Sünde und Erlösung

der Beziehung der Liebe, des Von und des Für stehen. Sünde aber bedeutet: die Beziehung stören oder zerstören. Sünde ist Leugnung der Beziehung, weil sie den Menschen zum Gott machen will. Sünde ist Beziehungsverlust, Beziehungsstörung und deswegen ist sie wieder nicht allein eingeschlossen ins einzelne Ich. Wenn ich die Beziehung zerstöre, dann trifft dieser Vorgang – die Sünde – auch die anderen Beziehungsträger, das Ganze. Deswegen ist Sünde immer Versündigung, die auch den anderen trifft, die die Welt verändert und sie stört. Weil es so ist, gilt: Wenn das Beziehungsgefüge des Menschseins vom Anfang her gestört wird, tritt jeder Mensch fortan in eine von der Beziehungsstörung geprägte Welt ein. Mit dem Menschsein selbst, das gut ist, fällt ihn zugleich eine von der Sünde gestörte Welt an. Jeder von uns tritt in eine Verflechtung ein, in der die Beziehungen verfälscht sind. Jeder ist deshalb schon von seinem Anfang her in seinen Beziehungen gestört, empfängt sie nicht, wie sie sein sollten. Die Sünde greift nach ihm und er vollzieht sie mit. Damit wird nun aber auch klar, dass der Mensch sich nicht allein erlösen kann. Das Verfehlte seines Daseins besteht ja gerade darin, dass er sich allein will. Erlöst, d. h. frei und wahr werden, können wir nur, wenn wir aufhören, ein Gott sein zu wollen; wenn wir auf den Wahn der Autonomie und der Autarkie verzichten. Wir können immer nur erlöst *werden*, d. h. wir werden wir selbst, wenn wir die rechten Beziehungen empfangen und annehmen. Unsere zwischenmenschlichen Beziehungen aber hängen daran, dass das Maß der Geschöpflichkeit allenthalben im Lot ist, und gerade da sitzt die Störung. Weil die Schöpfungsbeziehung gestört ist, darum kann nur der Schöpfer selbst unser Erlöser sein. Erlöst werden können wir nur, wenn der, von dem wir uns abgeschnitten haben, neu auf uns zugeht und uns die Hand reicht. Nur das Geliebt-werden ist Erlöst-werden, und nur die Liebe Gottes kann die gestörte menschliche Liebe reinigen, das von seinem Grund her verfremdete Beziehungsgefüge wiederherstellen.

Herkunft aus Gottes ewiger Vernunft und Liebe

4. Die Antwort des Neuen Testaments

So weist der alttestamentliche Bericht über den Beginn des Menschen fragend und hoffend über sich hinaus und hinüber zu dem, in dem Gott unsere Maßlosigkeit ausgehalten hat, in unser Maß eingetreten ist, um uns neu zu uns selbst zu bringen. Am kürzesten und am eindringlichsten ist die neutestamentliche Antwort auf den Bericht vom Sündenfall zusammengefasst in dem vorpaulinischen Hymnus, den Paulus in das zweite Kapitel seines Briefes an die Philipper aufgenommen hat. Die Liturgie der Kirche hat darum mit Recht diesen Text in den Mittelpunkt der Liturgie der Kartage, der heiligsten Zeit des Kirchenjahres, gestellt. »Seid so gesinnt wie Christus Jesus. Er war in Gottes Gestalt (Gott gleich). Aber er hielt seine Gottgleichheit nicht wie ein Beutestück fest, sondern entäußerte sich, nahm Knechtsgestalt an und wurde Menschen gleich; er wurde angesehen wie ein Mensch. Er erniedrigte sich selbst und wurde gehorsam bis in den Tod, den Tod am Kreuz. Darum hat Gott ihn über alle erhöht und ihm den Namen verliehen, der jeden Namen überragt, damit im Namen Jesu jedes Knie sich beuge – derer, die im Himmel, die auf Erden und die unter der Erde sind, und jede Zunge bekenne: Herr ist Jesus Christus, in der Herrlichkeit Gottes des Vaters« (Phil 2, 5–11; vgl. Jes 45, 23).

Diesen außerordentlich reichen und tiefen Text können wir hier nicht im Einzelnen betrachten. Wir wollen uns hier auf seinen Zusammenhang mit der Geschichte vom Sündenfall beschränken, auf die er deutlich anspielt, wenn er auch eine etwas andere Version davon im Auge zu haben scheint als die in Genesis 3 berichtete (vgl. z. B. Ijob 15, 7 f.).[7] Jesus Christus geht den Weg Adams umgekehrt zurück. Im Gegensatz zu Adam ist er wirklich »wie Gott«. Aber dieses Wie-Gott-Sein, die Gottgleichheit, ist Sohn-Sein und damit ganz Beziehung. »Der Sohn tut nichts aus sich selbst« (Joh 5, 19). Und darum klammert der wirklich Gottgleiche sich nicht an seine Autonomie, an die Grenzenlosigkeit seines Könnens und Wollens. Er geht den umgekehrten Weg: Er

---

[7] Zu der hier anklingenden Variante der Sündenfallstradition und ihren verschiedenen biblischen Gestalten wie ihrem nicht-israelitischen Hintergrund knappe Information bei WEISER, Hiob, 113 f.

Sünde und Erlösung

wird der ganz Abhängige, er wird der Knecht. Weil er nicht den Weg der Macht, sondern den Weg der Liebe geht, kann er nun bis in Adams Lüge, bis in den Tod hinuntersteigen und so dort die Wahrheit aufrichten, das Leben geben.

So wird Christus der neue Adam, mit dem das Menschsein neu beginnt. Er, der vom Grund her Beziehung und Bezogensein ist: der Sohn – er stellt die Beziehungen wieder richtig. Seine ausgebreiteten Arme sind die geöffnete Beziehung, die immerfort für uns offensteht. Das Kreuz, die Stätte seines Gehorsams, wird so zum wahren Lebensbaum. Christus wird zum Gegenbild der Schlange, wie Johannes in seinem Evangelium es sagt (Joh 3,14). Von diesem Baum her kommt nicht das Wort der Verführung, sondern das Wort der rettenden Liebe, das Wort des Gehorsams, in dem Gott selbst gehorsam geworden ist, und uns so seinen Gehorsam als Raum der Freiheit anbietet. Das Kreuz ist der wieder zugänglich gewordene Lebensbaum. In der Passion hat Christus gleichsam die feurige Schwertklinge weggenommen, hat das Feuer durchschritten und das Kreuz als die wahre Achse der Welt aufgestellt, in der sie nun wieder aufrecht ist. Darum ist Eucharistie als Gegenwart des Kreuzes der bleibende Lebensbaum, der allezeit in unserer Mitte steht und uns einlädt, Frucht des wahren Lebens zu empfangen. Dies schließt ein, dass Eucharistie niemals bloß eine Art von Gemeinschaftspflege sein kann. Sie zu empfangen, vom Baum des Lebens zu essen, das bedeutet darum, den gekreuzigten Herrn zu empfangen, also seine Lebensgestalt, seinen Gehorsam, sein Ja, das Maß unseres Geschöpfseins anzunehmen. Es bedeutet, die Liebe Gottes anzunehmen, die unsere Wahrheit ist – jene Abhängigkeit von Gott, die uns nicht Fremdbestimmung bedeutet, so wenig dem Sohn die Sohnschaft Fremdbestimmung ist: Gerade diese »Abhängigkeit« ist Freiheit, weil sie Wahrheit ist und Liebe.

Möge diese Fastenzeit uns helfen, dass wir neu aufbrechen aus unseren Verneinungen, aus der Verdächtigung des Bundes Gottes, aus der Maßlosigkeit und der Lüge unserer »Selbstbestimmung«, zum Baum des Lebens hin, der unser Maß und unsere Hoffnung ist. Möge es geschehen, dass uns wieder das *ganze* Wort Jesu trifft: »*Das Reich Gottes ist nahe. Bekehrt euch und glaubt an das Evangelium!*« (Mk 1,15).

Konsequenzen des Schöpfungsglaubens

Gilbert Keith Chesterton, dem so oft treffsichere Formulierungen geglückt sind, hat einen entscheidenden Aspekt am Werk des heiligen Thomas von Aquin getroffen mit seiner Bemerkung, wenn man dem großen Lehrer einen Namen beilegen müsse in der Art, wie er im Orden der Karmeliten üblich ist (… vom Kinde Jesu, … von der Mutter Gottes usw.), dann müsse man ihn »Thomas a Creatore« nennen.[1] Schöpfer und Schöpfung sind Kern seines theologischen Denkens; es spricht aber einiges für die These, dass erst mit der vollen denkerischen Durchdringung des Schöpfungsglaubens die christliche Durchdringung des antiken Erbes an ihr Ziel gekommen war. Insofern liegt in einer Thomasfeier das Thema Schöpfung nahe. Von unserer heutigen theologischen Situation her lag es dem Denken bis vor Kurzem ziemlich fern, so wie Thomas und seine Theologie uns sehr fern gerückt waren. In der theologischen Diskussion der letzten Jahre, ja Jahrzehnte, hat das Thema Schöpfung in der Tat nur eine geringe Rolle gespielt.[2] Es schien eine Frage ohne konkreten anthropologischen Belang; höchstens wurde es in einem aktuellen Ausschnitt diskutiert, als Frage nach der Vereinbarkeit von Schöpfung und Evolution, die von ihrer inneren Richtung her auf die Frage nach dem Menschen hinzielt: Gibt es ein letztlich nur theologisch zu erklärendes Pro-

---

[1] Vgl. PIEPER, *Einleitung,* 33; vgl. ausführlich dazu MARMANN, *Praeambula ad gratiam,* 205 ff. und 286 f.
[2] Einzelne bedeutende Arbeiten hatten freilich schon vor geraumer Zeit die Dringlichkeit des Schöpfungsthemas herausgestellt, z. B. VOLK, *Kreatürlichkeit;* für weitere Literatur verweise ich auf REINELT / SCHEFFCZYK / VOLK, Art. Schöpfung, sowie besonders auf die jüngste systematische Darstellung der Schöpfungslehre: AUER, *Die Welt – Gottes Schöpfung.*

prium des Menschen oder muss er, bei Licht besehen, in den Raum der Naturwissenschaften zurückgenommen werden? Aber auch diese Frage blieb am Rande, weil sie zu wenig praktisch erschien und auch Theologie ihre Wahrheit mehr und mehr in der Praxis suchte, nicht in dem unbeantwortbar scheinenden Problem: Was sind wir, sondern in dem drängenderen: Was können wir tun?

Erst in den letzten Jahren beginnt Schöpfungslehre eine unerwartete Aktualität zu gewinnen. Die Konzentration des Menschen auf das Tun, auf die Erschaffung einer neuen, seiner eigenen und nun endlich besseren Welt, hat immer deutlicher den Widerstand der Schöpfung spürbar werden lassen: Gegen das unbegrenzte Schöpfertum des Menschen, das die vorgefundene Welt nur noch als Materie eigenen Schaffens verstehen will, setzt sich die Schöpfung Gottes, setzt sich die »Natur« zur Wehr. Und plötzlich erscheint die eigene Schöpfung des Menschen nicht mehr einfach als seine – womöglich einzige – Hoffnung, sondern im Gegenteil als seine Bedrohung, durch die er sich den Ast absägt, auf dem er sitzt, und die gegebene Schöpfung als die Zuflucht, auf die er zurückblickt, die er von Neuem sucht.

In einer radikalen Kehrtwendung wird nunmehr die christliche Schöpfungslehre als Ursache für die Ausplünderung der Welt gesehen. Die Schöpfung selbst, bisher ein Thema der theoretischen Vernunft, ein sozusagen rein »objektivistisches Thema«, wird praktisch und kann nicht länger ausgeklammert werden.[3] Erlösung kann nicht ohne und nicht gegen Schöpfung geschehen; ja, es erhebt sich die Frage, ob am Ende die Schöpfung die einzig wahre Erlösung sei. Es fängt an klarzuwerden, dass wir die Frage, wohin wir gehen sollen, nicht richtig beantworten können, wenn wir die Frage ausklammern, woher wir kommen; dass wir die Frage »Was können wir tun?« falsch und verderblich beantworten, wenn wir uns die Frage ersparen »Wer sind wir?« – dass also die Frage nach dem Sein und die nach unserer Hoffnung nicht voneinander zu trennen sind.

---

[3] Vgl. ALTNER, *Sind wir noch zu retten?*; dort vor allem die Beiträge von Karl LEHMANN, *Kreatürlichkeit* und Norbert LOHFINK, *Schöpfergott*.

So tut sich mit der Wiedererweckung und Wiederentdeckung der Schöpfungslehre ein weites Feld von Fragen und Aufgaben auf, das in diesem Vortrag nur in ersten Schritten angegangen werden kann: Bloß ein paar Fragmentstücke kann ich versuchen vorzulegen, deren innerer Zusammenhang nur skizzenhaft darzustellen ist; es wird mehr darum gehen, eine Aufgabe aufzuzeigen, als Lösungen oder gar eine fertige Synthese zu entwickeln. Wenn wir uns den Schöpfungsglauben wieder positiv in seinem grundlegenden Gehalt und in seiner Weisung aneignen wollen, müssen wir zuerst seine Verdunklung entfernen, die vorhin in der Diagnose unserer theologischen Situation andeutend dargestellt wurde.

1. Die Verdrängung des Schöpfungsglaubens im neuzeitlichen Denken

Die Verdunklung des Schöpfungsglaubens, die schließlich zu seiner fast völligen Ausblendung führte, hängt mit dem Geist der Neuzeit aufs Engste zusammen; sie ist ein grundlegender Teil dessen, was Neuzeit geistig ausmacht. Wir können geradezu sagen: Die Gründe der Neuzeit sind zugleich und als solche die Gründe für das Verschwinden von »Schöpfung« aus dem Gesichtskreis des die Entwicklung bestimmenden Denkens. Insofern führt uns unser Thema mitten in das Drama der Neuzeit als solches hinein und in den Kern der Krise von heute, die eben Krise des neuzeitlichen Bewusstseins als solchen ist.

Der Umschwung vom Mittelalter in eine neue geistige Verfassung hinein stellt sich im 15./16. Jahrhundert in dreifacher Gestalt dar und ist dabei zugleich auf je unterschiedliche Art Abwendung vom Schöpfungsglauben. Da ist zuerst die neue Philosophie von Giordano Bruno zu nennen. Auf den ersten Blick mag es merkwürdig erscheinen, ihm ein Verdecken des Schöpfungsglaubens zuzuschreiben, wo er doch die emphatische Wiederentdeckung des Kosmos und seiner Göttlichkeit vollzieht. Aber gerade in dieser Zukehr zum *göttlichen* Kosmos wird der Schöpfungsglaube radikal zurückgenommen. Re-naissance vollzieht sich hier ganz klar als Zurücknahme des Christlichen, um das Griechische in

Konsequenzen des Schöpfungsglaubens

seiner heidnischen Reinheit wieder herzustellen. Das bedeutet, dass die Welt selbst als eine in sich ruhende göttliche Fülle erscheint. Schöpfung drückt demgegenüber für Bruno die *Abhängigkeit* der Welt von einem anderen außerhalb ihrer selbst aus. Der christliche Gedanke der Abhängigkeit der Welt von einem anderen aber erscheint als eine Entmächtigung der Welt, der gegenüber die Welt zu verteidigen ist als das sich selbst Gründende, das selbst Göttliche: Die Kontingenz der Einzeldinge ist unbestreitbar, aber die Kontingenz der Welt als ganzer wird nicht angenommen.[4] Letztlich ist dies noch ein ästhetisierendes Vorspiel einer im neuzeitlichen Bewusstsein immer deutlicher werdenden Option: Der Gedanke der Abhängigkeit, der im Schöpfungsglauben liegt, wird unannehmbar; er erscheint als die eigentliche Schranke der menschlichen Freiheit, die alle weiteren Beschränkungen begründet und daher vor allem beseitigt werden muss, wenn wirksam Befreiung des Menschen geschehen soll.

Bei Galilei zeigt sich die Rückkehr zum Griechischen nicht in ihrer ästhetischen und darin emanzipatorischen Variante, sondern in der Zuwendung zur mathematischen Seite des platonischen Denkgebäudes: »Gott treibt Geometrie«, das ist die Formulierung seines Gottesbegriffs, seines Naturbegriffs und seines Wissenschaftsideals zugleich. Gott hat das Buch der Natur mit mathematischen Buchstaben geschrieben; Geometrie treiben, das bedeutet zugleich die Spuren Gottes berühren. Das heißt aber: Die Erkenntnis Gottes wird in Erkenntnis der mathematischen Strukturen der Natur umgewandelt; der Begriff der Natur im Sinn des Objekts der Natur-Wissenschaft löst den Schöpfungsbegriff ab.[5] Das ganze Erkennen tritt unter die Schematik von Subjekt und Objekt. Was nicht objektiv ist, ist subjektiv. Objektiv ist aber nur, was im Sinn der *Naturwissenschaft* Objekt geworden ist, das heißt, was gegenständlich vorgeführt und überprüft, berechnet werden kann; das Subjektive ist das Beliebige, das Private, das außerhalb der Wissenschaftlichkeit steht und als das Beliebige ohne Erkenntniswert ist. »Gott treibt Geometrie«: Unter der Herrschaft dieses Axioms muss Gott »platonisch« werden, das heißt er

---

[4] Vgl. BUTTIGLIONE / SCOLA, *Von Abraham zu Prometheus.*
[5] Vgl. STAUDINGER / BEHLER, *Chance und Risiko der Gegenwart,* 56 ff.

Herkunft aus Gottes ewiger Vernunft und Liebe

schrumpft auf die formalen mathematischen Strukturen zusammen, die die Naturwissenschaft in der Natur erkennt. Freilich bleibt zunächst, solange die Methode nicht ihre Vollkommenheit erreicht hat und der Umfang der Erkenntnisse begrenzt ist, der Schöpfungsgedanke in der Form des Postulats einer ersten Ursache bestehen. Insofern mag man versucht sein zu sagen, dass gerade der Schöpfungsbegriff sozusagen die stabilste Position des Glaubens war, weil das Postulat der Causa zugleich die Form darstellte, wie ein Gottesbegriff, ein »vernünftig gewordener« Gottesgedanke, noch in Geltung stand. Aber hier zeigt sich nun eine grundlegende Gegenseitigkeit der Elemente des christlichen Glaubens: Eine bloße »erste Ursache«, die aber rein natural wirksam geworden ist und sich nie dem Menschen gezeigt hat, den Menschen gänzlich außerhalb ihres Wirkraums allein sich selbst überlässt und überlassen muss, ist kein Gott mehr, sondern eine naturwissenschaftliche Grenzhypothese. Umgekehrt – ein Gott, der mit der Rationalität der Schöpfung nichts zu tun hat, sondern nur im Innenraum der Frömmigkeit gilt, ist auch kein Gott mehr; er wird wirklichkeitslos und schließlich bedeutungslos. Nur wo Schöpfung und Bund ineinander treten, ist in Wahrheit von Schöpfung und Bund die Rede; beides bedingt einander. Die bloße erste Ursache drückt ja auch nicht den Schöpfungsgedanken aus, denn sie denkt Causa auf der Ebene des naturwissenschaftlichen Kausalitätsgedankens, und eine solche Causa ist kein Gott, sondern eben eine »causa«, ein hypothetisch postulierter Aktionsträger in der Größenordnung des naturwissenschaftlich Postulierbaren. Der Schöpfungsgedanke liegt demgegenüber auf anderer Ebene: Die Wirklichkeit als ganze ist eine Frage über sich hinaus, und den Schöpfungsgedanken fassen, bedeutet zugleich, die Grenze des Subjekt-Objekt-Schemas herausstellen, die Grenze des »exakten« Denkens, und aufdecken, dass erst in dieser Entgrenzung das Humanum, das Eigentliche des Menschen und der Wirklichkeit, vor den Blick kommt: dass also umgekehrt diese Grenze nicht zu überschreiten mit der Leugnung Gottes zugleich die Leugnung des Menschen ist mit allen ihren Konsequenzen. Tatsächlich ist dies die eigentliche konkrete Frage, die hier im Spiele steht: Gibt es eigentlich den Menschen? Er steht faktisch der »Science« im Weg, denn er ist nicht exakt objektivierbar und insofern ihr

Ärgernis; um ihn geht es letztlich – oder vielmehr, damit es um ihn gehe, muss es weiterhin um Gott gehen können.[6]

Einer dritten und gänzlich anders gearteten Form der Abwendung vom Schöpfungsgedanken begegnen wir bei Martin Luther. Während Bruno und Galilei die leidenschaftliche Rückwendung hinter die Synthese des Christlichen und Griechischen ins Rein-Griechische, also die Zuwendung zur vorchristlich-griechisch-heidnischen Welt und von ihr her die Gründung der nachchristlich-rationalen Welt darstellen, ist für Luther das Griechische die Verfremdung des Christlichen, die er beseitigen will, um das vom Griechischen gereinigte Rein-Christliche herzustellen.[7] Dieses zu beseitigende Griechische am Christlichen sieht er ganz wesentlich im Kosmosgedanken, in der Seinsfrage und so im Bereich der Schöpfungslehre. Der Kosmos, richtiger: das Sein als solches ist für ihn Ausdruck des Eigenen, des Bisherigen des Menschen, das seine Fessel, seine Kette ist: Gesetzlichkeit, die zugleich seine Verdammnis bedeutet. Erlösung kann nur in der Befreiung von dieser Fessel des Bisherigen, von der Fessel des Seins geschehen; Erlösung befreit vom Fluch der bestehenden Schöpfung, die als die Last des Eigenen empfunden wird. Ich möchte diesen Gedanken nur an einem, freilich höchst bezeichnenden Text belegen: »Der Mensch ist nämlich Mensch, bis er Gott wird, der allein wahrhaftig ist. Durch die Teilhabe an ihm wird auch er selbst wahrhaftig. Diese Teilhabe geschieht, indem er ihm (Gott) in wirklichem Glauben und in der Hoffnung anhängt; durch dieses Heraustreten aus sich kehrt er als Mensch ins Nichts zurück. Denn wo sollte der hinkommen, der auf Gott setzt, wenn nicht ins Nichts seiner selbst? Wo aber geht der hin, der ins Nichts geht, wenn nicht dorthin, von wo er kommt? Der Mensch aber kommt aus Gott und aus dem Nichts seiner selbst; daher geht zu Gott, wer ins Nichts zurückgeht.«[8] Gnade wird hier in radikaler Entgegenstel-

---

[6] Vgl. GÖRRES, *Kennt die Psychologie den Menschen?*, 17–47.

[7] Demgemäß beruht die Neuzeit zunächst und wesentlich auf einer Re-Hellenisierung; ihr Gegenpol, die Enthellenisierung, gewinnt erst allmählich epochal bestimmende Bedeutung. Dies nicht gesehen zu haben, ist die eigentliche Schwäche des Werkes von DEWART, *Die Grundlagen des Glaubens* 1–2.

[8] LUTHER, *Op in ps* (WA 5, 167, 40–168, 4); zitiert nach JOEST, *Ontologie der Person bei Luther*, 264: »Homo enim homo est, donec fiat deus, qui solus est

Herkunft aus Gottes ewiger Vernunft und Liebe

lung zu der durch die Sünde ganz geprägten Schöpfung gesehen: Sie setzt das Zurückkehren hinter die Schöpfung voraus.

Dahinter wird eine bestimmte Erfahrung von Schöpfung spürbar, wie sie sich in dem lutherisch geprägten Gebetbuch der Herzogin Dorothea von Preußen ausdrückt. Dort wird der Sinngehalt des Psalms 6 umgesetzt in den Schrei: »Ich wolt schir liber du werest nit, dann das ich solt lenger also von dir geplagt sein.«[9] Dies ist zunächst ganz konträr zur Renaissance-Erfahrung des Kosmos. Für die Neuzeit wird aber zusehends gerade der Dualismus charakteristisch zwischen göttlicher Geometrie einerseits und einer Welt auf der anderen Seite, die zutiefst Verderbnis ist. Die Welt ohne das Mysterium der erlösenden Liebe, die zugleich die schöpferische Liebe ist, wird notwendig dualistisch: Sie ist als Natur Geometrie; als Geschichte ein Drama des Bösen.[10]

Den umfassenden Versuch, diese Antinomie zu versöhnen und damit die endgültige Philosophie zu gewinnen, hat Hegel unternommen. Hegels System ist im Letzten »eine gigantische Theodizee«[11]. Gott darf nicht als die ewig in sich selbst ruhende Allmacht verstanden werden, der dann eine von ihm zu verantwortende böse Welt gegenübertritt, sondern Gott ist im Prozess der Vernunft, die nur am anderen werden kann und daher auseinandertritt, um so und nur so ganz zu sich selbst zu kommen: So ist

---

verax, cuius participatione et ipse verax efficitur, dum illi vera fide et spe adhaeret, redactus hoc excessu in nihilum. Quo enim perveniat, qui sperat in deum, nisi in sui nihilum? Quo autem abeat, qui abit in nihilum, nisi eo, unde venit? Venit autem ex deo et suo nihilo, quare in deum redit, qui redit in nihilum.« Es versteht sich von selbst, dass damit nicht Luthers theologische Position zur Schöpfungslehre insgesamt umschrieben ist, sondern lediglich ein spiritueller Aspekt, der sich aus der Dramatik seiner Gnadenerfahrung ergibt. Dass unter anderen Voraussetzungen und Darstellungsformen im katholischen Bereich – zumal in der Neuzeit – Analoges auftritt, zeige ich in Punkt 2c dieses Referats.

[9] Text bei GUNDERMANN, *Untersuchungen,* Tafel II (= Blatt 39v des Gebetbuchs); RATZINGER, *Gott hat Namen,* 130.

[10] Vgl. BUTTIGLIONE / SCOLA, *Von Abraham zu Prometheus,* 31: »Das moderne Denken findet sich also vor dem gleichen Dilemma wie die klassische Philosophie: Entweder ist Gott böse oder man kann ihm nicht die Schöpfung der Welt anlasten.«

[11] BUTTIGLIONE / SCOLA, *Von Abraham zu Prometheus,* 31.

Konsequenzen des Schöpfungsglaubens

das ganze Universum, die ganze Geschichte dieser Prozess der Vernunft, in dem die einzelnen in sich sinnlosen oder »bösen« Momente als Teile des Ganzen ihren Sinn gewinnen: Der historische Karfreitag wird zum Ausdruck des spekulativen Karfreitags, der Notwendigkeit, durch das Scheitern hindurch ganz zu sich selbst aufzuerstehen. Auf diese Weise löst sich das Problem der Theodizee: An die Stelle des Begriffs »Sünde« tritt die »Einsicht«, dass das Böse notwendigerweise mit der Endlichkeit verbunden ist und »daher unwirklich vom Standpunkt des Unendlichen aus«; das Leid ist dann Schmerz über die Begrenztheit, und die Aufhebung erfolgt durch die Hineinnahme ins Ganze.[12]

Diese Position bleibt bei Hegel noch weitgehend theoretisch, »idealistisch« (auch wenn seine Philosophie durchaus nicht ohne politische Absicht ist). Zur Handlungsanweisung wird dies erst bei Marx, wo nun Erlösung streng als Praxis des Menschen und als Absage an Schöpfung, ja als Gegensatz zum Schöpfungsglauben konstruiert wird. Dies im Einzelnen darzustellen, ist hier unmöglich. Nur zwei Gesichtspunkte möchte ich andeutend nennen:

1. Die Aufhebung des Einzelnen im Ganzen, seine Entwirklichung und die Ersetzung der Sünde durch »Vorsehung« heißt nun konkret: Nicht der Einzelne zählt, sondern die Gattung. Das Instrument der Geschichte aber ist dabei die Partei als organisierte Form der Klasse. Kennzeichnend dafür ist ein Satz von Ernst Bloch: Der Materialist stirbt, »als wäre die ganze Ewigkeit sein. Das macht: er hatte vorher schon aufgehört, sein Ich so wichtig zu nehmen, er hatte Klassenbewusstsein«[13]. Das eigene Bewusstsein wird ins Klassenbewusstsein hinein aufgehoben, in dem die individuellen Leiden nicht mehr zählen, sondern nur die Logik des Systems, die Zukunft, in der der Mensch von der Schöpfung erlöst wird durch seine eigene Schöpfung: die Arbeit.[14]

2. Die Schöpfung wird als Abhängigkeit, als Ursprung *ab alio* definiert. An ihre Stelle tritt die Kategorie der Selbstschöpfung,

---

[12] BUTTIGLIONE / SCOLA, *Von Abraham zu Prometheus,* 32.
[13] BLOCH, *Das Prinzip Hoffnung,* 1379; vgl. HOMMES, *Die Frage nach dem Heil,* 29.
[14] Vgl. HARTL, *Der Begriff des Schöpferischen.*

Herkunft aus Gottes ewiger Vernunft und Liebe

die in der Arbeit geschieht.[15] Weil Schöpfung Abhängigkeit ist, Abhängigkeit aber Widerspruch zur Freiheit, darum steht sie in Widerspruch zu der Grundrichtung des Denkens von Karl Marx, ist ihm vom Ansatz her entgegengesetzt. Marx kann nicht bestreiten, dass es sehr schwer ist, logisch den Gedanken des Ursprungs *ab alio* zu beseitigen. Er kann gar nicht direkt, sondern nur vom Zusammenhang des Systems her aufgehoben werden. Dass der Mensch so frage, sei eben schon Ausdruck seiner verqueren Situation: »Gib deine Abstraktion auf, so gibst du auch deine Frage auf.« »Denke nicht, frage mich nicht.«[16] Gerade an dieser Stelle bricht die Logik des Marx'schen Systems offenkundig zusammen: Schöpfung ist ihr eigentlicher Widerspruch und zugleich der Punkt, von dem aus sich diese Erlösung als Verdammnis, als Stehen gegen die Wahrheit erweist. Die entscheidende Option, die dem Ganzen des Denkens von Karl Marx zugrunde liegt, ist letzten Endes der Protest gegen die Abhängigkeit, die Schöpfung bedeutet: der Hass auf das Leben, so wie es uns begegnet, und diese Grundeinstellung ist auch jederzeit die stärkste Nahrung marxistischen Denkens und marxistischer Praxis.

2. Drei Weisen der Verdeckung des Schöpfungsbegriffs im Denken der Gegenwart

Mit allem Gesagten zeichnet sich der Schöpfungsbegriff als entscheidende Kreuzungsstelle der geistigen Wege ab; wer ihn aber heute ins Spiel zu bringen versucht, wird feststellen müssen, dass er von den unterschiedlichsten Seiten her verdeckt ist und nur zur Wirkung kommen kann, wenn diese Verdeckung aufgedeckt wird.

a) Der Schöpfungsbegriff ist verdeckt zunächst durch den naturwissenschaftlichen Naturbegriff, der »Natur« ausschließlich im Sinn des Objekts der Naturwissenschaft versteht und jeden anderen Sinn dieses Wortes nur für Un-sinn ansehen kann. Deswegen stößt die auf dem Schöpfungsgedanken beruhende theologische

---

[15] Vgl. BUTTIGLIONE / SCOLA, *Von Abraham zu Prometheus,* 37.
[16] MARX, *Nationalökonomie und Philosophie,* 307; hier zitiert nach VOEGELIN, *Wissenschaft, Politik und Gnosis,* 36.

Konsequenzen des Schöpfungsglaubens

Argumentation aus dem »Naturrecht«, aus der »Natur« des Menschen ins Leere, ja, sie erscheint als widersinnig, als Relikt einer archaischen Natur-»Wissenschaft«: Die physikalisch-chemische Struktur des Menschen gibt nun einmal keine Aussagen im Sinn der traditionellen Moraltheologie ab, überhaupt keine ethischen Aussagen, höchstens Aussagen über die Grenzen des Machbaren, sodass von hier aus das Moralische mit dem Machbaren identisch wird. Als Ersatz bietet sich dann der Naturbegriff der Verhaltensforschung an, aber dagegen hat Adolf Portmann mit Recht eingewandt, dass es diese Art von Natürlichkeit im Menschen gerade nicht gebe; er spricht von der »natürliche[n] Künstlichkeit« der menschlichen Sozial- und Kulturformen: Für die Weisen menschlichen Soziallebens, »von der Sprache bis zur Staatsbildung, von der Ordnung des Geschlechtsverhältnisses bis zur Aufzucht des Nachwuchses« sei kennzeichnend, dass sie alle »dem Bereich der Entscheidung angehören«[17]. Freilich, wenn die Alternative zu einer im Sinn der Verhaltensforschung verstandenen Natürlichkeit Künstlichkeit heißt und Entscheidung unabdingbar ist, entsteht erneut die Frage, von wo Entscheidung ihre Maßstäbe bezieht oder ob etwa der Mensch im Sinn Sartres zu einer formlosen Freiheit »verdammt« ist[a], in der er sich erst erfinden muss: Dieser Sturz ins Nichts ist unvermeidlich, wenn zwischen Natur und Künstlichkeit die metaphysische Mitte der Schöpfung nicht erkennbar wird.

b) Die Reaktion des antitechnischen Ressentiments, die sich schon bei Rousseau ankündigt, ist inzwischen längst zum Ressentiment gegen den Menschen selbst als die Krankheit der Natur umgeschlagen: Dieses aus der exakten Objektivität wie aus der Selbstverständlichkeit der Natur heraustretende Wesen ist die eigentliche Störung des schönen Gleichgewichts der Natur. Am Geist und an seiner Folge, der Freiheit, krankt der Mensch. Geist und Freiheit sind die Krankheit der Natur: Davon müsste der Mensch, müsste die Welt befreit werden, um erlöst zu sein – vom Menschsein selbst müsste der Mensch geheilt werden, um wieder

---

[17] PORTMANN, *Biologie und Geist*, 266–271, Zitat 269.

---

[a] Vgl. SARTRE, *Ist der Existentialismus ein Humanismus?*, 16.

Herkunft aus Gottes ewiger Vernunft und Liebe

ins Gleichgewicht zurückzukehren. Lévi-Strauss ist vom Ethnologischen her in diese Richtung vorgestoßen, Skinner von der Psychologie her;[18] beide sind auf der Ebene der Wissenschaft Ausdruck für eine Stimmung, die immer stärker an Breite gewinnt und in vielfältigen Formen des Nihilismus für die Jugend des Westens zu einer ständig größeren Versuchung wird.

c) Es gibt aber auch eine theologische Verdeckung des Schöpfungsbegriffs, die wahrscheinlich ursächlich mit den beiden anderen zu tun hat: Da nämlich, wo die Natur um der Gnade willen verlästert, ihres Eigenen beraubt und sozusagen vor der Gnade zurückgenommen wird. Hier müsste der Satz von 1 Kor 15, 46 entschieden ins Bewusstsein gehoben werden: Nicht zuerst ist das Pneumatische, sondern zuerst das Psychische, *dann* das Pneumatische. Es gibt eine Abfolge der Schritte, die nicht in einen Gnadenmonismus hinein aufgesogen werden darf. Ich glaube, dass hier eine christliche Pädagogik, die die Schöpfung annimmt, entwickelt werden müsste als konkreter Ausdruck der Zweipoligkeit des einen Glaubens. Man kann nie den zweiten Schritt vor dem ersten tun wollen: zuerst das Psychische, dann das Pneumatische – wo diese Abfolge übersprungen wird, ist Schöpfung geleugnet und damit der Gnade ihr Grund entzogen.[19] Eine Selbstlosigkeit, die das eigene Ich aufheben will, verfällt der Ichlosigkeit und wird so gerade auch Du-Losigkeit. Als Verlästerung der Schöpfung kann sie nie Vehikel der Gnade werden, sondern nur des »odium generis humani«, der gnostischen Zerfallenheit mit der Schöpfung, die zuletzt auch keine Gnade mehr will und wollen kann.[20] Der christliche Liebesbegriff, der die eigentliche Mitte des Christlichen und sein eigentlicher Gegensatz zum Gnostischen ist, ist in der christlichen Pädagogik und auch in exaltierten

---

[18] Vgl. dazu Görres, *Kennt die Psychologie den Menschen?*, 20 ff.; zu Claude Lévi-Strauss: Adoukonou, *Jalons pour une théologie africaine* 1, 137–167.

[19] Wichtige Einsichten dazu in dem in Anm. 1 zitierten Werk von Marmann; von diesem Problemzusammenhang aus macht er die Unerlässlichkeit wie die eigentliche Bedeutung der Unterscheidung von Natur und Übernatürlichem und damit den unwiderruflichen Beitrag des Aquinaten zur Theologie deutlich.

[20] Ausführlicher habe ich mich dazu geäußert in Ratzinger, *Evangelium*. Von hier aus muss man auch der durch Anders Nygren vorgenommenen Entgegensetzung von Eros und Agape widersprechen, vgl. dazu Pieper, *Über die Liebe*.

Theorien des Christlichen immer wieder zugleich zur Einbruchsstelle der Schöpfungsnegation und so zum Umschlagspunkt in
sein eigenes Gegenteil gemacht worden: Die christliche Liebe
muss aber als Glaube an den Schöpfer zugleich die Annahme meiner selbst als Schöpfung und das Lieben der Schöpfung des
Schöpfers in mir selbst enthalten und zu der Freiheit, mich anzunehmen wie irgendein Glied am Leib Christi hinführen ... Das
Gleiche gilt für Buße: Sie ist ein Vehikel des Ja und ist in ihr Gegenteil verfälscht, wo sie zum Hass auf das Eigene wird.

3. Schöpfungsglaube als anthropologischer Grundentscheid

Nach allem Gesagten könnten wir jetzt das Entscheidende und
Unterscheidende der zwei Grundoptionen definieren, die sich
hier letztlich – gewiss in vielen Varianten – gegenüberstehen. Bei
allen Variationen, die die geistige Landschaft der Gegenwart so
undurchdringlich machen, scheinen mir nämlich in der Tat letztlich doch nur zwei Grundmodelle zur Debatte zu stehen, von
denen ich das eine das Gnostische, das andere das Christliche
nennen möchte. Als gemeinsamen Kern der Gnosis in allen Ver-
schiedenheiten ihrer konkreten Darstellungen sehe ich dabei die
Absage an die Schöpfung an. Dieser Kern wirkt sich dann anthropologisch noch einmal gemeinsam in den verschiedenen gnostischen Modellen darin aus, dass in ihnen das Mysterium des Leidens, der Stellvertretung, der Liebe abgelehnt wird zugunsten
einer Welt- und Lebensbeherrschung durch Wissen. Die Liebe erscheint sozusagen als zu unsicher, als dass man das Leben und die
Welt darauf gründen könnte: Man ist ja damit in der Tat auf das
Unberechenbare und Unerzwingbare angewiesen; auf das, was
man sicher nicht selber machen, sondern eben nur erwarten und
empfangen kann. Das Erwartete aber könnte ausbleiben. Es macht
mich fortwährend abhängig, es erscheint fortwährend als ein Faktor des Risikos und der Unsicherheit, über den ich nicht verfüge.
Ich kann betrogen sein und bin dann ganz ohnmächtig dagegen.
So wird aus der schönen Verheißung der Liebe das unerträgliche
Gefühl der Abhängigkeit, der Ausgeliefertheit. Diese muss beseitigt werden: Man darf von vornherein gar nicht darauf setzen,

Herkunft aus Gottes ewiger Vernunft und Liebe

sondern nur auf das Verfügbare, auf das Wissen, das Macht über die Welt gibt und das als überschaubares System der Unberechenbarkeit entzogen ist. Im gnostischen Weltbild, antik oder modern, erscheint Schöpfung als Abhängigkeit, Gott als Grund von Abhängigkeit. Dies ist geradezu das Wesen Gottes, seine Definition und der Grund, warum Gnosis in Sachen Gott nicht neutral sein kann, sondern kämpferisch antitheistisch sein muss. Die gnostische Option zielt daher auf Wissen und auf Machen durch Wissen als die einzig zuverlässige Erlösung des Menschen, die sich deshalb auch nicht der geschaffenen Welt vertraut, sondern der zu erschaffenden, die kein Vertrauen mehr braucht, sondern nur Können.

Die christliche Option ist genau umgekehrt: Der Mensch *ist* abhängig, und nur in der Form der Seinslüge kann er das bestreiten. Dies ist der Punkt, wo auf dem arationalen, ja antirationalen Charakter des marxistischen Rationalismus insistiert werden muss: Für den sozialistischen Menschen, so meint Marx, sei die Frage nach dem Ursprung »praktisch unmöglich geworden«. Sie sinkt für Marx auf die Stufe der simplen Neugier herab: Man braucht den Ursprung nicht zu kennen, um bei sich zu sein – ob die Welt von Gott oder vom Zufall geschaffen sei, wird unwichtig und hat in keinerlei Weise Einfluss auf den Ablauf des Lebens«[21]. Nein, muss man dazu sagen: Sie *hat* Einfluss, und Marx würde sich nicht so viel Mühe geben, die Frage auszuschalten, wenn es anders wäre. Man muss mit Nachdruck darauf den Finger legen, dass hier das System zum Frageverbot führt, ja, in der Ausschaltung der alten Grundfragen durch den Verweis auf deren angebliche soziologische Bedingtheit liegt der methodische Hebel dieses ganzen Denkens, das selbst die Grenzen der Rationalität festlegt. Indem es so vom selbstgesetzten Systemmuster her erlaubte von unerlaubten Fragen unterscheidet, wird es zur dogmatistischen Gängelung des Denkens durch das System, der im Übrigen die konkrete Vereinnahmung des Menschen durch das System (die Partei) exakt entspricht.

Aber kehren wir zu unserem Fragepunkt zurück: Der Mensch

---

[21] Buttiglione / Scola, *Von Abraham zu Prometheus,* 39; Voegelin, *Wissenschaft, Politik und Gnosis,* 37 f.

96

ist abhängig. Er kann nicht anders, als von anderen leben und von einem Vertrauen leben. Abhängigkeit aber hat dann nichts Degradierendes mehr, wenn sie die Form der Liebe hat, denn dann ist sie nicht mehr Abhängigkeit, nicht mehr Verminderung des Eigenen durch die Konkurrenz des anderen, sondern dann konstituiert sie gerade das Eigene als Eigenes und befreit es, denn Liebe hat ja wesentlich die Form »ich will, dass Du bist«, sie ist das *Creativum,* die einzig schöpferische Macht, die anderes als anderes hervorbringen kann ohne Neid, das Eigene zu verlieren.[22] Der Mensch ist abhängig – das ist seine primäre Wahrheit. Weil es so ist, kann nur die Liebe ihn erlösen, weil nur sie Abhängigkeit in Freiheit umwandelt. Er kann also nur seine eigene Erlösung, sich selbst zerstören, wenn er die Liebe »sicherheitshalber« ausschaltet. Der gekreuzigte Gott ist für ihn aber die anschaubare Gewissheit, dass die Schöpfung schon Ausdruck einer Liebe ist: Wir existieren aufgrund einer Liebe.[23] Zum christlichen Glauben gehört daher konstitutiv, das Mysterium als Mitte der Wirklichkeit anzunehmen, das heißt die Liebe, Schöpfung als Liebe anzunehmen und von da aus zu leben.

Den damit geschilderten Alternativen des Denkens entsprechen zwei Grundhaltungen als Alternativen des Lebens: die christliche Grundhaltung ist die einer seinshaften, nicht moralistischen Demut – das Sein als Empfangen, sich selbst als Geschaffenen und von der »Liebe« Abhängigen anzunehmen. Dieser christlichen Demut der Anerkennung des Seins steht die so merkwürdig andere »Demut« der Seinsverachtung gegenüber: An sich ist der Mensch ja nichts, ein nackter Affe, eine besonders aggressive Ratte, aber wir könnten vielleicht noch etwas aus ihm machen … In christlicher Erlösungslehre ist demgemäß die Schöpfungslehre unverzichtbar mit enthalten, sie beruht auf der Schöpfungslehre, auf dem nicht zurückgenommenen Ja zur Schöpfung. Die von der Neuzeit aufgerichtete grundlegende Alternative zwischen Liebe und Machen erweist sich so als identisch mit der Alternative zwischen Seinsvertrauen und Seinsskepsis (Seinsvergessenheit, Seinsabsage), die sich als Fortschrittsglaube, als Prinzip Hoffnung,

---

[22] Vgl. Pieper, *Über die Liebe,* besonders 38 ff.
[23] Vgl. dazu Schmidt, *Ich glaube an Gott;* Martelet, *Der Erstgeborene.*

als Prinzip Klassenkampf, kurz: als Kreativität gegen *Creatio*, als Welthervorbringung gegen das Sein der Schöpfung darstellt.

In dem Augenblick, in dem der Gehalt dieser Alternative klar wird, wird zugleich das Ausweglose eines Denkens sichtbar, das sich gegen die Schöpfung stellt: Auch die »Kreativität« kann immer nur mit dem *Creatum* der gegebenen Schöpfung arbeiten. Nur wenn das Sein der Schöpfung gut ist und folglich das Seinsvertrauen grundsätzlich zu Recht besteht, ist der Mensch überhaupt erlösbar. Nur wenn der Erlöser auch der Schöpfer ist, kann er überhaupt Erlöser sein. Deshalb ist für die Frage nach unserem Tun die nach unserem Seinsgrund entscheidend: Die Zukunft kann nur gewonnen werden, wenn wir die Schöpfung nicht verlieren.

Schöpfung, Geschöpf und das Heil der Welt

Schöpfung
[Lexikonartikel, 1964]

I. Lehre der Kirche

Das Bekenntnis zum Schöpfergott gehört zum Grundbestand der kirchlichen Glaubensbekenntnisse (DS 1–76, besonders 21 f., 27–30, 40–60; D 54 [DS 125–126] 86 [DS 150]) und wird dem Monismus der Stoa einerseits, dem gnostischen Dualismus anderseits entgegengesetzt (D 203 [DS 403] 210 [DS 410] 235 [DS 455] 237 f. [DS 457 f.] 242 [DS 462] 420 [DS 790] 706 [DS 1333–1335]). Das I. Vaticanum hat erneut dem Monismus des 19. Jahrhunderts den Glauben an den Schöpfer des Alls gegenübergestellt, der die Welt nach ihrem ganzen Seinsbestand aus nichts hervorgebracht hat (D 1781–1784 [DS 3000–3003] 1801–1805 [DS 3021–3025]).

II. Der Begriff der Schöpfung

Die Welt als geschaffene im christlichen Sinn verstehen bedeutet die gesamte Seinswirklichkeit auf eine sie setzende Freiheit zurückführen, aber so, dass sie dabei nicht ein Moment in der Selbstentfaltung dieser Freiheit ist, sondern von letzterer in die Freiheit eigenen Seins entlassen wird. Der Schöpfungsglaube nimmt demnach eine eigentümliche Zwischenstellung zwischen Monismus und Dualismus, den beiden großen geschichtlichen Lösungen der Seinsfrage, ein. Einerseits könnte man durchaus sagen, er führe das Ganze des Seins auf »die Idee« zurück und verstehe es als deren geschichtliche Explikation. In der Tat hat der Schöpfungsgedanke mit dem Idealismus, der ein Monismus der Idee, des Geistig-Seienden ist, die Rückführung des ganzen Seins auf den Logos, auf das Worthafte und so auf das Geistig-Sinnhafte gemein. Die Aussage von der Erschaffung »aus nichts«, mit der erstmals 2 Makk 7, 28 den biblischen Schöpfungsglauben interpretiert (im Gegensatz zu Weish 11, 17, wo noch vom formlosen Stoff als Substrat der Schöpfung die Rede ist), wird in der Sache

101

von Joh 1, 3 aufgegriffen und erscheint bereits in der frühesten christlichen Theologie mit großer Selbstverständlichkeit (HERMAS, *PH* 1, 1, [BKV[1] 35, 203]; weitere Belege GLOEGE, Art. Schöpfung, 1478). Sie meint gerade diese Totalrückführung der gesamten Wirklichkeit auf den sie sprechenden Geist, die Rückführung alles Seins auf die Kategorie »Wort«. Dennoch ist Schöpfungsglaube etwas schlechthin anderes als »Idealismus«, weil die setzende »Idee« als frei, d. h. als personhaft begriffen wird und das worthaft gesetzte Sein demnach doch etwas anderes als bloße Explikation der Idee, nämlich ein in Freiheit gerufenes und so in Ver-antwortung gegenübergesetztes Sein ist. Obwohl es nur ein einziges ursprunggebendes Sein gibt, entsteht im Gegenüber von Schöpfer und Geschaffenem eine reale Dualität, nicht im Sinn heterogener Seinsblöcke, wohl aber im Sinn des Gegenübers von Wort und Antwort, das ein Gegenüber zweier Freiheiten unterstellt. Durch den Schöpfungsglauben wird dem christlichen Denken eine realistische Ansicht des Wirklichen ermöglicht: Es kann die Verschiedenheit des in der Zweiheit von Materie und Geist begegnenden Seienden hinnehmen, ohne darüber einem Dualismus zu verfallen. Diese innerweltliche Dualität verliert an Bedeutung gegenüber dem viel fundamentaleren Gegenüber von Schöpfer und Geschöpf, welches seinerseits aber vermöge des Schöpfungsgedankens keine absolute Trennung, sondern eine Zweiheit-in Einheit, oder besser: eine Zweiheit von (Ursprungs-)Einheit her auf (Liebes-)Einheit hin meint. Zugleich wird damit deutlich, dass im Schöpfungsbegriff bereits die Hinordnung auf ein dynamisch-geschichtliches Verständnis des Wirklichen enthalten ist. – Als das Entscheidende wird man demnach ansprechen dürfen, dass im Schöpfungsglauben alles Sein auf Person zurückgeführt wird, während umgekehrt Monismus und Dualismus (am deutlichsten wohl im denkerischen Entwurf des Hīnayāna-Buddhismus; vgl. REGAMEY, Art. Fahrzeug I) die Person vom Apersonalen, vom »Allgemeinen« als das Besondere ableiten. Demgemäß ist die Grundkategorie der Schöpfungslehre das Wort, das angemessener als der platonische Begriff der Idee die christliche Form von Rückbeziehung alles Seienden auf den ursprunggebenden »Geist« ausdrückt. Weniger scheint der Begriff der Kausalität zur Beschreibung des mit dem Wort Schöpfung Gemeinten

Schöpfung

geeignet zu sein. Kausalität ist eine innerweltliche Vorfindlichkeit bzw. ein Schematismus zur Erklärung von Ablaufsgesetzlichkeiten, denen die Beobachtung begegnet; allgemeiner gefasst, mag sie die notwendige Abhängigkeit jedes Einzelseienden vom Seinsgesamt ausdrücken. Aber die Schöpfertätigkeit Gottes kann und darf nicht in Verlängerung der innerweltlichen Ursachzusammenhänge gedacht werden, wodurch Gott praktisch zum ersten Glied einer langen Kette werden würde, sondern ist als die Setzung des Ganzen etwas von Wesen her anderes: Gott gehört nicht zur Seinskette, wie es platonisch bestimmtes Denken gern vorstellte (vgl. LOVEJOY, *The great chain of being*), sondern die ganze Seinskette gehört ihm.

III. Der theologische Ort des Schöpfungsglaubens
1. Aus dem Bisherigen dürfte bereits deutlich geworden sein, dass Schöpfungslehre etwas anderes als theologisch verbrämte Ontologie bedeutet. Ihr Sinn wird am meisten klar aus ihrer Stellung innerhalb des biblischen Glaubenszeugnisses. Der Schöpfungsglaube gewinnt erst verhältnismäßig spät, etwa zur Zeit des babylonischen Exils, stärker hervortretende Bedeutung (Jer 5,22–27; 27,5; 31,35 ff.; Ez 28,13; Gen 1–2,4; Jes 40–66) und wird dann durch die nachexilische Weisheitsliteratur weiter entfaltet. Er setzt also bereits den Bundesglauben voraus und erhält in diesem seinen bestimmten Ort. Eine ähnliche Entwicklung wiederholt sich nochmal innerhalb der neutestamentlichen Glaubensgeschichte, in der die Christuserfahrung gleichfalls erst verhältnismäßig spät auf den Schöpfungsgedanken ausgedehnt wird (Hebr 1,2; Kol 1,13–17; Joh 1,3–10; freilich auch schon 1 Kor 8,6), sodass dann Christus als der Mittler der Schöpfung erscheint, ohne den »nichts geworden ist von dem, was geworden ist« (Joh 1,3). Der Sinn christlichen Schöpfungsglaubens wird vielleicht am besten deutlich in 1 Kor 8,6: »[…] es ist nur ein Herr, Jesus Christus, durch den alles ist, und *wir* durch ihn«. Der Anspruch und die Verheißung der Heilsgeschichte erhalten ihren vollen Ernst und ihre ganze Tiefe erst in der Aussage, dass der Gott der Geschichte zugleich der Schöpfer des Ganzen ist, sodass Schöpfung selbst schon nach Analogie der Geschichte als Anfang der göttlichen Heilstaten bzw. als deren Voraus-setzung verstanden werden muss.

103

Und umgekehrt setzt Schöpfungsglaube das Bundesverhältnis voraus, ist die Anerkenntnis der absoluten Macht des geschichtlich begegnenden Gottes, der nicht einer unter vielen, sondern der tragende Grund alles Wirklichen ist. Treffend hat diesen Sachverhalt GLOEGE herausgestellt, wenn er Gen 1 als »doxologisches Interpretament des ersten Gebotes Ex 20,2f. in Form berichtender Sage« bezeichnet (GLOEGE, Art. Schöpfung, 1485). Der Schöpfungsglaube ist in der Tat sachlich eine Ausweitung des 1. Gebotes, ein innerer Bestandteil der Erhellung und Ordnung des menschlichen Daseins, die sich darin vollzieht, und mithin primär eine Aussage geschichtlich-existentialer Art, nicht gegenständliche Wissenserweiterung, die sich sekundär freilich daraus entfalten lässt. – Durch das Hinzutreten der Christus-Wirklichkeit ergibt sich im Neuen Testament eine entsprechende Ausweitung des Gesagten: Die Rede von der Schöpfung ist nun nicht mehr bloß Interpretament eines Gebotes, sondern mehr noch und zuerst der Gnade, indem die Unterworfenheit des Menschen unter den Gehorsamsanspruch des Herrn der Botschaft von der Erwählung und der rettenden Liebe zugeordnet und eingefügt wird. Demgemäß wird der Schöpfungsglaube von der Alten Kirche vollzogen: einerseits als Ausgangspunkt der ethischen Forderung (Phil 1, 1), andererseits als wesentlicher Teil der den Mittelpunkt ihres Gottesdienstes bildenden Danksagung (Did 10, 3), endlich als Ausdruck ihrer Hoffnung auf Gottes endgültige Herrschaft, die freilich als rettende und richtende zugleich wieder den ethischen Aspekt umfasst (z.B. 1 Clem 20; 33; 59, 2f.).

2. Die Antwort auf die Frage nach dem Verhältnis von Schöpfung und Bund, welche als das biblische Analogon und der biblische Schlüssel zu der späteren theologischen Frage nach dem Verhältnis von Natur und Gnade zu gelten hat, ist demnach bereits in der Struktur des biblischen Schöpfungsglaubens mit einbegriffen. Überdies wird beider Verknüpfung auch von den zwei umfänglichsten Schöpfungsberichten, Gen 1–2,4a und 2,4b–25, ausdrücklich vollzogen, wenn der sogenannte Priesterschrift-Bericht die Schöpfung im Sabbat kulminieren lässt, den der Israelit als Bundeszeichen versteht, während die Jahwistische Überlieferung unmittelbar auf die Geschichte »Adams« hinführt, die zur Auslösung der Heilsgeschichte im engeren Sinn wird. Welche

Schöpfung

Bedeutung die Zuspitzung der Schöpfungserzählung auf den Sabbat und den Menschen hin hat, wird erst im Vergleich mit religionsgeschichtlichem Material vollends deutlich. Im alten Orient (wie auch in bedeutenden Schichten der indischen Religiosität) gilt der Kult als das eigentliche Motiv der Welterschaffung: Einerseits sichert der Kult die Existenz der Götter und des Kosmos, anderseits werden Kosmos und Mensch geschaffen, damit Kult sei (vgl. VRIEZEN, *Theologie des Alten Testaments*, 239; WRIGHT, Art. Schöpfung, 1474). Im Alten Testament hingegen schließt der Schöpfungsbericht nicht mit dem Kult, sondern mit dem Bundeszeichen und mit dem Kulturauftrag an den Menschen, tendiert also auf Geschichte und Gemeinschaft hin, oder wie WRIGHT bemerkt:»[...] die Zeit und die königliche Berufung des Menschen in der Zeit stehen im Mittelpunkt, nicht der Raum oder ein Gegenstand im Raum« (WRIGHT, Art. Schöpfung, 1474). – Dieser Sachverhalt wird weiterentwickelt in der spätjüdischen Auffassung, wonach die Schöpfung nur Bestand haben sollte für den Fall, dass Israel die Tora annehmen würde. »Der Sinn der Schöpfung ist also, eine Stätte zu schaffen, an der Gottes Wille getan wird« (FOERSTER, Art. κτίζω, 1019). Der neutestamentliche Schöpfungsglaube knüpft an diese Spekulationen an, indem er Christus, das lebendige Wort – »Gnade und Wahrheit« – an die Stelle der Tora setzt (vgl. Joh 1,17; KITTEL, Art. λέγω, 138–140). Dadurch, dass der Mensch Jesus von Nazaret als einer gesehen wird mit dem welterschaffenden Wort Gottes, welches zugleich der Sinn ist, um dessentwillen die Welt gesetzt wurde, erscheint in einer radikalen Weise der Mensch als Ziel der Schöpfung, freilich nicht irgendeine Art von Menschsein, sondern der eschatologische Mensch Jesus Christus, in den hinein die ganze Menschheit und mit ihr der Kosmos als in die Erfüllung ihres Sinnes versammelt werden soll. Man wird von hier aus die Barth'sche Formel von der Schöpfung als äußerem Grund des Bundes und dem Bund als innerem Grund der Schöpfung (BARTH, *KD* 3/1, 107; 261) grundsätzlich als sachgerechte Auslegung des Verhältnisses der beiden Größen ansprechen müssen.

3. Aus dem Ganzen lässt sich schließlich auch eine innerbiblische Hermeneutik der Schöpfungsaussagen entwickeln, die bei der Beantwortung der Frage, was an den biblischen Schöpfungsberich-

ten Aussageform und was Aussageinhalt ist, weitgehend auf glaubensfremde Kriterien verzichten kann. Die gesamte Unterscheidung bleibt ja so lange unglaubwürdig, solange sie ihren Maßstab nur aus der jeweiligen Rückzugssituation der Theologie gegenüber dem momentanen Stand der naturwissenschaftlichen Erkenntnis bezieht. Als hermeneutisches Kriterium ist vielmehr, wie überall, so auch hier, mit der Theologie der Väter die *analogia fidei*, d. h. die innere Selbstentmythologisierung der im Glauben als Einheit verstandenen Schrift, anzusetzen. Das besagt in unserem Fall: Die Schrift kennt nicht einen, sondern viele Schöpfungsberichte, die sowohl von ihrem Ort im Ganzen her wie in ihrer gegenseitigen Selbstbegrenzung verstanden werden müssen. Die bloße Gegenüberstellung von Gen 1 und 2 lässt z. B. bereits deutlich werden, dass die (in beiden Berichten gegensätzlichen) Einzelheiten der Verlaufsschilderung nicht zur eigentlichen Aussage gehören können. Dazu ist aber dann hinzuzunehmen, dass, wie allgemein, so auch hier, das Alte Testament für den Christen Verbindlichkeit nur besitzt in der Neuauslegung, die es vom Neuen Testament her empfangen hat. Was an den alttestamentlichen Schöpfungsbegriffen für den Christen geltende Glaubensaussage ist, wird also in Joh 1; Kol 1, 13–17; Hebr 1, 2, 1 Kor 8, 11 sichtbar: der Glaube an das Alleinschöpfertum Gottes in Verbindung mit dem Glauben an den präexistenten Logos als Schöpfungsmittler, dessen Antlitz nun im Hintergrund des Wortes, das am Anfang war, sichtbar wird (Gen 1, 1 ff.; Joh 1, 1).

IV. Schöpfung und Erhaltung; Schöpfung und Entwicklung
1. Das Wort des johanneischen Christus, der sein Wirken am Sabbat mit dem Hinweis auf den allzeit wirkenden Gott verteidigt (Joh 5, 17) und damit den Schöpfungssabbat von Gen 2, 1–4 eschatologisch umdeutet, stellt klar die Präsenz des göttlichen Schöpfungstuns heraus, das nicht in einem nun beendeten zeitlichen »Vor« gedacht werden darf, sondern, obgleich Schöpfung mit Anfang zu tun hat, dennoch durch das herrscherliche Jetzt gekennzeichnet ist, mit dem der ewige Gott allen vorbeigehenden Zeiten gegenübersteht, deren zerfallendes Sein in seinem Präsens die tragende Einheit hat. Die Totalabhängigkeit, in der das geschaffene Sein, sofern es *Sein* hat, dem Schöpfer zugeordnet bleibt,

wird von der traditionellen Theologie als »Erhaltung« der Schöpfung bezeichnet, deren konkrete Bedeutung in der Lehre von der Mitwirkung Gottes näher durchreflektiert wird. Ihr innerer Zusammenhang mit der Schöpfungslehre ließe sich wohl mit Hilfe einer vertieften Lehre von Gottes Ewigkeit erhellen, die diese nicht bloß negativ als Unzeitlichkeit, sondern als schöpferische Seinsmächtigkeit verstehen lehrt, welche das ins Nacheinander zerteilte zeithafte Dasein umgreift und trägt. Wenn Schöpfung allgemein die Logosbestimmtheit alles Wirklichen behauptet, so bedeutet die Aussage von der immer geltenden Totalabhängigkeit alles Seins vom Schöpfer zugleich jene bleibende Eingeborgenheit der Welt in den göttlichen Sinn, die der Glaube Vorsehung nennt.

2. Versteht man die Totalabhängigkeit alles Seienden vom Schöpfer einseitig als »Erhaltung«, so kann daraus leicht ein Gegensatz zur Idee der Entwicklung hervorgehen, der jedoch in Wahrheit gar nicht besteht. Denn Totalabhängigkeit besagt gerade, dass Gottes Einwirkung auf die Schöpfung nicht kategorial, sondern transzendental gedacht werden muss: Es geht nicht an, ihn in die innerweltlichen Ursachen einzureihen, sondern er ist als die tragende Macht in (über) dem Ganzen zu verstehen. Im Übrigen ist der von der Theologie gegen die Entwicklungslehre geübte Widerstand sachlich weniger vom Schöpfungsgedanken gespeist worden als von der aristotelischen Ontologie, die keinen positiven Begriff des Werdens bereitzustellen vermochte, sondern von ihrem Ausgangspunkt her auf ein statisches Seinsverständnis und damit auf die Konstanz des von Anfang an Gegebenen festgelegt ist, da ihr ja Bewegung in jedem Fall das nur von außen Hinzukommende bedeutet. Die wirklich theologischen Probleme der Entwicklungslehre liegen nicht in einem vermeintlichen Gegensatz von Schöpfung und Entwicklung (den es nicht gibt), sondern auf der Ebene der Anthropologie, besonders der Ur- und Erbsündenlehre.

V. Schöpfungsauftrag und Schöpfungsordnungen

1. Die Tatsache, dass die Bibel nicht zwischen einem untergeordneten Demiurgen und dem obersten Gott unterscheidet, der sich gleichsam die Hände mit der Welt nicht beschmutzen würde, hat weittragende Folgen. Gott erscheint selbst als tätig, die Kreatur

wird immer wieder mit Nachdruck als seiner Hände Werk bezeichnet (z. B. Ijob 14, 15; Ps 8, 7; Jes 64, 7). Der gleiche Gott beauftragt den Menschen, sich die Erde untertan zu machen (Gen 1, 28): Während die Antike in der Arbeit das beklagenswerte Los der Sklaven sah, von dem der Freie verschont ist, womit sie ihre Unterscheidung von Demiurg und *Deus otiosus* auf ihren sozialen Kosmos übertrug, bildet in der biblischen Sicht die Arbeit an der gottgeschaffenen Welt einen Ausdruck der Gottebenbildlichkeit des Menschen und seiner königlichen Stellung über aller Kreatur. Der »Kulturauftrag« an den Menschen steht im Schöpfungsbericht praktisch an der Stelle, an der der babylonische Mythos den Kultauftrag bietet (vgl. WRIGHT, Art. Schöpfung, 1474); er bezeichnet sowohl die besondere Freiheit des biblischen Schöpfergottes gegenüber seiner Welt, die er dem Menschen überträgt, weil er selber ihrer nicht bedarf, wie auch die Freiheit, in die der Mensch damit berufen ist. Insofern ist mit Gen 1, 28 grundsätzlich ein Horizont aufgerissen, der bis in die moderne Form der technischen Humanisierung der Welt hineinreicht, in welcher der Mensch der Welt die Physiognomie seines eigenen Geistes aufprägt. Dass eine solche Entwicklung ihre entscheidende Gestalt in den ursprünglich christlich bestimmten Regionen gefunden hat, ist schwerlich ein Zufall: Sie ist Vollzug der mit der Weltsicht der Bibel gegebenen Dynamik. – Freilich lehrt die Bibel jedem naiven Optimismus gegenüber doch zugleich, die technischen Möglichkeiten des Menschen kritisch zu sehen. Die Arbeit hat in der von der Sünde geprägten Welt gleichzeitig auch den Charakter der Strafe (Gen 3, 17 ff.); der erste Städtebauer und die ersten Erfinder werden unter die Nachkommen Kains eingeordnet (Gen 4, 17–22) und so die Un-heimlichkeit deutlich herausgestellt, die das zum Instrument der Selbstbehauptung gewordene technische Werk des Menschen annehmen kann. Der Gläubige ist damit zum kritischen Verständnis des Kulturauftrags angewiesen: das Wort des Schöpfers ist nicht rückgängig gemacht, aber in der Verantwortung vor dem Gericht Gottes zu vollziehen, in der Rückbindung an die Gottebenbildlichkeit und die in ihr liegende Verantwortung.

2. Unter einer ähnlichen Ambivalenz steht der Begriff der Schöpfungsordnung, wie ihn die protestantische Theologie im 19. Jahr-

Schöpfung

hundert geprägt hat, um die mit dem Begriff Naturrecht gemeinte Sache auf eine ihr gemäßere Art zur Sprache zu bringen. Dass es Schöpfungsordnungen gibt, geht zumindest aus Mk 10, 1–12 eindeutig hervor und ist überdies der katholischen Theologie grundsätzlich nie zweifelhaft gewesen. Theologisch gesehen, ist sicherlich dieser Begriff adäquater als die Redeweise vom Naturrecht, wenn er freilich anderseits auch unter der Schwäche leidet, einen Sachverhalt rein innertheologisch zu formulieren, der einen alle Menschen umgreifenden Grundbestand an Verantwortlichkeiten aussagen will. In jedem Fall ist klar, dass mit der Schöpfung eine der Bundesgeschichte vorgängige und freilich zugleich auf sie hingeordnete Grundnormierung des Menschwesens gesetzt wurde, die in den wechselnden geschichtlichen Situationen des Menschen je neu zu suchen und zu verwirklichen ist. – Ebenso gilt freilich (wie gerade auch Mk 10, 1–12 zeigt), dass diese Schöpfungsordnungen nicht in geschichtsloser Abstraktion, sondern nur innerhalb geschichtlicher Ordnungsgestalten zur Geltung zu bringen sind. Der Christ weiß im Glauben um die Verdunkelung der Schöpfung durch die Sünde, für ihn ist der Glaube die Weise, wie ihm überhaupt erst das Auge geöffnet wird für den Anspruch des Schöpfers. Aber dieser Glaube ist selbst kein Materialprinzip für die Ordnung der irdischen Bereiche, vielmehr muss im Glauben immer wieder nach der am meisten schöpfungs- und christusgemäßen Form zwischenmenschlichen Verhaltens gesucht werden. Jedenfalls kann sich der Christ niemals legitimerweise in eine Art von Glaubenspositivismus zurückziehen, sondern wird vom Glauben her um das wahrhaft Menschliche bemüht sein, in dem er sich mit dem Nichtgläubigen treffen kann, der darin – in der Schöpfungsordnung – zugleich schon verborgenerweise ein Stück der christlichen Wirklichkeit zu ergreifen vermag.

Literatur: a) Lexika: PINARD, Art. Création; BERTRAM, Art. ἔργον, 631–647; FOERSTER, Art. κτίζω; BEILLEVERT, Art. Création; PLÖGER, Art. Schöpfung I–II; KASCH, Art. Schöpfung III; KINDER, Art. Schöpfung IV; EDSMAN, Art. Schöpfung I; WRIGHT, Art. Schöpfung II; MICHEL, Art. Schöpfung III; GLOEGE, Art. Schöpfung IV; KLEMM, Art. Schöpfung V; LAU, Art. Schöpfungsordnung; REINELT / SCHEFFCZYK / VOLK, Art. Schöpfung.

Herkunft aus Gottes ewiger Vernunft und Liebe

b) Manualien und Monographien: HAECKER, *Schöpfer und Schöpfung;* HOVE, *Tractatus de Deo creante et elevante;* SERTILLANGES, *L'idée de création;* BARTH, *KD* 3/1–3; HENGSTENBERG, *Gott und Schöpfung;* HENGSTENBERG, *Sein und Ursprünglichkeit;* DENIS, *Les origines du monde;* HAURET, *Origines;* DOERNE, *Christlicher Schöpfungsglaube;* BALTHASAR, *Karl Barth,* 278–361; VOLK, *Kreatürlichkeit;* VOLK, *Schöpfungsglaube und Entwicklung;* GARRIGOU-LAGRANGE, *De Deo trino et creatore;* KALIBA, *Die Welt als Gleichnis;* LACKMANN, *Vom Geheimnis der Schöpfung;* LOVEJOY, *The great chain of being;* STANGE, *Schöpfung und Heilsgeschichte;* WEIZSÄCKER, *Am Anfang schuf Gott;* BONHOEFFER, *Schöpfung und Fall;* SCHOONENBERG, *Heet geloof* I, 57–102; BERDIAEV, *Le sens de la création;* BRINKTRINE, *Schöpfung;* BOUILLARD, *Karl Barth* II/1, 165–218; KRANZ, *Kosmos; Die katholische Glaubenswelt* 1, 487–611; RATSCHOW, *Das Heilshandeln und das Welthandeln Gottes,* 25–80; RENCKENS, *Urgeschichte und Heilsgeschichte;* MULDOON, *Theologiae dogmaticae praelectiones* 3; BRUNNER, *Gott;* GRISON, *Geheimnis;* SCHWEGLER, *Die biblische Urgeschichte;* WINGREN, *Schöpfung und Gesetz;* MOUIREN, *La création;* OVEN-HAGE / RAHNER, *Hominisation* (Lit.); TRESMONTANT, *Lu métaphysique du christianisme.* SEMMELROTH, *Welt;* SCHMAUS, *Dogmatik* 2/1 (umfassende Lit.); SCHEFFCZYK, *Schöpfung und Vorsehung* (Lit.); GUELLUY, *La création* (Lit.); RÖDDING, *Seinsproblem.*

Schöpfungsglaube und Evolutionstheorie

Als Charles Darwin in der Mitte des vorigen Jahrhunderts den Gedanken der Evolution alles Lebendigen entwickelte und damit die überlieferte Vorstellung von der Konstanz der durch Gott geschaffenen Arten von Grund auf in Frage stellte, eröffnete er eine Revolution des Weltbildes, die an Tiefgang hinter derjenigen nicht zurücksteht, die sich für uns mit dem Namen Kopernikus verbindet. Trotz der kopernikanischen Wende, die die Erde entthronte und die Dimensionen des Weltalls immer mehr ins Grenzenlose erweiterte, war aufs Ganze gesehen der festgefügte Rahmen des alten Weltbildes bestehen geblieben, der sich vor allem in der zeitlichen Begrenzung auf die sechstausend Jahre, die man aus den biblischen Chronologien errechnet hatte, unverändert behauptete. Ein paar Hinweise mögen die uns heute kaum noch vorstellbare Selbstverständlichkeit illustrieren, mit der damals an dem engen zeitlichen Rahmen des biblischen Weltbildes festgehalten wurde.

Als Jacob Grimm 1848 seine »Geschichte der deutschen Sprache« veröffentlichte, war für ihn das Alter der Menschheit von sechstausend Jahren eine unbestrittene und keiner Überlegung bedürftige Voraussetzung. Das Gleiche drückt mit großer Selbstverständlichkeit Wilhelm Wachsmuth in seiner 1850 erschienenen, anerkannten »Allgemeinen Kulturgeschichte« aus, die sich darin in nichts von der allgemeinen Welt- und Völkergeschichte unterscheidet, die Christian Daniel Beck 1813 in zweiter Auflage veröffentlicht hatte. Die Beispiele ließen sich unschwer vermehren.[1] Sie mögen genügen, um zu zeigen, in welch engem Horizont

---

[1] Das Material ist entnommen aus: DÖRMANN, *Johann Jakob Bachofen*, hierzu 23 ff.

sich noch vor hundert Jahren unser Geschichts- und Weltbild bewegte, wie unerschüttert die aus der Bibel genommene Tradition eines ganz von der jüdisch-christlichen Heilsgeschichte her entworfenen Denkens stand, welche Revolution es bedeuten musste, dass nun, nach der unermesslichen Erweiterung des Raumes, die vorangegangen war, eine gleiche Entgrenzung sich der Zeit und der Geschichte bemächtigte. In vieler Hinsicht sind die Folgen eines solchen Vorganges sogar dramatischer, als diejenigen der kopernikanischen Wende es sein konnten. Denn die Dimension der Zeit tangiert unvergleichlich tiefer das Wesen Mensch als diejenige des Raumes, ja, jetzt wird auch die Raumvorstellung erst noch einmal relativiert und verändert, indem der Raum seine fest definierbare Gestalt verliert und selbst der Geschichte, der Zeitlichkeit unterworfen wird. Der Mensch erscheint als das in unendlichen Verwandlungen gewordene Wesen, die großen Konstanten des biblischen Weltbildes, Urstand und Endstand, entrücken ins Unabsehbare – das Grundverständnis des Wirklichen wandelt sich: Werden tritt an die Stelle von Sein, Entwicklung an die Stelle von Schöpfung, Aufstieg an die Stelle von Fall.

Im Rahmen dieser Überlegungen kann nicht der ganze Fragenkreis ausgeschritten werden, der damit eröffnet ist; wir wollen lediglich das Problem erörtern, ob die Grundanschauungen Schöpfung und Entwicklung dem ersten Anschein zuwider zusammen bestehen können, ohne dass dabei der Theologe einen unredlichen Kompromiss vollzieht und aus taktischen Gründen das unhaltbar gewordene Gelände als ohnedies überflüssig erklärt, nachdem er noch kurz zuvor es lautstark als einen unersetzlichen Teil des Glaubens hingestellt hatte.

Das Problem hat verschiedene Ebenen, die wir voneinander unterscheiden und getrennt würdigen müssen. Zunächst gibt es einen verhältnismäßig vordergründigen Aspekt des Ganzen, der nur zum Teil wirklich theologischer Natur ist: Die vor Darwin herrschende Idee der Konstanz der Arten hatte sich vom Schöpfungsgedanken her legitimiert; sie sah jede einzelne Art als eine Schöpfungsgegebenheit an, die seit dem Beginn der Welt durch Gottes schöpferisches Wirken als etwas Eigenes und Anderes neben den sonstigen Arten besteht. Es ist klar, dass dieser Form von Schöpfungsglauben der Entwicklungsgedanke widerspricht und

112

Schöpfungsglaube und Evolutionstheorie

dass diese Ausprägung des Glaubens heute unhaltbar geworden ist. Aber mit dieser Bereinigung, auf deren Bedeutung und Problematik wir später noch einmal zurückkommen werden, ist doch nicht der ganze Umfang des Schöpfungsbegriffs erfasst. Wenn man alle Einzelschöpfungen streicht und durch den Entwicklungsgedanken ersetzt, wird vielmehr erst der wirkliche Unterschied zwischen den beiden Begriffen sichtbar; es wird deutlich, dass ihnen eine je andere Denkform, ein anderer geistiger Ansatz und eine andere Fragestellung zugrunde liegt. Die Ausweitung des Schöpfungsbegriffs in die Einzelgebilde des Wirklichen hinein konnte freilich lange Zeit diesen tieferen Unterschied und damit das eigentliche Problem verdecken, um das es geht. Der Schöpfungsglaube fragt nach dem Dass des Seins als solchen; sein Problem ist, warum überhaupt etwas ist und nicht nichts. Der Entwicklungsgedanke hingegen fragt, warum gerade diese Dinge sind und nicht andere, woher sie ihre Bestimmtheit erlangt haben und wie sie mit den anderen Bildungen zusammenhängen.[2] Philosophisch würde man also sagen, dass der Entwicklungsgedanke auf der phänomenologischen Ebene liegt, sich mit den tatsächlich vorkommenden einzelnen Gebilden der Welt auseinandersetzt, während der Schöpfungsglaube sich auf der ontologischen Ebene bewegt, hinter die einzelnen Dinge zurückfragt, das Wunder des Seins selbst bestaunt und sich über das rätselhafte »Ist« Rechenschaft zu geben versucht, das wir über alle vorkommenden Wirklichkeiten gemeinsam aussagen. Man könnte auch formulieren: Der Schöpfungsglaube betrifft die Differenz zwischen nichts und etwas, der Entwicklungsgedanke hingegen die zwischen etwas und etwas anderem. Schöpfung charakterisiert das Sein als Ganzes als Sein von anderswoher, Entwicklung hingegen beschreibt den inneren Bau des Seins und erfragt das spezifische Woher der einzelnen seienden Wirklichkeiten. Mag sein, dass für den Naturforscher die Problemstellung des Schöpfungsglaubens als eine illegitime Frage erscheint, die für den Menschen unbeantwortbar ist. Tatsächlich stellt der Übergang zur evolutiven Betrachtung der Welt den Schritt zu jener positiven Form der Wissenschaft dar, die sich bewusst auf das Gegebene, Fassbare, dem Menschen Nach-

---

[2] Vgl. VOLK, *Schöpfungsglaube und Entwicklung.*

prüfbare beschränkt und das Nachdenken über die eigentlichen Gründe des Wirklichen als unfruchtbar aus dem Bereich der Wissenschaft verweist. Insofern bezeichnen Schöpfungsglaube und Evolutionsgedanke nicht nur zwei verschiedene Frageumfänge, sondern zwei verschiedene Denkformen. Von daher rührt wohl die Problematik, die man zwischen beiden auch dann noch empfindet, wenn ihre grundsätzliche Vereinbarkeit sichtbar geworden ist.

Damit sind wir aber bereits auf eine zweite Frageebene geführt. Wir haben am Schöpfungsglauben zwei Aspekte unterscheiden gelernt: seine konkrete Ausformung in der Vorstellung von der Erschaffung aller einzelnen Arten durch Gott und seinen eigentlichen Denkansatz. Wir haben festgestellt, dass der erste Aspekt, die Form also, in der sich der Schöpfungsgedanke praktisch konkretisiert hatte, durch den Entwicklungsgedanken abgetan ist; hier muss der Gläubige sich durch die Wissenschaft belehren lassen, dass die Weise, wie er sich die Schöpfung vorgestellt hatte, einem vorwissenschaftlichen Weltbild zugehörte, das unhaltbar geworden ist. Was aber den eigentlichen Denkansatz angeht, die Frage nach dem Übergang von Nichts zu Sein, so haben wir zunächst nur die Unterschiedlichkeit der Denkformen zur Kenntnis nehmen können; Evolutionstheorie und Schöpfungsglaube gehören hier, hinsichtlich ihrer letzten Grundausrichtung, durchaus verschiedenen geistigen Welten zu und berühren sich unmittelbar gar nicht. Was sollen wir indes von dieser scheinbaren Neutralität halten, auf die wir damit gestoßen sind? Das ist die zweite Ebene der Fragestellung, die wir nun weiterverfolgen müssen. Hier ist nicht ganz leicht vorwärtszukommen, weil der Vergleich von Denkformen und das Problem ihrer möglichen Beziehbarkeit aufeinander immer etwas sehr Delikates an sich haben. Man muss sich dabei *über* die beiden Denkformen zu stellen versuchen und gerät so leicht in ein denkerisches Niemandsland, in dem man beiden Seiten verdächtig erscheint und schnell das Gefühl erlangt, zwischen den Stühlen zu sitzen. Trotzdem müssen wir den Versuch machen, uns weiterzutasten. Als erstes werden wir feststellen können, dass die Fragestellung des Evolutionsgedankens enger ist als diejenige des Schöpfungsglaubens. Keinesfalls kann also die Evolutionslehre den Schöpfungsglauben in sich einbauen. In die-

Schöpfungsglaube und Evolutionstheorie

sem Sinn kann sie mit Recht die Idee der Schöpfung als für sich unbrauchbar bezeichnen: innerhalb des positiven Materials, auf dessen Bearbeitung sie von ihrer Methode her festgelegt ist, kann er nicht vorkommen. Gleichzeitig freilich muss sie die Frage offen lassen, ob nicht die weitere Problemstellung des Glaubens an sich berechtigt und möglich sei. Sie kann diese von einem bestimmten Wissenschaftsbegriff her allenfalls als außerwissenschaftlich ansehen, darf aber kein grundsätzliches Frageverbot erlassen, dass etwa der Mensch sich nicht der Frage des Seins als solchen zuwenden dürfe. Im Gegenteil: Solche Letztfragen werden für den Menschen, der selbst im Angesicht des Letzten existiert und nicht auf das wissenschaftlich Belegbare reduziert werden kann, immer unerlässlich sein. So bleibt aber jetzt das Problem, ob der Schöpfungsgedanke als das Weitere seinerseits in seinem Raum den Evolutionsgedanken annehmen könne oder ob das nun umgekehrt seinem Grundansatz widerspreche.

Gründe verschiedener Art scheinen auf den ersten Blick das Letztere nahezulegen; schließlich waren die Naturwissenschaftler und Theologen der ersten Generation, die das behaupteten, weder töricht noch böswillig: Sie hatten durchaus beiderseits ihre Gründe, die man beachten muss, wenn man nicht zu vorschnellen Synthesen kommen will, die nicht standhalten oder gar unehrlich sind. Die Einwände, die sich aufdrängen, sind recht verschiedener Art. Man kann zunächst einmal sagen, der Schöpfungsglaube habe sich nun einmal als Glaube an die Erschaffung der einzelnen Arten und in der Vorstellung eines statischen Weltbildes ausgedrückt; er könne nun, da dies unhaltbar geworden sei, sich nicht kurzerhand dieses Ballasts entledigen, sondern sei als ganzer unbrauchbar geworden. Dieser Einwand, der uns heute nicht mehr sehr ernsthaft erscheint, spitzt sich zu, wenn man bedenkt, dass der Glaube auch heute noch immerhin die Erschaffung *eines* bestimmten Wesens als unerlässlich ansehen muss: die des Menschen. Denn wenn der Mensch nur ein Produkt der Entwicklung ist, dann ist auch der Geist ein Gebilde des Zufalls. Wenn aber der Geist sich entwickelt hat, dann ist die Materie das Erste und der genügende Ursprung alles Weiteren. Und wenn das ist, entschwindet Gott und so auch Schöpfer und Schöpfung von selbst. Wie aber soll der Mensch, eines unter vielen Wesen, wenn er auch

115

Herkunft aus Gottes ewiger Vernunft und Liebe

noch so ausgezeichnet und groß ist, aus der Kette der Entwicklungen herausgehalten werden?

Damit zeigt sich nun, dass die Erschaffung der Einzelwesen und der Schöpfungsgedanke selbst doch nicht so ohne Weiteres voneinander trennbar sind, wie es fürs Erste den Anschein haben könnte. Denn hier scheint es um ein Prinzip zu gehen. Entweder sind alle Einzeldinge Produkt der Entwicklung, dann auch der Mensch. Oder aber sie sind es nicht. Das Letztere scheidet aus, also bleibt das Erste, und dies scheint nun, wie wir uns gerade klarmachten, den ganzen Schöpfungsgedanken in Frage zu stellen, weil es den Primat und die Superiorität des Geistes aufhebt, die in irgendeiner Form als eine Grundvoraussetzung des Schöpfungsglaubens anzusehen sind.

Nun hat man sich diesem Problem zu entwinden versucht, indem man sagte, der Leib des Menschen möge ein Produkt der Entwicklung sein; der Geist sei es keinesfalls: ihn habe Gott selbst geschaffen, da Geist nicht aus Materie hervorkommen könne. Aber diese Antwort, die für sich zu haben scheint, dass der Geist in der Tat nicht mit derselben naturwissenschaftlichen Methode bearbeitet werden kann, mit der die Geschichte der Organismen zu verfolgen ist, befriedigt höchstens auf den ersten Blick. Man wird bald weitertragen müssen: Kann man den Menschen so zwischen Theologen und Naturwissenschaftlern aufteilen – die Seele den einen, den Leib den anderen –, oder ist das nicht für beide unerträglich? Der Naturwissenschaftler glaubt das ganze Gebilde Mensch allmählich heranreifen zu sehen; er findet auch ein psychisches Übergangsfeld, in dem langsam humanes Verhalten aus dem Tierischen aufsteigt, ohne dass er eine deutliche Grenze ziehen könnte, zu der ihm freilich auch das Material fehlt – was oft nicht hinlänglich klar zugegeben wird. Umgekehrt – wenn der Theologe überzeugt ist, dass der Geist das Gestaltgebende auch des Leibes ist, den er durch und durch zum Menschenleib prägt, sodass der Mensch nur Geist als Leib und nur Leib als und in Geist ist, so verliert doch auch für ihn diese Teilung des Menschen jeden Sinn.

Der Geist hat sich dann ja doch seinen Leib neu geschaffen und damit die ganze Entwicklung aufgehoben. Damit scheint von beiden Seiten her für den Menschen das Thema Schöpfung und Ent-

116

Schöpfungsglaube und Evolutionstheorie

wicklung in ein strenges Entweder-oder zu führen, das keine Vermittlungen zulässt. Das aber würde nach unserem heutigen Erkenntnisstand doch wohl das Ende des Schöpfungsglaubens bedeuten.

Die schöne Harmonie, die sich auf der ersten Ebene der Fragestellung bereits abzuzeichnen schien, ist damit wieder völlig aufgelöst; wir sind auf den Anfang zurückgeworfen. Wie sollen wir vorwärtskommen? Nun, wir hatten vorhin kurz eine mittlere Ebene berührt, die zunächst unwichtig schien, die sich aber jetzt doch als Zentrum der Fragestellung und als Ausgangspunkt einer vertretbaren Antwort erweisen könnte. Inwieweit ist der Glaube an die Vorstellung von der Erschaffung der einzelnen Grundwirklichkeiten der Welt durch Gott gebunden? Diese zunächst etwas vordergründige Fragestellung lässt sich zurückführen auf ein generelles Problem, das die Mittelschicht unserer gesamten Frage darstellen dürfte: Ist die Vorstellung einer werdenden Welt mit dem biblischen Grundgedanken der Erschaffung der Welt durch das Wort, mit der Rückführung des Seins auf schöpferischen Sinn vereinbar? Kann der darin ausgedrückte Gedanke des Seins mit demjenigen des Werdens, wie ihn die Evolutionstheorie entwirft, innerlich zusammen bestehen? In diesen Fragen steckt zugleich eine weitere, sehr grundsätzlich geartete, diejenige nach dem Verhältnis von Weltbild und Glaube ganz allgemein. Es wird gut sein, von hier aus anzusetzen. Denn bei dem Versuch, zugleich schöpfungsgläubig und wissenschaftlich, das heißt evolutionstheoretisch zu denken, wird ja offensichtlich dem Glauben ein anderes Weltbild unterlegt als jenes, das bisher als das eigentliche Weltbild des Glaubens gelten durfte. In diesem Vorgang liegt sogar eigentlich der Kern des ganzen Geschehens, um das unsere Überlegungen kreisen: Der Glaube wird seines Weltbildes beraubt, das doch geradezu er selbst gewesen zu sein schien, und auf ein anderes bezogen. Kann man das, ohne seine Identität aufzuheben – das genau ist unser Problem.

Hier mag es nun einigermaßen überraschend und zugleich befreiend wirken, dass sich diese Frage in unserer Generation nicht zum ersten Mal stellt. Die Theologen der Alten Kirche sahen sich vielmehr prinzipiell mit der gleichen Aufgabe konfrontiert. Denn das biblische Weltbild, wie es sich in den Schöpfungsberichten des

Alten Testaments ausdrückt, war keineswegs das ihrige, es erschien ihnen im Grunde genauso unwissenschaftlich wie uns. Man befindet sich in einem beträchtlichen Irrtum, sooft man einfach vom alten Weltbild spricht. Uns mag es zwar von außen her als einheitlich erscheinen; für diejenigen, die in ihm lebten, waren hingegen die Unterschiede, die wir heute als belanglos ansprechen, entscheidend. Die frühen Schöpfungsberichte drücken das Weltbild des alten Orients, Babyloniens zumal, aus; die Kirchenväter lebten im hellenistischen Zeitalter, dem jenes Weltbild als mythisch, vorwissenschaftlich, in jeder Hinsicht untragbar erschien. Zu Hilfe kam ihnen und zu Hilfe sollte uns kommen, dass die Bibel in Wirklichkeit eine Literatur ist, die den Zeitraum eines ganzen Jahrtausends umspannt. Sie reicht selber vom Weltbild der Babylonier bis zu demjenigen des Hellenismus, von dem die Schöpfungstexte der Weisheitsliteratur bestimmt sind, in denen ein durchaus anderes Bild der Welt und des Schöpfungsgeschehens gezeichnet wird als in den uns so geläufigen Schöpfungstexten der Genesis, die freilich ihrerseits nicht einheitlich sind: Das erste und das zweite Kapitel dieses Buches geben ein weithin gegensätzliches Bild vom Ablauf der Schöpfung. Das bedeutet aber, dass schon innerhalb der Bibel selbst Glaube und Weltbild nicht identisch sind; der Glaube *bedient* sich eines Weltbildes, aber er fällt nicht mit ihm zusammen. Innerhalb der biblischen Entwicklung bildete diese Differenz offenbar eine unreflektierte Selbstverständlichkeit: nur so ist es zu erklären, dass man die weltbildlichen Anschauungsformen, in denen der Schöpfungsgedanke dargestellt wurde, wechselte, nicht nur in den verschiedenen Geschichtsperioden Israels, sondern auch innerhalb ein und desselben Zeitraumes, ohne darin eine Gefährdung des eigentlich Gemeinten zu sehen.

Der Sinn für diese innere Weite des Glaubens schwand erst, als sich die so genannte buchstäbliche Exegese durchzusetzen begann und damit der Blick für die Transzendenz des Gotteswortes gegenüber allen seinen einzelnen Aussageformen verloren ging. Zur selben Zeit – etwa seit dem 13. Jahrhundert – verfestigte sich aber auch das Weltbild in einer vordem nicht gekannten Weise, obgleich es in seiner Grundform keineswegs ein Produkt des biblischen Denkens war, sondern im Gegenteil nur mit Mühe mit

Schöpfungsglaube und Evolutionstheorie

den Grundgegebenheiten des biblischen Glaubens in Einklang gebracht werden konnte. Es wäre nicht schwer, die heidnischen Wurzeln jenes Weltbildes aufzudecken, das nachmals als das einzig christliche galt, und auch die Nahtstellen, an denen man noch immer erkennen kann, dass der Glaube es in Dienst nahm, ohne mit ihm identisch werden zu können. Aber darauf können wir hier nicht eingehen; wir müssen uns auf die positive Frage beschränken, ob der Schöpfungsglaube, der den Wandel so vieler Weltbilder überdauert und zugleich als Ferment der Kritik auf sie eingewirkt und die Entwicklung angetrieben hat, auch im Zeichen des evolutiven Weltverständnisses als eine sinnvolle Aussage weiterbestehen kann. Dabei ist klar, dass der Glaube, der mit keinem der bisherigen Weltbilder identisch war, sondern eine Frage beantwortete, die hinter die Weltbilder zurückführt und sich freilich dann in ihnen eingräbt, auch nicht mit unserem Weltbild identisch werden kann und soll. Es wäre töricht und unwahr, die Evolutionstheorie etwa unter der Hand als ein Produkt des Glaubens auszugeben, auch wenn dieser daran mitgewirkt haben wird, dass jener Denkhorizont sich bildete, in dem die Evolutionsfrage entstehen konnte. Es wäre noch törichter, den Glauben als eine Art Illustration der Evolutionstheorie anzusehen und diese von ihm bestätigen zu lassen. Die Ebene seines Fragens und seines Antwortens ist eine durchaus andere, wie wir vorhin festgestellt haben; alles, worum es uns gehen kann, ist die Feststellung, ob die menschliche Grundfrage, der er zugeordnet ist, auch unter den gegenwärtigen denkerischen Voraussetzungen legitim noch so beantwortet werden kann, wie es im Schöpfungsglauben geschieht und in welcher Form so auch das evolutive Weltbild als Ausdruck von Schöpfung verstanden werden darf.

Um hier vorwärtszukommen, müssen wir sowohl den Schöpfungsbericht als auch die Idee der Evolution genauer untersuchen; beides kann hier leider nur in Andeutungen geschehen. Fragen wir also, von letzterer ausgehend, zunächst: Wie versteht man eigentlich die Welt, wenn man sie evolutiv auffasst? Wesentlich dafür ist wohl, dass Sein und Zeit in eine feste Beziehung treten: Das Sein *ist* Zeit, es *hat* nicht bloß Zeit. Nur im Werden ist es und entfaltet es sich zu sich selbst. Demgemäß ist das Sein dynamisch verstanden, als Seinsbewegung, und es ist gerichtet verstanden: Es

119

kreist nicht im immer Gleichen, sondern schreitet voran. Zwar wird über die Anwendbarkeit des Begriffs Fortschritt auf die Evolutionskette gestritten, zumal man über keinen neutralen Maßstab verfüge, der gestatten würde, zu sagen, was eigentlich als besser oder weniger gut anzusehen sei und wann man folglich im Ernst von einem Voranschreiten sprechen dürfe. Allein, das besondere Verhältnis, das der Mensch zur ganzen übrigen Wirklichkeit einnimmt, berechtigt ihn, jedenfalls für die Frage nach sich selbst, sich als Bezugspunkt anzusehen: Soweit es um ihn geht, ist er dazu ohne Zweifel berechtigt. Und wenn er so misst, ist die Richtung der Evolution und ihr Fortschrittscharakter im Letzten unbestreitbar, auch wenn man dabei nicht übersieht, dass es Sackgassen der Evolution gibt und dass ihr Weg weit davon entfernt ist, gradlinig zu verlaufen. Auch Umwege sind ein Weg, und auch auf Umwegen kommt man ans Ziel, wie gerade die Evolution selber zeigt. Die Frage, ob das solchermaßen als Weg verstandene Sein, die Evolution im Ganzen, einen Sinn habe, bleibt dabei freilich offen, und sie kann auch nicht innerhalb der Evolutionstheorie selbst entschieden werden; für sie ist das eine methodenfremde Frage, für den lebendigen Menschen freilich ist es die Grundfrage des Ganzen. Die Naturwissenschaft erklärt dazu heute in richtiger Erkenntnis ihrer Grenzen, dass diese dem Menschen unerlässliche Frage nicht innerwissenschaftlich, sondern nur im Rahmen eines »Glaubenssystems« beantwortet werden könne.

Dass viele dabei der Meinung sind, das christliche »Glaubenssystem« sei dafür nicht geeignet, sondern man müsse ein neues finden, braucht uns hier nicht zu beschäftigen, weil sie damit eine Aussage innerhalb ihrer eigenen Glaubensentscheidung und außerhalb ihrer Wissenschaft geben.[3]

Damit sind wir aber jetzt in die Lage versetzt, präzis zu sagen, was der Schöpfungsglaube im Blick auf das evolutive Verständnis der Welt bedeutet. Angesichts der durch die Evolutionstheorie selbst nicht zu beantwortenden Grundfrage, ob hier Sinnlosigkeit oder Sinn walte, drückt er die Überzeugung aus, dass die Welt als ganze, wie die Bibel sagt, aus dem Logos, das heißt aus dem

---

[3] Vgl. BRÖKER, *Evolution,* besonders 50–58.

schöpferischen Sinn, hervorkommt und die zeitliche Form seines Selbstvollzugs darstellt. Schöpfung ist, von unserem Weltverständnis her betrachtet, nicht ein ferner Anfang und auch nicht ein auf mehrere Stadien verteilter Anfang, sondern sie betrifft das Sein als zeitliches und werdendes: Das zeitliche Sein ist als Ganzes umspannt von dem einen schöpferischen Akt Gottes, der ihm in seiner Zerteilung seine Einheit gibt, in der zugleich sein Sinn besteht, der uns nicht nachrechenbar ist, weil wir nicht das Ganze sehen, sondern selbst nur Teile sind. Der Schöpfungsglaube sagt uns nicht das Was des Weltsinnes, sondern nur sein Dass: Dies ganze Auf und Ab des werdenden Seins ist freier und unter dem Risiko der Freiheit stehender Vollzug des schöpferischen Urgedankens, von dem er sein Sein hat. Und so wird uns vielleicht heute mehr verständlich, was christliche Schöpfungslehre zwar immer schon sagte, aber unter dem Eindruck der antiken Modelle kaum zur Geltung bringen konnte: Schöpfung ist nicht nach dem Muster des Handwerkers zu denken, der allerlei Gegenstände macht, sondern in der Weise, in der das Denken schöpferisch ist. Und zugleich wird sichtbar, dass das Ganze der Seinsbewegung (nicht bloß der Anfang) Schöpfung ist und dass ebenso das Ganze (nicht bloß das später Kommende) Eigenwirklichkeit und Eigenbewegung ist. Fassen wir dies alles zusammen, so können wir sagen: An Schöpfung glauben heißt die von der Wissenschaft erschlossene Werdewelt im Glauben als eine sinnvolle, aus schöpferischem Sinn kommende Welt verstehen.

Damit zeichnet sich aber auch die Antwort auf die Frage nach der Erschaffung des Menschen bereits deutlich ab, weil nun über die Stellung von Geist und Sinn in der Welt die grundlegende Entscheidung gefallen ist: Die Anerkennung der Werdewelt als Selbstvollzug eines schöpferischen Gedankens schließt ihre Rückführung auf das Schöpfertum des Geistes, auf den *Creator Spiritus,* mit ein. Bei Teilhard de Chardin findet sich zu dieser Frage folgende geistvolle Bemerkung: »»Was einen Materialisten [...] von einem Spiritualisten unterscheidet, ist *keineswegs mehr* (wie in der fixierenden *Philosophie*) die Tatsache, dass er einen Übergang zwischen physischer Infra-Struktur und psychischer Super-Struktur der Dinge zulässt, sondern *nur,* dass er den *endgültigen* Gleichgewichtspunkt der kosmischen Bewegung zu Unrecht auf

Seiten der Infra-Struktur, das heißt des *Zerfalls*, setzt.‹«[4] Über Einzelheiten dieser Formulierung wird man sicher streiten können; das Entscheidende scheint mir hier aber treffsicher erfasst: Die Alternative Materialismus oder geistig bestimmte Weltbetrachtung, Zufall oder Sinn, stellt sich uns heute in der Form der Frage dar, ob man den Geist und das Leben in seinen ansteigenden Formen nur als einen zufälligen Schimmel auf der Oberfläche des Materiellen (das heißt des sich nicht selbst verstehenden Seienden) oder ob man ihn als das Ziel des Geschehens ansieht und damit umgekehrt die Materie als Vorgeschichte des Geistes betrachtet. Trifft man die zweite Wahl, so ist damit klar, dass der Geist nicht ein Zufallsprodukt materieller Entwicklungen ist, sondern dass vielmehr die Materie ein Moment an der Geschichte des Geistes bedeutet. Dies aber ist nur ein anderer Ausdruck für die Aussage, dass Geist geschaffen und nicht pures Produkt der Entwicklung ist, auch wenn er in der Weise der Entwicklung in Erscheinung tritt.

Damit sind wir nun an der Stelle angelangt, an der die Frage beantwortbar wird, wie denn die theologische Aussage von der besonderen Erschaffung des Menschen mit einem evolutiven Weltbild zusammen bestehen könne, beziehungsweise welche Form sie in einem evolutiven Weltbild annehmen müsse. Das im Einzelnen zu behandeln würde freilich den Rahmen dieses Versuchs überschreiten; ein paar Andeutungen müssen genügen. Da wäre denn zuerst daran zu erinnern, dass auch hinsichtlich der Erschaffung des Menschen die Schöpfung nicht einen fernen Anfang bezeichnet, sondern mit Adam jeden von uns meint: Jeder Mensch ist direkt zu Gott. Der Glaube behauptet vom ersten Menschen nicht mehr als von jedem von uns und umgekehrt von uns nicht weniger als vom ersten Menschen. Jeder Mensch ist mehr als das Produkt von Erbanlage und Umwelt, keiner resultiert allein aus den errechenbaren innerweltlichen Faktoren, das Geheimnis der Schöpfung steht über jedem von uns. Sodann wäre die Einsicht aufzugreifen, dass Geist nicht als etwas Fremdes, als eine andere, zweite Substanz zur Materie hinzutritt; das Auftreten des Geistes bedeutet nach dem Gesagten vielmehr, dass eine voran-

---

[4] Zitiert nach Tresmontant, *Teilhard de Chardin*, 45.

Schöpfungsglaube und Evolutionstheorie

schreitende Bewegung an dem ihr zugewiesenen Ziel ankommt. Schließlich wäre zu sagen, dass man gerade die Erschaffung des Geistes sich am allerwenigsten als ein handwerkliches Tun Gottes vorstellen darf, der hier plötzlich in der Welt zu hantieren beginnen würde. Wenn Schöpfung Seinsabhängigkeit bedeutet, so ist besondere Schöpfung nichts anderes als besondere Seinsabhängigkeit.[5] Die Behauptung, der Mensch sei in einer spezifischeren, direkteren Weise von Gott geschaffen als die Naturdinge, bedeutet, etwas weniger bildhaft ausgedrückt, einfach dies, dass der Mensch in einer spezifischen Weise von Gott gewollt ist: nicht bloß als ein Wesen, das »da ist«, sondern als ein Wesen, das ihn kennt; nicht nur als Gebilde, das er gedacht hat, sondern als Existenz, die ihn wieder denken kann. Dieses spezifische Gewolltsein und Gekanntsein des Menschen von Gott nennen wir seine besondere Erschaffung.

Von da aus wird man geradezu eine Diagnose über die Form der Menschwerdung aufstellen dürfen: Der Lehm war in dem Augenblick zum Menschen geworden, in dem ein Wesen erstmals, wenn auch noch so verschattet, den Gedanken Gott zu bilden vermochte. Das erste Du, das – wie stammelnd auch immer – von Menschenmund zu Gott gesagt wurde, bezeichnet den Augenblick, in dem der Geist aufgestanden war in der Welt. Hier war der Rubikon der Menschwerdung überschritten. Denn nicht die Benutzung von Waffen oder von Feuer, nicht neue Methoden der Grausamkeit oder des Nutzbetriebs machen den Menschen aus, sondern seine Fähigkeit, unmittelbar zu Gott zu sein. Dies hält die Lehre von der besonderen Erschaffung des Menschen fest; darin liegt die Mitte des Schöpfungsglaubens überhaupt. Darin liegt auch der Grund, weshalb der Augenblick der Menschwerdung von der Paläontologie unmöglich fixiert werden kann: Menschwerdung ist das Aufstehen des Geistes, den man mit dem Spaten nicht ausgraben kann. Die Evolutionstheorie hebt den Glauben nicht auf; sie bestätigt ihn auch nicht. Aber sie fordert ihn heraus, sich selbst tiefer zu verstehen und so dem Menschen zu helfen, sich zu verstehen und mehr und mehr zu werden, der er ist: das Wesen, das in Ewigkeit zu Gott Du sagen soll.

---

[5] Vgl. SMULDERS, *Theologie und Evolution*, 96.

Die Arche Noah – Vorausbild der Kirche

Predigt im Rahmen der Morgenandacht,
Haus Ohrbeck / Georgsmarienhütte, 19. Februar 1974

Lesung: Gen 6, 5–8; 7, 1–5.10
Evangelium: Mk 8, 14–21

Wir haben eben in der Lesung aus dem Buch Genesis den Bericht von Noah und dem Bau der Arche gehört, der mit dem Satz abschließt: »Als die sieben Tage vorbei waren, kam das Wasser der Flut über die Erde.« Angesichts der Zerstörung durch die Sintflut kommt einem das »Dank sei Gott« schwer über die Lippen. Es scheint fast wie ein Widerspruch. Und so mag uns gerade solcher, vielleicht sogar durch die Gedankenlosigkeit derer, die für die Perikopenordnung verantwortlich waren, herausgeforderte Widerspruch doch eine Aufforderung sein, über das Wort Gottes, das uns hier begegnet, nachzudenken und den Dank besser verstehen zu lernen, wenn wir ihn, wo immer es von uns verlangt wird, Gott entgegentragen. Wenn man diesen Text ansieht, lässt er zunächst etwas erkennbar werden von dem Auftrag und der Macht, die dem Gerechten in dieser Welt und über diese Welt gegeben sind. Vor allem aber auch von der Macht, die dem Ungerechten, dem Rechtlosen in der Welt und über die Welt eignet, ja sogar über Gott möchte man sagen. Denn, der rechtlose Mensch, der mit der Welt umgeht, wie es ihm behagt, der hat – so scheint es – die Macht, die Gutheißung Gottes, die vom siebten Tag her über der Schöpfung steht, wegzunehmen, Gott selbst sozusagen sein Wort »es ist gut, dass das da ist« (vgl. Gen 1, 31) aus dem Mund zu reißen und ihn zur Reue über die Schöpfung zu bringen, an die Stelle der Gutheißung die Reue zu setzen; Gott selbst gleichsam zu vergewaltigen. Fürs Erste klingt das sehr mythologisch. Wie soll er bereuen können?

Aber was geschieht eigentlich, wenn der Mensch rechtlos, ungerecht gegenüber der Schöpfung ist? Nun, wenn wir die Schöpfung ansehen, begegnet uns ja beides: Immer noch ist in ihr und durch sie hindurch dieses »Gut« des siebten Schöpfungstages zu erkennen. Niemand hat es bisher ganz zu zerstören vermocht. Wenn wir jetzt wieder im Frühling das Aufgehen des Lebens sehen, wenn wir dem Wasser des Meeres, der Flüsse, der ganzen lebendigen Schönheit der Schöpfung begegnen, spüren wir etwas von einem »Gut«, das keine Evolutionstheorie, keine Selektion – und was es für Hilfshypothesen geben mag – erklären kann, weil uns eine schöpferische Güte begegnet, die weit über alle diese letzten Endes kleinen Hypothesen hinaus möchte. Es gibt das »Gut« der Schöpfung. Aber es gibt auch dieses andere: die hemmungslose Machtgier des Menschen, der nur sich selbst und seine Bequemlichkeit kennt, der Gott spielt, indem er tut, was er will und bei allem immer nur sich selbst meint. Hier wäre Gott jemand, der alles tun kann, was er möchte und nur für sich selbst da ist. Aber in dieser Machtgier kann der Mensch Schöpfung so zerstören, dass sie uns geradezu das Bild eines Teufels und nicht das Bild Gottes zeigt. Das Böse ist – wir nehmen das in unserem Jahrhundert zusehends wahr – nicht nur eine moralische Kategorie, die bei dem Einzelnen den Tugendpegel ein wenig verändert, sondern es hat Macht über die Schöpfung so sehr, dass sie ihre Grundelemente – das Licht, die Luft, das Wasser, die Erde – also die Elemente des Lebens in Giftbehälter umwandeln kann, in denen das Leben erstirbt und sich selbst auffrisst. Und wo die Schöpfung zerstört wird, wo ihr das Gutsein genommen wird, da wird eben das Wort Gottes unwahr gemacht. Das ist das Unheimliche, dass der Mensch solches kann. Er kann der Schöpfung ihre Güte nehmen. Und er kann damit gleichsam das Wort Gottes un-wahr machen, ihm seinen Grund wegziehen. Das verstehen wir unter »Reue Gottes«, dass der Mensch die Wahrheit dieses Wortes zerstört. Wo freilich nur noch diese Reue wäre, wo der Schöpfung die Wahrheit, das »Gut« genommen wäre, da könnte sie nicht mehr sein. Was sie ist, kann doch nur aus dem »Gut« Gottes im Sinne seiner Gutheißung kommen.

Und damit stoßen wir auf das andere, dass auch dem Gerechten Macht gegeben ist. Seine Gerechtigkeit baut gleichsam eine Arche für die Schöpfung. Auch das Gerechtsein ist nicht nur ein Tugendkalkül, sondern hat Bedeutung für die Welt. Gerechtigkeit bedeutet, dass eine Arche für die Schöpfung gebaut, dass sie selbst

Herkunft aus Gottes ewiger Vernunft und Liebe

durchgetragen wird durch die böse Macht des Menschen und dass, indem das Wort Gottes wahrgehalten wird, die Schöpfung als Schöpfung weiterbestehen kann. Wenn man solches überlegt, dass eigentlich die Macht und der Gehalt der Gerechtigkeit darin besteht und sich zeigt, dass sie eine Arche für die Schöpfung errichtet, sie rettet gegen die selbstherrliche Machtgier des Menschen, dann wird einem freilich auch einsichtig, dass es wirklich in dieser großen Welt und Weltgeschichte nur einen Nothelfer gibt und der heißt: Jesus Christus. Er allein hat wirklich nicht an diesem Spiel des Menschen teilgenommen, der Gott spielt, statt Bild Gottes zu sein und dabei Götzen macht. Gott ist eben nicht jemand, der nur tut, was er möchte, der nur Macht ausübt, den nur die Willkür treibt. Er allein, der Sohn, wird Mensch, ist Bild Gottes geblieben und hat darin – in seiner Gerechtigkeit – die Arche der Schöpfung gebaut, die da heißt: die Kirche. Und so begreifen wir auch, dass wir selber gar nicht die Arche bauen können, sondern dass wir eigentlich nur die Einladung annehmen können, zu seinem Haus zu gehören, in die Arche zu kommen. Und wundern wir uns nicht, wenn es dann in seiner Arche ist wie in der des Noah, dass da auch ganz unvernünftige Tiere darunter sind.

Dies ist auch von Anfang an schon so, wie wir heute im Evangelium hören: Schon die Zwölf sind ganz unbegreiflich verblendet und kapieren nichts. Das ist so in dieser Arche, die manchmal zu zerbrechen droht unter der Torheit derer, die er hineingelassen hat und die doch in seiner Arche bleiben. Und vor allen Dingen: Versuchen wir zu verstehen, dass die Arche der Schöpfung, die er gebaut hat, oder, wie die Kirchenväter sagen, das Holz, das wirklich auf den Wassern schwimmt und rettet, das Kreuz ist! Das Kreuz ist der Widerspruch zur selbstherrlichen Mächtigkeit des Menschen, der die Schöpfung nur als Material seiner Bequemlichkeit sieht. Es ist der Widerspruch zu dieser schöpfungszerstörenden Selbstherrlichkeit, die aus Materie Material macht. Deswegen ist die Arche Kreuz, aber deswegen auch trägt sie. Deswegen ist sie Stätte einer Hoffnung, die Heiterkeit gibt inmitten der Flut, Gewissheit, Kraft der Liebe inmitten all des Widerspruchs.

Bitten wir ihn, dass er uns hilft, die Einladung in dieses Gefährt anzunehmen. Bitten wir, dass er Kirche auch in dieser Zeit Arche der Schöpfung sein und bleiben lasse, und hoffen wir auf den Augenblick, da uns der Ölzweig zugetragen wird, der Frieden der Schöpfung und Freiheit für alle Kinder Gottes verkündigt.

Emanation
[Lexikonartikel, 1959]

A. Gnostisch
I. Begriff

Der Begriff Emanation taucht im eigentlichen Sinn erst im gnostischen Denken auf, für das er freilich, soweit zu sehen, von Anfang an konstitutiv ist. Irenäus definiert ihn ziemlich unbestimmt folgendermaßen: Emissio enim est eius, quod emittitur, extra emittentem manifestatio (IRENÄUS VON LYON, *Haer* II 13, 6 [PG 7, 745]); als kennzeichnend für die Eigenart des durch Emanation Entstandenen stellt Irenäus heraus die Loslösung *(separatio)* vom Ursprung (IRENÄUS VON LYON, *Haer* II 13, 4 [PG 7, 744 f.]) und *descensio* und *deminoratio* im Vergleich zu diesem (IRENÄUS VON LYON, *Haer* II 13, 6,7 [PG 7, 745 f.]; 17, 9 [PG 7, 765 f.]). Nach dem gesamten Quellenbefund muss Emanation verstanden werden als das seinsmäßige Hervorgehen niedriger Wesenheiten aus höheren, derart, dass dies Hervorgehen ein stufenmäßiges Absteigen und eine fortschreitende Verminderung an Sein und Wert miteinschließt. So ist Emanation ein entscheidender Grundbegriff des gnostischen Weltsystems, das die ganze Welt als ein im Menschen zur Umkehrung kommendes Drama von Abstieg und Aufstieg verstehen lehrt. Zum Verständnis des Emanationsgedankens werden sehr verschiedenartige Bildmodelle angeboten. Neben dem fast durchgehend verwendeten Zeugungsgedanken kommt den Bildern von Licht und Strahl sowie von Geist und Wort die größte Verbreitung zu; zumal die Idee des Lichts dürfte auch bei der Wortwahl (ἀπόρροια, προβολή; *emanatio, emissio*) entscheidend gewesen sein.

II. Ausprägungen

Wenngleich Emanation in irgendeiner Form nahezu von allen gnostischen Systemen gelehrt wird, so sind doch die einzelnen Ausprägungen sehr verschieden. Mit Hans Jonas lassen sich zunächst unterscheiden ein syrisch-ägyptischer und ein iranischer Typ. Ersterer ist im Grunde monistisch; er leitet alles Sein einschließlich der Materie aus einer einzigen Quelle ab und erklärt das Böse aus der im Abstieg der Emanationen allmählich eintretenden Verfinsterung des Guten. Die iranische Gnosis, konkret gestaltet im Manichäismus, ist demgegenüber von Anfang an dualistisch; dem uranfänglichen Licht steht eine ebenso uranfängliche Finsternis selbstständig gegenüber (vgl. JONAS, *Gnosis und spätantiker Geist* 1, 283). Zwischen beiden liegen Übergangsformen wie die von Hippolyt überlieferte Gnosis des Justinus (vgl. HIPPOLYT VON ROM, *El* V 23–28 [GCS 26, 125–134]), die Gnosis der Naassener (vgl. HIPPOLYT VON ROM, *El* V 6–11 [GCS 26, 77–104]), der Peraten (vgl. HIPPOLYT VON ROM, *El* V 12–18 [GCS 26, 104–116]) und Sethianer (vgl. HIPPOLYT VON ROM, *El* V 19–22 [GCS 26, 116–125]), die je von drei nicht auseinander emanierten Prinzipien ausgehen. Nicht sicher durchführbar ist die Unterscheidung in einen männlichen und weiblichen Typ (vgl. JONAS, *Gnosis und spätantiker Geist* 1, 335; 351), da auch die »männliche« Gnosis des Poimandres mit dem weiblichen Prinzip der βουλή θεοῦ arbeitet; ebenso steht bei Justinus, Naassenern, Peraten und Sethianern zwei männlichen Prinzipien ein weibliches gegenüber. Ein vielleicht im Hintergrund stehender, rein männlicher Anthropostyp ist zumindest nicht eindeutig greifbar. Die Gnosis des Basilides lehnt in der von Hippolyt überlieferten Form den Emanationsgedanken überhaupt ab (HIPPOLYT VON ROM, *El* VII 22, 2 [GCS 26, 198]), während Irenäus ihm einen durchschnittlichen Emanationstyp zuschreibt, in dem auch das weibliche Element nicht fehlt (vgl. IRENÄUS VON LYON, *Haer* I 24, 3–7 [PG 7, 675–680]; vgl. WASZINK, Art. Basilides). – Bedeutsam dürfte hingegen der Unterschied sein, der fast allgemein zwischen ἀπορρεῖν (προβάλλεσθαι) und δημιουργεῖν gemacht wird: Die sichtbare Welt ist zwar ihrem Stoff nach ein Emanationsprodukt; die konkrete Gestaltung des Stoffes zur Welt ist dagegen »Erschaffung« (δημιουργία), Werk des meist als böse verstandenen δημιουργός (IRE-

NÄUS VON LYON, *Haer* I 5, 2. 5 [PG 7, 493–496; 500 f.]: Valentinus; *Haer* I 24, 3. 4 [PG 7, 675–678]: Basilides; *Haer* I 26, 1 [PG 7, 686]: Kerinth; *Haer* I 29, 4 [PG 7, 693]: Barbelioten; zahlreiche Belege auch bei Hippolyt von Rom). Die Welt ist so durch ihren Werkcharakter als etwas Andersgeartetes und Geringeres von den eigentlichen Emanationsprodukten abgehoben. Einen verwandten und doch andersliegenden Unterschied macht die Pistis Sophia, indem sie die meist synonym gebrauchten Begriffe προβολή und ἀπόρροια gegeneinanderstellt, wobei ersteres die kosmologischen Emanationen bezeichnet, von denen die Pistis Sophia bedroht wird, letzteres die Lichtkraft, die aus der Vereinigung der aus Jesus und aus dem ersten Mysterium ausgeströmten Lichtmächte resultiert (vgl. *PS* 60, 118 [GCS 13, 76] u. ö.). Προβολή gehört also hier der kosmologischen Unheilsordnung, ἀπόρροια der Erlösungsordnung zu. Am Rande des gnostischen Emanationsbegriffs steht die fast rein ethische Auslegung in der hermetischen Gnosis der Kore Kosmu, wo νομοθεσία und ἱεροποιία als »Ausflüsse« aus Isis und Osiris geschildert werden (vgl. HERMES TRISMEGISTOS, *Stobaeus* 23, 64 [ed. Scott 1, 490 = ed. Nock 4, 20 f.]; stärker ontologisch hingegen HERMES TRISMEGISTOS, *Stobaeus* 24, 1–3 [ed. Scott 1, 494–496 = ed. Nock 4, 52 f.]).

III. Herkunft

Die Herkunft des Emanationsbegriffs liegt genauso im Dunkeln wie die Frage nach der Entstehung der Gnosis überhaupt. Keinen Zusammenhang damit hat die ἀπόρροια-Lehre der Vorsokratiker, die eine rein erkenntnistheoretische Konstruktion ist (Erkenntnis der Dinge erfolgt durch deren ins Subjekt eindringende Ausflüsse; Belege bei DIELS, *Fragmente* 3, 66; vgl. REITZENSTEIN, *Poimandres*, 16, Anm. 4; MÜLLER, *Plotinische Studien* I, 413, Anm. 1); der Hinweis Eusebs auf Platon als Urheber der ἀπόρροια-Lehre (vgl. EUSEBIUS VON CAESAREA, *Praep ev* XIII 15, 3 [GCS 43/2, 232]) überzeugt insofern nicht, als bei Platon das Wort ἀπόρροια überhaupt nicht, ἀπορροή und προβολή nur in anderem Sinn vorkommt (vgl. EUSEBIUS VON CAESAREA, *Praep ev* XIII 15, 3 [GCS 43/2, 232]; DÖRRIE, Art. Emanation, 449). Nach Clemens von Alexandrien hätte Orpheus mit der Bezeichnung μητροπάτωρ den Anstoß zur Emanationslehre gegeben (vgl. CLEMENS

VON ALEXANDRIEN, *Strom* V 14, 126, 2 [GCS 15, 411]); in ähnlichem Sinn verweist Irenäus auf die heidnischen Theogonien als Quelle (vgl. IRENÄUS VON LYON, *Haer* II 14 [PG 7, 749–757]). Damit dürfte ein Anknüpfungspunkt richtig getroffen sein; daneben könnte etwa auf die Übersteigerung der göttlichen Transzendenz und die daraus zwangsläufig folgenden Hypostasierungen mittlerischer Akte im Denken Philons verwiesen werden (vgl. JONAS, *Gnosis und spätantiker Geist* 2/1, 74 ff.). Dass die manichäischen Emanationsstufen weitgehend durch Systematisierung von Gedanken aus den mit Tatian zusammenhängenden apokryphen Apostelgeschichten der mesopotamischen Enkratiten entstanden sind, hat PETERSON, *Bemerkungen,* 160 ff. als wahrscheinlich erwiesen. Die Emanationsidee als solche ist freilich bei dieser Systematisierung schon vorausgesetzt. Sachlich steht die gnostische Emanationslehre in der Mitte zwischen mythologischem und philosophischem Denken; mit ersterem teilt sie die Neigung zur Personifizierung, von letzterem nimmt sie den abstrakten Gehalt ihrer Hypostasen, die vielfach personifizierte ontologische Begriffe sind. Im Übrigen bedarf die Vorgeschichte des Emanationsbegriffs erst noch der näheren Erforschung.

B. Christlich
I. Christliche Gnosis des Clemens und Origenes
a. Clemens. Dem Clemens von Alexandrien wirft Photius mit Bezug auf dessen Hypotyposen vor, er habe gelehrt: nicht das Wort des Vaters, sondern eine göttliche Kraft, »eine Art Emanation (ἀπόρροια) des Logos« bewohne, zum νοῦς geworden, den Menschen (vgl. CLEMENS VON ALEXANDRIEN, *Fr* I 7, 23 [GCS 17, 202]). Tatsächlich spricht Clemens auch anderwärts von einer ἀπόρροια θεϊκή im Menschen (vgl. CLEMENS VON ALEXANDRIEN, *Prot* VI 68, 2 [GCS 12, 52]; *Strom* V 13, 87, 4 [GCS 15, 383 f.]; *Strom* V 13, 88, 1–3 [GCS 15, 384]), betont dabei aber ausdrücklich, diese dürfe nicht als ein Teil Gottes missverstanden werden (vgl. CLEMENS VON ALEXANDRIEN, *Strom* V 13, 88, 3 [GCS 15, 384]). Wenn an einer Stelle gesagt wird, die Menschen würden durch eine ἀγαθοῦ ἀπόρροια gut und durch eine κακοῦ ἀπόρροια böse (vgl. CLEMENS VON ALEXANDRIEN, *Ecl* 40 [GCS 17, 148]), liegt wohl nicht der gnostische Emanationsbegriff, sondern einfach der plato-

Herkunft aus Gottes ewiger Vernunft und Liebe

nische Teilhabebegriff vor (vgl. PLATON, *Phaidr* 251 b [ed. Burnet 2, 251 b]. Die Emanationslehren der Gnostiker lehnt Clemens ab, wobei auffällt, dass er in diesem Zusammenhang, ähnlich wie Irenäus, fast ausschließlich προβολή als Terminus voraussetzt (vgl. CLEMENS VON ALEXANDRIEN, *Strom* V 14, 126, 2 [GCS 15, 411]; *Strom* III 1, 1, 1 [GCS 15, 195]; *Exc* 1, 1 [GCS 17, 105]; 7, 1 [GCS 17, 108]; 21, 1–3 [GCS 17, 113]; 23, 2 [GCS 17, 114]; 39 [GCS 17, 119]; 67, 1 [GCS 17, 129]; ἀπόρροια: *Exc* 2, 1–2 [GCS 17, 105 f.]). *b. Origenes.* Origenes weist für die Christologie die Auffassung des Sohns als einer προβολή des Vaters ausdrücklich als materialistisch zurück (vgl. ORIGENES, *Princ* IV 4, 1 [GCS 22, 348]; vgl. *Cels* 6, 34.35 [GCS 3, 103 f.]); bei Kommentierung von Weish 7, 25, der einzigen Schriftstelle, die ἀπόρροια in einschlägigem Sinne verwendet (Weisheit: ἀτμίς und ἀπόρροια der väterlichen Herrlichkeit), begrenzt er diesen Begriff in einem deutlich antignostischen Sinn (vgl. ORIGENES, *Princ* I 2, 7–10 [GCS 22, 37–44]). Muss so die engere Christologie des Origenes als antignostisch und antiemanatistisch bezeichnet werden, so ist eine gewisse Einwirkung des Emanationsschemas auf sein Gesamtdenken dennoch unverkennbar. Denn die Stelle, die die einzelnen Kreaturen in der gestuften Skala des Seins einnehmen, bestimmt sich nach ihm von der Art ihres Abfalles her, sodass die Mannigfaltigkeit des Seins in der Verschiedenheit des Abfalls derer gründet, die auf verschiedene Weise »abwärtsflossen« (ἀπορρεόντων: JUSTINIAN, *Ep ad Menam;* von Koetschau in den Text von ORIGENES, *Princ* II 1, 1 [GCS 22, 107, 5] eingefügt; vgl. *Princ* I 8, 4 [GCS 22, 104, 8]). Selbst wenn man ἀπορρεόντων statt mit »abwärtsfließen« mit »sich abwenden« übersetzt, bleibt die Vorstellung des Seinsstroms bestehen. Sie zeigt sich deutlich auch in der Seelenlehre, nach der die ψυχή durch den Abfall des νοῦς von seiner Seinsstufe entstanden ist. Ihre Erlösung wird zur Folge haben, dass sie aufhört ψυχή zu sein und wieder νοῦς wird (vgl. ORIGENES, *Princ* II 8, 3 [GCS 22, 155–161]; dazu die griechischen Fragmente bei Koetschau [GCS 22, 158 ff.]; vgl. JONAS, *Gnosis und spätantiker Geist* 1, 187 ff.). Indem Origenes freilich diese ganze Seinsbewegung einerseits auf das αὐτεξούσιον der Kreatur, andrerseits auf ein göttliches Gericht zurückführt (vgl. JONAS, *Gnosis und spätantiker Geist* 2/1, 182–191), gibt er dem Ganzen einen voluntaristischen und mora-

Emanation

listischen Charakter, der dem Naturalismus der gnostischen Emanationsvorstellung zutiefst entgegengesetzt ist. Die gnostische Vorlage ist noch deutlich erkennbar, ihr Gehalt jedoch völlig verwandelt.

II. Emanation und Christologie
a. Griechische Theologie. Während Origenes die Vorstellung einer Emanation des Logos aus dem Vater abgelehnt hatte, führt Athanasius einen Text aus Theognosts Hypotyposen an, in dem der Sohn im Anschluss an Weish 7, 25 und Hebr 1, 3 als ἀπαύγασμα, ἀτμίς und ἀπόρροια τῆς τοῦ πατρός ουσίας bezeichnet wird (vgl. ATHANASIUS, *Decr Nic syn* 25, 2 [ed. Opitz 2/1–7, 21]); ferner einen Text des alexandrinischen Dionys, der ebenfalls den Logos ἀπόρροια nennt (vgl. ATHANASIUS, *Dion* 23 [ed. Opitz 2/1–7, 62–64]). Die arianische Polemik griff solche Texte auf und betonte deren gnostischen Charakter (vgl. das Credo des Arius bei OPITZ, *Urk* 6 [ed. Opitz 3/1–2, 12 f.], dazu KRAFT, *OMOOYΣIOΣ*, 8; ebenso seinen Brief an Euseb von Nikomedien: OPITZ, *Urk* 1 [ed. Opitz 3/1–2, 1–3], lat. Text auch bei CANDIDUS ARIANUS, *Epist* [PL 8, 1037]; ähnlich CANDIDUS ARIANUS selbst: *Gen div* 4 [PL 8, 1015D]). Die orthodoxe Theologie distanzierte sich denn auch sofort von dem belasteten Begriff; Athanasius fügte in sein »Credo« das οὐκ ἀπόρροιαν ausdrücklich ein (vgl. ATHANASIUS, *Exp fid* 1 (PG 25, 201); ähnlich schon Alexander von Alexandrien, in einem Brief an Alexander von Thessalonich: vgl. OPITZ, *Urk* 14, 46 [ed. Opitz 3/1–2, 26 f.]); er betonte mehrfach, dass es sich um einen materialistischen, gnostischen Begriff handle, der den Nicaenern zu Unrecht nachgesagt werde (vgl. ATHANASIUS, *Or adv Ar* 1, 21 [PG 26, 55–58]; *Or adv Ar* 4, 11 [PG 26, 481]). Hilarius überliefert einen Anathematismus gegen die Auffassung des Sohns als Emanation (vgl. HILARIUS VON POITIERS, *Syn* 8, 20 [PL 10, 496]; vgl. *Syn* 8, 22 [PL 10, 497]); Alexander von Alexandrien verurteilt sie als materialistisch (Brief an Alexander von Thessalonich, bei OPITZ, *Urk* 14, 46 [ed. Opitz 3/1–2, 26 f.]; ähnlich Paulin von Tyrus: OPITZ, *Urk* 9 [ed. Opitz 3/1–2, 17 f.] und EUSEBIUS VON CAESAREA, *Eccl theol* I 12, 73 [GCS 14, 72]). Seit der klaren Absage des Athanasius scheint im Osten der Begriff Emanation aus der Trinitätslehre endgültig verschwunden zu sein.

Herkunft aus Gottes ewiger Vernunft und Liebe

b. Lateinische Theologie. In der lateinischen Theologie verstattete Tertullian dem (häufig unübersetzten) Terminus προβολή ein gewisses Heimatrecht. Der Missbrauch des Wortes durch die valentinianische Gnosis brauche die rechtgläubige Theologie an dessen Verwendung keineswegs zu hindern, zumal die Häresie durch Entlehnung und Nachahmung gegenüber der echten Wahrheit gekennzeichnet sei. Für die Möglichkeit rechtgläubigen Gebrauchs der Vokabel beruft sich Tertullian sodann auf einen Spruch des Parakleten, der das Verhältnis *Deus-sermo* demjenigen von *radix-frutex, fons-fluvius, sol-radius* vergleicht. Als gnostisch abgelehnt wird dabei die Vorstellung einer Trennung von Hervorbringer und προβολή, beide bleiben vielmehr verbunden; beibehalten wird der Subordinatianismus (vgl. Tertullian, *Adv Prax* VIII 7 [CChr.SL 2, 1168]; *Adv Prax* IX 2 [CChr.SL 2, 1168]) und der im Osten später als typisch für den Emanationsbegriff empfundene Materialismus (vgl. Tertullian, *Adv Prax* VII 8 [CChr. SL 2, 1166]; zum Ganzen auch noch Tertullian, *Apol* XXI 11 [CChr.SL 1, 124]). Einen Nachklang des Emanationsgedankens kann man finden in Tertullians Aussage, dass Gott die Seele »afflatu suo emiserit« (Tertullian, *An* XVI 1 [CChr.SL 2, 802]). Die unmittelbare Vorgeschichte des Textes weist auf stoische Einflüsse zurück (vgl. ed. Waszink 231; 176ff.). Die Ablehnung des Emanationsbegriffs wurde im Westen trotz Hilarius offenbar nie so einhellig und endgültig wie im Osten. Die Frage, ob die anscheinend vom Westen ausgehende Durchsetzung des in der Gnosis beliebten Terminus ὁμοούσιος mit solchen Tatbeständen zusammenhängt, bedürfte noch gründlicher Untersuchung (vgl. Kraft, *ΟΜΟΟΥΣΙΟΣ*; interessant dazu die Verbindung ὡς μέρος αὐτοῦ ὁμοουσίου καὶ ὡς προβολή in dem Glaubensbekenntnis des Arius an Alexander von Alexandrien: Opitz, *Urk* 6 [ed. Opitz 3/1–2, 12f.]; vgl. Athanasius, *Syn* 16 [ed. Opitz 2/1–7, 243f.]; auch Origenes bringt ἀπόρροια mit ὁμοούσιος zusammen: Origenes, *Fr ep hebr* [PG 14, 1308; ed. Lommatzsch 5, 300]; Tertullian verbindet *Apol* XXI 11 [CChr.SL 1, 124] *prolatio* und *unitas substantiae*). Bezeichnend für das Fortleben emanatistischer Gedanken ist es, dass Augustin sich mit einem offenkundig von Tertullian beeinflussten Theologen Vincentius Victor auseinanderzusetzen hatte, der lehrte, dass Gott die Seele »non de nihilo

134

Emanation

fecerit, sed ita ex ipso sit, ut ab ipso emanaverit« (AUGUSTINUS, *An* II 3, 5 [PL 44, 496 f.]; vgl. *An* II 5, 9 [PL 44, 499 f.]; zu Tertullian und Vincentius Victor: ed. Waszink, 177 f.). Ein Jahrhundert darnach liest man im Credo des Johannes Maxentius: »rursus profitendum est Jesum Christum [...] esse figuram substantiae sive imaginem patris et emanationem claritatis dei [...]« (JOHANNES MAXENTIUS, *Prof br* [ACO IV/II, 11]). In einem wenig später in lateinischer Sprache verfassten Väterflorilegium findet sich ein dem Gregor von Nazianz zugeschriebener Text, in dem unter vielen Christusprädikaten auch die aus Weish 7, 25 bekannten Bezeichnungen *vapor* und *emanatio* stehen (vgl. COLLECTIO CODICIS NOVARIENSIS XXX, *Ex* [ACO IV/II, 93, 4]).

III. Philosophisches Denken
a. Plotin und der Neuplatonismus. 1. Plotin. Der allgemeine Charakter des plotinischen Denkens zeigt sich auch in der Emanationsfrage: scharf antignostisch einerseits (vgl. PLOTIN, *Enn* II 9 [ed. Henry / Schwyzer 1, 223–253]) ist es andrerseits weitgehend von dem abgelehnten gnostischen Gedankengut bestimmt. Plotin weist einerseits den Emanationsgedanken ausdrücklich zurück (vgl. PLOTIN, *Enn* V 1, 3 [ed. Henry / Schwyzer 2, 265 f.]; *Enn* II 1, 4 [ed. Henry / Schwyzer 1, 149–151]), gebraucht aber andrerseits doch fortlaufend emanatistische Termini, um das Verhältnis des Ureinen und des νοῦς zur jeweilig nächsten Substanz zu klären (vgl. PLOTIN, *Enn* V 2, 1 [ed. Henry / Schwyzer 2, 290]: ὑπερρεῖν; *Enn* V 1, 6 [ed. Henry / Schwyzer 2, 272]: ἐκρεῖν; ῥεῖν; *Enn* VI 4, 9 [ed. Henry / Schwyzer 3, 148]: φῶς ἐκ φωτός; *Enn* VI 8, 18 [ed. Henry / Schwyzer 3, 299–301]: ἐκφύειν, ἐκχύειν u. a.; dazu häufig die spezifisch plotinischen Termini ἐπέκεινα; ἀνηρτῆσθαι); auch der gnostische Gedanke von der Sophia, die ihr Bild in der Materie beschaut und so Ursache des Menschen wird, kehrt bei Plotin wieder (vgl. PLOTIN, *Enn* I 1, 8.12 [ed. Henry / Schwyzer 1, 56.59 f.]; für die Zusammenhänge QUISPEL, *Der gnostische Anthropos und die jüdische Tradition*). Wichtig ist weiterhin, dass Plotin laufend die seinsmäßige Minderung des »Emanierten« gegenüber seiner Quelle und das Moment des Abstiegs betont (vgl. PLOTIN, *Enn* III 8, 4 [ed. Henry / Schwyzer 1, 398–400]; *Enn* V 1, 7 [ed. Henry / Schwyzer 2, 277–279]; *Enn* V 3, 16 [ed. Henry /

135

Schwyzer 2, 328 f.]; *Enn* V 8, 1 [ed. Henry / Schwyzer 2, 374–376]; *Enn* VI 7, 9 [ed. Henry / Schwyzer 3, 222–224]; *Enn* VI 7, 17 [ed. Henry / Schwyzer 3, 234–236]; dazu der Vergleich der drei Substanzen mit Licht-Sonne-Mond *Enn* V 6, 4 [ed. Henry / Schwyzer 2, 365 f.]). Auch der demiurgische Charakter der ψυχή erinnert an die Gnosis (vgl. PLOTIN, *Enn* I 8, 7 [ed. Henry / Schwyzer 1, 403 f.]; *Enn* III 2, 5 [ed. Henry / Schwyzer 1, 275 f.]; *Enn* IV 3, 9 [ed. Henry / Schwyzer 2, 24–26] u. ö.). Man wird sagen können, dass Plotin die Emanationsvorstellung unter Ausschaltung der für die Gnosis so bedeutsamen mythischen Elemente auf ihren ontologischen Kern reduziert und in diesem verwandelten Sinn in sein System eingebaut hat. 2. Neuplatonismus. Der auf Plotin folgende Neuplatonismus ist gekennzeichnet durch die Vermehrung der aus dem Einen kommenden Mittelwesen; die Idee des absteigenden Hervorgehens auseinander wird beibehalten und mit πρόοδος (προϊέναι) ausgedrückt. Bedeutsam ist dabei die durch Proklos systematisch zu Ende geführte Triadenbildung, die schon Jamblich mit der Einordnung der πρόοδος in den auf jeder Seinsebene wiederkehrenden Ternar μονή-πρόοδος-ἐπιστροφή entscheidend vorwärtsgetrieben hatte (vgl. ROQUES, *L'univers dionysien,* 72). Die bereits in der Gnosis wirksame Zuordnung des kosmologischen Dramas zur soteriologischen ἐπιστροφή ist damit noch bedeutend verstärkt.

h. Augustinus. Bei Augustinus ist der Emanationsgedanke sowohl aus der Trinitätslehre wie aus dem Schöpfungsbegriff verbannt. Letzteres zeigt sich z. B. deutlich in der Umwandlung der plotinischen Vergleichung der drei kosmischen Substanzen mit Licht-Sonne-Mond (vgl. PLOTIN, *Enn* V 6, 4 [ed. Henry / Schwyzer 2, 365 f.], siehe *a.1.*), von der Augustinus nur die Zuordnung der göttlichen Sonne zu der dem Mond vergleichbaren Seele übriglässt (vgl. AUGUSTINUS, *Civ* X 2 [PL 41, 279 f.]; HENRY, *Plotin et l'occident,* 129–32), womit das Gleichnis einen durchaus akosmischen Sinn gewinnt. Lediglich die soteriologische Rückseite der Emanation, die Idee des rückkehrenden Aufstiegs der Seele durch die *purgatio* hat Augustin übernommen und zu einem zentralen Bestandteil seines Denkens erhoben, sofern er die Heilsfunktion Christi von hier aus zu erklären versuchte (Frühform der *purgatio*-Lehre AUGUSTINUS, *Quant an* 33 [PL 32, 1073–

Emanation

1077]; ausgereifte Form *Ep* 147 [CSEL 44, 274–331]; *Civ* X 9–32 [PL 41, 286–316]).

c. Ps-Dionysius. Ausblick ins Mittelalter. 1. Ps-Dionysius. Nicht ebenso klar ist die Stellung des Ps-Dionysius zur Emanationsfrage. Die triadisch strukturierten absteigenden Wesensordnungen scheinen sich von den in steter Seinsminderung abgestuften Substanzen seiner philosophischen Vorbilder zunächst nicht wesentlich zu unterscheiden. Hinzu kommt die zentrale Stellung des πρόοδος-Motivs und eine ausgedehnte Verwendung des Lichtgleichnisses, das dem Areopagiten gestattet, über die Ausstrahlung der göttlichen Güte zu sagen, sie geschehe so, wie unsere Sonne ohne Berechnung und ohne Vorauswahl, aber einfach durch ihr Sein alles hell macht (vgl. Ps-Dionysius Areopagita, *Div nom* 4 § 1 [PG 3, 593–596]; Roques, *L'univers dionysien,* 101, Anm. 1). Von den Neuplatonikern bleibt aber Dionysius dadurch abgehoben, dass den Mittelwesen keine seinshervorbringende Kraft zugesprochen wird, sondern alle πρόοδος aus Gott als einziger Quelle kommt (vgl. Ps-Dionysius Areopagita, *Div nom* 5 § 2 [PG 3, 815–818]; Roques, *L'univers dionysien,* 79). 2. Ausblick ins Mittelalter. In den mittelalterlichen Übertragungen des Ps-Dionysius ist das Wort *emanatio* vermieden, erst Baude Cordier (1634) setzt es durchgehend für πρόοδος. Bei den mittelalterlichen Theologen selbst kommt es gelegentlich vor; so etwa wenn Bonaventura von dem *spiritus rationalis* spricht, »qui manat a beatissima trinitate« (Bonaventura, *Myst trin* q8 ad7 [V 115 b]), oder das alte Wort von »vapor et emanatio omnipotentis« wieder aufgreift (Bonaventura, *Hex* III 22 [V 347 a]; vgl. *Red* 8 [V 322 a–b]); noch bedeutsamer, wenn Thomas die Schöpfung emanationem totius entis a causa universali nennt (Thomas von Aquin, *Sth* I q45 a1 c [ed. Leonina IV, 465 a]; Roques, *L'univers dionysien,* 102). Trotz solcher Wortwahl bleibt indes vom alten Emanationsgedanken dabei nichts übrig, der christliche Schöpfungsbegriff bildet den einwandfrei erkennbaren sachlichen Sinn. Auch die mittelalterliche Lichtmetaphysik bedeutet trotz aller Anklänge keine eigentliche Emanationslehre (vgl. Baeumker, *Witelo*). Den christlich gereinigten Kern des neuplatonischen Weltschemas hat z. B. Thomas von Aquin übernommen, indem er seine theologi-

137

Herkunft aus Gottes ewiger Vernunft und Liebe

sche Summe unter das Grundschema von *exitus* und *reditus* stellte (vgl. WALZ, *Thomas von Aquin,* 86).

Literatur: ARMSTRONG, *Architecture.* – BAEUMKER, *Witelo,* 357–426. – COLPE / HAENCHEN / KRETSCHMAR, Art. Gnosis. – DÖRRIE, Art. Emanation. – HENRY, *Plotin et l'occident.* – JONAS, *Gnosis und spätantiker Geist* 1–2/1. – IVÁNKA, *»Teilhaben«, »Hervorgang« und »Hierarchie«.* – KRAFT, *ΟΜΟΟΥΣΙΟΣ.* – MÜLLER, *Plotinische Studien* I. – PETERSON, *Bemerkungen,* besonders 160 ff. – QUISPEL, *Philo und die altchristliche Häresie.* – QUISPEL, *Gnosis.* – QUISPEL, *Der gnostische Anthropos und die jüdische Tradition.* – REITZENSTEIN, *Poimandres.* – ROQUES, *L'univers dionysien,* 68–81; 101 f. – SCHWYZER, Art. Plotinos.

Licht
[Lexikonartikel, 1963]

»Licht« ist kein theologischer Begriff, sondern ein Ursymbol, das in irgendeiner Form wohl nahezu in alle Religionen hineinragt und dabei den verschiedensten Vorstellungskomplexen Raum gibt. Wie Raffaele Pettazzoni nachgewiesen hat, hängt die Lichtidee in der Religionsgeschichte zunächst einmal fast durchgehend mit dem Gedanken der göttlichen Allwissenheit zusammen. Sonne und Mond gelten vielfach als die Augen der Gottheit; das religiöse Grundgefühl des Sich-erkannt-Wissens, der Unverbergbarkeit des eigenen Daseins wird hier offensichtlich durch das Erlebnis des kosmischen Lichtes entfaltet und zur Aussage geführt. Von dieser allgemeinen Lichterfahrung abzuheben ist die kultische Verehrung des himmlischen Lichtes, die sich vor allem auf Sonne und Mond konzentriert, wobei die Sonnenkulte meist ausgesprochen uranischen Charakter tragen im Gegensatz zu der tellurischen Bestimmtheit des Mondes, der in seinem Wechsel von Wachstum und Niedergang dem Menschen zum Spiegel seines eigenen Schicksals wird. Die Mondphasen sind das sich von selber aufdrängende Gleichnis aller Dualismen. Mondreligion ist pathetisch und tröstend in einem, ein Zeichen des schnell zerfallenden, aber auch allzeit neu erwachenden irdischen Lebens (vgl. ELIADE, *Religionen*, 180–216).

Schließlich ist als ein eigener Kreis noch die kultische Verwendung des Feuers abzuheben, die wohl erstlich kathartisch-apotropäische Bedeutung hat, jedoch tiefergehend etwa in den Mysterienweihen die Hochzeitsfackel, die Verheißung neuen Aufgangs zu ewigem Leben bedeuten kann, wie denn auch Platon die Abfolge der Generationen einem Fackellauf verglich (vgl. PLATON, *Nom* 6, 776 b [ed. Burnet 5/1, 776 b]).

Nach dem Gesagten reicht zwar die Lichtsymbolik so gut wie in alle Religionen hinein, aber nur einzelne Religionen sind auch als eigentliche Lichtreligionen zu bezeichnen, jene nämlich, in denen das Licht in einer oder mehreren seiner verschiedenen Gestalten kultische Verehrung empfängt.

I. Biblisch

Die Religion des *Alten Testaments* kann nach dem Gesagten nicht als Lichtreligion bezeichnet werden, wofür die entschlossene Zurückweisung jeder Gestirnverehrung im priesterschriftlichen Schöpfungsbericht symptomatisch gelten mag, der Sonne und Mond schlicht als Leuchten bezeichnet, welche der Schöpfergott am Himmelsgewölbe angebracht hat (Gen 1,14–19). Wohl aber kennt das Alte Testament eine reiche Lichtsymbolik, die vor allem in der späteren Prophetie, in den Psalmen und in der Weisheitsliteratur entfaltet wird. Als Symbol von Gottes Heilshandeln erscheint dabei nur ausnahmsweise das Sonnenlicht, meistens die Morgenstunde (Ps 5,4; 17,15; 90,14; 143,8; Hos 6,1ff.; Zef 3,5 u.ö.), die dem Kranken nach der schweren Nacht wieder Hoffnung gibt, die als Zeit der Rechtsprechung zugleich Ausdruck der Hoffnung auf Jahwes rechtschaffendes Handeln für Israel ist. So wird aber das Licht des göttlichen Angesichts (Ps 4,7) zum Ausdruck der helfenden Güte Jahwes überhaupt, und von der Idee des Rechts, das Jahwe seinem Volk oder seinem Frommen schafft, führt ein unmittelbarer Weg zu dem Gedanken des Heils, das im Letzten nicht bloß Recht, sondern Huld und Gnade ist (z.B. Num 6,25; Ps 57,8ff.; 90,14; 112,4). Wenn in abkürzender Sprechweise Jahwe selbst »Licht« genannt wird (Ps 27,1; 2 Sam 22,29; Jes 60,19), so ist es von diesem Grundgedanken her zu verstehen: Jahwe ist Licht als der, der dem Menschen das Leben hell macht durch seine helfende Huld.

In *nachexilscher Zeit* wird der Lichtgedanke in doppelter Richtung weiter spezifiziert: Der Wille Gottes, der dem Menschen den rechten Weg weist, indem er ihm zeigt, was recht ist, ist im Gesetz Gottes ein für alle Mal an Israel kundgetan; dieses Gesetz – Gottes Wort – ist also das wahre Licht des Menschen, dessen Strahl ihm seine Augen hell macht (Ps 19,9), Leuchte ist für den Fuß und Licht für den Pfad (Ps 119,105). Die Verbindung eines Sonnenliedes mit einem Lobpreis auf Gottes Gesetz im Ps 19 – mag sie ursprünglich oder Werk einer späteren Redaktion sein – zeigt dieses Bewusstsein aufs Deutlichste an: Israels Licht ist Gottes Wort, das seiner Existenz jene Helligkeit und jenes Leben schafft, welche im äußeren Kosmos das Licht der Sonne bewirkt. In der Verbindung des Gesetzeslichtes mit dem die ganze Welt erleuchtenden Licht der Sonne klingt aber auch ein Gedanke an, der bei Deutero-Jesaja ausdrücklich formuliert wird, dass nämlich das Licht des Wortes, welches in Israel leuchtet, Wegweisung nicht nur für Israel, sondern für die ganze Völkerwelt ist: »Weisung geht von mir aus, mein Recht als Licht für die Völker« (Jes 51, 4b). Auf diese Weise wird der Knecht Jahwes, der die Sendung Israels in sich zusammenfasst, das »Licht zur Erleuchtung der Völker« (Jes 42, 6; 49, 6). Er ist es dadurch, dass er Jahwes »Recht« zu den Völkern trägt (Jes 42, 1.4), das zugleich sein Heil ist (Jes 49, 6): Gottes rechtschaffendes Tun erscheint letztlich gerade auch im Alten Testament als Gnadentun, das dem Menschen sein Leben hell macht, das als Wegweisung nicht verknechtende Vorschrift, sondern Ermöglichung heiler und erfüllter Existenz bedeutet.

Im *Spätjudentum* wird diese Lichtsymbolik fortgesetzt, erhält jedoch zumal in Qumran einen dualistischen und sektenhaften Einschlag. Der Gedanke zeichnet sich ab, dass die »›Welt‹ überhaupt im Gegensatz zum Lichte steht und also dem Reich der Finsternis angehört« (NÖTSCHER, *Terminologie der Qumran-Texte,* 99); es kommt hinzu, dass »Söhne des Lichtes« und »Söhne der Finsternis« in Qumran ungefähr gleichbedeutend erscheint mit Gliedern und Nichtmitgliedern der Gemeinschaft (vgl. NÖTSCHER, *Terminologie der Qumran-Texte,* 97). Daneben kennt das Spätjudentum auch die Bezeichnung großer Lehrer als »Licht der Welt« (vgl. OEPKE, Art. λάμπω, 24).

Die *neutestamentliche Lichtsymbolik* findet ihren Höhepunkt in den johanneischen Schriften, in denen Gott selbst als Licht bezeichnet wird, in dem keine Finsternis ist. Bedeutsamer noch als diese Stelle in 1 Joh 1, 5 ist der Prolog des Evangeliums, der zugleich schon die Auseinandersetzung mit der zeitgenössischen Lichtreligion der Gnosis anklingen lässt und ihr die grundsätzliche Richtung für die Folgezeit gewiesen hat. Alttestamentliche Spekulation über das Wort Gottes, das des Menschen Licht ist, wird hier überboten und überhöht durch die Aussage, dass »der Logos«, das ewige Wort, das Gott selber ist, das Leben und als Leben Licht des Menschen sei. Wenn hinzugefügt wird, dass dieses Licht-Wort in Jesus Fleisch geworden ist, so ist damit in Gegenstellung zur Zerreißung von Schöpfung und Heil durch die Gnostiker eine tiefgehende Einheit der beiden Ordnungen ausgesagt. Die Welt ist aus dem Wort geschaffen und das Heilswort, das in Jesus Christus auf den Menschen zukommt, ist kein anderes als jenes, aus dem die Welt wurde. Das Leben, das in der Schöpfung gegeben wurde, ist Licht, d. h. nur jenes Leben ist überhaupt »Leben«, das in der Helligkeit steht, das nicht auf sich selbst zurücksieht, sondern in der wahren Wirklichkeit, d. h. in der Unterstellung unter Gott und im Gehorsam gegen sein Wort lebt. Und umgekehrt: Die Welt ist nicht in dem Sinn Finsternis, als wäre die Finsternis (und so die »Welt«) eine aus sich heraus vorbestehende gegengöttliche Macht, sondern sie wird zur Finsternis dadurch, dass sie sich in sich selbst verschließt, sich der Erhellung durch Gottes Wort und so dem wahren Leben verweigert. Wenn Leben erst dadurch Leben wird, dass es sich selber in seinem Angerufensein von Gott versteht, also erst als verstandenes – als »Licht« – Leben ist, so ist ihm notwendig die Möglichkeit eigen, sich diesem Verständnis zu verweigern und so »Finsternis« zu werden. Die Finsternis ist bei Johannes nicht wie in der Gnosis eine ewige, gegengöttliche Substanz, sondern ein geschichtlicher Akt, nämlich der die ganze Geschichte des Menschen durchziehende Aufstand gegen den Anruf des göttlichen Wortes und die Verschließung dieses Menschen in sich selber. Deshalb kennzeichnet Johannes die Verfassung des auf sich selbst gestellten und sich auf sich selber stellenden Menschen als Töten der Wahrheit und als Lüge (Joh 8, 30–47), als Suchen nach der Herrlichkeit (d. h. nach dem Schein-Licht) des Menschen statt nach der Herrlichkeit (d. h. dem wahren Licht) Gottes (Joh 5, 44; 7, 18; 12, 43). Deshalb gibt es im Grunde bei Johannes auch nicht einen doppelten Begriff von Welt, sondern die eine und gleiche Welt ist Stätte der Liebe Gottes und der Selbstverweigerung gegen Gottes Anruf: Der johanneische Dualismus ist nicht ontologisch, sondern geschichtlich zu verstehen (vgl. BULTMANN, *Johannes,* 34). Man darf also wohl sagen, dass Johannes polemisch an die Lichtterminologie der Gnosis anknüpft, sie aber in Richtung der alttestamentlichen Lichtsymbolik – Licht ist Gottes Wort – umdeutet und ihr in dem geschichtlichen Menschen Jesus eine neue Mitte gibt. Er ist das wahre Licht (Joh 1,8), d.h. in ihm allein ist die wahre Erhellung des menschlichen Lebens gegeben; nur wer sich aus ihm und auf ihn hin versteht, versteht sich recht, »lebt« in Wahrheit. Die johanneische Lichtsymbolik ist in Einheit zu sehen mit der im vierten Evangelium vollzogenen Ausdeutung der großen Ursymbole der Menschheit – Brot, Wasser, Leben, Licht – auf Jesus von Nazaret; ihr zentrales Gleichnis ist die Heilung des Blindgeborenen, in die das ganze Drama der menschlichen Geschichte eingeblendet ist, das im Prolog nur in wenigen kurzen Worten aufklingt (Joh 1,9). Das Licht ist bei Johannes die Wahrheit, die in Jesus neu zur Möglichkeit des Menschen geworden ist; die Finsternis ist die Unwahrheit, welche die Tatsächlichkeit des Menschen vor Jesus ist, der immer in irgendeiner Form gegen die Wahrheit lebt. Das Lichtgleichnis ist damit radikal entnaturalisiert und gleichzeitig zu höchster Bedeutung gebracht.

II. Theologiegeschichtlich

Die Auseinandersetzung mit den orientalischen Lichtreligionen und vor allem mit der *Gnosis* bestimmt auch in den folgenden Jahrhunderten das Schicksal des Lichtgedankens im Christentum. Licht erscheint in der Gnosis als eine kosmische Kraft. Im Gegensatz sowohl zur altgriechischen wie zur biblischen Religion kommt es hier nicht darauf an, »dass ich im Licht *bin,* sondern darauf, dass ich das Licht, d.h. die Kraft der Unsterblichkeit in mir *habe«* (BULTMANN, *Lichtsymbolik,* 25). Dem Licht als Kraftsubstanz entspricht dann die Finsternis ebenfalls als eine kosmische, ontisch zu verstehende Gegenmacht. »Erleuchten« heißt nun nicht mehr ins Helle stellen, sondern mit Licht(-substanz) anfüllen, wie es in der Mysterienweihe, dem φωτισμός, geschieht, in der die Substanz der Unsterblichkeit eingegossen wird. In solchem Dualismus erscheint dann der Kosmos als die Fülle des Schlechten (πλήρωμα τῆς κακίας), Erlösung gewinnt radikal antikosmische Bedeutung.

Die christliche Antwort musste auf zwei Gebieten vor allem gesucht werden; im Bereich des *Kultes* und im Bereich der *Lehre.*

Herkunft aus Gottes ewiger Vernunft und Liebe

Was den *Kult* anlangt, so stand hier weniger die dualistische Versuchung der Gnosis vor Augen als die Verlockung, die von den reichen und glanzvollen Lichtkulten der Spätantike ausging. Von ihnen hat das Christentum positiv verwandelnd eine Fülle von Motiven übernommen, die den Lichtmythos entmythologisierend in eine auf den geschichtlichen Christus bezogene kosmische Symbolsprache umsetzten. Da wäre zunächst zu verweisen auf den christlichen Sonntag, der in der heidnischen Planetenwoche als Tag des Helios galt und nun den Auferstandenen, dessen Sieg an diesem Tag begangen wurde, als das aufgehende Licht verstehen lehrte, was sich wiederum zusammenfügte mit dem biblischen Wort vom »Aufgang aus der Höhe« (Lk 1,78) und mit der Erschaffung des Lichtes am ersten Tag (Gen 1,3). Von solchen Motiven her hat Rom gegen die kleinasiatische Praxis auch die Osterfeier am Sonntag durchgesetzt. Wie die Planetenwoche, so sollte auch der Umschwung des Sonnenjahres Christus, der wahren Sonne, dienstbar werden (vgl. RAHNER, *Mythen,* 194). Schön hat Origenes das Selbstgefühl der frühen Christenheit ausgedrückt, das dieser Einfügung der kosmischen Symbolik in den Christusglauben zugrunde liegt, indem er sagt, Helios und Selene seien nur erschaffen, um den »Reigentanz aufzuführen für das Heil des Weltalls« (ORIGENES, *Ör* 7 [GCS 3, 316, 10 f.]; zitiert nach RAHNER, *Mythen,* 151). Aus der Verbindung des Auferstehungssieges Christi mit der Idee des aufgehenden Lichtes ergab sich ein weiterer Schritt ganz von selbst: War schon bisher der tägliche Untergang der Sonne als Symbol des Todes, die Nachtfahrt des Helios als ein Bild für die jenseitige Existenz der Seelen erschienen, so erblickt man nun im nächtlichen Weg der Sonne ein Bild der Hadesfahrt Christi: »Wie nämlich die Sonne vom Westen zum Osten zurückkehrt, so ist auch der Herr von den Tiefen des Hades zum Himmel der Himmel aufgestiegen« (ATHANASIUS, *Exp Ps* 67, 34 [PG 27, 303 D]; zitiert nach RAHNER, *Mythen,* 155). Das Paschafest wird demgemäß in der Liturgie als Mysterium des sterbenden und auferstehenden Lichtes dargestellt, gipfelnd im Taufvollzug, in dem aus den Wassern des Todes der Christ geboren wird durch die Kraft des Lichtes, das die Nacht überwindet.

Ähnliche Motive lassen sich auch für Epiphanie und Weihnachten nachweisen, die ja ursprünglich sinngemäß gleichbedeu-

144

tende Feste waren. (Das Doppeldatum erklärt sich wohl aus der Verschiebung des altägyptischen Datums der Wintersonnenwende vom 6. Januar auf den richtigen Ansatz der julianischen Reform, den 25. Dezember: vgl. RAHNER, *Mythen,* 184 im Anschluss an NORDEN, *Die Geburt des Kindes,* 39.) Epiphanie wurde einem Fest des Aion – damals oft mit Helios gleichgesetzt – gegenübergestellt, dessen nächtliche Feier in den Worten gipfelte: Die Jungfrau hat geboren, es wächst das Licht (vgl. OEPKE, Art. λάμπω, 20; RAHNER, *Mythen,* 182 f.). Desgleichen verdrängt Weihnachten die Verehrung des *Sol invictus;* beide Feste wollen Christus als das wahre Licht erweisen, in dessen Dienst die kosmischen Leuchten stehen.

Galt die Sonne als Bild Christi, so sah man in der weiblichen Selene die Mutter Kirche dargestellt: Die Ursymbolik des Mondes wird auf neue Weise wirksam. Unter den vielfältigen Bildern, die aus diesem Grundgedanken entfaltet wurden, ist das bedeutsamste und christlich reinste wohl dasjenige der *Luna patiens.* Origenes hat das Bild des Neumonds auf die Kirche übertragen, die in dieser Erdenzeit immerfort absterbende Kirche ist, aber gerade so ihrem Helios, dem gekreuzigten Herrn, nahekommt und gerade in der Verfinsterung der Passion zu ihrer wahren Fruchtbarkeit wächst: »Neu nennen wir Selene, wenn sie dem Helios ganz nahesteht und so mit ihm vereinigt ist, dass sie gleichsam unter seinem Glanz verschwindet. Die Sonne der Gerechtigkeit aber ist Christus, und wenn die wahre Selene, die Kirche, sich so mit ihm vereinigt hat, dass sie sagen kann: nicht mehr ich lebe, sondern Christus in mir, dann feiert sie ihren Neumond« (ORIGENES, *Hom in Num* 23, 5 [GCS 30, 217 f.]; zitiert nach RAHNER, *Mythen,* 218). Kraftvoll hat denselben Gedanken Ambrosius ausgedrückt: »exinanivit eam, ut repleat, qui etiam, se exinanivit ut omnis repleret […] ergo annuntiavit luna mysterium Christi« (AMBROSIUS, *Hex* IV 8, 32 [CSEL 32/1, 137]; RAHNER, *Mythen,* 219). In dieser theologischen Auslegung des Neumondes schlägt das Lichtsymbol in sein Gegenteil um: In der äußersten irdischen Verfinsterung, in der fortgesetzten Teilhabe am Todesschicksal Jesu Christi, taucht die Kirche ein in die verborgene Fülle des Auferstehungslebens und wird eben so, als die irdisch verfinsterte, teilhaft des wahren Lichts. Aus der paulinischen *theologia crucis* ist hier der Lichtsymbolik ein neuer Gedanke zugewachsen, der ihr erst ihren vollen christlichen Tiefgang sichert. In einer Welt, die vom Schein der Selbstherrlichkeit geblendet ist, kann das wirkliche Licht des Gehorsams, der Selbsthingabe, der Liebe nur als Dunkel erscheinen, da es ja in der Tat die Verdunklung des Selbst in der Freigabe für die Herrlichkeit Gottes ist. So nimmt der Christ in dieser Welt die Verdunklung des Eigenen in Kauf und erkennt die Nächtigkeiten dieser Welt als den Quellpunkt des je größeren Lichtes, als jenes Sich-Verlieren, ohne das niemand sich wahrhaft gewinnen kann (Mk 8, 35). Ein ganz ähnlicher Umschlag der Lichtsymbolik, wie er sich aus dem Kultischen aufweisen ließ, wird sich auf der Linie des Lehrmäßigen noch einmal zeigen lassen.

Im Gebiet der *Lehre* wurde die Lichtidee vor allem auf zwei Gebieten bedeutsam; in der Lehre von Offenbarung und Glauben sowie – damit eng zusammenhängend – in der Auslegung der Gnade. Im ersten Fall, d. h. in der sogenannten Illuminationslehre, scheint vor allem die Erkenntnismetaphysik Plotins anregend gewirkt zu haben. Für Plotin gibt es grundsätzlich nur drei Hypostasen: ἕν – νοῦς – ψυχή; die Seele ist also in den vielen Menschen nur eine einzige. Der Mensch erkennt jeweils in dem Maß, in dem er Seele bzw. νοῦς ist und rückkehrt in die Einheit der geistigen Wirklichkeit: Erkennen und Sein decken sich, die Lichtung des Seins fällt mit dem Aufstieg des Erkennens zusammen. Den Anschein der Individualität versucht Plotin vor allem mit dem Gleichnis zu lösen, dass die eine Seele sich in vielen Spiegeln beschaue, dass also die vielen Seelen bloße Spiegelungen der einen ψυχή seien (PLOTIN, *Enn* I 1, 8 [ed. Henry / Schwyzer 1, 56]). An diesen Gedanken hat offenbar Augustinus angeknüpft, der für die westliche Theologie die Erleuchtungslehre in einer auf Jahrhunderte hinaus gültigen Weise formuliert hat. Für ihn stand vom christlichen Personalismus her die Eigenständigkeit und individuelle Geistigkeit jedes einzelnen Menschen fraglos fest. Insofern entsteht jetzt erst Erleuchtungslehre im engeren Sinn: Der Mensch erkennt, nicht indem er einfach Licht wird, sondern indem er (der freilich auch Licht ist) das höhere Licht sieht, das er nicht selber ist, sondern das ihm leuchtet, sich ihm zeigt. Dennoch bleibt die Verbindung von Erkennen und Sein denkbar innig. An die Stelle der plotinischen Idee von der Einzelseele als einer Spiegelung der Allseele setzt Augustinus den christlichen Gedanken der Gottebenbildlichkeit der Seele, die nach ihm nicht einfach in einer ternarischen Struktur, ebenso wenig bloß in der Geistnatur als solcher besteht, sondern darin, dass die Seele *memoria Dei, verbum Dei, dilectio Dei* ist: eine Teilhabe und Vergegenwärtigung von Gottes eigener Wirklichkeit. Der Mensch ist Erkenntnisspiegel nur, weil er Seinsspiegel ist; er kann das göttliche Licht nur schauen, weil er selbst lichthaft geschaffen ist. Der Sachverhalt lässt sich aber auch von der anderen Seite her aussagen: Das menschliche Sein kann nur deshalb Erkenntnis realisieren, weil es gelichtetes, schauendes Sein ist. Indem der Mensch als Bild Gottes ausgelegt und dieses zentral als *memoria* bzw. *notitia Dei* gedeutet wird, erscheint das menschliche Sein in seiner Ganzheit als erkennendes (und liebendes) Sein, im Erkennen vollzieht es sich selbst; die Erleuchtung ist daher nicht etwas, was über oder bloß an ihm geschieht, sondern ist die Bewegung seiner Existenz selbst. Auch hier bleibt freilich bestehen, dass der Mensch sich selber verfehlen und in der *aversio a Deo* zur Finsternis werden kann; aber ebenso ist deutlich, dass sein wahres »Leben« mit »Licht« identisch ist, dass er nur wirklich »lebt«, wenn er »Licht« ist, d.h. in der Erkenntnis und Anerkenntnis Gottes und so im rechten Verständnis seiner selbst steht. Hinzuzufügen ist, dass bei Augustinus dem Begriffsfeld Licht-Erleuchtung ein ungefähr gleich erstreckter Begriffsraum Wort-Einsprechung zugeordnet erscheint; Wortsymbolik und Lichtsymbolik sind vertauschbar, der vom Biblischen vorgegebene Wortcharakter des Lichtes bleibt unzweideutig bestehen.

Wenn Licht und Sein untrennbar verbunden sind, die Bewegung des menschlichen Seins selbst Erleuchtungs- (oder Verfinsterungs-)bewegung ist, dann ist damit auch der enge Zusammenhang von Erleuchtung und Gnade klar. Ihn hat vor allem die franziskanische Theologie des Hochmittelalters näher zu erhellen versucht auf der Basis einer Lichtmetaphysik, die das Seinsproblem selbst vom Begriff des Lichtes und den darin enthaltenen Kategorien her zu lösen versuchte. Bonaventura unterscheidet z.B. in diesem Zusammenhang drei Grundformen des Seins je nach dem verschiedenen Beziehungsverhältnis von Werden und

Herkunft aus Gottes ewiger Vernunft und Liebe

Sein. Für die Substanzen und die ihnen wesenseigenen Akzidentien gilt danach, dass in ihnen *esse* und *factum esse* identisch ist, während *esse* und *fieri* auseinanderfallen: Wenn sie werden, »sind« sie noch nicht, was sie eigentlich sind; »sind« sie aber einmal, dann ist der Prozess des Werdens abgeschlossen, sie stehen fest. Bei den Bewegungsvorgängen ist das Verhältnis umgekehrt: Ihr *esse* ist ein *fieri*, kein *factum esse*. Sie sind reines Werden ohne eigenes Sein. Neben diesen beiden auch der thomistischen Metaphysik bekannten Formen des Wirklichen kennt Bonaventura noch eine dritte Gruppe, bei der *fieri, esse* und *factum esse* in eins zusammenfallen. Das bedeutet, dass hier ein wahres Werde-Sein vorliegt, dessen Sein nie ruhender Bestand, sondern immerfort lebendigquellendes Werden ist, dem aber dennoch die Unzulänglichkeit, Haltlosigkeit und Haltbedürftigkeit der bloßen »Bewegung« abgeht, das vielmehr dennoch gerade als Werden ist und als Werden in sich selber steht. Dieses (dem Aristotelismus unbekannte) Werde-Sein ist nach Bonaventura das Sein des Lichtes, das in jener höchsten *actualitas* existiert, für die immerwährendes Sein und immerwährendes Geborenwerden dasselbe sind (vgl. BONAVENTURA, I *Sent* d9 a1 q4 c [I 186 b]). Von dieser Lichtmetaphysik her erklärt Bonaventura das ewige Sein und Geborenwerden des göttlichen Logos, aber auch die Seinsbestimmtheit der göttlichen Gnade, die nicht als eine ruhende *qualitas* der Seele, sondern als die stets lebendige Einstrahlung des göttlichen Lichtes in den Menschen gefasst wird (vgl. BONAVENTURA, II *Sent* d26 a1 q6 c [II 645 b]). Die bereits von Augustinus ausgesprochene These, dass Licht auch, ja gerade im geistigen Bereich, in einem durchaus wirklichen und nicht bloß bildhaften Sinn vorliege (vgl. AUGUSTINUS, *Gen litt* IV 28, 45 [PL 34, 315]), erhält hier ganz konkrete Bedeutung. Die übergreifende Gemeinsamkeit, die sinnliches und geistiges Licht verbindet, ist die Seinsweise des Werde-Seins, von der aus beide in den Oberbegriff *influentiae* einbezogen werden (vgl. BONAVENTURA, I *Sent* d9 a1 q4 c [I 186 b]), was nach dem Gesamtbefund der Texte ebenso gut als »Einflüsse« wie auch »Ausflüsse« (oder Ausstrahlungen) übersetzt werden kann. Auf diese Weise entsteht von der Lichtidee her nicht nur eine dynamische Konzeption der christlichen Existenz, die im Werde-Sein der Gnade selbst nur als werdende und wachsende seiend ist, die

148

im Lichte der Gnade an der Lichtnatur des Logos und so an seiner totalen Relativität auf den Vater hin teilnimmt; darüber hinaus erwächst ein dynamisches Seinsverständnis überhaupt, da ja im Licht das Grundgeheimnis des Wirklichen selber erfasst wird, weil alles Sein lichthaft vorgestellt wird. Der Einbruch des Aristotelismus bedeutete das Ende der Lichtmetaphysik und aller aus ihr abgeleiteten Spekulationen; die Erleuchtungslehre wird durch die Erkenntnis der Eigentätigkeit des menschlichen Geistes im *intellectus agens* abgelöst.

Neben Augustinus hat vor allem Pseudo-Dionysius der Theologie (des Westens und des Ostens) den Lichtgedanken eingeprägt. Aber während Augustinus mehr das spekulativ-theoretische Denken befruchtete, wurden die Werke des Pseudo-Dionysius zum »Handbuch der Lichtsymbolik« (vgl. Koch, *Über die Lichtsymbolik*), welches in dem mystischen Strom von Johannes Scotus Eriugena über Meister Eckhart bis Nikolaus von Kues wie auch in der Lichterfahrung der ostkirchlichen Mystik weiterwirkte. Der entscheidende Beitrag des Pseudo-Dionysius zur Lichtidee dürfte jedoch in dem Umschlagen der Symbolik liegen, das sich bei ihm aus seinem Neuverständnis der Ekstase ergibt. Während bei Platon, Plotin und den Gnostikern, aber auch bei Origenes und seinen Schülern die Ekstase kein wirkliches Heraustreten des Subjektes aus sich selber bedeutet, sondern der νοῦς immer er selbst bleibt, seine Vergöttlichung also einfach in der vollendeten Selbstfindung und in der Lösung vom Nicht-Geistigen besteht, lehrt Dionysius ein wirkliches Heraustreten aus dem Eigenraum des Menschlichen, ein Überschreiten und Hinter-sich-Lassen auch des νοῦς: »Die Ekstase nach Dionysius ist ein wahrer Bruch im Herzen des geistlichen und geistigen Organismus« (Roques, Art. Dionysius Areopagita, 1114). Demgemäß wird aber die höchste Erkenntnis Gottes erst jenseits des νοῦς im intellektuellen Dunkel, in der mystischen Wolke des Nichtwissens (vgl. Dionysius Areopagita, *Myst* I 3 [PG 3, 1001 A]) erreicht, in einem Erkennen, das ein Erleiden ist und das nicht ohne die Liebe stattfinden kann. Damit ergibt sich eine doppelte Bedeutung des Symbols der Finsternis, die einerseits den Seelenzustand des Mystikers beschreibt, der sich selbst und seine geistigen Kräfte hinter sich gelassen und überschritten hat auf dem Weg zur jenscitigen Wirklichkeit Gottes, die andererseits eine »Art von Widerstand [besagt], den die Essenz des göttlichen Wesens einem völligen Eindringen der menschlichen Intuition entgegensetzt'« (ROQUES, Art. Dionysius Areopagita, 1118). Es ergibt sich eine Art Hypersymbolik im bewusstseinsjenseitigen Raum der ekstatischen Berührung Gottes, in dem zunächst jede Symbolik in höchster Vergeistigung verneint scheint, der indessen gerade in seiner höchsten Höhe jenseits der Begriffe wieder auf den symbolischen Weg zurückverweist. »Das führt uns zu der Feststellung, dass die beiden äußersten Stadien der Bemühung um Vergöttlichung, das der Symbole und das der Ekstase, in Beziehung zueinander stehen. Das dürfte uns wohl verpflichten, von einem gleichzeitigen und streng solidarischen Zusammenspiel der verschiedenen Theologien zu sprechen« (ROQUES, Art. Dionysius Areopagita, 1119).

Es muss als höchst bedeutsam angesehen werden, dass sich hier, auf der äußersten Höhe mystischer Theologie, derselbe Umschlag im Lichtsymbol ergibt, wie er im kultischen Symbolismus bei dem Bild des Mondes festgestellt werden konnte. In beiden Fällen hat offenbar die Wucht der christlichen Wirklichkeiten die vorhandenen Schemata erfasst und zu Aussagen umgeprägt, in denen die Neuheit der christlichen Erfahrung zur Erscheinung kommt. Mit seinem Bild von der göttlichen Finsternis, die über der Erfahrung des Lichtes liegt, hat Pseudo-Dionysius den Weg zu einer eigentlich christlichen Mystik gewiesen, die ihr Höchstes nicht in der Leistung der Verinnerlichung erblickt, sondern in einer Erfahrung, die ein Erleiden des göttlichen Dunkels ist, das den Menschen ergreift, ihn über sich selbst hinausreißt und von ihm nicht nur seinen Verstand, sondern mehr noch seine Liebe fordert.

Diese Höhenlage der Mystik des Pseudo-Dionysius ist offenbar weder in der Mystik des lateinischen Mittelalters noch in der von den Hesychasten ausgearbeiteten Mystik des Taborlichtes wieder erreicht worden. Erst Johannes vom Kreuz stellt (im Anschluss an Pseudo-Dionysius, aber wohl auch unter islamischem Einfluss) von Neuem das Bild der »dunklen Nacht« in das Zentrum seiner Mystik und sieht in ihr nicht nur die Vorläufigkeit der Passion ausgedrückt, sondern »eine höchste, reife und vollentfaltete Form des Nichtwissens, der Selbstübergabe, der πίστις« (BALTHASAR, *Fides Christi,* 78), die höher steht als die Helligkeit der Erleuchtungen und näher an das Eigentliche Gottes rührt. In der Spannung zwischen dem johanneischen Wort von Gott, der Licht ohne alle Finsternis ist (1 Joh 1, 5), und dem Bild der göttlichen Wolke wird der Reichtum nicht nur der christlichen Lichtsymbolik, sondern auch der christlichen Gotteserfahrung sichtbar. Es bedürfte einer eigenen Untersuchung, um zu zeigen, wie sich die gegebenen Gedanken in der christlichen Kunst, vor allem in der Lichtsymbolik des gottesdienstlichen Raumes auswirken, welche das gedankliche Material auf den konkreten Ort des kultischen Geschehens anzuwenden versucht und so indirekt diese Symbolik auch jenen vermittelt, die weitab vom Gedankengut der Theologie und der Mystik leben.

Literatur: BAEUMKER, *Witelo;* DÖLGER, *Sonne;* DÖLGER, *Sol salutis;* PUECH, *La ténèbre mystique;* OEPKE, Art. λάμπω; BULTMANN, *Lichtsymbolik;* CUMONT, *Lux perpetua;* AALEN, *»Licht« und »Finsternis«;* ELIADE, *Religionen* (Lit.); JONAS, *Gnosis und spätantiker Geist* 1; ROQUES, *L'univers dionysien;* ROQUES, Art. Dionysius Areopagita; NÖTSCHER, *Terminologie der Qumran-Texte,* 92–148; BULTMANN, *Johannes,* 19–34; RAHNER, *Mythen,* 125–224; AALEN, Art. Licht; HEMPEL, *Lichtsymbolik;* KOCH, *Über die Lichtsymbolik;* PETTAZZONI, *Gott;* RATZINGER, *Licht und Erleuchtung.*

Nachwort des Theologen

Zu: Karl Hummel, *Was Theologen nicht mehr sagen sollten. Überlegungen eines Naturwissenschaftlers,* in: ThQ 149 (1969) 336–343

Die vorstehenden Ausführungen von Karl Hummel bringen dem Theologen wieder einmal das ganze Elend seiner eigenen Geschichte zum Bewusstsein, die viel Großes, aber auch nicht wenig Beschämendes enthält. Die Geschichte der Beziehungen zwischen Naturwissenschaften und Theologie jedenfalls ist seit dem Beginn der Neuzeit fast ständig eine *historia calamitatum* gewesen, hauptsächlich, weil die Theologie die Grenze ihrer Aussagemöglichkeiten nicht einzusehen vermochte und von dem Versuch nicht lassen konnte, vom Glauben her Tatsachen zu fordern oder zu verbieten. Das Woher und das Wohin des Menschen sind Fragen, die die Theologie angehen; daraus glaubte sie schließen zu müssen, dass sie bei dem Disput über den menschlichen Stammbaum mitzureden habe und mindestens negativ festlegen könne, wie dieser Stammbaum nicht aussehen dürfe. Der Versuch, Realitäten, die nur *a posteriori* zu erfassen sind, *a priori* aus einem vermeintlich höheren Wissen zu konstruieren, hat die Theologie zu einem ruhmlosen Rückzug nach dem anderen genötigt und sie nur langsam vorsichtiger darin machen können, Vorstellungsschemata, die sie sich gebildet hatte, als unaufgebbare Voraussetzungen des Glaubens zu deklarieren. Heute freilich sieht die Theologie mit Bestürzung, dass sie dabei nicht ihren Auftrag gewahrt, sondern in hohem Maße ihren Kredit verspielt hat. Denn nach all den Beteuerungen, mit denen man sich gegen Evolutionslehre, Polygenismus und anderes gewehrt hatte, um zuletzt doch schweigend das Feld zu räumen, ist der Beschauer der Szene auch da nicht mehr geneigt, an Gültiges zu glauben, wo vielleicht wirklich das Eigene und Eigentliche der Theologie zur Debatte steht. Man muss wohl hinzufügen, dass ein ähnlich unrühmlicher Zweikampf wie zwischen Theologie und Naturwissenschaft in den

Nachwort des Theologen

letzten anderthalb Jahrhunderten auch zwischen Theologie und Geschichtswissenschaft stattgefunden hat – auch hier gab es die gleichen Fixierungen und die gleichen Rückzüge, auch hier steht man vor der gleichen Krise der Glaubwürdigkeit.

Vielleicht kann dies eine Krise zum Heile sein. Heute ist, jedenfalls in unseren Breiten, die Zahl der Theologen wohl nicht mehr allzu groß, die bei einem Disput von Biologen über Details der Evolutionslehre triumphierend die Unsicherheit des Ganzen verkünden. Dass die überlieferte Anschauung von Paradies und Erbschuld nicht in naturwissenschaftlichen Daten objektivierbar ist, sondern anthropologische Aussagen über die innere Herkunftsgeschichte des Menschen und seine Verfasstheit in der Bedrohung durch das Versinken in die Sklaverei inhumaner Mächte anzielt, wird zusehends klarer bewusst. Und so ließe sich fortfahren. Trotzdem sind Anrufe wie der vorliegende keineswegs überholt oder inzwischen etwa gegenstandslos geworden: Gegenüber dem Versuch, die Position der Theologie durch Einzelkorrekturen, durch kleinere oder größere Grenzberichtigungen auf dem Feld der Details, zu halten, bringen sie das Grundsätzliche der Aufgabe zu Bewusstsein, die sich hier stellt. Das Problem Naturwissenschaft–Theologie ist nicht eine Frage des Ausgleichs in den Details (in denen die Theologie einfach keine Kompetenz besitzt), sondern der Unterscheidung der jeweiligen methodischen Ebene und dann freilich auch der gegenseitigen Beziehung der Methoden. Die Naturwissenschaft beansprucht die Natur ganz und nicht bloß bis zu irgendwelchen Grenzen hin; auf ihre Weise beanspruchen umgekehrt Philosophie und Theologie ebenfalls, über »das Ganze« zu reden, aber diese Ganzheit ist ersichtlicherweise eine andere als die der Naturwissenschaft. Sie kann nicht durch ein Herausschneiden von theologischen Reservaten (wie Herkunft des Menschen, Entstehung des Lebens, »Substanz« der Dinge und so weiter) zur Geltung gebracht werden, sondern nur durch Besinnung auf die jeweils grundverschiedene Art von Totalität, die gemeint ist, und durch Respektierung jener Totalität des Beobachteten und Beobachtbaren, die den Raum der Naturwissenschaft darstellt.

Die Probleme werden bei einer solchen längst überfälligen Selbstbeschränkung der Theologie keineswegs aufhören, weil bei

153

aller Verschiedenheit der Frageebenen die Wirklichkeit eben doch nur eine ist. Vielleicht wird auf eine sinnvolle Weise das Gespräch von Naturwissenschaft und Theologie miteinander auch weiterhin da und dort ein Streitgespräch sein müssen, keineswegs braucht es zur bloßen gegenseitigen Information abzusinken, so wichtig die Bereitschaft, sich zunächst einfach informieren zu lassen, auch ist, gerade für den Theologen. Freilich wird die Lage bei den einzelnen Problembereichen sehr unterschiedlich sein. In der *Evolutionsfrage* wird es zunächst einmal zu einem Selbstgespräch der Theologen kommen müssen. Sie werden hier sogar durch die Nötigung der Naturwissenschaft an die Weite ihrer eigenen Überlieferungen neu erinnert. Dass man die Frage der Entstehung des Lebens zu einem Kampfthema zwischen Naturwissenschaft und Theologie werden ließ, wäre beispielsweise den Theologen der Alten Kirche durchaus unverständlich gewesen. Auch sie kannten ein Gespräch mit der Naturwissenschaft ihrer Zeit, die Vorstellungen von der Entstehung der Welt entwickelte, die ebenfalls mit der Bibel nicht im Einklang standen. Die allegorische Exegese schloss für sie die Einsicht ein, dass man der Bibel keine naturwissenschaftliche Information entnehmen könne; sie fassten daher den Schöpfungsbericht bildhaft auf und stellten die Details im Sinn der stoischen Naturwissenschaft dar, in der die Vorstellung von der *Urzeugung* miteingeschlossen war. Ob die weithin von den Vätern angenommene Lehre von der Simultanschöpfung und von den *rationes seminales* prinzipiell die Richtung auf eine Entwicklungslehre hin eröffnet oder nicht, ist umstritten; die Untersuchungen von Albert Mitterer lassen eine positive Antwort mindestens als möglich erscheinen.[1] Aber vielleicht klingt das alles schon wieder viel zu apologetisch; immerhin mag der Hinweis nützlich sein, dass es auch in der Theologie selbst »nicht immer so gewesen ist«, dass sie an ihrem Anfang viel offener und beweglicher war als in den letzten hundert Jahren. Wie dem auch sei, Aufgabe der Theologie ist es nicht, sich gegen die Evolutionslehre im ganzen oder in Details zu verwahren, sondern sich darüber zu

---

[1] Vgl. MITTERER, *Entwicklungslehre Augustins.* Interessante Texte für den altchristlichen Dialog von Naturwissenschaft und Glaube bei JOHANNES PHILOPONOS, *Ausgewählte Schriften.*

Nachwort des Theologen

informieren und dann die ihr eigentümliche Frage zu stellen: Was heißt unter diesen Voraussetzungen und angesichts dieses Befundes eigentlich *Schöpfung alles Wirklichen* durch Gott? Und was ist mit der vom Glauben behaupteten Direktheit des Menschen zu Gott gemeint, wenn wir die Abstammungslehre mit allen ihren Implikationen annehmen? Wie kann Gott das Woher des Menschen sein, wenn sein biologisches Woher im Tierreich liegt und wenn *Bios* und *Psyche* unabtrennbar voneinander sind? Welches Menschenbild entsteht da und welches Gottesbild? Welche Art von Verantwortung des Menschen vor sich selbst und vor der Welt? Welcher Auftrag des Menschen für sich selbst und für die Zukunft? Welches ist das Maß des Menschen und der Welt, wenn es die festgefügten »Naturen« nicht gibt? Oder gibt es, nachdem die Wesen geworden sind, doch feste Fügungen, die sie binden und die für sie verbindlich sind? Und weiter: Wenn die Welt von Anfang an Kampf ums Dasein, Tod, Krankheit, Leid umschloss und mit dem Kampf Egoismus, Hass, Neid, Gewalttätigkeit (wenigstens in ihren Vorformen in der tierischen Psyche), wenn »Kampf ums Dasein« mit allen Implikationen sogar das Selektionsprinzip des Lebendigen ist, sein schöpferischer Antrieb, was heißt das für den Menschen, für die Welt? In welchem Sinn ist er ein »gefallenes Wesen«, das nur leidend zu sich selbst emporfindet und den Kosmos zu sich selber bringt? Wie steht der Impetus des Kampfes ums Dasein mit seinem notwendigen Egoismus zu dem Anruf der Liebe, den der Mensch aus dem Glauben vernimmt? Wie die Natürlichkeit des Todes (die unbestreitbar ist) zu der Erfahrung seiner Widersprüchlichkeit? Weitgehend sind das innere Fragen der Theologie, zu denen sie sich anlässlich der Erkenntnisse der Naturwissenschaft gedrängt fühlen muss, aber je konkreter die Fragen werden, desto mehr werden sie beide Seiten engagieren und das Zuhören auf die Aussagen des einen wie auf die Fragen des anderen herausfordern. Noch deutlicher wird das sein, wenn das Freiheitsproblem ins Spiel kommt. Ich finde es sehr hilfreich, wie Karl Hummel diese Frage entwickelt, und sehe darin eine größere Zuversicht, die Freiheit des Menschen (als konkrete Freiheit) sichtbar machen zu können, als heute mitunter Theologen zu hoffen wagen. Die Probleme, die hier auf uns zukommen, liegen vermutlich weniger in den Grenzen als in der offenen

155

Weite der menschlichen Freiheit: Darf der Mensch alles, was er kann? Wieweit kann er sich und die Welt »manipulieren«? Gibt es einen feststehenden Entwurf Mensch, an den wir gebunden sind, oder ist der Mensch ein Experimentierfeld seiner eigenen naturwissenschaftlichen und sozialen Vernunft? Zeigt sich vielleicht im Experiment mit dem menschlichen Können selbst dem Achtsamen die innere Grenze, an der sich die menschliche Natur wehrt und gleichsam den roten Strich erkennen lässt, den man nicht ungestraft überschreiten kann, an dem technisches Können kein humanes Können mehr ist? Ethos kann hier nur im Gespräch mit der Naturwissenschaft entworfen werden, aber auch Naturwissenschaft agiert hier gleichsam so nah am ethischen Raum, dass sie für die Stimmen derer, die sich darum mühen, nicht taub sein darf. Erste Abgrenzungsversuche werden vielleicht misslingen, Maßbilder zu kurz genommen sein, aber das diskreditiert nicht das Bemühen selbst, sondern erfordert nur seinen Fortgang.

Von etwas anderer Art sind die Fragen, die sich bei den Stichworten *Substanz* und *Tod und Auferstehung* aufdrängen. »Der Gedanke, dass sich die chemische Zusammensetzung und die anatomischen Strukturen des Brotmehls durch ein Wort plötzlich in die chemischen Verbindungen eines menschlichen Körpers umwandeln und wieder nach einigen Minuten zurückverwandeln könnten« (341), ist in der Tat absurd. Ich kann mir auch nicht denken, dass sich das, außer vielleicht in der naturalistischen Reaktion gegen die Thesen Berengars, jemals jemand im Ernst vorgestellt hat – ganz sicher nicht in der Alten Kirche und sicher auch nicht in der Theologie der Hoch- und Spätscholastik: Der Substanzbegriff wurde ja gerade in die Diskussion gebracht, um einen Realismus zu formulieren, der nicht naturalistisch war, und um die absurde Position der antiberengarischen »Orthodoxie« zu beenden.[2] Denn Substanz war ein metaphysischer Begriff, von dem *per definitionem* feststand, dass er nicht auf der Ebene des Quantitativen liege. Die Frage, die hier also aufstand und aufsteht, lautet: Was ist das eigentlich: *Wirklichkeit, Realität?* Wie immer man auch auf diese Letztfrage antworten mag, die klassische Euchari-

---

[2] Vgl. SCHILLEBEECKX, *Die eucharistische Gegenwart,* 7 ff.

Nachwort des Theologen

stielehre war davon überzeugt, dass *Realität* und *Quantität* nicht ineinanderfallen und dass die eucharistische Realität nicht auf der quantitativen (also auch nicht auf der chemischen, anatomischen und so weiter) Ebene liegt, sondern Realität von wesentlich anderer Art, aber eben doch *Realität* ist. Vielleicht ist der eigentliche Kern der Eucharistielehre in dieser Hinsicht gerade darin zu suchen, dass sie die Deckung von Quantität und Realität verneint und das Nicht-Quantitative sogar als das Allerrealste bezeichnet.

Aber die *Wunderhostien?* Faktisch bedeutet die Wunderepidemie des Spätmittelalters, dass im Empfinden des Volkes die Reliquienfrömmigkeit die Sakramentsfrömmigkeit überdeckte und weitgehend verdrängte. Man wollte nicht das *Sakrament* und seine subtile Form von Realität, sondern die Reliquie und ihre handfeste Wirklichkeit. Insofern stehen diese Vorgänge eindeutig gegen den eigentlichen Duktus der Sakramentslehre. Die Theologie sah denn auch das Auftreten dieser Vorgänge nicht im Rahmen der von ihr beschriebenen sakramentalen Realität, sondern als Wunder an, in denen die sakramentale Realität durch eine naturale ersetzt werde. Sie war freilich – das muss man bekennen – zu sehr in das herrschende Frömmigkeitsgefüge verwoben, als dass sie die Kraft gehabt hätte, zu einem ernsthaften kritischen Faktor gegen diese »Umfunktionalisierung« der eucharistischen Frömmigkeit zu werden. Ob man heute die wenigen aus solchen Ursprüngen entstandenen Wallfahrten mit Feuer und Schwert austilgen soll, ist mir freilich nicht sicher. Das Ziel der Frömmigkeit ist auch im Bewusstsein der Gläubigen längst nicht mehr das »wunderbare« Gebilde, sondern die Anwesenheit des Herrn in der Versammlung der Kirche. Dies entschlossen deutlich zu machen, ist freilich eine klare Aufgabe von Theologie und Verkündigung.

Ein Problem der Verkündigung liegt meines Erachtens auch vor im Fall der *Auferstehung:* Die Theologie hat sich in dieser Sache weitgehend von unhaltbaren Vorstellungen gelöst, die angemessene Sprache der Verkündigung ist aber offensichtlich noch nicht gefunden. Hier tritt allerdings ein generelles Dilemma theologischer Arbeit zutage. Es war (im Mittelalter) weit leichter, den Naturalismus auf der Ebene des reflektierenden Denkens zu überwinden als auf der Ebene der Verkündigung und der Frömmigkeit. Eine materiale Homiletik, das heißt ein von der Theologie selbst unternommener Versuch, angemessene kerygmatische Grundformen für ihre Einsichten zu finden, ist ein dringendes Postulat, das sich interessanterweise gerade vom Gespräch mit der Naturwissenschaft her ergibt.

Am deutlichsten würde die je eigene Form von Theologie und Naturwissenschaft wohl hervortreten können in einem Gespräch über die Frage der *Unveränderlichkeit der Lehre* (vgl. 342 f.). Zwar ist der Gedanke, dass die Identität der Theologie (beziehungsweise des von ihr reflektierten Glaubens) nicht die Identität der konservierten Formel sein kann, sondern die Identität des Lebendigen und im Wandel sich selbst treu Bleibenden sein muss, heute jedenfalls im mitteleuropäischen Bereich so gut wie allgemein angenommen. Die entscheidenden Anstöße dafür gingen vor allem von den Tübingern, dann aber besonders auch von Kardinal Newman aus, der in seinem Versuch über die Dogmenentwicklung die Frage am konkreten Beispiel der Christologie durchexperimentierte und zugleich das organische Modell der *Entwicklung* zum Leitgedanken für das Verständnis der Wandlungen des Dogmas und seiner Identität erhob. Zwischen den Weltkriegen wurde dieser Gedanke begeistert aufgegriffen. Karl Adam etwa sprach von Eichel und Eiche, um das Verhältnis von Anfang und Heute darzustellen[a]; das war umso eingängiger, als damit der Fortschrittsgedanke verknüpft war und die Theologie sich so einerseits dem Wissenschaftsideal der Naturwissenschaft angenähert fühlen konnte, andererseits die Kirchengeschichte als Fortschrittsgeschichte und die Gegenwart als das jeweils vollkommenste Stadium von Evangeliumsentwicklung erschien. Inzwischen sind uns aber hinsichtlich der Übertragbarkeit des Organismusbildes und des Fortschrittsschemas auf die Theologie ähnliche Zweifel gekommen, wie man sie in dieser Sache auch bezüglich der Kunst und der Philosophie hegen muss. Max Seckler hat in einer eingehenden Analyse den Fortschrittsgedanken in der Theologie untersucht und kritisiert. Er sieht darin einen fragwürdigen »Versuch eitler Selbstbespiegelung«; die »Bewegung der Geistesgeschichte am Evangelium« erscheint ihm nicht als »Per-

---

[a] Vgl. ADAM, *Katholizismus*, 12.

Nachwort des Theologen

fektionierungsgeschehen«, sondern als »eine stete Absetzbewegung von den geschichtlichen Konkretionen des Evangeliums weg zum Evangelium hin«[3]. Richtig bleibt am Organismusbild, dass die *Entwicklung* des Glaubens eine Richtung hat, also auch unumkehrbare Entscheidungen kennt, und dass sie ein Ganzes ist, nicht eine Anhäufung unverbundener Linien. Dennoch ist das Voranschreiten des Glaubens in der Geschichte und der den Glauben reflektierenden Theologie etwas anderes als der Fortschritt der Naturwissenschaften und als das Werden eines Organismus. Viel eher scheint mir der Weg der Theologie (ähnlich wie der von Philosophie und Kunst) vergleichbar mit dem Werden der Person zu sich selbst. Es gibt auch darin Unumkehrbares, aber das Ganze ist doch nicht einfach *Fortschritt*, sondern in den je neuen Stadien des Lebens muss der Mensch je neu sich selber finden, werden, was er ist. Insofern steht die Theologie weit mehr als die Naturwissenschaft immer wieder am Anfang. Sie bewegt sich vorwärts, nicht in einer fortwährenden Vermehrung von Wissen, sondern in einem immer neuen sich Durchfragen auf das Eigentliche, dessen Reichtum in den Brechungen der geschichtlichen Gezeiten des Menschen sichtbar wird.[4]

---

[3] SECKLER, *Der Fortschrittsgedanke in der Theologie,* 66 f.
[4] Vgl. zum letzten Abschnitt RATZINGER, *Das Problem der Dogmengeschichte.*

Die Erbsünde –
ein »präkosmisches Geschehen«?
Rezension zu: Christa Jerrentrup-Heide, *Die Menschheit woher – wohin? Ein Durchbruch zu Uranfängen und ihre Bedeutung für Gegenwart und Zukunft,* Köln 1971

Mit der Rezeption der Evolutionslehre durch die Theologie haben sich die Voraussetzungen für die Erbsündenlehre grundlegend geändert, wenn sie nicht überhaupt entfallen sind. So ergab es sich von selber, dass der Disput über die Evolution immer mehr in einen Disput der Erbsündenlehre überging, zu dem inzwischen eine unüberschaubare Literatur vorliegt, ohne dass ein überzeugendes neues Konzept gefunden wäre. In einem solch verwirrenden Gespräch von Fachgelehrten kann die Stimme eines Amateurs ihre besondere Bedeutung haben, wenn sie durch die Verästelungen des Begriffs und der Details hindurch ganz einfach wieder zur Sache ruft. Christa Jerrentrup tut das in dem vorliegenden Buch, und man sollte das Ungewöhnliche ihrer Aussage wie das mitunter Dilettantische ihrer Präsentation nicht zu schnell zum Vorwand machen, um das Ganze überhaupt aus der Diskussion zu lassen.

Die Kernaussage des Buches ist sehr einfach. Jerrentrup verweist im Gefolge von Denkern wie Pascal und Newman, aber auch im Zusammenhang des von moderner wissenschaftlicher Erkenntnis gespeisten Denkens heutiger Menschen wie Reinhold Schneider und Paul Tillich auf die Antinomien der Wirklichkeit, die deren glatte Herleitung von einem einzig guten Gott nicht zulassen und so etwas wie »Ursünde«, eine sekundäre Zerstörung des ursprünglichen Schöpfungsplans zu postulieren zwingen. Sie verweist andererseits auf das Unzulängliche der klassischen Erbsündenlehre und aller ihrer modernen Adaptationen in einem vom Evolutionsdenken bestimmten Weltbild: Dem Menschen des Anfangs, wie wir ihn heute sehen, kann eine Tat von so unermesslicher Wirkung nicht zugeschrieben werden. Alle Minima-

160

Die Erbsünde – ein »präkosmisches Geschehen«?

lisierungen, Abstrahierungen, Reduzierungen, wie sie heute versucht werden, helfen da nicht weiter: Das Übermaß der Zerstörung ist da, der abgründige Widerspruch der bestehenden Welt zum Schöpfer ist gegeben und die Antinomie wird nicht dadurch erklärt, dass man sie leugnet. So lautet die (in Wirklichkeit nun freilich doch gar nicht neue) Antwort der Verfasserin: Die Erbsünde muss als ein präkosmisches Geschehen angesehen werden. Das Besondere ihrer Auffassung mag vielleicht darin liegen, dass sie auch den präkosmischen Adam evolutiv verstanden wissen will und dass »die verneinende Antwort des ersten Adam« dann »in einem Vorgriff der Evolution« lag (34). Jerrentrup wird nicht müde aufzuweisen, wie so und nur so die drückenden Fragen sich klären, das Gottesbild wieder rein, der Elendsstatus der Welt verstehbar, die Christologie einsichtig wird, alles in allem Erkenntnis wächst, die »wiedergutmachende Funktion« hat: »Dieses ›Wissend-warum‹, das einzig des Menschen würdig ist, kann aber erst aus dem Verständnis des Gesamtzusammenhangs von Ursünde, ihren Folgen und der Erlösung erwachsen« (80).

Ist dies also das Ei des Columbus – nach allem Hin und Her geläuterte Rückkehr zu Origenes? Das Experiment, es doch noch einmal mit einer präkosmischen Erklärung zu versuchen, drängt sich in der Tat auf, wenn man einerseits die (gerade auch von der Psychologie bestätigte) Unausweichlichkeit der Diagnose »Erbsünde« sieht und andererseits das Hilflose aller Versuche, in einer evolutiven Weltgeschichte monogenistisch oder polygenistisch so etwas wie »Adam« unterzubringen, verantwortliche Tat, die freier Ursprung des Widerspruchs ist. Wohl jeder, der ernsthaft mit der Frage ringt, gerät irgendwann einmal an den Punkt, an dem er auch diese Lösung ins Auge fasst. Sie räumt viele Probleme weg – aber sie stellt eine Behauptung auf, die begründet werden muss. Gibt es Gründe, außer der Verzweiflung unseres Denkens, die nicht dazu ermächtigt, Tatsachen zu produzieren? Jerrentrup begnügt sich mit dem immer wiederholten Hinweis auf das von ihr ganz radikal ausgelegte »Gut« des Schöpfungsberichts, dem das Elend unserer Schöpfung entgegensteht und auf den von der Evolutionslehre kommenden logischen Zwang, mit der Paradiesesgeschichte hinter das Empirische zurückzugehen. Damit ist in der Sache das Problem der Hermeneutik angesprochen. Vielleicht

161

ist es in der Tat nicht halsbrecherischer, den Adam von Gen 3 und Röm 5 ins Präkosmische umzulesen, als ihn in eine Population von Präneandertalern umzudeuten, zumal man darauf hinweisen könnte, dass die Bibel das mythische Material, das sie in den Sündenfallserzählungen übernimmt, unterschiedlich entmythologisiert und damit der Interpretation eine große Spannbreite lässt. In Texten wie Ijob 15,7 f. und Phil 2,6 schlägt eine Form des Mythos durch, die den Urmenschen präexistent denkt und bei den Vätern könnte man nicht nur bei Origenes Stützen für diese Auslegung finden – selbst der junge Augustin zeigt noch Anklänge in dieser Richtung. Wenn man sich auf diesem Gelände vortastet, ist aber die Frage unerlässlich, welcher Art Wesen ein solcher präkosmischer Adam (wie ihn jüngst ja auch wieder François de la Noë, *Die Welt in der Schöpfung* vorgeschlagen hatte) überhaupt gewesen sein kann und wieso seine Schuld allen Menschen zurechenbar ist. Die Verfasserin bietet hier, soweit ich sehe, zwei Denkhilfen an: Einmal verweist sie auf eine frühe Anmerkung Rahners, die alte Idee des »Enthaltenseins« der Menschheit in Adam lasse sich heute auf eine philosophisch korrekte Weise wieder aufnehmen und ermögliche so einen sauberen Denkzusammenhang (vgl. Rahner, *Monogenismus* 310 f., Anm. 2, da die Verfasserin zufällig eine Auflage aus dem Jahre 1964 zur Hand hatte, datiert sie diese aus dem Jahre 1954 stammenden Zeilen Rahners irrtümlich um 10 Jahre zu spät: 127 f.). Dazu muss man sagen, dass Rahner es bei der Andeutung hat bewenden lassen, sie nicht wieder aufgegriffen hat und dass bisher nicht in Sicht ist, wie ihre Durchführung nun tatsächlich gelingen könnte. Das andere ist eine Parallelisierung mit der Ausarbeitung der Idee der *Option finale,* die Boros in seinem *Mysterium mortis* vorgelegt hat. »In den unabhängig voneinander gefundenen Notwendigkeiten, derart folgenschwere Entscheidungen aus der unzulänglichen Verfasstheit der irdischen ›Gefallenheit‹ herauszunehmen und sie in ein Davor bzw. Danach zu verlegen, darf […] eine Parallelität gesehen werden, die sowohl die eine wie auch die andere Hypothese stützt« (37). Aber wenn zwei, die nicht stehen können, sich stützen, fallen zuletzt doch beide zusammen. Für die These von der Endentscheidung »im Tode« gibt es keine andere Begründung als den Wunsch, es möge so sein, und auf solchen Grund kann

Die Erbsünde – ein »präkosmisches Geschehen«?

man keine Häuser bauen. Aber selbst wenn sie zuträfe, würde sie weder klären, wer nun eigentlich dieser präexistente Adam war, noch wie seine Entscheidung die der später kommenden Menschen sein soll. Hier sehe ich bis zu besserer Belehrung nur die Alternative: Entweder war dieser Adam ein wenn auch noch so hoch ausgestatteter Einzelner, dann bleibt die Zurechnung der Schuld an die anderen im Grunde so ungeklärt wie in den traditionellen Entwürfen, oder aber er ist eine Chiffre für die Präexistenz aller Menschen und eine von ihnen allen präkosmisch vollzogene Entscheidung. Dann ist man bei einer Art von Seelenwanderungsschema angelangt, das gewiss ein rationales moralisches Kalkül ermöglicht, aber weit über die Aussage der Schrift hinausgeht und eher dem hinduistischen Modell ähnelt – im Übrigen aber das Theodizeeproblem doch nicht löst, denn dass die Freiheit zum Nichts sich in so radikaler Form verwirklicht, wird bei einem gottnahen und in seinem Entscheid durch nichts behinderten Wesen nur noch unverständlicher, und es fällt doch wieder auf Gott zurück.

Damit ist die zentrale Kritik erreicht, die sich mir dem Buch von Jerrentrup gegenüber aufdrängt. Sie beruht auf der Stellung, die die Verfasserin ihrer These für das Ganze des Christlichen gibt. Für sie verschmilzt die Erbsündenfrage vollständig mit dem Theodizeeproblem, und eine befriedigende Antwort darauf ist für sie die Entscheidungsfrage des Christlichen überhaupt. Letzten Endes hängt das Gottesbild, die Glaubwürdigkeit Gottes an dieser Frage; erst die Idee des präkosmischen Falles ermöglicht nach ihr das Bestehen und Annehmen Gottes und der Welt. »Aus einer inneren Einstellung des ›Wissend-warum‹ die jeweils *unvermeidlichen* Negativa hinzunehmen, dürfte eine sühnende, heilwirkende Funktion haben« (79 f.). »Diese unabwendbare menschliche Situation, Stückwerk zu sein, hinzunehmen in einem ›Wissendwarum‹ hat eine wiedergutmachende Funktion« (80). Die Erkenntnis selbst erlöst. Aber die christliche Erlösung hängt nicht an der Idee des kosmischen Falles, selbst dann nicht, wenn sie zutrifft. Hier überschätzt die Verfasserin nicht nur die Tragkraft dieses Gedankens, sondern sie verschiebt die Gewichte des Christlichen, das sein Zentrum nicht in einer Theorie zur Theodizee hat und die Erbsündenlehre (die ihrerseits keineswegs das Zentraldogma des Christlichen ist) missdeutet, wenn sie in ihr den rationalen Schlüssel zur Theodizeefrage sucht. Wer auf der Erlösung durch diese Erkenntnis stehen wollte, müsste bald erkennen, dass sie die Frage nur verlegt. Denn das Warum, das wir der Not dieser Welt entgegenhalten, trifft dann eben den Gott, der einen solchen »Adam« schuf und seinen Fall sich so auswirken lässt. Solche Hoffnungen auf rationale Klärung erfüllt der christliche Glaube nicht. Er ist keine Gnosis. Ihren Erwartungen gegenüber muss an die treffende Formulierung von Ervin Vályi Nagy erinnert werden: »Nicht eine Geschichtsphilosophie ist das Werk des Glaubens, sondern die Ermächtigung zum Wachsein und zum Standhalten dem Nichtverstandenen gegenüber. Nicht eine Theodizee, welche die paradoxe Vernünftigkeit dessen, was ist, auch des Unvernünftigen und des Bösen, aufzeigt und auf diese Weise die historische Tatsächlichkeit nachträglich heiligt. Das Werk des Glaubens ist viel eher die hypomone, welche Auge in Auge mit dem Dunklen bleibt und *in der Hoffnung* auf die Wiederkunft Christi, auf seine verwandelnde Anwesenheit ›mit kleinen Schritten der Finsternis entgegengeht‹« (Vályi Nagy, »*Wiederkunft Christi*«?, 58). Ich meine daher, an der Frage von Frau Jerrentrup sollte weitergearbeitet werden, aber mit geringerer Ambition. Sie ist wichtig, aber wo sie zur Entscheidungsfrage des Christlichen gemacht wird, ist sie missverstanden: Das Evangelium Jesu Christi hat sein Zentrum nicht in der Frage, ob präkosmisch gesündigt wurde oder nicht.

Natürlich ließe sich bei einem Amateurbuch vom Fachlichen her im Einzelnen sehr viel ausstellen. Aber das wäre im Grunde doch auch wieder angesichts der Sache, um die es geht, töricht und ungerecht; so möchte ich mich mit ein paar Hinweisen begnügen, wo die Dinge etwas tiefer reichen. Ausgesprochen kurios berührt es, wenn Seite 73 f. gesagt wird, »[d]er Passus ›geboren aus Maria, der Jungfrau‹« sei »in das Glaubensbekenntnis […] nicht auf Grund einer *ex-cathedra*-Erklärung« aufgenommen worden, »sondern weil zwei der […] Evangelisten […] es so ausdrücken«. Dass Begriff und Vorgang von *ex-cathedra*-Erklärungen etwas recht Spätes sind, demgegenüber die Symbolbildung absolut originär ist, ja, dass es überhaupt merkwürdig ist, die Schrift von ihrer Bestätigung durch *ex-cathedra*-Erklärungen abhängig machen zu wollen, muss man vor einer solchen Verdrehung der Gewichte doch wohl ins Gedächtnis rufen, dies umso mehr, wenn man sieht, wie in Sachen Paradies die Schrift überfordert wird: die Rückführung *aller* Negative unseres Wirklichkeitsbereichs auf einen frühen Sündenfall wird nachdrücklich als ihre Aussage beansprucht (133), das »Gut« des Schöpfungsberichts immer wieder von dieser These her überanstrengt. Das führt deswegen zu einer so einseitigen Konstruktion, weil die sokratische Unterscheidung zwischen gut und Gütern nicht gesehen, die Unterscheidung zwischen bös und Übel nicht gemacht, kurzum, die Erkenntnisse der Wertphilosophie nicht in Anschlag gebracht werden (vgl. z.B. 16 f.). Schließlich hätte auch das allzu dilettantische Kapitel über »Die Weltreligionen und das Negative« wegbleiben sollen (63–68, auch 62 f.) – es ist einfach zu viel gewollt, alle Fragen auf einmal zu klären. Wenn so Fachkritik an einem Amateurbuch geübt wird, muss freilich billigerweise auch gesagt werden, dass Jerrentrup da am stärksten und überzeugendsten ist, wo sie Kritik an der Fachtheologie übt (bes. 107–153). Hier muss man ihr eigentlich Schritt um Schritt zustimmen, selbst wenn man nichts Besseres dafür zu bieten hat. Besonders treffend finde ich die Art, wie Seite 146 gegenüber dem etwas billigen Spott in Urs BAUMANNS Buch *Erbsünde?* dem großen Ernst der Wahrheit Raum geschaffen wird.

So bleibt das Buch trotz seiner Grenzen ein Beitrag zu einer wichtigen Frage, den man nicht eilfertig beiseitelegen sollte.

Evolution als Anfrage an Glaube und Theologie

Geleitwort zu: Robert Spaemann / Reinhard Löw / Peter Koslowski, *Evolutionismus und Christentum* (= Civitas-Resultate 9), Weinheim 1986

Der Disput zwischen Glaube und Evolutionslehre, im 19. Jahrhundert und zu Beginn des 20. mit einiger Heftigkeit geführt, schien in der Mitte dieses Jahrhunderts einigermaßen zu einer friedlichen Lösung gelangt zu sein. Die Enzyklika *Humani generis* vom 12. August 1950 hatte die Frage der Entstehung der einzelnen Arten des Lebendigen der Kompetenz naturwissenschaftlicher Forschung überlassen und lediglich den anthropologischen Vorbehalt festgehalten, dass der Mensch nicht allein aus biologischen Zusammenhängen erklärt werden könne; als geistbeseeltes Wesen sei jeder ein neuer Anfang, der aus dem Biologischen nicht ableitbar ist, sondern auf den Schöpfer verweist. Bei diesem Friedensschluss war freilich der Streit um den Menschen nicht ganz geschlichtet. Schon bald wussten auch Theologen nichts mehr mit dem Begriff der »Seele« und ihrer unmittelbaren Erschaffung durch Gott anzufangen. Das klassische anthropologische Modell, in dem das Unverzichtbare des Glaubens formuliert wurde, ließ sich nicht leicht mit dem völlig anders gearteten Denkansatz der Evolutionstheorie und ihrem umfassenden Erklärungsanspruch vereinbaren, der vor dem Menschen nicht Halt machen wollte.

Etwa zur selben Zeit wurde dann die neue Vision bekannt, mit der Teilhard de Chardin die Totalität naturwissenschaftlichen Denkens mit der Totalität der theologischen Schau des Menschen zu vereinigen versuchte. Von den Intuitionen Teilhards sind zweifellos vielfältige Anregungen ausgegangen, die das philosophische und theologische Gespräch mit der Naturwissenschaft befruchtet haben. Eine letzte Antwort konnten sie nicht sein, weil seine naturwissenschaftlichen Grundlagen sich im Wesentlichen auf den anatomischen und morphologischen Bereich (unter Ausklammerung der genetischen Prozesse) beschränkten, aber auch die philosophische und theologische Begriffsbildung unbefriedigend blieb.

Heute ist insofern ein neues Stadium der Debatte erreicht, als »Evolution« über ihren naturwissenschaftlichen Gehalt hinaus zu einem Denkmodell erhoben worden ist, das mit dem Anspruch auf Erklärung des Ganzen der Wirklichkeit auftritt und so zu einer Art von »erster Philosophie« geworden ist. Wenn das Mittelalter eine »Rückführung aller Wissenschaft auf die Theologie«[a] (Bonaventura) versucht hatte, so kann man hier von einer Rückführung aller Realität auf »Evolution« sprechen, die auch Erkenntnis, Ethos, Religion aus dem Generalschema »Evolution« glaubt ableiten zu können. Dass diese Philosophie sich als scheinbar reine Auslegung naturwissenschaftlicher Erkenntnis darbietet, sich mit ihr geradezu identifiziert, gibt ihr eine fast unwidersprechliche Plausibilität, die inmitten der allgemeinen Krise philosophischen Denkens nur umso wirksamer ist.

Wenn man diese Entwicklung der Evolutionsfrage aufmerksam beobachtet, so ist unverkennbar, dass wir hier vor einer völlig neuen Gesprächssituation stehen, die nicht mit den Parametern des im 19. Jahrhundert ausgetragenen Streits zwischen Naturwissenschaft und Theologie gemessen werden kann. Zwar gab es auch damals philosophische Ausweitungen naturwissenschaftlicher Erkenntnis, die zu Unrecht deren Gewissheit für unbewiesene Denkmodelle in Anspruch nahmen. Aber die heutige Form evolutionärer Philosophie, die sozusagen nur das Ganze naturwissenschaftlicher Erkenntnis zusammenzuschauen scheint und damit zugleich den Blick ins Gewebe des Seins bis in seine letzten Gründe und bis in seine konkretesten Entfaltungen geben will, ist doch etwas Neues. Hier sind die Grenzübergänge zwischen Naturwissenschaft und Philosophie zum einen häufig sehr schwer zu definieren, zum anderen aber doch äußerst folgenreich, weil die Stimmigkeit des Ganzen jedes andere Erklärungsprinzip ausschließt. Die Rückführung aller Realität auf Materie erreicht damit eine Totalität, wie sie im 19. Jahrhundert noch kaum vorstellbar war.

---

[a] Vgl. Bonaventura, *Red.*

Wenn es für den Glauben heute keine Schwierigkeit mehr bereitet, die naturwissenschaftliche Hypothese »Evolution« sich gemäß ihren eigenen Methoden ruhig entfalten zu lassen, so ist der Totalanspruch des philosophischen Erklärungsmodells »Evolution« umso mehr eine radikale Anfrage an Glaube und Theologie. Dass Umdeutungen, »Umfunktionierungen« oft weit gefährlicher sind als glatte Leugnungen, liegt auf der Hand. Umso wichtiger ist es, hier die richtige Gesprächsebene zu finden. Auf keinen Fall sollte der Anschein eines neuen Streits zwischen Naturwissenschaft und Glaube entstehen, um den es in der Tat in diesem Gespräch in keiner Weise geht. Die eigentliche Gesprächsebene ist die des philosophischen Denkens: Wo Naturwissenschaft zur Philosophie wird, ist es die Philosophie, die sich mit ihr auseinandersetzen muss. Nur so stehen die Gesprächsfronten richtig; nur so bleibt deutlich, worum es sich handelt: um einen rationalen philosophischen Disput, der auf die Sachlichkeit rationalen Erkennens abzielt, nicht um einen Einspruch von Glaube gegen Vernunft.

In dieser Situation habe ich es lebhaft begrüßt, dass Professor Spaemann mit seinem Münchener philosophischen Lehrstuhl nach zwei vorangegangenen rein philosophischen Symposien über das Thema »Evolution« zu einem Gespräch eingeladen hat, in dem unter Voraussetzung der bereits erzielten philosophischen Erkenntnisse die Berührungspunkte zwischen Philosophie und Theologie in dieser Frage erörtert werden sollten. Die Glaubenskongregation des Heiligen Stuhls hat diese Initiative gern von ihrer Seite her begleitet und unterstützt. Ich freue mich, dass nun die Referate dieses römischen Symposiums der Öffentlichkeit vorgelegt werden können, und hoffe, dass sie zu einer vertieften Klärung der uns alle bewegenden Fragen nach dem rechten Verstehen des Menschen und der ihn umgebenden Welt das Ihrige beitragen können.

Rom, am Fest der hl. Apostel Petrus und Paulus 1986

»Die Vermittlung des Epiphanie-Begriffs«
Rezension zu: Heinz Robert Schlette, *Epiphanie als Geschichte. Ein Versuch*, München 1966

Die Idee der Heilsgeschichte ist in der katholischen Theologie verhältnismäßig jung, ihr aus der Antithese zu ihrer eigenen metaphysischen Neigung aus dem Gespräch mit der reformatorischen Theologie zugewachsen. Die kritische Aufarbeitung des methodischen Anspruchs, den eine heilsgeschichtliche Konzeption für die Strukturform von Theologie überhaupt bedeutet, steht noch in den Anfängen, scheint aber jetzt entschieden in Gang zu kommen. Nach dem großen Entwurf, den Adolf Darlapp zu diesem Thema vorgelegt hat (vgl. DARLAPP, *Heilsgeschichte*), bietet nun Heinz Robert Schlette einen präzisen, sauber durchgearbeiteten Vorschlag.

Schlettes Ansatzpunkt liegt in der Fragestellung der Pannenberg-Gruppe, die sich um den Zusammenhang von Offenbarung und Geschichte gemüht hatte. Er findet ihn durch die Vermittlung des Epiphanie-Begriffs, indem er ein »rein in der Dimension des Geschichtlichen sich vollziehendes, gleichwohl aber eine Deutung ermöglichendes und erforderndes Geschehnis« als »Epiphanie« definiert (38), die in der Deutung als Offenbarung erschlossen wird. Auf diese Weise trägt sich Offenbarung, oder richtiger: Epiphanie *als* Geschichte zu, nicht daneben, nicht darüber, sondern eben als das Ereignis selbst, das ein »Wink« und so ein »Ruf« Gottes ist (56). Freilich liegt sein Epiphanie-Charakter nicht einfach für jedermann zu Tage: Erst die Deutung lässt ihn in Erscheinung treten, hinter der schließlich das bloß »Geschehentliche« des Ereignisses so sehr verschwindet, dass über das Historische »nichts auszumachen« ist (39; 36); später wird sogar gesagt, dass es »als solches nie gewusst war« (54), ja: »das Historische [ist] als solches [...] nicht mehr bekannt und interessiert auch nicht« (46; 53; vgl. 43 und 51). Im Gegenüber zur biblischen Struktur von

Epiphanie als Geschichte wird in kurzen Strichen die außerbiblische (bzw. vorbiblische) Struktur von Epiphanie als Kosmos skizziert (45; 49; 85–93), die einerseits in ihrer griechischen Ausformung scharf antithetisch zum biblischen Befund entworfen, vom Vorbiblischen und überhaupt vom Außerbiblisch-Religiösen her jedoch in positive Beziehung zu diesem gesetzt wird. Die klugen Bemerkungen, mit denen Schlette zum Problem »Epiphanie und Zukunft« Stellung nimmt (95–109), mögen vielleicht angesichts der Bedeutung, die dieses Thema heute gewonnen hat, etwas allzu knapp und fragmentarisch erscheinen; gegenüber den Übersteigerungen, die man nicht selten feststellen kann, wirken sie wohltuend ausgewogen und nüchtern. Zum Besten des kleinen Buches wird man den Schlussabschnitt »Epiphanie-Geschichte« rechnen dürfen, in dem Schlette die Einengung aufdeckt, die im Begriff *Heils*geschichte liegt; vom Epiphanie-Gedanken her verweist er auf die »Herrlichkeit« Gottes als die übergreifende Idee – im Sinn der großen Konzeption Hans Urs von Balthasars, auf die hier wohl hätte Bezug genommen werden sollen.

Schlette rechnet bei seinem Versuch selbst nicht damit, dass er in allem Zustimmung finde; so sollen hier noch ein paar kritische Fragen angefügt werden, zu denen sein Buch herausfordert – als Aufnahme des Gesprächs, das er damit eröffnen will (11).

1. Problematisch bleibt die Verhältnisbestimmung zwischen Ereignis und Deutung und damit der eigentliche Ort der Epiphanie. Schlette insistiert darauf, dass allein das Geschehen selbst die Epiphanie sei (38; 47); er betont andererseits, dass diese »Epiphanie als Geschichte« »nicht als das ungedeutete Erste zu verobjektivieren« sei, »das dann nachträglich gedeutet würde« (47), betont aber schließlich doch, »dass die Epiphanie das sachlich Frühere gegenüber der Deutung, dem Wort, auch gegenüber der Deutung eben dieser Epiphanie als Offenbarung, als ›Wort Gottes‹ darstellt« (49). Auf diese Weise gewinnt man fast unvermeidlich den Eindruck, dass für Schlette das, was wir gewöhnlich »Offenbarung« nennen, eben das Sich-Zeigen Gottes, allein in den Ereignissen liegt, dass aber die Worte *nur* Deutung sind. Wenn man auf der anderen Seite bedenkt, dass für Schlette das, was sich wirklich ereignet hat, ein X bleibt (und auch nicht einmal interessiert), entsteht der Eindruck, dass der Gläubige, der nicht selbst Zeuge

»Die Vermittlung des Epiphanie-Begriffs«

der Ereignis-Epiphanie wird, gar nicht wirklich mit Gottes Handeln in Beziehung gerät, sondern es nur mit einem Gefüge von Deutungen zu tun bekommt, dessen Autorisierung fragwürdig bleibt: Das Eigentliche ist unzugänglich und das Zugängliche ist nicht das Eigentliche.

2. Die ganze Frage wäre wohl klarer geworden, wenn Schlette seinen Standpunkt mit den beiden großen Positionen konfrontiert hätte, die sich heute in Sachen Heilsgeschichte feststellen lassen: mit der energischen Ablehnung heilsgeschichtlicher Theologie durch die Gruppe um Bultmann und Ebeling und mit dem ebenso entschiedenen Versuch, Heilsgeschichte als Grundform aller Theologie zu erweisen, bei Oscar Cullmann. Wenn man den schroffen Widerspruch gegen heilsgeschichtliches Denken in der Bultmann-Schule vor Augen hat, wird man wohl kaum mehr sagen können, wer das Wort Heilsgeschichte nicht verwende, mache sich heutigentags verdächtig, »reaktionär und vorgestrig zu sein« (13): Inzwischen ist schon fast eher das Gegenteil der Fall. Was die Sache selbst angeht, so scheint Schlettes Auffassung sich in einer schwer bestimmbaren Mitte zwischen Cullmann und Bultmann zu bewegen. Für ihn ist das Ereignis das Entscheidende, das Wort erst das Zweite – das hat er mit Cullmann gemeinsam, für den aber folgerichtig das Ereignis auch zugänglich und primärer Zielpunkt des Glaubensaktes ist. Für Schlette hinwiederum ist das Ereignis unzugänglich, ja uninteressant; fassbar ist allein die Deutung im Wort – hier trifft er sich mit der Bultmann-Schule, die aber folgerichtig das Ereignis überhaupt aus dem Offenbarungsgeschehen eliminiert und dieses als reines »Sprachgeschehen« deutet: das Wort bzw. der Glaube selbst ist das Ereignis, worum es geht. Sowohl der Standpunkt Cullmanns wie derjenige der Bultmann-Schule ist in sich konsequent und einsichtig; das scheint bei Schlette einstweilen noch nicht im selben Maß der Fall zu sein.

3. Die Grundthese Schlettes, die auf dem Epiphanie-Gedanken beruht, hätte, um hinlänglich deutlich zu werden, wohl auch nach einer Auseinandersetzung mit der Konzeption Jürgen Moltmanns verlangt, der in der Epiphanie den eigentlichen, zentralen Gegensatz zum christlichen Grundverständnis von Offenbarung sieht, die für ihn nicht Epiphanie, sondern Epangelie: Verheißung des

Kommenden ist. Der wesentliche Unterschied zwischen Israel und seiner religiösen Umwelt liegt für Moltmann nicht in dem Gegensatz zwischen Naturgöttern und Offenbarungsgott, »sondern zwischen dem Gott der Verheißung und den Epiphaniengöttern« (MOLTMANN, *Theologie der Hoffnung,* 36). An einer so grundsätzlichen Infragestellung der christlichen Brauchbarkeit des Epiphanie-Begriffs kann wohl ein Buch nicht vorübergehen, das gerade von diesem Begriff her das Wesen der christlichen Wirklichkeit zu deuten unternimmt.

4. Für seine Darstellung des Auferstehungsereignisses stützt sich Schlette in einer meines Erachtens unvertretbar einseitigen Weise auf die Konzeption von Willi Marxsen. Hier kann man meines Erachtens einfach nicht an den großen und zu ganz anderen Ergebnissen führenden Untersuchungen von Campenhausen, Graß, Rengstorf, Schmitt u. a. vorübergehen, zumal die vorgelegte Auffassung nicht mehr eigentlich Auslegung von Texten darstellt, sondern hinter die Texte zurückgehend die Ereignisse zu rekonstruieren versucht, die nach Schlettes eigener Meinung nicht rekonstruiert werden können. Dann ist es aber doch wohl besser, an den Texten zu bleiben, deren Aussage immer noch vertrauenswürdiger ist als Kombinationen, die interessant, aber unbeweisbar sind.

Solche Kritiken wollen das Verdienst von Schlettes Versuch nicht schmälern: Sie würden hier nicht so ausführlich vorgetragen, wenn dieser Versuch nicht eingehender Bedenkung würdig wäre.

Abschied vom Teufel?
Gedanken zu den Versuchungen Jesu (Mk 1, 12 f. par.)

Das Evangelium vom ersten Fastensonntag, das von der Versuchung Jesu durch »Satan« berichtet, gibt Jahr um Jahr Anlass, über jene geheimnisvolle Macht nachzudenken, die sich hinter der Benennung »Satan« verbirgt. Ein zusätzlicher Anstoß zu dieser Frage kam vor einiger Zeit aus Tübingen; 1969 hatte der dortige Alttestamentler Herbert Haag ein Büchlein unter dem bezeichnenden Titel »Abschied vom Teufel« veröffentlicht, das in dem Satz gipfelt: »Wir haben schon verstanden, dass der Begriff ›Teufel‹ im Neuen Testament einfach für den Begriff ›Sünde‹ steht.«[1] Neuerdings hat Haag dem Papst, der die reale Existenz des Satans betont und sich gegen seine Auflösung in ein Abstraktum gewandt hatte, Rückfall ins frühjüdische Weltbild vorgeworfen: Paul VI. verwechsle Weltbild und Glaubensaussage in der Heiligen Schrift.

Was soll man dazu sagen? Zunächst ist hier eine methodische Feststellung wichtig. Auch Haag kann nicht leugnen, dass im Neuen Testament Satan und die Dämonen eine wichtige Rolle spielen. Auch er kann nicht bestreiten, dass im Neuen Testament das Wort »Teufel« keineswegs ein Ersatzwort für Sünde darstellt, sondern eine existente Macht meint, der der Mensch ausgesetzt ist und von der Christus ihn befreit, weil nur er als der »Stärkere« den »Starken« binden kann (Lk 11, 22; vgl. Mk 3, 27). Die Behauptung, man habe verstanden, dass Teufel durch Sünde ersetzbar ist, taucht bei Haag auf dem Weg der Überredung ohne eigentliche Begründung auf; die »Begründung« verbirgt sich in einer Formulierung, die wieder durch ihre Selbstverständlichkeit den Verzicht auf genaueres Nachfragen nahelegen möchte: »Im Sinne der da-

---

[1] Haag, *Abschied,* 52.

Herkunft aus Gottes ewiger Vernunft und Liebe

maligen jüdischen Denkformen erscheint der Teufel im Neuen Testament als der Exponent des Bösen. Jesus und die Apostel bewegten sich in diesen Denkformen nicht anders als ihre Umwelt.«[2] Hier wird einerseits – wie es vom Text her ganz unbestreitbar ist – zugegeben, dass Jesus und die Apostel von der Existenz dämonischer Mächte überzeugt waren, zugleich aber als ganz klar unterstellt, dass sie dabei Opfer »der damaligen jüdischen Denkformen« waren. Daraus ergibt sich unschwer der nächste Schluss, dass nämlich »diese Vorstellung nicht mehr mit unserem Weltbild vereinbar ist«[3]. Das heißt: Der Grund für den »Abschied vom Teufel« beruht nicht auf der Aussage der Bibel, die das Gegenteil beinhaltet, sondern auf unserem Weltbild, mit dem dies »nicht vereinbar« sei. Anders ausgedrückt: Nicht als Exeget, als Ausleger der Schrift, verabschiedet Haag den Teufel, sondern als Zeitgenosse, der die Existenz eines Teufels für unvertretbar hält. Die Autorität, kraft deren er sein Urteil abgibt, ist also die seiner zeitgenössischen Weltanschauung, nicht die des Bibelauslegers.

Nun könnte man denken, damit sei die Frage erledigt, denn es ist klargeworden, dass Haag *gegen* den Text der Bibel aufgrund *seiner* Vorstellung von dem urteilt, was mit modernem Denken »vereinbar ist«. Aber ganz so einfach stehen die Dinge doch nicht, denn in der Tat gibt es in der Bibel Aussagen, die man nicht ihrem Glaubenszeugnis zurechnen kann, sondern als weltbildlichen Rahmen bezeichnen muss, in dem sich der eigentliche Gedanke ausdrückt. Das gilt zum Beispiel von dem geozentrischen Weltbild, das zunächst gegen Kopernikus und Galilei als biblische Lehre verteidigt wurde, bis man erkannte, dass die Bibel nicht für Probleme der Astronomie zuständig ist; das gilt für die Frage nach der Form der Weltentstehung, die man zeitweise im ersten Genesiskapitel wörtlich geschildert sehen wollte, bis man wieder zu der Erkenntnis der Alten Kirche zurückfand, dass es hier um Aussagen über die Macht Gottes und über den Auftrag des Menschen, aber nicht um naturwissenschaftliche Informationen geht. Man wird auch feststellen müssen, dass keineswegs immer offen zutage

---

[2] HAAG, *Abschied*, 47.
[3] HAAG, *Abschied*, 27.

174

Abschied vom Teufel?

liegt, wie weit die glaubensmäßige Aussage der Bibel reicht und was nur zeitbedingte Instrumentierung ihres eigentlichen Themas ist. So hatte sich im Mittelalter der Gedanke von der Erde als Mitte des Alls derart eng mit dem Glauben an die Menschwerdung Gottes, mit der Hoffnung auf einen neuen Himmel und eine neue Erde verschmolzen, dass das heliozentrische Weltbild als ein Angriff auf den Kern des Glaubens selbst erschien: Sollte Gott denn auf einem astronomisch gesehen bedeutungslosen Planeten inmitten eines gigantischen Alls Mensch geworden sein? War damit nicht die entscheidende Heilstat ortlos geworden? Erst in einem mühsamen Ringen konnte hier aufgehen, was zum Bekenntnis des »Abstiegs« Gottes nötig ist und was nicht. Demgemäß spricht gegen Haag zwar die Einfachheit, mit der er festlegt, was mit modernem Weltbild vereinbar ist und was nicht; es spricht gegen ihn der falsche Anspruch, als Exeget zu entscheiden, obwohl er als Philosoph redet und seine einzige Philosophie offensichtlich in einer unreflektierten Modernität besteht. Aber das Problem, ob hier nicht vielleicht wirklich nur eine weltbildlich bestimmte Anschauungsform vorliegt, deren Sachgehalt von der Form zu trennen ist – das ist damit noch nicht eindeutig entschieden.

Damit erhebt sich die Frage: Wie kann man das klären? Wie kann man vermeiden, dass falsche und schädliche Gefechte wie der Galilei-Streit wiederholt werden; wie kann man umgekehrt verhindern, dass der Modernität zuliebe der Glaube selbst amputiert wird – dass auch dies geschehen ist, von Reimarus bis zu den Deutschen Christen des Dritten Reichs, wird in den Warnungen vor neuen Galilei-Fällen meist verschwiegen, obgleich die Auswirkungen solch konformistischer Christentümer vermutlich weit verheerender waren als der Galilei-Prozess, der ja nicht nur ein Produkt kirchlichen Starrsinns war, sondern das Ringen einer ganzen Gesellschaft, die die Erschütterung der geistigen Grundlagen der bisherigen Geschichte bestehen und im Wechsel der Zeiten neu zwischen »Fixsternen« und »Planeten«, zwischen bleibender Orientierung und vorübergehender Bewegung unterscheiden lernen musste. Maßstäbe, die man in jedem auftretenden Fall sofort und zweifelsfrei anwenden kann, gibt es nicht; die Grenzziehung bleibt eine Aufgabe, die immer wieder auch geistige Anstrengung verlangt, und so wird man für ein Ringen um die Gren-

175

Herkunft aus Gottes ewiger Vernunft und Liebe

ze des Glaubens Verständnis haben, solange dabei einerseits die Bereitschaft zur Korrektur durch klar bewiesenes Wissen und andererseits die Einsicht bestehen bleibt, dass Glaube nur im Mitglauben mit der Kirche verwirklicht werden kann und nicht den Verfügungen privater Entscheidungen darüber unterworfen ist, was jeweils als vertretbar angesehen wird oder nicht.

Wenn es also auch keinen Maßstab gibt, der in allen Einzelfällen jeweils automatisch anzeigt, wo Glaube endet und wo Weltbild beginnt, so gibt es doch eine Reihe von Urteilshilfen, die auf der Suche nach Klärungen den Weg weisen. Ich nenne deren vier. Ein erster Maßstab ergibt sich aus dem Verhältnis der beiden Testamente. Die Bibel existiert ja nicht einförmig, sondern im Zusammenklang von Altem und Neuem Testament, die in ihrem Gegenüber und in ihrer Einheit sich gegenseitig auslegen. Vor allem ist zu sagen: Altes Testament gilt nur in Einheit mit dem Neuen, unter seinem Vorzeichen, durch seine Maßstäblichkeit hindurch, so wie freilich Neues Testament seine Inhaltlichkeit erst durch seine ständige Beziehung auf das Alte eröffnet. Dieser Sachverhalt ist hinsichtlich eines Punktes allgemein bekannt: Die gesetzlichen Bestimmungen des Alten Testaments gelten nicht in ihrer Wörtlichkeit als Gesetz, sondern sie gelten, insofern sie ein Teil der auf Christus hinführenden Geschichte sind, in ihn hinein aufgehoben. Aber das gleiche Grundmuster, das Paulus für die Frage des Gesetzes klar herausgearbeitet hat, bestimmt ganz allgemein die Beziehung der Testamente. Hätte man dies im letzten Jahrhundert so deutlich vor Augen gehabt, wie das bei den Kirchenvätern der Fall war, so wäre der ganze Streit um den Schöpfungsbericht unterblieben. Denn der Schöpfungsbericht der Genesis gilt demgemäß als alttestamentlicher Text nicht direkt, in seiner nackten Wörtlichkeit, sondern soweit er aufgehoben ist in die Perspektive des Neuen Testaments, in der Klammer der Christologie. Wendet man diesen Maßstab an, so zeigt sich, dass Joh 1, 1 die neutestamentliche Aufnahme des Genesistextes ist und seine bunten Schilderungen in die eine Aussage zusammenzieht: Im Anfang war das Wort. Alles andere wird damit in die Welt der Bilder verwiesen. Was bleibt, ist die Herkunft der Schöpfung aus dem Wort, das sich im Alten Testament in vielen Wörtern spiegelt.

Was bedeutet dieser Maßstab für unsere Frage? Wer ihn anwendet, stößt auf ein verblüffendes Ergebnis. Während wir eben in der Frage der Schöpfung und in der Frage des Gesetzes das Neue Testament gegenüber dem Alten in der Bewegung der Kontraktion, der Zusammenziehung in eine einfache Mitte hinein fanden, zeigt sich hier genau umgekehrt die Bewegung der Expansion: Die Vorstellung dämonischer Mächte tritt nur zögernd ins Alte Testament ein, erhält dagegen im Leben Jesu eine unerhörte Wucht, die bei Paulus ohne Verminderung bestehen bleibt und sich bis in die letzten Schriften des Neuen Testaments, in die Gefangenschaftsbriefe und ins Johannesevangelium hinein durchhält. Dieser Vorgang der Steigerung vom Alten Testament ins Neue, der äußersten Kristallisierung des Dämonischen gerade im Gegenüber zur Gestalt Jesu und der Beständigkeit des Themas im gesamten neutestamentlichen Zeugnis ist von erheblicher Aussagekraft. Man wird von da aus sagen dürfen, dass in der Frühgeschichte des alttestamentlichen Glaubens die Aussage über dämonische Mächte beiseite bleiben musste, weil zunächst gegen jede Zweideutigkeit der Glaube an den einen und einzigen Gott durchzusetzen war. In einer göttergesättigten Umwelt, die zwischen guten und bösen Göttern die Übergänge fließend sah, hätte der Verweis auf Satan dem entscheidenden Bekenntnis seine Klarheit genommen. Erst als der Satz von dem einen Gott mit allen seinen Konsequenzen zum unverrückbaren Besitz Israels geworden war, konnte der Blick geweitet werden auf Mächte, die den Raum des Menschen überschreiten, ohne dass sie Gott seine Einzigkeit streitig machen könnten. Dieser geschichtliche Vorgang bleibt insofern wichtig, als er über die Rangordnung von Glaubenserkenntnis auch heute verbindliche Auskunft gibt. An vorderster Stelle steht das Gottsein Gottes, seine Einzigkeit. Der christliche Glaube geht auf Gott und sieht von ihm her die Welt; der Christ hat, wie Gregor von Nyssa im Anschluss an das Buch Kohelet (Koh 2,14) sagt, seine Augen im Kopf, das heißt oben, nicht unten. Er weiß, dass der nichts und niemand zu fürchten braucht, der Gott fürchtet und Gottesfurcht ist Glaube, etwas sehr anderes als knechtische Furcht, als Dämonenangst. Aber sie ist auch etwas sehr anderes als ein prahlerischer Mut, der den Ernst der Wirklichkeit nicht sehen will. Zur wahren Tapferkeit gehört es, sich den Umfang der Gefahr nicht zu verbergen, sondern die Wirklichkeit in ihrer Gänze wahrnehmen zu können. Und das macht nun umgekehrt das Phänomen der »Steigerung« klar: Je mehr der Mensch auf der Seite Gottes steht, desto realistischer wird er; desto deutlicher zeigen sich die Konturen der Wirklichkeit, desto klarer wird auch der Gegensatz zum Heiligen: Die schönen Masken des Dämons trügen den nicht mehr, der von Gott her sieht.

Dies führt bereits zu einem zweiten Maßstab. Es ist jeweils zu fragen, in welchem Verhältnis eine Aussage zum inneren Vollzug des Glaubens und des gläubigen Lebens steht. Aussagen, die nur theoretische Anschauungsformen bleiben, aber nicht in den eigentlichen Existenzvollzug eintreten, werden normalerweise nicht zum Kern des Christlichen gezählt werden können. Was dagegen nicht bloß als theoretische Anschauungsform auftritt, sondern im Raum der Glaubenserfahrung steht, im Glaubensleben als Erfahrungsdatum aufscheint, hat einen ganz anderen Rang. So mochte der Gedanke vom Auf- und Untergang der Sonne, von der Mittelpunktstellung der Erde eine selbstverständliche und vielfältig auswertbare Anschauungsform des Glaubens sein, zu seinen spezifischen Erfahrungen gehörte er nicht. Die Mystik mit ihrem Weg der Einung führte viel eher zur Relativierung aller weltbildlichen Schemata. In diesem Betracht scheint es mir außerordentlich wichtig, dass das Ringen mit der Macht der Dämonen zu dem eigentlich religiösen Weg Jesu selbst gehört. Die Bibel weiß von seinen Versuchungen (Lk 22,28), nicht nur von der einen, die ausführlich geschildert wird; sie geht so weit zu sagen, Jesus sei dazu in die Welt gekommen, um die Werke des Teufels zu vernichten (1 Joh 3,8). Diese Formel fasst zusammen, was Jesus selbst in der Spruchreihe »Vom Stärkeren und vom Starken«, von der Macht der Dämonen sagt, deren Reich er in der Kraft des Heiligen Geistes zum Einsturz bringt (Mk 3,20–30). Auffällig ist, dass er, der sich nicht zum Wundermann machen lassen wollte, den Kampf gegen die Dämonen zum Kern seines Auftrags rechnete (vgl. etwa Mk 1,35–39) und dass folglich die Vollmacht dazu zum Kern der Vollmacht gehört, die er seinen Jüngern überträgt: Sie werden gesandt, »zu verkünden und um Macht zu haben, die Dämonen auszutreiben« (Mk 3,14 f.). Der geistliche Kampf gegen

Abschied vom Teufel?

die versklavenden Mächte, der Exorzismus über eine von Dämonen geblendete Welt, gehört unabtrennbar zum geistlichen Weg Jesu und zur Mitte seiner eigenen Sendung wie derjenigen seiner Jünger. Die Gestalt Jesu, ihre geistige Physiognomie ändert sich nicht, ob sich nun die Sonne um die Erde dreht oder ob die Erde sich um die Sonne bewegt, ob die Welt evolutiv geworden ist oder nicht, aber sie wird entscheidend geändert, wenn man das Ringen mit der erfahrenen Macht des Reiches der Dämonen aus ihr wegschneidet.

Damit ist eng verbunden der dritte Maßstab. Bibel ohne Kirche wäre nur eine Literatursammlung. Wo daher über die notwendige wissenschaftliche Erforschung des streng Historischen hinaus die Bibel als Buch des Glaubens befragt, der Unterschied von Glaube und Nichtglaube gesucht wird, muss diese Zusammengehörigkeit von Bibel und Kirche ins Spiel kommen. Glaube kann ja nur, wie wir schon sagten, im Mitglauben mit dem Ganzen verwirklicht werden; er löst sich auf, wo er der Beliebigkeit des Einzelnen überstellt wird. So ist als weiterer Maßstab zu fragen, wie weit Aussagen im Glauben der Kirche aufgenommen worden sind. Nun ist der Glaube der Kirche keine ganz eindeutig umgrenzbare Sache, sonst lägen die Dinge einfach. Man muss also genauer zusehen und herauszufinden trachten, in welchem Maß etwas in den eigentlichen inneren Glaubensvollzug, in die Grundform von Gebet und Leben selbst über die Schwankungen der Tradition hinaus eingetreten ist. So ist etwa der Kampf um die Gottessohnschaft Jesu, um die Gottheit des Heiligen Geistes, um die Dreieinigkeit Gottes von den Konsequenzen für die Taufliturgie, für die eucharistische Liturgie und damit für den Sinn christlicher Bekehrung geführt worden, der sich in der Taufe ansagt. Basilius zum Beispiel, der das letzte Ringen um die Gottheit des Heiligen Geistes austrug, hat diese Frage ganz streng von dem inneren Anspruch der Taufe und ihrer gottesdienstlichen Form her durchgestritten. Für ihn galt: Taufe ist keine liturgische Spielerei, sondern die feierliche kirchliche Form der Existenzentscheidung, die Christsein meint. Man muss sie beim Wort nehmen können, vor allem in ihrem Kerngeschehen. Sie gibt an, was sich bei der Christwerdung abspielt und was nicht. Nun gehört aber, um zu unserer Frage zurückzukommen, der Exorzismus und die Absage

Herkunft aus Gottes ewiger Vernunft und Liebe

an Satan zum Kerngeschehen der Taufe; die letztere bildet zusammen mit der Zusage an Jesus Christus die unerlässliche Eingangstür ins Sakrament. Die Taufe führt damit den Menschen in das Existenzmodell Jesu Christi, in seinen Kampf und in seine Freiheit mit hinein. Sie beruht auf seiner geistlichen Erfahrung und übereignet sie dem, der die Nachfolge Christi aufnimmt. Wo der Mensch in das Licht Jesu Christi tritt, wird der Dämon überführt und damit überwindbar. Wieder gilt, dass man die Taufe und damit christlichen Lebensvollzug ändern würde, wenn man die Realität der dämonischen Macht streichen wollte. Im Übrigen müsste man hier, bei der Frage nach der Kirche, die Erfahrung der Heiligen, der exemplarisch Glaubenden hinzunehmen – ich sage: ihre Erfahrung, nicht alle ihre Ideen. Diese Erfahrung entspricht der Erfahrung Jesu: Je stärker das Heilige sichtbar und mächtig wird, desto weniger kann sich der Dämon verbergen. Insofern könnte man geradezu sagen, dass das Verschwinden der Dämonen, das vermeintliche Gefahrloswerden der Welt mit dem Verschwinden des Heiligen Hand in Hand geht.

Schließlich muss als letzter Maßstab die Frage des »Weltbildes«, der Vereinbarkeit mit wissenschaftlicher Erkenntnis erwähnt werden. Der Glaube wird zwar immer wieder zur Kritik dessen werden, was jeweils als modern und unbefragt als gewiss gilt, aber er kann nicht gesicherter wissenschaftlicher Erkenntnis widersprechen, die so beachtenswerte negative Markierungen zu setzen hat. Nun wüsste man gern, auf welche Gründe hin Haag entscheidet, »dass diese Vorstellung nicht mehr mit unserem Weltbild vereinbar ist«[4]. Dass sie dem Durchschnittsgeschmack entgegensteht, ist klar; dass sie in einer funktionalistisch betrachteten Welt keinen Anhalt findet, ist ebenso offenkundig. Aber in einem reinen Funktionalismus ist auch kein Platz für Gott und keiner für den Menschen als Menschen, sondern nur für den Menschen als Funktion; hier fällt also sehr viel mehr zusammen als nur die Idee des »Teufels«. Im Namen welcher Philosophie Haag sein Verdikt ausspricht, bleibt schwer zu ergründen; anscheinend geht er von einem stark vereinfachten personalistischen Schema aus. Nun haben aber die tieferen Formen des Per-

---

[4] HAAG, *Abschied*, 27.

Abschied vom Teufel?

sonalismus durchaus erkannt, dass man mit den Kategorien Ich und Du allein unmöglich die ganze Wirklichkeit erklären kann – dass gerade das »Zwischen«, das die beiden Pole miteinander verbindet, eine Realität eigener Art und eigener Kraft ist. Anregungen asiatischen Denkens lassen heute diesen Zusammenhang noch stärker hervortreten. Seelische Erkrankung, so sagen sie etwa, ist nicht einfach eine Befindlichkeit des Ich, sondern beruht gerade auf einer Störung des »Zwischen«; weil das »Zwischen« in Unordnung ist, abgebrochen, fehlgeleitet, verkehrt, darum ist auch das Ich selber aus dem Gefüge. Das »Zwischen« ist eine schicksalentscheidende Macht, über die unser Ich keineswegs restlos verfügt: Dies zu meinen ist ein Rationalismus von einer fast abenteuerlich wirkenden Naivität. Hier stellt, so scheint mir, modernes Denken eine Kategorie zur Verfügung, die uns helfen kann, die Macht der Dämonen wieder genauer zu verstehen, deren Existenz freilich von solchen Kategorien unabhängig ist. Sie sind eine Macht des »Zwischen«, dem der Mensch auf Schritt und Tritt konfrontiert ist, ohne dass er es dingfest machen kann. Genau das meint Paulus, wenn er von den »Weltherrschern dieser Finsternis« spricht; wenn er sagt, gegen sie, die Luftmächte des Bösen, nicht gegen Fleisch und Blut richte sich unser Kampf (Eph 6,12). Er richtet sich gegen jenes fest etablierte »Zwischen«, das die Menschen zugleich aneinander kettet und voneinander abschneidet, das sie vergewaltigt, indem es ihnen Freiheit vorspielt. Hier wird eine ganz spezifische Eigenart des Dämonischen klar: seine Antlitzlosigkeit, seine Anonymität. Wenn man fragt, ob der Teufel Person sei, so müsste man richtigerweise wohl antworten, er sei die Un-Person, die Zersetzung, der Zerfall des Personseins und darum ist es ihm eigentümlich, dass er ohne Gesicht auftritt, dass die Unkenntlichkeit seine eigentliche Stärke ist. In jedem Falle bleibt, dass dieses »Zwischen« eine reale Macht, besser: eine Sammlung von Mächten und nicht bloß eine Summierung von menschlichen Ichen ist. Die Kategorie des »Zwischen«, die uns so hilft, das Wesen des Dämons neu zu verstehen, leistet übrigens noch einen anderen, parallelen Dienst: Sie ermöglicht es, die der abendländischen Theologie ebenfalls immer fremder gewordene eigentliche Gegenmacht besser zu erklären: den Heiligen Geist. Wir könnten von hier aus sagen: Er ist jenes »Zwischen«, in dem

181

Vater und Sohn eins sind als der eine Gott; in der Kraft dieses »Zwischen« tritt der Christ jenem dämonischen »Zwischen« gegenüber, das allenthalben »dazwischen« steht und Einheit hindert.

Ein so »aufgeklärter« Theologe wie Harvey Cox hat kürzlich gemeint, die Massenmedien appellierten in den von ihnen angepriesenen Verhaltensmustern »an die unausgetriebenen Dämonen«; »ein klares Wort des Exorzismus« sei daher in höchstem Maße nötig.[5] Vielleicht meint er das nur allegorisch, ich weiß es nicht. Aber wer als Christ die Abgründe moderner Existenz, die Macht der sieben Dämonen wirken sieht, die in das leergefegte Haus zurückgekehrt sind und ihr Unwesen treiben, der weiß, dass die exorzistische Aufgabe des Glaubenden heute wieder anfängt, jene Notwendigkeit zu erlangen, die ihr im Aufgang des Christentums zukam. Er weiß, dass er hier der Welt einen Dienst schuldig ist und dass er an seinem Auftrag vorbeigeht, wenn er den Dämonen hilft, sich in jene Anonymität zu hüllen, die ihr liebstes Element ist.

---

[5] Cox, *Stadt ohne Gott?*, 210.

Der Stärkere und der Starke (Mk 3,27)

Zum Problem der Mächte des Bösen in der Sicht des christlichen Glaubens

Vorüberlegungen zur Fragestellung

In der neuen ökumenischen Übersetzung schließt das Gebet des Herrn mit der Bitte: Erlöse uns von dem Bösen. Damit ist der innere Zusammenhang der beiden letzten Vater-unser-Bitten verdeutlicht, die nach hebräischer Weise in sachlicher Parallelität zueinander stehen, welche aber zugleich auch eine Steigerung einschließt: Es entsprechen sich das Böse und die Versuchung; obgleich dem Christen gewiss nicht verwehrt ist, auch vor den Übeln des Alltags seine Zuflucht beim Herrn zu suchen, ruft er *hier* doch um Rettung vor dem, was das eigentliche »Übel« aus der Sicht des Glaubens bedeutet, vor jener abgründigen Versuchung, die darauf zielt, den Glauben zu zerstören und so den Menschen aus der Hand des Herrn herauszureißen. Nimmt man den griechischen Urtext zu Hilfe, so zeigt sich, dass die Bitte sogar noch dramatischer und bildhafter formuliert ist, als uns die deutsche Übersetzung auch in ihrer gegenwärtigen Form erkennen lässt. Hier steht nicht das eher abstrakte Wort »erlösen«, sondern das plastisch-realistische Wort »wegreißen« – reiße uns hinweg vom Bösen, müsste man streng genommen die griechische Urform ins Deutsche übertragen. So wird der Vorstellungsgehalt der Bitte deutlich, die das Rufen der Psalmen und der alttestamentlichen Beter in wenige Worte zusammenzieht. Das Böse erscheint wie ein sprungbereites wildes Tier, das auf den Menschen losgehen möchte, der eben wie ein Mensch, in der Machtlosigkeit des Menschen vor der biologischen Gewalt, dem Unwesen gegenübersteht. Was ihn schützt, ist nicht *seine* Macht, sondern der Schatten von *Gottes* Hand, in dessen Raum die Bestie nicht einzubrechen die Kraft hat. Vor dem Schatten dieser Hand endet ihre Gewalt. Solchen Schutz ruft das Gebet herbei; es ist gleichsam selbst dieser bergende Raum, die unantastbare Oase, vor der die Macht des Bösen bricht.[1]

Man darf wohl diese Bitte, die der Herr den Seinen auf die Zunge gelegt hat, als Summe seiner Aussagen über das Böse und den Bösen bezeichnen; insofern ist sie die entscheidende Darstellung des theologischen Problems des Bösen für den Christenmenschen überhaupt. Die christliche Lösung dieses Problems, so könnten wir von hier aus sagen, ist das Gebet und nicht anders bietet sich diese Lösung dar: Die Frage des Bösen ist von der Art, dass sie für den Menschen nicht in der Weise einer neutralen Theorie zu erhellen ist, ganz einfach deshalb, weil das Böse selbst nie neutral zu ihm, sondern immer drängend offensiv in sein Leben eingreifende Macht ist. Die Wirklichkeit ist bereits verfälscht, wenn der Mensch sich gebärdet, als sei ihm verliehen, das Böse neutral zu betrachten – als lasse es sich anschauen wie ein toter Walfisch. Wir wissen durch Heisenberg, dass selbst im letzten physikalischen Experiment die volle Neutralität als Unmöglichkeit zu gelten hat; die Stellung des Beobachters bestimmt das Geschehen mit: Die innere Einheit der Wirklichkeit, zu der Beobachter und Beobachtetes gleichermaßen gehören, schließt ein wirkungsloses Nebeneinander bloßen Zuschauens aus. Dieses Prinzip gilt umso stärker, je höher anthropologisch gesehen ein Wirklichkeitsbereich steht; deshalb gilt es in besonderer Weise in der Frage der sittlichen und der religiösen Werte. So kann über das Böse nicht distanziert, sondern nur engagiert gesprochen werden; die einzige Weise, es wahrhaft zu neutralisieren, ist nach der Auskunft des Neuen Testaments die höchste Weise des menschlichen Engagements: die Verbindung des Menschen mit Gott, das Gebet.

Versuchen wir, den inhaltlichen Kern dessen noch etwas zu entfalten, was in der Perspektive des von Jesus gelehrten Betens zum Vorschein tritt, so zeigt sich folgendes Bild: Das Böse ist weit mehr als eine der Komponenten der menschlichen Seele, die man mit einer geschickten psychischen Balance integrieren und so unschädlich machen könnte. Stünde es so, dann würde einen das

---

[1] Vgl. zu dieser Auslegung SCHÜRMANN, *Gebet,* 99–104.

Der Stärkere und der Starke (Mk 3,27)

Wissen (die »Gnosis«) vor dem Bösen schützen und der »Exorzismus« läge sozusagen in den Händen der Psychologie, deren Kenntnis seelischer Struktur zur Integration und damit zur Freiheit führen würde. Das Wort des Herrn sieht es anders: Das Böse ist nicht bloß psychische Komponente, es ist eine andrängende, selbstständige Macht, die den Menschen anfällt; er erscheint vor ihr sozusagen genauso als psychisches Mängelwesen, wie er physisch eines gegenüber den mächtigen Raubtieren ist. Vor diesen muss er sich auf einer anderen Ebene zur Wehr setzen als auf derjenigen von Krallen und Zähnen, nämlich mit jener höheren Möglichkeit, die ihm verliehen ist und die ihn gerade im Mangel zum Herrn, zum Herrscher der Erde macht. Dem Bösen gegenüber verhält es sich in der Sicht Jesu ganz ähnlich: Der Mensch für sich ist Mängelwesen, dem brutalen »Tier« heillos ausgeliefert, wo er sich auf dessen Ebene – die bloß psychische – begibt. Dennoch ist er nicht ohnmächtig. Er kann sich im Schatten von Gottes Hand bergen und darin das »Tier« der Machtlosigkeit überantworten. So ergibt sich zweierlei: Einerseits ist das Böse eine selbstständige, das Vermögen des Menschen übersteigende Macht; andererseits ist es doch keine letzte Macht, nicht eine Art Gegengott, mit dem Gott etwa zu kämpfen hätte. Wo Er ist, erscheint es als nichtig; wo Er nicht ist, erscheint es als unüberwindbar.

Vielleicht sollte man gar nicht versuchen, über dieses in Bildern sich aussagende, im Gebet sich zutragende Wissen hinauszugehen – jede Theoretisierung führt zur Verfälschung. Wenn wir diese Grenze der Theorie im Auge behalten, kann eine Überlegung dennoch sinnvoll sein, um uns zu helfen, sozusagen die innere Rationalität des Gebetsaktes deutlicher zu sehen und ihn damit selbst sinnvoller und tiefer werden zu lassen. Wer oder was ist das Böse – diese Frage quält die Menschheit seit eh und je, weil das Böse zu den Urerfahrungen der Menschen zählt, an denen niemand vorübergehen kann. Und immer geht es darum, wie man dieser Macht begegnen, wie man ihrer Herr werden kann; nur um dies zu ermitteln, fragt der Mensch, was sie ist, woher sie kommt.

185

Zum Kontext der Religionsgeschichte

Will man die christlichen Aussagen in diesem Bereich begreifen, so scheint es mir nötig, sie in diesem Kontext des gesamtmenschlichen Ringens zu sehen und zu verstehen, der folglich hier wenigstens in ein paar groben Strichen angedeutet werden muss. Ich möchte zunächst an das klassische babylonische Schöpfungsepos »Enuma elisch« erinnern, von dem manche Anregungen auch für den biblischen Schöpfungsbericht ausgingen. Dieses Epos schildert, wie praktisch alle nichtbiblischen Schöpfungsberichte, die Kosmogonie als Theogonie. Das bedeutet: Man stellt sich das Werden der Welt als einen Kampf lebendiger, gotthafter Mächte vor. Die Welt hat danach nicht einen einzigen logischen Ursprung (wie es als Abschluss der biblischen Entwicklung das Johannesevangelium lehren wird); sie kommt vielmehr aus einem Kampf gegenläufiger Mächte, aus Neid, Streit und Griff nach der Alleinherrschaft hervor. Das bedeutet: Schon am Ursprung stehen in solcher Sicht nicht einfach Sinn, Liebe, Logik, sondern das Gegeneinander, die Macht des Neides; die Welt, einschließlich der Götter, ist aus diesem Stoff geformt. Das Epos »Enuma elisch«, das diesen Gedanken in einer dramatischen Abfolge von Götterkämpfen schildert, verdeutlicht ihn noch einmal auf der untersten Stufe der Wirklichkeit, bei seinem Bild der Schöpfung des Menschen: Marduk, der siegreiche Gott, der die Herrschaft über die Welt übernimmt, bildet diese, indem er den Drachenleib seines Hauptwidersachers Thiamat (= Salzmeer) zerspaltet und daraus die obere und die untere Welt macht; er formt den Menschen, indem er den Rädelsführer der gegen ihn gerichteten Verschwörung, Kingu, tötet und aus seinem Blut den Menschen schafft. Der Mythos drückt in solchen Bildern seine auf Erfahrung gründende erschreckende Ansicht über das Wesen von Welt und Mensch aus: Ein Drachenkörper ist die Welt, Erde und Firmament (= Himmel); im Inneren eines zerspaltenen Drachen lebt der Mensch sein Leben. Er selbst ist aus dem Blut des Aufrührers geformt, Aufruhr ist der Kern seines Wesens, das nun von Marduk zum Dienst der Götter bestimmt wird und so ein Wesen des Widerspruchs ist.[2]

---

[2] Vgl. zum Epos »Enuma elisch« SCHEDL, *Geschichte des Alten Testaments* 1, 52–

Der Stärkere und der Starke (Mk 3,27)

Ähnliche Vorstellungen zeigen sich mit größeren oder kleineren Differenzen quer durch die ganze Religionsgeschichte; sie entsprechen einer Urerfahrung des Menschen über sich selbst und über seine Welt. Das Böse ist ihr wesentlich; es gehört zu den Bauprinzipien des Wirklichen – die Welt ist Widerspruch, heillos von ihrem Urgrund her. Die Antworten, die daraus gezogen werden, sind unterschiedlich und doch auch wieder verwandt. Wenn es so steht, ist der Mensch ein tragisches Wesen, das im Grunde scheitern muss. Was bleibt ihm? Der eine Weg ist, sich der Tragödie zu ergeben, ohne Widerspruch das Diktat des Schicksals zu ertragen, das ohnedies keinen Widerstand duldet. Das kann wiederum zweierlei bedeuten: Teilordnungen annehmen und in ihnen den Frieden suchen, wenn er auch je nur vorläufig sein kann. Ist dies die eine Möglichkeit, so besteht die andere darin, von Grund auf einer Welt zu widersprechen, die selbst nur Widerspruch ist. Dies kann noch einmal auf zweifache Weise geschehen: entweder durch die Flucht ins Nichts als der einzigen Stätte des Friedens oder durch Revolte, die den Kampf aufnimmt, diese Welt des Bösen in Trümmer schlägt und selbst den Bau einer besseren in die Hand nimmt. Aber solch kühnem Aufbegehren, das in der Figur des Prometheus sein immerwährendes Symbol gefunden hat, tritt sogleich wieder die desillusionierende Frage entgegen: Aus welchem Stoff und aus welcher Kraft soll eigentlich diese andere Welt gebaut werden? Muss es nicht wieder derselbe sein, aus dem wir nun einmal sind? Kann aber dann das Werk von Zerstörung und Wiederaufbau etwas anderes als eine neue List eben jener bösen Macht sein, die wir auf solche Weise vernichten wollen?

59; dort 46–52 und 60 f. weiteres religionsgeschichtliches Material. Breite Darbietung der Religionsgeschichte bei Westermann, *Genesis*, besonders 26–65.

Herkunft aus Gottes ewiger Vernunft und Liebe

Die Entfaltung der Frage im Glauben des Alten Testaments

Verzichten wir darauf, sofort vom Mythos in die Gegenwart überzugehen, obgleich die tiefe innere Gemeinschaft mythischer und scheinbar ganz rationaler Aussagen hier deutlich zum Vorschein kommt. Zu fragen ist vielmehr: Welches war der Entwurf, mit dem der in der biblischen Tradition formulierte Glaube in das Gespräch der Weltreligionen eintrat? Darauf ist zu sagen, dass dieser Entwurf keineswegs auf Anhieb hin fertig vorliegt; was zuerst auftritt, ist ein zentraler Impuls, dessen Konsequenzen erst Stück um Stück und keineswegs immer gradlinig entfaltet werden. Der erste Impuls ist, dass Abraham sich von seinem Gott berufen und mit einer Verheißung begnadet weiß, deren Unbedingtheit durch keinen Widerstand zersetzt werden kann. Dieser Gott ist für die Seinigen die einzige Macht, an die sie sich zu halten haben; wer von ihm gerufen ist, braucht im Gegensatz zu den Verehrern anderer Götter auf keine weiteren Mächte mehr Rücksicht zu nehmen, ja, er darf es nicht: »Ich bin ein eifersüchtiger Gott«, sagt er von sich selbst. Immer mehr klärt sich, dass dies daran liegt, dass er der einzige Gott ist. Die Durchsetzung dieser Einsicht im Leben der Menschen wird zusehends zum primären Anliegen der biblischen Botschaft. Von ihr ist auch die Auseinandersetzung mit der Frage des Bösen wie mit allen Lebensbereichen des Menschen bestimmt. Die Ausscheidung des Gedankens, als ob die Welt aus einem Gefüge konkurrierender Mächte bestünde, durch das sich die Gegensätze in dieser Welt, das Auf und Ab von Gut und Böse erklären – die Ausscheidung dieses Gedankens nötigt dazu, jede selbstständige Macht neben oder gar gegen Jahwe zu bestreiten. Das Alte Testament kennt in seinen großen Schriften keinen Teufel und es konnte derlei nicht zulassen, weil unter den gegebenen Umständen darin praktisch doch eine Anerkennung selbstständiger Mächte neben Gott gelegen hätte. Bevor solches allenfalls wieder gesagt werden konnte, musste die Einzigkeit Gottes mit aller Eindeutigkeit herausgestellt sein. Sie wird bis zu dem Grad hin zugespitzt, dass Gott auch als der Schöpfer des Bösen erscheint, das freilich so zugleich seiner Radikalität entkleidet und als eine letztlich doch im Griff Jahwes liegende Wirklichkeit beschrieben wird – ein Gedanke, den jüdische Theologie bis heute vertritt.

188

Der Stärkere und der Starke (Mk 3, 27)

Nach ihr hat Gott dem Menschen den guten und den bösen Trieb anerschaffen. Geheimnisvoll und unbegreiflich wirkt Gott, obgleich der Gnädige und Gute, doch auch das Böse. Das Gottesbild gewinnt freilich in dieser Systematisierung des monotheistischen Gedankens eine Starre und in der überzeichneten Alleinwirksamkeit des Schöpfers droht auch er selbst ins Zwielicht zu geraten, das mit der realen Gotteserfahrung des Alten Bundes nicht übereinstimmt: Das Alte Testament ist nicht in sich selbst systematisierbar; es weist über sich hinaus.[3]

Solche Systematisierungen sind vor allem auch dadurch von der wirklichen Erlebenswelt des Alten Testaments geschieden, dass ihr geistiger Hintergrund völlig verändert ist. Zwar hat die amtliche Botschaft um der Einzigkeit Gottes willen solche Strenge erstrebt. Aber man darf dabei nicht vergessen, dass sie ihre Verkündigung in eine Volksfrömmigkeit hineintrug, die sich ihrer eigenen Akzente nicht gänzlich berauben ließ. In den Kanon wirken deren Elemente auf mancherlei Art herein, zum Teil in mythischen Symbolen, die ohne nähere Deutung stehengelassen und lediglich klar dem Glauben an Jahwe untergeordnet werden: die mythische Figur der Schlange gehört hierher; die Cherube des Buches Numeri und ähnliches.[4] Auf anderer Ebene ist der Satan des Ijobbuches zu erwähnen, der dem himmlischen Hofstaat eingegliedert und so nur noch funktional »Satan«, Anklagevertreter ist, aber nicht mehr selbstständige Macht der Anklage und der Verneinung.[5]

---

[3] Das Ringen um diese Frage wird in verschiedenen Texteinheiten deutlich: 2 Sam 24, 1 (Jahwe versucht David) verglichen mit 1 Chr 21, 1 (an Stelle Jahwes wird nun »Satan« als Davids Versucher genannt). Hierher gehört in gewisser Hinsicht auch Ex 4, 24–26 (Jahwe überfällt Mose); ähnlich Gen 32, 23–33 (Jakob ringt mit dem »Engel«). Verwandt auch Num 22, 22 (der Engel Jahwes als »Satan« für Bileam). Für die Erschaffung von gutem und bösem Trieb durch Gott vgl. z. B. Buber, *Gut und Böse*, besonders 48 ff.

[4] Vgl. z. B. noch die Gestalt des Asasel Lev 16; allerlei Geisterwesen in Jes 13, 21 sowie 34, 12–14. Die Götter als Dämonen: Ps 106, 36 f. u. ö.

[5] Vgl. Ijob 1, 6 ff.; ähnlich Sach 3, 1 ff. Für die spätere Entwicklung, die im Folgenden angesprochen wird, besonders Weish 2, 24: Hier ist es nun der »Teufel«, durch dessen Neid der Tod in die Welt kam. Breites Material für die Frage nach der Entwicklung der Figur des Engels bietet Michl, Art. Engel I–IV.

Erst in den spätesten Schriften des Alten Testaments, in denen der Ein-Gott-Glaube seine völlige Selbstverständlichkeit gewonnen hat, begegnet unbefangener und mit größerer Freiheit auch Gedankengut des Volksglaubens, d. h. die Vorstellung von Dämonen verschiedener Art. Allmählich wird nun auch eine Deutung auf der Linie des Ein-Gott-Glaubens erarbeitet: Solche Wesen, so wird nun gesagt, seien gefallene Engel. Mit dieser Denkfigur gelingt es einerseits, unbestreitbare Mächte als real zu akzeptieren, andererseits aber die Vorstellung selbstständiger Kräfte neben Jahwe abzuwehren und die negativen Erfahrungen dem Schöpfungsglauben wie dem Ein-Gott-Glauben logisch einzufügen. So wird dies, zumal im Neuen Testament und in der frühchristlichen Überlieferung, auch die Art und Weise, wie der biblische Glaube das Problem des Polytheismus denkerisch zu bewältigen lernt, was innerhalb der klassischen Logik des Alten Testaments nicht vollends gelingen konnte, in dem ja die Existenz der Götter nicht einfach bestritten, gleichwohl aber ihre völlige Nichtigkeit gelehrt worden war. Die Aufnahme der Vorstellung von Dämonen wird in dem Augenblick möglich, in dem die Verbindung mit der Engellehre und mit der Freiheitslehre sie dem Ein-Gott-Gedanken versöhnt und ihm logisch einfügt; ja, man muss sagen, jetzt, mit dem Auftreten dieser Denkfigur, bedeute diese Übernahme nicht mehr eine Störung des Monotheismus, sondern erst seinen endgültigen Triumph. Dadurch wird nämlich einerseits die Ausschließlichkeit der Herkunft des Seins von Gott klar – auch die Mächte des Bösen sind Diener Jahwes, gestürzte Diener, die so erst recht nur unter ihm stehen können; andererseits wird der Schöpfungsgedanke zu seiner äußersten Größe geführt: Obgleich sozusagen aller Seinsstoff aus dem schöpferischen Wort Gottes kommt, nichts von »Drachenblut«, allein wirkendes Wort in sich trägt, ist ihm die Macht des Willens, des wahrhaftigen Gegenüber zu eigen, die zwar nicht neues Sein schaffen, aber dessen Richtung verändern und es so gegen seinen eigenen Ursprung kehren kann. Der Schöpfungsgedanke ist damit konsequent zu Ende gedacht: Schöpfung bringt Sein-in-Selbstständigkeit hervor, aber gerade so, indem dem geschaffenen Sein die Möglichkeit einer Antischöpfung konzediert wird, wird die unbeschränkte Ursprungsmacht des einzigen Gottes unterstrichen.

Der Stärkere und der Starke (Mk 3,27)

Was lässt sich zu unserer Frage
dem Neuen Testament entnehmen?

Erst wenn man diese Zusammenhänge versteht, kann man auch begreifen, wieso das Neue Testament in der Frage der Dämonen, der Kräfte des Bösen, einer anderen Entwicklungslinie folgt, als wir sie sonst aus der Gesamtrichtung des Gefälles der beiden Testamente ableiten möchten. Aufs Ganze gesehen erscheint uns der Weg vom Alten zum Neuen Testament als Weg der Vergeistigung, der Vereinfachung. Immer mehr äußere Formen fallen dahin, immer reiner tritt der eigentliche Kern hervor. Dem scheint entgegenzustehen, dass das Alte Testament Dämonen und Teufel nicht kennt, das Neue Testament aber sehr häufig davon spricht.

Hat es hier, anstatt zu entmythologisieren, remythisiert? Wenn man den Prozess der Überwindung des Mythos, der sich im Weg der biblischen Überlieferung tatsächlich abspielt, rein aufklärerisch fassen würde, müsste man zweifellos zu einer solchen Diagnose kommen. Aber der biblische Vorgang der Entmythisierung verläuft nicht einlinig-aufklärerisch, im Sinn zunehmender Aufhebung des Geheimnisses. Es gibt einen großartigen Text des heiligen Gregor von Nazianz, in dem er die Struktur der Geschichte und die Problematik des Begriffs »Fortschritt« untersucht und dabei zu der Feststellung kommt, dass sich der Fortschritt, der sich im Weg vom Alten zum Neuen Testament abspielt, einerseits durch Wegnahme, andererseits aber auch durch Zunahme vollzieht. Weder die bloße Subtraktion beseitigt den Mythos noch auch steigert die bloße Vermehrung frommer Aussagen und Übungen den Glauben. Sein Fortschritt kann, je nachdem, ebenso Wegnahme wie Zunahme heißen. Zur Wegnahme sagt Gregor: »Das erste Testament schaffte die Götzen ab, aber duldete noch die Opfer; das zweite Testament schaffte die Opfer ab, aber verbot noch nicht die Beschneidung. Und indem sich die Menschen einmal eine Beschränkung gefallen ließen, gaben sie schließlich auch das Zugestandene preis, die einen die Opfer, die andern die Beschneidung.« Zunahme aber geschieht nach Gregor, wo der eine Gott des Alten Testaments im Gespräch von Vater und Sohn schließlich als der Dreieinige erkennbar wird. Man könnte als »Zunahme« auch dies benennen, dass erst jetzt die Auferstehung

Herkunft aus Gottes ewiger Vernunft und Liebe

in den Kanon, ins Bekenntnis eintritt.[6] Was wir in der Frage der Dämonen vor uns sehen, liegt klarerweise nicht auf gleicher Ebene. Die trinitarische Vertiefung des Gottesbildes und die Vertiefung der Verheißungsperspektive im Auferstehungsglauben gehören zum Wesensinhalt des Überschritts der Testamente, nicht aber ebenso unser Problem. Wenn man hier also einen klaren Trennungsstrich ziehen muss, so darf man doch mit erheblichen Einschränkungen von einer gewissen strukturellen Vergleichbarkeit sprechen: Auch hier lässt ein neuer Schritt mehr sehen und damit mehr sagen, als vordem möglich gewesen war.

Aber wie steht es nun? Welches Gewicht haben solche Aussagen im Neuen Testament tatsächlich? Zunächst lässt sich nicht bestreiten, dass in breitem Umfang von dämonischen Mächten die Rede ist und dass sie von den neutestamentlichen Schriftstellern als Wirklichkeit angesehen werden. Ich erinnere nur an Eph 6,12: »Unser Kampf richtet sich nicht gegen Fleisch und Blut, sondern gegen die Herrschaften, gegen die Mächte, gegen die Gewalten, gegen die Weltherrscher dieser Finsternis, gegen die Geistmächte der Bosheit in den Lüften.« In Joh 12,31 bezeichnet es der Herr als Inhalt seiner Stunde, als den Gehalt des mit ihm gekommenen Jetzt, dass der Fürst (ἄρχων) dieser Welt hinausgeworfen wird.[7]

---

[6] Gregor von Nazianz, *Or* 31, 25–27 (5. Theologische Rede, ed. Barbel, 260–266); zitiert nach De Lubac, *Catholicisme* (dt. ²1970), 399–401.

[7] Vgl. an gewichtigen neutestamentlichen Texten zu unserer Frage besonders noch Mk 3,20–30: Überwindung der Macht Satans als Inhalt der Sendung Jesu; Mt 4,8f. und Lk 4,6: Der Satan bietet Jesus die Weltherrschaft an; Joh 14,30 der »Weltherrscher«; Joh 16,11 ebenso; 2 Kor 4,4 »der Gott dieses Aeons«. Eine sorgfältige Analyse des gesamten neutestamentlichen Befundes bietet Limbeck, *Satan und das Böse im Neuen Testament.* Unübersehbar ist allerdings die Differenz zwischen den vom Text her geführten Einzeluntersuchungen und den jeweiligen Ergebnisformulierungen, in denen Limbeck das Gefundene mehr oder weniger gewaltsam seiner Grundthese zuordnet. Noch aufschlussreicher ist die Kanonkritik, die Limbeck durchführt, um seine Ansicht festhalten zu können, dass christlicher Glaube die Existenz böser Geister – unter welchen Namen und in welcher Sicht auch immer – ablehnen müsse. Limbeck räumt als Exeget ohne Weiteres ein, dass alle neutestamentlichen Schriften von der Existenz solcher Wesen ausgehen. Aber er glaubt da doch einen Unterschied im Gewicht solcher Überzeugungen feststellen zu können. In den von ihm geschätzten Schriften – Markus und Paulus (wozu Kol, nicht aber Eph gezählt wird), auch Matthäus –

Was ist daraus zu folgern? Ich stimme grundsätzlich der Auskunft zu, die der Münsteraner Exeget Karl Kertelge kürzlich so formuliert hat: »Natürlich kann man auf die vordergründige Frage ›gibt es Dämonen?‹, ›gibt es einen Teufel?‹ heute ebenso vordergründig auf das Neue Testament verweisen und sagen: Es gibt sie, denn dort wird direkt von ihnen gesprochen. Aber was erklärt das? Die Missverständlichkeit der Rede von Dämonen und Teufeln ist damit nicht behoben.«[8] Dies erscheint mir eine exegetisch redliche Auskunft, die einerseits festhält, dass die Texte des Neuen Testaments die Existenz solcher Mächte für gegeben halten, die andererseits aber auch sagt, dass der Sprung vom Text zur Wirklichkeit im Text allein, d. h. in der historischen Analyse allein nicht gefunden werden kann. Für unsachgemäß halte ich demgegenüber nach wie vor die Auskunft von Herbert Haag, der diese Grenze der Exegese verschleiert und die Nichtexistenz solcher Mächte als exegetisches Ergebnis ausgibt, was es vom Wesen der Textauslegung her gar nicht sein kann. Der Grund zu seiner Diagnose liegt denn auch nicht in den Texten, sondern in unserem Weltbild, das solches nicht zulasse.[9] Vor solch einfacher Bemühung des Weltbildes bleibt die Frage unerlässlich: Was ist Weltbild? Was kann man aus einem Weltbild schlüssig folgern? Hier sollte man sich die Schelte zu Herzen nehmen, mit der der Soziologe Peter L. Berger sich vom Standpunkt seiner Wissenschaft aus in einem scharfen Plädoyer gegen die »grotesken Extreme der Preisgabe ihrer transzendenten Inhalte« durch Theologie und Kir-

---

kann nach seiner manchmal mit etwas mühsamen Kunstgriffen begründeten Überzeugung der Teufel (bzw. verwandte Phänomene) aus dem Ganzen herausgelöst werden, ohne dass die Konstruktion des Ganzen Schaden leidet. Dagegen räumt Limbeck ohne Umschweif ein, dass dies mindestens bei Lukas, Johannes und in der Apokalypse nicht möglich ist. Hier gehört solche Überzeugung nach ihm konstitutiv zum Ganzen, dafür sind denn auch seine Bemerkungen über die Christlichkeit dieser Texte recht hart. Wer diese willkürliche Art von Kanon-Teilung nicht mitmachen will, muss Limbecks Beitrag die Einsicht entnehmen, dass für grundlegende Schriften des Neuen Testaments die Überzeugung von der Existenz böser Geister unaufhebbarer Teil ihrer Aussage ist.

[8] KERTELGE, *Jesus*, 171 b.

[9] Vgl. HAAG, *Abschied*; dazu RATZINGER, *Abschied vom Teufel?*, 173–182. Ich kann nicht finden, dass sich die Qualität der Begründungen in den Beiträgen HAAGS zu seinem großen Sammelband *Teufelsglaube* wesentlich geändert habe.

che wendet: »[E]in Mann, der sich mit dem Zeitgeist vermählt, [wird] bald Witwer«, so lautet eine von ihm zitierte sarkastische Formulierung.[10] Was die Beweiskraft des »Weltbildes« angeht, schreibt er: »Den Autoren des Neuen Testaments wird ein falsches, in ihrer Zeit gegründetes Bewusstsein angekreidet. Der moderne Gelehrte dagegen scheint das Bewusstsein seiner, *unserer* Zeit ungeprüft als ungeteilten Segen hinzunehmen. Mit anderen Worten: intellektuell werden Elektriker oder Radiohörer über den Apostel Paulus gestellt.«[11]

So einfach also geht es gewiss nicht. Aber es bleibt die Frage: Mit welchem Gewicht treten solche Aussagen im Neuen Testament auf? Mir scheint, dass sich hier drei Ebenen unterscheiden lassen. Zunächst einmal markieren solche Texte ein gut Stück weit die selbstverständliche Präsenz des Volksglaubens in der Bibel. Bei der entschiedenen Härte, mit der das Alte Testament einem gewiss nicht weniger eingewurzelten Volksglauben widerstand und mit der auch das Neue Testament an entscheidenden Punkten sich dem Volksglauben widersetzt, ist auch solch selbstverständliches Gewährenlassen nichts Belangloses. Auf einer zweiten Ebene verdankt die Rede von den Dämonen ihr Dasein einem Vorgang, den man religionsgeschichtlich auch sonst beobachten kann: Die gestürzten Götter einer Religion werden zu Dämonen einer anderen. Verdeutlichen wir uns dies kurz an einem Beispiel. Die frühe vedische Religion kennt zwei Gruppen von Göttern, die Devas und die Asuras, hinter denen zwei unterschiedene Zivilisationen als Träger erkennbar werden. Der Sieg der einen Zivilisation führt dazu, dass die Asuras gestürzt und zu Dämonen erklärt werden. Im angrenzenden Iran verläuft die Entwicklung umgekehrt: In der Sprache des Avesta, d. h. in der Bibel der Zoroastrianer, bedeutet das Wort »daeva« so viel wie Dämon. Die Devas waren wie in Indien so zuerst auch im Iran die Götter der herrschenden Religion gewesen. Zoroaster verkündet demgegenüber die Einzigkeit Gottes und brandmarkt nun die bisherigen Götter als Dämonen. Der Dämon ist so, religionsgeschichtlich gesehen, der gestürzte

---

[10] BERGER, *Auf den Spuren der Engel*, 41; das vorangehende Zitat (»Extreme der Preisgabe«), 46.

[11] BERGER, *Auf den Spuren der Engel*, 66.

194

Der Stärkere und der Starke (Mk 3,27)

Gott.[12] Wenn die biblische Frömmigkeit aus dem Persischen die Dämonen übernimmt, ist dies sozusagen keineswegs ein äußerlicher Vorgang. »Ihre Götter sind Dämonen«, sagt der Psalm (Ps 96,5) in der Auseinandersetzung seines Glaubens mit den Göttern der Umwelt aus der gleichen Logik heraus, aus der heraus auch Zoroaster solches gesagt hatte. Deshalb kann Paulus, auf der gleichen Linie, in seinem Kapitel über das Götzenopferfleisch mit großartiger Entschiedenheit feststellen: »Es gibt keine Götzen auf der Welt und keinen Gott als einen. Wenn auch viele sind, die Götter genannt werden im Himmel und auf Erden, wie es denn viele Götzen und viele Herren gibt – wir haben nur einen Gott, den Vater, aus dem das All ist und wir auf ihn hin, und einen Herrn Jesus Christus, durch den das All ist und wir durch ihn« (1 Kor 8,4ff.). Aber mit ebensolcher Selbstverständlichkeit erklärt er auch: »Flieht vor dem Götzendienst [...] Ist vielleicht das Götzenopfer etwas? Oder ist der Götze etwas? Aber was sie opfern, opfern sie den Dämonen und nicht Gott [...] Ihr könnt nicht den Kelch des Herrn und den Kelch der Dämonen trinken; ihr könnt euch nicht zugleich am Tisch des Herrn und am Tisch der Dämonen beteiligen« (1 Kor 10,14–21). Die Götter als Götter gibt es nicht: Gott ist ein Singularwort und wenn man es in die Mehrzahl setzt, spricht man gar nicht mehr von Gott, spricht man nicht mehr von Wirklichkeit. Die Götter als Götter gibt es nicht, weil Gott seinem Wesen nach Einzahl ist. Aber die Mächte, die in ihnen andrängen, die gibt es; nur: Wer sich Gott nennt und es nicht ist, der ist »Dämon«.

Damit ist die dritte Ebene berührt, deren wesentlicher Gehalt uns schon vorhin begegnet war. Dieser Göttersturz ist für die Männer des Neuen Testaments nicht ein literarischer Trick, eine reine Interpretationsfigur, die das noch Unleugbare umwertet und dadurch überwindet. Er hat für sie Erfahrungscharakter: Je hellsichtiger der Mensch für das Heilige wird, desto mehr erkennt er auch, was ihm entgegensteht. Zugleich aber gewinnt der religionsgeschichtliche Prozess des Göttersturzes nun einen tiefen meta-

---

[12] Vgl. dazu PETTAZZONI, *Gott,* 109–118; REGAMEY, *Die Religionen Indiens,* 90ff.; WIDENGREN, *Die Religionen Irans,* 322.

physischen Grund: Die Götter werden gar nicht erst von uns gestürzt, sondern sie sind selbst gestürzte Wesen, die so die Einzigkeit Gottes bestätigen, welche sie zu untergraben suchen.

Die Frage freilich, was dies alles bedeutet oder nicht bedeutet, klärt sich vollends erst, wenn wir untersuchen, welche Lebenshaltung ihr konkret entspricht. Die Kirche hat diese Lebenshaltung komprimiert in der Spendung der Taufe dargestellt, die ein Bundesschluss ist, der sich in Zusage und Absage vollzieht. Der Täufling steht gegen Westen gewendet und spricht die vierfache Absage gegen den Teufel, gegen seine Werke, gegen seinen Pomp, gegen seinen Kult. Dann wendet er sich nach Osten und verbindet sich im Bekenntnis des Glaubens mit Christus. Taufe bedeutet so das Hereintreten in den schützenden Schatten der Hand Gottes, in dem die Mächte des Bösen entmächtigt sind. Im Schatten seiner Hand kann der Mensch getrost mit den Psalmen sagen: Die Dämonen sind Nichtse allesamt. Sie haben keine Macht gegen Gott und dort, wo er gegenwärtig ist, ist ihre Macht gebrochen. Hören wir dazu noch einmal Karl Kertelge: »Die Welt ist unter dem Ruf des Evangeliums Jesu Christi nicht mehr die alte Welt voller Dämonen, sondern eine ›neue Schöpfung‹. Sie ist es jedoch nur, insofern sie die Verheißung des Evangeliums gläubig annimmt und seiner Anforderung bereitwillig entspricht. [...] Jesus unterstreicht die Notwendigkeit der *konsequenten Freiheit,* wenn er vor dem Rückfall in die Abhängigkeit von den dämonischen Mächten warnt: Der unreine Geist ist ruhelos und sucht in sein Haus zurückzukehren, das er verlassen hat. ›Und er kommt und findet es gefegt und geschmückt ... Und es wird am Ende mit jenem Menschen schlimmer als vorher‹ (Lk 11,24–26, par. Mt 12,43–45).«[13] Die Nichtigkeit des Dämons ist nicht eine naturale, sondern eine spirituelle, die an die Spannung des Geistes zu der befreienden Kraft des Herrn hin gebunden ist.

---

[13] KERTELGE, *Jesus,* 172 b.

Der Stärkere und der Starke (Mk 3,27)

Abschließende Konsequenzen

Tatsächlich hat sich der christliche Glaube, wo immer er in seiner originären Kraft gegenwärtig und wirksam wurde, stets als Befreiung von der Dämonen- und Geisterangst ausgewirkt, gerade weil er diese Mächte nicht in einer billigen aufklärerischen Negation, sondern in einer positiven spirituellen Spannung aufhob. Das ist ein klarer Befund, der alle Stadien der christlichen Missionsgeschichte von der Antike bis zur Gegenwart kennzeichnet; er gilt für den Mittelmeerraum, in dem die Alte Kirche vorab heimisch wurde, ebenso wie für den Einbruch des Christlichen in den germanischen Bereich und wieder für die Mission der Neuzeit in den neuentdeckten Welten. In Afrika ebenso wie in Asien und Ozeanien ist christlicher Glaube als Befreiung von der lähmenden Angst des Geisterglaubens empfunden worden: Der auferstandene Christus ist der Exorzismus, der den Dämonen die Macht nimmt; als der Sohn des Vaters, des allmächtigen Schöpfers, ist er die befreiende Kraft, die den Menschen, wie der Psalm sagt, der Dämonen spotten lässt und ihn zu einer Freude ohne Furcht freigibt. Ich erwähne nur *einen* Beleg aus der neueren Missionsgeschichte. Die auf Augenzeugen zurückgehende Lebensbeschreibung des heiligen Pierre Chanel (1803–1841) charakterisiert das missionarische Werk des Missionars der Südsee-Inseln mit diesen Worten: »Seine Verkündigung der christlichen Religion zerstörte den Kult der bösen Geister, den die herrschenden Kreise der Insel begünstigten, um ihre Herrschaft aufrechtzuerhalten.«[14]

Christlicher Glaube ist Befreiung von Dämonenangst und Dämonenkult; wo solches wieder hervortritt, beruht es nicht auf einer Zunahme an Glaube, sondern auf einer Zersetzung seiner ursprünglichen Kraft, auf der Wiederkehr jener Elemente, die er überwunden hatte, überwinden sollte. Das gilt ebenso für den Ausbruch der Dämonenangst im Spätmittelalter und in der frühen Neuzeit, wie es bezüglich der Rückkehr der Dämonenkulte im heutigen Lateinamerika und inmitten der säkularisierten Welt festzustellen ist. Im Hexenwahn wird nicht das Christliche sicht-

---

[14] *Liturgia horarum* II, 1355, Lectio altera am 28. April.

Herkunft aus Gottes ewiger Vernunft und Liebe

bar; er zeigt vielmehr, in welcher Welt die Menschen vor Christus lebten und was da von Neuem heraufdrängt, wo das überwundene Heidentum wieder Herr wird. Der Hexenglaube der germanischen Länder und der Geisterkult Lateinamerikas zeigen uns die Fratze des Heidnischen, einer rückgängig gemachten Mission. Wo die Zuwendung zur Kraft von Gottes schützender Hand aufhört und der Blick sich nach unten wendet, da beherrschen abermals die Tiere das Feld. Ich würde daher Claude Gérest zustimmen, wenn er in einer sehr nuancierten Untersuchung des Hexenhammers am Ende schreibt: »Man sagt gerne, heute sei der Teufel vor allem gegenwärtig in dem großen Verschweigen, das man für gewöhnlich um ihn her aufgerichtet hat. Man könnte sich fragen, ob er sich nicht auch in dem allzu großen Lärm verborgen hat, den das 14. Jahrhundert um ihn gemacht hat.«[15] Am Ende schützt vor dem Mächtigwerden der Dämonen nur der lebendige Glaube an den allein allmächtigen Gott. Auch die Aufklärung ist auf die Dauer kein zureichender Schutz. Ihre reinigende Kraft, die unbestritten ist, wirkt nur so lange, so lange ein prinzipiell gläubiges Weltgefüge intakt ist. Wo aber die letztlich nur vom Glauben her zu gewährleistende Gewissheit zerfällt, dass die Welt als solche logisch, sinnvoll, vertrauenswert ist und nicht ein Gefüge sinnlos auf den Tod hin einander widerstreitender Kräfte, kehren in dieser oder jener Form früher oder später die Dämonen zurück. Die Gier nach dem Okkulten, die irrationale Sucht nach dem Antiglauben, der Schrei nach dem Teufel bei gleichzeitiger Leugnung Gottes, dies alles, was wir heute erleben, sind keine zufälligen Phänomene, denen mit einer naiven und ihrer Voraussetzungen unkundigen Aufklärung zu begegnen wäre. Darin ist der Marxismus scharfsichtiger, der die Welt in einem an sich sinnlosen Spiel von Kräften werden sieht und dazu auffordert, die gewordene Welt des Bösen zu zerstören und durch eine bessere zu ersetzen. Nur, wenn er dann doch in der Geschichte eine Logik des Fortschritts zu dieser heilen Zukunft hin walten sieht und aus den Negationen mit einem durch nichts erklärten Zaubertrick das Positive verheißt, dann zerstört er seine Logik zugleich wieder von Grund

---

[15] GÉREST, *Teufel*, 182 b.

Der Stärkere und der Starke (Mk 3,27)

auf und macht seinen eigenen Realismus zu einem verführerischen und gefährlichen Traum.

In vieler Hinsicht mag die Lage des Menschen vor dem Problem des Bösen aussichtslos wirken. Mit einem guten Gott scheint solche Macht des Negativen, wie wir sie erfahren, unvereinbar; die rosaroten Theologien der ersten Nachkonzilszeit sind nicht umsonst so schnell durch den schwarzen Pessimismus des angeblich seit Auschwitz definitiv toten Gottes abgelöst worden. Aber flieht man zum Atheismus, um endlich eine konsequente Logik und eine ungeminderte Verantwortung des Menschen zu finden, dann gerät man erst recht in die völlige Absurdität einer Welt, die von ihrem Grund her nicht positiv sein kann und aus der daher logischerweise auch nichts Positives zu machen ist; nach solcher Wegnahme Gottes bleibt zuletzt der Teufel mit einer triumphierenden Evidenz übrig und das schreckliche Wort Newmans bewahrheitet sich: Wenn ich auf die Welt hinsehe, wie ich sie täglich vorfinde, scheint sie mir eher einen Teufel als einen guten Gott zu beweisen.

Nur der Glaube wird dessen gewiss, dass in Wahrheit Gott Gott ist und nicht der Teufel. Oder genauer gesagt: Nur der Glaube an den Gott Jesu Christi weiß und sieht, dass der Teufel eben nicht Gott ist, sondern nur eine Bestie, deren Macht in dem allmächtigen Schatten Seiner Hände endet. Deswegen wäre es eine vollkommen verschobene Perspektive, anzunehmen, der wahrhaft getreue Christ müsse heute den Glauben an den Teufel gegen den Unglauben verteidigen. Darum geht es nicht, kann es nicht gehen und ein solches Vexierspiel sich aufdrängen zu lassen, wäre die gröbste Misskennung unseres Auftrags. Wir glauben an Gott, nicht an den Teufel. Die Situation ist in Wahrheit genau umgekehrt: Der gläubige Christ verteidigt und bezeugt die reale Macht des in Christus offenbaren lebendigen Gottes, die den Dämon hinausgeworfen und entmächtigt hat. Wo dieser Glaube ist, gibt es keine Furcht. Er befreit davon, er allein. Denn wo immer er aufhört, da freilich zieht die Stunde der Dämonen von Neuem herauf und nicht wenig deutet darauf hin, dass sich das Wort von den sieben Geistern zu bewahrheiten beginnt, die statt des einen kommen und unermesslich viel furchtbarer sind. Am Ende bleibt uns hier in der Tat keine Antwort der bloßen Theorie, son-

199

dern nur eine Antwort der Realität: die Gewissheit des Schutzes im Schatten Seiner Hand. Die beweist nicht den Bösen (der sich selbst deutlich genug beweist, wo dieser Schatten nicht ist); sie erlöst uns von ihm: Das ist die christliche Aussage zu diesem Thema.

Christliche Freiheit und Zuversicht

Vorwort zu: Léon-Joseph Suenens, *Erneuerung und Mächte der Finsternis*, Salzburg 1983

Obgleich die Nachgeschichte des Konzils der Hoffnung von Papst Johannes XXIII. auf ein neues Pfingsten wenig zu entsprechen scheint, ist doch die Bitte darum nicht einfach unerhört geblieben. Mitten in einer Welt der rationalistischen Skepsis ist eine neue Erfahrung des Heiligen Geistes aufgebrochen, die inzwischen zu einer weltweiten Erneuerungsbewegung geführt hat: Was das Neue Testament von den Charismen sagt, in denen sich das Kommen des Heiligen Geistes sichtbar darstellte, ist hier nicht mehr bloß toter Bericht über längst Vergangenes, sondern erweist sich neu als Gegenwart. Wo aber der Geist Gottes nahekommt, trägt sich eine Schärfung der Wahrnehmung zu für das, was ihm entgegensteht; darauf weist das bekannte Wort von Chesterton hin: »Ein Heiliger ist jemand, der weiß, dass er ein Sünder ist« (66).

Während für eine rationalistisch verflachte Theologie der Teufel und die Welt der Dämonen nur noch eine Chiffre für die inneren Gefährdungen des Menschen sind, ist im Bereich der Erneuerung aus dem Heiligen Geist auch wieder ein konkretes Wissen um die Realität des Dämonischen und um die Bedrohung des Menschen durch diese Mächte entstanden. So gehört das Gebet um Befreiung von den Dämonen, das sich zu einem dem Exorzismus ähnlichen Ritual entwickelt hat, heute zum festen Bestandteil des Lebens charismatischer Gruppen.

Es liegt auf der Hand, dass hier auch erhebliche Gefahren lauern, denen aber nicht mit einem billigen Belächeln der »Charismatiker« und auch nicht mit einer äußerlichen, mehr oder weniger rationalistischen Kritik beizukommen ist, sondern nur mit einer Wegweisung von innen her, die sich selbst in den Raum der Gaben des Heiligen Geistes stellt, aber als eine dieser Gaben auch die Nüchternheit erkennt und aus solcher pneumatischer Nüch-

Herkunft aus Gottes ewiger Vernunft und Liebe

ternheit heraus dem Appell des Apostels entspricht: »Löschet den Geist nicht aus! […] Prüft alles, das Gute behaltet« (1 Thess 5, 19–21).

Kardinal Suenens hat dankenswerterweise in dem vorliegenden Werk diese Aufgabe einer Unterscheidung der Geister und einer Führung aus dem Geist wahrgenommen, die für die Erneuerungsbewegungen ebenso wichtig ist wie für die Kirche im Ganzen. Er stellt zunächst die Grundfrage heraus, die für eine fruchtbare Entwicklung der Erneuerungsbewegung entscheidend ist: das Verhältnis von persönlicher Erfahrung und gemeinsamem Glauben der Kirche. Beides ist wichtig: Dogmatischer Glaube ohne persönliches Erfahren bleibt leer, bloße Erfahrung ohne die Einbindung in den Glauben der Kirche wird blind. Die Isolierung der Erfahrung stellt heute weit über die Erneuerungsbewegungen hinaus eine Grundgefährdung des Christlichen dar; im Letzten ist sie, auch wo sie »pneumatisch« beginnt, ein Tribut an den Empirismus der Gegenwart. Mit dieser Isolierung der Erfahrung ist der Fundamentalismus eng verknüpft, der die Bibel aus dem Ganzen der Heilsgeschichte löst und sie in einer Direktheit mit den Erfahrungen des eigenen Ich verknüpft, die weder der historischen Realität noch der Weite des Geheimnisses gerecht wird. Auch hier kann nur das Verstehen der Bibel in der Einheit mit der ganzen Kirche, nicht etwa ihre pure Historisierung, die rechte Antwort sein. Das aber bedeutet wiederum, dass Charisma und Institution zusammengehören, dass nicht das Wir der Gruppe, sondern nur das große Wir der Kirche aller Zeiten den rechten Rahmen bieten kann, um sowohl das Gute »zu bewahren« wie die Geister »zu unterscheiden«.

Von diesen Grundkategorien geistlichen Lebens her kann Kardinal Suenens dann auch die Frage der Dämonen und des Gebets um Befreiung auf die richtigen Maße bringen: Das Mysterium des Bösen wird in die grundlegende christliche Perspektive eingeordnet, und diese Perspektive ist die Auferstehung Jesu Christi, der Sieg über die Mächte des Bösen. In solcher Perspektive wird die christliche Freiheit und die christliche Zuversicht deutlich, die »die Furcht hinauswirft« (1 Joh 4, 18), aber eben aus der Furchtlosigkeit der Wahrheit heraus auch die Macht des Bösen erkennen kann. Die Zweideutigkeit wird als Kern des Phänomens des Dä-

Christliche Freiheit und Zuversicht

monischen sichtbar, und als Kern des Kampfes dagegen erscheint folglich die tägliche Bemühung um das Leben aus dem Glauben. Was aus diesen wesentlichen Perspektiven dann an konkreten Weisungen für die Erneuerungsgruppen und für ihre Praxis des Befreiungsgebetes folgt, kann man nur dringend der sorgfältigen Lektüre und Beachtung empfehlen. Auch der doppelte Appell des Kardinals ist höchst beachtenswert: an die Träger des »Amtes« von den Pfarrern bis zu den Bischöfen, die »charismatische Bewegung« nicht an die Seite zu stellen, sondern voll anzunehmen; an die Menschen, die in der Erneuerungsbewegung stehen, den Zusammenhalt mit der ganzen Kirche und mit dem »Charisma« des Amtes zu suchen und zu wahren.

Als Präfekt der Glaubenskongregation kann ich das Werk von Kardinal Suenens als einen wichtigen Beitrag zur rechten Entfaltung des geistlichen Lebens in der Kirche von heute nur herzlich begrüßen. Ich hoffe, dass es innerhalb und außerhalb der Erneuerungsbewegung beachtet und als Leitfaden in den hier behandelten Fragen angenommen wird.

Rom, am Fest des Hl. Apostels Jakobus 1982

TEIL B
DER GESCHAFFENE MENSCH ALS GOTTES BILD

Die Sendung des Menschen in der Welt

Was ist der Mensch?

Was ist der Mensch? Dies ist von Kant als eine der Grundfragen der Philosophie deklariert worden. Und darüber hinaus ist sie einfach eine Frage, die dem Menschen durch seine Existenz selber gestellt ist, der er gar nicht ausweichen kann, einfach deswegen, weil er selbst als offene Frage existiert; weil er gar nicht ein geschlossenes rundes Wesen ist, das sozusagen schon getan ist und das sich von selbst beantwortet und vollzieht, sondern weil er die Entscheidung, was Mensch ist, in seinem Dasein selbst neu fällen muss, sein Dasein als offene Möglichkeit vor sich findet, die er selbst beantworten muss. Ob er will oder nicht, wird er eine Entscheidung treffen, denn auch wenn er entscheidungslos sein Menschsein dahingehen lässt, gibt er ihm eine Gestalt, die sich nicht von selbst versteht, antwortet er auf die Frage nach dem Menschsein. Das hat die Existenzialphilosophie in aller Schärfe herausgestellt. Jean-Paul Sartre sieht es als die Unheimlichkeit des menschlichen Schicksals an, dass der Mensch gleichsam der zur Freiheit Verurteilte ist, der dieser abgründigen Offenheit seines Wesens gar nicht ausweichen kann, der nicht die schöne Geborgenheit des Tieres hat, dessen Wesen nun einmal steht und sich in seiner untrüglichen Gestalt vollzieht, sondern dazu verurteilt ist, gleichsam noch kein Wesen zu haben, sondern sich selbst als Mensch neu erschaffen, neu beantworten zu müssen, was Menschsein heißt.

Der geschaffene Mensch als Gottes Bild

I. Die unheimliche Offenheit der Frage

Wenn uns auf diese Weise in unserem Jahrhundert angesichts des Zusammenbrechens der fertigen Vorstellungen vom Menschen diese Weite der Frage nach dem Menschsein, die unheimliche Offenheit dieser Frage ganz neu zum Bewusstsein gekommen ist und auch die Sache der Freiheit neu sichtbar geworden ist, in einer Zeit, in der die alten Normvorstellungen alle in Frage gestellt werden können, nichts mehr fest ist, ist die ganze unermessliche Offenheit der Frage des Menschseins zum Existenzproblem geworden.

So ist freilich gleichzeitig auch die Gegenerfahrung ein Kennzeichen unseres Jahrhunderts. Denn in derselben Zeit, in der wir die Festigkeiten sich auflösen sehen, die den Menschen zu strukturieren schienen, und wieder neu abtasten, was aus diesem Wesen Mensch alles werden kann, ist doch zugleich die ungeheure Eingespanntheit des Menschen in den biologischen Kosmos ebenso neu und bedrängend zum Bewusstsein gekommen. Wir sehen, dass der Mensch aufsteigt aus der Evolution, dass er selbst in diesen Strom des werdenden Lebens hineinverkettet ist, dass in ihm seine biologische Vergangenheit nicht nur nachwirkt, sondern – wie die Verhaltensforschung etwa herauszuarbeiten sich müht – seine Gegenwart geblieben ist, dass er also ein Stück des Stromes, des Lebens, des Werdens und der Entwicklung darstellt, selbst noch unterwegs in einem Prozess der Entwicklung, von dem noch nicht sichtbar ist, wo er hinführen wird. Allerdings kann sich dieser Gedanke, der nun gerade ganz umgekehrt den Menschen gleichsam aus dem hohen Himmel seiner Freiheitsillusion herunterreißt und ihn erkennen lehrt, dass er mitten aus der Tierheit kommt und sie immerfort in sich trägt, dann in jähem Umschlag sich doch auch wieder verbinden mit der Freiheitsidee, insofern uns dann der Gedanke auftaucht, dass im Menschen die Evolution jetzt eine Phase erreicht hat, in der er selbst die Evolution macht, in der er sich selber manipulierbar geworden ist und selber nun im großen Stil auch für die anderen und für die Kommenden definieren kann, was Menschsein heißt. Er ist das Wesen der Machbarkeit nicht mehr nur in dem Sinne geworden, dass er die Welt als Gegenstand seines Machenkönnens sieht, sondern in zuneh-

210

Was ist der Mensch?

mendem Maße auch sich selbst, das Wesen Mensch, als Material seiner Machbarkeitskunst erfährt. Und das Ganze überquert sich mit einem dritten Denkstrom aus dem marxistischen Bereich, der uns immer nachdrücklicher zum Bewusstsein bringt, dass der Mensch weder bloß aus einer individuellen Freiheit erklärbar ist noch auch einfach aus biologischer Gesetzlichkeit, sondern ein Produkt ist der Gesellschaft und ihrer ökonomischen Verhältnisse: eine neue Desillusionierung des Geistes, der dabei nur als die Spiegelung sozialer Notwendigkeiten erscheint. Das, glaube ich, umschreibt ungefähr das ganze brodelnde Gebilde der »Frage Mensch« und unserer eigenen Existenz inmitten all dieser Offenheiten und Verschlossenheiten.

Wenn man in dieser Situation sich müht, zu sehen und zu verstehen, was eigentlich der Christ vom Menschen hält, wo er in diesem Prozess des Menschseins und der Menschwerdung des Menschen seinen Standort oder seinen Weg hat, ist man über die gängigen Antworten, die wir einst in der Schule – mehr oder minder – gehört haben, zunächst doch sehr enttäuscht. Gegenüber dieser Offenheit, die wir da finden – so viel Ungeklärtes und Unbefriedigendes sie auch enthalten mag –, wirken die christlichen Antworten fürs Erste merkwürdig abgestanden: etwa, wenn uns gesagt wird, der Mensch sei ein Wesen, das aus einem sterblichen Leib und einer unsterblichen Seele zusammengesetzt sei und es dann so aussieht, als ob es im Grund allein darauf ankäme, die fortwährend vom Leib bedrohte Seele aus diesem Gehäuse herauszuhalten, um sie für eine bessere Ewigkeit zu retten. Die ganze neue Problematik, in der das Wesen Mensch heute steht, in die es durch die Erfahrung seiner Freiheit wie seiner Verwobenheit in die Notwendigkeiten der Geschichte, der Gesellschaft und der Biologie hineingeworfen ist, hat immerhin den Vorteil, uns zu zwingen, neu an dieser Stelle auch zu fragen, welches die christliche Antwort, der christliche Beitrag zur Frage nach dem Menschsein-Können des Menschen eigentlich ist.

Ich möchte mich nicht vermessen, diese christliche Antwort hier wirklich als die Antwort inmitten aller Fraglichkeiten unserer Gegenwart sichtbar zu machen. Denn mit der christlichen Antwort steht es in gewissem Sinne so wie mit dem Menschsein selber. Sie ist nicht als ein fertiger runder Klotz zu haben, sondern sie kann nur immer wieder neu gelebt und lebendig erfahren und so übersetzt werden in die neue Situation des Menschen hinein. Wir stehen heute in einer Stunde, in der uns diese Aufgabe, das Christliche neu zu leben, und es dadurch neu übersetzungs- und aussagefähig zu machen, mitten drinnen, sodass wir nun eben mitten in dieser offenen Bemühung stehen, das eine Wort des christlichen Glaubens in unserem heutigen Menschsein wieder als Lebendiges zu erfahren und ihm so seine Gegenwärtigkeit wieder neu zu geben, ohne es in seiner Ursprünglichkeit zu verfälschen, die alleine ihm seinen Sinn sichern kann, weil es nur so nicht Spiegelung unserer Wünsche, sondern Antwort auf das ist, was wir sollen und sind.

Mit dem zuletzt Gesagten ist die Grenze dessen, was ich kann und wollen kann, hier schon angedeutet. Das, was ich jetzt versuchen möchte zu sagen, kann nur gleichsam ein winziges Stück in dieser großen Bemühung sein, die jeder Generation – und der unsrigen wohl ganz besonders – auferlegt ist, das Christliche wieder zu vergegenwärtigen, wobei beides gleich wichtig ist: dass es wahrhaft das Christliche sei, das vergegenwärtigt wird, aber dass es auch wahrhaft in Gegenwart hereingeholt und so überhaupt zur Wirkung und zum Vernehmen gebracht werde.

II. Eine erste Antwort:
Die Gottebenbildlichkeit des Menschen und ihre Deutungen

Ich möchte das dadurch tun, dass ich einfach auf ein paar Grundtexte der Schrift über den Menschen hinweise, in denen uns das christliche Reden vom Menschen begegnet, und versuche, sie etwas hineinzuübersetzen in unser Denken.

Da ist bekanntlich der erste große Grundtext über den Menschen im Schöpfungsbericht (vgl. Gen 1, 26 f.) zu finden, wo die Erschaffung des Menschen mit jener besonderen Feierlichkeit auftritt, in der Gott nicht einfach ein Machtwort spricht, sondern gleichsam selbst das Geheimnis des Menschen umschreibt, im Gespräch mit sich selbst den Menschen werden lässt: sodass der Mensch gleichsam schon von daher ins innere Selbstgespräch Gottes eingeordnet ist, was sich dann noch einmal bestätigt, wenn

Was ist der Mensch?

gesagt wird, dass er als Bild Gottes nach dem Gleichnis Gottes geschaffen werde. Und derselbe Grundgedanke erscheint im Psalm 8, in dem der Mensch dargestellt ist als das paradoxe Wesen, das eigentlich so elend, so nichtig ist, dass man sich wundern muss, wieso Gott sich darum kümmern soll: diese Erfahrung, die uns heute in dem unendlich gewordenen Kosmos anficht, dass wir den Menschen wirklich als ein völlig belangloses Staubkorn sozusagen im unermesslichen Weltall entdecken und uns fragen: Wieso kann man um diesen Menschen das Theatrum Gottes sich konzentrieren lassen? Welch naive Anthropozentrik steckt dahinter, dieses erbärmliche Staubkorn auf dem winzigen Punkt Erde nun zum Mittelpunkt göttlichen Handelns machen zu wollen? Diese Erfahrung kennen nicht erst wir, sie hat auch den alttestamentlichen Beter schon angefochten. Auch er weiß den Menschen als diesen Wurm, der, kaum dass er steht, vorübergeht und von dem man eigentlich nicht begreifen kann, dass Gottes Sorge ihm sollte gelten können. Aber er erfährt ihn gleichzeitig als das paradoxe Wesen, das mitten in seiner quantitativen Nichtigkeit etwas ist, wodurch es die quantitativen Größen unermesslich überragt, sodass gleichzeitig darüber gesagt werden kann: »Nur wenig hast du ihn unter Gott gestellt« (Ps 8, 6).

Dies also, könnten wir festhalten, ist die erste große Aussage: Der Mensch als Mensch ist Bild Gottes. Was heißt das nun freilich? Die Bibel hat sich nicht gemüht, diese Aussage auch inhaltlich aufzufüllen und zu definieren. Sie gibt darin mehr eine Funktionsaussage, allerdings von einem wirklich revolutionären Gewicht. Denn für sie bedeutet dieses Bild-Gottes-Sein, dass, wer des Menschen Angesicht trägt, damit göttlichen Rang trägt. Das heißt, es kommt zunächst die schlechthinnige Universalität des Menschenbildes zum Vorschein. Der Mensch ist als Mensch Bild Gottes, ohne Unterschied der Rasse und der Leistung. Diese Entdeckung des Menschen hinter den geschichtlichen Besonderungen, die Entdeckung, dass der Mensch als Mensch ein König ist und dass es im Grunde mehr ist, Mensch zu sein als König oder Minister oder sonst etwas zu sein: Das geschieht hier in dieser Rede vom Bild Gottes, als welches der Adam, d. h. der Mensch schlechthin, und in ihm jeder Mensch, geschaffen worden ist.

Auch noch im armseligsten leuchtet das Bild des Herrn der Herrlichkeit.

Welch entscheidende Erkenntnis darin ausgesprochen ist, wird dann deutlich in Gen 9, 5 f. in dem Text nach der Sintflut, in dem nun der Mensch noch einmal gleichsam eingesetzt wird in diese Geschichte, und alle Dinge der Welt, auch die Tiere, ihm übergeben werden. Die Welt steht ihm zur Verfügung. Er hat sie zu eigen und sie ist ihm als sein Bereich anvertraut. Nur der Mensch, so heißt es, ist unverletzlich. Die Tiere gehören ihm, die Pflanzen. Wer aber Menschenblut vergießt, dessen Blut soll wieder durch Menschen vergossen werden, denn nach seinem Bild hat Gott den Menschen gemacht. Und hier kommt nun eigentlich zum Vorschein, was mit dieser Gottebenbildlichkeitsaussage gemeint ist: nicht eine inhaltliche, philosophische Definierung des Menschen, sondern eine Funktionsaussage von höchstem Gewicht. Der Mensch ist Bild Gottes. Jedem Menschen, wie armselig, entrechtet und gering er auch sei, eignet eine Würde, die von seiner sozialen Stellung und von seiner rassischen Herkunft unabhängig ist. Jedem eignet eine Würde, die ihm niemand nehmen kann. Er ist als Mensch Vorbehaltsgut Gottes, unantastbar. Dem Menschen gehören die Dinge, er selbst aber gehört sich nicht. Der Mensch ist niemandes Eigentum und kann es nicht werden. Was wieder sehr wichtig zu hören ist in einer Welt, in der durchaus der Sklave als *mancipium,* als Sachenrecht, als Eigentum und als Sache behandelt wird. Er ist niemandes Eigentum, er ist auch nicht sein eigenes Eigentum. Er ist das Vorbehaltsgut des Schöpfers selber. Gottebenbildlichkeit bedeutet zunächst also einmal die grundsätzliche Gleichheit aller Menschen, die Entdeckung des Menschen im Menschen, und bedeutet den Mehrwert jedes Menschen gegenüber allen bloß biologischen und soziologischen Betrachtungen. Die heilige Unverletzlichkeit des Menschen, der nie schlechterdings des Menschen Eigentum werden kann, sondern eine Würde behält, kraft derer er immer unendlich hinausragt über die ganze übrige Schöpfung. Und es bedeutet auch – und das, glaube ich, geht auch uns immer noch wie dies Ganze an –, dass der Mensch nie sich selbst als eine Sache besitzt, sondern auch in sich selber dem ganz Anderen, dem Unheimlichen, worüber er nicht verfügt, sondern das er respektieren muss, dem Mysterium begegnet, dem,

214

Was ist der Mensch?

was unendlich größer ist als er selbst, oder, wie Pascal es ausdrückt: »l'homme passe infiniment l'homme«[1]. Der Mensch ist immer unendlich mehr als er selbst. Er ist auch nie sich selber nur als Sache gegeben, weil in ihm dieses Geheimnis der Selbstübersteigung anwesend ist und ihn ausmacht.

Mehr sagt die Bibel direkt über den Inhalt der Gottebenbildlichkeit nicht. Sie drückt direkt nur dies aus, dass alle Menschen eins gemeinsam haben: Sie sind alle *aliquid divini,* es ist Göttliches in ihnen anwesend, ein göttliches Recht. Sie haben ein Recht, das der Mensch nicht gesetzt hat, und das der Mensch auch nicht abbauen kann. In ihnen begegnet ein Anspruch, den der Mensch nicht gemacht hat und über den er auch nicht Herr ist, sondern vor dem er sich nur beugen kann. Ein Recht, dessen Quelle nicht er selber ist, sondern das unabhängig von ihm da ist und das er deshalb nicht aufheben kann, ohne Unrecht zu schaffen; ein Mehrwert, der nicht aus seinen eigenen Wertungen hervorgeht, sondern unabhängig davon da ist. Und wir, die wir totalitäre Herrschaften erlebt haben und erleben und auch den verborgenen Totalitarismus der so genannten freien Gesellschaft in ihrem technologischen Machbarkeitskult erkennen, werden einzuschätzen wissen, was es heißt und was hier für eine Funktion dem Glauben zukommt, dieses wach zu halten, dass es hier ein Recht gibt, das der Mensch nicht gesetzt hat, und das daher auch kein Mensch abbauen kann, das nicht verfügbar und manipulierbar ist, ein Recht, das daran hindert, den Menschen ganz zu vereinnahmen, in welchem System auch immer es sei.

Natürlich hat die Theologie in zunehmendem Maße auch gefragt, ob nicht doch über diese freilich sehr entscheidende und für die Menschheitsgeschichte nicht nur einstmals, sondern im Grunde immer wieder revolutionierende Funktionsaussage hinaus doch ein wenig mehr auch inhaltlich, denkerisch ermittelt werden könne, worin denn die Gottebenbildlichkeit bestehe.

Unter philosophischem Einfluss glaubten die Theologen vielfach die Antwort geben zu müssen, die Gottebenbildlichkeit bestehe in der Geistnatur des Menschen. Gott *ist* Geist, so sagte man, der Mensch *hat* Geist, und das also ist das Element, welches ihn

---

[1] PASCAL, *Pensées* (1954), 438, 1207.

Der geschaffene Mensch als Gottes Bild

mit Gott verbindet, ihn gottebenbildlich erscheinen lässt. Aber nichts im Text rechtfertigt diese Begrenzung. Und da dürfte es verständlich werden, dass seit dem vorigen Jahrhundert der Gegenschlag auftaucht: die Meinung, die Schrift gehe von einer naiven Gottesvorstellung aus und sehe die Gottähnlichkeit des Menschen vielmehr als etwas Leibliches an. Sie habe eine bestimmte Vorstellung von der Gottheit, und der ähnele der Mensch etwa durch seine aufrechte Erscheinung und dergleichen.

Ich glaube man kann zeigen, dass keine der beiden Aussagen die Sache trifft. Die Schrift hat überhaupt nie deutlich unterschieden zwischen Geist und Leib. Eine solche philosophische Aufspaltung ist ihr fremd. Alle anthropologischen Begriffe der Heiligen Schrift benennen den Menschen als ganzen. Sie visieren ihn von verschiedenen Seiten an, heben also bestimmte Aspekte an ihm stärker hervor, aber keiner zertrennt ihn. Etwa wenn Seele gesagt wird, ist damit durchaus eine Existenz, ein ganzer Mensch gemeint, und umgekehrt: Wenn Fleisch gesagt wird, ist von einer anderen Seite her der ganze Mensch anvisiert. Die Schrift also kennt keine Teilung, sondern nur den Menschen als ungeteilte und letztlich unteilbare Einheit als den einen Menschen, der Gottes Geschöpf ist und der als solcher und ganzer Gottes Werk ist. Der daher ja nun als dieses Geschöpf Mensch, als dies eine unteilbare Geschöpf, Gottes Vorbehaltsgut ist. Infolgedessen ist also dieser eine Mensch, den es wirklich gibt, der reale lebende Mensch als solcher und ganzer das Ebenbild und Vorbehaltsgut Gottes.

Wenn man schon etwas mehr will, könnte man zur Erklärung höchstens noch ein paar religionsgeschichtliche Fakten heranziehen, die gleichsam die geistige Linie zeigen, in der die Schrift zu lokalisieren ist und die von dem Weg, der hier zurückgelegt ist, und von dem Wegstück, das überwunden ist, etwas deutlicher sichtbar werden lassen, was hier eigentlich gemeint ist durch das, was überwunden wurde. Die Religionsgeschichte fängt ja zunächst nicht mit dem menschengestaltigen Gott an. Denn der primitive Mensch erfährt sich selber, den Menschen, als ein so schwaches und armseliges und ausgeliefertes Wesen, so armselig gegenüber den Mächten und Gewalten, mit denen er es zu tun hat, dass er sich keineswegs sozusagen als das Modell der Macht schlechthin, die er mit Gott meint, ansehen könnte. Und so ver-

216

Was ist der Mensch?

ehrt er zunächst die Mächte, mit denen er es zu tun hat, die ihm in Naturgewalten oder auch in Felsen und Bäumen usw. begegnen, um dann – natürlich schematisiert – zum tiergestaltigen Gott zu kommen, in der Wildheit der Tiere, im Löwen, im Stier usw. die Mächtigkeit des Göttlichen am ehesten ausgedrückt zu finden. Es kommt dann zum mischgestaltigen Gott – schon eine gewisse Form der Abstraktion –, in dem sichtbar wird, dass keines der vorhandenen Wesen ausreicht, diese andere Macht darzustellen und zu benennen, die er mit Gott meint. Schon das führt zur Erkenntnis, dass diese andere Macht anders ist, hinter diesem Wesen steht und nur chiffriert durch sie hindurch ausgesagt werden kann. Und dann schließlich, erst in einem sehr späten Stadium, kommt es zum menschengestaltigen Gott, zu der Vorstellung also, dass der Mensch die reinste und höchste Annäherung an Gott sei. Fürs Erste könnte man meinen, dass hier gegenüber der Abstraktion der mischgestaltigen Wesen, gegenüber dieser Chiffrierung, die Gott aus dem vorfindlichen Wesen heraushebt, ein Rückfall vorliege. In Wirklichkeit wird man eher, obwohl die Gefahr des Rückfalls gegeben ist, von einer noch höheren Form der Abstraktion sprechen dürfen, indem nun diese Gottesvorstellung nicht mehr auf das äußerlich Mächtige blickt, sondern erfasst hat, dass jenes Andere, das im Menschen aufleuchtet, das Größere und Größte ist. Der Mensch ist die größte Annäherung an Gottes Gestalt. Dementsprechend gilt im Alten Testament das Verbot, Bilder von Gott zu machen, weil er sich selbst ein Bild gemacht hat: den Menschen. Das ist das einzige legitime Bild: der lebendige Mensch. Nur er, der lebendige Mensch, ist das Bild, das uns einigermaßen legitim ahnen lassen kann, wie der Gott ist, der sich dies Bild selbst gemacht und sich darin klargestellt hat. In der Menschlichkeit des Menschen wird sichtbar, was Gott ist: also auch nicht in dem, was man von einem Menschen malen könnte, sondern in der Menschlichkeit des Menschen, die alleine Gott machen kann und gemacht hat. Der Mensch ist das einzig authentische Bild Gottes. Das ist nicht nur der Durchbruch zur Humanisierung der Religion, wie wir es anzusehen geneigt sind, sondern auch der umgekehrte Vorgang. Es ist der endgültige Durchbruch des Menschen zu sich selbst, indem er entdeckt, dass in ihm mehr steckt als er selbst. Die Aussage: Der Mensch ist das

217

Der geschaffene Mensch als Gottes Bild

einzig authentische Bild Gottes, ist nicht nur die Entdeckung Gottes anstelle der Götter, sondern sie schließt auch ebenso die Entdeckung des Menschen ein, der dann und darin erst zu sich selber findet. Der Mensch ist dann Mensch, wenn er mehr ausdrückt als sich selbst, wenn er nicht bloß sich selber darstellt, sondern Ausdruck des Göttlichen, des Heiligen, des ganz Anderen ist. Er ist nicht dann Mensch, wenn er sich einschließt in sich selbst und sich selber als rätsellos sein Eigen betrachtet, sondern er ist dann am meisten er selbst, wenn er aufgehört hat, nur noch er selbst sein zu wollen, wenn er erkannt hat, dass es hinter ihm in Abgründe geht, dass sein Wesen ins Unendliche reicht. Nochmals anders gesagt: Er ist dann Mensch, wenn er aufhört, bloß für sich selbst zu handeln, sich als in sich gerundet und abgeschlossen zu betrachten, wenn er sich als Einbruchsstelle des Göttlichen erkennt. Er hat den Menschen erst entdeckt, wenn er Gott entdeckt hat.

Das berührt sich eng mit einem Gedanken, der in der Theologie der Kirchenväter entwickelt worden ist, der in dieser Form nicht direkt aus der Bibel folgt, aber doch ihrer Gesamtauffassung entspricht. Ich stelle das nur an einem Satz des heiligen Augustinus dar, der einmal sagt: »Eo quippe ipso imago eius est quo eius capax est eiusque esse particeps potest«[2] – Der Mensch ist eben dadurch Bild Gottes, dass er gottesfähig ist und mit Gott in Gemeinschaft treten kann. Oder verkürzt könnte man übersetzen: Gottebenbildlichkeit bedeutet Gottfähigkeit – »capax est et particeps esse potest«. Gottebenbildlichkeit wird, wie Sie hier sehen, nicht als ein Substanzbegriff definiert, sodass man sagen würde, die Substanz des Menschen ist etwas ähnliches wie die Substanz Gottes, sondern er wird als Relationsbegriff verstanden. Gottebenbildlichkeit besteht in der Gottfähigkeit. Dass zwischen Mensch und Gott eine Beziehung besonderer Art besteht, versteht sich zunächst aus dem Begriff »Bild« von selbst. Bild ist etwas ja nicht durch seine Substanzialität, durch die Substanz der Farben, die verwendet sind, und dergleichen. Wenn ich die Quantität hier nur in sich betrachte, dann steht sie in sich selber. Bild ist es vielmehr durch die Relation, die darin steckt dadurch, dass es Verweis ist auf ein Abgebildetes hin. Sein Bildsein beruht also in einer

---

[2] Augustinus, *Trin* XIV 8, 11 (CChr.SL 50A, 436).

218

Relativität, nicht in dem, was es in sich ist, sondern in dem Verweis über sich hinaus auf ein Abgebildetes. Und so wird es hier von dem Menschen verstanden. Sein Bildsein ist nicht etwas, was er in sich hat, sondern sein Bildsein besteht in einem Verwiesensein über sich selbst hinaus, besteht in einer Relativität seines Daseins, wodurch es von sich weg verweist. Nur zum Unterschied von einem toten materiellen Bild ist die Relation und die Relativität hier selbst lebendig, etwas, was als Bewegung, mindestens als Bewegungsmöglichkeit, im Menschen steckt. Bild Gottes sein bedeutet den inneren Verweis und die Verwiesenheit des Menschen auf Transzendenz hin, seine Möglichkeit, ja gleichsam seine innere Notwendigkeit, sich zu transzendieren auf das Absolute. Noch einmal anders gesagt: Gottebenbildlichkeit besagt nicht einfach eine Beziehung von oben nach unten, wie sie allen Dingen als geschaffenen – dem Glauben gemäß – eignet, sondern gleichsam eine zurückkehrende Beziehung, die Rückkehr des Echos nun aber als eines lebendigen, derart, dass der Mensch nun gleichsam nicht nur mit dem Rücken, sondern auch mit seinem Angesicht zu Gott steht. Sie ist ein Ausdruck für die Gottunmittelbarkeit des menschlichen Geistes, der sich dadurch kennzeichnet, dass er gottfähig ist. Gottebenbild-Sein bedeutet die wesensmäßige Offenheit für Gott, die damit als das eigentliche Konstitutivum des Menschwesens erklärt wird, sodass man gerade sagen könnte, die Gottebenbildlichkeit des Menschen besteht in seiner Gottfähigkeit, die ihm als leiblich-geistiger Persönlichkeit eignet.

Welcher Anspruch, den Menschen gleichsam zu definieren damit erhoben ist, wird aus einer Kontrastierung etwas deutlicher werden können. Die Frage: Was macht eigentlich den Menschen aus? Wo ist sozusagen der Rubikon der Menschwerdung?, ist durch die Evolutionstheorie und durch die Paläontologie wieder in einer ganz neuen Weise akut geworden. Man hat nach den verschiedensten Kriterien gesucht, um diesen Graben ziehen zu können, an dem man sagt: Hier ist von Menschsein zu sprechen, dies und das macht den Menschen aus. Vielerlei Vorschläge sind gemacht worden: etwa die Sprachfähigkeit oder die Feuerbenutzung und dergleichen. Der Marxismus hat auf seine Weise Partei ergriffen, indem er sagt, dass der Gebrauch und die Schöpfung von Arbeitsmitteln den Menschen vom Tier unterscheiden. Die erste

Grundbedingung alles menschlichen Lebens, sagt Engels, ist die Arbeit, und zwar in einem solchen Grade, dass wir in gewissem Sinn sagen müssen, sie habe den Menschen geschaffen. Sie sehen, wie hinter all diesen Versuchen, eine Grenze und ein Konstitutivum zu finden, natürlich schon ein Menschenbild, ein Weltbild, eine Grundentscheidung über den Menschen selbst steckt – hier etwa: Die Arbeit ist es, die den Menschen geschaffen hat, dahinter das Weltbild des *homo faber* – die Bestimmung des Menschen letztlich aus seiner technischen Situation heraus.

Ich glaube, dass wir von hier aus nun christlich sagen müssen: Der Mensch ist das transzendenzfähige Wesen. Der Rubikon des Menschseins und der Menschwerdung ist da überschritten, wo ein Mensch nicht mehr nur welt- und umweltfähig ist, sondern fähig ist, sich auf das Absolute hin zu entwerfen. Das bedeutet nicht, dass jeder das faktisch tut oder auch nur faktisch so weit reift, dass er es tun kann, aber es bedeutet, dass es grundsätzlich die Fähigkeit, ein Konstitutivum des Menschen ist, dass er prinzipiell die Fähigkeit hat, auch wenn sie faktisch vielleicht nicht zur Auswirkung kommt, sich auf Transzendenz hin zu entwerfen, und dass wir sagen müssen: Dies eben ist das, was letztlich den Menschen als Menschen konstituiert, dass er über die Welt hinausreicht, dass er des Absoluten fähig ist, dass er jene Verwiesenheit seines Daseins in sich trägt, die ihn über alle Weltzusammenhänge hinaus verweist auf das Ewige selbst hin, und die ihm damit auch den Mehrwert gibt, der ihn als Partner Gottes vor jeder Vereinnahmung durch das bloß Welthafte schützt.

III. Die Doppelgesichtigkeit des Menschen im Spiegel der biblischen Zwei-Brüder-Thematik

Damit wäre eine, die erste Linie der biblischen Aussage über den Menschen angedeutet. Eine zweite, die vorhin aber schon angeklungen ist, möchte ich nur ganz kurz dem an die Seite stellen. Wenn wir hier auf der einen Seite das Epos sozusagen der menschlichen Größe finden, den Menschen als das Wesen, das direkt zu Gott ist und das daher immer Vorbehaltsgut Gottes bleibt, dann gibt es nun umgekehrt auch eine zweite Gruppe von

Was ist der Mensch?

Aussagen in der Bibel, die den unerhörten Realismus zeigt und zeigt, dass sie sich nicht in idealistischen Träumereien verliert. Ich nenne nur, ohne sie groß zu kommentieren, ein paar Texte. Das bekannte Wort nach der Sintflut Gen 8,21 »Ich will fortan nicht noch einmal die Erde verfluchen um des Menschen willen, denn des Menschen Herz ist zum Bösen geneigt von Jugend an«: der Mensch, das ohnmächtige Wesen, das im Grunde doch nicht die Kraft hat, sich sozusagen auf die Transzendenz hin festzuhalten, sondern eben auch dahingleitet in der Notdurft des Alltags und in den Gesetzen, die ihm diese Notdurft vorschreibt. Oder vgl. Gen 2,7: der Mensch aus Lehm gemacht, nicht zur göttlichen Welt, sondern zur irdischen Welt gehörig. Das nimmt sich wirklich gleichsam wie das Heruntergehen auf den Boden dieser unserer Tatsachen aus, wenn vorher, nach dem großen Bericht, in dem der Mensch als zugehörig zur Sphäre Gottes geschildert wird, er hier nun das Lehmgebilde ist und damit gezeigt wird, dass er eben auch Erde ist, wie alle Tiere dieser Welt, und seine Verflochtenheit in den Strom des Bios hinein dargestellt wird. Und hier kommt nun eine zweite, aber ganz andere Universalität heraus, so wie wir vorhin die Universalität fanden, dass jeder, auch der Ärmste noch, Mensch ist und als Mensch mehr als ein König oder ein Kaiser sein kann, so hier die andere Universalität, dass er auch in seinen Höchsterhebungen nur Lehm bleibt und dass alle, auch die Höchstgestiegenen, am Ende diesem einen Strom des kosmischen Werdens zugehören und nichts anderes als ein Teil davon sind, was dann ja in Gen 3,19 »Staub bist du, und zum Staub sollst du zurückkehren«, bestätigt wird: Ein Wort, das sicher schon auf die schicksalsmäßige und sündige Verfallenheit des Menschen reagiert, aber doch nur etwas auszieht, was von Anfang an konstitutiv ist für den Menschen.

Und das sehen wir im Neuen Testament wieder, wenn Jesus in Mt 7,11 gleichsam im Vorbeigehen mit der Selbstverständlichkeit dessen, was man gar nicht eigens zu sagen braucht, erwähnt: »Ihr die ihr böse seid, tut das und das«, und damit deutlich wieder das Gleiche in Erscheinung treten lässt, was nach der Sintflut kommt: Was will man eigentlich vom Menschen schon erwarten? Er ist nun einmal der, der sein Schwergewicht, das Schwergewicht seines Egoismus und seiner Daseinsbesorgung hat und der eben letztlich nur um sich selber und seine alltägliche Notdürftigkeit kreist, allgemein die Rede, der Mensch: Staub und Asche vor Gott. Aber das nimmt dann einen noch dramatischeren Zug an, wenn wir an die Abfolge von Sündenfallsberichten gleich am Anfang der Schrift denken, in Gen 2: der Sündenfall im Paradies, in Gen 4: der erste Mord, in Gen 6: die Verfallenheit, die zur Sintflut führt, in Gen 11: der Babylonische Turmbau. Durch dies Ganze hindurch erscheint der Mensch nicht mehr bloß als das verfallene, sondern doch zugleich auf seine Verfallenheit noch versessene, als das aufrührerische Wesen, das zum Himmel greift und dabei auf der Erde oder in der Gosse landet. Er erscheint als das unstete, gejagte Wesen, uneins mit sich selbst, unzufrieden, unbehaust und unfähig, irgendwo Genüge zu finden: der Mensch als ein schmutziges und erbärmliches Wesen. Und wenn wir vorhin gleichsam alles Große, was Menschen über Menschen je zu sagen wussten, hier überhöht und reiner gehört haben, so haben wir hier jene Existenzerfahrung, die die moderne Literatur unseres Jahrhunderts beherrscht, das, was wir auf der einen Seite bei Kafka und auf der anderen Seite in der französischen existenzialistischen Literatur haben. Diese Erfahrung der Verfallenheit, der Schmutzigkeit, die im Menschwesen steckt und sich über allen Idealismus hinweg immer wieder durchsetzt, ist hier durchaus in allem Realismus unbeschönigt gemacht und wiedergegeben. Der erschütternde Abschluss dieser ganzen Reihe von Erfahrungen, denen wir in der Schrift hier begegnen, ist dann zugleich freilich der Punkt, an dem sie von innen her überwunden werden. Ich meine die Stelle Joh 19, 5. Dieser Text: »Pilatus stellt Jesus dem Volk vor«, greift ja tief in die Geistesgeschichte ein. Voraus geht, dass uns von Diogenes erzählt wird, dass er mit der Laterne nach Menschen gesucht hat, eine Szene, die dann Nietzsche wieder aufgegriffen hat: vom tollen Menschen, der nach dem toten Gott sucht. Diogenes also hat mit der Laterne nach Menschen gesucht. So wenig gibt es gleichsam den Menschen, dass man am helllichten Tag danach suchen muss. Und der Kyniker Pilatus, der Skeptiker, steht ja in der Nachfolge des Kynikers Diogenes. Und ihm, der gleichsam als Kyniker der Sekte des Diogenes zugehört und nicht an den Menschen glaubt, entringt sich angesichts des dornengekrönten Jesus das Bekenntnis: *idou ho anthropos* – »sieh', das ist der

Mensch«. Wir wissen nicht, mit welchem Grad der Bewusstheit es gesagt ist, aber für den Evangelisten wird dies eine Wort, das nun gleichsam in der Mitte der Weltgeschichte aufgerichtet steht. Der Zyniker wird wider Willen zum Propheten, der die Wahrheit sagt. Das ist der Mensch, und wahrscheinlich greift der Text ja auch zurück auf Gen 3, auf die Stelle, wo Gott nach dem Sündenfall sagt: »Dieser ist nun der Mensch« (Gen 3, 21 f.), ein König im Narrengewand, ein zerschundenes, ohnmächtiges Wesen, entstellt und entwürdigt: Das ist der Mensch. Aber das Ganze ist ja nun doch nicht mehr bloß Zynismus und Skepsis und Resignation, die nicht an den Menschen glaubt, und die die Laterne längst beiseite gestellt hat, weil sie überzeugt ist, dass es den Menschen, von dem wir träumen, die *humanitas* des *homo*, gar nicht zu finden gibt. Sondern hier wird gesagt: Hier hast du ohne Laterne gefunden, was du gesucht hast. Das ist wirklich der Mensch, nach dem du unterwegs warst. Denn dieser König im Narrengewand, in dem so recht die Erbärmlichkeit und die Notdurft des Menschen zum Vorschein kommen, ist doch ein König. Der Christos, Jesus Christus soll hier als die Antwort auf die offene Frage des Menschseins der Welt hingestellt werden. Hier ist ein Mensch, der ganz Mensch ist wie wir, und der doch wahrhaft der Mensch ist, nach dem wir mit all unseren Laternen vergeblich gesucht hatten.

Mit dem zuletzt Gesagten ist zugleich schon die Andeutung oder der Vorgriff gemacht auf den abschließenden dritten Punkt, in dem wir noch kurz fragen wollen, wie diese beiden Aussagereihen, die eine von dem Menschen als dem Gott zugehörigen Wesen, und die andere von dem Menschen als dem Lehmbrocken, der kaum aus der Tierheit herausgestiegen ist und immer wieder in sie zurückfällt, wie sie beide eigentlich zusammenstehen. Das Alte Testament macht in diesem Dilemma, in diesem Paradox des doppelten Wesens des Menschen einen ersten Versuch, die Dinge zu erklären. Es fällt ja auf, dass es im Alten Testament immer wieder die Brüderpaare gibt, die sich gegenüberstehen wie Hell und Dunkel, wie Licht und Finsternis. Da sind Kain / Abel als Eröffnung der Geschichte, da sind wieder Ismael / Isaak, Esau / Jakob – und es ist ganz klar, dass es sich um eine bewusste theologische Konstruktion handelt, denn wir wissen in jedem Fall, dass da auch andere Kinder etwa bei Abraham usw. da gewesen sind und dass das Herausstellen dieser zwei eine theologische Schematik meint, in der das Dilemma, die Paradoxie, die Zerspanntheit und die doch letztlich nicht aufzuhebende Einheit des Zwillingswesens Mensch, des doppelgesichtigen Wesens Mensch, zum Vorschein kommt.

Es gibt also da einerseits den Stammbaum des Kain, die »Rasse des Kain«, die Menschen der Macht, die Menschen mit den blutigen Händen, die Menschen, die die siebenmal siebenfache Rache suchen, und es gibt andererseits den Stammbaum des Set, »die Rasse des Abel«, die Unterlegenen, die Ohnmächtigen. Ich möchte in diesem Zusammenhang hinweisen auf das Gedicht eines ostpreußischen Geistlichen, Otto Miller (1876–1958), der in der Nazizeit einmal diese Doppelheit des menschlichen Schicksals festgehalten hat. Ich glaube, hier wird auf dem Hintergrund der damaligen Situation unerhört deutlich, welche Wahrheit hier ausgesagt ist in diesen Doppelheiten der Bibel. Es heißt:

Rasse des Kain, Verächterin Gottes, Du, Hochgeehrte,
Dein ist auf Erden die Macht und mit der Macht auch das Recht,
Offenen Mundes bewundern Dich Tröpfe und hohe Gelehrte,
Beifall brüllen Dir zu Pöbel und König und Knecht.

Rasse des Abel, mit reinen Händen und frommen Gedanken
Schoßkind des Unglücks, Dein Teil ist der verächtliche Tritt.
Wenn auf dem Kreuzweg des Lebens die müden Knie Dir wanken,
Schallt das Gelächter Kains, lacht seine Horde noch mit.

Kain, Du wäschst von den Händen das Bruderblut mit Behagen,
Sieg und Erfolg und der Ruhm der Geschichte sind Dein.
Du aber, Abel, verblutest stumm, ohne Klagen,
Keiner zeugt für Dich. Keiner tritt für Dich ein.

Kain, Du Abgott der Massen, bekränzt als der Schicksalsgesandte,
Ehrfürchtig staunend begafft der Mob noch Dein prunkvolles Grab.
Ich aber sehe an Deiner Stirn das eingebrannte
Zeichen Gottes und wende mich schweigend ab.[3]

---

[3] MILLER, *Die Rasse des Kain.*

Wir wissen ja, welche Konkretheit das hatte in jener Zeit der Judenprozesse, des Triumphes des Unrechtes, das durch Macht sich als Recht setzte, aber auch welche bleibende unheimliche Realität des Menschen sich darin aussagt.

Wenn man nun in der Bibel näher zusieht, kann man etwas sehr Eigenartiges feststellen. Die beiden, die zunächst so sehr Gegensätze zu sein scheinen, die beiden Hälften der Geschichte, sind gar nicht so weit voneinander entfernt, sondern zunächst kann man einmal rein literargeschichtlich feststellen – aber das führt uns durchaus ins Innere der Darstellung hinein –, dass die beiden Stammbäume, am Anfang der Stammbaum des Kain und der des Set, im Grunde nur zwei Varianten eines einzigen Stammbaumes sind. Dass also Kain im Abel ist und Abel im Kain. Und noch deutlicher bei Esau und Jakob. Hier wird uns immer wieder erzählt, wie seltsam und wie höchst menschlich die Geschicke sich überqueren. Hier ist kein Rühmen auf Seiten Jakobs, sodass er nun als der reine Abel erschiene, dem der brutale Kain gegenüberstünde. Und da steht am Ende des Ganzen das Wort Jesu an den, der ihn guter Meister nennt: »Was nennst du mich gut, niemand ist gut, es kann sich niemand rühmen.« (vgl. Mk 10, 18; Lk 18, 19) Es wird in diesem unerhörten und für uns wirklich manchmal deprimierenden Realismus der Bibel gleichsam entmythologisiert, was wir uns an eigener Glorie des Menschseins zurechtlegen. Wenn wir nüchtern sind, gibt es gewiss große Unterschiede zwischen den Menschen, aber in jedem steckt Kain, und wenn die Ohnmächtigen selbst an die Macht kommen, zeigt es sich nur allzu schnell, wie wahr das ist, wie sehr auch hier die illusionslose Realität gilt: *oudeis agathos* – niemand ist bis ins Innerste hinein verlässig und gut und bloß der göttlichen Sphäre zugehörend. Insofern endigt das im Alten Testament nun eben doch deprimierend, darf man sagen, und das Predigerbuch mit seiner für uns fast existenzialistischen Tonart, seiner illusionslosen Skepsis, drückt diese Depression des rätselhaft dunklen Wesens Mensch aus.

Der geschaffene Mensch als Gottes Bild

IV. Der neue Adam

Paulus aber greift die Zweiergruppierung, die wir hier im Alten Testament als Gruppierung Abel / Kain, Esau / Jakob usw. vernommen haben, in seiner Zwei-Adam-Lehre wieder auf und führt sie zu Ende und auf einen neuen Weg. Auch für ihn gibt es gleichsam diese Zwillinge, den ersten und den zweiten Adam, was aber für ihn nun heißt: Die ganze Menschheit ist ein einziger Mensch, ist Adam, nicht gerade Kain. Aber auch nicht Abel, sondern die ganze Menschheit ist Adam von oben und von unten. Aber in Jesus Christus, dem Gekreuzigten und Auferstandenen, ist ein neues Menschentum erschienen, das zweite Menschentum sozusagen, und erst diese zweite Humanität, die Humanität des gekreuzigten und auferstandenen Jesus Christus ist die wahre und wirkliche Humanität, d. h. der Mensch ist das erst noch kommende Wesen. Er ist ein Wesen der Zukünftigkeit, das noch aussteht und das in Jesus Christus begonnen hat, in seine wahre Zukunft einzutreten, die nicht aus der Kunst seiner Machbarkeit kommt, sondern aus dem Geschenk einer größeren Liebe heraus, die nur geschenkt werden kann und die die wirkliche Zukunft des noch ausstehenden Wesens »Mensch« eröffnet.

Ich darf das vielleicht noch etwas deutlicher versuchen ans Licht zu bringen mit Hilfe des altchristlichen Hymnus, der im Philipperbrief 2, 5–11, aufbewahrt ist, wo es heißt:

»Seid so gesinnt, wie es auch Christus Jesus war, der in der Gestalt Gottes existierend nicht glaubte seine Gottgleichheit eifersüchtig festhalten zu müssen, sondern sich selbst entäußerte, Knechtsgestalt annahm, dem Menschen ähnlich und in seinem Äußeren wie ein Mensch befunden wurde. Er erniedrigte sich selbst, indem er gehorsam wurde bis zum Tod, ja bis zum Tod am Kreuz. Daher hat Gott ihn auch hoch erhoben und ihm den Namen verliehen, der über allen Namen ist, auf dass im Namen Jesu ein jedes Knie sich beuge von denen die im Himmel, auf der Erde und unter der Erde sind und jede Zunge bekenne, Herr ist Jesus Christus zur Verherrlichung Gottes des Vaters.«

Was besagt das? Hier wird ganz deutlich die Zwei-Adam-Lehre und so die Verheißung des Menschen als des kommenden und in Christus gegenwärtig gewordenen Wesens ausgedrückt. Es wird

226

Was ist der Mensch?

gesagt, dass der Mensch Adam der ist, der sich eigenmächtig zu Gott aufschwingt und sich darin degradiert, indem er sich belügt, indem er sein Wesen in Lüge verwandelt, denn er ist nicht Gott. Jesus aber ist in der Kreuzesdemut das Gegenbild, des vermessen nach Gottgleichheit strebenden ersten Adam. Er ist der, der seine Hoheit nicht dazu benützt, um für sich selbst da zu sein, sondern um von sich wegzugehen und auf die anderen zuzugehen. Und darin kommt der Mensch in seine eigentliche Möglichkeit. Die eigenmächtige Selbstherrlichkeit des ersten Adam bedeutet die Selbstzerstörung des Menschen. Denn wo jeder nur noch sich selber kennt und sich als Gott- und Weltenmittelpunkt behandelt, wird die Menschheit zerrissen und zerstört und der Mensch selbst in Lüge verkehrt. Der Dienst des zweiten Menschen, sein »Sein-für-die-Anderen«, sein Menschsein als Menschsein für die Anderen, hat die Wiedereinsetzung der Menschheit in ihr verlorenes Königtum und die Zulassung zur Gottesgemeinschaft zur Folge. Erhöht ist der Gekreuzigte, und alle Erhöhung des Menschen hat hier ihren Weg gewiesen erhalten, kann nur Erhöhung in dem zweiten Adam sein: in der Gemeinschaft mit ihm als der geschenkten, neuen Weise des Menschseins, die nicht aus der Machbarkeit kommt, sondern aus dem Geschenk der Liebe heraus. Wir alle, das will dieser Text sagen, sind der erste Adam, d. h. das Wesen der eigenmächtigen Selbstherrlichkeit und Selbstbehauptung, die Selbstzerstörung ist. Das heißt nicht, dass in uns nun gleichsam jeder Funke von jener Würde des Menschen erloschen ist, wovon zuerst die Rede war. Sie ist unzerstörbar. Aber es heißt doch, dass wir sie immer wieder überdecken mit unserer eigenen Macht, dass wir auch gar nicht im Stande sind, selbst die wirkliche Zukunft des Menschen zu produzieren, weil sie das wesentlich Unproduzierbare ist. Die Botschaft vom gekreuzigten Christus besagt, dass die Rettung des Menschen erst dann und immer nur da und dann geschieht, wo er bereit ist, zweiter Adam zu werden, d. h. wo er die Selbstbehauptung ersetzt durch die Hingabe, die Selbstherrlichkeit durch den Dienst. Erst wo der Mensch seine Eigenmächtigkeit aufgibt und sich den unterlegenen, den verletzbaren Werten zuwendet, der Wahrheit und der Liebe, erst da kommt er in sein wirkliches Königtum. Erst wo er die erste Einstellung, dieses natürliche Schwergewicht unseres Daseins, die

Daseinsrichtung des Egoismus aufgibt und sie durch die Grundrichtung der Hingabe ersetzt, wird er wahrhaft Mensch, erst die zweite Humanität ist die wahre Humanität, die Menschwerdung des Menschen. Und das heißt, dass erst von Christus her als dem endgültigen Menschen die wirkliche Entdeckung des Menschen erfolgt und dass Menschsein christlich in diesem Entwurf und im Sich-Entwerfen und Sich-hinüberwerfen-Lassen auf Christus hin in Vollzug kommt, was natürlich vielerlei impliziert, was jetzt nicht mehr entwickelt werden kann, weil gleichsam nur mit dem Finger hin gezeigt werden sollte auf die Bewegungsrichtung, in der das Ganze steht und was ich abschließend noch einmal verdeutlichen möchte mit der großartigen Stelle in Titus 3,4, wo es heißt: »Erschienen ist uns die Menschlichkeit unseres Gottes.« Sie ist die wahre Menschlichkeit, die Antwort auf die offene Frage des Menschseins, die Antwort, die uns herausfordert, selber Menschen zu werden. Der wahre Gegensatz der Bibel ist nicht der zwischen Leib und Seele, sondern der zwischen erstem und zweitem Adam, zwischen dem rückwärts und dem vorwärts gewendeten Wesen, zwischen Grundeinstellung des Egoismus und Grundeinstellung der Hingabe. Und die Antwort auf die Frage nach dem Menschen ist der Finger des Pilatus, der auf den dornengekrönten König verweist: »Das ist der Mensch!« (Joh 19,5).

»Sorge um das Menschsein des Menschen«

Geleitwort zu: Augusto Sarmiento / Javier Escriva-Ivars (Hg.), *Enchiridion Familiae. Textos del magisterio pontificio y conciliar sobre el matrimonio y la familia,* 6 Bände, Madrid 1992

In dem Brief, den der heilige Ignatius von Antiochien auf seinem Weg zum Martyrium, nach Rom, an die Gemeinde zu Ephesus richtete, findet sich ein merkwürdiges Wort, das nicht leicht zu übersetzen ist, aber seines tiefen Ernstes wegen die Aufmerksamkeit des Lesers in besonderer Weise herausfordern muss. Ich denke da an den folgenden Satz aus dem 16. Kapitel des Briefes: »Lasst euch nicht täuschen, meine Brüder! Die Hausverderber werden das Reich Gottes nicht erben« (Vers 1).[a] Was sind das für Menschen, die »Hausverderber«? Worin besteht ihr Tun, das mit dem Reich Gottes, also mit dem Ziel allen menschlichen Lebens und aller menschlichen Geschichte unvereinbar ist? Um der Sache auf die Spur zu kommen, müssen wir uns klarmachen, dass im griechischen Sprachgebrauch – dem semitischen ganz ähnlich – das Wort »Haus« nicht erstlich einen steinernen Bau meint, sondern den Verband der Großfamilie – Großeltern, Eltern, Kinder und Gesinde – bezeichnet, deren gemeinsames Wohnen und Leben dann auch zum Erbauen steinerner oder hölzerner Häuser führt. Das Wort »Haus« verweist also in seiner Grundbedeutung auf Lebendiges, auf jene Urform menschlicher Gemeinschaftsbildung, die sich durch den Zusammenhang leiblicher Abstammung ergibt, aber sich von ihrem Wesen her zu einem Raum der Treue, des Miteinander und Füreinander entwickeln musste, in dem Leben nicht bloß in einem biologischen Sinn, sondern in allen seinen Dimensionen weitergegebenen, erlernt und gehütet wird. Weil aber die Quellen des Menschseins im Geheimnis stehen und sein Bestand wie seine rechte Entfaltung höheren Schutzes bedarf, darum waltet über dem so verstandenen Haus die Macht des Hei-

---

[a] *IgnEph* 16, 1 (ed. Funk, 227).

ligen; es hat sakralen Charakter. Wer sich gegen die Lebenswelt des Hauses vergeht, legt Hand an das Heilige: Das war die gemeinsame Überzeugung aller großen alten Kulturen.

Kehren wir nach diesen Überlegungen zum Epheserbrief des heiligen Ignatius zurück. Die heute gebräuchliche lateinische Übersetzung gibt nach dem bisher Bedachten den Gedanken des Märtyrerbischofs durchaus treffend wieder, wenn sie »Hausverderber« mit »familiarum pertubatores« übersetzt – Menschen, die die Familien verwirren und zerstören. Übrigens ist der Ignatiustext an ein Pauluswort angelehnt, das in eine ähnliche Richtung zielt, aber beim Bischof von Antiochien vereinfacht und zugleich präzisiert erscheint. Paulus hatte geschrieben: »Lasst euch nicht täuschen! Weder Unzüchtige noch Götzendiener, weder Ehebrecher noch Lustknaben noch Knabenschänder [...] werden das Reich Gottes erben« (1 Kor 6,9 f.). Ignatius nennt statt der vielen Einzelverfehlungen, die Paulus aufzählt, das bedrohte Gut, um dessen Wahrung es geht: das Haus als heilig zu hegender Schutz- und Quellraum des Menschseins. So geht menschliches Urwissen unmittelbar in christlichen Glauben über: Wer das Haus verdirbt, wer die Fäulnis ins Haus trägt, der zerstört die Voraussetzungen für Gottes Wohnen und Herrschen in der Welt. Denn einerseits können Menschen nur recht wohnen und ein gutes Miteinander werden, wenn sie es im Schutz des Heiligen tun; aber andererseits kann Gott auch nur da »Wohnung« bei den Menschen finden, wo sie miteinander »Haus« geworden sind, wo – mit anderen Worten – ihre leiblichen Herkunftsbeziehungen zu einem geordneten Miteinander werden, in dem der Mensch Sein als Beziehung erlernt und so sich auch auf die Grundbeziehung seines Lebens, auf den Gehorsam Gott gegenüber öffnet. Indem Ignatius von Antiochien die verschiedenen beim heiligen Paulus aufgezählten Verfehlungen als »Verderb der Familie« zusammenfasst und klärt, dass der Verderb der Familie der Widerspruch zu Gottes Reich ist, hat er den eigentlich theologischen Charakter der Familie vielleicht als Erster ganz deutlich herausgestellt. Zugleich wird damit klar, dass die genannten Zersetzungsformen menschlichen Lebens aus dem Zerfall jener Grundbeziehungen herrühren, die das »Haus« ausmachen. Alle diese Sünden haben ihre Quelle in der Isolation, im Verkennen oder Verleugnen des »Wohnens« und des »Bauens«: in der Auflösung jener vielgestaltigen Beziehungsstruktur, auf der die Gesundheit des Menschseins im tiefsten Sinn des Wortes beruht.

Diese Einsichten haben in dem ungeheueren Traditionsbruch eine neue Aktualität erlangt, mit dem die Postmoderne die Bewegung der Neuzeit zu äußerster Radikalität getrieben hat und treibt. Man braucht nur zu bedenken, dass es moderne Großstädte gibt, in denen mehr als die Hälfte der Bewohner sogenannte »Singles« sind, Menschen, die dauerhafte Beziehungen offenbar als Einschränkungen ihrer Freiheit ansehen würden und sie daher nicht eingehen mögen. Die Auflösung des »Hauses«, die hier geschieht, spiegelt sich äußerlich wider in der bestürzenden Hässlichkeit moderner Wohnbauten, die den Individualismus des fragmentierten Menschseins zum Konstruktionsprinzip haben und als ihre Aufgabe ansehen, die Beziehungslosigkeit zu schützen. So erscheint nun Familie als Sklaverei, Vaterschaft und Mutterschaft als Schimpfworte. Dass Vaterschaft wie Mutterschaft Lebensspendung ist, die ihrem Wesen nach neuem, eigenem und freiem Sein Raum gibt, und dass Sohnschaft Annahme des Seins als Verwiesensein und so Annahme des Menschseins in seiner Offenheit bedeutet[1], wird nicht mehr gesehen. Mit diesem Zerfall des Menschseins zerfallen auch die Voraussetzungen der Gotteserkenntnis und -erfahrung. Romano Guardini hat vor mehr als vierzig Jahren die bedeutsamen Worte niedergeschrieben: »[D]er Satz [...] ›Wer mich sieht, der sieht den Vater‹ (Joh 14,9) bringt sinngemäß auch die Umkehrung mit sich: ›Wer den Vater nicht sehen will, sieht auch mich nicht mehr‹.«[2] Hier sollen nicht die Einzelnen angeklagt werden, die unter ihrer Vereinzelung leiden, wohl aber muss das Wort des heiligen Ignatius in Erinnerung gerufen werden, dass jene, die die Familie verächtlich machen und zersetzen und so die Menschen in die Vereinzelung treiben, zugleich dem Reich Gottes die Tür verschließen, also jener Gestalt menschlichen Seins, in der das Mitwohnen Gottes Friede und Fülle der Welt wird.

---

[1] Vgl. Dazu die schöne Studie von BUNGE, *Geistliche Vaterschaft*, 15 f. u. ö.

[2] GUARDINI, *Freiheit, Gnade, Schicksal*, 10; vgl. dazu KUHN, *Romano Guardini*, 75 ff.

Angesichts dieser Strömungen ist es die dringliche Aufgabe der Kirche, Hüter der Familie zu sein, für die vom Christentum aufgenommene und vertiefte Grundweisheit von der Heiligkeit des »Hauses« einzustehen und so Würde und Wahrheit des Menschseins zu verteidigen. Ich begrüße deshalb die umfassende Sammlung kirchlicher Lehrtexte über Ehe und Familie, die das Institut für Familienwissenschaften der Universität Navarra zusammen mit dem römischen Institut Johannes Pauls II. für Ehe und Familie in den Bänden des *Enchiridion Familiae* vorlegt. Die beiden Institute dienen damit weit über den Bereich des katholischen Glaubens hinaus der Sorge um das Menschsein des Menschen in einer Stunde großer Hoffnung, aber auch großer Gefahr. Möge das Werk eine Hilfe sein im Ringen um den Erhalt und die Erneuerung der Familie gegen alle Versuche und Drohungen ihrer Verderbnis.

Rom, am Fest des heiligen Josef 1990

Die Schule des guten Lebens

Geleitwort zu: Martin Bialas CP, *Lieben und Leiden.*
Betrachtungen im Geiste des hl. Paul vom Kreuz,
Innsbruck 1994

Menschliches Leben ist immer Mit-Leben mit anderen Menschen: Wir haben unser Leben nicht von uns selbst und nicht bloß für uns selbst. Gelingen und Misslingen unseres Lebens hängt vom Gelingen und Misslingen unserer mitmenschlichen Beziehungen entscheidend ab. Beziehungen haben viele Formen und Stufen: das kameradschaftliche Miteinander am Arbeitsplatz, die Freundschaft, die Liebe. Für den Menschen wäre Alleinsein, die absolute Einsamkeit, Verdammung: Er ist auf das Du und auf das Wir hin geschaffen. Sein Glück entsteht nicht einfach in ihm selbst und aus ihm selbst, sondern kommt aus der Erfahrung des Angenommenseins, aus dem Geschenk des Geliebtwerdens.

Aber da ist noch etwas. Wer rechte Beziehung, Freundschaft, Liebe erlernen will, stößt unweigerlich auf die Gottesfrage. Gilbert Keith Chesterton hat einmal gesagt, der Atheist sei nie ratloser, als wenn er voll Dankbarkeit sein muss und nicht weiß, wem er danken soll.[a] Im Lieben wie im Leiden überschreitet der Mensch das bloß Menschliche. Wer liebt, muss ja den anderen und sich selbst annehmen. Aber warum ist der andere so? Warum bin ich so? Die Erfahrung des eigenen Unvermögens, der eigenen Grenze kann bedrängender und schwerer zu verkraften sein als das Ungenügen des anderen. Umgekehrt: In der Liebe geben wir einander mehr, als aus uns selber kommt. Sowohl die große Erfüllung wie das große Leid weisen den Menschen auf den hin, der ihm das Gute

---

[a] Chesterton zitiert an dieser Stelle den englischen Maler Dante Gabriel Rosetti (1828–1882): »Rosetti hat irgendwo bitter, aber mit großer Wahrheit die Bemerkung gemacht, dass es für einen Atheisten der ärgste Augenblick ist, wenn er sich wahrhaft dankbar fühlt und niemanden hat, dem er danken kann« (CHESTERTON, *Franziskus,* 70).

Der geschaffene Mensch als Gottes Bild

schenkt und der ihn im Schmerz nicht allein lässt. Der Mensch ist nie ganz allein: Allen zwischenmenschlichen Beziehungen liegt die innere Beziehung zu Gott zugrunde, die Ich und Du miteinander verbindet. Der christliche Glaube sagt uns, dass Gott dreifaltig, also selbst Beziehung ist; wir sind Ebenbilder Gottes gerade dadurch, dass wir Beziehungsgeschöpfe sind, angelegt darauf, im Empfangen und im Geben das wahre Leben zu finden. Der Glaube fügt des Weiteren hinzu, dass Gott, weil er Liebe ist, auch selbst die Erfahrung des Leidens auf sich genommen hat: Als Liebender lässt er sich die Beziehung zu uns das Leid kosten, so kost-bar sind wir ihm.

Aufklärung und Marxismus haben das Versprechen in die Welt gesetzt, der Mensch könne eine neue Welt bauen, in der das Leid nicht mehr vorkomme und in der sozusagen das Gelingen des Menschseins schon durch die äußere Situation der Gesellschaft gewährleistet sei, uns also ohne unser Zutun von außen her und ganz von selbst zufalle. Dieses Versprechen hat sich als Illusion erwiesen; es setzt eine ganz mechanische Betrachtung des Menschen voraus, in der der Einzelne nur noch als Rädchen eines Apparates betrachtet wird, das mit dem Ganzen »funktioniert«. Das Wesentliche des Menschen – seine Freiheit, seine Innerlichkeit, seine Einmaligkeit – ist dabei ausgeblendet. So suchen wir heute neu nach Lehrmeistern des Menschseins, die uns helfen, das Leben zu erlernen – die Beziehung, die Liebe, das Leid, die Erkenntnis Gottes. Lehrer des Menschseins können nur diejenigen sein, die selbst recht zu leben vermochten. Wir nennen solche Menschen »Heilige«. Im Gespräch mit seinem Ordensgründer, dem heiligen Paul vom Kreuz, lässt uns P. Martin Bialas sozusagen an einem ersten Kurs in der Schule des Menschseins teilnehmen. In einfacher Sprache, von unseren täglichen Grunderfahrungen ausgehend, führt er uns behutsam auf die Straße des rechten Lebens. Er zeigt uns, wie menschlich und wie praktisch der Glaube ist; er lässt ihn uns als die wahre Schule des guten Lebens erkennen. Mein Wunsch ist es, dass dieses kleine Buch vielen Lesern eine Hilfe auf ihrem Weg werden möge.

Rom, 5. Juli 1994

Aufruf zu einer menschlichen Gesellschaft

Im Mai des Jahres 1891 veröffentlichte Leo XIII. die erste offizielle Stellungnahme der Gesamtkirche zur sozialen Frage, die Enzyklika »Rerum novarum«. Hatte im gleichen Jahr der Internationale Arbeitskongress in Brüssel die Erinnerung an den Klassenkampf beschworen, so zielte das Rundschreiben Papst Leos auf das Gegenteil ab: Versöhnung der Klassen und sozialer Friede. Seine These lautete: »Die Natur hat vielmehr alles zur Eintracht und gegenseitiger Harmonie hingeordnet; und so wie im Leben bei aller Verschiedenheit der Glieder im wechselseitigen Verhältnis Einklang und Gleichmaß vorhanden ist, so hat auch die Natur gewollt, dass im Körper der Gesellschaft jene beiden Klassen in einträchtiger Beziehung zueinander stehen [...] die eine hat die andere durchaus notwendig«[1]. Damit steht eine Grundidee der katholischen Soziallehre und ein Strukturelement beim Aufbau der Gesellschaft im Raum, das Solidaritätsprinzip.

Die kirchliche Soziallehre entwickelte diesen Gedanken weiter. Besonders instruktiv waren die Verlautbarungen Pius' XII. Für ihn ist es ein Ziel der Kirche, die Klassengegnerschaft zu überwinden und an deren Stelle die Solidarität zwischen Arbeitgebern und Arbeitnehmern zu setzen.[2] Der Gegensatz von Kapital und Arbeit soll in einer höheren Einheit aufgehen und die Zusammenarbeit beider zum Wohle des Ganzen erfolgen. Die Kirche möchte damit aber nicht einfach einen Status quo festschreiben, sondern bei dieser Neuordnung der Gesellschaft die Forderungen der Gerechtigkeit berücksichtigt wissen. Allerdings weisen die Päpste immer

---

[1] LEO XIII., *Rerum novarum*, Nr. 15, 649.
[2] Vgl. UTZ / GRONER, *Aufbau und Entfaltung des gesellschaftlichen Lebens* 2, Nr. 2921, 1468.

Der geschaffene Mensch als Gottes Bild

wieder darauf hin, dass ohne soziale Liebe sich auch keine Ordnung der Gerechtigkeit herstellen lässt. Schließlich ist die Kirche »die Kirche aller; sie ist für alle da und will alle Menschen als Brüder und Schwestern in Christus zu einer einzigen Familie vereinigen«[3]. Solidarität, wie die Kirche sie versteht, hat ihren Grund in der Schöpfung aller Menschen durch Gott und in der Erlösung durch Christus.

Somit steht die christliche Gesellschaftskonzeption in äußerstem Gegensatz zur marxistisch-sozialistischen Klassengesellschaft. Auch in dieser ist von Solidarität die Rede, nur versteht man darunter etwas ganz anderes: Verbindung, Solidarisierung der einen Klasse zum Kampf gegen die andere. Solidarität im christlichen Verständnis meint dagegen die Verbindung aller Menschen zur Verwirklichung des göttlichen Gedankens über die Menschheit.

Dieser Auffassung entspricht dann im gesellschaftlichen Leben auch eine ganz bestimmte Form des Miteinanders. Wir nennen sie Partnerschaft. Sie wirkt sich in der politischen und gesellschaftlichen Ordnung aus. Schon das Wort Partner bringt den Sinn der Sache zum Ausdruck. Es kommt vom lateinischen Wort *pars* = Teil. So müsste jede soziale Schicht sich als Teil des Ganzen verstehen. Und wie das Ganze nur gebildet werden kann im harmonischen Zusammenwirken der Teile, so kann auch das Gemeinwohl der Gesellschaft nur sichergestellt werden im Miteinander aller Beteiligten.

Auf der Ebene des Betriebs würde die Partnerschaftsidee die Mitbeteiligung aller im weitesten Sinne erfordern. Mitbeteiligung als Mitbestimmung der Vorgänge, die den Einzelnen selbst betreffen, Mitbeteiligung am Erfolg des Betriebes, Mitbeteiligung aber auch an der Verantwortung für das Ganze. Die wirksamste Form, die Mitarbeiter an die Mitverantwortung heranzuführen, wäre Beteiligung am Produktivvermögen der Wirtschaft. Die Kirche trat deshalb seit Leo XIII. für die Vermögensbildung in Arbeitnehmerhand ein. Für Pius XI. ist sie ein konstitutives Element in

---

[3] Pius XII., *Ansprache an katholische Studenten der Sorbonne*, 277; zitiert nach Calvez / Perrin, *Kirche und Wirtschaftsgesellschaft* 2, 302.

236

dem Bemühen um Überwindung der Proletarität, eines für den Menschen als Person unwürdigen Zustandes.[4]

Freilich können dieses Bemühen nur jene Formen der Vermögensbildung unterstützen, die die personale Eigenständigkeit und Eigenverantwortlichkeit der Arbeitnehmer stärken. Dieses Ziel ist durch Einrichtungen kollektiver Vermögensfonds nicht gewährleistet. Weder das Denken noch das Handeln darf für den Arbeitnehmer ein Kollektiv übernehmen. Was nottut, sind Institutionen, die geeignet sind, die Personalität entfalten zu helfen. Hier müssten zum Beispiel die Mitbestimmungsrechte des Arbeitnehmers am Arbeitsplatz gestärkt werden, nicht aber Maßnahmen getroffen werden, die zu seiner noch größeren Bevormundung führen.

Freilich kann sich Partnerschaft nicht entwickeln ohne verstärkten Einsatz der Beteiligten zur Weiterbildung. Die Partnerschaftsidee macht es notwendig, ein größeres Maß an Einsicht in die volkswirtschaftlichen Zusammenhänge zu gewinnen. Nur so kann ein tragfähiges Fundament für das Miteinander und Füreinander gelegt werden. Es müssen nämlich die Funktionen von Kapital und Arbeit für den gesamten Produktionsprozess richtig verstanden werden, denn nur so ist die Voraussetzung dafür gegeben, dass der eine Partner die Leistung des anderen richtig einschätzt und wertet. Im Allgemeinen gilt: Jedes Teilstück und damit der Produzent des Teilstückes, nimmt teil am Ganzen des Produkts und das Ganze kann ohne den Teil nicht erstellt werden. Aus diesem Wissen würde der Wert des Beitrages und die Würde des Mitarbeiters immer geachtet werden.

So bietet also die Soziallehre der Kirche Möglichkeiten an, die Gesellschaft und Wirtschaft so zu gestalten, dass die Würde des Menschen sichergestellt ist, er seine Personwerte entfalten kann und darüber hinaus eine menschliche Gemeinschaft entsteht, die den Namen verdient.

Andererseits weiß die Kirche um die Grenze des Menschen und seiner Einrichtungen. Diese beste politische und soziale Ordnung kann ihn nicht völlig befrieden. Es bleibt immer ein Restbestand an Unerfülltheit und Unruhe. Das kommt davon, weil der

---

[4] Pius XI., *Quadragesimo anno,* Nr. 59 ff., 197 ff.

Mensch eben nicht nur Kind dieser Erde ist, nicht nur »zoon politikon«, also nicht nur Bürger dieser Welt, sondern offen auf eine überweltliche Erfüllung, oder wie Johannes XXIII. das formulierte: Der Mensch ist zu einer höheren Ordnung berufen, »die über die Natur ganz und gar hinausgeht«[5]. Die Kirche sagt dem Menschen also auch die Wahrheit, dass er seine letzte Erfüllung und sein eigentliches Glück nur in der Gemeinschaft mit Gott finden kann.

Auf diese Leitlinien christlicher Orientierung in der sozialen Frage sollten wir uns neu besinnen und unsere ganze Kraft aufbieten für den Aufbau einer von diesem Geist geprägten menschlichen Gesellschaft.

---

[5] JOHANNES XXIII., *Mater et magistra*, Nr. 219, 453.

Ehe und Familie im Plan Gottes
Zum Apostolischen Schreiben »Familiaris consortio«

1. Die anthropologische und theologische Grundlegung
von Ehe und Familie (Nr. 11)

Das Apostolische Lehrschreiben *Familiaris consortio* beginnt mit
einer kurzen Analyse der heutigen Situation und verbindet damit
Erwägungen über die Erkenntnisquellen und die Erkenntnis-
methoden, die der Kirche und dem Theologen bei dieser Frage
zur Verfügung stehen. Der zweite Teil führt dann sofort in den
eigentlichen Kern des Themas, zu der Frage nämlich nach dem
Grund und dem Wesen von Ehe und Familie. Für den Papst ist
die monogame Ehe nicht eine zufällige soziologische Konstruktion, die sich aus irgendwelchen Herrschaftsverhältnissen und
den ihnen zugrundeliegenden ökonomischen Strukturen einmal
gebildet hätte und dann auch mit ihnen auflösbar wäre. So mag
sie sich demjenigen darstellen, der den Menschen selbst als ein
Zufallsgebilde betrachtet und der als das eigentlich Prägende die
materielle Habe ansieht. Wenn es so wäre, würde der Besitz, die
Materie, die einzige Allmacht sein, die über den Menschen und
die Welt herrscht; dann würde das Sinnlose über dem Sinn stehen,
und der Mensch könnte im Grunde nur sich selbst und die Welt
verachten, die so grausam seiner spottet. Die Option des christlichen Glaubens ist genau umgekehrt: Der Sinn ist die Allmacht,
und daher ist der Mensch von dort aus, vom schöpferischen Sinn
her zu verstehen, den wir Gott nennen.

Die Verbindung von Mann und Frau ist für den Menschen
nichts Beiläufiges – sie ist ja das Vehikel seiner Zukunft; sie ist
die Voraussetzung seines eigenen Daseins und jedes neuen
menschlichen Lebens. Darum reicht die Frage nach dem rechten
Zueinander von Mann und Frau, die immer zugleich das Thema

Der geschaffene Mensch als Gottes Bild

Familie einschließt, bis in den Grund des Menschseins selber hinein und kann nur von dort her richtig beantwortet werden. Sie ist nicht zu trennen von der Urfrage des Menschen an sich selbst: Wer bin ich? Was ist der Mensch? Diese Frage wiederum ist nach dem vorhin Bedachten nicht abzutrennen von der Gottesfrage: Gibt es ihn oder gibt es ihn nicht? Wer ist Gott? Je nach der Antwort darauf ist ganz anderes über den Menschen zu sagen. Die biblische Antwort auf die Frage nach dem Menschen, von der aus der Papst seine Vision entwickelt, verknüpft Theologie und Anthropologie in der Aussage: Der Mensch ist Ebenbild Gottes. Daraus ergibt sich im Grund alles Weitere. Gott selbst ist Liebe, und weil Liebe, ein Wesen, das Beziehung ist. Er schafft aus Liebe und zur Liebe. Die Bestimmung zur Liebe ist der eigentliche Kern der Gottebenbildlichkeit des Menschen. Er ist Gottes Bild, insofern er lieben kann; er wird gottähnlich in dem Maß, in dem er ein Liebender wird.

Aus der ersten Verknüpfung, derjenigen von Gott und Mensch, entwickelt sich nun eine zweite, nämlich die unlösliche Verknüpfung von Geist und Leib. Das Apostolische Schreiben bezeichnet den Menschen als Geist im Fleisch, das heißt: als Seele, die sich im Leib ausdrückt, und als Leib, der von einem unsterblichen Geist durchlebt wird. Weil der Mensch eine einzige Schöpfungsidee Gottes ist, darum hat auch sein Leib theologischen Charakter. Die Überordnung von Geist und Sinn über die bloße Materialität, von der wir vorhin sprachen, bewirkt nicht etwa eine Entwertung der Materie, sondern sie gibt beidem positive Bedeutung, und sie ist die wahre Erhöhung gerade auch des Leibes. Denn dies bedeutet, dass Leib nicht bloß Leib und dass das »Biologische« im Menschen nicht bloß Biologisches, sondern eben Ausdruck und Vollzug des Menschseins selber ist. Dies bedeutet weiterhin, dass das Sexuelle im Menschen nicht neben seiner Personalität steht, sondern ihr zugehört: Nur wenn die Person ihren Leib gerade auch in seiner Geschlechtlichkeit angenommen hat, hat sie sich als Person gefunden: Nur wenn das Geschlechtliche ins Personale integriert ist, ist es zu seiner eigenen Sinngebung gelangt. Von da aus versteht sich dann der Satz: »Die leibliche Ganzhingabe wäre eine Lüge, wenn sie nicht Zeichen und Frucht personaler Ganzhingabe

240

Ehe und Familie im Plan Gottes

wäre, welche die ganze Person, auch in ihrer zeitlichen Dimension, miteinschließt.«

So ergibt sich schließlich aus den beiden bisherigen Verknüpfungen – Gott und Mensch, Leib und Geist in der Einheit der Person – eine dritte ganz logisch, diejenige von Person und Institution. Die Ganzheit des Menschen schließt die Dimension der Zeit mit ein. Darum ist das Ja des einen Menschen zum anderen zugleich auch eine Übereignung seiner Zeit. Das ganze Ja bedeutet: immer. Es baut den Raum der Treue. Nur in ihm kann jenes Vertrauen erwachsen, das Zukunft gibt und so auch Kinder, die Frucht der Liebe, dem Menschsein trauen lässt. So wird hier die Freiheit des Ja als Freiheit zum Endgültigen sichtbar: Die höchste Möglichkeit der Freiheit ist nicht die fortwährende Beliebigkeit, die zugleich Entscheidungslosigkeit ist; Freiheit erweist sich als Fähigkeit zur Wahrheit, und nur dann hat sie einen Sinn. Als solche ist sie Fähigkeit zum Endgültigen, Fähigkeit der Entscheidung, die sich selber gibt und nur im Geben zu sich findet. So wird mit der temporalen Dimension der Freiheit – dem Ja als Treue – zugleich auch ihre soziale Gestalt sichtbar: Das persönliche Ja zweier Menschen zueinander bereitet einen Raum der Zukunft, eine Herberge der Menschlichkeit, die zugleich für die Gabe neuen Lebens bestimmt ist. Demgemäß ist dieses personale Ja zugleich auch ein öffentlich verantwortetes Ja, mit dem der Mensch sich in die Verantwortung der Menschheit und in die öffentliche Verantwortung der Treue einfügt. Weil die Menschheit im Ganzen eine ist, darum ist keiner dem anderen ein gänzlich Fremder; darum gehört keiner nur sich selbst, und darum übernimmt er gerade im Intimsten die größte öffentliche Verantwortung. Das folgt wieder aus der Einheit von Geist und Leib, die eine Einheit von Sozialität und Personalität ist und auf der Einheit aller Menschen von ihrem Schöpfer her beruht. »Die Ehe als Institution ist« – so formuliert der Papst – »weder ein ungebührliches Eingreifen der Gesellschaft oder der Autorität noch ein von außen kommendes Auferlegen einer Form, sondern eine dem ehelichen Liebesbund innewohnende Notwendigkeit.«

So erteilt der Papst bereits in diesem Abschnitt die entscheidende Antwort auf die heutigen Auflösungsformen der Ehe (»Ehe auf Probe«, freie Verbindungen), auf die er dann im Einzelnen am

Der geschaffene Mensch als Gottes Bild

Ende des Lehrschreibens zu sprechen kommen wird (Nr. 80 und 81). Sie kann auch nur von hierher kommen. Denn an dieser Stelle wird sichtbar, dass die anarchische Freiheit, die sich als die wahre Befreiung des Menschen ausgibt, in Wirklichkeit den Menschen verächtlich macht. Sie beruht auf einer Banalisierung des Leibes, die unausweichlich die Banalisierung des Menschen einschließt. Ihr Ausgangspunkt freilich ist der gnostische Hochmut: Der Mensch kann mit sich machen, was er will. Sein Leib wird zur biologischen Nebensächlichkeit, die mit seinen geistigen Aspirationen nichts zu tun hat, sondern beliebig zu gebrauchen ist. Der Libertinismus, der sich als Entdeckung des Leibes ausgibt, ist in Wirklichkeit ein Dualismus, der den Leib verächtlich macht, bis in die Sprache hinein, wie sich neulich in einem deutschen Fernsehfilm zeigte, der das empfangene Kind als »Schwangerschaftsprodukt« bezeichnete, um es dann wie irgendein Wegwerfprodukt behandeln zu können. Wo aber der Mensch seinen Leib wegwirft, wirft er sich selber weg; wo er den Leib aus der sittlichen Forderung emanzipiert, verneint er seine sittliche Freiheit. So ist die anspruchsvolle Lehre von der menschlichen Sexualität, die hier vorgetragen wird, zugleich ein Plädoyer für die Freiheit des Menschen und für die Würde seines Leibes.

2. Die Ehe in der Heilsgeschichte;
ihre Sakramentalität (Nr. 12 und 13)

Aus der Frage nach dem Wesen der Ehe, die hier in die Frage nach der Wahrheit des Menschen vertieft ist, entwickelt das Apostolische Lehrschreiben dann die Frage nach der Verwirklichung dieser Wahrheit in der Heilsgeschichte, die so als Geschichte des Menschen mit der Wahrheit Gottes und damit auch als Freiheitsgeschichte erscheint. Mittelpunkt dieser Geschichte ist der Bund, d. h. die Liebesgemeinschaft zwischen Gott und den Menschen. Im Zentrum der Offenbarungsgeschichte steht das Wort »Gott liebt sein Volk«; so führt der Papst aus. Wenn aber die biblische Offenbarung ihrem Kern nach Ausdruck einer Liebesgeschichte, einer Bindungsgeschichte, der Geschichte des Bundes Gottes mit den Menschen ist, dann wird verständlich, dass die menschliche

Ehe und Familie im Plan Gottes

Liebes- und Bindungsgeschichte, der Bund der Ehe, wie in einem Spiegel dieses Mysterium reflektiert: Die Ehe ist »Realsymbol des Heilsgeschehens« sagt das Schreiben (Nr. 13). Das Unaussprechliche, die Liebe Gottes zum Menschen, empfängt seine Sprachgestalt aus dem Wortschatz von Ehe und Familie, positiv und negativ. Israel ist das Haus, d.h. die Familie Gottes; die Zuwendung Gottes zu seinem Volk wird in der Sprache der bräutlichen Liebe geschildert und umgekehrt Israels Untreue, sein Götzendienst, als Ehebruch und als Prostitution gekennzeichnet.

Diese Versprachlichung des Mysteriums aus dem Lebensraum der menschlichen Ehe ist weit mehr als bloße Allegorie oder als ein zufällig gewählter Notbehelf angesichts der Sprachlosigkeit des Menschen vor der Wirklichkeit Gottes. Sie beruht auf einer tiefen inneren Entsprechung, die sich geschichtlich darin zeigt, dass polytheistische Religionen häufig auch die Figur kultischer Prostitution nach sich ziehen, während umgekehrt der monotheistische Glaube eine innere Tendenz zur monogamen ehelichen Ordnung in sich trägt. Allerdings hat erst die endgültige Bindung Gottes an den Menschen, die in der Menschwerdung Jesu Christi geglaubt und erkannt wird, auch die endgültig eine und unauflösliche Ehe voll zur Geltung zu bringen vermocht, aber das bestätigt nur noch einmal den Zusammenhang, von dem hier die Rede ist. So könnte man sagen, dass die Erkenntnis des einen Gottes, die in der Erkenntnis des Sohnes ihre endgültige Gestalt findet, auch die Ordnung der einen Ehe hervorruft und dass umgekehrt eheliche Treue den Blick für Gott und das Geheimnis seines Bundes öffnet. Von da her ist es auch nicht verwunderlich, dass die Zerstörung der Fähigkeit zu solch ehrfürchtiger Weise menschlicher Liebe auch ein Hauptvehikel atheistischer Indoktrination ist – sozusagen die handlichste Waffe, mit der dem Menschen durch die Zerstörung der Liebe auch der Blick auf den Gott ausgetrieben werden kann, der die Liebe ist.

Mit diesen Überlegungen sind wir von selbst über das Alte Testament hinaus ins Neue hineingeführt worden, vom »Realsymbol« zum Sakrament. Der Glaube an Jesus Christus folgt aus der inneren Logik des Alten Bundes: Gott radikalisiert seine Liebe bis in die leibliche Vereinigung mit dem Menschen hinein – er wird in seinem Sohn selbst »Fleisch«. Damit ist Gottes Liebe eine letzte

243

Der geschaffene Mensch als Gottes Bild

Bindung eingegangen, die unumkehrbar und unwiderruflich ist. Damit ist auch der menschlichen Liebe ihre endgültige Form vorgezeichnet, die freilich im Tiefsten Zuwendung zur »Wahrheit des Anfangs« ist (Nr. 10 und 14); sie überfremdet den Menschen nicht, sondern befreit ihn von den Entfremdungen seiner Geschichte zur Logik der Schöpfung hin. Ich glaube, dass gerade dies eine sehr wichtige Beobachtung ist. In der Neuzeit wurde die »Übernatur« vielfach als Vergewaltigung der Natur empfunden. Die Neuzeit zielte auf die Befreiung der Natur ab. Aber immer mehr wurde daraus der Herrschaftswille über die Natur, und endlich entschwand ihr die Natur vollends aus dem Blick: Man sah nur noch ein Gefüge von Funktionen, das man anfing, neu zu montieren, um sich eine bessere Welt zu bauen. Die Leugnung der Grenzen zwischen dem Natürlichen und dem Künstlichen ist auch heute noch weit verbreitet, sie spielt gerade im Disput um die natürlichen Formen der Familienplanung eine erhebliche Rolle, in der sichtbar wird, dass die Leugnung des Schöpfungsglaubens auch den Begriff und die Wirklichkeit der Natur auflöst. Andererseits ist heute eine neue stürmische Suche nach der Natur und auch ein Fragen nach der Schöpfung aufgebrochen, das aus der Bedrohung resultiert, zu der dem Menschen sein eigenes Werk geworden ist. Der Begriff der Sakramentalität der Ehe ist in diesem Problemfeld angesiedelt und so keineswegs bloß eine kirchliche Speziallehre, die den Menschen im Allgemeinen nichts anginge. Wo der Schöpfer als Liebender in Erscheinung tritt, da wird die Schöpfung nicht vergewaltigt, sondern da entsteht erst die Möglichkeit, »zum Anfang zurückzukehren«.

Sakramentalität der Ehe bedeutet also, dass die Schöpfungsgabe zur Gnade der Erlösung geworden und dass durch die Gnade der Erlösung Schöpfung wiederhergestellt ist. Das Schöpfungszeichen ist Bundeszeichen; es steht nicht neben dem Bund, weil dieser nicht äußerlich auf die Schöpfung aufgesetzt, sondern auf ihren innersten Grund bezogen ist. Der Papst macht deutlich, dass für dieses Sakrament die drei Dimensionen der Zeit gelten, die sich in jedem Sakrament darstellen – es ist Gedächtnis, Vollzug und Prophetie. Das will sagen: Es kommt aus dem Ursprung der Heilsgeschichte und aus ihrer Mitte, dem geschichtlichen Leben, Leiden und Sterben Jesu Christi. Es »erinnert«, aber nicht bloß in

244

Gedanken und Worten, sondern es bindet uns real an diese Geschichte Gottes mit den Menschen und führt uns in sie hinein. Indem sie dies tut, wird das Erinnerte Gegenwart. Erinnerung ist Hoffnung. Sie ist die Gewissheit der endgültigen Treue Gottes. Sie ermöglicht das Wagnis irdischer Zukunft aus der Gewissheit der ewigen Zukunft heraus. Die zentrale Vertiefung der alttestamentlichen Offenbarung hatten wir dabei vorhin in der Inkarnation gefunden – Gott bindet sich auch seinem Sein nach an den Menschen. Wir müssen nun hinzufügen: Die Inkarnation offenbart ihre wahre Bedeutung im Kreuz. Liebe ist Sich-Geben; sie kann nicht bestehen, wenn sie sich dem Kreuz versagen will.

Mit all dem ist noch einmal jener Kultur der Hypothese widersprochen, die so charakteristisch für den heutigen Menschen ist. Wenn ihm auch Gott zur bloßen Hypothese wird, wird damit sein eigenes Leben hypothetisch – er macht das Menschsein zum Experiment und betrügt sich damit um die Wahrheit und um die Liebe, die ihm nur im Wagnis des Endgültigen Ereignis werden kann.

3. Ehe und Familie (Nr. 14 und 15)

Diese Einsichten führen ganz organisch zum nächsten Schritt, den der Papst in dem Satz formuliert: »Während sich die Eheleute einander schenken, schenken sie über sich selbst hinaus die Wirklichkeit des Kindes: lebender Widerschein ihrer Liebe, bleibendes Zeichen ihrer ehelichen Gemeinschaft, lebendige und unauflösliche Einheit ihres Vater- und Mutterseins« (Nr. 14). Auch darin spiegelt die Ehe ihr Urbild, die Bundesliebe Gottes zum Menschen. Die Frucht dieser Liebe ist die Gemeinschaft der vielen Brüder, mit denen der Herr zum Vater zurückkehrt, die er ihm als Gabe seiner Liebe zurückbringt: Das gestorbene Weizenkorn bringt vielfältige Frucht.

Der Papst stellt klar, dass auch Vaterschaft und Mutterschaft sich nicht ins Biologische einschränken lassen. Einem Menschen ist das Leben erst dann vollends gegeben, wenn ihm auch die Liebe und der Sinn gegeben werden, die es ermöglichen, zu diesem Leben ja zu sagen. Niemand kann diese Liebe und diesen Sinn

Der geschaffene Mensch als Gottes Bild

allein und aus sich selbst in genügender Weise geben. Um zu sagen, »das Leben ist gut, obwohl ich deine Zukunft nicht kenne«, braucht es einer höheren Ermächtigung, als der Einzelne sie aus sich selbst zu schöpfen vermag. Der Christ weiß in der Familie, die Gott in der Liebe Jesu Christi sich in unserer Geschichte schuf, d. h. in der Kirche, diese Ermächtigung gegeben. Er weiß dort jene unzerstörbare Liebe am Werk, die zugleich bleibenden Sinn verbürgt. Deshalb ist der Aufbau der Familie auf den Kontext dieser größeren Familie verwiesen. Ganz allgemein kann die Einzelfamilie jeweils nur im Zusammenhang mit einer sie mittragenden Großfamilie geschehen; der Christ findet sie entscheidend im neuen Volk Gottes, der Kirche. Umgekehrt wird die Kirche von den Familien her gebaut. »Die christliche Ehe [...] ist der natürliche Ort, wo sich die Eingliederung der menschlichen Person in die große Familie der Kirche vollzieht« (Nr. 15).

Das Schreiben weist aber auch darauf hin, »dass das eheliche Leben auch dann nicht seinen Wert verliert, wenn die Zeugung neuen Lebens nicht möglich ist« (Nr. 14). Wie im ganzen Text so wird auch hier die besondere Zuwendung des Papstes zu denen sichtbar, denen in irgendeiner Weise schwierige Situationen auferlegt sind. Ich glaube, dass gerade diese Einstellung charakteristisch ist für das Dokument und für die menschliche Not, die ihm eignet. Der Papst zeigt, wie auch die leiblich unfruchtbare Ehe auf vielerlei Weise fruchtbar werden kann durch »Adoption, verschiedene Formen erzieherischer Tätigkeit, Hilfe für andere Familien, für arme oder behinderte Kinder« (Nr. 14). Wie immer, so kann auch hier das Kreuz, wenn es angenommen wird, in besonderer Weise zur Gnade werden.

4. Ehe und Jungfräulichkeit (Nr. 16)

Wenn das christliche Bild der Ehe aus der innersten Mitte von Schöpfung und Erlösung entwickelt wird, kann leicht der Eindruck entstehen, als gäbe es da zwei widersprüchliche Linien in der christlichen Theologie – auf der einen Seite das Lob der Ehe und auf der anderen die Rühmung der Jungfräulichkeit; man kann dann fürchten, je nach Bedarf werde das eine oder das andere hervorgezogen. Deswegen war es schon den Synodenvätern wichtig erschienen, das Ganze der christlichen Lehre, das Zusammengehörige von Ehe und Jungfräulichkeit darzustellen. Der Papst hat diesen Duktus der Synode aufgegriffen. Er stellt heraus, dass Ehe und Jungfräulichkeit die beiden Weisen sind, das eine Geheimnis des Bundes zwischen Gott und seinem Volk darzustellen. »[W]enn die menschliche Sexualität nicht als ein hoher, vom Schöpfer geschenkter Wert betrachtet wird, verliert auch der um des Himmelreiches willen geleistete Verzicht auf sie seine Bedeutung«.

Tatsächlich setzt die Jungfräulichkeit das Ja zur Ehe, das Ja zur sittlichen Würde des Leibes voraus und verstärkt es. Sie kann nicht durch Verachtung, durch Ekel gedeihen, sondern nur durch Ehrfurcht. Gnostische, d.h. dualistische und leibverachtende Kulturen sind praktisch immer auch permissive Kulturen. Verachtung führt nicht zu Enthaltung, sondern zu Permissivität und umgekehrt: Enthaltung ist auf Dauer nur auf dem Grund der Bejahung möglich. Sie kann nur gedeihen, wenn der Leib als die konkrete Seinsweise der Person in Ehren steht, denn wenn dies nicht der Fall ist, wird sie belanglos und unerheblich. Jungfräulichkeit bedeutet nach dem Apostolischen Schreiben, dass der Mensch als ganzer, auch mit seinem Leib, in der Erwartung der eschatologischen Hochzeit Jesu Christi steht und seine Gewissheit auch mit seinem Leib beglaubigt.

Das Gemeinsame von Ehe und Jungfräulichkeit ist also in der Unterschiedenheit der Darstellungsweisen die Zuordnung zu dem Bundesgeheimnis der Liebe Gottes; das Gemeinsame ist folglich die Überzeugung, dass Geist und Leib, dass Menschsein und Gottsein zueinander gehören. Das Gemeinsame ist vor allem auch die Treue, die mit dem ganzen Menschen, d.h. im Leib vollzogen und öffentlich vor der Gemeinschaft der Menschen verantwortet wird. Auf diesem Punkt insistiert der Papst besonders: »Die christlichen Eheleute haben daher das Recht, sich von jungfräulichen Menschen das gute Beispiel und das Zeugnis der Treue zu ihrer Berufung bis zum Tod zu erwarten.« Gemeinsam ist aber nicht zuletzt auch die Fruchtbarkeit, so verschieden sie in ihrer konkreten Weise ist. Gerade der jungfräuliche Mensch erlebt eine neue Weise der Vaterschaft und der Mutterschaft, »wird Vater oder Mutter vieler, hilft mit bei der Verwirklichung der Familie nach dem Plan Gottes«.

So entsteht in dem Schreiben auf wenigen Seiten ein eindrucksvolles Bild der menschlichen Berufung zur Liebe aus der Überlieferung des christlichen Glaubens heraus. Im Streit um den Menschen, den wir heute erleben, sollte dieses Bild mit Nachdruck vertreten und mit Entschiedenheit gelebt werden – es ist unsere Antwort auf die Entwürdigung des Menschen, die unter dem Vorwand seiner Befreiung um sich greift. Es ist die grundlegende Verteidigung der Menschenwürde, ohne die die Menschenrechte nicht glaubhaft werden und nicht bestehen können. Der Text ist eine Ermutigung für die Christenheit und eine große Aufgabe zugleich.

Die Frau, Hüterin des Menschen

Versuch einer Hinführung zum Apostolischen Schreiben »Mulieris Dignitatem«

Wer das Apostolische Schreiben über »Die Würde und Berufung der Frau« richtig lesen und verstehen will, muss seine literarische Eigenart wie seine inhaltliche Absicht im Auge behalten. Der Papst greift mit diesem Dokument eine Anregung der Bischofssynode 1987 auf: Dort war im Disput um konkrete Fragen nach der Stellung der Frau in der Kirche immer deutlicher die Einsicht gereift, dass bloß pragmatische Lösungen nicht genügen. Wenn man den Einzelfragen richtig begegnen will, ist es nötig, die anthropologischen und theologischen Grundlagen tiefer auszuloten. Genau dies ist die Absicht des Papstes in seinem Lehrschreiben. Er überlässt rechtliche Einzelregelungen dem Synodendokument über die Laien, dessen Erscheinen in Kürze erwartet wird.[a] Sein Ziel ist es, vom Glauben her zu fragen, was es bedeute, dass Gott den Menschen als Mann und Frau geschaffen und welche besondere Sendung er dabei der Frau mit auf den Weg gegeben hat. Er tut dies in der ihm lieb gewordenen Weise einer biblischen Meditation, also nicht in der Form eines eigentlichen systematischen Lehrtextes, sondern in einem liebevollen Bedenken der Tiefen von Gottes Wort, besonders der unausschöpflichen ersten drei Kapitel des Buches Genesis.

Die Aussagen des Papstes stehen dabei in einem doppelten Kontext kirchlichen Lebens: Er nimmt – wie schon angedeutet – das Synodengespräch seiner Brüder im Bischofsamt auf; in dem Apostolischen Brief steht er im Stillen im Dialog mit ihnen, hört ihre Fragen, ihre Sorgen, ihre Anregungen und führt sie weiter, indem er sie in den großen Zusammenhang des biblischen Glaubens und der theologischen Überlieferung stellt. Dazu kommt der

---

[a] Vgl. JOHANNES PAUL II., *Christifideles laici.*

Kontext des Marianischen Jahres, das zunächst Ausdruck des gelebten Erinnerns der Kirche an ihren Ursprung vor zweitausend Jahren ist, aber mit der Vergegenwärtigung der Anfänge das biblische Bild der Frau vor uns hinstellt und uns zwingt, unsere praktischen Fragen an diesem Maßstab zu messen.

All das will bedacht sein, wenn man das Päpstliche Schreiben richtig würdigen will. Wer von ihm leicht zu fassende, pragmatische Entscheidungen erwartet, wird enttäuscht. Wer es eilfertig lesen möchte, kommt nicht auf seine Rechnung. Der Text verlangt besinnliches Hören, Nachdenklichkeit, die anderes als Schlagzeilen sucht. Der Text führt in die Tiefe und kann gerade darum auf lange Sicht fruchtbar sein.

Was sagt nun das Lehrschreiben inhaltlich? Schon aus dem Titel wird deutlich, dass sein Grundanliegen die Würde der Frau ist. Der Papst definiert auf der Suche nach der Antwort, worin Menschenwürde überhaupt besteht: »Die Würde jedes Menschen und die ihr entsprechende Berufung finden ihr entscheidendes Maß in der Verbundenheit mit Gott« (Nr. 5). Diese grundlegende Aussage, die den Menschen von Gott her bestimmt und ihm damit seine unantastbare Würde gibt, wird dann in der Auslegung der biblischen Schöpfungsberichte in doppelter Richtung konkretisiert.

1. Das Menschenbild

Der Papst geht zunächst dem biblischen Gedanken nach, dass der Mensch nach Gottes Bild und Ähnlichkeit erschaffen wurde (Gen 1, 26 f.). Dies ist für ihn die unveränderliche Basis jeder christlichen Anthropologie. Er entwirft demnach von hier aus den in allem geschichtlichen Wechsel bleibenden Inhalt des menschlichen Wesens. Die Gottebenbildlichkeit sieht der Papst wesentlich in der Personalität verankert, Personalität aber ist Relationalität: Sie schließt ihrem Wesen nach die Ausrichtung auf *communio* ein; gerade so weist sie auf den dreieinigen Gott hin. Die Verwiesenheit von Mann und Frau aufeinander gehört in diesem Sinn in den Kern der Schöpfungsgestalt des Menschen; sie hat mit seiner Gottebenbildlichkeit zu tun, insofern sie ein wesent-

250

Die Frau, Hüterin des Menschen

licher Ausdruck des Beziehungscharakters der menschlichen Existenz ist. »Menschsein bedeutet Berufensein zur interpersonalen Gemeinschaft«, sagt der Papst in diesem Zusammenhang (Nr. 7). Er entwickelt von da aus die drei Grundelemente der menschlichen Existenz. Der Mensch ist als einziges Geschöpf von Gott um seiner selbst willen gewollt – nicht Mittel, sondern »Selbstzweck« würde Kant sagen; er ist nicht einfach da, sondern muss erst zur Verwirklichung seiner selbst kommen, die seine Aufgabe ist; diese »Selbstverwirklichung« aber geschieht nur, wenn der Mensch sich nicht selber sucht, sondern sich gibt, »durch eine aufrichtige Hingabe seiner selbst« (Nr. 7). Das Sich-Geben, das Loslassen ist die Form der Selbstfindung und ist die grundlegende Kategorie im Menschenbild des Apostolischen Schreibens.

2. Die geschichtliche Situation

Diese ontologische Betrachtung, in der es um das Beständige und Unveränderliche der menschlichen Existenz geht, wird durch eine Analyse seiner geschichtlichen Situation ergänzt. Denn der Mensch, wie wir ihn kennen, ist nicht einfach, was er sein sollte. Die geschichtliche Situation des Zwiespalts zwischen Sein und Sollen beschreibt der Glaube mit dem Wort Erbsünde. Wir hatten vorhin festgestellt, Menschenwürde beruhe auf der Einung des Menschen mit Gott. Die geschichtliche Situation des Menschen aber ist es, dass er mit Gott bricht.

Diese Brechung im Kern seiner Existenz hat einen dreifachen weiteren Bruch zur Folge: Es entsteht ein Bruch im eigenen Ich; es entsteht ein Bruch in der Beziehung von Mann und Frau, und es entsteht ein Bruch zwischen Mensch und Schöpfung (vgl. Nr. 9). An die Stelle der Selbstschenkung (»die aufrichtige Hingabe seiner selbst«) tritt der Herrschaftswille: Das Verhältnis zwischen Mann und Frau, das von der Gottebenbildlichkeit her eine Beziehung des gegenseitigen Sich-Schenkens sein sollte, wird nun zu einem Herrschaftsverhältnis, wie Gen 3, 16 es sagt. Statt sich zu geben, versucht der Mann, die Frau zu beherrschen. Aus *communio* wird Unterdrückung, die zugleich die Stabilität der Beziehung

Der geschaffene Mensch als Gottes Bild

zerstört (vgl. Nr. 10). Die Frau, die eigentlich »Mit-Subjekt« des Mannes in seiner Existenz in der Welt sein sollte, wird nun von ihm zum »Objekt des Genusses und der Ausbeutung« (Nr. 14) verkehrt. Das Bestehen eines Herrschaftsverhältnisses des Mannes über die Frau statt der vom Schöpfer gewollten »Einheit von zweien« in »aufrichtiger Hingabe ihrer selbst« ist also sichtbarer Ausdruck für die in der Sünde erfolgte Verkehrung der menschlichen Grundbeziehungen.

Die Überwindung der Sünde – die Erlösung – muss sich also auch in der Überwindung dieser Verkehrung, in der Herstellung der schöpfungsgemäßen Ordnung, in der Rückkehr vom »Objekt« zum »Mit-Subjekt« zeigen (vgl. Nr. 10). Demgemäß stellt der Papst in seinem Schreiben eindringlich dar, wie das Erlösungshandeln Christi auch die Wiederherstellung der Rechte und der Würde der Frau einschließt. Dies geschieht im Wesentlichen in drei Gedankengängen:

a) Der Heilige Vater beschreibt ausführlich die offene und vorbehaltlose Zuwendung Jesu zu den Frauen auf seinem ganzen irdischen Weg, vor und nach der Auferstehung. Er macht sichtbar, dass wir in seiner »gesamten Lehre« wie »in seinem Verhalten« auf nichts stoßen, »was die [...] Diskriminierung der Frau widerspiegeln würde. Im Gegenteil, seine Worte und Taten bringen stets die der Frau gebührende Achtung und Ehrfurcht zum Ausdruck« (Nr. 13). Dies alles ist nicht irgendeine Äußerlichkeit im Wirken Jesu, sondern sein Verhalten »spiegelt den ewigen Plan Gottes wider« (Nr. 13).

b) Christus hebt das im Gesetz des Mose dem Mann verliehene Recht auf, seine Frau zu entlassen. Dieser männerrechtlichen Traditionsgestalt stellt er die Schöpfungsordnung entgegen: Beide, Mann und Frau, sollen nach Gottes Willen *ein* Fleisch sein, in untrennbarer Einheit einander verbunden (vgl. Nr. 12).

c) Mit der Aufhebung des Männerrechtes, die Frau zu entlassen, ist notwendig ein von Grund auf neues Verhältnis zwischen beiden gesetzt. Diese Konsequenzen werden im Epheserbrief (Eph 5, 21–33) gezogen, wo der Schöpfungstext über die Ehe von Christus her neu gelesen und ausgelegt wird. Mit neueren Exegeten sieht der Papst den Vers 21 des fünften Kapitels als die Überschrift des Ganzen an: »Einer ordne sich dem anderen unter in der ge-

252

meinsamen Ehrfurcht vor Christus.« In dieser »gegenseitigen Unterordnung« als Gegensatz zur alten Beherrschung findet der Heilige Vater »das Neue [...] der evangelischen Botschaft« – die grundsätzliche Überwindung der von der Sünde geschaffenen Diskriminierung der Frau. Dieser entscheidende neue Schritt wird auch nicht dadurch aufgehoben, dass anschließend im biblischen Text der Mann als Haupt der Frau bezeichnet wird. Denn diese Formulierung erhält ihre rechte Bedeutung durch ihren christologischen Rückbezug: Haupt sein heißt von Christus her sich selbst für die Frau geben (vgl. Eph 5,25; Nr. 24). Im Übrigen – auch wenn das Alte sich noch zu Worte meldet –, dieses Neue, das eigentlich von Christus Kommende, muss sich »den Weg in die Herzen [...] und die Sitten bahnen. Dieser Appell hat seit damals nicht aufgehört, auf die [...] Generationen einzuwirken« (Nr. 24).

3. Zwei Grundformen fraulicher Existenz

Die Einheit und Gleichheit von Mann und Frau in der Berufung zur Selbstverwirklichung durch Selbstschenkung hebt aber die »Verschiedenheit« nicht auf (vgl. Nr. 16). Deshalb unternimmt es der Papst mit großer Behutsamkeit, etwas vom spezifischen Genius der Frau im Unterschied zur Berufung des Mannes zu sagen. Er geht dabei von der archetypischen Frau, der Mutter des Herrn, aus. Dementsprechend untersucht er die beiden Grundformen fraulicher Existenz, Mutterschaft und Jungfräulichkeit auf dieses Besondere hin.

Auch hier muss freilich zunächst das Gemeinsame gesehen werden: Es geht jedes Mal letztlich um den Grundauftrag der menschlichen Existenz, die Selbstüberschreitung in der Selbstschenkung. In der Ehe öffnet sich die Selbstschenkung der Gatten ihrem Wesen nach auf das »Geschenk eines neuen Lebens«. Mann und Frau partizipieren dabei am »tiefen Geheimnis des ewigen Zeugens« (Nr. 18). Auch wenn dieses »Zeugen« Mann und Frau gemeinsam zugehört, so gilt doch, dass die Elternschaft sich viel mehr in der Frau verwirklicht. »Die Frau muss unmittelbar für dieses gemeinsame Hervorbringen neuen Lebens ›bezahlen‹, das

Der geschaffene Mensch als Gottes Bild

buchstäblich ihre leiblichen und seelischen Kräfte aufzehrt« (Nr. 18). Der Papst folgert daraus, dass es »eine besondere Schuldverpflichtung gegenüber der Frau« gibt, und fährt fort: »Kein Programm für die ›Gleichberechtigung‹ von Frauen und Männern ist gültig, wenn man diesem Umstand nicht ganz entscheidend Rechnung trägt« (Nr. 18). Diese Einsicht wird noch vertieft durch die Aussage, dass der Mann sich immer dem Prozess von Schwangerschaft und Geburt gegenüber »außerhalb« befindet. So muss er in vielfacher Hinsicht von der Mutter her sein Vatersein erlernen (vgl. Nr. 18).

4. Die neue Dimension

Diese Betrachtungen werden schließlich auf die im Erlösungsgeschehen Christi eröffnete neue, übernatürliche Dimension der menschlichen Existenz und die neue Gemeinschaft der Kirche ausgedehnt. Drei Aussagen möchte ich aus den vielfältigen Reflexionen des Textes herausgreifen:

a) Das Besondere des Neuen Bundes ist es, dass er sich im Fleisch und Blut des menschgewordenen Gottessohnes erfüllen muss. Weil es so steht, nimmt er auch seinen Anfang im Fleisch – in der Frau, die sich mit ihrem Ja als seine Mutter anbietet. Dank ihrer, ihres jungfräulichen und mütterlichen Ja kann der Sohn zum Vater sagen: »Einen Leib hast du mir geschaffen. Ja, ich komme, um deinen Willen, Gott, zu tun« (Hebr 10,5.7; Nr. 19). So kann gesagt werden, dass das größte Ereignis in der Geschichte des Menschen auf Erden – das Menschwerden Gottes – sich in einer Frau und durch eine Frau, Maria, vollzogen hat (vgl. Nr. 31).

b) Dem Geheimnis Christi wohnt vom Wesen her ein »sponsaler« Symbolismus inne; Gottes trinitarische Liebe wird zum Geschenk seiner selbst an den Menschen und gibt damit der bräutlichen Verwiesenheit von Mann und Frau aufeinander eine vorher nicht zu ahnende Tiefe. Dieser christologische und sponsale Gehalt der Sakramente, nur er, erklärt, warum Christus als Apostel nur Männer berief und allein ihnen den Auftrag für die Verwaltung der Sakramente von Eucharistie und Buße übertrug. Darin liegt keinerlei Zugeständnis an angebliche oder wirkliche Bedin-

254

Die Frau, Hüterin des Menschen

gungen seiner Zeit; es erfließt aus der inneren Struktur seines Auftrags. An diese christologische, sponsale Grundgestalt der Sakramente und damit des Priestertums ist und bleibt die Kirche gebunden.

Es ist daher unsinnig, die Frage nach der Würde der Frau an das Ja oder Nein zum Frauenpriestertum zu binden; derlei Behauptungen gehen am Wesen der Frage vorbei. Wer den katholischen Glauben an die von Christus gestifteten Sakramente nicht teilen kann, sollte auch nicht Vorschriften machen wollen, wie katholisches Priestertum gestaltet werden muss. Es ist daher auch verfehlt, das päpstliche Schreiben auf die Frage nach dem Frauenpriestertum zu reduzieren: Der Papst ist kein absoluter Monarch, dessen aufgeklärter Wille Gesetz ist. Er ist die Stimme der Tradition; darauf allein beruht seine Vollmacht.

c) Priestertum ist ein Dienstamt in einer tiefen symbolischen und existentiellen Bindung; sein Ziel – die raison d'être der Kirche überhaupt – ist die Heiligkeit: Die ganze hierarchische Struktur »ist ganz für die Heiligkeit der Glieder Christi bestimmt«. In diesem Sinn spricht der Papst von einer »Hierarchie der Heiligkeit« und greift einen Gedanken von Hans Urs von Balthasar auf, der von der marianischen und der apostolisch-petrinischen Dimension der Kirche spricht. Was aber beider Verhältnis angeht, so formuliert das Lehrschreiben im Anschluss an das Zweite Vatikanische Konzil: In der »Hierarchie der Heiligkeit [ist] gerade die ›Frau‹ [...] das ›Bild‹ der Kirche« (Nr. 27). Der Heilige Vater konkretisiert diese grundsätzlichen Feststellungen dann durch einen Blick auf die geschichtliche Stellung der Frau in der Kirche und auf die Schar der heiligen Frauen von den Anfängen bis heute, die in jeder Zeit mit gleichem Recht und in gleicher Ehre neben den heiligen Männern und mit ihnen einhergehen (vgl. Nr. 27).

5. Hüterin des Menschen

Einleitend hatte ich von einem doppelten Kontext des päpstlichen Schreibens gesprochen: dem des Marianischen Jahres und dem der Bischofssynode. Dieser wesentlich innerkirchliche Zusammenhang weitet sich am Ende des Dokuments ins Weltgeschichtliche aus. Der Papst blickt auf den Kampf um den Menschen und seine Menschlichkeit hin, der heute im Gang ist. Er sieht diesen Kampf archetypisch in der Genesis und in der Apokalypse, im ersten und im letzten Buch der Bibel beschrieben: »[Z]um biblischen ›Urbild‹ der ›Frau‹ [...] [gehört] der Kampf um den Menschen, um sein wahres Wohl, um sein Heil« (Nr. 30). Konkret heißt das: Im einseitigen materiellen Fortschritt der Menschheit lauert die Gefahr eines stufenweisen Verschwindens der »Sensibilität für den Menschen, für das eigentlich Menschliche« (Nr. 30). In dieser Lage brauchen wir das Hervortreten des »Genius der Frau«, ihrer »Sensibilität für den Menschen, eben weil er Mensch ist« (Nr. 30). Der Papst begründet diese humanistische Aussage vom Theologischen her, mit der Überzeugung, dass Gott den Menschen in einer spezifischen Weise der Frau anvertraut hat (vgl. Nr. 30), weil ihre besondere Sendung in der Ordnung der Liebe liegt.

Die Frau – Hüterin des Menschen, seiner Menschlichkeit: Das ist die programmatische Aussage und der beschwörende Appell, in den dieses bedeutende Dokument mündet. Dem oberflächlichen und eilfertigen Leser könnte das päpstliche Schreiben wie eine bloße erbauliche Betrachtung erscheinen, die ihn wenig kümmert. Wer sich die Mühe nimmt, sich tiefer in dieses Dokument zu versenken, wird erkennen, dass es über die Theologie hinaus ein Text von hohem menschlichem Rang ist, der eine Botschaft übermittelt, die alle angeht.

Die Gabe der Weisheit

Das Wort Weisheit gehört ähnlich wie zum Beispiel die Begriffe Tugend und Sünde zu jenen Wörtern, die im modernen Sprachgebrauch ohne klaren Kurswert dastehen; solche Wörter erwecken einen etwas antiquierten Eindruck und rücken daher leicht in die Nähe der Ironie, des überlegenen Spotts gegenüber dem Altväterisch-Vorgestrigen. So kann man sich rühmen, auch im Alter »nicht ein bisschen weise« geworden zu sein. Das will dann besagen, dass der Betreffende vital genug geblieben ist, um nicht tugendhaft werden zu müssen, und dass er sozusagen im vollen Lebenssaft unverbrauchter Jugendlichkeit steht. Natürlich gibt es dahinter dann doch eine Verschiebung der Wertungen überhaupt: Was ehedem Weisheit hieß, rührt vielleicht immer noch im Stillen das Gewissen an, aber diese Mahnung wird spöttisch übertrumpft, indem man derlei Gesinnung nur als Schwäche gelten lässt. Der vitale Zugriff setzt sich als das Starke über die Verantwortung des Geistes, von dem her das Ganze bedacht und das Eigene ins Ganze zurückgenommen werden müsste.

Bevor wir uns mit solchen Entscheidungen weiter auseinandersetzen, wird es vordringlich zu fragen: Was ist das nun eigentlich, die Weisheit? Und was ist damit gemeint, wenn sie als »Gabe des Heiligen Geistes« gekennzeichnet wird? Darauf muss man zunächst antworten, dass das Wort Weisheit eine lange Geschichte in sich trägt. Es hat ein jahrhundertelanges Ringen des Menschen mit sich selbst und um sich selbst, um die wahre Verwirklichung des Menschseins, in sich aufgenommen und bringt uns sozusagen in Berührung mit dem Streit des Menschen um seine eigene Identität. So kann sein Gehalt nur verstanden werden, wenn man wenigstens einige Umrisse dieses geschichtlichen Ringens vor die Augen bekommt. Im Alten Testament wie im ganzen Vorderen

257

Orient und auch in der frühen griechischen Welt bedeutet Weisheit zunächst so viel wie Fähigkeit und Fertigkeit. Sie bezeichnet die Tüchtigkeit des Handwerkers, der seine Sache versteht; sie meint vor allem die Urteilsfähigkeit, das Augenmaß, die Gewandtheit, mit der ein Mensch sich durchzusetzen weiß – im richtigen Augenblick das Richtige zu sagen und zu tun vermag. Weisheit ist in dieser anfänglichen Sicht die Eigenschaft des Erfolgreichen. Man wird sich bewusst, dass solche Weisheit als eine wesentlich geistige Qualität mehr wert ist als die bloße physische Kraft, die auf Dauer die Überlegenheit des Menschen nicht begründen kann.[1]

Der so gefasste Gedanke stellt damit eine erste Stufe in der Überwindung einer äußeren Kraftmeierei dar; ihr tritt nun die eigentliche Kraft des Menschen gegenüber, die im Geistigen liegt. Aber noch bleibt der unmittelbare Erfolg im Leben der bestimmende Gesichtspunkt. In allen Kulturen ist dieser Weisheitsbegriff über kurz oder lang in die Krise geraten, weil sich die Problematik des Erfolgs immer deutlicher zeigte. Im Bereich des Alten Testaments wird eine entscheidende Stufe des Durchbruchs zu neuer Einsicht erkennbar in Jes 11, 1–5, also in jenem Prophetentext, auf dem die christliche Überlieferung von den sieben Gaben des Heiligen Geistes aufruht.[2] Der Prophet hatte dem verrotteten davidischen Reich zunächst das Gericht Gottes angedroht: Wie ein Holzfäller mit seiner Axt über die Bäume, so werde Gott über das davidische Reich herfallen. Aber hinter dem Sturz der nur auf Macht und Erfolg bedachten Könige sieht der Prophet einen neuen Herrscher kommen, den Gott selber schickt. Von ihm, der wie ein Reis aus dem Wurzelstumpf Isais aufbricht, wird gesagt, dass der Geist Gottes auf ihm ruhen werde, das heißt der Geist der Weisheit und der Einsicht, der Geist des Rates und der Heldenkraft, der Geist der Erkenntnis und der Furcht Gottes. Weisheit ist hier also ein Ausdruck, mit dem der Prophet versucht, das Besondere von Gottes Geist im Unterschied zu menschlicher Geistigkeit zu beschreiben. Diese Klammer, die vor den einzelnen sechs oder sieben Ausdrücken steht, muss beim Ganzen im Auge

---

[1] Vgl. HAMP, Art. Weisheit, besonders 800 f.
[2] Vgl. im Folgenden KAISER, *Der Prophet Jesaja*, 125–128.

258

Die Gabe der Weisheit

behalten werden. Das Entscheidende an dem neuen König ist, dass er nicht einfach im eigenen Interesse und im eigenen Namen handelt, wie die absoluten Monarchen aller Zeiten dies tun. Er handelt nicht für sich und auf den eigenen Erfolg hin, sondern er steht im Raum der Gesinnung Gottes. Rechtes, wahrhaft königliches Handeln entsteht dadurch, dass der Mensch zuerst ein Empfangender ist, sich einbeziehen lässt in die Gesinnung Gottes, vor der er mit seinem eigenen Wollen zurückzutreten hat. Was damit gemeint ist, wie solches praktisch aussehen kann, erfahren wir, wenn wir den Zusammenhang des Textes ins Auge fassen. Die Weisheit des Königs wird sich darin zeigen, dass er das Recht der Besitzlosen und der Bedürftigen wahrt. Seine Weisheit ist Unbestechlichkeit, die dem Recht Macht gibt, auch und gerade da, wo ihm äußere Macht fehlt.[3] Sie zeigt sich Übrigens nicht minder auch darin, dass er den Frevler straft und mit Härte gegen das Unrecht vorgeht.[4] Weisheit bleibt also auch hier Urteilsfähigkeit, aber die ist nun radikaler verstanden: Sie ist das Teilhaben an Gottes Vermögen, die Dinge so zu sehen und zu entscheiden, wie sie wirklich sind. Gott erweist sich als Gott durch sein wahrheitsgemäßes Richten; als Gott sieht er die Dinge unverstellt, so wie sie sind, und teilt jedem gemäß seiner Wahrheit zu. Weisheit ist Teilhaben an dieser Sehweise Gottes auf die Wirklichkeit hin. Nun wird auch klar, dass solches Erkennen aus der Perspektive Gottes heraus Voraussetzungen hat: Es kann nicht ohne Gottesgemeinschaft sein. Das wieder bedeutet, dass solche letzte und tiefste Weise des Erkennens keine bloß intellektuelle Angelegenheit ist. Wo es um das Eigentliche geht, sind Erkennen und Leben untrennbar. Wenn zum tiefsten Erkennen etwas von der Unbestechlichkeit Gottes selber gehört, dann gehört dazu jene Reinheit vom Ich, ohne die der Mensch nicht unbestechlich wird. Damit wird auch einsichtig, was der Begriff der Gottesgabe in der Beteiligung an Gottes Gesinnung meint: Nur wer sich von der Bestechlichkeit des Ich reinigen lässt und so allmählich von Gott her lebt, mit Gott in Gemeinschaft steht, kommt zur rechten inneren Freiheit des Urteils, zur furchtlosen Unabhängigkeit des Denkens und

---

[3] Vgl. KAISER, *Der Prophet Jesaja*, 127.
[4] Vgl. KAISER, *Der Prophet Jesaja*, 128.

Entscheidens, die nicht mehr nach Beifall oder Missfallen der anderen fragt, sondern sich allein an die Wahrheit hält. Solche Reinigung ist immer ein Prozess des Sich-Öffnens und des Sich-beschenken-Lassens zugleich. Sie kann ohne die Passion des beschnittenen Rebstocks nicht werden. Aber sie ermöglicht gerade so die einzige Form von Herrschaft, die nicht Sklaverei, sondern Freiheit bewirkt. Übrigens wird hier auch schon verständlich, warum oft sehr einfache Menschen weise, urteilsfähig für das Eigentliche sein können und warum es oft eine so unglaubliche Blindheit des Intellektuellen gibt.

Mit allem, was wir bis jetzt bedachten, sind wir schon sehr weit in die Sache selbst vorgedrungen. Aber wir müssen noch einmal in die geschichtlichen Fragen zurückgehen. Die Könige, die nach Jesaja folgten, lösten die Erwartung nicht ein, die vom Wort des Propheten geweckt worden war. Diese Erwartungen passen auf keinen in der ganzen Reihe bis zum Ende der davidischen Dynastie. So blieben die Worte gleichsam leer stehen, wie ein Gewand, das seinen Träger noch nicht gefunden hat. Die Christen erkannten in Jesus von Nazaret das armselige Reis, das aus dem längst abgeschlagenen Wurzelstumpf Isais herausgewachsen war. In ihm sehen sie den Davidssohn, in dem der Geist der Weisheit uneingeschränkt wirkte. Damit treten Weisheit und Kreuz in eine ganz enge Verbindung, die von Paulus dann in den Brennpunkt seiner Verkündigung gerückt wurde: Der Erfolgsgedanke ist fast in sein Gegenteil umgewandelt. Der wahrhaft Weise hat am Kreuz geendigt; wer ihn unter dem Maßstab des Erfolgs messen würde, müsste ihn als bar aller Klugheit und Weisheit beiseiteschieben, wie es bis heute geschieht. Dem Glauben erscheint er in der Unbestechlichkeit, die selbst das Kreuz annimmt, als der Triumph des wahrhaft Menschlichen durch den Triumph Gottes über die bloße Selbstgenügsamkeit des Menschen[5], in solchen Überlegungen wurde Jes 11 zu einem Grundtext der Christologie und zugleich zum zentralen Text, aus dem die Lehre vom Heiligen Geist entwickelt wurde. Bis zum heutigen Tag gehören diese Prophetenworte zum Ritual der Firmung, des christlichen Geistsakraments;

---

[5] Vgl. WILCKENS, *Weisheit und Torheit*; BAUMANN, *Mitte und Norm des Christlichen*.

Die Gabe der Weisheit

auf diese Weise definieren sie dann nicht bloß Christus und den Geist, sondern auch das christliche Lebensideal. Von da aus gilt, dass Weisheit vor allem Christusgemeinschaft voraussetzt. Sie kann nur entstehen, indem ein Mensch mit Jesus mitgeht und so allmählich seine Sehweise erlernt. Zugleich wird deutlich, wie eng die Lehre von Christus und die vom Heiligen Geist zusammenhängen. Christus ist das, was er ist, eben dadurch, dass er den Heiligen Geist in sich trägt. Und umgekehrt, was der Heilige Geist ist, kann man erkennen, indem man auf die Eigenschaften Jesu Christi hinschaut. Die Vorstellung von den sieben Gaben hat sich in der Geheimen Offenbarung fortgesetzt in der Redeweise von den sieben Geistern vor dem Thron Gottes oder auch in der Vorstellung von den sieben Leuchtern. Die Zahl Sieben gilt in der alten Zahlensymbolik ähnlich wie die Zahl Drei als eine Verstärkung der Eins; sie ist eine Form, um auf die für uns unfassbare Vielfalt eines Einzigen zu verweisen. Sie sagt in diesem Zusammenhang aus, dass wir vor allem den Heiligen Geist (anders als Vater und Sohn) nie in einer einzigen Gestalt erfassen können. Sein Besonderes zeigt sich gerade in der Vielfalt der Gestalten; wer er ist, erfahren wir, wenn wir die königlichen Eigenschaften von Weisheit, Einsicht, Rat, Tapferkeit usf. zusammenschauen und in ihrem Ineinander denken.

Mit dem bisher Gesagten ist die biblische Wurzel der christlichen Rede von der Gabe der Weisheit andeutungsweise beschrieben. Die Kirche hat aber ihre endgültige Gestalt durch den Übergang von den Juden zu den Heiden, das heißt in die griechisch-römische Kultur hinein erhalten, und so müssen wir nun auch noch einen Blick werfen auf den geistigen Strom, der von hierher ins Christliche eingemündet ist. Auch im Griechischen war, wie schon erwähnt, Weisheit zunächst Lebenstüchtigkeit; auch hier kam es mit der gleichen inneren Notwendigkeit wie in Israel zur Krise des bloßen Erfolgsdenkens und zur Frage nach Tieferem. Jene geheimnisvoll-großen Gestalten, die man in der Philosophiegeschichte die Vorsokratiker nennt, stießen in neue Tiefen vor und suchten nach der »unsichtbaren Verfügung«[6], die stärker ist als die sichtbare. Heraklit, von dem dieses Wort stammt, war es

---

[6] Fragment 54, bei DIELS, *Fragmente* 1, 162; vgl. METZ, Art. Weisheit, 807.

auch, der sich vornahm, die Vielen wegweisend zu erwecken, die da »handeln und reden wie Schlafende«[7].

Seine geschichtsprägende Gestalt hat der griechische Weisheitsgedanke aber erst bei Platon gefunden. Dieser Mann sah sich einer Krise des griechischen Staates gegenüber, die deshalb so radikal war, weil sie eine Krise der Seele, eine Krise des Menschseins überhaupt einschloss, welche in mancher Hinsicht jener tiefen seelischen Ratlosigkeit sehr ähnlich war, die heute unser Daseinsgefüge bis auf den Grund erschüttert.[8] Deswegen ist es auch heute noch und gerade heute wieder sinnvoll, diesem einzigartigen Denker zuzuhören, der zwar die Krise nicht auf Dauer zu überwinden vermochte, aber doch jene Einsichten vorgeformt hat, die im Bund mit dem Christlichen eine neue Welt gestalten konnten. Platon begegnete wie schon sein Lehrer Sokrates einer radikalen Aufklärung, deren messerscharfe Vernünftigkeit zu der Überzeugung geführt hatte, dass dem Menschen die eigentliche Wahrheit als solche ohnedies unzugänglich sei. Immer, wenn ein solcher Verzicht auf Wahrheit eintritt, gerät die Menschheit in eine äußerste Krise, weil dann das Gewissen sinnlos wird und als Maßstab nur noch dienen kann, was sich durchsetzt, also letztlich die nackte Macht. Solche Situationen treten da ein, wo eine zugespitzte Form technischen Wissens zum Maßstab des Erkennbaren überhaupt wird. Den Grad der Schlüssigkeit, den der Mensch im Bereich der Mathematik und der Technik erreichen kann, kann er hinsichtlich der letzten Fragen – wer Gott ist, was das Gute ist – zweifellos nicht gewinnen. Wo nun alles Erkennen, das nicht die Form der technischen Erkenntnis hat, zur Nicht-Erkenntnis erklärt wird, da ist die Menschheit von der Wahrheit abgeschnitten. So kann gerade die äußere Herrschaft der Wissenschaft zum Verbot der Wahrheit, zum unüberschreitbaren Verzicht auf Wahrheit werden. Man kann dann zum Beispiel nicht mehr darüber entscheiden, ob das, was Jesus gesagt hat, wahr ist, sondern nur noch darüber disputieren, ob er es gesagt hat oder nicht. Aber das ist dann letzten Endes eine müßige Frage. Unsere Wehrlosigkeit gegenüber dem geistigen Anspruch der Diktaturen und unsere see-

---

[7] Fragment 73, DIELS, *Fragmente* 1, 167.
[8] Vgl. PIEPER, *Missbrauch*; PIEPER, *Sokrates*.

Die Gabe der Weisheit

lische Zerrissenheit gründen darauf, dass wir heute in einer solchen Situation stehen: Die Weisheit, das heißt die Erkenntnis der Wahrheit selber, kann nicht im strengen Sinn wissenschaftlich werden; wenn aber nur wissenschaftliche Erkenntnis überhaupt als Erkenntnis gilt, erscheint es als eine unaufgeklärte Naivität, von der Wahrheit auch nur zu reden. Wenn es aber so ist, gibt es keine gemeinsamen Werte, die uns alle binden würden; wenn es so ist, gibt es kein Recht, sondern was jeweils Recht heißt, ist dann nur Ordnung, die von denen behauptet wird, die sich durchgesetzt haben. Zwischen der Gewalt, die im Namen des Rechts ausgeübt wird, und der Gegengewalt der Rechtsbrecher gibt es dann keinen qualitativen Unterschied mehr, und das Wort vom Rechtsstaat wird leer. Das ist unsere Situation; es war die Situation, die die sophistischen Aufklärer im Griechenland Platons geschaffen hatten. Man könnte die Situation so beschreiben: Die Herrschaft der Wissenschaft hat zu einer Krise der Weisheit geführt; das exakte Wissen verbaut durch seine Exaktheit der Weisheit den Weg, die nach den tieferen Gründen unseres Daseins fragt.

Platon hat der aufklärerischen Skepsis, die den Menschen als wahrheitsunfähig erklärte, soweit recht gegeben, dass er sagte, Weisheit im eigentlichen Sinn komme allein Gott zu. Aber weil er den Menschen für gottfähig hielt, deshalb sah er ihn nun doch aller Skepsis entgegen auf Wahrheit hin geöffnet. Der Mensch, so Platon, kann zwar Wahrheit nicht einfach besitzen, aber er kann sie lieben und auf der Suche nach ihr sein; im Griechischen heißt das: Er kann ein Philosoph sein.[9] Darin liegt die Beschränkung und die Größe des Menschen: Er ist nicht weise, aber auf der liebenden Suche nach der Weisheit. Platon hat so dem Wort Philosophie jenen großen Gehalt gegeben, durch den es zum Ziel auch der christlich denkenden und lebenden Menschen aller Jahrhunderte werden konnte. Als Philosoph steht der Mensch nach Platon zwischen Weisheit und Wahrheitslosigkeit. Der Inhalt der Weisheit aber ist das Sein selber, oder noch mehr: das Gute und das Schöne jenseits des Seins. Philosophie ist demgemäß für ihn das Sichausstrecken nach dem ewig Seienden, das Schauenlernen

---

[9] Vgl. WILCKENS, Art. σοφία A., 470 f.

Der geschaffene Mensch als Gottes Bild

auf die Wahrheit hin, das vernünftige Sich-Mühen des Geistes um den rechten Sinn.[10] Ihre Kraft ist der Eros, jene Offenheit des Menschen, die ihn nötigt, immer wieder die Grenzen des bloß Wissbaren zu überschreiten und auf das Ewige zuzugehen.

Ich glaube, es ist nicht schwer, zu erkennen, wie sich hier bei aller Unterschiedenheit der Sprache und der Lebensverhältnisse enge Berührungen mit der geistigen Bewegung des Alten Testaments ergeben. Weisheit erscheint gegenüber Wissenschaft als das Offenbleiben des Menschen für das Ganze, für den tragenden Grund des Ewigen. Sie ist mit dem Unterwegssein des Menschen identisch; sie ist geradezu jene Unruhe, die ihn immerfort zum Pilger auf das Ewige hin macht und die ihm verwehrt, sich mit weniger als mit diesem zufriedenzugeben. Sie wird von der Wissenschaft Nüchternheit, Genauigkeit, methodische Sorgfalt lernen, aber sie wird auch wissenschaftskritisch in dem Sinn sein, dass sie die Selbstgenügsamkeit der Wissenschaft kritisiert, ihre Grenzen und Fraglichkeiten aufdeckt und die Logik des Ewigen, des Göttlichen ihr gegenüber mit Nachdruck zur Sprache bringt. Ihr Anspruch kann freilich im rein Intellektuellen nicht eingelöst werden, denn wo der Eros auf das Ewige nicht gelebt wird, da kann auch die ihm zugehörige Erkenntnis nicht aufgehen; ohne Experiment keine Einsicht, das gilt auch hier, im Bereich des Menschseins. Nur das Experiment mit Gott kann auch die Erkenntnis mit Gott fördern. Weisheit, die solches sagt, wird damit nicht arational oder gar antirational, sondern sie stellt erst die Einheit des Menschen her: Wo Rationalität auf die exakte Wissenschaft beschränkt wird, da wird alles, was so nicht zu fassen ist, der nackten Irrationalität überantwortet, und das ist das allermeiste des Menschen. So kommt es dann gerade in einer total rationalisierten Welt zu einer gespenstischen Diktatur des unkontrolliert Irrationalen. Wo aber im Eros zum Ewigen Erkenntnis und Liebe verschmelzen, da leuchtet in die Liebe die Nüchternheit des Rationalen hinein und da empfängt das Rationale Befruchtung und Wärme von der Tiefe des Geistes her, in dem Wahrheit und Liebe ungeschieden dasselbe sind.

---

[10] Vgl. PLATON, *Hor* 414 b (ed. Burnet 5/2, 414 b) – eine treffende Zusammenfassung der platonischen Lehre vgl. WILCKENS, Art. σοφία A., 471.

Die Gabe der Weisheit

Wieder hat uns eine geschichtliche Frage unmittelbar in das Gespräch über die Sache selber geführt. Wir müssen zum Abschluss noch einen dritten Stollen in die Räume der Geschichte graben, um möglichst vollständig Sinn und Gehalt des Wortes Weisheit vor den Blick zu bekommen. Unsere Frage lautet jetzt, das Bisherige zusammenfassend: Wie haben sich biblisches und christliches Erbe in der Geschichte der Christenheit miteinander verschmolzen? Zu welchen Aussagen hat diese Verschmelzung geführt? Dieses Problem ist angesichts des Reichtums von zweitausend Jahren christlicher Überlieferung auf wenigen Seiten auch nicht von ferne auszumessen. Nur ein paar zufällig herausgegriffene Andeutungen können versucht werden. Vielleicht kann man davon ausgehen, dass im rabbinischen Judentum, also etwa in der Zeit Jesu, sich eine eigentümliche Verengung des Weisheitsgedankens abspielt, die freilich den Vorzug hatte, dass das Ganze nun sehr praktisch, sehr realistisch wurde. So wird von Rabbi Hillel der Wahlspruch überliefert: »Mehr Thora, mehr Leben; mehr Schule, mehr Weisheit [...], mehr Beratung, mehr Einsicht [...]; mehr Wohltätigkeit, mehr Frieden«[11]. Hier wird vorausgesetzt, dass in der Thora, das heißt im alttestamentlichen Gesetz, die Weisheit Wortgestalt angenommen hat. Weisheit ist also mit Thora-Erkenntnis und -Befolgung identisch. »Der ›Weise‹ ist der vollendete und anerkannte Thoragelehrte, der ordinierte Rabbi.«[12] In dieser letzten Aussage liegt nun freilich eine auch vom Ausgangspunkt her bedenkliche Verengung: Die Thora zielt ja nicht auf Wissen, sondern auf Tun. So müsste als weise nicht einfach der geprüfte Thora-Kenner gelten, sondern der, in dem Erkennen und Tun eins geworden sind. Eine Umschmelzung dieser Ansätze ins Christliche lag schon deshalb nahe, weil bereits in sehr alter Überlieferung, in der sogenannten Logienquelle, Worte der Weisheit in Jesu Mund gelegt wurden von der Vorstellung her, dass Jesus die unter den Menschen sprechende Weisheit Gottes war.[13] Diese Personalisierung der Weisheit in der Gestalt Jesu war dadurch vorbereitet, dass in späten Büchern des Alten Testaments

---

[11] WILCKENS, Art. σοφία C., 505.
[12] WILCKENS, Art. σοφία C., 505 f.
[13] Vgl. WILCKENS, Art. σοφία E., 516.

im Anschluss an ägyptische Vorbilder die Weisheit Gottes wie eine selbstständige Person dargestellt wurde.[14] Was innerhalb des Alten Testaments nur wie eine spielerische Redensart erscheinen musste, gewinnt angesichts der Gestalt Jesu eine unerwartete Realitätstiefe. Die Weisheit Gottes ist Person und ist doch Gott; in dem Menschen Jesus begegnet die Weisheit Gottes persönlich, unverstellt und rein. Wenn es so ist, dann führt zur Weisheit nicht mehr bloß der komplizierte Weg der philosophischen Vernunft, wie Platon ihn im Ringen mit den Sophisten aufgestoßen hatte. Nein, die Weisheit verliert dann alles Elitäre, sie wird ganz einfach: Dann ist der Glaube, der mich mit Jesus verbindet, die Weisheit, die allen, gerade auch den Einfachen offensteht. Der rabbinische Gedanke von der Thora als der Wort gewordenen Weisheit ist hier aufgenommen und durch seine Verbindung mit der Gestalt Jesu Christi von jeder nationalen oder schulmäßigen Begrenzung befreit: Wer an Jesus glaubt, der ist sozusagen in das Denken und Urteilen der Weisheit eingetreten; der handelt nicht mehr wie ein Schlafender im Vordergründigen und Zwielichtigen des Augenblicks, sondern der ist wach geworden und lebt vom Grunde her, wie einfach auch sonst der Zuschnitt seines Wissens sein mag. Für Augustinus war dies geradezu die entscheidende Entdeckung seines Lebens: Die Philosophie Platons war elitär und letzten Endes auch in ihren höchsten Aussagen hypothetisch geblieben; der Glaube an den Mensch Gewordenen öffnete den Königsweg der Philosophen allen Menschen und machte ihn zu einem wirklichen Weg.[15] Auf der Linie solcher Einsicht hat Bonaventura angesichts einer tiefgläubigen alten Frau zu seinen verwunderten Brüdern gesagt, dass diese Frau letzten Endes mehr an Weisheit habe als große Gelehrte. Er wiederholte damit auf seine Weise eine Erfahrung Augustinus', der in den letzten Monaten seines Ringens um den Zugang zum Christlichen mit betroffenem Erstaunen feststellte, dass seine Mutter, diese einfache Frau ohne schulische Bildung, auf dem Gipfel der Philosophie stehe mit der Kraft ihrer Urteilsfähigkeit, mit der ruhigen Einfachheit ihres Lebens von

---

[14] Vgl. FOHRER, Art. σοφία B., 490 ff.; RAD, *Weisheit in Israel*, besonders 189–228.
[15] Vgl. RATZINGER, *Volk und Haus Gottes*, 61–71.

Die Gabe der Weisheit

der Mitte her.[16] Auf derselben Linie liegt schließlich auch Thomas von Aquin mit seiner Bemerkung, dass die Liebe dem Menschen zum Auge werde, das ihn sehen lässt.[17] Obwohl damit die Begriffe Glaube und Weisheit aufs Engste ineinander verschränkt waren, ist es doch zu keiner vollständigen Gleichsetzung von beidem gekommen. Der Glaube ist die Tür zur Weisheit und kann in einem weiteren Sinn auch als Weisheit bezeichnet werden; aber natürlich gibt es Stufen des Erlebens in den Glauben und des Einsehens in seine Wahrheit hinein. Deshalb kann nun doch Weisheit im engeren Sinn als eine Gabe vom Glauben unterschieden werden; es gibt daher auch einerseits Weisheit des Nichtchristen und andererseits christliche Weisheit, die sich von der Durchschnittsgläubigkeit abgrenzen lässt. Was macht nun das Besondere der Weisheit in christlicher Sicht aus? Darauf sind im Lauf der Geschichte zahlreiche Antworten versucht worden; nur eine davon möchte ich an dieser Stelle noch skizzieren. Augustinus hat das alttestamentliche Thema der Geistgaben, das inzwischen mit der Gestalt Jesu Christi, des wahren Königs aus Davids Stamm, verbunden worden war, dadurch noch zusätzlich in neutestamentliche Beleuchtung zu bringen versucht, dass er es mit den acht Seligkeiten der Bergpredigt verband, die übrigens in seiner Anordnung des biblischen Textes auch nur in der Siebenzahl erschienen. Zwischen den Seligpreisungen Jesu und den Gaben des Geistes sieht er eine innere Entsprechung; sie beleuchten sich gegenseitig und lassen in ihrem Miteinander das Leben vom Heiligen Geist her in seinen Auswirkungen und Gestalten deutlicher fassbar erscheinen. Auch wenn man diese Kombination heute nicht als wissenschaftlich angemessene Bibelauslegung betrachten kann, so ist ihr Grundgedanke doch richtig: Es gibt eine innere Einheit des geistlichen Lebens, und die Worte des Herrn können schließlich kein anderes Daseinsmuster entwerfen, als es auch in der Beschreibung der inneren Fülle des Heiligen Geistes angelegt ist. So sind die Entsprechungen, die Augustinus hier gefunden hat, zunächst

---

[16] Vgl. Augustinus, *Ord* I 11, 32 (PL 32, 994). Zu Bonaventura Gilson, *Bonaventura,* 105–136.
[17] Vgl. Thomas von Aquin, III *Sent* d35 q1 a2 (ed. Moos, 1177); vgl. Metz, Art. Weisheit, 809.

Der geschaffene Mensch als Gottes Bild

Lichter auf sein eigenes Verstehen der Einheit und Vielgestalt des christlichen Lebens. Als Frucht eines nicht nur im Denken, sondern auch im Leben, Lieben und Leiden bewährten Umgangs mit dem biblischen Wort sind sie aber darüber hinaus bleibende Erhellungen geistlicher Wirklichkeit. Welcher der acht Seligkeiten lässt nun Augustinus die Gabe der Weisheit entsprechen? Sie klingt nach ihm zusammen mit dem Wort »Selig die Friedensstifter, denn sie werden Söhne Gottes genannt werden« (Mt 5,9).[18] Auf den ersten Blick muss es überraschend erscheinen, dass hier die Weisheit nicht mit der Beschauung des Ewigen verbunden wird, auf die das Wort vom Gottschauen des reinen Herzens verweist. Sie steht demgegenüber ganz praktisch, erdbezogen da: Das Werk der Weisheit ist der Friede. Gerade weil Weisheit Vordringen bis zum Grunde ist, Eintreten in die Perspektive Gottes, in seinen Geist, gerade darum ist sie nichts bloß Privates und Innerliches, sondern Teilhabe am messianischen Tun: Meinen Frieden gebe ich euch. Thomas hat dies, durchaus auf dem Boden Augustins, damit begründet, dass nur die Unbestechlichkeit des Weisen die wahre Ordnung der Dinge zu erfassen und so jedem sein Recht zu geben vermöge: Friede kann letztlich nur aus seinsgemäßem Handeln kommen, und dieses setzt Reinigung des Herzens voraus; jene Weisheit, die wir von Jesaja her als Teilhaben an Gottes Sehweise auf die Dinge und die Menschen hin verstehen lernten.[19] Damit aber schließt sich der Kreis unserer Gedanken. Das Verlangen nach Weisheit hatte in Israel und in Griechenland seine tiefste Gestalt gefunden angesichts einer zuchtlosen Herrschaft, die den Frieden zerstörte und das Miteinander der Menschen unmöglich machte. Gerade das Praktische, die alltägliche Verträglichkeit der Menschen, ruft nach dem Allertiefsten, nach einem Sehen und Handeln von Gott her. Deshalb ist der Friede eine messianische Gabe, die letztlich nur der geben kann, der Gottes Geist in seiner ganzen Fülle trägt. Deshalb aber gilt auch, dass Weisheit nicht der private Luxus einiger versponnener Geister ist,

---

[18] AUGUSTINUS, *Serm dom m* I 4, 11 (PL 34, 1235). Zur Weisheitslehre Augustins überhaupt besonders AUGUSTINUS, *Trin* XIII 19, 24, (BAug 16, 332–336). Vgl. SÖHNGEN, *Wissenschaft und Weisheit*.

[19] Vgl. THOMAS VON AQUIN, *Sth* II-II q45 a6 (ed. Leonina VIII, 344).

sondern die messianische Gabe, um die allzeit gerungen und gebetet werden muss, damit wenigstens etwas vom Frieden der Endzeit in dieser Welt verwirklicht und so wahrhaft menschliches Leben ermöglicht wird. Darum geht es, wenn die Kirche von Gott unter den sieben Gaben des Heiligen Geistes das Geschenk der Weisheit erfleht.

Freiheit als zentrale Wirklichkeit

Vorwort zu: Fernando Ocáriz, *Naturaleza, gracia y gloria* (= BTeo 24), Pamplona 2000

»Die ganze Schöpfung ›wartet sehnsüchtig auf das Offenbarwerden der Söhne Gottes‹ (Röm 8,19), derjenigen nämlich, die er ›im Voraus erkannt hat‹ und so auch ›dazu bestimmt, an Wesen und Gestalt seines Sohnes teilzuhaben‹ (Röm 8,29). So ergibt sich für die Menschen eine übernatürliche ›Annahme an Sohnes statt‹, deren Ursprung der Heilige Geist ist, als göttliche Liebe und Gabe. *Als solcher wird er den Menschen geschenkt.* Und in der *Überfülle der ungeschaffenen Gabe* hat im Herzen jedes Menschen jene besondere *geschaffene Gabe* ihren Anfang, durch welche die Menschen ›an der göttlichen Natur Anteil erhalten‹ (2 Petr 1,4). So wird das Leben des Menschen durch Teilhabe vom göttlichen Leben durchwirkt und erhält dadurch auch selbst eine göttliche, übernatürliche Dimension. In diesem *neuen Leben* als Teilhabe am Geheimnis der Menschwerdung ›haben die Menschen [...] im Heiligen Geist Zugang zum Vater‹ (Eph 2,18).« Diese Worte von JOHANNES PAUL II. in der Enzyklika *Dominum et vivificantem* (Nr. 52) bilden das Kernstück der christlichen Anthropologie, sie bringen den trinitarischen Realismus zur Geltung, mit dem das Neue Testament von der neuen Schöpfung in Christus zu uns spricht.

Der Eine und Dreieine Gott ist für uns ein unergründliches Geheimnis, nicht nur in der Fülle seines unendlichen Seins, sondern auch in Bezug auf sein Handeln in der Welt, in der Kirche und in jedem Menschen. Die göttliche Dreifaltigkeit ist in ihrem Wirken *ad extra* – wie der hl. Augustinus es ausdrückte – »unteilbar« [vgl. z.B. AUGUSTINUS, *De Trin* I 4, 7 (PL 42, 824)]: Das gesamte Wirken Gottes *ad extra* ist dem Vater, dem Sohn und dem Heiligen Geist gemeinsam. Doch diese erforderliche Aussage über die innere Einheit des göttlichen Wirkens *ad extra* darf nicht dazu

Freiheit als zentrale Wirklichkeit

führen, dass man die theologische Perspektive auf die Grenzen der »Appropriationen« reduziert. Es geht nicht an, alles, was uns in der Offenbarung über das Wirken des Vaters, des Sohnes und des Heiligen Geistes mitgeteilt wird, so zu betrachten, als bestünde es nur darin, der einen oder anderen der göttlichen Personen Handlungen zuzueignen oder zuzuschreiben, die in Wirklichkeit der ganzen Trinität gemeinsam sind. Zugleich aber muss man auch eine unsachgemäße »zu-sehr-trinitarische« Perspektive meiden, die dazu führen würde, die Einheit des göttlichen Wirkens *ad extra* nicht zu sehen und so ebenfalls eine Dimension des Geheimnisses auszublenden.

In den Kapiteln des Buches, die unmittelbar diesen Themen gewidmet sind, werden Elemente vorgelegt, die von hohem Interesse und Anspruch für die spekulative Vertiefung in den zentralen Aspekten des übernatürlichen (trinitarischen) Inhalts der christlichen Anthropologie sind. Insbesondere ist es wichtig zu erwägen, dass sich die unendliche göttliche Wirksamkeit in besonders wunderbarer Weise offenbart, wenn sie nicht auf die Hervorbringung einer »Gott äußerlichen« Wirkung »abzielt«, sondern auf die Teilhabe der geschaffenen Person am trinitarischen Leben. Diese »Einführung« einer an sich nicht göttlichen Realität in das Leben der Trinität ist in hervorstechender Weise in der Aufnahme der Menschheit Jesu Christi in die Person des Sohnes Gottes Wirklichkeit geworden, und sie wird auf verschiedene Weise auch im Leben der Kirche und in der Heiligung der Menschen Wirklichkeit. In dieser Ordnung übernatürlicher Wirklichkeiten führt die Trinität die menschliche Person in ihr Innerstes ein, indem sie sie mit der unendlichen Liebe – dem Heiligen Geist – vereinigt, die die erste und grundlegende Gottesgabe ist. Und in den verschiedenen Offenbarungen dieses Geheimnisses – das, aus einer anderen Perspektive betrachtet, das der »unsichtbaren Sendungen« der göttlichen Personen ist – ereignet sich in der Schöpfung eine Dynamik der Vergöttlichung: »zum Vater im Sohn durch den Heiligen Geist«. Dieser Weg wird seinen Höhepunkt erst am Ende der Zeiten mit der Verherrlichung des Leibes der Heiligen und des gesamten materiellen Universums in dem neuen Himmel und der neuen Erde erreichen.

Auf der Ebene der Existenz und des Handelns ist die Freiheit, in ihrer christlichen Ursprünglichkeit, die zentrale Wirklichkeit, die just in der Daseinsbedingung als Kinder Gottes in Christus durch den Heiligen Geist wurzelt. Es geht dabei nicht um den antiken Begriff der Freiheit (der griechischen *eleutheria*) als faktischer Gegenpol zum Status des Sklaventums oder der Knechtschaft, auch nicht einzig um die authentische Freiheit in der Schöpfungsordnung (das aristotelische *liber est qui est causa sui*, das Thomas von Aquin aufgenommen und überboten hat [vgl. z. B. Thomas von Aquin, *ScG* III 112 (ed. Leonina XIV, 356)]) und auch nicht um das reduzierende »Tunkönnen« der Aufklärung. Es geht vielmehr um die »Freiheit, zu der Christus uns befreit hat« (Gal 5,1), welche die Freiheit der Kinder und Erben Gottes ist (vgl. Gal 4,5–7); daher ist sie also Gabe des Heiligen Geistes. Die Verbindung oder gegenseitige Zugehörigkeit von Freiheit und übernatürlicher Liebe – Teilhabe an der unendlichen Liebe, die der Heilige Geist ist – fördert in hohem Maß das Verständnis der christlichen Freiheit, welche sich nicht als Willkür oder Indifferenz äußert, sondern als *Höhe des Seins*, in der Wahrheit (Christus) durch die Liebe (den Heiligen Geist). Im Gebrauch dieser Freiheit schreiten die Kinder Gottes auf die Heiligkeit zu, zu der sie alle berufen sind. Diese Heiligkeit, welche eben Hohepunkt der Gotteskindschaft ist, verwirklicht sich *in Ecclesia*, in der Einheit *(koinonia: Communio-Teilhabe)* des Leibes Christi. Und sie verwirklicht sich nicht nur oder hauptsächlich in außerordentlichen Situationen oder Aktionen, sondern mittels der Heiligung des Alltäglichen: der Alltagsarbeit, der familiären und sozialen Beziehungen. Prof. Fernando Ocáriz handelt in seinem Buch sehr eingehend von diesen und vielen anderen Themen.

In seiner thematischen Vielfalt weisen die verschiedenen Teile des Buches unter anderem eine Charakteristik auf, deren die heutige Theologie besonders bedarf: den metaphysischen Horizont. Mit den Worten der Enzyklika *Fides et ratio* (Nr. 83): »Die Metaphysik stellt sich [...] als bevorzugte Vermittlung in der theologischen Forschung dar. Einer Theologie ohne metaphysischen Horizont würde es nicht gelingen, über die Analyse der religiösen Erfahrung hinauszutreten; außerdem würde sie es dem *intellectus fidei* unmöglich machen, den universalen und transzendenten Wert der geoffenbarten Wahrheit auf kohärente Weise zum Aus-

Freiheit als zentrale Wirklichkeit

druck zu bringen.« Im Gang dieses Buches kommt klar heraus, dass der metaphysische Begriff von *Partizipation* ein wirksames Werkzeug für eine theologische Besinnung über unsere Gotteskindschaft ist. Dieser Begriff erweist sich als höchst leistungsfähig, wenn es um die spekulative Vertiefung in der Erforschung der Natur und der Person, der Gnade und der Glorie geht, denn er erlaubt es, den Seinsakt der menschlichen Person als Teilhabe am göttlichen Sein und in seinem Charakter als *transzendentale Vermittlung* zwischen dem Endlichen und dem Unendlichen, als *Ort der Kommunikation* zwischen dem Natürlichen und dem Übernatürlichen zu begreifen.

In diesem »Schritt über die Analyse der religiösen Erfahrung hinaus« verfällt die metaphysische Vermittlung nicht in die Engführungen des Rationalismus. Mehr noch: Sie selbst führt zu der Überzeugung, dass immer ein Moment kommt, auch in der theologischen Arbeit, in dem die vernünftigste Haltung in der anbetenden, schweigenden Kontemplation vor dem Geheimnis Gottes und unseres Lebens in Ihm besteht. Die kontemplative Dimension muss in der Tat während des gesamten Vorgehens der Theologie zugegen sein, und sie wird tiefer zugänglich, wenn wir als Theologen auf das Wort der Heiligen hören. In den in diesem Band vereinten Beiträgen von Mons. Ocáriz ist der Reichtum sichtbar, der zur Voraussetzung hat, dass eine seiner primären Inspirationsquellen die Lehre von Josemaría Escrivá de Balaguer y Albás über die universale Berufung zur Heiligkeit, über die Gotteskindschaft des Christen und über die Heiligung der Arbeit gewesen ist.

Rom, 7. Oktober 1999

Grundfragen des Menschseins

»Seht, das ist der Mensch« (Joh 19,5)

Warum diesem Drama
weiterhin eine öffentliche Stimme verleihen?

Einer verbreiteten öffentlichen Meinung wohlmeinender Menschen mag es übertrieben und unangebracht – ja geradezu ärgerlich – erscheinen, dass weiterhin das Problem der Achtung des gerade erst empfangenen und noch nicht geborenen Lebens als entscheidende Frage aufgeworfen wird. Sollte man jetzt nicht – nach den hitzigen Debatten über die Legalisierung der Abtreibung, die in den letzten 15 Jahren in fast allen westlichen Ländern stattgefunden haben – die Frage als gelöst betrachten und es vermeiden, nunmehr überwundene ideologische Auseinandersetzungen wiederzubeleben? Warum sollen wir uns nicht damit abfinden, diesen Kampf verloren zu haben, und unsere Energien stattdessen Initiativen widmen, die die Gunst eines größeren gesellschaftlichen Konsenses finden können?

Wenn man an der Oberfläche der Dinge bleibt, könnte man davon überzeugt sein, dass die rechtliche Genehmigung von Abtreibungen in unserem Privatleben und im Leben unserer Gesellschaften im Grunde wenig verändert hat. Im Grunde scheint alles genauso weiterzulaufen wie bisher. Jeder kann sich nach seinem Gewissen richten: Wer nicht abtreiben will, wird dazu nicht gezwungen. Wer, mit Billigung eines Gesetzes, abtreibt, würde – sagt man – es vielleicht sowieso tun. Alles geschieht in der Stille eines Operationssaals, was zumindest Umstände für eine gewisse Sicherheit des Eingriffs garantiert: Für den Fötus, der nie das Licht der Welt erblicken wird, ist das so, als ob es ihn nie gegeben hätte. Wer bemerkt das? Warum soll man dem Drama weiterhin öffentlich Ausdruck verleihen? Ist es nicht vielleicht besser, es in der

Der geschaffene Mensch als Gottes Bild

Stille des Gewissens der einzelnen Beteiligten begraben sein zu lassen?

Es gibt im Buch Genesis eine Stelle von großer Aussagekraft für unser Thema. Es handelt sich um den Segen, den Gott, der Herr, Noach und seinen Söhnen nach der Sintflut erteilt; in diesem Segen werden jene Gesetze, die allein nach der Sünde die Fortsetzung des Lebens für die Menschheit garantieren können, für immer wiederhergestellt. Die Schöpfung, die aus den Händen Gottes vollkommen hervorgegangen war, wurde einbezogen in die Unordnung und Degeneration, die auf den Fall der Ureltern folgten. Gewalt und grenzenlose wechselseitige Tötungen hatten sich in der Welt verbreitet und den Frieden eines geordneten gesellschaftlichen Lebens in Gerechtigkeit unmöglich gemacht. Nun, nach der großen Reinigung der Sintflut, legt Gott den Bogen seines Zorns nieder und umarmt die Welt wieder in seiner Barmherzigkeit und zeigt ihr im Blick auf die künftige Erlösung die wesentlichen Normen für das Überleben auf: Des Menschen Blut darf nicht vergossen werden, denn als Bild Gottes ist er geschaffen (vgl. Gen 9,6). Mit diesen Worten beansprucht Gott das Leben des Menschen als seinen ihm eigenen Besitz: Es bleibt unter seinem direkten und unmittelbaren Schutz. Es ist »heilig«. Das Blut des Menschen, das vergossen wird, schreit zu ihm (vgl. Gen 4,10), weil der Mensch nach seinem Bild und Gleichnis geschaffen ist. Die Autorität der Gesellschaft und in der Gesellschaft ist von Ihm festgelegt, genau deshalb, um die Achtung dieses Grundrechts zu gewährleisten, das durch das böse Herz des Menschen gefährdet ist.

Die Anerkennung der Heiligkeit des menschlichen Lebens und seiner Unverletzlichkeit ohne Ausnahme ist daher kein geringfügiges Problem oder ein Thema, das in Bezug auf den Pluralismus der in der modernen Gesellschaft vorhandenen Meinungen als relativ angesehen werden könnte. Der Text der Genesis orientiert unsere Reflexion in zweifachem Sinn, der den beiden Dimensionen der Fragen entspricht, die wir uns am Anfang gestellt haben: 1) Es gibt keine »geringfügigen Morde«: Die Achtung jedes menschlichen Lebens ist eine wesentliche Voraussetzung für ein gesellschaftliches Leben, das diesen Namen verdient; 2) wenn der Mensch in seinem Bewusstsein den Respekt vor dem Leben als

278

»Seht, das ist der Mensch« (Joh 19,5)

etwas »Heiliges« verliert, dann verliert er unweigerlich seine eigene Identität.

Das Recht des Stärkeren – die Stärke des Rechts

In den heutigen pluralistischen Gesellschaften, in denen unterschiedliche religiöse, kulturelle und ideologische Orientierungen nebeneinander bestehen, wird es immer schwieriger, eine gemeinsame Basis von Werten zu garantieren, die von allen geteilt werden und eine ausreichende Grundlage für die Demokratie bilden. Andererseits gibt es eine ziemlich weit verbreitete Überzeugung, dass man von einem Minimum an anerkannten und verankerten moralischen Werten im gesellschaftlichen Leben nicht absehen kann; aber wenn es sich darum handelt, sie durch Aushandeln im Konsens festzulegen, der auf der gesellschaftlichen Ebene gefunden werden muss, reduziert sich ihre Konsistenz immer mehr. Ein einziger Wert erscheint unbestritten und unbestreitbar, sodass er zum Filter der Auswahl für die anderen wird: das Recht der individuellen Freiheit, sich ohne Auflagen auszudrücken, zumindest solange es das Recht eines anderen nicht verletzt.

Und so wird auch das Recht auf Abtreibung als konstitutiver Teil des Freiheitsrechts beansprucht: als Freiheit für Frauen, für Männer und für die Gesellschaft. Die Frau hat das Recht, ihren Beruf weiter auszuüben, ihren Ruf zu wahren, eine bestimmte Lebensgestaltung aufrechtzuerhalten. Der Mann hat das Recht, über seinen Lebensstandard zu bestimmen, Karriere zu machen, sich an seiner Arbeit zu freuen. Die Gesellschaft hat das Recht, das zahlenmäßige Niveau der Bevölkerung zu kontrollieren, um den Bürgern durch eine ausgewogene Verwaltung der Ressourcen, der Beschäftigung usw. ein umfassendes Wohlergehen zu garantieren. Alle diese Rechte sind real und begründet. Niemand bestreitet, dass manchmal die konkrete Lebenssituation, in der die Wahl der Abtreibung reift, dramatisch sein kann. Tatsache ist jedoch, dass die Ausübung dieser realen Rechte zum Nachteil des Lebens eines unschuldigen Menschen beansprucht wird, dessen Rechte überhaupt nicht berücksichtigt werden. Auf diese Weise werden wir blind für das Recht auf Leben eines anderen, des Kleinsten und Schwächsten, derer, die keine Stimme haben. Die Rechte einiger werden behauptet auf Kosten des Grundrechts auf Leben eines anderen. Jede Legalisierung von Abtreibung impliziert daher den Gedanken, dass es das Recht des Stärkeren ist, das dem Gesetz zugrunde liegt.

So werden – für die meisten unbeabsichtigt, aber real – die Grundlagen der Demokratie, die auf der Grundlage der Ordnung der Gerechtigkeit basiert, untergraben. Die Verfassungen der westlichen Länder – das Ergebnis eines komplexen Prozesses kultureller Reifung und jahrhundertelangen Ringens – gründen auf der Idee einer Ordnung der Gerechtigkeit, auf dem Bewusstsein einer grundlegenden Gleichheit aller in der menschlichen Gemeinschaft. Gleichzeitig bringen sie das Bewusstsein für die tiefe Ungerechtigkeit zum Ausdruck, die darin besteht, die realen, aber sekundären Interessen einiger über die Grundrechte anderer zu stellen.

Die *Allgemeine Erklärung der Menschenrechte,* die 1948 von fast allen Ländern der Welt nach der schrecklichen Prüfung des Zweiten Weltkriegs unterzeichnet wurde, drückt auch in ihrem Titel in vollem Umfang aus, dass die Menschenrechte (wovon eben das Recht auf Leben das grundlegende Recht ist) dem Menschen *von Natur aus* zustehen, dass der Staat sie *anerkennt,* aber nicht verleiht, dass sie *allen* Menschen als Menschen zustehen und nicht aufgrund anderer sekundärer Merkmale, die andere nach ihrem Gutdünken bestimmen könnten. Es versteht sich dann, dass ein Staat, der sich das Recht anmaßt, zu bestimmen, wem die Rechte zustehen oder nicht zustehen, der folglich einigen die Macht zuerkennt, das Grundrecht anderer auf Leben zu verletzen, dem demokratischen Ideal widerspricht, auf das er sich weiterhin beruft, und dass er die Grundlage untergräbt, auf der er steht. Indem er faktisch hinnimmt, dass die Rechte der Schwächsten verletzt werden, nimmt er auch hin, dass das Recht des Stärkeren über die Stärke des Gesetzes obsiegt.

»Seht, das ist der Mensch« (Joh 19,5)

»*Ecce homo*«

Aber über das rechtliche Problem hinaus besteht, auf einer grundlegenderen Ebene, das moralische Problem, das sich im *Herzen* eines jeden von uns meldet, in jener erneuerten Innerlichkeit, in der die Freiheit sich für das Gute oder Böse entscheidet. Ich habe vorhin gesagt, dass es bei der Entscheidung für die Abtreibung notwendigerweise einen Moment gibt, in dem man zulässt, für das Recht auf Leben des eben empfangenen Kindes blind zu werden. Das moralische Drama, die Entscheidung für das Gute oder das Böse, beginnt beim Blick, mit der Wahl, das Gesicht des anderen anzusehen oder nicht anzusehen. Warum lehnt man heute fast einstimmig den Kindermord ab, während man gegenüber Abtreibungen nahezu unempfindlich geworden ist? Vielleicht nur deshalb, weil man bei der Abtreibung nicht das Gesicht derer sieht, die dazu verurteilt werden, nie das Licht der Welt zu erblicken. Viele Psychologen haben festgestellt, dass bei Frauen, die abzutreiben beabsichtigen, die spontanen Fantasien einer Mutter in Erwartung, die dem Kind einen Namen gibt, die sich sein Gesicht und die Zukunft vorstellt, unterdrückt werden … Und genau diese verdrängten und unterdrückten Fantasien kehren dann oft als ungelöste Schuldgefühle zurück und quälen das Gewissen.

Das Gesicht des anderen ist aufgeladen mit einem Appell an meine Freiheit, ihn anzunehmen und für ihn Sorge zu tragen, ihn in seiner ihm eigenen Bedeutung zu bestätigen und nicht nach Maßgabe der Übereinstimmung mit meinem Interesse. Die moralische Wahrheit, als Wahrheit des einzigartigen und unwiederholbaren Wertes der Person, die nach dem Bild Gottes geschaffen ist, ist eine Wahrheit, die beladen ist mit dem Anspruch an meine Freiheit. Die Entscheidung, der Person ins Gesicht zu blicken, heißt entscheiden, mich zu bekehren, mich herausfordern zu lassen, aus mir herauszugehen und für den anderen Platz zu schaffen. Deshalb hängt auch die Evidenz des moralischen Wertes zu einem guten Teil von einer stillen Entscheidung der Freiheit ab, die zulässt zu sehen und daher provoziert zu werden und sich zu ändern.

In seinem Vorwort zu dem bekannten Buch des französischen Biologen Jacques Testart, *L'oeuf transparent*[a], stellt sich der Philosoph Michel Serres (offenbar ein Ungläubiger), der sich mit der Frage des Respekts vor dem menschlichen Embryo beschäftigt, die Frage: »Wer ist der Mensch?«[b] Er stellt fest, dass es in Philosophie und Kultur keine eindeutigen und wirklich zufriedenstellenden Antworten gibt. Er bemerkt jedoch, dass wir, obwohl wir keine genaue theoretische Definition des Menschen haben, immerhin in der Erfahrung des konkreten Lebens sehr wohl wissen, wer der Mensch ist. Wir wissen es vor allem, wenn wir uns jemandem gegenübersehen, der leidet, der Opfer der Macht ist, der wehrlos und zum Tode verurteilt ist: »*Ecce homo!*« Ja, dieser Ungläubige gibt genau den Satz des Pilatus wieder, der gegenüber Jesus – entblößt, gegeißelt, mit Dornen gekrönt und nun zum Tod am Kreuz verurteilt – alle Macht hatte: Wer ist der Mensch? Er ist der Schwächste und Wehrloseste, derjenige, der weder Macht noch Stimme hat, um sich zu verteidigen, derjenige, an dem wir vorbeigehen können im Leben und so tun können, als würden wir ihn nicht sehen. Derjenige, dem wir unser Herz verschließen und von dem wir sagen können, dass es ihn nie gegeben hat.

Und so kehrt spontan eine andere Stelle des Evangeliums ins Gedächtnis zurück, die auf eine solche Definitionsanfrage antworten wollte: »Wer ist mein Nächster?« Wir wissen: Um zu erkennen, wer unser Nächster ist, müssen wir zulassen, uns zum Nächsten zu machen, das heißt: Stehenbleiben, vom Pferd steigen, sich dem nähern, der es braucht, sich um ihn zu kümmern. »Was du dem Geringsten meiner Brüder getan hast, wird mir getan worden sein« (Mt 25, 40).

Der Blick auf den anderen bewahrt
die Wahrheit und die Würde des Menschen

Ich möchte Ihnen eine Stelle eines großen italienisch-deutschen Denkers, Romano Guardini, vorstellen:

---

[a] Vgl. Testart, *Das transparente Ei*.
[b] Serres, *Geleitwort*.

282

»Seht, das ist der Mensch« (Joh 19,5)

»Nicht deshalb ist der Mensch unantastbar, weil er lebt und daher ein ›Recht auf Leben‹ hat. Ein solches Recht hätte auch das Tier, denn das lebt ebenfalls [...]. Sondern: das Leben des Menschen darf nicht angetastet werden, weil er Person ist. [Die] Person [...] ist nicht psychologischer, sondern existentieller Natur. Grundsätzlich hängt sie weder am Alter, noch am körperlich-seelischen Zustand, noch an der Begabung, sondern an der geistigen Seele, die jedem Menschen eignet. Die Personalität kann unbewusst sein, wie beim Schlafenden; trotzdem ist sie da und muss geachtet werden. Sie kann unentfaltet sein wie beim Kinde; trotzdem beansprucht sie bereits den sittlichen Schutz. Es ist sogar möglich, dass sie überhaupt nicht in den Akt tritt, weil die physisch-psychischen Voraussetzungen dafür fehlen, wie beim Geisteskranken [...]; dadurch unterscheidet sich aber der gesittete Mensch vom Barbaren, dass er sie auch in dieser Verhüllung achtet. So kann sie auch verborgen sein wie beim Embryo, ist aber in ihm bereits angelegt und hat ihr Recht. Diese Personalität gibt dem Menschen seine Würde. Sie unterscheidet ihn von der Sache und macht ihn zum Subjekt. [...] Man behandelt etwas als Sache, indem man es besitzt, gebraucht, letztlich, indem man es zerstört, das heißt aber beim Lebendigen: es tötet. Das Verbot, den Menschen zu töten, bildet die äußerste Zuspitzung des Verbotes, ihn als Sache zu behandeln.«[c]

Es ist so auch klar, dass der Blick, den auf den anderen zu richten ich mich freimütig entscheide, über meine eigene Würde entscheidet. Auf dieselbe Weise, wie ich zulassen kann, den anderen auf eine Sache zu reduzieren, die gebraucht und zerstört werden kann, muss ich die Konsequenzen meiner Art des Blicks akzeptieren, Konsequenzen, die sich auf mich auswirken. Ebenso muss ich die Folgen meiner Sichtweise akzeptieren, die mich betreffen. »Mit welchem Maß ihr messt, werdet ihr gemessen werden« (Mt 7,2). Der Blick, den ich auf den anderen richte, entscheidet über meine Menschlichkeit. Ich kann ihn einfach als Sache behandeln und so seine und meine Würde vergessen, vergessen, dass er und ich Abbild und Gleichnis Gottes sind. Der andere ist der Hüter meiner Würde. Deshalb schützt die Moral,

---

[c] GUARDINI, *Das Recht des werdenden Menschenlebens,* 160 f.

Der geschaffene Mensch als Gottes Bild

die mit diesem Blick auf den anderen beginnt, die Wahrheit und die Würde des Menschen: Der Mensch braucht sie, um er selbst zu sein und seine Identität nicht in der Welt der Dinge zu verlieren.

Es gibt einen letzten, entscheidenden Schritt in unserer Reflexion, der uns zu der Stelle im Buch der Genesis zurückführt, von der wir ausgegangen sind. Wie ist für den Menschen der Blick möglich, der dazu befähigt, zugleich die Würde der anderen Person zu erfassen und zu achten und die eigene Würde zu verbürgen? Das Drama unserer Zeit besteht gerade in der Unfähigkeit, uns so anzusehen, weshalb der Blick des anderen zu einer Bedrohung wird, gegenüber der wir uns verteidigen müssen. In Wirklichkeit lebt die Moral immer eingeschrieben in einem weiteren religiösen Horizont, der ihren Atem und Lebensraum ausmacht. Außerhalb dieser Umwelt wird sie leblos und formell, verliert sie Kraft und stirbt zuletzt. Die ethische Anerkennung der Heiligkeit des Lebens und die Verpflichtung zu seiner Achtung bedürfen des Glaubens an die Schöpfung als ihren Horizont: Wie ein Kind sich mit Zuversicht der Liebe öffnen kann, wenn es sich geliebt weiß, und sich entwickeln und wachsen kann, wenn es sich vom Blick der Liebe seiner Eltern gefolgt weiß, so schaffen auch wir es auf diese Weise, auf die anderen in Achtung ihrer Menschenwürde zu blicken, wenn wir die Erfahrung von Gottes Blick der Liebe auf uns machen, was uns offenbart, wie kostbar unsere Person ist. »Und Gott sprach: Lasst uns den Menschen machen nach unserem Bild und Gleichnis [...] Und Gott sah alles, was er gemacht hatte, und fürwahr, es war sehr gut« (Gen 1, 26.31).

Das Christentum ist diese Erinnerung an den Blick der Liebe des Herrn auf den Menschen, in dem seine volle Wahrheit und die höchste Bürgschaft seiner Würde verwahrt sind. Das Geheimnis von Weihnachten erinnert uns daran, dass in Christus, der geboren wird, jedes menschliche Leben, von seinem ersten Anfang an, endgültig gesegnet und durch den Blick der Barmherzigkeit Gottes angenommen wird. Die Christen wissen das und stehen mit ihrem Leben unter diesem Blick der Liebe; sie empfangen damit eine Botschaft, die für das Leben und die Zukunft des Menschen wesentlich ist. So können sie heute mit Demut und Stolz die frohe Botschaft des Glaubens annehmen, ohne den das menschliche Dasein nicht auf Dauer bestehen kann. Bei dieser Aufgabe der Ver-

»Seht, das ist der Mensch« (Joh 19,5)

kündung der Würde des Menschen und der Pflichten der Achtung des Lebens, die daraus folgen, werden sie wahrscheinlich verspottet und gehasst werden, aber die Welt könnte ohne sie nicht leben.

Ich möchte mit den wunderbaren Worten des Briefes an Diognet schließen, der die unersetzliche Sendung der Christen in der Welt beschreibt:

»Denn die Christen unterscheiden sich nicht durch Land, Sprache oder Sitten von den übrigen Menschen. Denn nirgendwo bewohnen sie eigene Städte, noch bedienen sie sich irgendeiner abweichenden Sprache, noch führen sie ein auffallendes Leben. [...] Obwohl sie griechische und barbarische Städte bewohnen, wie es einen jeden traf, und die landesüblichen Sitten befolgen in Kleidung und Kost sowie im übrigen Lebensvollzug, legen sie doch eine erstaunliche und anerkanntermaßen eigenartige Beschaffenheit ihrer Lebensführung an den Tag. Sie bewohnen das eigene Vaterland, aber wie Beisassen. Sie nehmen an allem teil wie Bürger, und alles ertragen sie wie Fremde. Jede Fremde ist ihr Vaterland und jedes Vaterland eine Fremde. Sie heiraten wie alle, zeugen und gebären Kinder; aber sie setzen die Neugeborenen nicht aus. [...] Im Fleisch befinden sie sich, aber sie leben nicht nach dem Fleisch. Auf Erden weilen sie, aber im Himmel sind sie Bürger. Sie gehorchen den erlassenen Gesetzen, und mit der ihnen eigenen Lebensweise überbieten sie die Gesetze. Sie lieben alle – und werden doch von allen verfolgt. [...] Um es aber kurz zu sagen: Genau das, was im Leib die Seele ist, das sind in der Welt die Christen. [...] Die Seele liebt das Fleisch, von dem sie gehasst wird, und die Glieder. Auch die Christen lieben ihre Hasser. Die Seele ist zwar im Leib eingeschlossen, sie aber hält den Leib zusammen. Auch die Christen werden zwar in der Welt wie in einem Gefängnis festgehalten, sie aber halten die Welt zusammen. [...] Auf einen so wichtigen Posten hat Gott sie gestellt, dem sich zu entziehen ihnen nicht erlaubt ist.«[d]

---

[d] *Schrift an Diognet*, 5–6 (ed. Wengst, 319–323).

Der Mensch zwischen Reproduktion und Schöpfung
Theologische Fragen zum Ursprung des menschlichen Lebens

I. Reproduktion und Prokreation: das philosophische Problem zweier Terminologien

Was ist der Mensch? Diese vielleicht allzu philosophisch klingende Frage ist in ein neues Stadium getreten, seit es möglich geworden ist, den Menschen zu »machen« oder – wie die Fachterminologie lautet – ihn *in vitro* zu reproduzieren. Das neue Können, das der Mensch sich angeeignet hat, hat von selbst auch eine neue Sprache hervorgebracht. Bisher wurde die Herkunft des Menschen durch die Begriffe »Zeugung« und »Empfängnis« sprachlich ausgedrückt; in den romanischen Sprachen gibt es darüber hinaus das Wort »Prokreation« *(procreazione),* das auf den Schöpfer hinweist, dem sich jeder Mensch zuletzt verdankt. Nun aber scheint stattdessen das Wort »Reproduktion« die Weitergabe des Menschseins am bündigsten zu beschreiben. Beide Terminologien müssen sich nicht notwendig ausschließen, jede entspricht einer verschiedenen Betrachtungsweise und bringt so verschiedene Aspekte des Wirklichen vor den Blick. Aber die Sprache zielt doch jeweils aufs Ganze; man kann schwerlich leugnen, dass sich im Gegenüber der Wörter tiefere Probleme anzeigen: Zwei verschiedene Vorstellungen vom Menschen, zwei verschiedene Weisen der Deutung des Wirklichen überhaupt klingen auf.

Versuchen wir, die neue Sprache zunächst von ihren innerwissenschaftlichen Ursprüngen her zu verstehen, um uns dann behutsam an die weiterreichenden Probleme heranzutasten. Das Wort »Reproduktion« deutet den Vorgang der Entstehung eines neuen Menschen aus den Erkenntnissen der Biologie über die Eigenschaften lebender Organismen: Ihnen kommt es – zum Unterschied von Artefakten – zu, sich selbst »reproduzieren« zu kön-

Der Mensch zwischen Reproduktion und Schöpfung

nen. Jacques Monod z. B. spricht von drei bestimmenden Kennzeichen des Lebendigen: Ihm eigne Teleonomie, autonome Morphogenese und reproduktive Invarianz.[1] Ein besonderer Nachdruck liegt auf der Invarianz: Der einmal gegebene genetische Code wird unverändert immer neu »reproduziert«; jedes neue Individuum ist eine genaue Wiederholung der gleichen »Botschaft«.[2] »Reproduktion« drückt also zum einen die genetische Identität aus: das Individuum »reproduziert« nur immer neu das Gemeinsame; zum anderen verweist das Wort auch auf den mechanischen Charakter, in dem sich solche Nachbildung vollzieht. Dieser Vorgang ist genau beschreibbar; Jérôme Léjeune hat das Wesentliche des Geschehens menschlicher »Reproduktion« kurz so formuliert: »Die Kinder sind beständig ihren Eltern durch ein materielles Band geeint, das lange ADN-Molekül, auf dem sich die gesamte genetische Information in einer unveränderlichen Miniatursprache eingeschrieben findet. Im Kopf eines Spermatozoons gibt es einen in 23 Stücke abgeteilten Meter ADN [...]. Sobald die 23 väterlichen Chromosomen, die vom Spermatozoon herbeigebracht werden, und die 23 mütterlichen, im Ei getragenen vereinigt sind, ist die gesamte Information versammelt, die nötig und ausreichend ist, um die genetische Konstitution des neuen menschlichen Seins zu bestimmen.«[3]

Die »Reproduktion« der Spezies Mensch vollzieht sich durch die Vereinigung zweier Informationsbänder, können wir also ganz grob abkürzend sagen. Die Richtigkeit dieser Beschreibung steht außer Zweifel, aber ist sie auch vollständig? Zwei Fragen drängen sich hier unvermittelt auf: Ist das so reproduzierte Wesen nur ein weiteres Individuum, ein reproduziertes Stück der Spezies Mensch – oder ist es mehr: eine Person, d. h. ein Wesen, das einerseits invariant das Gemeinsame der Gattung Mensch darstellt und andererseits doch etwas Neues, Einzigartiges, nicht Reproduzierbares ist, mit einer Einmaligkeit, die über die bloße Individuation des gemeinsamen Wesens hinausgeht? Wenn dies, woher rührt

---

[1] Vgl. MONOD, *Zufall und Notwendigkeit* (1973), 21.
[2] Vgl. MONOD, *Zufall und Notwendigkeit* (1973), 27 f., und besonders das 6. Kapitel: »Invarianz und Störungen«, 125–146.
[3] LÉJEUNE, *La science,* 16. Vgl. auch den informativen Beitrag von LIZOTTE, *Réflexions philosophiques.*

Der geschaffene Mensch als Gottes Bild

diese Einmaligkeit? Damit hängt die zweite Frage zusammen: Wie kommen die beiden Informationsbänder zueinander? Diese scheinbar fast zu simple Frage ist heute zum Ort der eigentlichen Entscheidung geworden, an dem sich nicht nur die Theorien über den Menschen trennen, sondern die Praxis Inkarnation von Theorien wird und ihnen ihre ganze Schärfe gibt. Die Antwort scheint, wie gesagt, zunächst das Selbstverständlichste von der Welt: Die beiden einander ergänzenden Informationen kommen zueinander durch die Vereinigung von Mann und Frau, durch ihr »ein-Fleisch-werden«, wie die Bibel es ausdrückt. Der biologische Vorgang der »Reproduktion« ist eingehüllt in einen personalen Vorgang der leib-seelischen Zuwendung zweier Menschen.

Dadurch, dass es gelungen ist, im Laboratorium sozusagen den biochemischen Teil des Ganzen zu isolieren, ist aber nun die Frage entstanden: Wie notwendig ist dieser Zusammenhang? Ist er dem Geschehen als solchem wesentlich, soll und muss es so sein, oder handelt es sich – mit Hegel zu sprechen – nur um eine List der Natur, die den Trieb der Menschen zueinander so ähnlich verwendet, wie sie im pflanzlichen Bereich den Wind als Transportmittel des Samens benützt oder die Bienen und dergleichen mehr? Kann man einen isolierten Kernvorgang als das eigentlich und allein Wichtige von bloß faktischen Weisen der Vereinigung unterscheiden und dementsprechend den Naturvorgang durch rational gesteuerte andere Methoden ersetzen? Hier erheben sich unterschiedliche Gegenfragen: Kann man das Zueinander von Mann und Frau als bloßen Naturvorgang bezeichnen, bei dem womöglich die seelische Zuwendung beider auch nur eine List der Natur wäre, die sie darüber täuscht, dass sie nicht als Personen, sondern nur als Individuen einer Spezies handeln? Oder muss man genau umgekehrt sagen: Mit der Liebe zweier Personen und der geistigen Freiheit, aus der sie kommt, tritt eine neue Dimension des Wirklichen in Erscheinung, der es dann entspricht, dass auch das Kind nicht bloße Wiederholung invarianter Informationen, sondern Person ist, in der Neuheit und Freiheit des Ich, das ein neues Zentrum in der Welt bildet? Und ist nicht einfach blind, wer dies Neue leugnet und das All auf reine Mechanik reduziert, aber, um es zu können, eine listige Natur erfinden muss, die ein irrationaler und grausamer Mythos ist?

Der Mensch zwischen Reproduktion und Schöpfung

Eine weitere Frage, die noch im Raum steht, geht von einer Feststellung aus: Offensichtlich kann man heute den biochemischen Vorgang im Laboratorium isolieren und so die beiden Informationen zueinander bringen. Die Verbindung mit dem geistig-personalen Geschehen ist also nicht durch jene Art von »Notwendigkeit« zu definieren, die im physikalischen Bereich gilt: Es geht auch anders. Aber die Frage ist, ob es nicht eine andere Art von »Müssen« gibt als die bloß naturgesetzliche. Auch wenn technisch das Personale und das Biologische trennbar sind, gibt es da nicht eine tiefere Art von Untrennbarkeit, ein höheres »Muss« für die Verbindung beider? Hat man nicht in Wirklichkeit schon den Menschen geleugnet, wenn man nur das naturgesetzliche »Muss« als Muss anerkennt und das ethische »Muss«, das der Freiheit aufgetragene Sollen, bestreitet? Anders gesagt: Wenn ich einzig die »Reproduktion« als real betrachte und alles darüber Hinausgehende, das zum Begriff der »Prokreation« führt, als unexaktes und wissenschaftlich unerhebliches Gerede ansehe, habe ich dann nicht geleugnet, dass es den Menschen als Menschen gibt? Aber wer diskutiert dann eigentlich noch mit wem, und was soll man dann noch von der Rationalität des Labors, von der Rationalität der Wissenschaft selbst halten?

Von diesen Überlegungen her können wir nun die Frage präzis fassen, um die es in dieser Abhandlung gehen soll: Wieso ist die Entstehung eines neuen Menschen mehr als »Reproduktion«? Was ist dieses »Mehr«? Welches sind die ethischen Folgen dieses »Mehr«? Die Frage hat dadurch, wie schon angedeutet, eine ganz neue Brisanz erlangt, dass es möglich ist, den Menschen ohne personale Zuwendung, ohne leibliche Vereinigung von Mann und Frau, im Labor zu »reproduzieren«. Man kann heute faktisch das natural-personale Geschehen der Vereinigung von Mann und Frau vom rein biologischen Vorgang trennen. Dieser faktischen Trennbarkeit steht nach Überzeugung der von der Kirche übermittelten biblisch begründeten Moral eine ethische Untrennbarkeit entgegen.[4] Auf beiden Seiten sind geistige Grundentscheide im Spiele: Auch das Handeln im Labor folgt nicht aus rein mecha-

---

[4] Vgl. CDF, *Die Unantastbarkeit des menschlichen Lebens*. Aus der umfänglichen Literatur zur Frage sei herausgehoben: Schooyans, *Maîtrise de la vie;*

289

nischen Prämissen, sondern ist Frucht einer Grundansicht der Welt und des Menschen. Bevor wir rein argumentativ weitergehen, wird daher ein doppelter geschichtlicher Rückblick hilfreich sein. Zunächst wollen wir versuchen, etwas von der geistigen Vorgeschichte der Idee künstlicher »Reproduktion« des Menschen zu erleben; der zweite geschichtliche Ausblick soll sich auf das biblische Zeugnis zu unserer Frage richten.

II. Gespräch mit der Geschichte

1. »Homunculus« in der Geistesgeschichte

Der Gedanke, den Menschen »machen« zu können, hat wohl seine erste Gestalt im kabbalistischen Judentum mit der Idee des Golem gefunden.[5] Hier liegt der im Buch Jezira (etwa 500 n. Chr.) formulierte Gedanke der Schöpfungsmächtigkeit der Zahlen zugrunde: Durch die geordnete Rezitation aller denkbaren schöpferischen Buchstabenkombinationen lässt sich schließlich Homunculus, der Golem, hervorbringen. Schon im 13. Jahrhundert steigt im Zusammenhang damit der Gedanke des Todes Gottes auf: Der endlich produzierte Homunculus habe von dem Wort »Emeth« (Wahrheit) das *aleph,* den ersten Buchstaben, weggerissen. So stand auf seiner Stirn nun statt der Inschrift »Jahwe Gott ist Wahrheit« das neue Motto: »Gott ist tot«. Der Golem erklärt den neuen Spruch mit einem Gleichnis, das – kurz zusammengefasst – so endet: Wo ihr wie Gott einen Menschen schaffen könnt, wird man sagen: es ist kein Gott in der Welt außer diesem …

Schaffen wird mit Macht in Verbindung gebracht; die Macht ist nun in der Hand derer, die Menschen produzieren können, und mit solcher Macht haben sie Gott abgelöst; er kommt nicht mehr in die Sichtweite des Menschen.[6] Die Frage bleibt, ob die neuen Mächtigen, die den Schlüssel zur Sprache der Schöpfung gefun-

---

Löw, *Leben aus dem Labor;* Tettamanzi, *Bambini fabbricati;* Flöhl, *Genforschung.*

[5] Vgl. Schubert, Art. Golem (Lit.).

[6] Vgl. Thielicke, *Der evangelische Glaube* I, 328–331; Scholem, *Kabbala.*

Der Mensch zwischen Reproduktion und Schöpfung

den haben und ihre Bausteine nun selbst kombinieren können, sich daran erinnern werden, dass ihr Tun nur möglich ist, weil es die Zahlen und Buchstaben schon gibt, deren Information sie zusammenzufügen wissen.

Die bekannteste Variante der Homunculus-Idee findet sich im Zweiten Teil von Goethes Faust. Wagner, dem wissenschaftsfanatischen Famulus des großen Dr. Faust, ist in dessen Abwesenheit das Meisterstück gelungen. Der »Vater« dieser neuen Kunst ist also nicht der ins Große hinausreichende, nach dem Ganzen fragende Geist, sondern eher der Positivist des Lernens und Könnens, wie man Wagner wohl charakterisieren könnte. Trotzdem erkennt das Retorten-Menschlein von seinem Reagenzglas aus sofort in Mephistopheles seinen Vetter: Goethe statuiert so eine innere Verwandtschaft zwischen der künstlichen, selbstgemachten Welt des Positivismus und dem Geist der Verneinung. Für Wagner freilich und für seine Art der Rationalität ist dies der Augenblick höchsten Triumphes:

»Behüte Gott! wie sonst das Zeugen Mode war,
Erklären wir für eitel Possen.
[...]
Wenn sich das Tier noch weiter dran ergetzt,
So muss der Mensch mit seinen großen Gaben
Doch künftig höhern, höhern Ursprung haben.«

Und ein wenig später:

»Doch wollen wir des Zufalls künftig lachen,
Und so ein Hirn, das trefflich denken soll,
Wird künftig auch ein Denker machen.
[...]
Was wollen wir, was will die Welt nun mehr?
Denn das Geheimnis liegt am Tage.«[a]

---

[a] GOETHE, *Faust II*, 210 f.

Der geschaffene Mensch als Gottes Bild

Goethe stellt in diesen Versen deutlich zwei treibende Kräfte in der Suche nach der künstlichen Produktion von Menschen heraus und will damit eine von ihm abgelehnte, als »wagnerisch« empfundene Form von Naturwissenschaft kritisieren: An erster Stelle steht das Verlangen, Geheimnisse zu entschleiern, die Welt zu durchschauen und sie auf eine platte Rationalität zu reduzieren, die sich mit dem Machen-Können ausweisen will. Darüber hinaus sieht Goethe eine Verachtung der »Natur« und ihrer geheimnisvoll größeren Vernunft zugunsten planender, zweckbestimmter Rationalität am Werk. Das Symbol für das Enge, Unwahre und Sekundäre dieser Art von Vernunft und ihrer Schöpfungen ist das Glas; Homunculus lebt *in vitro*:

»Das ist die Eigenschaft der Dinge:
Natürlichem genügt das Weltall kaum,
Was künstlich ist, verlangt geschlossnen Raum.«[b]

Die Prognose Goethes ist, dass das Glas – die Wand des Künstlichen – zuletzt an der Wirklichkeit zerschellen muss. Weil Homunculus künstlich und doch aus Natur genommen ist, entgleitet er den Händen des Machers; steht er in der Spannung zwischen der besorgten Furcht um sein schützendes Glas (»Nicht gleich wird's Glas und Flamme kosten«[c]) und der Ungeduld, das Glas entzweizuschlagen – immer auf der Suche nach wirklichem Werden. Goethe sieht das Ende auf seine Art versöhnend: Homunculus kehrt flammend in die Elemente zurück, in den Hymnus des Alls, in seine schöpferische Kraft: zu »Eros, der alles begonnen«[d]. Die Flamme, in der er sich auflöst, wird zum feurigen Wunder. Aber auch wenn Goethe hier wie am Ende der Wege seines Faust das Gericht durch Versöhnung ersetzt – das flammende Zerschellen des Glases ist doch ein Urteil über die Anmaßung des Machens, das sich an die Stelle des Werdens setzt und nach einer Wanderung voller Widersprüche in »Feuer« und »Woge« enden muss.

[b] GOETHE, *Faust II,* 211.
[c] GOETHE, *Faust II,* 245.
[d] GOETHE, *Faust II,* 256.

Der Mensch zwischen Reproduktion und Schöpfung

Schon an der Schwelle der Verwirklichung hat Aldous Huxley 1932 seine negative Utopie der Brave New World geschrieben.[7] In dieser endgültig ganz wissenschaftlich gewordenen Welt ist es klar, dass Menschen nur noch im Labor gezüchtet werden dürfen. Der Mensch hat sich von seiner Natur endgültig emanzipiert; er will kein Naturwesen mehr sein. Jeder wird – je nach Bedarf – zweckvoll für seine Aufgabe im Labor komponiert. Sexualität hat längst nichts mehr mit Fortpflanzung zu tun; die bloße Erinnerung daran wirkt wie eine Beleidigung des geplanten Menschen. Stattdessen ist sie nun ein Teil der Betäubungen, mit denen das Leben erträglich gemacht wird, der positivistische Zaun um das menschliche Bewusstsein verteidigt und die Fragen aus der Tiefe dieses Seins ausgeschaltet werden. Daher darf Sexualität natürlich auch nichts mit personalen Bindungen, mit Treue und Liebe zu tun haben – das würde den Menschen ja wieder in die alten Gefilde seiner personalen Existenz zurückführen. In dieser Welt gibt es keinen Schmerz, keine Sorge mehr, nur noch Rationalität und Rausch; alles ist für alle vorgeplant. Die Frage ist nur: Wer ist Träger dieser planenden Vernunft? Der Weltaufsichtsrat ist es; die Verwaltung der Rationalität macht zugleich ihren abgründigen Irrsinn sichtbar. Huxley hatte sein Buch, wie er 1946 dazu bemerkte, als skeptischer Ästhet (»phyrronic aesthete«) geschrieben, der den Menschen zwischen den Alternativen von Wahnsinn (»insanity«) und Irrsinn (»lunacy«), von wissenschaftlicher Utopia und barbarischem Aberglauben angesiedelt sah.[8] Erst im Vorwort von 1946 und dann noch einmal im Wiedersehen mit der schönen neuen Welt von 1958 macht er deutlich, dass sein Werk als Plädoyer für die Freiheit zu verstehen ist – als Anruf an die Menschen, den schmalen Raum zwischen Wahnsinn und Irrsinn, die Existenz in Freiheit zu suchen.[9] Huxley ist – begreiflicherweise – in seiner Kritik präziser und überzeugender als in den eher allgemein gehaltenen positiven Vorstellungen, die er entwickelt.

---

[7] Vgl. HUXLEY, *Brave New World*; deutsch: *Schöne neue Welt.*

[8] HUXLEY, *Brave New World,* VIII; in der deutschen Ausgabe *Schöne neue Welt,* 10.

[9] Vgl. HUXLEY, *Brave New World Revisited.* Vgl. besonders das Vorwort und das Kapitel »Education for freedom«, 155–172.

Der geschaffene Mensch als Gottes Bild

Eines wird bei ihm sicher deutlich: Die Welt der rationalen Planung, der wissenschaftlich gesteuerten »Reproduktion« des Menschen ist keine Welt der Freiheit. Dass sie die Herkunft des Menschen auf Reproduktion reduziert, ist im Gegenteil Ausdruck der Leugnung personaler Freiheit: Reproduktion ist eine Montage von Notwendigkeiten, ihre Welt ist die von der Kabbala geschilderte Wirklichkeit – Kombination aus Buchstaben und Zahlen; wer ihren Code kennt, hat Macht über das All. Ist es ein Zufall, dass es bisher keine positive poetische Vision einer Zukunft gibt, in der der Mensch *in vitro* reproduziert wird? Oder liegt in einem solchen Beginnen vielleicht von innen her die Leugnung und schließlich die Ausschaltung jener Dimension des Menschen, die in der Poesie ans Licht kommt?

2. Die Herkunft des Menschen nach dem Zeugnis der Bibel

Wenden wir uns nach diesem Blick auf die bekanntesten geschichtlichen Vorentwürfe der Reproduktions-Ideologie jenem Werk zu, das die entscheidende Quelle für die Idee der Prokreation des Menschen ist: der Bibel. Auch hier kann es selbstverständlich nicht um eine erschöpfende Analyse gehen, sondern nur um einen ersten Blick auf einige ihrer charakteristischen Aussagen zum Thema. Wir können uns dabei im Wesentlichen auf die ersten Kapitel der Genesis beschränken, in denen das biblische Bild vom Menschen und von der Schöpfung grundgelegt ist. Ein erster, wesentlicher Punkt ist sehr präzis in den Genesis-Homilien des hl. Gregor von Nyssa formuliert: »Aber der Mensch, wie ist er gemacht worden? Gott hat nicht gesagt: ›Der Mensch sei.‹ [...] Die Schöpfung des Menschen ist höher als alles. ›Der Herr nahm [...]‹ Er will unseren eigenen Leib mit seiner eigenen Hand formen.«[10] Wir werden auf diesen Text zurückkommen müssen, wenn wir nicht mehr vom ersten Menschen, sondern von jedem Menschen reden; es wird sich zeigen, dass die Bibel am ersten Menschen nur sichtbar macht, was ihrer Überzeugung nach für jeden Menschen gilt. Dem Bild von den Händen Gottes, die den

---

[10] GREGOR VON NYSSA, 2. Homilie zur Genesis 1, 26: *Fac hom* II (PG 44, 279).

Menschen aus der Erde formen, entspricht im jüngeren Schöpfungsbericht der sogenannten Priesterschrift die Aussage: »Lasset uns den Menschen machen nach unserem Bild und Gleichnis« (Gen 1,26). Beide Male geht es darum, den Menschen in einer spezifischen Weise als Gottes Schöpfung darzustellen; beide Male geht es darum, ihn nicht bloß als Exemplar einer Klasse von Lebewesen erscheinen zu lassen, sondern als jeweilig Neues, in dem mehr geschieht als Reproduktion: neuer Anfang, der über alle Kombination vorhandener Informationen hinausreicht, noch anderes – *den* anderen – voraussetzt und uns damit »Gott« zu denken lehrt. Umso wichtiger ist, dass schon beim Schöpfungsakt gesagt wird: als Mann und Frau schuf er sie. Anders als bei Tieren und Pflanzen, wo einfach der Auftrag zur Vermehrung erteilt wird, ist Fruchtbarkeit hier ausdrücklich an das Mann- und Frausein gebunden. Die Betonung von Gottes Schöpfertum macht das menschliche Zueinander nicht überflüssig, sondern gibt ihm erst seinen Rang: Eben weil Gott im Spiele ist, kann man den »Transport« der Chromosomen nicht beliebig gestalten; eben darum muss der Weg solcher Schöpfung würdig sein. Dieser würdige Weg ist nach der Bibel nur einer: das Sich-Einen von Mann und Frau, die »ein Fleisch werden«.

Damit haben wir zwei wichtige Formeln biblischer Sprache berührt, die noch etwas näher bedacht werden müssen. Die Schilderung des Paradieses endet mit einem Wort, das wie ein prophetischer Spruch über das Wesen des Menschen erscheint: »Darum verlässt der Mann Vater und Mutter und hängt an seiner Frau, und sie werden *ein* Fleisch« (Gen 2,24). Was heißt das: sie werden *ein* Fleisch? Darüber ist viel gestritten worden; die einen sagen, damit sei der Geschlechtsverkehr gemeint; die anderen, damit werde auf das Kind verwiesen, in dem beide zu einem Fleisch verschmelzen. Sicherheit ist hier nicht zu gewinnen, aber wahrscheinlich kommt doch Franz Delitzsch der Sache am nächsten, wenn er sagt, damit sei »»geistliche Einheit, allumfassende persönliche Gemeinschaft«« ausgedrückt.[11] Jedenfalls ist solches tiefstes Einswerden von Mann und Frau als Bestimmung des Menschen angesehen und als der Ort, an dem sich der dem Menschen er-

---

[11] Zitiert nach WESTERMANN, *Genesis* (1974), 318.

Der geschaffene Mensch als Gottes Bild

teilte Schöpfungsauftrag erfüllt, weil er in Freiheit dem Ruf seines Wesens entspricht.

In die gleiche Richtung weist ein anderes Grundwort biblischer Anthropologie: Die geschlechtliche Gemeinschaft von Mann und Frau wird im Alten Testament mit dem Wort »erkennen« bezeichnet. »Adam erkannte seine Frau, Eva« heißt es am Anfang der Geschichte menschlicher Zeugungen (Gen 4,1). Es mag richtig sein, dass man nicht zu viel Philosophie in diesen Sprachgebrauch hineinlegen darf. Zunächst handelt es sich dabei, wie Gerhard von Rad treffend gesagt hat, einfach um »Keuschheit der Sprache«, die ehrfürchtig das Innerste des menschlichen Miteinander im Geheimnis belässt.[12] Dann aber ist wichtig: Das hebräische Wort jāḏaʾ bedeutet Erkennen gerade auch im Sinn des Erfahrens, des Vertrautseins. Claus Westermann glaubt einen Schritt weitergehen zu dürfen, wenn er sagt, jāḏaʾ bedeute »nicht eigentlich erkennen und wissen im Sinn des objektiven Erkennens als *etwas* erkennen oder *etwas* wissen, sondern das Erkennen in der Begegnung«. Die Verwendung des Wortes für den Geschlechtsakt zeige, »dass hier die körperliche Beziehung von Mann und Frau nicht primär physiologisch, sondern primär personal gedacht ist«[13]. Wieder kommt eine Untrennbarkeit aller Dimensionen des Menschseins in den Blick, die gerade in ihrem Ineinander das Besondere dieses Wesens »Mensch« ausmachen, das verfehlt wird, wo man anfängt, einzelne Teile daraus zu isolieren.

Wie aber stellt sich die Bibel konkret das Werden des Menschen vor? Ich möchte nur drei Stellen erwähnen, die uns eine recht deutliche Antwort darauf geben. »Deine Hände haben mich gemacht und geformt«, sagt der Beter zu seinem Gott (Ps 119,73). »Du hast mein Inneres geschaffen, mich gewoben im Schoß meiner Mutter. […] Als ich geformt wurde im Dunkeln, kunstvoll gewirkt in den Tiefen der Erde, waren meine Glieder dir nicht verborgen« (Ps 139,13.15). »Deine Hände haben mich gebildet, mich gemacht […] Denk daran, dass du wie Ton mich geschaffen hast […] Hast du mich nicht ausgegossen wie Milch, wie Käse

---

[12] Vgl. Rad, *1 Mose* (1964), 83.
[13] Westermann, *Genesis* (1974), 393. Wertvolle Klärungen findet man in dem materialreichen Artikel jāḏaʾ von Bergmann / Botterweck.

Der Mensch zwischen Reproduktion und Schöpfung

gerinnen lassen?« (Ijob 10, 8–11). In diesen Texten wird Wichtiges sichtbar. Zum einen wissen die biblischen Schriftsteller natürlich sehr wohl, dass der Mensch im Mutterschoß »gewoben« wird, dass er dort »wie Käse gerinnt«. Aber der Mutterschoß wird zugleich mit den Tiefen der Erde identifiziert, und so kann jeder biblische Beter von sich sagen: Deine Hände haben mich gebildet, wie Ton hast du mich geformt. Das Bild, mit dem die Entstehung Adams beschrieben wird, gilt für jeden Menschen in gleicher Weise. Jeder Mensch ist Adam – neuer Anfang; Adam ist jeder Mensch. Das physiologische Geschehen ist mehr als physiologisches Geschehen. Jeder Mensch ist mehr als neue Kombination von Informationen; jedes Menschen Entstehen ist Schöpfung. Ihr Wunder ist es, dass sie nicht neben, sondern gerade *in* den Prozessen des Lebendigen und seiner »invarianten Reproduktion« geschieht.

Fügen wir noch ein letztes, sehr rätselhaftes Wort hinzu, in dem sich dieses Bild rundet. Bei der ersten Geburt eines Menschen überhaupt bricht Eva nach dem biblischen Bericht in einen Jubelruf aus: »Ich habe einen Mann vom Herrn erworben« (Gen 4, 1). Seltsam und viel umstritten ist hier das Wort »erwerben«, aber man darf mit guten Gründen sagen, dass es seltsam ist, weil es einen einzigartigen Sachverhalt auszudrücken hat. Die Vokabel bedeutet – wie ähnlich auch in anderen altorientalischen Sprachen – »Schöpfung durch Zeugung oder Geburt«[14]. Anders gesagt: Der Jubelruf drückt den ganzen Stolz, das ganze Glück der Mutter gewordenen Frau aus, aber er drückt auch das Wissen aus, dass jede menschliche Zeugung und Geburt unter einem besonderen »Mitsein« Gottes steht, Selbstübersteigung des Menschen ist, in der er mehr gibt, als er hat und ist: Durch das Menschliche von Zeugung und Geburt hindurch geschieht Schöpfung.

---

[14] WESTERMANN, *Genesis* (1974), 395.

III. Das Einzigartige im Ursprung des Menschen

Die Aktualität dieser biblischen Aussagen ist offenkundig. Dem heutigen Menschen, dem die positivistische Begrenzung des Denkens als eine Art Pflicht der Redlichkeit erscheint, drängt sich gewiss die Frage auf: Muss hier eigentlich Gott ins Spiel gebracht werden? Ist das nicht eine Mythologisierung, die nichts erklärt, aber die Freiheit des Menschen im Umgang mit den Daten der Natur behindert? Wird so nicht Natur tabuisiert und umgekehrt Geist naturalisiert, indem man seine Bewegungsfreiheit an eine Naturordnung als vermeintlichen Ausdruck göttlichen Willens bindet?

Wer in einen solchen Disput eintritt, muss sich über eines klar sein: Das, was über Gott und über den Menschen als Person, als neuer Anfang gesagt wird, kann nicht in die gleiche Form von positiv überprüfbarem Wissen eingehen wie das, was man mit Apparaten über die Mechanismen der Reproduktion feststellen kann. Die Aussagen über Gott und den Menschen wollen ja gerade darauf hinweisen, dass der Mensch sich selbst leugnet, also unbestreitbare Wirklichkeit leugnet, wenn er sich weigert, mit seinem Denken über das Labor hinauszugehen. So kann man das Recht der biblischen Synthese am ehesten »beweisen«, indem man die Aporien ihrer Leugnung sichtbar macht. Goethe hat vorausgesagt, die gläserne Welt des Homunculus, des sich auf Reproduktion reduzierenden Menschen, werde irgendwann notwendig an der Wirklichkeit zerschellen. In der ökologischen Krise von heute wird wohl schon etwas von dem Klirren des Glases hörbar. Marx hatte noch mit Enthusiasmus den Kampf des Menschen um die Unterwerfung der Natur fordern können. »Kampf gegen die Natur« und »Befreiung des Menschen« sind für ihn fast Synonyme.[15] Heute beginnt uns vor dieser Befreiung bange zu werden. Der Gebrauch der Natur wird zu ihrem Verbrauch, und die Vorstellung, dass erst der technische Verstand die vernünftige Montage der unvernünftigen Wirklichkeit herbeiführe, hat sich längst als abenteuerlicher Mythos erwiesen: Die innere Vernunft der Schöpfung ist größer als die Vernunft des machenden Menschen,

---

[15] Darauf weist Robert SPAEMANN, *Kommentar,* 71, hin.

Der Mensch zwischen Reproduktion und Schöpfung

den es noch dazu als reine Vernunft gar nicht gibt, sondern nur als Interessengruppe mit der ganzen Kurzsichtigkeit parteilich festgelegter Zwecke, die die Zeche von heute mit dem Leben von morgen bezahlt.

Damit berühren wir aber schon die tieferen Schichten der Aporie. Die Vorstellung, dass ein aus der Natur der Dinge selbst auf uns zukommendes Ethos in Wahrheit ein Mythos sei, ersetzt den Gedanken der Freiheit durch die Montage der Notwendigkeit. Dies aber ist in Wirklichkeit die Leugnung jeder Freiheit. Die Reduktion der Wirklichkeit, die mit einem solchen Standpunkt verbunden ist, bedeutet vor allem und zuerst die Leugnung des Menschen als Menschen. Hier steigt nun allerdings die Gefahr auf, dass das Glas des Homunculus nicht nur seinen Inwohner erschlägt, sondern auf den Menschen überhaupt fällt und ihn mit zerstört. Der logische Zusammenhang, um den es hier geht, ist unausweichlich. Es erscheint harmlos, den personalen Vorgang des Sich-Einens von Mann und Frau als mythische Divinisierung der Natur zu »enttabuisieren«. Es erscheint als Fortschritt, den biologischen Kernvorgang zu isolieren und im Labor nachzustellen. Es ist logisch, dass Menschwerdung dann nur Reproduktion ist. Es ist unvermeidlich, dann alles, was über Reproduktion hinausgeht, als mythischen Schein zu betrachten; der entmythisierte Mensch ist nur noch eine Kombination von Informationen, wobei man – die Evolution steuernd – auf die Suche nach neuen Kombinationen gehen kann. Die vom Ethos sich emanzipierende Freiheit des Menschen und seiner Forschung setzt bereits in ihrem Ansatz die Leugnung der Freiheit voraus. Was bleibt, ist die Macht des »Weltaufsichtsrates«, eine technische Rationalität, die selbst nur im Dienst des Notwendigen steht, aber die Zufälle seiner Kombination durch die Logik der Planung ersetzen will.[16] Hier hat Huxley einfach Recht. Diese Rationalität und ihre Freiheit ist ein Widerspruch in sich selbst, eine absurde Anmaßung. Die Aporie der Reproduktionslogik ist der Mensch; an ihm zerbricht ihr Glas und erweist sich als die Hülle des Künstlichen. Die »Natur«,

---

[16] Welche Thesen über den Umgang mit dem Menschen heute schon diskutiert werden, sieht man z. B. bei LEIMAN, *Therapeutic Homicide;* dazu: Löw, *Organtransplantationen.*

Der geschaffene Mensch als Gottes Bild

deren Respektierung der Glaube der Kirche bei der Zeugung eines Menschen verlangt, ist daher nicht ein zu Unrecht sakralisierter biologischer oder physiologischer Vorgang; diese »Natur« ist vielmehr die Würde der Person selbst bzw. der drei Personen, die dabei im Spiele sind. Diese Würde offenbart sich aber gerade auch in der Leiblichkeit, ihr muss jene Logik des Sich-Schenkens entsprechen, die in der Schöpfung und im Herzen des Menschen eingeschrieben steht, gemäß dem großartigen Wort des hl. Thomas von Aquin: »Die Liebe ist ihrem Wesen nach das Urgeschenk, aus dem alle anderen Geschenke von selbst folgen.«[17] Solche Überlegungen machen sichtbar, wo Gottes Schöpfertum in den scheinbar nur physiologischen, naturgesetzlichen Vorgang eintreten kann: Der naturgesetzliche Vorgang ist getragen und ermöglicht durch den personalen Vorgang der Liebe, in dem Menschen nicht weniger als sich selbst einander schenken. Solches Schenken ist der innere Ort, wo Gottes Schenken, wo die schöpferische Liebe als neuer Anfang wirksam wird.

Die Alternative, vor der wir heute stehen, lässt sich nun sehr präzis formulieren: Man kann entweder nur das Mechanische, das Naturgesetzliche als wirklich ansehen und alles Personale, die Liebe, das Schenken als schönen Schein betrachten, der psychologisch nützlich, aber letztlich irreal und unerheblich ist. Ich finde für diese Position keine andere Bezeichnung als: Leugnung des Menschen. Ordnet man sich dieser Logik unter, dann wird selbstverständlich auch der Gottesbegriff zur mythologischen Rede ohne Realitätsgehalt. Daneben steht aber – die andere Alternative – der genau umgekehrte Weg: Man kann das Personale als die eigentliche, stärkere und höhere Wirklichkeitsform betrachten, die das andere – das Biologische und das Mechanische – nicht zum Schein macht, aber es in sich aufnimmt und ihm so eine neue Dimension erschließt. Dann erhält nicht nur der Gottesbegriff Sinn und Bedeutung; dann erscheint auch der Naturbegriff in neuem Licht, weil Natur dann nicht nur eine zufällig sinnvoll funktionierende Anordnung von Buchstaben und Zahlen ist, sondern eine moralische Botschaft in sich trägt, die ihr vorausgeht und die auf den Menschen zugeht, um in ihm Antwort zu finden.

---

[17] THOMAS VON AQUIN, *Sth* I q38 a2 resp. (ed. Leonina IV, 393).

300

Der Mensch zwischen Reproduktion und Schöpfung

Es liegt in der Natur der Sache, dass über das Recht der einen oder der anderen Grundentscheidung nicht im Labor entschieden werden kann. Über die Selbstbestreitung des Menschen kann der Mensch nur entscheiden, indem er sich entscheidet: sich anzunehmen oder sich abzuschaffen.

Ist es noch notwendig, diese Sicht der Wirklichkeit gegen den Vorwurf zu verteidigen, sie sei wissenschafts- und fortschrittsfeindlich? Ich denke, es sei hinlänglich sichtbar geworden, dass eine Betrachtung des Menschen, die seine Herkunft nicht auf Reproduktion reduzieren lässt, sondern sie als Prokreation versteht, keine Ebene der Wirklichkeit auf irgendeine Weise leugnet oder behindert. Das Plädoyer für den Vorrang des Personalen ist auch ein Plädoyer für die Freiheit, denn nur wenn es die Person gibt und wenn sie der versammelnde Ort aller menschlichen Wirklichkeit ist, gibt es überhaupt Freiheit. Die Ausklammerung des Menschen, die Ausklammerung des Ethos vermehrt Freiheit nicht, sondern hebt sie von ihrer Wurzel her auf. Deshalb ist auch der Gottesbegriff nicht ein Gegenpol zur menschlichen Freiheit, sondern deren Voraussetzung und Grund. Wir sprechen nicht mehr in genügender Weise über den Menschen, über seine Würde und seine Rechte, wenn wir die Rede von Gott als unwissenschaftlich aus der Sprache des Denkens ins bloß Subjektive und Erbauliche verbannen. Die Rede von Gott gehört in die Rede vom Menschen hinein, und sie gehört daher auch in die Universität hinein. Es ist kein Zufall, dass das Phänomen Universität sich dort gebildet hat, wo jeden Tag der Satz ertönte: Im Anfang war der Logos (Joh 1, 1) – der Sinn, die Vernunft, das vernunfterfüllte Wort. Der Logos hat den Logos geboren und ihm Raum geschaffen. Nur unter der Voraussetzung der uranfänglichen, inneren Vernünftigkeit der Welt, ihres Ursprungs aus der Vernunft, konnte die menschliche Vernunft darangehen, nach der Vernunft der Welt im Einzelnen und im Ganzen zu fragen. Wo Vernünftigkeit aber nur noch im Einzelnen angenommen, im Ganzen und als Grund aber verneint wird, löst sich zunächst die *Universitas* in ein Nebeneinander von Einzeldisziplinen auf. Sehr bald aber folgt für das Ganze menschlichen Lebens und Wirkens daraus, dass Vernunft nur noch für Teilbereiche unserer Existenz gilt, das Wirkliche als Ganzes aber unvernünftig ist. Die Folgen werden schon sichtbar. Da-

Der geschaffene Mensch als Gottes Bild

her ist es eine falsche Aporie, wenn man im Namen des Fortschritts und der Freiheit das Gesetz des Könnens, des Erfolgs, der Machbarkeit zum einzigen Gesetz der Wissenschaft erklären und in seinem Namen eine angebliche Tabuisierung der Natur abwehren will. An die Stelle solcher verfehlter Alternativen muss eine neue Synthese von Wissenschaft und Weisheit treten, in der die Frage nach dem Einzelnen nicht den Blick nach dem Ganzen verdrängt, die Sorge um das Ganze nicht die Sorgfalt für das Einzelne auflöst. Diese Synthese ist die große geistige Herausforderung, vor der wir heute stehen. An ihr wird sich entscheiden, ob es eine Zukunft der Menschheit, eine menschenwürdige Zukunft gibt oder ob wir dem Chaos und der Selbstzerstörung von Mensch und Schöpfung zusteuern.

Der Mensch – Objekt oder Person?
Christliche Erwägungen zu Fragen der Bioethik

1. Fragen der Bioethik an die Kirche

Während die großen Fortschritte der Humanbiologie und der medizinischen Technologien enorme Möglichkeiten für Gutes erschließen, werfen sie gleichzeitig neue beunruhigende Fragen auf, vor denen der Biologe und der Arzt bei ihrer Entscheidung nicht allein gelassen werden wollen und deshalb Aufklärung und Zuspruch in der Gesellschaft bei dem suchen, dem in Bezug auf das »Humanum« am meisten Zuständigkeit zugebilligt wird.

Welchen legitimen Platz kann der künstliche Eingriff des Arztes im Bereich der Fortpflanzung haben, um dadurch der Unfruchtbarkeit eines Paares abzuhelfen? Welches sind die ethischen Grenzen von Eingriffen auf dem Gebiet der Humangenetik, die nicht nur nach einer »radikalen« Therapie für bestimmte Krankheiten sucht, sondern auch die Möglichkeit hätte, manche spezifischen oder individuellen Merkmale zu verbessern oder jedenfalls zu verändern? Aufgrund welcher Kriterien soll die Anwendung von Spezialbehandlungen bei Patienten in besonders kritischem Zustand oder im Sterbestadium beurteilt werden? Wie soll man auf den Schmerz von Personen antworten, die sich in solchen Extremsituationen befinden? Wie soll man sich angesichts der Möglichkeit verhalten, bereits vor der Geburt Anomalien festzustellen, die therapeutisch zu beheben man aber noch nicht in der Lage ist? An welche Kriterien soll man sich bei Organ- und Gewebeverpflanzungen halten, vor allem was die Achtung vor dem Spender betrifft?

Es liegt im unmittelbaren Interesse der Forscher, der Ärzte und des Pflegepersonals, präzise ethische Antworten darüber zu erhalten, was man machen darf und was man nicht machen darf. Ihre bewundernswürdige Anstrengung, die medizinische Wissenschaft im Dienste des Menschen voranzubringen, ihre oft völlig uneigennützige Hingabe und ihre hohe menschliche Sensibilität können nicht von den missbräuchlichen Handlungen in Frage gestellt werden, die einige unter dem Vorwand des medizinischen Fortschritts oder des Nachgebens angesichts dramatischer Bitten und Leiden gegen die eigentliche Natur der Medizin und gegen die gebührende Achtung vor der Würde des Menschen vornehmen. Das Ersuchen um ethische Ratschläge und die Bereitschaft, sich beraten zu lassen, geben Zeugnis von der vornehmen Gesinnung und Hochherzigkeit, mit welcher die Mehrheit der Ärzte ihre Sendung leben.

Bei der Krise der sittlichen Bezugspunkte erscheint die Kirche als Repräsentantin einer großen moralischen Tradition, die die Fähigkeit besitzt, über die Werte aufzuklären, aber auch Argumentationsmodelle für schwierige Fragen zu empfehlen oder angemessene und deutlich formulierte Lösungen für schwierige Fälle zu finden.

Was also bietet die Kirche als spezifischen Beitrag an, den der katholische Glaube zur Lösung der brennendsten Fragen der Bioethik zu geben vermag, wie sie vor allem im Hinblick auf ihre heutige Anwendung in der Medizin auftauchen?

2. An den Wurzeln einer Verständnisschwierigkeit

Die Antworten, die die katholische Morallehre vorschlägt, stoßen freilich häufig auf Verständnisschwierigkeiten: Sie erwecken manchmal den Anschein unmenschlicher Härte. Die Situation erscheint also paradox. Das, worum man den katholischen Moraltheologen bzw. das Lehramt der Kirche in Sachen Bioethik ersucht, ist genau das, was ihm dann den Vorwurf einbringt, es in allen anderen Bereichen menschlichen Tuns zu erteilen; und paradoxerweise erstreckt sich dieser Vorwurf auch auf das, was er dem Gebiet der Bioethik zu geben vermag: festgesetzte Regeln, Grenzen, die niemals überschritten werden dürfen, strenge Vorschriften.

Weshalb diese Verständnisschwierigkeit, gerade wo ein so gro-

Der Mensch – Objekt oder Person?

ßes Verlangen nach Aufklärung besteht? In der Tat spricht die Kirche aus einer globalen Sinnperspektive über das Leben, weshalb man die einzelnen von ihr gegebenen Antworten nur begreifen kann, wenn man bereit ist, sich auf die Logik dieser Sicht einzulassen.

Der christlichen Moral wird vorgeworfen, den Menschen durch die Vorschrift absoluter Verhaltensnormen seiner Verantwortung zu berauben. Aber dieser selbe Vorwurf gegen die christliche Moral hängt von dem Umstand ab, dass man sich von Anfang an geweigert hat, die Verantwortung für die letzten Fragen, die sie stellt, zu übernehmen und tatsächlich die radikalen Antworten zu hören, von denen her sie alle anderen spezifischen Antworten erteilt. Es sind ja eben hauptsächlich die letzten Fragen, für die sie den Menschen auffordert, seine ganze Verantwortung zu übernehmen. Mit anderen Worten: Die spezifischen sittlichen Antworten der katholischen Lehre können, wenn sie von der globalen Glaubenssicht und von ihrer Verwurzelung in einem kohärenten Bild des Menschen losgelöst werden, nur unbegreiflich bleiben und missverstanden werden.

Es ist daher notwendig, den innersten Zusammenhang zu erfassen, der die angewandte *Ethik* (verstanden als Suche nach den Einzelantworten auf spezifische Moralfälle) mit der *Moral* (als Wissen über das menschliche Handeln in Beziehung zum letzten Sinn der Freiheit) und mit dem *christlichen Glauben* verbindet, der genau jenes Licht empfängt, das die Offenbarung auf den Menschen, auf seine übernatürliche Berufung und auf seine Verantwortung wirft.

3. »Grenzerfahrungen« und Versuchung des Vergessens

Die Fragen und Probleme, mit denen sich die Bioethik beschäftigt, nehmen Bezug auf »Grenzerfahrungen« nicht nur in dem Sinne, dass sie die äußersten Pole des Lebens eines Menschen – seinen Anfang und sein Ende – betreffen, sondern auch und vor allem in dem Sinne, dass sie immer einen Menschen (den Wissenschaftler und Forscher bzw. den Arzt) betreffen, der einem anderen Menschen gegenübersteht, dessen Persönlichkeit, dessen »Person-

305

Der geschaffene Mensch als Gottes Bild

sein«, dessen Fähigkeit, sich als Person zu entfalten, gar nicht oder nur schwach verwirklicht erscheinen. In diesen Grenzsituationen sehen sich der Forscher und der Arzt einem menschlichen Wesen gegenüber, das die potentiellen Möglichkeiten seines personalen Seins noch nicht zum Ausdruck gebracht hat oder das, statt nach seiner Verwirklichung als Person zu streben, Gefahr läuft, in den bloßen Zustand eines Lebewesens, eines lebenden Organismus, einer manipulierbaren biologischen Materie zurückzufallen.

Man kann auch sagen, die Bioethik betrifft immer einen Menschen (den Wissenschaftler, den Arzt), der vor einem anderen Menschen steht, den er aus Nützlichkeitserwägungen – auch edlen, wie dem Wohl anderer Personen – *versucht* ist, nicht als eine Person zu betrachten und zu behandeln. Genau hier stellt sich die entscheidende moralische Frage, und dieser Frage bietet der christliche Glaube sein unersetzliches Licht an.

Der große wissenschaftliche Fortschritt im Bereich der Biologie ist nur durch eine methodologische Entscheidung ermöglicht worden, die die »moderne Naturwissenschaft« als solche seit ihren Anfängen kennzeichnet: für die Betrachtung der Wirklichkeit nur die durch das Experiment festgestellten messbaren Größen heranzuziehen und zu versuchen, zwischen ihnen Beziehungsmodelle nach Art mathematischer Gesetze herzustellen.

Verwirklicht wird diese an sich vollkommen legitime Methode in der Weise, dass der andere in seiner Körperlichkeit zu einem Objekt meiner Beobachtung verkürzt wird, ja zu einem Objekt, das gewissermaßen durch die methodische Verkürzung, die nur einige Aspekte seiner Wirklichkeit ins Auge fasst, konstruiert wird.

Ein weiteres Element, das es zu beachten gilt, ist der Zusammenhang dieser Art wissenschaftlicher Erkenntnis mit ihrer praktischen Anwendung zur Lösung konkreter Probleme. Die große Wirksamkeit der Technologie, die mit der modernen Naturwissenschaft einsetzte, stellt in den Augen des heutigen Menschen den eindrucksvollsten und überzeugendsten Glaubwürdigkeitsanspruch dafür dar. Doch das Auftauchen beunruhigender Fragen hinsichtlich der Möglichkeit, dass die Entdeckungen der Biologie zu schrecklichen Bedrohungen der Menschheit werden und aufs Neue Anlässe zur Herrschaft über den Menschen bieten, macht

Der Mensch – Objekt oder Person?

auf die Notwendigkeit aufmerksam, das naturwissenschaftliche Wissen der Biologie in ein umfassenderes Wissen über den Menschen einzubeziehen, das dessen Anwendung wirklich zum Vorteil des Menschen regelt.

Dem Dualismus zwischen einem technischen Verstand, der zu einer immer ausgedehnteren Vorherrschaft und zu erstaunlichen Erfolgen fähig ist, und einem zum Objekt solchen Tuns verkürzten Körper wohnt die Versuchung zu einem Vergessen inne. Der Mensch, der sich eine technische Besitznahme über den Beginn und das Ende seines Lebens, über die konstitutiven Strukturen seines physischen Organismus erworben hat, könnte dazu verleitet werden, das Geheimnis des Seins zu vergessen. So lassen sich die metaphysischen Erfahrungen von Geburt und Tod, von Schmerz und der eigenen Grenze, die auf die letzte Frage nach dem Sinn des Lebens verweisen, leicht zensieren und vom Bereich des Seins in den des Tuns zurückführen. Wahrscheinlich versucht der Mensch, um eben solchen quälenden Fragen zu entgehen, sich einer vollständigen Herrschaft über diese Schlüsselmomente des Lebens zu vergewissern, wobei er sich der Illusion hingibt, in einer absoluten Freiheit sich selbst zu besitzen: Er würde den alten Traum, sich selbst zu ersinnen und zusammenzubauen, verwirklichen können und dabei nichts der Ungewissheit, dem Zufall und dem Geheimnis überlassen. In dieser Sicht können die Moralvorschriften nur als unbegreifliche Einschränkungen erscheinen, diktiert von einer irrationalen Angst angesichts der wunderbaren Möglichkeiten, die der menschliche Verstand für die Freiheit ersinnt.

In Wirklichkeit aber stellt sich das Vergessen des Seins und der eigenen Ur-Erfahrungen durch das technische Tun als eine Illusion heraus, die zur Zerstörung führen kann. Das Leben ist in Wirklichkeit nicht nur und vor allem das Phänomen, das die biologischen Wissenschaften erfolgreich erforschen; es ist vor allen Dingen eine Erfahrung der Person, voller Fragen und Verheißungen. Ohne diese in ihrem dramatischen Aspekt anerkannte und angenommene Dimension der Verantwortlichkeit wird die Freiheit zunichtegemacht, und das menschliche Subjekt verschwindet. Und damit erweist sich auch der wohltuende Nutzen, den ihm die Technik gewährleisten sollte, als leer und nichtig. Die moralische

Der geschaffene Mensch als Gottes Bild

Frage entdeckt auf diese Weise ihr entscheidendes Hauptmerkmal gerade in der biomedizinischen Praxis wieder.

4. *Der Glaube und die Frage nach dem letzten Sinn*

Die radikale Frage, die das Aufbrechen der bioethischen Fragen stellt, kann also nicht umgangen werden. Die Möglichkeit zu versäumen, eben auch die Antworten der Ethik zu verstehen, bedauert sie. Und diese Frage ist jene nach dem eigentlichen Sinn des Lebens, also des letzten Zieles, das sich im Lichte des Glaubens offenbart.

Durch den Glauben entdeckt der Mensch den unendlichen Wert seines persönlichen Seins: Gott will mit ihm in Gemeinschaft treten; gleichzeitig entdeckt er das übernatürliche Ziel, für das er erschaffen worden ist, das einzige und letzte Ziel, um dessentwillen er existiert, nämlich: mit Gott vereint zu sein. Das moralische Leben ist nur die *Dynamik*, mit der sich der nach dieser Vereinigung strebende Mensch immer stärker dafür zur Verfügung stellt.

Alle Sekundärziele des Menschen, einschließlich des Zieles, das sich ihm als nur dem Licht des Verstandes wesenseigen darstellt – nämlich auf Erden glücklich zu leben –, müssen daher in der Dynamik dieses letzten Zieles, auf das sie hingeordnet sind, gedacht werden. Die christliche Offenbarung greift das natürliche Verlangen des Menschen nach Glück auf. Das bestätigt der hl. Augustinus zu Beginn seines ersten systematischen Traktats über die christliche Moral, *De moribus Ecclesiae catholicae:* »Was wird also unser Ausgangspunkt sein? [...] Wir wollen mit Hilfe des Verstandes zu ermitteln versuchen, wie der Mensch leben soll. Gewiss wollen wir alle glücklich leben, und im ganzen Menschengeschlecht gibt es keinen, der mit dieser Behauptung nicht schon übereinstimmte, ehe sie noch voll ausgesprochen wurde.«[a] Während nun der Glaube dem Menschen das letzte Ziel seiner Berufung zur Gemeinschaft mit Gott offenbart, lehrt er ihn gleichzeitig, dass das Glück seinem Wesen nach etwas ist, das man

---

[a] Augustinus, *Mor Eccl* I 3, 4 (PL 32, 1312).

308

Der Mensch – Objekt oder Person?

empfängt, und nicht etwas, das man erwirbt. Er zeigt ihm, dass man niemals allein glücklich sein kann, und das heißt, das Einzige, was ein einzelner Mensch, ein Individuum tun kann, um glücklich zu sein, ist, die Bedingungen für das Glück der anderen zu schaffen, sich ihnen in uneigennütziger Weise hinzugeben, damit sie sich leichter ihrerseits frei hingeben können. Wie das Zweite Vatikanische Konzil sagt und der Heilige Vater es gern wiederholt, kann »der Mensch, der auf Erden die einzige von Gott um ihrer selbst willen gewollte Kreatur ist, sich selbst nur durch die aufrichtige Hingabe seiner selbst vollkommen finden«[1].

Das Glück besteht auch auf Erden in der gegenseitigen, selbstlosen Hingabe. Ihr ist als Anspruch eigen, dass ein jeder nicht das eigene Wohl sucht, sondern das Wohl des anderen und es für den anderen selbst sucht. Sie verlangt, dass jeder das wahre Wohl des anderen sucht, indem er den anderen entsprechend seiner ganzen Würde als freie Person behandelt.

Die Verwirklichung der Sekundärziele des Menschen und auch seines natürlichen Zieles gehört in den Bereich der Vernunft. Und dennoch wird das natürliche Ziel in das übernatürliche Ziel einbezogen. Das natürliche Ziel ist, glücklich zu leben, und das ist nur möglich in der Teilhabe an einer gemeinsamen Menschheit, an einer vereinten menschlichen Gemeinschaft: einer Gemeinschaft, die *Communio* ist. Und auch Gott will nicht nur jeden Menschen einzeln mit sich vereinen, sondern die ganze Menschheit in einer brüderlichen *Communio*. Wenn das natürliche Ziel des Menschen die Verbundenheit mit den anderen Menschen in voller Gegenseitigkeit ist, so wird dieses natürliche Ziel innerhalb der Dynamik des übernatürlichen Zieles gleichsam hervorgelockt.

Um ihre Aufgabe in Sachen Moral wirksam auszuüben, muss sich die Vernunft vom Glauben, der etwas mehr weiß, erleuchten lassen. Der Glaube kennt in der Tat den Zusammenhang, in den sich der begrenzte, an und für sich auch nur der rationalen Fähigkeit zugängliche Bereich einfügt. Und da jede Sache je nach ihrem Zusammenhang Sinn erhält, ist diese Kenntnis des Glaubens entscheidend.

---

[1] GS 24; Vgl. Johannes Paul II., *Redemptor hominis*, Nr. 13, 26; Johannes Paul II., *Mulieris dignitatem*, Nr. 7, 18.

Der geschaffene Mensch als Gottes Bild

Die christlichen Moralvorschriften, die, wenn sie von ihrem Zusammenhang getrennt werden, inhuman erscheinen, sind in Wirklichkeit Ausdruck der Voraussetzungen für das Glück des Menschen, die Voraussetzungen für die Verwirklichung seines natürlichen Zieles, begriffen im Lichte seines Endzieles. Sie können von demjenigen, der nicht in die Dynamik des übernatürlichen Endzieles eintritt und sich so schließlich auch allzu leicht über sein natürliches Ziel und über seine nächsten Ziele täuscht, nur unverstanden bleiben und abgelehnt werden. Sie bleiben unbegreiflich für denjenigen, der nicht aufrichtig die Verantwortung der anderen übernimmt und daher nicht gewillt ist, im Hinblick auf das wahre Wohl des anderen in die Logik der selbstlosen Hingabe, der Selbsthingabe, damit der andere lebe, einzutreten.

Aber unter einem anderen Gesichtspunkt ist diese Selbsthingabe nur unter der Bedingung möglich, dass man entdeckt, dass man selber, in eigener Person Objekt einer radikalen und absolut vorrangigen Hingabe hinsichtlich jedweder Antwort unsererseits gewesen ist. Ich kann mich im Grunde nicht einem anderen Menschen hingeben, wenn ich nicht entdecke, dass sich zuerst Gott mir hingegeben hat. Ich kann das Risiko des anderen, das Risiko, ihn so anzunehmen, wie er ist, mit seinem unendlichen Wert, aber auch mit seinen Fehlern und mit der Unbequemlichkeit, die er mir unter Umständen bereitet, das Risiko, mich ihm unentgeltlich hinzugeben, nur dann bis zum Äußersten auf mich nehmen, wenn ich entdecke, dass Gott zuerst das Risiko meiner Person auf sich genommen hat. Gott ist die letzte Garantie für meine Selbsthingabe, die letzte Garantie, die die Unentgeltlichkeit möglich macht. Die Unentgeltlichkeit ist in der Tat nur möglich im Vertrauen auf Gott. Das Geheimnis der Erlösung und Vergebung nimmt so seine Stellung als Krönung der christlichen Moral ein.

Im Lichte dieses Geheimnisses sind auch Leiden und Tod kein unbegreifliches Rätsel mehr. Sie bleiben eine Prüfung für den, der sie persönlich erlebt, für den, der liebt, und für den Arzt, der daran teilnimmt, denn sie enthüllen die Schwachheit des Menschen und stellen ihn dringend vor die dramatische Frage, wofür es sich eigentlich zu leben und zu sterben lohne. Sie appellieren an eine menschliche Gesellschaft, die Tiefe der Frage zu begreifen und anzunehmen: In jeder Frage nach Gesundheit und Heilung ist

310

Der Mensch – Objekt oder Person?

immer auch eine radikalere Frage enthalten, die im Grunde eine
Frage nach dem Heil ist, das heißt eine Frage nach der eigenen
letzten Bestimmung. Wenn diese Frage angenommen wird und
mit dem Licht des Glaubens zusammentrifft, dann können das
Leiden und der Tod angenommen und sogar in Gelegenheiten
zur Selbsthingabe verwandelt werden. Die Versuchung, sie abzulehnen, zu zensieren, und schließlich die äußerste Versuchung,
zusammen mit der beunruhigend offenen Frage auch den Menschen, der sie stellt, aus dem Weg zu räumen, können so überwunden werden. Das Nein der christlichen Ethik zur Euthanasie
findet seine tiefste Rechtfertigung in dem Licht, das vom Geheimnis des Kreuzes und der Auferstehung des Herrn auf das ganze
Leben fällt: Es gibt nichts Nutzloses mehr, nicht einmal das
Leiden.

5. Das vollständige Ausmaß der christlichen Moral

Wenn die Moral als die überlegte Wiederaufnahme einer Dynamik und einer Lebensoption erscheint, kann die Ethik als die Darlegung der aus dieser Dynamik und dieser Option herstammen-
den Prinzipien definiert werden.

Man kann nicht die Moral von der Ethik, das heißt von der
Untersuchung von Einzellösungen her aufbauen, ohne sich über
die grundlegende Auswahl, die alle Lösungen vertritt und begründet, auseinanderzusetzen. Bloße Förmlichkeit, die Einvernehmen
über sittliche Einzelfragen erzielt, ist nicht imstande, wirklich eine
moralische Gesamthaltung der Achtung vor dem Menschen zu
garantieren. Im Grenzfall kann sie zu einer Heuchelei werden.
Unter diesem Gesichtspunkt ist die christliche Moral das Gegenteil von strenger Einhaltung des Gesetzes. Für die strenge Einhaltung des Gesetzes sind die sittlichen Normen nur vereinzelte
Äußerungen des Willens eines Gesetzgebers, der sie erlassen hat.
Für den Christen dagegen handelt es sich wirklich um das Wohl
der Person, für ihn haben die sittlichen Normen ihre Wurzel im
Sein und ihre Grundlage in der schöpferischen Weisheit Gottes
und in seiner erlösenden Gnade.

Man kann aber auch nicht sagen, die christliche Moral bestehe aus einem Verzeichnis schöner, von einer erhabenen Anthropologie abgeleiteter Prinzipien, so als handelte es sich um die mechanische Anwendung eines abstrakten Wissens auf die verschiedenen und oft dramatischen Situationen des Daseins. Die Moral entsteht vielmehr aus dem Wissen um den Wert der Person, wie er sich am Verhalten Gottes gegenüber dem Menschen, an seiner grenzenlosen Hingabe in Jesus Christus offenbart. Sie nimmt an, was Gott für jeden Menschen getan hat und tut: Daraus leitet sie gleichzeitig den Wert des Menschen und die rechte Weise her, sich mit ihm zu verbinden.

6. Die Grundregel der Bioethik

Die in der christlichen Sicht gewonnene Bioethik bemüht sich, diese Grundansicht über den Menschen, die für die volle Wahrheit über ihn offen ist, zu bewahren. Wie bereits ausgeführt wurde, kann man angesichts der Versuchung, bloß als technische Beziehung zu lebenden Organismen verstanden zu werden, sagen, dass die Bioethik dazu berufen ist, stets die Wahrhaftigkeit der Beziehung einer Person (des Wissenschaftlers, des Arztes) gegenüber einer anderen Person zu retten, die sich in einer Situation der Hinfälligkeit befindet, einer Person, die um Hilfe bittet, um sich in ihren persönlichen Leistungsmöglichkeiten zu verwirklichen.

Die Grundregel der Bioethik unterscheidet sich letzten Endes nicht von jener »goldenen Regel«, die immer wieder von der Weisheit der Völker erahnt und in ihrer endgültigen und positiven Formulierung von Jesus persönlich verkündet wurde: »Alles, was ihr von anderen erwartet, das tut auch ihnen« (Mt 7, 12). Kant übersetzte diese Regel so: Handle stets so, dass du die Menschheit in dir selbst und im anderen als Ziel und niemals bloß als Mittel behandelst.[b]

Die Grundregel der Bioethik ist die Grundregel jeder Ethik: Sie behandelt immer den Menschen als ein Ziel. Das aber führt uns

---

[b] Vgl. KANT, Grundlegung, 429: »Handle so, dass du die Menschheit sowohl in deiner Person, als in der Person eines jeden andern jederzeit zugleich als Zweck, niemals bloß als Mittel brauchst.«

Der Mensch – Objekt oder Person?

wieder zu den Überlegungen zurück, die wir vorhin entwickelt haben: Jemanden als Ziel nehmen, bedeutet in gewisser Weise immer, sich ihm uneigennützig *hingeben.* Bis zu einem gewissen Punkt kann man das auch im Rahmen einer nur im Licht der Vernunft konstruierten Moral verstehen. Denn nur auf dieser Grundlage kann, wenn man recht überlegt, eine Gesellschaft tatsächlich funktionieren. Und nicht minder ist diese uneigennützige Hingabe als menschliche Antwort nur auf der Grundlage der unentgeltlichen und erlösenden Hingabe Gottes möglich. Außerhalb dieser Hingabe, außerhalb dieser Garantie, die ihm von Gott in der Hingabe seiner eigenen Person geboten wird, außerhalb dieses Einsatzes Gottes für den Menschen, den nur ein grenzenloses Vertrauen rechtfertigt, wird der Mensch immer von einer Art Nützlichkeitsstandpunkt verführt. Er *bringt* es von allein *nicht fertig,* uneigennützig bis zum Äußersten zu sein.

Wenn der Mensch allein die Garantie für seine Existenz und seine Zukunft übernehmen muss, kann er nicht völlig uneigennützig sein. Der andere wird ihm immer irgendwie als Mittel für sein Glück, als Mittel für sich, für die Garantie seiner Existenz erscheinen.

Durch eine anscheinend seltsame, im Grunde aber ganz logische Umkehrung wird das von seinen moralischen Grundlagen abgetrennte ethische Problem einfach dazu werden, dieser unvermeidlichen Vergegenständlichung des anderen Grenzen zu setzen (zum Beispiel durch die Vorschrift, sich nicht an seinem Leben zu vergreifen, sobald er geboren oder solange er noch bei Bewusstsein ist), um das Leben in der Gesellschaft überhaupt noch möglich zu machen.

Die Logik des Eigennutzes trachtet freilich, die Bereiche, wo die Logik der Unentgeltlichkeit eine Rolle spielt, möglichst weit von sich zu weisen.

Mit allen Problemen der Bioethik könnte man sich in diesem Licht auseinandersetzen und in dieser Sicht den Ausgangspunkt für ihre, der interpersonalen Situation angepasste Beurteilung finden, die sie im Wesentlichen unter moralischem Gesichtspunkt qualifiziert. Dadurch, dass sie den Ursprung des neuen Lebens vom ehelichen Akt trennt, neigt die künstliche Fortpflanzung dazu, das Kind lediglich als Antwort auf den Wunsch des Paares zu

313

Der geschaffene Mensch als Gottes Bild

betrachten; die Euthanasie lehnt es ab, dem anderen beizustehen und zu helfen, im Leiden Person zu bleiben; der genetische Eingriff ist zulässig, wenn er dem Embryo hilft, sein personales Sein zu heilen und zu entwickeln; und so fort.

7. Identität der Medizin

Im Lichte dieser Überlegungen kann man auch begreifen, welche Bedeutung einem Komitee für Bioethik in einem katholischen Krankenhaus zukommt. Es wird damit beauftragt werden, Antwort zu geben auf einzelne Fragen, die die Ausübung der Medizin in Bezug auf die fortschrittlichsten heute verfügbaren Technologien betreffen. Das Komitee wird sich freilich nicht darauf beschränken dürfen, durch Argumentationskoordinaten, die auf die Praxis der medizinischen Deontologie begrenzt sind, in Übereinstimmung mit Prinzipien, die von der katholischen Moral akzeptiert werden, nur spitzfindige Lösungen auszuarbeiten. Es wird wie aus einer lebenspendenden Quelle ständig aus den großen Sinnperspektiven der christlichen Moral und des Glaubens schöpfen müssen.

So wird es in der ausdrücklichen Annahme der christlichen Auffassung von Leben und Tod, von Leiden, von Sexualität und Fortpflanzung einen Beitrag zum Schutz der Identität des Arztberufes erbringen. Heute geht die Herausforderung auch von hier aus. Der Arzt ist aufgerufen, den ursprünglichen hippokratischen Charakter seines Berufes zu bewahren, voller Verantwortung für die Gesundheit des Menschen, die innerlich beseelt sein muss von einer ethischen Dimension der Achtung und Förderung der Person des anderen. Er kann sich nicht darauf beschränken, ein Freiberufler zu sein, der auf Anfrage des Abnehmers (nicht mehr Patienten) ein wissenschaftliches Sachverständnis anbietet, ohne sittliche Verantwortlichkeiten, die nur den, der die Leistungen beantragt, oder die Gesellschaft treffen würden.

Die Einbindung der spezifischen Forschung der Bioethik in eine christliche Sicht hebt den rationalen Charakter und die Aufgeschlossenheit für den Dialog mit allen, die da engagiert sind, nicht auf, sondern erweitert den Horizont und verwurzelt die Re-

314

Der Mensch – Objekt oder Person?

flexion in den wirklich entscheidenden Fragen, über die eine Auseinandersetzung sehr wichtig ist.

Schließen möchte ich mit einem Wort eines der großen Pioniere der katholischen Theologie, Clemens von Alexandrien († ca. 215). Er schreibt: »Das ist das göttlichste Werk Gottes und das würdigste des Königs des Universums: der Menschheit Heilung zu bringen.«[2] Christus wird in diesem Text als der wahre Asklepios, der göttliche Arzt, Vorbild und Maß jedes Arztes, angesehen. Der zentrale Beiname Christi – *Soter,* Retter – wird in diesem Sinne interpretiert: Gottes Mitleid mit uns, das sich im Leiden und Tod Christi verwirklicht hat, ist unsere Heilung – Heilung nicht nur der Seele, sondern des Menschen in seiner unteilbaren Ganzheit. Wie die antike Welt in der Gestalt des Asklepios zugleich die Heiligkeit und die Rationalität der Medizin, ihr ethisches ebenso wie ihr technisches Zentrum – in der ursprünglichen Bedeutung des Wortes »Technik«, nämlich: Kunst – ausgedrückt hat, so findet nun die christliche Religion alle diese Elemente in der Gestalt Christi vereint.

Die Heiligkeit des menschlichen Lebens: Wer an das menschliche Leben rührt, betritt die dem göttlichen Eigentum vorbehaltene Sphäre, und darum ist der Beruf des Arztes nicht irgendein Beruf, sondern ein heiliger Beruf in einem sehr tiefen Sinn. Die Heiligkeit schließt die sittliche Verpflichtung ein, das heißt sie schließt die Vergegenständlichung der Person aus, die niemals von sich aus zu einer für verschiedene Zwecke verfügbaren Sache wird, sondern immer heilig ist. Die Heiligkeit schließt auch die Verpflichtung zu seriöser beruflicher Handhabung, die Verpflichtung zu handwerklicher Kunst ein und steht im Gegensatz zu jeder Kurpfuscherei. Nicht zufällig sind rings um die Asklepios-Heiligtümer die ersten Ärzteschulen entstanden; die Tiberinsel, seit 293 v.Chr. Asklepios-Heiligtum und Zentrum ärztlicher Kunst, bietet uns in Rom dafür ein Beispiel.

Je mehr wir heute darangehen, zu den tiefsten Quellen des menschlichen Lebens vorzudringen, umso dringender und unerlässlicher wird das Wissen um diesen heiligen Charakter der ärztlichen Kunst. Ein rein technisches, utilitaristisches Tun würde

---

[2] CLEMENS VON ALEXANDRIEN, *Paedag* I 12, 100 ff. (GCS 12, 149 f.).

schließlich zur Selbstzerstörung der menschlichen Würde führen. Wenn hingegen die immer besser beherrschte Kunst Ausdruck und Werkzeug für die Achtung der göttlichen Würde des menschlichen Lebens wird, hat das Tun des Arztes teil an der Würde des Heilhandelns des göttlichen Arztes, nach dem Wort: »Das ist das größte und würdigste Werk Gottes: den Menschen Heilung zu bringen.«

Jeder Mensch ist ein Ebenbild Gottes
Über die Würde von geistig Behinderten und psychisch Kranken

Bei dem Thema dieser internationalen Konferenz, zu der ich einleitend sprechen soll, steigen in mir beunruhigende Erinnerungen auf. Gestatten Sie mir bitte, dass ich Ihnen zu Beginn von dieser persönlichen Erfahrung erzähle, die uns in das Jahr 1941, also in die Kriegszeit und in die Herrschaft des Nationalsozialismus zurückführt. Eine unserer Tanten, die wir öfter besuchten, war Mutter eines kräftigen Sohnes, der wenige Jahre jünger war als ich, sich aber mit fortschreitender Entwicklung als geistig behindert erwies. Er war liebenswürdig in der Einfachheit seines verschatteten Geistes, und seine Mutter, die bereits ein Kind durch frühen Tod verloren hatte, war ihm mit herzlicher Zuneigung zugetan. Aber 1941 wurde von den Behörden des Dritten Reiches verordnet, dass er zur besseren Betreuung in ein Heim verbracht werden müsse. Man war noch ahnungslos über die Aktion zur Beseitigung der geistig Behinderten, die schon eingeleitet war. Kurz darauf kam die Nachricht, der Bub sei an Lungenentzündung gestorben und eingeäschert worden. Nun häuften sich Nachrichten dieser Art.

In dem Dorf, in dem wir zuvor gewohnt hatten, hatten wir gerne eine Witwe besucht, die kinderlos geblieben war und sich über das Kommen der Nachbarskinder freute. Der kleine Besitz, den sie von ihrem Vater geerbt hatte, konnte sie freilich kaum ernähren, aber noch war sie guten Mutes, wenn auch nicht ohne Angst über ihr weiteres Auskommen. Später hörten wir, dass die Einsamkeit, in der sie zusehends lebte, ihre Seele immer mehr verdüstert hatte: Die Angst vor der Zukunft war pathologisch geworden, sodass sie kaum noch zu essen wagte, weil sie immer um das Morgen fürchtete, an dem sie vielleicht ohne Mahl dastehen würde. Sie wurde nun als geistesgestört eingestuft, in ein Heim

Der geschaffene Mensch als Gottes Bild

gebracht, und auch hier kam alsbald die Meldung, sie sei an Lungenentzündung verstorben.

Kurz darauf geschah in unserem jetzigen Dorf wieder das Gleiche: Das kleine Bauernanwesen, an das unser Haus grenzte, war bisher von drei unverheirateten Geschwistern betreut worden, denen es gehörte. Sie galten als schwachsinnig, konnten aber immerhin ihr Haus und ihren Besitz einigermaßen unterhalten. Auch sie verschwanden in einem Heim und wurden bald darauf als tot gemeldet. Nun konnte kein Zweifel mehr sein, was hier vorging: dass es sich um eine systematische Tötung all derer handelte, die nicht als produktiv galten. Der Staat hatte sich das Recht angemaßt zu entscheiden, wer wert war zu leben und wer zugunsten der Gemeinschaft und seiner selbst vom Leben erlöst werden sollte, weil er weder den anderen noch sich selber nutzen konnte.

Zu den Schrecken des Krieges, die immer spürbarer wurden, fügte dies ein neues, ein anderes Entsetzen hinzu: Wir spürten die eisige Kälte dieser Logik des Nutzens und der Macht. Wir spürten, wie die Tötung dieser Menschen uns selbst, das Menschsein in uns erniedrigte und bedrohte: Wenn die Geduld und Liebe, die den leidenden Menschen mitträgt, als Verlust an Zeit und Geld aus dem Menschsein gestrichen wird, dann wird nicht nur den Getöteten Böses angetan, sondern dann werden gerade die Überlebenden selbst seelisch verstümmelt. Wir spürten, dass da, wo nicht mehr das Geheimnis Gottes, seine unantastbare Würde in einem jeden Menschen geachtet wird, nicht nur Einzelne bedroht werden, sondern der Mensch selbst in Gefahr ist. In dem lähmenden Schweigen, in der Furcht, die alle niederhielt, war es damals wie eine Erlösung, als Clemens August Kardinal von Galen seine Stimme erhob und den Bann des Schreckens brach, um in den geistig Behinderten den Menschen selbst, Gottes Ebenbild zu verteidigen.

Allen Bedrohungen des Menschen durch das Kalkül von Macht und Nutzen steht das herrliche Gotteswort entgegen, mit dem die Genesis den Bericht von der Erschaffung des Menschen einleitet: »Lasst uns den Menschen machen nach unserem Bild und Gleichnis« – »faciamus hominem ad imaginem et similitudinem nostram« übersetzt die Vulgata (Gen 1, 26). Aber was ist damit gemeint? Worin besteht die Gottebenbildlichkeit des Menschen?

318

Jeder Mensch ist ein Ebenbild Gottes

Das Wort ist innerhalb des Alten Testaments sozusagen ein Monolith: Es taucht im hebräischen Alten Testament nicht mehr auf, auch wenn Psalm 8,5 – »Was ist der Mensch, dass du seiner gedenkst?« – innere Verwandtschaft damit zeigt. Erst in der Weisheitsliteratur wird es wieder aufgenommen. Jesus Sirach 17,3 schildert von da aus die Größe des Menschen, ohne eigentlich eine Auslegung des Sinnes von Gottebenbildlichkeit geben zu wollen. Weisheit 2,23 geht einen Schritt weiter und sieht die Gottebenbildlichkeit wesentlich in der Unsterblichkeit des Menschen gegeben. Das, was Gott zu Gott macht und ihn von der Kreatur unterscheidet, ist eben die Unsterblichkeit und Unvergänglichkeit seines Lebens. Gottebenbildlich ist dann das Geschöpf eben dadurch, dass es an der Unsterblichkeit – nicht aus sich selber, sondern als Geschenk vom Schöpfer her – teilhat.

Die Bestimmung zum ewigen Leben ist es, was den Menschen zu einer geschaffenen Entsprechung Gottes werden lässt. Hier konnte man wohl weiterdenken und sagen: Ewiges Leben bedeutet mehr als bloß ewiges Vorhandensein. Es ist mit Sinn gefüllt, und nur dadurch Leben, dass es der Ewigkeit wert und fähig ist. Ewig kann ein Wesen nur dadurch sein, dass es an dem teilhat, was ewig ist: an der Ewigkeit der Wahrheit und der Liebe. Bestimmung zur Ewigkeit wäre demnach Bestimmung zur ewigen Liebesgemeinschaft mit Gott, und Gottebenbildlichkeit würde dann ihrem Wesen nach über das irdische Leben hinausweisen. Sie könnte gar nicht statisch bestimmt, nicht an irgendwelchen Eigenschaften festgemacht werden, sondern sie wäre eben dieses Ausgespanntsein über die irdische Lebenszeit hinaus; sie wäre nur in der Spannung auf das Künftige hin, in der Dynamik auf Ewigkeit zu verstehen. Wer Ewigkeit leugnet, wer den Menschen nur innerweltlich sieht, hätte daher von vornherein keinen Zugang zum Wesen von Gottebenbildlichkeit.

Aber das ist im Weisheitsbuch nur angedeutet, nicht weiter ausgeführt. So entlässt uns das Alte Testament mit einer offenen Frage, und man muss Epiphanius recht geben, der gegenüber allen Versuchen, den Inhalt der Gottebenbildlichkeit festzulegen, feststellt: »Wir sollen niemals versuchen, zu bestimmen oder festzusetzen, in welchem Teil (des Menschen) sich das Bild Gottes befindet, sondern einfach bekennen, dass sich das Bild Gottes im

Der geschaffene Mensch als Gottes Bild

Menschen befindet, wenn wir die Gnade Gottes nicht zurückweisen und uns nicht als Ungläubige erweisen wollen.«[1]

Aber wir Christen lesen ja das Alte Testament immer in der Ganzheit der einen Bibel, in der Einheit mit dem Neuen Testament und empfangen von ihm her den Schlüssel, um die Texte recht zu verstehen. Wie der Schöpfungsbericht »Am Anfang schuf Gott« (Gen 1,1) seine gültige Auslegung erst empfängt in seiner johanneischen Relecture »Am Anfang war das Wort« (Joh 1,1), so auch hier. Nun kann ich natürlich im Rahmen einer kurzen Einführung nicht das reiche und vielschichtige Zeugnis des Neuen Testaments zu unserer Frage darstellen. Ich versuche nur, ein paar Fäden herauszuziehen. Da ist als Erstes und Wichtigstes festzuhalten, dass im Neuen Testament Christus als »das Bild Gottes« bezeichnet wird (2 Kor 4,4; Kol 1,15).

Die Väter haben hier eine sprachliche Beobachtung eingebracht, die exegetisch vielleicht so nicht haltbar ist, aber durchaus dem inneren Duktus des Neuen Testaments und seiner neuen Auslegung des Alten entspricht. Sie sagen: Nur von Christus wird gelehrt, dass er »das Bild Gottes« sei, der Mensch hingegen ist nicht das Bild, sondern *ad imaginem,* auf das Bild zu, dem Bild nachgeschaffen. Er wird Gottes Bild, indem er in die Gemeinschaft mit Christus tritt, in die Gleichgestaltung mit ihm. Anders gesagt: Das Urbild des Menschen, der wiederum Gottes Abbild darstellt, ist Christus, und von seinem Bild her, auf ihn zu wird der Mensch geschaffen. Der geschaffene Mensch ist gleichsam Vorentwurf auf Christus hin, oder umgekehrt: Christus ist die Grundidee des Schöpfers, und auf ihn hin, von dieser Grundidee her bildet er den Menschen.

Die ontologische und spirituelle Dynamik, die sich in dieser Vorstellung verbirgt, wird besonders in Röm 8,29 und 1 Kor 15,49, aber auch in 2 Kor 4,6 deutlich. Nach Röm 8,29 sind die Menschen vorausbestimmt, »an der Bildgestalt seines Sohnes teilzunehmen, damit dieser der Erstgeborene von vielen Brüdern sei«. Diese Hineinformung in das Bild Christi trägt sich in der Auferstehung zu, in der er uns vorangegangen ist – aber die Auferstehung, das sollten wir hier schon festhalten, setzt das Kreuz

---

[1] EPIPHANIUS VON SALAMIS, *Haer* 70, 2, 7 (GCS 37, 234).

320

voraus. Der Erste Korintherbrief unterscheidet den ersten Adam, der »zur lebendigen Seele« wurde (1 Kor 15,45; vgl. Gen 2,7), und den letzten Adam, der zum Leben spendenden Geist wurde. »Und wie wir das Bild dessen getragen haben, der von der Erde genommen wurde, so werden wir auch das Bild des himmlischen Menschen tragen« (1 Kor 15,49). Hier ist ganz deutlich die innere Spannung des Menschseins vom Lehm zu Geist, von Erde zu Himmel, von seiner irdischen Herkunft auf seine göttliche Zukunft hin dargestellt. Diese Spannung des Menschseins in der Zeit und über die Zeit hinaus gehört zum Wesen des Menschen. Und diese Spannung bestimmt ihn gerade mitten im Leben in dieser Zeit. Er ist immerfort auf dem Weg zu sich selbst oder von sich selbst weg; er ist auf dem Weg zu Christus hin oder von ihm fort. Er geht auf sein Urbild zu oder er verdeckt und verwüstet es. Der Innsbrucker Theologe Franz Lakner hat diese dem Neuen Testament eigene dynamische Konzeption der Gottebenbildlichkeit des Menschen treffend so ausgedrückt: »Die Gottebenbildlichkeit des Menschen gründet in der Prädestination zur Gotteskindschaft durch mystische Inkorporation in Christus«; sie ist die dem Menschen eingeschaffene »Finalität auf Gott durch Partizipation des göttlichen Lebens in Christus«[2].

Damit nähern wir uns jetzt aber der für unser Thema entscheidenden Frage: Kann diese Gottebenbildlichkeit zerstört werden? Und wenn, wie? Gibt es Menschen, die nicht Ebenbild Gottes sind? Die Reformation hatte in ihrer Radikalisierung der Erbsündenlehre diese Frage bejaht und gesagt: Ja, durch die Sünde kann der Mensch das Bild Gottes in sich zerstören und hat es zerstört. Denn der sündige Mensch, der Gott nicht kennen will und der den Menschen nicht ehrt oder gar tötet – der stellt nicht Gott dar, sondern entstellt ihn, ist Widerspruch zu ihm, dem Heiligen, Wahren und Guten. Das kann und muss uns, in Erinnerung an das eingangs Gesagte, zu der Frage drängen: In wem ist das Bild Gottes mehr verdunkelt, mehr entstellt oder mehr ausgelöscht – in dem eiskalten, seiner selbst wohl bewussten, mächtigen und vielleicht auch intelligenten Mörder, der sich selbst zu Gott macht und Gott verhöhnt, oder in dem unschuldig Leidenden, in dem

---

[2] LAKNER, Art. Gottebenbildlichkeit, 1090.

das Licht der Vernunft nur ganz leise zuckt oder gar nicht mehr zu vernehmen ist? Aber die Frage ist an dieser Stelle voreilig. Zunächst müssen wir sagen: Die radikale These der Reformation hat sich, gerade von der Bibel her, als unhaltbar erwiesen. Die Gottebenbildlichkeit ist dem Menschen als Menschen gegeben. Und solange er überhaupt Mensch ist, ist er geheimnisvoll auf Christus, den menschgewordenen Sohn Gottes ausgespannt und so dem Geheimnis Gottes zugeordnet. Die Gottebenbildlichkeit ist mit dem Wesen Mensch als solchem verbunden, und es liegt nicht in seiner Macht, sie völlig zu zerstören.

Aber was der Mensch freilich kann, ist die Entstellung des Bildes, der innere Widerspruch zu ihm. Hier ist noch einmal Lakner zu zitieren: »[D]ie göttliche Kraft [...] leuchtet auf gerade im Zerbrechen der Widersprüche [...]. Der Mensch als Ebenbild Gottes in dieser Welt ist darum der gekreuzigte Mensch.«[3] Zwischen der Gestalt des aus dem Lehm geformten irdischen Adam, die Christus in der Inkarnation mit uns gemeinsam angenommen hat, und der Herrlichkeit der Auferstehung steht das Kreuz: Der Weg von den Widersprüchen und Entstellungen des Bildes hin zur Gleichgestaltung mit dem Sohn, in der sich Gottes Herrlichkeit darstellt, führt über den Schmerz des Kreuzes.

Unter den Vätern hat vor allem Maximus der Bekenner diesen Zusammenhang zwischen Gottebenbildlichkeit und Kreuz bedacht. Der Mensch, der zur »Synergie«, zur Mitwirkung mit Gott berufen ist, hat sich stattdessen in Opposition zu ihm gestellt. Diese Opposition ist »ein Angriff auf die Natur des Menschen«. Sie »entstellt das wahre Gesicht des Menschen, das Bild Gottes«, denn sie »wendet den Menschen von Gott weg und zu sich selber hin und errichtet unter den Menschen die Tyrannei des Egoismus«[4]. Christus hat die Überwindung dieses Gegensatzes, seine Umwandlung in Gemeinschaft im Inneren der menschlichen Natur selbst vollzogen: Der Gehorsam Jesu, sein Sich-selber-Sterben, wird zu dem wahren Exodus, der den Menschen aus der Selbstverfallenheit herausträgt in die Einheit mit der Liebe Gottes. Der

---

[3] LAKNER, Art. Gottebenbildlichkeit, 1091.
[4] MAXIMUS CONFESSOR, *Opusc theol* (PG 91, 48 D–49 A), zitiert nach SCHÖNBORN, *Die Christus-Ikone,* 130 f.

Gekreuzigte wird so zur lebendigen »Ikone der Liebe«; gerade im Gekreuzigten, in seinem zerschundenen und geschlagenen Antlitz, wird der Mensch von Neuem transparent auf Gott hin, kommt das Bild Gottes wieder zum Leuchten. So steht das Licht der göttlichen Liebe gerade über den leidenden Menschen, in denen der Glanz der Schöpfung äußerlich verschattet ist; weil sie auf besondere Weise dem gekreuzigten Christus, der Ikone der Liebe, ähnlich sind, sind sie in eine besondere Gemeinschaft mit dem hineingerückt, der allein selbst das Bild Gottes ist. Wir können auf sie das Wort ausdehnen, das Tertullian im Blick auf Christus formuliert hat: »Wie immer sein armseliges corpusculum war [...], immer wird es mein Christus sein.«[5]

Wie immer ihr Leiden sein mag, wie immer sie entstellt und verdunkelt sein mögen in ihrem menschlichen Dasein – immer werden sie unseres Herrn Lieblingskinder sein, immer werden sie ihn auf besondere Weise abbilden. Von der Spannung zwischen Verborgenheit und künftiger Offenbarung der Gottebenbildlichkeit her dürfen wir außerdem das Wort aus dem Ersten Johannesbrief auf unsere Frage anwenden: »Jetzt sind wir Kinder Gottes, aber noch ist nicht offenbar, was wir sein werden« (1 Joh 3, 2). Wir lieben in allen Menschen, besonders aber in den Leidenden, den geistig Behinderten, das, was sie sein werden und was sie doch jetzt schon sind. Schon jetzt sind sie Kinder Gottes – Christi Bild, auch wenn noch nicht offenbar ist, was sie sein werden.

Christus ist am Kreuz endgültig den Ärmsten, Wehrlosesten, den am meisten Notleidenden, Verlassenen und Verachteten gleichgeworden. Unter diesen sind jene, mit denen sich unser Kolloquium beschäftigt, die wegen Geistesschwäche oder Geisteskrankheit nicht fähig sind, sich verständlich ausdrücken zu können, als ob die Materie dem Geist, aus welchem Grunde auch immer, Widerstand leisten würde. Hier offenbart Jesus das Wesentliche der Humanität, deren wahre Erfüllung: Das ist weder Intelligenz noch Schönheit, noch weniger Reichtum oder Vergnügen, sondern die Fähigkeit zu lieben und liebevoll auf den Willen des Vaters zu hören, mag dieser auch so unfassbar sein.

---

[5] TERTULLIAN, *Adv marc* III 17, 2 (CChr.SL 1, 530).

Der geschaffene Mensch als Gottes Bild

Das Leiden Jesu mündet in seine Auferstehung. Der auferstandene Christus ist der Höhepunkt der Geschichte, der siegreiche Adam, auf den sich schon der erste, der »irdische« Adam ausgerichtet hat. So zeigt sich das Ziel des göttlichen Plans: Jeder Mensch ist auf dem Weg vom ersten zum zweiten Adam. Keiner von uns ist jetzt schon voll und ganz er selbst. Jeder muss es erst werden, wie das Weizenkorn, das sterben muss, um Frucht zu bringen, wie der auferstandene Herr unendlich fruchtbar ist, weil er sich restlos hingegeben hat.

Eine der großen Freuden des Paradieses wird ohne Zweifel die Entdeckung der Wunder sein, die die Liebe in uns und in jedem unserer Brüder und Schwestern gewirkt hat, auch und gerade in den Schwerkranken, den gänzlich Benachteiligten, Geschlagenen, Leidenden unter ihnen. Während wir nicht einmal begriffen haben, wie ihre Liebe überhaupt noch möglich war, blieb diese für uns verborgen im Geheimnis Gottes.

Ja, eine unserer großen Freuden wird sein, unsere Brüder und Schwestern im vollen Glanz ihrer Menschlichkeit zu entdecken, in der vollen Schönheit als Abbild Gottes. Die Kirche glaubt schon heute an diesen künftigen Glanz. Sie will aufmerksam sein und auch das kleinste Zeichen hervorheben, das diesen erahnen lässt. Denn in der Ewigkeit wird jeder von uns umso mehr strahlen, je mehr er Christus an seinem Ort mit den ihm geschenkten Möglichkeiten nachgeahmt hat.

Es sei mir hier erlaubt, Zeugnis von der Liebe der Kirche zu den Menschen abzulegen, die unter einer Geisteskrankheit leiden. Ja, die Kirche liebt Euch. Sie empfindet Euch gegenüber nicht nur die natürliche »Vorliebe« einer Mutter für die Schwächsten ihrer Kinder. Sie bleibt nicht bewundernd vor dem stehen, was Ihr sein werdet, sondern was Ihr schon seid: Ebenbilder Christi. Ebenbilder Christi, die zu ehren und achten sind, denen nach Möglichkeit zu helfen ist, gewiss, aber insbesondere Ebenbilder Christi, die Träger einer wesentlichen Botschaft über die Wahrheit des Menschen sind. Eine Botschaft, die wir leicht zu vergessen geneigt sind: Unser Wert vor Gott hängt nicht ab von der Intelligenz, nicht von der Charakterfestigkeit, nicht von der Gesundheit – diese erlaubt uns, auf vielfältige Weise großzügig zu handeln, könnte in jedem Augenblick aber auch wieder genommen wer-

324

Jeder Mensch ist ein Ebenbild Gottes

den –, unser Wert vor Gott hängt ab allein von der von uns getroffenen Wahl, in höchstem Maße zu lieben, in höchstem Maße in der Wahrheit zu lieben.

Zu sagen, Gott habe uns nach seinem Bild geschaffen, heißt, Gott wollte, dass jeder von uns eine Seite Seines unendlichen Glanzes aufscheinen lässt, dass Er einen Plan mit jedem von uns hat, dass jeder bestimmt ist, auf einem ihm eigenen Weg in die ewige Glückseligkeit einzutreten.

Die Menschenwürde drängt sich unseren Augen nicht einfach auf, sie ist weder mess- noch quantifizierbar, sie entzieht sich dem Maßstab der wissenschaftlichen oder technischen Vernunft; aber unsere Zivilisation, unser Humanismus haben nur in dem Maße Fortschritte gemacht, als diese Würde von immer mehr Menschen auf der ganzen Welt und ohne Einschränkung anerkannt wird. Jede Rückkehr hinter eine grundsätzliche Anerkennung der Menschenwürde, jede Ideologie oder politische Aktion, die Menschen den Respekt verweigert, der ihnen gebührt, wäre eine Rückkehr zur Barbarei. Wir wissen, dass die Gefahr der Barbarei unglücklicherweise immer über jenen schwebt, die geistig behindert oder geistig krank sind. Eine unserer Aufgaben als Christen ist es, dafür zu sorgen, dass deren Menschlichkeit, deren Würde und deren Berufung als Geschöpf, als Abbild Gottes voll und ganz anerkannt, geachtet und gefördert wird.

Ich möchte diese mir gebotene Gelegenheit gerne nutzen, all jenen zu danken, und es sind viele, die durch ihre Überlegungen, Forschungen, Studien oder verschiedenen Heilmethoden sich der Mühe unterziehen, dieses Bild immer deutlicher erkennbar werden zu lassen.

Heilung der wahren Wunde der Menschheit

Vorwort zu: Javier Lozano Barragán,
Teología y medicina, Bogotá 2000

In der ersten Aussendung der zwölf Apostel, die noch zu Jesu Lebzeiten auf Erden erfolgte, hat der Herr ihnen eine Aufgabe anvertraut, die als Modell für alle Zeiten gilt: Er gibt ihnen die Vollmacht, die unreinen Geister auszutreiben und »alle Krankheiten und Leiden zu heilen« (Mt 10,1). Jesus selbst trat unter den Menschen auf als der, der die eigentliche Wunde der Menschheit heilt, die in ihrer Unfähigkeit besteht, Gott zu erkennen und zu lieben. Aber seine Heilungen waren nicht nur geistiger Art, sie wandten sich an den ganzen Menschen: Leib und Seele; die Wunderheilungen, von denen das Evangelium spricht, verweisen deutlich auf diese vollständige Gesundheit. Die Sicht auf die Gesundheit in allen ihren Dimensionen gehörte schon immer zu der Aufgabe, die sie mit der Verkündigung des Evangeliums verband, obschon dieser Dienst des Heilens in der Geschichte je nach kultureller Situation unterschiedliche Formen angenommen hat. Aus diesem Grund ist es höchst angebracht, dass unter den verschiedenen Zweigen des Amtes des Heiligen Vaters im Dienst der ganzen Kirche er auch einen Rat für die Pastoral im Krankendienst errichtet hat. Mons. Lozano Barragán, der Präsident dieses Rates, hat uns mit seinem Buch eine *Magna Charta* seiner Aufgaben geschenkt. Eine solche Reflexion zum Thema »Gesundheit und Glaube – Dienst an der Gesundheit aus der Perspektive des Glaubens« war in der Tat wünschenswert. Das Buch bietet nicht nur eine Beschreibung der Aufgaben des Päpstlichen Rates, sondern vertieft auch die grundlegenden Fragen des Dienstes an der Gesundheit, der unverzichtbar zur Kirche gehört.

Das Thema der Gesundheit ist heute auch eine öffentliche Aufgabe geworden. Die verschiedenen Nationen auf der ganzen Welt tragen in dieser Hinsicht eine gemeinsame Verantwortung, und

Heilung der wahren Wunde der Menschheit

die Sorge um das Gleichgewicht zwischen armen und reichen Ländern muss einen Bezugspunkt haben.

Die Weltgesundheitsorganisation (WHO) möchte dieser Verantwortung und Aufgabe gerecht werden und legt Kriterien für das Engagement für die »Gesundheit aller« vor. Es ist klar, dass die Kirche mit ihrem besonderen Wissen über Leiden und Heilung mit diesen Bemühungen in einen Dialog treten muss. Erzbischof Lozano prüft die verschiedenen Strömungen, die in der Arbeit der WHO zusammenlaufen; es zeigt sich eine Einseitigkeit, die letztlich von einer reduktiven Anthropologie herrührt. Die Vermeidung von Leiden – die Ablehnung des Kreuzes – ist zu einem Merkmal unserer Zeit geworden, das fortdauernd den Ansatz der Medizin kennzeichnet. Gesundheit wäre in dieser Sicht ein »Zustand des vollständigen körperlichen, geistigen und sozialen Wohlergehens«. Der Präsident des Päpstlichen Rates sieht in dieser Aussage eine Utopie, eine Art »Opium des Volkes« im umgekehrten Sinne: Es wird die Illusion einer Art irdischen Paradieses genährt, das aus dem Inneren des Menschen jede Sorge um das Jenseits auslöschen solle.

Im Gegensatz dazu eröffnet der Autor mit seiner Definition von Gesundheit einen viel weiteren Horizont, der einer umfassenderen Bestimmung der Menschlichkeit und einer völlig anderen Dynamik der menschlichen Existenz entspricht: »Gesundheit ist ein Streben nach körperlicher, psychischer, sozialer und geistlicher Harmonie und nicht nur Abwesenheit von Krankheit; sie befähigt den Menschen, die Sendung zu erfüllen, die Gott ihm anvertraut hat, gemäß der Lebensstufe, in der er sich befindet« (28). Es gibt hier als Hintergrund die besondere Berufung eines jeden, an Gottes Plan für jeden Menschen und für die Menschheit als solche mitzuwirken.

In dieser Sicht findet der Schmerz, der in Gemeinschaft mit dem gekreuzigten und auferstandenen Christus angenommen und ertragen wird, einen tiefen Sinn, für den einzelnen Menschen und für die Anderen, ja, er kann sich sogar in eine Kraft der Heilung verwandeln. Das ist keine theologische Spekulation, sondern eine wirklich realistische Position voll Wahrheit, denn einem Programm, das dem Menschen im Leid nicht hilft, sondern ihm verspricht, es ganz abzuschaffen, fehlt es an Realismus. Und ein

327

Wohlbefinden, das Gott vergisst, ist eine reduktive Form der menschlichen Existenz.

Es ist nicht die Absicht dieses Vorworts, in den ganzen Reichtum des Buches einzuführen, aber ich hoffe, zumindest die Neugier des Lesers geweckt und gezeigt zu haben, dass dieses Buch eine wichtige Stimme in der Debatte über den Auftrag der Medizin ist.

Rom, am Fest Unserer Lieben Frau von Lourdes,
11. Februar 2000

Nur wer Gott kennt, findet den Menschen
Korbiniansfest der Jugend, Freising, 12. November 1978

Liebe Freunde!

Was ist der Mensch? Wie kann man richtig Mensch sein? Wie kann die Welt menschlich werden? Das sind die Fragen dieses Tages. Lesung und Evangelium aus der Bibel, die wir gerade gehört haben, geben darauf zwei sehr gegensätzliche Antworten. In der Lesung steht ein sehr ideales Menschenbild da, das mit den Worten schließt: »Gott sah, dass es gut war« (Gen 1, 31). Der Mensch ist als das Bild Gottes dargestellt. Wenn man wissen will, wie Gott aussieht, muss man den Menschen ansehen. Und wenn Gott sich sozusagen in Welt übersetzt, dann heißt er Mensch. Daher ist der Mensch der Herr der Welt. Die Welt ist für ihn geschaffen, ihm anvertraut. Er soll über sie herrschen, weil sie ihm zugedacht ist von Gott.

In dem Evangelium haben wir gerade ein ganz anderes Menschenbild gesehen. Pilatus tritt heraus mit diesem Jesus, der angespuckt, völlig zerschlagen ist – ein Wurm nicht ein Mensch, sagt der Psalm von ihm (vgl. Ps 22, 7) –, und er deutet auf ihn hin und sagt: »Seht den Menschen!« (Joh 19, 5). In seinem Mund ist das wahrscheinlich eine Mischung aus Spott und Mitleid gewesen, mit der er erreichen wollte, dass die Juden sagten: »Na, den können wir doch laufen lassen; so ein Bündel Elend ist gar nicht mehr wert, gekreuzigt zu werden, er ist ungefährlich.« Aber bei dem Evangelisten Johannes und der Hintergründigkeit seiner Sprache sagt dieses Wort mehr. Man kann es aus dem Griechischen auch übersetzen: »Seht, das *ist* der Mensch – *so* ist der Mensch.« Und was sehen wir an ihm? Zunächst die Armseligkeit, die Ausgeliefertheit des Menschen gegenüber den Mächten der Grausamkeit, gegenüber der Armseligkeit unserer physischen Situation. Aber in ihm spiegelt sich dann auch das andere: die Brutalität der Folterknechte, wie sie die Diktaturen aller Zeiten hervorbringen, die ihr leeres Leben dadurch auffüllen, dass sie andere treten, und indem sie andere treten, eine Bestätigung dessen empfangen, dass sie jemand sind, Macht erleben und darin dann ihr niedriges Leben ausfüllen. Diese niedrige Brutalität, zu der der Mensch immer wieder bereit ist, können wir an seiner zerschlagenen Gestalt sehen. Und wir sehen an ihm die Parteilichkeit der Ideologie der Ankläger, wie sie auch durch die Jahrhunderte hindurchgeht, die ideologische Verhetzung, die die Lüge schließlich noch wissenschaftlich unterbauen kann. Und wir sehen an ihm die Feigheit des liberalen Richters, für den jedenfalls seine Karriere mehr zählt als die Wahrheit, um die er eigentlich ganz genau weiß, dem es vor allem darauf ankommt, dass er keinen Ärger bekommt. Auch dies ist der Mensch: ein unheimliches Bild, das wir Tag um Tag erleben, wenn wir ins Fernsehen hineinschauen, die Zeitungen lesen. Dann wissen wir: Ja, der Mensch ist gar nicht dieses Ideale, sondern er ist genau das, was hier geschildert wird: der getretene Wurm, der brutale Folterer, der Ideologische, der Lügende, der Feige, der sich nicht bekennen will. Wenn man dies sieht, dann erschrickt man. Und von daher ist es verständlich, ja nötig, dass Protest sich erhebt und der Wille, die Welt zu ändern. Von daher kann ich auch verstehen, dass junge Menschen sich angetrieben fühlen, dorthin zu gehen, wo sie die Instanz und den Motor allen Protestes in der Welt finden, nämlich beim Marxismus. Und ihm ist ja auch nicht vorzuwerfen, dass er protestiert. Nicht das ist falsch, sondern, dass er nicht radikal genug protestiert, dass er in Wirklichkeit im stillen Einverständnis mit den eigentlich zerstörerischen Vorurteilen bleibt, die den Menschen erniedrigen und die Unmenschlichkeit zementieren.

Ich lese ein paar Verse aus dem »Großen Dankchoral«[1], den Bert Brecht – ein Genie des Protestes, muss man sicher sagen – als Persiflage auf unser Lied »Lobe den Herren« gedichtet hat. Er sagt:

---

[1] Brecht, *Großer Dankchoral*.

Nur wer Gott kennt, findet den Menschen

»Lobet die Nacht und die Finsternis, die euch umfangen!
Kommet zuhauf
Schaut in den Himmel hinauf:
Schon ist der Tag euch vergangen.

Lobet das Gras und die Tiere, die neben euch leben und sterben!
Sehet, wie ihr
Lebet das Gras und das Tier
Und es muss auch mit euch sterben […]

Lobet von Herzen das schlechte Gedächtnis des Himmels!
Und dass er nicht
Weiß euren Nam' noch Gesicht
Niemand weiß, dass ihr noch da seid.

Lobet die Kälte, die Finsternis und das Verderben!
Schauet hinan:
Es kommet nicht auf euch an
Und ihr könnt unbesorgt sterben.«

Darin ist die Erfahrung des Menschen, der ein Wurm, der schändlich, der getreten ist und tritt, aufs Unheimlichste verdichtet. Aber was ist hier geschehen? Der Mensch, der dies alles erlebt, auf sich eindringen lässt, ist selber giftig geworden. Er kann den Menschen und Gott nur noch verachten. Weil der Mensch so verächtlich ist, wird ihm Gott verächtlich und dann erst recht wieder der Mensch. Wo aber der Mensch verächtlich wird, da baut der Protest nicht mehr auf. Im Grunde ist es die Verachtung vor dem Menschen in sich selbst und in den anderen, die all die schrecklichen Dinge hervorbringt, die wir heute erleben. Wenn man das Menschsein in sich und im andern nur noch für gemein hält, dann bleibt nur noch übrig, es zu treten und sich dagegen aufzulehnen und es weiter zu erniedrigen. Die Verachtung baut nicht auf. Aber was dann?

Auf dem Freiburger Katholikentag, der danach gefragt hat, ob es denn Hoffnung gibt, war für mich, wie wahrscheinlich für die allermeisten, das Beeindruckendste die Begegnung mit Mutter Teresa. Mir hat sich vor allen Dingen eine Reihe von Geschichten eingeprägt, die sie erzählt hat. Ich erwähne eine[a]: Sie war mit ihren Mitschwestern in Kalkutta unterwegs, um Sterbende auf den Straßen aufzunehmen und in ihr Haus zu bringen. Und sie fanden eine, die völlig von Würmern zerfressen war bei lebendigem Leib. Ein Bild des Entsetzens. Und sie sagte: »Die übernehme ich selbst«, brachte sie nach Hause, wusch und reinigte sie. Und als dies alles geschehen und sie verändert war, sagte sie: »Danke!« Mit diesem Wort starb sie, und es lag ein Lächeln auf dem Gesicht, das nie im Leben gelächelt hatte. Mutter Teresa sagte: »In diesem Augenblick wusste ich, dass gar nicht ich die Gebende bin, dass ich viel mehr empfange als ich gebe.«

Was ist hier die Ehrfurcht auch vor dem erniedrigten Menschen? Weil er immer noch Gottes Bild ist, weil von ihm immer noch das wahr ist, was wir im Schöpfungsbericht gehört haben: Und die Ehrfurcht baut auf. Damit sind wir noch einmal bei Jesus, dem Verspotteten. Das Evangelium will uns nicht Verachtung des Menschen lehren, der ein Wurm ist und getreten wird, sondern es sagt uns ja gerade: Ja, das ist der Mensch, und gerade dieser ist immer noch, und er zuallermeist, das Bild Gottes, der Herrscher über die Welt, der an Gott denkt, den Gott liebt und in dem Gott selber liebt. Alle diese Dinge gelten erst von ihm und durch ihn hindurch endgültig. Dies heißt: Wenn man den Menschen finden will, dann muss man zuallererst Gott finden. Denn, wenn man ihn gefunden hat, dann entsteht Ehrfurcht vor dem Menschen, wer und wo immer er sei. Und wenn Ehrfurcht entsteht, dann erhält auch die Liebe Raum, dann erhält die Liebe Weisung und Weg. Dann wissen wir, dass die ohnmächtig erscheinende Liebe nicht ohnmächtig ist, dass es sich lohnt zu lieben, und dass so die Welt trotz allem aufgebaut werden kann. Dies ist der Anruf des Menschen, auf den wir da hinschauen. Wir müssen Gott finden, dann steht der Mensch in Ehren, weil dann Ehrfurcht erwacht und weil Liebe Weg und Sinn gewinnt. Man kann das Böse nicht mit dem Bösen überwinden, dann mehrt es sich nur. Böses kann nur durch sein Gegenteil, durch das Gute, überwunden werden. Und dazu Mut zu geben, das ist der Inhalt dieser Gestalt, die Pilatus vor uns hinstellt: »Seht, das ist der Mensch!«

---

[a] Vgl. RATZINGER / STROBA / WOJTYŁA, *Gottes Anruf*, 24.

Taufe – Heilung unserer Blindheit
Predigt im Rahmen der Morgenandacht,
Haus Ohrbeck / Georgsmarienhütte, 20. Februar 1974

Evangelium: Mk 8, 22–26

Die Alte Kirche hat durchaus im Sinne des Evangelisten in diesem Bericht eine Darstellung des Katechumenates gesehen. Dieses endet in der Taufe, welche man als den *Photismos,* die *Illuminatio,* das Sehendwerden bezeichnete.

Solches geistige Verständnis des Textes, wie es sicher im Grundsatz schon beim Evangelisten da ist, hebt keineswegs die Realität des Ereignisses auf. Mir scheint, dass gerade der vorliegende Text mit diesem merkwürdigen allmählichen Sehendwerden über den Zwischenvorgang, in dem Bäume wie Menschen aussehen, eine starke Kraft der Erinnerung des Anfänglichen in sich trägt. Aber zugleich war ja die Kirche sich in ihrem Überliefern stets bewusst, dass sie nicht einen Anekdotenschatz für literarische Salons pflegte, sondern, wenn sie von Jesus sprach, Worte des Heiles überlieferte, die uns hier und jetzt angehen. Sie war sich bewusst, dass solchermaßen Erinnertes gar nie bloß pures Faktum sein kann, das der Neugierde eine Weile Zerstreuung liefert, sondern Anrede an uns sein muss und sein wird, wenn wir nur genug in die Tiefe des Berichteten hinunter fragen. So sieht sie, so dürfen wir in diesem Text einen Hinweis auf uns sehen, auf die Kirche aller Zeiten, auf den Herrn, der in allen Zeiten lebt.

Was also zunächst daraus auf uns zutritt, ist dieses: Der Mensch, so wie er vorkommt, ist ein Blinder, er sieht im Innersten nicht. Er sieht Dinge, aber er sieht nicht die Schöpfung. Er sieht Menschen, aber er sieht nicht das Bild Gottes, das durch sie hindurch scheint. Und wenn wir es in die Situation unserer Zeit herein noch konkreter übertragen: Wir sehen alles Mögliche und sehen doch nicht wirklich. Die Wissenschaft, die Technik, und die Menschen in der Welt von heute, sie sehen in der Materie nur noch das Berechenbare, das Ausnützbare. Aber tiefer zu sehen, scheint uns nicht mehr möglich zu sein. Die Welt, die wir durchrechnen können, hat jede Durchsichtigkeit in die Tiefe hinein verloren. Und wir sehen im Menschen nur noch Faktoren der Produktion und allenfalls Potenzial des Klassenkampfes. Und wir sehen in der Geschichte, auch in der biblischen, Probleme, aber nicht einen, der daraus auf uns zutritt. Der Mensch ist blind, er ist es sogar so sehr, dass er gar nicht weiß, dass man da eigentlich etwas sehen könnte. Und er kann nur sehend werden, wenn ein anderer die Hand auf ihn legt, damit inwendig etwas aufgeht in ihm. Und dies, meine ich, wäre die erste Anrede, die da auf uns zukommt: Wer das Heil nur von immer noch weiter verfeinerten Theorien erwartet, und meint, wenn es noch weiter und noch genauer und noch wissenschaftlicher diskutiert wird, dann muss irgendwann einmal das große Licht aufscheinen, in dem alles klar wird, der hält sich in einer Ebene fest, in der nur ganz Bestimmtes zu sehen ist.

Zuletzt kann die Antwort nur kommen, wenn wir mehr tun, wenn wir uns den Händen Jesu ausliefern. Wenn wir seine Hand auf uns legen lassen, dass er uns sehend macht. Mir scheint, dass vielleicht unser Status, so wie wir hier da sind, eigentlich am ehesten mit diesem Zwischenstadium beschrieben ist: »Ich sehe die Menschen, denn ich sehe etwas umhergehen, das wie Bäume aussieht.« Der Herr hat uns zum Glauben geführt, wir sehen ein wenig etwas, aber sehr verschwommen, sehr durcheinander. Die Umrisse, die Größenordnungen sind nicht klar, es bewegt sich alles wie in einem merkwürdigen Nebel: Menschen, Bäume, Dinge. Wir haben angefangen zu sehen und können doch noch nicht recht unterscheiden, sind es nun eigentlich Bäume oder Menschen? Und damit wird ein nächstes deutlich: Solches Sehendwerden ist die Begegnung mit dem Herrn. Das, was nur sie geben kann, geschieht nicht ruckhaft, nicht augenblickweise. Es geschieht nur, indem wir uns bei ihm einleben, indem wir uns wieder von ihm die Hand auflegen lassen, indem wir mit ihm sind, mit ihm leben, mit ihm gehen. Erst in solchem Bleiben-bei-Ihm kann langsam das Maß für die richtigen Größenordnungen wachsen, können unsere Augen klar werden, können wir anfangen, wirklich zu sehen.

Das Evangelium schließt mit einem sehr merkwürdigen Satz: Der Mann ist geheilt, kann genau sehen. Jesus schickt ihn nach Hause und sagt, was geradezu ein Widerspruch ist: »Geh aber nicht in das Dorf hinein.« Mit diesem Satz ist die Theorie vom Messiasgeheimnis und ein endloser Streit der Exegeten verbunden, welche Art von literarischem Zweck der Evangelist wohl damit verfolgt habe. Mir scheint, dass gerade dieser Streit eigentlich ein Ausdruck dessen ist, wie wenig wir in Wirklichkeit sehen. Denn, um den Herrn zu verstehen, sollte man eben vielleicht doch nicht primär von literarischen Tricks ausgehen, sondern daran denken, dass er selbst aus dem Glauben des Alten Testamentes gelebt hat und in diesem großen Zusammenhang des lebendigen Gotteswortes zu verstehen ist. Mir scheint, dass dieser Vers hier wie so mancher andere in den Komplex des Gottesknechtsgedankens hineingehört, den Jesus lebendig mit seinem Leben und seiner Passion ausgefüllt hat. Zu der Figur des Gottesknechts gehört wie das Leiden-für-die-Anderen auch der Satz: Er wird nicht lärmen auf den Straßen (vgl. Jes 42, 2). Jesus will nicht den Lärm. Der Mann wird eines Tages in das Dorf zurückkehren, aber er soll es nicht jetzt in der Erregung der Neuheit, in der ihn noch jeder blind gesehen hat, sondern irgendwann einmal beiläufig tun, wenn man schon wieder vergessen hat und gar nicht nachfragen wird, was da geschehen ist. Pastoral scheint das töricht, den wirklichen Augenblick des Erfolges nicht auszunützen, aber der Knecht Gottes will nicht den Lärm auf den Straßen. Dies ist nicht die Wirklichkeitsebene, auf der man etwas von ihm verstehen lernen kann, sondern ganz im Gegenteil. Der Lärm der Straße befestigt den Menschen darin, dass er nur eine Ebene des Wirklichen sieht, befestigt ihn gerade in der Blindheit, in der Verabsolutierung des bloß Vorhandenen, die ihn am wahren Sehen hindert. Deswegen kann, nachdem der Mann geheilt ist, er nicht in die Ebene zurückgeschickt werden, die er eben verlassen hat. Deswegen muss auf eine andere Weise die Botschaft von Jesus weitergehen. Nicht im Lärm der Straße, nicht auf der Ebene dessen, was jedermann zuhanden ist, kann er gesehen werden, kann der Mensch sehend werden. Damit es geschehe, muss da sein, was am Anfang der Geschichte steht: »Er nahm den Blinden bei der Hand und führte ihn vom Dorf heraus«.

Der geschaffene Mensch als Gottes Bild

Wir Christen werden immer wieder in die Dörfer und Städte zurückkehren und müssen es! Bevor wir aber sehend werden können, muss noch dies andere geschehen, dass wir uns von ihm an der Hand nehmen lassen und herausführen lassen und bei ihm verweilen. Er will, dass wir Hände seien für ihn, die Menschen herausführen, wir ihnen helfen, sehend zu werden. Bitten wir ihn, dass er selbst uns nicht aus seinen Händen lässt, dass er uns führe und uns sehend machen möge.

Gnade und Rechtfertigung

Gratia praesupponit naturam
Erwägungen über Sinn und Grenze
eines scholastischen Axioms

[Vorbemerkung, 1962]

Eine der ersten unvergesslichen Begegnungen mit der Theologie Gottlieb Söhngens bleibt für den Verfasser dieser Zeilen jene Vorlesungsstunde im Herbst des Jahres 1947, in der Söhngen bei seiner Darstellung des Verhältnisses von Schöpfungs- und Heilsoffenbarung das scholastische Axiom »Gratia praesupponit naturam« einer kritischen Analyse unterwarf. Ein Wort, das man vorher schon oft genug selbst im Mund geführt hatte, in der Meinung, es zu verstehen, wurde in seiner ganzen Hintergründigkeit sichtbar; eine wahrhaft theo-logische, nämlich vom Worte Gottes her auf das Wort der Menschen zugehende Denkweise ließ das Gewöhnliche bedeutsam werden und zeigte es in seiner wahren Tiefe. Die folgenden Zeilen wollen nichts anderes als eine nochmalige Durchdenkung des damals Gehörten und auf diese Weise ein Dankesgruß an den theologischen Lehrer sein, dessen Geist und Wort hinter dem steht, was hier gesagt werden kann.

[Vorbemerkung, 1973]

Die folgenden Zeilen wurden vor rund zehn Jahren für die Festschrift[a] zum 70. Geburtstag Gottlieb Söhngens als Dankesgruß an den theologischen Lehrer verfasst, dessen Inspiration hinter dieser Arbeit steht. Dazu eine kurze Vorbemerkung aus der Sicht der Gegenwart: Söhngen hatte gegenüber einem pauschalen Naturoptimismus, der sich gern auf Thomas von Aquin und seinen

---

[a] Vgl. RATZINGER / FRIES, *Einsicht und Glaube.*

Der geschaffene Mensch als Gottes Bild

positiven Naturbegriff berief, mit allem Nachdruck Karl Barths Kritik dieser harmonisierenden Theologie ins Bewusstsein gerückt und damit zugleich die reformatorische Kritik an der katholischen Natur-Theologie in ihrem Anspruch zur Geltung gebracht. Söhngens eigene Arbeiten über Analogie des Seins und des Glaubens waren geprägt durch das Bemühen, den biblisch begründeten Ernst dieser Kritik voll festzuhalten, ohne den Anspruch des Schöpfungsglaubens aufzugeben, den katholische Theologie im Ja zur ontologischen Dimension ausdrückt.

Diese Grundrichtung nimmt die folgende Überlegung auf. Sie versucht gegenüber einem verkürzten Thomismus, der mit Recht zur Angriffsfläche reformatorischen Denkens wurde, jene andere Seite der Scholastik wieder ins Gedächtnis zu rufen, die vielleicht am meisten durch den Namen Bonaventura charakterisiert ist. Sie will freilich auch der Einseitigkeit Barths gegenüber das Recht der »Natur« im Glauben schützen. Ich würde, von den damaligen Frontstellungen losgelöst, heute diesen Aspekt noch deutlicher betonen: Da Thomas nicht mehr vorausgesetzt werden kann, müsste er nun als Gegenüber zu Bonaventura wieder eigens zur Sprache kommen.* An der Gesamtrichtung des Beitrags habe ich aber nichts zu ändern; das mag seine Aufnahme in diesen Band ebenso rechtfertigen wie die gebliebene Aktualität der Frage, die besteht, auch wenn kein Mensch mehr von scholastischen Axiomen spricht. Die beiden Aspekte des Problems, das hier entfaltet wird, stellen zugleich die beiden wesentlichen Aspekte der Krise dar, von der die Christenheit heute geschüttelt wird. Auf der einen Seite hat sich die theologische Verneinung der Natur leicht mit dem marxistischen Eschatologismus verbinden können, der keine »Natur«, sondern nur Fakten kennt, die man verändern muss, um eine unheilvolle Welt ins Heil zu führen. Als Dritter im Bund wäre dabei Sartres existentialistischer Nihilismus zu nennen: Der Mensch hat kein Wesen, nur Existenz; sein Wesen erschafft er sich selbst je neu. Was er ist, wird erst entschieden durch das, was er

---

* Ich darf in diesem Zusammenhang verweisen auf die eben abgeschlossene Dissertation meines Schülers Michael MARMANN, *Praeambula ad gratiam*. Dort wird im Gegenüber zwischen Augustin und Thomas eindringend der unerlässliche Beitrag des hl. Thomas zu dieser Frage herausgearbeitet.

macht. Gegen diese Verneinung der Natur müssen der Schöpfer und seine Schöpfung verteidigt werden – nicht erst wenn die blanke Willkür des wesenlosen Pragmatismus dem Einzelnen auf die Haut rückt, sondern aus dem innersten Anspruch des Glaubens heraus, dessen Gnade nicht die Zerstörung der Schöpfung – der Natur – braucht, um groß zu sein. Auf der anderen Seite steht ein Naturalismus, für den die Unterscheidung von Natur und Gnade den Aufbau einer gänzlich sinnlosen Überwelt bedeutet, die man als »Ideologie« abtun müsse zugunsten dessen, was allein wirklich sei: Christentum dürfe nur interpretieren, was das Leben ist, nicht mehr. Hier ist umgekehrt der Mensch unter dem Vorwand der Entideologisierung kritiklos sich selbst, kritiklos den Mächten und Gewalten überlassen, die ihm suggerieren können, sie seien die Wirklichkeit, das Leben. Am Schluss führt der Naturalismus, der Gnade in Natur umschmilzt, zu demselben Ergebnis wie der Supranaturalismus, der die Natur bestreitet und, indem er die Schöpfung leugnet, auch die Gnade sinnlos macht: Der Fanatismus der Homileten, die Natur verhöhnen, vermeintlich um der Gnade willen, liegt immer erschreckend nah beisammen mit dem Zynismus der Atheisten, die Gott verhöhnen um seiner Schöpfung willen. In diesem Problemkreis sind die anschließenden Überlegungen angesiedelt.

I. Das Problem

Das Axiom »Gratia praesupponit naturam« (oder auch »Gratia non destruit, sed supponit et perficit naturam«[1]) war in der Zeit der Jugendbewegung beinahe zu einer Art Schlagwort geworden. Ein zentraler Punkt des religiösen Empfindens jener Zeit fand sich von diesem Axiom in einer geradezu erregenden und beglückenden Art bestätigt. Ein neues Ethos der Wahrhaftigkeit war durchgebrochen, ein Wille zur unverstellten Natürlichkeit, der aller

---

[1] Zur Geschichte des Axioms und seiner einzelnen Formulierungen BEUMER, *Gratia*. Kurzer Überblick auch bei SCHMAUS, *Dogmatik* 2, 188–191. Zur Sachbedeutung PRZYWARA, *Grundsatz*; ALFARO, Art. Gratia supponit naturam mit weiterer Literatur.

Konvention, aller »bürgerlichen« Form den Kampf ansagte; das frische Lebensgefühl der Jugend mit ihrem unverbrauchten Optimismus, ihrer Liebe zum Leben, zur Welt, zu allem Schönen, das sie trägt, bäumte sich auf gegen die Grenzsetzungen und Vorsichtigkeiten der Erwachsenen, deren gescheite Welt doch soeben im Ersten Weltkrieg ihre wahren Abgründe geoffenbart hatte. Nein, man wollte nicht mehr in der stickigen Luft der alten Konventionen weiterleben, man wollte hinaus aus ihr; man suchte die Freiheit, man suchte die Natur mit ihrem lauteren Adel und ihrer unverlorenen Würde. Zweifellos steckte auch eine gute Dosis von Gedankengängen Nietzsches in diesem Ethos, der grimmige Hohn, mit dem er die leider oft genug wirklich doppelbödige Tugend der Tugendhaften übergoss, die unerbittliche Offenheit, womit er die Leere aufdeckte, die hinter ängstlich gehüteten Formeln stand, die Leidenschaft, mit der er für den Menschen eintrat – all das hatte nun wirklich gezündet und das Lebensgefühl dieser Jugend geprägt. Wen hätten auch nicht Worte bewegt wie diese: »O seht mir doch diese Hütten an, die sich diese Priester bauten! Kirchen heißen sie ihre süßduftenden Höhlen! […] Wer schuf sich solche Höhlen und Bußtreppen? Waren es nicht solche, die sich verbergen wollten und sich vor dem reinen Himmel schämten? Und erst wenn der reine Himmel wieder durch zerbrochne Decken blickt, und hinab auf Gras und roten Mohn an zerbrochnen Mauern, – will ich den Stätten dieses Gottes wieder mein Herz zuwenden. Sie nannten Gott, was ihnen widersprach und wehe tat: und wahrlich, es war viel Helden-Art in ihrer Anbetung! Und nicht anders wussten sie ihren Gott zu lieben, als indem sie den Menschen ans Kreuz schlugen!«[2]

In dieser Situation, in der das Christentum gleichfalls dem großen Abbau aller Konventionen verfallen schien, entdeckte man das Axiom »Gratia praesupponit naturam« neu wie eine rettende Macht. Es eröffnete eine ganz neue Möglichkeit christlichen Bewusstseins: Christsein bedeute gar keinen Bruch mit der Natur, sondern deren Erhöhung und Vollendung, also das große, erfüllende Ja. Der Katholizismus, der dieses Axiom hervorgebracht hatte, erschien als die Religion des Et-Et: Geist *und* Leib, Gott *und*

---

[2] NIETZSCHE, *Also sprach Zarathustra* II »Von den Priestern«, 97 f.

Mensch, Gnade *und* Natur – als die große, universale Harmonie. Es galt nur, diesen wahren Katholizismus wieder zu entdecken gegenüber der aszetischen Engbrüstigkeit des 19. Jahrhunderts, um zu erkennen, dass hier immer schon jenes freudige Ja zur schönen Reinheit der Natur gelebt hatte, das sich soeben wieder mühsam Bahn brach gegen einen Supranaturalismus, der Gott zu verehren meinte, indem er den Menschen kreuzigte. Die Theologie der Vorzeit wurde mit neuen Augen gelesen: Man besann sich wieder auf die Lehre der griechischen Kirchenväter von der Weihung der Welt im Fleische Christi, auf die große Idee des heiligen Irenäus von der Aufgipfelung aller Welt in Christus, von der Heimholung der Welt in den Leib des Herrn. Man reflektierte neu auf das heilige Geheimnis der Inkarnation, auf diese unergründliche Tatsache, dass Gott »Fleisch« – also »Welt« geworden ist und dass fortan das Fleisch, die Welt, Ausdruck und Wohnstatt des Göttlichen sein will, dass also die Richtung der religiösen Existenz nicht mehr die Flucht in den Geist sein kann, sondern geradewegs in das Leibhaftige hineinführt, in dem Gott immer von Neuem Fleisch werden will. Das alles aber fasste sich wie in einem Brennspiegel zusammen in dem Axiom »Gratia praesupponit naturam«, in dem diese Theologie der *analogia entis,* der großen »katholischen« Harmonie ihren zentralen Ausdruck fand. Ja, das Wort »katholisch« selbst schien diesen Grundgedanken auszudrücken: die Idee des All-Umfassens, des großen, universalen Ja der Analogie des Seins.[3]

Der paradoxe Gang der Geschichte wollte es, dass zur selben Zeit, in der im Katholizismus sich solche Gedanken Bahn brachen, im Protestantismus sich eine Erneuerung unter genau gegensätzlichen Vorzeichen vollzog. In vorderster Linie war es Karl Barth, der – auf seine Weise gleichfalls von Nietzsches revolutionärem Pathos bewegt – eine ganz andere Erfahrung des Menschen und Gottes zum Ausdruck brachte. Barth wusste zwar auch von einer Natur, in der uns die Gnade Christi »inwendig und nicht

---

[3] Vgl. grundsätzlich KÖHLER, Art. Jugendbewegung und MESSERSCHMID, Art. Kath. Jugendbewegung. Theologisch durchdacht wurde die Idee der *analogia entis* vor allem von Erich PRZYWARA, vgl. von ihm besonders: *Natur und Übernatur; Analogia entis;* Art. Analogia entis.

Der geschaffene Mensch als Gottes Bild

auswendig, natürlich und nicht fremd ist«, ja geradezu unser »Naturgesetz« heißen darf. Aber der Mensch, wie er in der wirklichen Geschichte lebt, der Mensch in der Selbstständigkeit Gott gegenüber und in der Reflexion auf sich selbst, lebt nicht in seiner wahren Natur, sondern die Unnatur ist seine Natur geworden.[4] Sie fortsetzen und vollenden hieße die selbstzerstörerische Abschließung des Menschen vollenden, sein Unheil kanonisieren, statt ihn ins Heil zu führen. Gnade kann für diesen Menschen nicht Fortsetzung, Vollendung sein, sondern nur Abbruch, Paradox, Durchkreuzung. Woraus sich denn das berühmt gewordene Urteil Barths über die *analogia entis* im Vorwort zur kirchlichen Dogmatik erklärt: »Ich halte die *analogia entis* für *die* Erfindung des Antichrist und denke, dass man *ihretwegen nicht* katholisch werden kann. Wobei ich mir zugleich erlaube, alle anderen Gründe, die man haben kann, nicht katholisch zu werden, für kurzsichtig und unernsthaft zu halten.«[5]

Um diesen in katholischer Theologie schwer begreifbaren Gedanken und damit den in Frage stehenden Sachverhalt selbst deutlicher in den Blick zu bekommen, mag es erlaubt sein, eine Zwischenüberlegung einzuschalten, die vom Gegensatz zwischen katholischem und reformatorischem Sündenbegriff her, wie ihn Van de Pol trefflich dargestellt hat, das Ganze etwas näher zu beleuchten sucht.[6] Danach kann man sagen, dass der Katholik unter Sünde im Allgemeinen eine Handlung versteht, die gegen Gottes Willen gerichtet ist, also eine Tat, die als einzelner Akt seines Lebens klar umgreifbar und fixierbar ist, so sehr, dass er seine Sünden zählen und der Reihe nach, mit ungefähren Zahlenangaben, in der Beichte bekennen kann. Der reformatorische Christ ist demgegenüber der Meinung, dass diese Sündenauffassung zu punktuell und zu moralistisch sei. Er glaubt, dass man

---

[4] Belege (aus der ersten Auflage von Barth, *Der Römerbrief*) bei Hans Urs von Balthasar, *Karl Barth*, 73. Grundlegend zur Auseinandersetzung über die Problematik von *analogia entis* und *analogia fidei* bleiben die verschiedenen Arbeiten Söhngens zu diesem Thema, vgl. besonders *Analogia fidei* I und *Analogia fidei* II; *Analogia entis oder analogia fidei?*; *Natürliche Theologie und Heilsgeschichte*.

[5] Barth, *KD* 1/1, VIII f.

[6] Vgl. Van de Pol, *Das reformatorische Christentum*, 313 ff.

344

Gratia praesupponit naturam

die wahre Situation des Menschen völlig verkennt, wenn man aus seinem Leben einzelne Sündenpunkte herausholt und sie sozusagen auszuradieren versucht und so tut, als ob der Mensch dann im Übrigen in Ordnung sei. Er meint vielmehr, dass die einzelnen Übertretungsakte nur Symptome eines tiefer liegenden Gesamtzustandes sind. In diesen Übertretungen kommt die ihnen vorausliegende *eigentliche* Sünde jeweils zum Ausdruck. Van de Pol zitiert in diesem Zusammenhang einen bezeichnenden Satz der »Fundamente und Perspektiven des Glaubens« der Holländisch-Reformierten Kirche: »Sünde ist nicht diese oder jene schlechte Tat, sondern sie ist das gebrochene Verhältnis zu Gott, ist Unglaube. Wir suchen dann unser Glück bei uns selbst und anderen irdischen Mächten.«[7]

Versuchen wir, diesen Gedanken in seiner eigenen sachlichen Bedeutung weiterzudenken, so könnte man ihn wohl noch allgemeiner und grundsätzlicher so formulieren: Die Sünde des Menschen besteht darin, dass er letzten Endes in allem sich selber sucht, dass die Selbstsucht die geheime Triebkraft seines ganzen Tuns ist. Das schließt nicht eine ganz ordentliche Moral aus, aber es bedeutet, dass auch noch die besten moralischen Haltungen und Handlungen des Menschen irgendwo und irgendwie angefressen sind von der Grundhaltung der Ichsucht, der Selbstbehauptung, die der Mensch nie ganz loswird. Um das weiter zu durchdringen, könnte man bedenken, dass etwa die Pharisäer, rein moralisch gesehen, wohl durchaus auf einer beträchtlichen Höhe standen. Aber gerade ihr Fall zeigt, dass die *bloße* Moral nicht genügt, weil sie dieses hintergründige Geheimnis der Selbstsucht, das die theologische Überlieferung ein wenig missverständlich *concupiscentia* nennt, offenbar nicht aufzuheben vermag. Nun aber sagt die reformatorische Geistigkeit, dass eben diese Grundhaltung der Selbstsucht, die den Einzelakten vorausliegt, »*die* Sünde« des Menschen ist, von der die Einzelsünden nur sekundäre Auswüchse sind. Und sie fügt hinzu: Diese Haltung der Ichsucht, der Selbstbehauptung, ist die dem Menschen »natürliche« Haltung – geworden durch die Erbsünde. Es ist seine

---

[7] *Fundamenten en Perspectieven*, Art. 2, 42, zitiert bei Van de Pol, *Das reformatorische Christentum*, 316 f.

345

»Natur«, ichsüchtig zu sein. Das bedeutet: Er ist von Natur aus Sünder. Und sagt denn nicht in der Tat schon St. Paulus, dass wir »von Natur aus Kinder des Zornes waren« (Eph 2,3)? Und bestätigen nicht die Daseinsanalysen der heutigen Philosophie und Psychologie dieses illusionslose Bild vom Menschen, der in der »Uneigentlichkeit«, in der »Verfallenheit« an das »Man«, in der Eigenmächtigkeit und in der Angst lebt, aus der ihn nur die je neue Entscheidung zur Freigabe seiner selbst retten kann?[8]

II. Die Einzelelemente einer Antwort

Mit alledem ist eine Frage aufgeworfen, die wahrhaftig nicht nur Theologengezänk bedeutet, sondern den Herzpunkt des christlichen Daseins in dieser Welt betrifft, die ganz konkrete Frage nämlich nach der Weise des christlichen Stehens in dieser Welt und zu dieser Welt. Nun könnte man zur Antwort zunächst einmal ganz schlicht darauf verweisen, dass Natur in beiden Fällen – in der weltfrohen Theologie der *analogia entis* und in der strengen Dialektik des frühen Barth – etwas je ganz anderes bedeute. Im ersten Fall ist sie der Gegensatz zum Künstlichen, zum Selbstgemachten, also das Ursprüngliche, das Schöpfungsgemäße; im zweiten Fall ist sie das geschichtlich bestimmte Wesen des Menschen, das die Züge seiner unheiligen Geschichte von Adam an mit sich trägt. Aber ist mit dieser Aufklärung wirklich etwas gewonnen? Oder würde nicht Barth den Theologen der Analogie sagen müssen, dies eben sei ihr Irrtum, dass sie an eine unverkünstelte, reine, schöpfungsgemäße Natur glaubten, die es eben gerade nicht gebe, weil in dieser Weltenzeit alle »Natur« des Menschen verkünstelt, nämlich von seiner Geschichte entstellt sei bis zur Unerkennbarkeit? Um Antwort zu bekommen, müssen wir ein Stück tiefer graben und einmal fragen, was eigentlich die Scholastik ursprünglich mit ihrem Axiom sagen wollte, zum anderen, wie die Heilige Schrift zu unserer Rede von »Natur« und »natürlich« steht.

---

[8] Vgl. die Hinweise bei Bultmann, *Neues Testament und Mythologie,* 33 ff.

1. Das ursprüngliche Verständnis des scholastischen Axioms

Bei dem ersten Auftreten unseres Axioms trägt es zunächst einen ganz einfachen ontologischen Sinn. Es will bedeuten, dass die Gnade kein für sich bestehendes, selbstständiges Geschöpf ist, sondern dass sie ein Tun Gottes *an* einem schon vorhandenen Geschöpf darstellt, dass sie also nicht selbst Substanz, sondern Ereignis ist, das einen Träger, einen Beziehungspunkt der Ereignung »voraussetzt« (= *praesupponit!).* Das Wort enthält also zunächst kein Werturteil über die Natur, sondern ist eine Aussage über den ontologischen Ort der Gnade.

Mit dieser Präzisierung unseres Axioms, wie sie etwa in der Formulierung St. Bonaventuras vorliegt (»quamvis gratia praesupponat naturam, sicut accidens praesupponit subiectum«), ist ein weiterer Schritt gegeben.[9] Die Natur ist hier in ihrer reinen Subjekthaftigkeit betrachtet, in ihrer grundsätzlichen formalen Befähigung, Träger von Eigenschaften und Zielpunkt von Handlungen zu werden. Nicht ist sie gesehen nach ihren materialen Bestimmtheiten vorzüglicher oder geringer Art, als ob sie etwa die bestimmte »Farbe« oder Wirkart der Gnade bestimmen würden. Bonaventura verneint das ausdrücklich, wenn er sagt: »ubi melior est natura frequenter minor est gratia, et qui hodie minor est in merito cras fortassis erit maior«[10]. Er und seine Zeitgenossen wussten noch sehr wohl um das Paradox des göttlichen Wirkens, kraft dessen Erste Letzte und Letzte Erste werden können (Mk 10,31). Sie wussten noch darum, dass Gott das Wunder seiner herrlichen, neuschaffenden Gnade gerade auch an einem Menschen ergehen lassen kann, der nur über sehr schwache und begrenzte »natürliche« Anlagen verfügt, und dass umgekehrt gerade ein im »Natürlichen« stark Veranlagter versagen kann vor ihm, dass seine natürliche Kraft ihm gerade auch zu einem Riegel

---

[9] BONAVENTURA, II *Sent* d9 a un q9 ad2 (II 257 b). Für Einzelheiten der scholastischen Auffassung siehe die in Anm. 1 genannte Arbeit von BEUMER.

[10] BONAVENTURA, II *Sent* d9 a un q9 c (II 257 a). Vgl. ad2 (II 257 b): »gratia nostra conformis est gratiae Angelorum, quamvis natura nostra non sit eiusdem speciei cum eorum natura«. Es wird ausdrücklich dargestellt, dass die Gnade unter den Menschen im Jenseits eine Ordnungsstufung bilden wird, die sich aus der Natur nicht ergibt.

werden kann, der ihm den Weg zur Demut des Glaubens verbaut. Wie hätten sie es auch vergessen können, wenn sie auf jene Frau hinschauten, die von sich sagte, Gott habe die Niedrigkeit seiner Magd angeschaut, zerstreut, die stolzen Herzens sind, Mächtige vom Throne gestürzt und Geringe erhöht (Lk 1,48.51 f.) – oder wenn sie an das Wort des heiligen Paulus dachten: »Nicht viele Weise nach Menschenmaßstäben sind unter euch, nicht viele Mächtige, nicht viele Vornehme, sondern was töricht ist vor der Welt, hat Gott ausgesondert, um die Weisen zu beschämen« (1 Kor 1,26 f.)?

Wir stellen also fest: Mit *natura* ist in dem scholastischen Axiom die formale Bestimmtheit des Humanum oder, noch besser gesagt, der jeweilige Mensch in seinem Menschsein als solchem gemeint, welches der Bezugspunkt des Ereignisses der Gnade werden soll. Über die Frage, wie der konkrete Mensch im Blick auf die Gnade beschaffen ist, sagt es ursprünglich jedenfalls nichts aus. Aber zweifellos haben sich die scholastischen Theologen auch darüber ihre Gedanken gemacht, denen hier im Einzelnen nicht nachgegangen werden kann. Es mag genügen, ein gewichtiges Beispiel herauszugreifen: die Ideen St. Bonaventuras über die »Natur« des Menschen. Zunächst eine Beobachtung im Vorfeld des Problems. Bonaventura unterscheidet mehrfach zwischen dem »natürlichen Ablauf« der Weltdinge und einem »wunderbaren Verlauf«, mit dem Gott den »Naturlauf« unterbricht. Es stehen sich also die »Natur« mit ihrer normalen Gesetzlichkeit und die Freiheit Gottes gegenüber. Achtet man genauer auf die Texte, so bemerkt man bald, dass diese Unterscheidung eine Abkürzung darstellt. Wo Bonaventura exakt sein will, kennt er nicht zwei, sondern drei »Abläufe«:

cursus naturalis – voluntarius – mirabilis

Das bedeutet: Der menschliche Wille wird als eine eigene Zwischenordnung zwischen bloßer Natur und Gottes eigener Freiheit aufgeführt. Das wiederum entspricht der Tatsache, dass Bonaventura im Menschen selbst, wo er kurz redet, *natura* und *supernaturalia, natura* und *gratia* unterscheidet, wo er aber ausführlich spricht, wiederum dreierlei Verhalten hinstellt:

Gratia praesupponit naturam

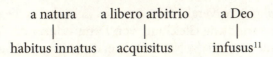

Zwischen den allgemeinen Naturbereich und den eigentlich göttlichen Bereich wird der Raum des eigentümlich Menschlichen eingeschaltet. Jeder dieser Bezirke hat sein eigenes Gegenstandsgebiet und seine eigene Erkenntnisform, sodass sich schließlich folgendes Gesamtschema ergibt:

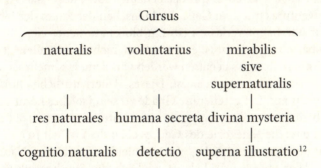

»Natur« wird also getrennt vom willentlichen Verhalten der Person: Die Personalität des Menschen ist nicht in den allgemeinen Naturbegriff einbezogen, sondern stellt eine eigene Ordnung zwischen dem Offenbarungshandeln Gottes und dem bloß »Natürlichen« dar. Die Meinung über Natur und Geist, die damit verbunden ist, wird deutlich sichtbar bei der Beantwortung der Frage, ob der menschliche Wille sich ohne die göttliche Gnade aus der Schuld hätte erheben können. Dass die Antwort darauf verneinend ausfällt, ist klar. Lehrreich aber ist die Art, wie dieses Nein gegenüber dem Einwand begründet wird, der Körper könne von sich aus Krankheitszustände überwinden, mithin müsse der Geist, der doch höheren Ranges sei als der Leib, auch von sich aus seine Krankheit, die Sünde, überwinden können. Darauf antwor-

---

[11] Vgl. BONAVENTURA, IV *Sent* d4 p2 a2 q2 c (IV 114 b). Ausführliche Nachweise zu dem, was hier über den Naturbegriff Bonaventuras gesagt wird, findet man in meinem Referat *Wortgebrauch von natura*.
[12] Vgl. BONAVENTURA, II *Sent* d23 a2 q1 c (II 538 a–b).

Der geschaffene Mensch als Gottes Bild

tet der Heilige, der Vergleich hinke oder vielmehr: es liege überhaupt keine wirkliche Gleichung vor. Denn Prinzip der körperlichen Gesundung sei die Natur, Prinzip der geistigen Gesundung hingegen etwas, was »über der Natur« *(supra naturam)* liege: die Gnade. Die Natur bleibt bei der körperlichen Krankheit erhalten, kann also die Gesundung herbeiführen, während die Gnade durch die Sünde verlorengeht, sodass ein neuerlicher Einsatz der göttlichen Liebe nötig ist, um dem Geist sein ursprüngliches Leben wiederzugeben.[13] Das Gewicht einer solchen Aussage ist schwerlich zu überschätzen. Denn das bedeutet doch, dass nach Ansicht Bonaventuras mit dem Geist des Menschen der Raum der bloßen Natur überhaupt verlassen ist. Ein bloß natürlicher Geist ist undenkbar; für den Geist ist es wesentlich, nicht in sich allein stehen zu können. Er muss gehalten werden von dem, was mehr ist als er selbst, was »übernatürlich« ist. Dieses »Übernatürliche« hört damit nicht auf, frei geschenkte Gnade zu sein (solches könnte man nur befürchten vom Standpunkt eines Naturalismus aus, der nicht sieht, dass die Kategorie des Geistes eben die Freiheit ist); es hört nicht auf, »übernatürlich«, also unableitbar aus bloßer Natur zu sein. Aber ebenso wirklich ist zugleich die Sonderstruktur des Geistes, dessen Gottunmittelbarkeit so innig ist, dass er anders als in diesem unmittelbaren Gehaltensein von Gott nicht recht existieren kann: Geist überschreitet allzeit die reine Natur. Damit ist die Sonderstruktur des Geistes, der nicht anders als in der Weise des Dialogs und der Freiheit existieren kann, gegenüber allen Naturalisierungen früherer und späterer Zeiten aufs Deutlichste gesehen.

Wenn aber die Natur des Menschen nicht an der Freiheit des Geistes vorbei bestimmt werden kann, so schließt dies auch ein, dass sie nicht an ihrer Geschichte vorbei bestimmt werden darf. Es gibt dann keine geschichtslose Natürlichkeit des Menschen. Dass Bonaventura um die Prägung der »Natur« von der Geschichte her weiß, ließe sich an einer ganzen Reihe von Beispielen aufzeigen. Es mag genügen, hier auf die zwei wichtigsten hinzuweisen. Während die nachtridentinische Theologie gewöhnlich nur zwei Normbereiche kennt, die beide ungeschichtlich sind – das Natur-

---

[13] Vgl. BONAVENTURA, II *Sent* d28 a1 q1 ad2 (II 676 b).

Gratia praesupponit naturam

gesetz als den Bereich der *natura* und daneben die *supernatura* mit ihrer supranaturalen Gesetzlichkeit –, spricht Bonaventura im Gefolge der Überlieferung von einer Dreiheit durchaus geschichtlicher Prägung:

tempus legis naturae – legis scriptae – legis gratiae.[14]

Die bloße Naturgesetzlichkeit ist ein geschichtliches Stadium der Menschheit, ihr niedrigstes, das zwar als Basis weiterhin wirksam bleibt, aber grundsätzlich durch einen stufenweisen Aufstieg überwunden wird und seit dem Sprechen Gottes mit den Vätern überboten ist durch die ganz neue Ebene des direkten Dialogs mit Gott, wie er sich zuhöchst in der Gnade vollzieht.

Das andere Beispiel bietet die Erbsündenlehre, wenn Bonaventura – wieder im Anschluss an die Überlieferung, besonders an Augustinus und Anselm – die Erbsünde eine *culpa non personalis, sed naturalis* nennt und folgerichtig von einer *natura corrupta* des Menschen spricht[15], was ihn freilich nicht hindert, in der Christologie zwischen der für Christus annehmbaren »Natur« des Menschen und der von ihm nicht angenommenen Sünde zu unterscheiden.[16] Wieder wird sichtbar, dass die Natur des Menschen gezeichnet ist von seiner Geschichte, auch wenn zugleich ein innerster Kern einer unverlierbaren Schöpfungsordnung aufleuchtet, der diese Natur zum Wirkraum der Gnade, ja zum Ort der Fleischwerdung des Gottessohnes werden lassen kann.

Noch eins muss hinzugefügt werden, soll das Bild einigermaßen vollständig sein. Bonaventura kennt neben all den Betrachtungen der Natur »von unten« her auch den Blick von oben. Betrachtet man aber die Natur von ihrem wahren Bezugspunkt, von Gott her, so zeigt sich, dass im Letzten alle Natur »Gnade« ist – »hoc totum, quod fecit, fuit gratia«[17] – und dass auch der *cursus*

---

[14] Vgl. Bonaventura, IV *Sent* d8 p1 a1 q2 c (IV 182 a–b); Bonaventura, *De myst trin* q1 a2 opp10 (V 53 b–54 a); Bonaventura, *De perf ev* q2 a1 c (V 129 a).

[15] Vgl. Bonaventura, *Brev* p3 c6 und 7 (V 235 a–236 b); Bonaventura, II *Sent* d31 a2 q2 c (II 752 b).

[16] Vgl. Bonaventura, III *Sent* d2 a2 q1 ad2 (III 45 b).

[17] Bonaventura, I *Sent* d44 a1 q1 ad4 (I 783 b). Ausführliche Belege in meiner

Der geschaffene Mensch als Gottes Bild

naturalis im Grunde ein *cursus voluntarius* ist. Die ganze Natur ist in ihrer innersten Tiefe Ausfluss eines Willens, ist voluntaristisch strukturiert von dem schöpferischen Urwillen her, dem allein sie ihren Bestand verdankt.

Das Entscheidende bleibt: Natur ist im Menschen umgriffen von einer doppelten Freiheit: von der Freiheit Gottes und der eigenen Freiheit des Menschen. Und sie ist gezeichnet von der zwiefach-einen Geschichte, die sich aus der Partnerschaft des Menschen zu Gott hin ergibt; von dem Ruf Gottes, der den Menschen über sich hinaus und so in seine wahre Eigentlichkeit ruft, wie von der Absage des Menschen, der nur Mensch sein will, der den Aufbruch über sich hinaus scheut und so gerade sich selbst verfehlt. Lassen wir die Frage an dieser Stelle liegen, an der sich eine sehr deutliche Antwort auf die Frage nach dem Sinn unseres Axioms abzuzeichnen beginnt, um vor allem Weiteren die Stimme der Heiligen Schrift zu vernehmen.

2. Die Antwort der Schrift

Da sich alle wesentlichen neutestamentlichen Texte, in denen das Wort φύσις in einem für unseren Zusammenhang einschlägigen Sinn auftritt, auf die Schriften des heiligen Paulus konzentrieren[18], mag es genügen, im Folgenden seine Verwendung dieses Wortes zu analysieren. Ein näherer Blick auf den Wortgebrauch des Apostels erlaubt es, drei verschiedene, wenn auch ineinander übergehende Bedeutungskreise von »Physis« herauszustellen.

a) Als Erstes stößt man auf einen biologischen bzw. (im Blick auf den Menschen) rassischen Begriff von Natur, wie er der jüdischen Denkwurzel Pauli entspricht. Für den Juden war ja die Rasse, nämlich das Geschlecht derer, die von Abraham abstammen, zugleich eine theologische Größe: An die Kinder Abrahams ist grundsätzlich das Heil gebunden. Für alle anderen wird »Rasse« dann auf negativem Weg ebenfalls theologisch bedeut-

---

Anm. 11 genannten Abhandlung *Wortgebrauch von natura*. Vgl. Auer, *Gnadenlehre* I, 348–353.

[18] Zusammenstellung und kurze Analyse der Texte bei Kuss, *Römerbrief*, 72 ff.

352

Gratia praesupponit naturam

sam: Da sie nicht von Abraham abstammen, gehören sie auch nicht zum Bundesvolk, unterstehen nicht den Verheißungen Gottes. Diesen Naturbegriff finden wir in folgenden Texten:

Röm 2, 27: ἡ ἐκ φύσεως ἀκροβυστία = die von Natur aus Unbeschnittenen – diejenigen, die von Geburts wegen nicht zur Rasse der Beschneidung gehören = die Nicht-Juden. Die Gleichung ist klar: Φύσις = Rasse, geburtsmäßige Abstammung.

Röm 11, 21: τῶν κατὰ φύσιν κλάδων οὐκ ἐφείσατο = die »natürlichen« Zweige schonte er nicht. Der ganze Ölbaum-Text lässt dieses rassische Naturverständnis sehr deutlich werden: Es gibt jene, die von Natur aus, ihrer rassisch-blutsmäßigen Herkunft nach, zum Ölbaum Israel gehören, und es gibt die nachträglich aufgepfropften, nicht »natürlich« herausgewachsenen Zweige, die von anderswoher stammen.

Gal 2, 15: ἡμεῖς φύσει Ἰουδαῖοι καὶ οὐκ ἐξ ἐθνῶν = Wir sind »geborene« Juden, nicht Heiden (der Sache nach gleichsinnig auch Gal 4, 8: τοῖς φύσει μὴ οὖσιν θεοῖς).

b) Es gibt aber auch einen Text, an dem Paulus einen Naturbegriff anwendet, der ihm offensichtlich aus der stoischen Popularphilosophie zukam, also Natur nicht im Sinne einer blutsmäßig-biologischen Größe, sondern im Sinne einer rational gefassten Wesensstruktur verstand. Das stoische Bild ist zwar nicht exakt durchgezeichnet, sondern nur in einem sehr verdünnten, popularwissenschaftlichen Sinn gegeben, aber es ist da: Die griechische Wurzel im Denken des heiligen Paulus meldet sich an.

Der Text, der sich in Röm 2, 14 findet, sagt: ὅταν γὰρ ἔθνη τὰ μὴ νόμον ἔχοντα φύσει τὰ τοῦ νόμου ποιῶσιν. Die Physis gibt den Heiden das Gesetz ein. Denen, die ihrer biologischen »Physis« nach Nicht-Juden sind, die also von daher das Gesetz nicht haben, gibt doch die metaphysisch gefasste Physis das Gesetz ein. Die Natur ist ihnen Gesetz.

In Röm 1, 26 findet man diesen Normbegriff konkret angewandt, wenn von der φυσικὴ χρῆσις und der παρά φύσιν χρῆσις die Rede ist, vom »naturgemäßen« und vom »widernatürlichen« Geschlechtsverkehr, womit hier der normale geschlechtliche Umgang von Mann und Frau gegenüber dem homosexuellen Verhalten gemeint ist. Es ist deutlich, dass hier die »Natur« des Menschen und das von ihr vorgezeichnete Verhalten als echte

353

Wegweisung für den Menschen begriffen ist. Stark abgeschwächt und sehr verallgemeinert findet sich endlich dieser Begriff auch noch in 1 Kor 11,14, wo wiederum ein »natürlicher« Sachverhalt – der verschiedene Haarwuchs bei Mann und Frau – als Wegweisung zu richtigem (»naturgemäßem«) Verhalten aufgefasst wird.

Es muss auffallen, dass in den beiden konkreten Anwendungen Röm 1,26 und 1 Kor 11,14 der biologische Einschlag in den metaphysischen Begriff sehr stark ist: Eine konkrete biologische Gegebenheit bietet Wegweisung. Insofern bleibt die bedeutungsmäßige Einheit zur ersten Wortverwendung doch deutlich bestehen.

c) Die neue Situation, die durch das Christentum entstanden ist, führt dazu, dass an einer Stelle der biologische Naturbegriff in einem neuen Sinn zu einem theologischen Begriff wird, der Natur nicht von der Biologie und nicht von der rationalen Metaphysik her begreift, sondern von der konkreten Geschichte her, die sich zwischen Gott und Mensch abgespielt hat und abspielt: Wir stoßen auf die Unterscheidung des Christlichen, auf die Ausbildung eines typisch christlichen Denkens, das ja noch gar keine eigenen Kategorien hat, sie aber von der Sache her schon zu entfalten beginnt, selbst in einen zunächst am Rande liegenden Begriff hinein.

In Eph 2,3 spricht Paulus mit den Volksgenossen, den Juden, und weist sie darauf hin, dass auch sie – bzw. von ihm aus gesehen »wir« – gesündigt haben »καὶ ἤμεθα τέκνα φύσει ὀργῆς ὡς καὶ οἱ λοιποί« = »wir waren von Natur aus Kinder des Zornes wie die übrigen auch«. Eine für den Juden unerhörte und geradezu widersinnige (auch sprachlich widersinnige) Aussage. »Von Natur« – von Geburts wegen sind die andern, die Nicht-Juden, Kinder des Zornes. Die Juden aber sind von Natur aus dieses eben nicht. Man sieht, dass Physis an sich hier zunächst dem biologischen Sprachgebrauch zugehört und wiederum etwa bedeutet »von Geburts wegen, unserer natürlichen Herkunft nach«. Aber es erhält einen ganz neuen Sinn, indem Paulus nun der Heilsrasse erklärt: Nicht nur die anderen sind von Natur aus Kinder des Zornes, sondern wir auch. Alle sind es. Mit dieser Universalität der Aussage ist der sprachlich noch vorhandene Rassismus sachlich aufgehoben und durch eine ganz neue Universalität ersetzt. Paulus, der Christ, geht überhaupt nicht mehr von einem naturalen, rassischen Ereignis

Gratia praesupponit naturam

aus, sondern das Heil kommt aus dem geistigen Ereignis des Glaubens –, das bloß naturale Dasein aus sich ist in jedem Falle heillos. Indem der Volk-Gottes-Begriff seiner rassischen und biologischen Note entkleidet wird, wird es notwendigerweise der Naturbegriff damit. Von Geburts wegen, rein seiner natürlichen Herkunft nach, ist niemand im Heil, sondern alles im Unheil. Das heißt: Die konkrete Natur, wie sie dem Menschen faktisch in der Geburt widerfährt, ist keine Heilsordnung. Sie ist nicht nur nicht Gott, wie in der Stoa, sie ist auch kein direkter Ausdruck der göttlichen Absichten, weil sie sozusagen nicht unmittelbar von Gott auf den Menschen zukommt, sondern geprägt und verunstaltet ist durch eine lange menschliche Vorgeschichte, die auf ihr liegt. Sie ist nicht bloß gezeichnet von dem, der sie einst geschaffen hat, sondern sie trägt ebenso und im Vordergrund noch deutlicher die Spuren des Menschen, der sie missbraucht hat.

Versuchen wir, den paulinischen Befund zusammenfassend zu formulieren, so stellen wir fest, dass Paulus der Natur zweifellos einen gewissen Wegweisungscharakter zuerkennt, dass sie aber keinesfalls den Rang einer eindeutigen und absoluten Norm einnimmt. Die wahre Erhellung seines Wesens empfängt der Mensch nicht aus der »Natur«, sondern aus der Begegnung mit Christus im Glauben. Die Natur kann sehr wohl das Zeichen des Schöpfers sein, aber sie ist es nicht ungetrübt, weil sie auch Ausdruck der Eigenmächtigkeit des Menschen ist. Wiederum finden wir, wie bei Bonaventura, die Natur des Menschen im Spannungsfeld der zwei Freiheiten, Gottes und des Menschen. Aber wuchtiger noch als bei ihm zeigt sich der Zwiespalt, der daraus wächst, die eigentümliche Spannung des Menschwesens, die sich in einer Natur anmeldet, welche ebenso sehr Ausdruck des göttlichen Anrufs (Röm 2, 14) wie seines Zornes (Eph 2, 3) ist.

III. Versuch einer Synthese

»Gratia praesupponit naturam« – dieses Axiom besagt nach allem, was wir überdacht haben, mit vollem biblischem Recht, dass die Gnade, die Begegnung des Menschen mit dem ihn rufenden Gott, das wahrhaft Menschliche des Menschen nicht zerstört, sondern

Der geschaffene Mensch als Gottes Bild

rettet und erfüllt. Dieses wahrhaft Menschliche des Menschen, die Schöpfungsordnung Mensch, ist in keinem Menschen ganz erloschen; sie ruht auf dem Grunde einer jeden menschlichen Person und wirkt sich auf mannigfaltige Weise immerfort auch ins konkrete Dasein des Menschen hinein fordernd und führend aus. Aber freilich ist sie auch in keinem Menschen unverbogen, unverfälscht zugegen, sondern bei jedem ist sie überklebt von dem schmutzigen Filz, den Pascal einmal treffend die »seconde nature« des Menschen genannt hat. Der Mensch hat sich selber eine zweite Natur zugelegt, deren Kern die Ichverfallenheit – die *concupiscentia* – ist. Daher kommt es denn auch, dass in den antiken wie in den modernen Sprachen das Wort »Mensch« eine eigenartige Zwielichtigkeit der Bedeutungen kennt, in der Hohes und Niedriges, Edles und Gemeines sich seltsam ineinander verschlingen. Wie bezeichnend spiegelt sich dieses Zwielicht etwa in Goethes halb ironischem, halb ernstem Selbstportrait:

Als Knabe verschlossen und trutzig,
Als Jüngling anmaßlich und stutzig,
Als Mann zu Taten willig,
Als Greis leichtsinnig und grillig –
Auf deinem Grabstein wird man lesen:
Das ist fürwahr ein Mensch gewesen![b]

Noch tiefer wird das Gleiche spürbar in einem Wort des Kardinals Saliège, das ich einmal auf einem Kalenderzettel las: »Mit dem Ausdruck ›das ist menschlich‹ entschuldigt man heute alles. Man lässt sich scheiden: Das ist menschlich. Man trinkt: Das ist menschlich. Man betrügt bei einem Examen oder bei einem Wettbewerb: Das ist menschlich. Man verpfuscht seine Jugend im Laster: Das ist menschlich. Man arbeitet träge: Das ist menschlich. Man ist eifersüchtig: Das ist menschlich. Man unterschlägt: Das ist menschlich. Es gibt kein Laster, das man nicht mit dieser Formel entschuldigt. So bezeichnet man mit dem Wort ›menschlich‹ das, was beim Menschen am hinfälligsten, am niedrigsten ist. Manchmal wird es sogar zum Synonym für tierisch. Was für eine

---

[b] GOETHE, *Grabschrift.*

356

Gratia praesupponit naturam

sonderbare Sprache! Ist doch das Menschliche gerade das, was uns vom Tier unterscheidet. Menschlich ist der Verstand, das Herz, der Wille, das Gewissen, die Heiligkeit. Das ist menschlich.«[c]

Und ist nicht diese Ambivalenz des Wortes Mensch in einer wahrhaft bewegenden Weise zuhöchst aufgefangen in »dem« Menschen, der alles Menschseins Maßstab, Ziel und Vollendung ist, in ihm, der sich »Menschensohn« nannte und in diesem Wort Hoheit und Niedrigkeit in einer Spannweite vereinte, die von der Herrlichkeit Gottes bis in den Abgrund aller Verstoßenheit reicht?[19]

Es ist klar: Der Weg der Gnade zum Menschen geht nicht anders als über die »seconde nature«, über das Aufbrechen der harten Schale der Selbstherrlichkeit, welche die Gottesherrlichkeit in ihm überdeckt. Und das bedeutet: Es gibt keine Gnade ohne das Kreuz. De Lubac hat das einmal trefflich ausgedrückt: »Das ganze Mysterium Christi ist ein Mysterium der Auferstehung. Es ist aber auch ein Mysterium des Todes. Das eine schließt das andre ein, und beide finden ihren Ausdruck in ein und demselben Wort: *Pascha,* d. h. Übergang. Alchemie des ganzen Seins, vollständige Trennung von sich selbst, der zu entrinnen keiner erhoffen darf. Verneinung aller natürlichen Werte in ihrem natürlichen Sein, Verzicht auch noch auf das, wodurch der Einzelne über sich selbst hinauskam.«[20]

Erst die Humanität des zweiten Adam ist die wahre Humanität, erst die Menschlichkeit, die durch das Kreuz hindurchgegangen ist, bringt den wahren Menschen ans Licht. Der Humanismus des bloß Edel-Menschlichen endet am Schluss doch in der Selbstbehauptung und Selbstvergötzung des Menschen und in der Verweigerung gegenüber der neuen Wirklichkeit Gottes. Hören wir noch einmal De Lubac: »Der christliche Humanismus muss ein bekehrter Humanismus sein. Von keiner natürlichen Liebe kommt man ohne Bruch zur übernatürlichen. Man muss sich ver-

---

[19] Zum Menschensohnbegriff der Synoptiker SCHMID, *Markus,* 160 ff.; ausführlich CULLMANN, *Christologie,* 138–198. Über die neuere Auseinandersetzung um die Bedeutung des Titels ROBINSON, *Kerygma,* 122–127.
[20] DE LUBAC, *Catholicisme* (dt. 1943), 328.

---

[c] SALIÈGE, *Écrits spirituels,* 320.

Der geschaffene Mensch als Gottes Bild

lieren, um sich zu finden. Geistige Dialektik, deren Unerbittlichkeit sich der Menschheit wie dem Einzelnen auferlegt, d. h.: meiner Liebe zum Menschen und zu den Menschen ebenso sehr wie meiner Liebe zu mir selbst. Gesetz des *exodus,* Gesetz der *ekstasis* ...«[21]

Freilich darf man dabei die andere Seite des Ganzen nicht aus dem Auge verlieren. Die Schöpfungsordnung der wahren Menschlichkeit ist zwar nicht mehr die konkrete Ordnung des Menschen, aber sie ist auch keine reine Abstraktion, kein bloßer Name. Sie ragt trotz allem immer wieder auch in die Wirklichkeit hinein. Das muss als Warnung vor einer exzentrischen Spiritualität stehen bleiben. Ihr gegenüber gibt es in der Tat so etwas wie den gesunden Menschenverstand, in dem sich das Bewusstsein der verbliebenen Schöpfungsordnung meldet, von dem sich der Mensch immer wieder korrigieren und auf den Boden der Wirklichkeit zurückrufen lassen soll. Dieses Wissen um die verbliebene Kraft der Schöpfungsordnungen soll dem Kreuzesethos des Christen eine heilsame Nüchternheit geben, die vor aller Schwärmerei, Exzentrik, Verstiegenheit bewahrt; ja, ein heiliger Optimismus wird von da her das christliche Leben durchleuchten und den oft genug harten Weg des Pascha vor aller falschen Melancholie bewahren, ihm die sieghafte Fröhlichkeit einprägen, die dem Christen als einem Hoffenden ziemt.

Vielleicht darf man hier sogar noch einen Schritt weiter gehen. Wir haben es vorhin als die »Natur« des Geistes erkannt, über alle »Natur« hinaus zu sein, in der Selbstüberschreitung zu stehen. Es ist dem Geist wesentlich, sich nicht selbst zu genügen, den Richtungspfeil über sich hinaus in sich zu tragen. Neuere Philosophie erkennt immer deutlicher das Über-sich-hinaus-Bezogensein als das Wesen des Geistes, worin er allererst sich als Geist konstituiert.[22] Wenn es aber so ist, dann ist das »Exil«, womit die Offenbarung bei Abraham beginnt, dieses beständige Grundgesetz des

---

[21] De Lubac, *Catholicisme* (dt. 1943), 329. Vgl. Van de Pol, *Das reformatorische Christentum,* 324 mit Hinweis auf ähnliche Äußerungen Karl Barths. Nachdrücklich wird das Gesetz des »Exodus« auch herausgestellt durch Przywara, *Alter und Neuer Bund,* z. B. 119.

[22] Vgl. z. B. Conrad-Martius, *Das Sein,* 118–141, besonders 133. Siehe auch den Grundansatz der Philosophie Karl Rahners in: *Hörer des Wortes.*

Exodus, das sich im christlichen Geheimnis des Pascha vollendet und als das endgültige Grundgesetz der Offenbarung bestätigt, zugleich auch das wahre Grundgesetz des Geistes, die echte Erfüllung des Sehnsuchtsrufes, der aufsteigt aus seiner Natur. Dann ist das Kreuz gar nicht die »Kreuzigung des Menschen« im Sinne Nietzsches, sondern dessen wahre Heilung, die ihn vor der trügerischen Selbstgenügsamkeit rettet, in der er nur sich selbst verlieren, die unendliche Verheißung, die in ihm liegt, versäumen kann um des spießigen Linsenmuses seiner vermeinten Natürlichkeit willen. Dann ist der Pascha-Weg des Kreuzes, dieses Niederbrechen aller irdischen Sicherungen und ihrer falschen Zufriedenheiten die wahre Heimholung des Menschen, die wahre kosmische Harmonie, in der Gott »alles in allem« sein wird (1 Kor 15, 28), in der die ganze Welt ein Lobgesang ist auf Gott und das geschlachtete Pascha-Lamm (Offb 5).[23]

In der Tat: Das Kreuz ist nicht die Zerstörung des Menschen, es gründet erst die wahre Menschlichkeit, von der das Neue Testament die unergründlich schönen Worte sagt: »Erschienen ist uns die Güte und die Menschlichkeit unseres Retters, Gottes« (Tit 3, 4). Die Menschlichkeit Gottes – sie ist in der Tat die wahre Menschlichkeit des Menschen, die Gnade, die die Natur erfüllt.[24]

---

[23] Die Erfüllung der *analogia entis* im Kreuz hat Erich PRZYWARA eingehend dargestellt in seinem noch zu wenig beachteten Spätwerk *Alter und Neuer Bund;* vgl. meine Rezension *Erich Przywaras Alterswerk,* 380–382.

[24] Vgl. die in Anm. 21 genannte Literatur, dazu SÖHNGEN, *Humanität.*

Wie weit trägt
der Konsens über die Rechtfertigungslehre?

Der Unterzeichnung des katholisch-lutherischen Konsenses in Grundfragen der Rechtfertigungslehre waren vielerlei Polemik, Streit, Verdächtigungen, Unterschriftenaktionen vorangegangen, worin sich die Mühsal einer solchen Begegnung nach Jahrhunderten des Gegeneinanders öffentlich zeigte. Als am 31. Oktober 1999 von beiden Seiten die Unterschrift unter das Dokument gesetzt wurde, brach dann doch die Freude durch: Die Sehnsucht nach Einheit ist real. Und nun spürte man, dass diese Sehnsucht nicht ins Leere greift. Auch wenn man den Inhalt des Vorgangs nicht genau verstand, so war einfach ein Aufatmen da, dass Einheit wächst, dass die Last der Trennung geringer wird. Das Ereignis als solches ermutigte; was es wirklich bedeutet, muss freilich erklärt werden.

Die Abwesenheit des Themas Rechtfertigung
im gegenwärtigen Bewusstsein

Das Problem des Augsburger Konsenses besteht in der Tat darin, dass kaum jemand weiß, worum es sich da handelt. Das Einzige, was wirklich in der Breite interessiert, ist die Frage der Kommuniongemeinschaft: Hier wird Trennung konkret erfahren, und man ist sich bewusst, dass sie überwunden wäre, wenn es die Kommunion gäbe, die mit der Kirchengemeinschaft identisch ist. Wenn diese Konsequenz nicht erreicht ist, was ist dann in Augsburg eigentlich geschehen, so fragen viele. Deswegen werden nun auch die Stimmen immer lauter, die uns sagen, nach der Augsburger Unterschrift gebe es überhaupt keinen Grund mehr, sich nicht gegenseitig zum »Abendmahl« (katholisch: zur Eucharistie)

Wie weit trägt der Konsens über die Rechtfertigungslehre?

zuzulassen. Der Konsens im Kern dessen, was die Spaltung verursachte, habe nun alle anderen Trennungen gegenstandslos gemacht.

Dass Gemeinschaft im gottesdienstlichen Kern des kirchlichen Lebens ersehnt wird, ist in sich gut – es ist einfach Ausdruck des Verlangens nach Einheit. Aber wenn das ganze Glaubensbewusstsein auf die Kommunionfeier reduziert erscheint, dann ist freilich Grund zur Sorge gegeben. Dann muss man fürchten, dass auch die Eucharistie selbst nicht in ihrer inneren Größe gesehen wird, sondern zu einer Art von gemeindlichem Sozialisationsakt verkümmert. Die großen Fragen, die Luther aufgewühlt und ihn einerseits radikal gegen die katholische Messfeier als »Götzendienst« aufgebracht, aber nicht weniger radikal in Gegensatz zu Calvin und Zwingli gestellt haben, sind dem Durchschnittsbewusstsein, das die leichte Kommuniongemeinschaft sucht, entfallen. Nicht die reale Gegenwart Christi, nicht die Frage der Wesensverwandlung, nicht die Frage Opfer und Mahl, nicht die Frage der eucharistischen Anbetung, nicht die Frage von Priestertum und Eucharistie zählt, sondern eben die rituelle Darstellung von Zusammengehörigkeit. Kommuniongemeinschaft erscheint ganz einfach als Ausdruck dafür, dass wir doch alle letztlich das Gleiche wollen und dass wir uns durch Jesus miteinander verbunden fühlen, der als die alle einende Gestalt der Erfahrung des lebendigen Gottes verehrt wird. Das Zeichen solcher Solidarität versagen, wer kann das verstehen? Wenn aber weithin die Auffassung von Eucharistie (»Abendmahl«) auf diese Vorstellungen geschrumpft ist, was ist dann wirklich vom Christsein geblieben? Eine so gefundene Interkommunion trägt nicht. Es geht um Größeres.

Damit sind wir wieder beim Rechtfertigungskonsens angelangt. Was bedeutet er nun wirklich? Wenn schon die Auffassung vom Sakrament des Herrenleibes und -blutes arg verkümmert ist, so ist die Bedeutung dessen, was Rechtfertigung meint, noch viel weiter im allgemeinen Bewusstsein der Christen – der evangelischen wie der katholischen – verblasst. Wer der Darstellung des Augsburger Vorgangs in den Medien nachgeht, kann die Ratlosigkeit der Zeitgenossen vor diesem Stichwort mit Händen greifen. Sehr häufig steht man vor nichtssagenden Leerformeln.

361

Was bedeutet es schon angesichts der tatsächlichen Fragen des Menschen von heute, wenn ihm mitgeteilt wird, nun gelte gemeinsam, dass wir durch Glauben allein gerettet werden? Welchen Glauben? Wer hat ihn eigentlich? Und welche Rettung wird uns da versprochen? Jedenfalls nichts, worunter wir uns konkret etwas vorstellen können oder was uns ins Herz treffen würde. Sehr häufig wurde freundlich klingender Schwachsinn angeboten, so etwa wenn ein Zeitungstitel lautete, von nun an hätten alle Kirchen einen gnädigen Gott. Wird die Gesinnung Gottes durch Kirchenbeschlüsse bestimmt? Und was heißt das: »Gnade«? Auf entschieden höherem Niveau bewegt sich Heike Schmoll, die in durchaus anerkennenswerter Weise versucht hat, selber zu tun, was die Erklärung als eine künftige Aufgabe für die Ökumene bezeichnet: das Damalige in unsere Sprache zu übersetzen und es so für uns wieder verständlich zu machen. In immer neuen Variationen macht sie uns klar, was ihrer Meinung nach Rechtfertigung bedeutet: die Vorgängigkeit der Person vor ihren Taten und Werken. Aufgaben, so sagt sie uns, können wir voranbringen und müssen es; wir können uns zu etwas machen, aber zur Person können wir uns nicht machen, die kann uns nur im Voraus geschenkt werden.

Die Rechtfertigungsbotschaft »richtet sich gegen alle Anstrengungen, die Würde des Menschen selbst zu schaffen oder sie anderen gar abzuerkennen.« Dies ist ihrer Meinung nach die große Einsicht Luthers. Luther habe diese Grundaussage über das Personsein bewusst nicht auf das Christentum beschränkt, sondern gelehrt, jeder Mensch werde durch das Geschenk der Rechtfertigung definiert. Jeder Mensch ist in seiner Schwachheit und Begrenztheit eine wahre Person und »hat deshalb eine unantastbare Würde.«[1]

Was Frau Schmoll uns da über die Person und die Personwürde mitteilt, ist goldrichtig; es ist höchst aktuell, dies heute zu betonen. Nur mit Rechtfertigungslehre hat es nichts zu tun, sondern dies ist die im Schöpfungsglauben anwesende Metaphysik des Menschen,

---

[1] Wie bekannt, hat sich Frau SCHMOLL wiederholt in der FAZ zum Rechtfertigungsthema geäußert. Die Zitate hier sind ihrem Artikel *Fauler Frieden* entnommen.

362

Wie weit trägt der Konsens über die Rechtfertigungslehre?

die seinsmäßige Gründung seiner Würde, die von Glaube und Unglaube, von Konfession und Stand unabhängig ist, weil sie einfach vom Schöpfer her kommt und den Menschen vor all seinen Taten und Leistungen auszeichnet. In diesem Punkt der Anerkennung der gemeinsamen Würde des Menschen kann es überhaupt keine Differenz zwischen den Konfessionen geben, und auch mit Nichtchristen ist darüber weithin Übereinstimmung zu erzielen. Papst Johannes Paul II. hat in seinen Enzykliken über das Evangelium des Lebens, über den Glanz der Wahrheit, über Glaube und Vernunft diese schöpfungsmäßige Grundlegung des christlichen Glaubens, die uns mit dem weiten Raum der »rechten Vernunft« verbindet, immer wieder mit Nachdruck herausgestellt.

Noch einmal, was uns Frau Schmoll da sagt, ist wahr und richtig, aber der Versuch, auf solche Weise Rechtfertigung wieder als einsichtige Wahrheit in das Bewusstsein des Menschen zu rücken, muss als gescheitert angesehen werden, weil dies ganz und gar nicht der Inhalt von Rechtfertigungslehre ist. Rechtfertigungslehre, in der Sünde und Gericht, Gericht und Gnade, Kreuz Christi und Glaube nicht vorkommen, ist keine Rechtfertigungslehre.

Wenn eine so engagierte und theologisch gebildete Protestantin wie Frau Schmoll beim Versuch einer Vergegenwärtigung der Rechtfertigungsbotschaft so vollkommen danebengreift (nämlich von etwas ganz anderem redet), so zeigt dies für mich außerordentlich eindringlich, wie abwesend die Rechtfertigungslehre im heutigen Bewusstsein in Wirklichkeit ist. Es ist bisher eigentlich niemandem gelungen, die Rechtfertigungslehre wirklich zu aktualisieren; dies zeigt, dass die historischen Kontroversen obsolet geworden sind. Mit einem modischen Ausdruck könnte man sagen: Es hat ein Paradigmenwechsel stattgefunden; unsere Stellung im Koordinatennetz der Realität hat uns in eine durchaus andere Perspektive versetzt, von der aus wir unsere Einsichten und Erfahrungen neu ordnen müssen. Das gerade ist heute unsere ökumenische Chance. Dass wir heute Entgegensetzungen überwinden können, die damals abgründig waren, beruht nicht darauf, dass wir gescheiter oder frömmer geworden wären (oder die Bibel besser lesen könnten, mehr von Hermeneutik verstehen usw.), sondern einfach darauf, dass unser Standort in der Realität uns in eine andere Sicht des Ganzen versetzt hat. Die klassischen

363

Kontroversen verstehen bloß noch die Gelehrten, die freilich nur umso nachdrücklicher an der, den anderen fremd gewordenen Eigenwelt festhalten, die sie zu der ihren gemacht haben.

Die religiöse Erfahrung Luthers und das heutige Bild von Gott und Mensch

Die dramatische Erfahrung Luthers, die den Erdrutsch seines Jahrhunderts auslöste, war die Erschütterung über den Zorn Gottes, unter dessen Drohung er sich ob seiner Sünden wusste. Alle Heilsmittel der Kirche, die den Menschen davor schützen und von der Drohung befreien sollten, waren in seiner Erfahrung an Bedingungen geknüpft, die ihm unerfüllbar schienen. Sie heilten die Angst nicht, sondern verschärften die Drohung noch, legten gleichsam noch Brennholz zum Gerichtshaufen dazu. Der erlösende Blitz war für ihn die Einsicht, die ihm beim Lesen des Römerbriefes zukam: Gott will das alles ja auch gar nicht. Du brauchst dich gar nicht selber zu einem Gerechten zu machen. Du brauchst nicht durch allerlei Anstrengungen hindurch ein anderer zu werden, der du nicht werden kannst. Dieses ganze quälerische, kirchliche »Brimborium« ist »Gesetz«, Gott aber heilt dich ganz einfach und allein durch Glauben. Es war dieses »Allein«, das ihm Heilsgewissheit und damit Frieden gab.

Im Gegenüber zu der Erfahrung von Gottes Zorn hatte das »Allein durch Glaube« für Luther Befreiung bewirkt. Er brauchte, um der Last der Sündenerfahrung standhalten zu können, die Gewissheit, dass er trotz alledem gerettet, von Gott angenommen und dass dieses Angenommensein unerschütterbar sei. Er brauchte »Heilsgewissheit«. Diese Gewissheit, die für ihn die reale Erfahrung von Erlösung war, hat er immer neu in der Vergewisserung über das »Allein aus Glauben« gesucht und gefunden. Der bedrückenden Erfahrung seines empirischen Ichs hatte er immer wieder das Gegengewicht des »Allein aus Glauben« entgegengehalten und so darin das ganze Wesen des Christentums gefunden, von da aus das Ganze neu geordnet und gedacht. Glaube durfte nicht mehr bloß Gewissheit über Gottes Gnade für die Welt im Ganzen sein, sondern die eigentliche Glaubensgewissheit ist, dass ich gerettet bin. Damals haben viele diese Erfahrung Luthers als exemplarisch und befreiend auch für sich selbst empfunden, zumal im katholischen Bereich das Große der Gnade häufig in der Tat durch ein Übermaß an äußeren Übungen und Forderungen überwuchert, für viele kaum erkennbar war. Insofern ist Luthers Theologie ganz wesentlich aus persönlicher Erfahrung geformt; darin liegt ihre Bedeutung und ihre Grenze. Denn diese Erfahrung, das Ringen, das in ihr liegt, rührt ohne Zweifel an den Kern der menschlichen Gotteserfahrung überhaupt und kann daher den suchenden Menschen immer neu berühren. Aber andererseits ist es eben doch eine partikuläre, an ganz bestimmte historische und persönliche Umstände geknüpfte Erfahrung, die nicht einfach Allgemeingültigkeit beanspruchen kann.[2] Unsere gegenwärtige Art von Bedrängnis im Verhältnis zu Gott, zum Nächsten, zu uns selbst hat ganz überwiegend wesentlich andere Formen angenommen.

Ich illustriere diesen völlig veränderten Kontext an einem aktuellen Beispiel. In der Septembernummer 1999 der »Stimmen der Zeit« bietet uns der Jesuit Albert Keller ein Editorial unter dem Titel »Beleidigung Gottes« an, in dem er uns klarmacht, dass es Beleidigung Gottes überhaupt nicht gibt. Seine aufgeklärten Einsichten trägt er auf der dunklen Folie des »Katechismus der katholischen Kirche« vor, der noch von solch überholten Vorstellungen geprägt sei und damit den Christenmenschen das Leben schwer mache. Gott ist ja unveränderlich, so erläutert uns Keller, er kann keinesfalls von außen beeinflusst werden. »Folglich kann er auch nicht beleidigt oder in seiner Ehre gekränkt sein.« Keller erklärt uns das auch an menschlichen Beispielen: »Wenn ein Kind oder ein leicht Schwachsinniger jemanden beschimpft, muss der schon selbst von eingeschränkter Urteilskraft sein, wenn er sich dadurch beleidigt fühlt.« Gott aber steht himmelhoch über uns. Die Annahme, er könne von uns beleidigt werden, »verrät Größenwahn.« Des Weiteren sagt er: Wer so denkt, hat sich Gott nach seinem eigenen Bild zurechtgeschnitzt. »Ein kleinkarierter Mensch wird auch ein kleinkariertes Gottesbild haben.« Gott hat

---

[2] Zum biographischen Kontext von Luthers Theologie ist hilfreich LOHSE, *Martin Luther;* HACKER, *Martin Luther.*

uns auch keine Gebote auferlegt, sondern mit der Gottebenbildlichkeit Ziel und Sinn des Lebens mitgegeben. Deswegen wollen wir im Grunde unseres Herzens alle dasselbe: Gott und die Menschen lieben. »Wir sollen nichts anderes tun, als was wir im Innersten wollen.« Für Gottes Zorn ist in einem solchen Weltbild kein Platz – das wäre höchst unpassend, ja unmöglich für einen Gott, der unveränderlich und »von außen« nicht beeinflussbar ist.[3] Wenn man genau zusieht, wird man feststellen, dass hier ein deistisches Gottesbild vorliegt: Wir sind viel zu gering, als dass Gott sich überhaupt für uns interessieren könnte. Wir müssen nur unseren eigenen Willen aufnehmen, dann ist alles richtig. Eine direkte Gottesbeziehung von du zu du gibt es gar nicht, wenn es so steht. Wenn es keinen Zorn gibt, braucht es auch keine Gnade. Dieser Gott ist so etwas wie eine regulative Idee, aber kein Richter und auch kein Retter.

Wenn ein gelehrter Theologe und Jesuit so etwas sagt, muss man aufhorchen. Denn das zeigt, dass eine Vorstellung von Gott und Mensch, die seit der Aufklärung immer breitere Kreise ergriffen hatte, nun in die Mitte der Kirche eingedrungen ist. Was vorher als rationalistisches Überbleibsel des Glaubens erschien, wird nun als dessen eigentliche und richtige Auslegung dargestellt, der gegenüber nicht nur der Katechismus der katholischen Kirche, sondern auch Luthers Glaubenserfahrung als mittelalterliche Verirrung angesehen werden muss, die freilich Luther in seiner Zeit gestattet sein mochte, uns aber nicht mehr ziemt.

Unser Problem ist nicht mehr die Erfahrung der Last unserer Sünde, sondern die Abwesenheit der Sündenerfahrung, die wiederum auf der Abwesenheit Gottes und auf seinem Desinteresse an uns beruht. Weil das Gottesbild von Grund auf verändert, entleert ist, ist Sünde ein Fremdwort, das man lieber nicht gebraucht.[4] Unsere Frage ist daher auch nicht: Wie finde ich Vergebung, wie finde ich einen gnädigen Gott, sondern: Wie komme ich mit mir und der Welt zurecht? Weil Gott kein handelnder, auf mich persönlich bezogener Gott mehr ist, sondern eine regulative Idee, darum ist mit der Frage der Sünde auch die nach der Gnade

---

[3] KELLER, *Beleidigung Gottes,* 577 f.
[4] Über Sünde als nicht-gebrauchtes Wort vgl. PIEPER, *Sünde.*

Wie weit trägt der Konsens über die Rechtfertigungslehre?

gegenstandslos geworden. Deswegen breitet sich auch in der Theologie zusehends die Meinung aus, dass es unsinnig sei, von einem Sühnetod Christi zu sprechen, von einer Genugtuung, die er für uns getan hat und die uns zur Gerechtigkeit zugerechnet wird. Sein Tod ist nun nur noch ein letzter Akt der Liebe, nicht mehr und nicht weniger. Das *pro nobis* (»für uns«) hat keinen Sinn mehr, wenn wir ohnedies keiner Sühne bedürfen, weil Gottes Ehre nie verletzt worden ist, durch Menschen überhaupt nicht verletzt werden kann. Unsere Frage lautet also – noch einmal gesagt – nicht mehr: Wie kriege ich einen gnädigen Gott, sondern: Was hat mein Leben mit Gott zu tun? Hat Gott mit mir überhaupt zu tun? Und dann muss freilich doch die Frage aufstehen: Wie kann Schuld überwunden, wie kann ich von der Last meiner Schuld befreit werden? Wie kann es geschehen, dass ich mich selbst und den anderen und die Welt und eben auch Gott annehme? Den Gott, der doch Auschwitz zugelassen hat und der mich in meinen Leiden allem Anschein nach allein lässt? Kann er überhaupt mich heilen? Will er es?

Weil Gott in eine Art von deistischem Gehäuse verbannt ist, weil Christus zu einem liebevollen, aber doch gescheiterten Jesus geworden ist, der allenfalls eine Richtung angibt, aber nicht mehr, darum werden neue Erlösungswege gesucht, und zwar Erlösung in dem ganz empirischen Sinn, wie er jeden Tag vor die Psychotherapeuten hintritt: die Unfähigkeit überwinden, sich selbst anzunehmen, die anderen anzunehmen, sein Leben zu ertragen. Dies ist die Weise, wie sich die Problematik der Erlösung, um die es ja in der Rechtfertigungslehre geht, heute den Menschen stellt.

Selbst frommen Leuten erscheint dabei die Botschaft von der Erbsünde, von der erlösenden Rettungstat Christi am Kreuz, von der Zueignung dieser Rettung durch den Glauben und in der Gemeinschaft der Kirche als eine Sammlung von mythischen Bildern, aus denen man bestenfalls ein Rezept zum rechten Umgang mit sich selbst herausdestillieren kann (Drewermann!). Was uns Pater Keller erzählt, spielt in einer heilen Schöpfungswelt; die ganz konkrete, alltägliche Erlösungsproblematik kommt bei ihm nicht vor. Im Leben der Menschen aber kommt sie vor, und da sie keine verständlichen christlichen Antworten findet, sucht man sie anderswo: bei der Wissenschaft zuallererst (Psychotherapie und Psy-

367

Der geschaffene Mensch als Gottes Bild

chiatrie), bei fremden religiösen Erfahrungen dann, die schließlich als Wege der Befreiung von der Last des Selbst oder als Wege der Einswerdung mit sich selbst und dem Universum angeboten werden.

Die Frage des Menschen von heute ist nicht mehr die nach der Gewissheit seines ewigen Heils: Entweder man denkt überhaupt nicht an das Jenseits, wozu uns kürzlich sehr eindringlich Herbert Schnädelbach gemahnt hat,[5] oder man setzt voraus, dass Gott ja schließlich niemanden verdammen kann und dass es ohnedies für jeden, wenn es schon ein Jenseits geben sollte, gut ausgehen muss. Die Sorge um das jenseitige Heil ist heute weithin verschwunden, auch bei gläubigen Christen. Aber die Frage, ob mein Leben überhaupt ein Wozu hat, wird nur umso dringlicher: Die Frustration über das nichtige Sein des Menschen, die Erschütterung über die Leere des Daseins, wird immer mehr zur Unfähigkeit zu leben und zu lieben und zum Zwang zu immer grelleren Betäubungen. Nicht der Zorn Gottes erschüttert, sondern seine Abwesenheit. Und so wird freilich eine ganz neue Vergewisserung über Heil und Heilung nötig: Darauf müssen wir antworten.

In dieser Situation tut die christliche Theologie ihre Pflicht nicht, wenn sie sich mit immer subtileren Unterscheidungen an die kontroversen Begriffe des 16. Jahrhunderts klammert. Sie muss sich ihrer wesentlichen biblischen Basis und ihres kirchlichen Erbes bewusst bleiben und sein Erlösungspotential festhalten, aber sie muss dieses Potential zugänglich machen im Gegenüber zu der Erlösungsproblematik von heute. Wenn wir dies tun, werden wir bald sehen, dass uns die Streitigkeiten des 16. Jahrhunderts in dieser Sache nicht mehr trennen müssen.

Wir müssen den Gott neu verstehen lernen, der ewig und der doch gerade so ganz Beziehung ist. Den Gott, der uns kennt und der in uns den Drang nach dem Unendlichen eingeschaffen hat. Den Gott, der selbst so klein (so »töricht«) werden wollte, dass er den Menschen ernst nimmt und seinetwegen be-leidigt leiden

---

[5] Vgl. SCHNÄDELBACH, *Philosophie*. Auf die Kontroverse, die Schnädelbach durch seinen Beitrag *Fluch des Christentums,* 41 f. ausgelöst hat, braucht hier nicht eingegangen zu werden. Vgl. die Würdigung des Disputs durch SCHUCK, *Christenschelte.*

kann und will, für ihn. Wir müssen Christus neu kennenlernen, der dieses Mit-leiden Gottes in Person ist. Und wir werden wieder erfahren, dass Befreiungen vom Ich oder die Anleitungen zu seiner Annahme schon ein Stück helfen mögen, aber dass der Mensch vor allem darauf angelegt ist, dass ihm geholfen wird – dass er geliebt wird, dass er von außen her zu sich selbst und über sich selbst hinauskommt. Und so müssen wir wieder Sünde und Gericht und Gnade verstehen lernen, die verlorenen Wörter aufheben, reinigen und wieder leuchtend werden lassen.

Die Grundelemente des Konsenses über die Rechtfertigung

Es ist offensichtlich, dass es da nicht nur um ein Sprachproblem geht, sondern um ein neues Erfahren und ein neues Denken, das sich dann selbst seine Sprache schafft. Aus solcher Perspektive des geforderten Neu-denkens heraus möchte ich in einem abschließenden Teil ganz kurz zu vier mir besonders aufschlussreich und wichtig scheinenden Punkten des Rechtfertigungsstreits Stellung nehmen.[6]

1. »Gerecht und Sünder zugleich« *(simul iustus et peccator)*. Über die Frage, in welchem Sinn ein gerecht Gewordener auch Sünder genannt werden könne und müsse, ist äußerst subtil diskutiert worden. Das Schrifttum Luthers und das reformatorische Erbe bieten offensichtlich keine einheitliche Antwort, sondern ein vielfältiges Spektrum, das dann bei den einzelnen Auslegern ganz unterschiedliche Akzentuierungen zulässt. Was dem einen als grober Verrat am lutherischen Erbe erscheint, sieht der andere als die eigentliche Intention des Reformators an usw. Man hat, wie schon angedeutet, zu immer subtileren Unterscheidungen ge-

---

[6] Es geht mir hier nicht darum, die Diskussion der Fachtheologen, die dem Konsens vorausging und seine Formulierung ermöglichte, abzuwerten. Sie war und bleibt wichtig. Aber ihr Horizont muss ausgeweitet werden, und darum geht es in diesem Beitrag. An neueren Arbeiten möchte ich hier nennen das Grundlagenwerk LEHMANN / PANNENBERG / SCHNEIDER, *Lehrverurteilungen – kirchentrennend?*, I–IV; JÜNGEL, *Rechtfertigung*; SÖDING, *Rechtfertigungslehre*; ISTITUTO DI SCIENZE RELIGIOSE, *Purificazione*. Wertvoll durch präzise Argumentation DULLES, *Justification*.

Der geschaffene Mensch als Gottes Bild

griffen, um das Erbe von Trient und dasjenige Luthers als mindestens konvergent erklären zu können. Ich fühle mich nicht imstande, in solche Subtilitäten einzutreten, und kann einfach nicht glauben, dass an so viel Subtilität die Kirchentrennung, der rechte Glaube hängen soll, der doch eigentlich den Einfachen zugedacht ist.

Mir scheint, wir sollten Grenzpunkte zu klären versuchen, sie nicht zu eng nehmen und innerhalb davon Freiheit des Disputs und der Systematisierung lassen. Von meiner Seite her würde ich zwei Grenzpunkte sehen. Dem Katholizismus wird vorgeworfen, dass er Sünde zu eng voluntaristisch und intellektualistisch auffasse (nur das klar Bewusste, klar Gewollte kann Sünde sein). Sünde werde punktualisiert und damit gerade ihr Humus, ja überhaupt ihr tiefliegender Wesensgrund aus dem Blick gebracht. Ich denke, man sollte zugeben, dass ein einseitig punktualisierter, voluntaristischer, intellektualistischer Sündenbegriff in der Tat ungenügend ist. Gregor der Große sagt in seiner Pastoralregel: »Der menschliche Geist belügt sich sehr viel über sich selbst.«[7] Unser Oberflächenbewusstsein verdeckt unsere Tiefe, wir erklären uns für gerecht und haben doch das Böse in die Tiefe einsickern lassen, und von da aus wirkt es. Deshalb betet der Psalmist: »Von meinen verborgenen Sünden befreie mich« (Ps 19,13). Es muss aber bleiben, dass zur Sünde Freiheit, Wille, Einsicht gehören und dass nicht einfach unser Sein sündig ist. Unsere Psychologie des Glaubens wie des Sündigens muss aber in die Tiefenschichten unserer Existenz vordringen, wofür uns die moderne Anthropologie Hilfen genug anbietet. Der augustinische (tridentinische) Begriff von *concupiscentia* (»Begierde«), von einer inneren Verfasstheit des Menschen, der Gott los sein will, um nur er selbst zu sein, bietet da Material genug.

Aber dies darf andererseits nicht so weit gehen, dass wir sozusagen als im Sein verdorben gelten, dass Sünde etwas wird, dem wir ohnedies nicht entrinnen können, weil wir nun einmal Sünder sind. Es darf nicht zu einem Dualismus führen, in dem auch Gott offensichtlich nicht mehr imstande wäre, den Menschen zu einen und als ganzen, in der Tiefe zu heilen. Der Begriff

---

[7] GREGOR DER GROSSE, *Past* I 9 (SChr 381, 158).

370

Wie weit trägt der Konsens über die Rechtfertigungslehre?

»Heilung« (Erlösung) müsste dabei weniger statisch, sondern mehr lebensgeschichtlich gesehen werden: Das Leben des Getauften ist ein Erlösungsprozess, in dem wir mitgehen, uns mittragen und führen lassen oder dem wir uns verweigern. Es ist wichtig, das Ziel nicht aus dem Auge zu verlieren, sich ihm neu zuzuwenden, wenn wir ausgeglitten oder weggegangen waren. Es ist wichtig, immer neu Vergebung anzunehmen, aber dabei auch die Verantwortung der Vergebung zu erlernen. Die große Bekehrung, d.h. der Glaube, setzt sich aus vielen kleinen Bekehrungen zusammen. Und immer ist dabei das Wort des heiligen Benedikt im Auge und im Herzen zu behalten, das den Kern der reformatorischen Erfahrung katholisch ausdrückt: »Et de Dei misericordia nunquam desperare« – an Gottes Barmherzigkeit niemals verzweifeln.[8]

2. »Mitwirkung« *(cooperatio)*. Die Frage, wie weit wir im Heil nach dem von Gott geschenkten Anfang selbst Mitwirkende sind, wie weit wir durch die neue Kraft handeln und leben können, ja müssen oder »bloß passiv« *(mere passive)* sind; wie weit daher unser eigenes Tun im Gericht mitentscheidend ist und unser eventuelles Unheil von uns selbst verschuldet, aber dann auch unser Heil von uns mitverantwortet wird, also Gnadenlohn ist, ist wohl der meist umstrittene Punkt der in der Rechtfertigungslehre konkret werdenden Erlösungslehre.

Ich denke, es ist zunächst sehr wichtig, in dieser Sache groß von Gott zu denken und ihm zuzuhören, wie er uns in der Schrift anredet. Obwohl alles, was wir sind und können, von ihm kommt und von ihm ist, unser armseliges Tun immer völlig inkommensurabel zu dem bleiben muss, was er gibt, wollte er doch ein wirklicher Gott der Beziehung sein und bleiben. Er wollte nicht sozusagen allein mit sich selbst agieren, sondern uns zu echten Beziehungsträgern, zu einem echten Gegenüber mit sich selber machen. Wir sind nicht Marionetten Gottes, die gar nicht gerufen und befähigt wären, verantwortlich vor ihm zu handeln. Der Verzicht auf die Verantwortlichkeit, auf die Fähigkeit, vor Gott Verantwortung zu tragen, könnte nur scheinbar Erlösung sein. In Wirklichkeit degradiert er uns und würde damit auch Gott degradieren. Was wir sind und tun, zählt ganz real vor ihm. Er würdigt

---

[8] *Reg Ben* 4, 72 (PL 66, 298).

Der geschaffene Mensch als Gottes Bild

sich, trotz der Inkommensurabilität uns doch ins Mitwirken mit ihm zu rufen.

Ich denke, es sei wichtig, in dieser Sache unseren Horizont auszuweiten und die Überlieferung der Ostkirche in unseren Dialog einzubeziehen, damit er nicht im Zirkel läuft. Zufällig habe ich mich in letzter Zeit etwas mit Maximus dem Bekenner[9] und mit Nikolaos Kabasilas[10] befasst: frühester Anfang und später Höhepunkt byzantinischer Theologie. Bei beiden ist mir der ungeheure Akzent aufgefallen, der bei ihnen auf dem Willen als dem Ort unserer Erlösung liegt, in einer Weise, die von der augustinischen Tradition her zunächst befremdlich erscheint und die doch ihr Gewicht hat und uns nachdenklich machen muss. Der Wille ist der Ort der Liebe – so zeigen sie uns – und wird von Gott durch Christus hinaufgezogen in das Geliebtsein von ihm. Und dies ist Erlösung. Aber der so von Gott erhobene Wille muss sich selbst in der Liebe festhalten und Liebe werden.

3. In der »Gemeinsamen Erklärung« wird gesagt, die Rechtfertigungslehre sei »ein unverzichtbares Kriterium, das die gesamte Lehre und Praxis der Kirche unablässig auf Christus hinorientieren muss« (Nr. 18).[11] Das ist eine Übersetzung der alten lutherischen Formel vom *articulus stantis et cadentis ecclesiae*. Der »Annex« drückt es noch schärfer aus: »Die Rechtfertigungslehre ist Maßstab oder Prüfstein des christlichen Glaubens. Keine Lehre darf diesem Kriterium widersprechen« (Nr. 3). Die »Antwort der Katholischen Kirche« vom 25. Juni 1998 hatte dazu gesagt: »Während für die Lutheraner diese Lehre eine ganz einzigartige Bedeutung erlangt hat, muss, was die katholische Kirche betrifft, gemäß der Schrift und seit den Zeiten der Väter die Botschaft von der Rechtfertigung organisch in das Grundkriterium der ›regula fidei‹ einbezogen werden, nämlich das auf Christus als Mittelpunkt aus-

---

[9] Zum Einstieg ist hilfreich die von Guido Bausenhart besorgte Übersetzung: MAXIMUS CONFESSOR, *Drei geistliche Schriften*. Die mittlere der drei Schriften, der *Liber asceticus*, liegt jetzt auch in einer Übersetzung von Hermann Josef SIEBEN vor: *Ausgestreckt*, 181–220.

[10] Sein Hauptwerk ist in einer guten, von Gerhard Hoch gefertigten Übersetzung zugänglich: KABASILAS, *Leben in Christus*.

[11] Der Text der Gemeinsamen Erklärung ist z. B. unter dem Titel *Entscheidender Schritt* veröffentlicht.

372

gerichtete und in der lebendigen Kirche und ihrem sakramentalen Leben verwurzelte Bekenntnis des dreieinigen Gottes« (Nr. 2). Diese beiden Sichten müssen nicht unvereinbar sein, aber sie müssen in ihrem Zueinander vertieft werden, weil dann wirklich der Grundansatz christlicher Existenz verstehbar zum Vorschein kommt. Gegenüber jener Art von Gottesvorstellungen, in denen Gott und Mensch gar nicht in einer wirklichen Beziehung zueinander stehen, stellt die Rechtfertigungslehre die grundlegende Frage: Ist Gott wirklich als ein Gott für uns und mit uns erkannt und geglaubt? Ist Christus als der Sohn des lebendigen Gottes angenommen, der für uns gelitten hat und in seinem Leiden die Last unseres Daseins mitträgt? Ist der Ernst der Sünde erkannt, die Gottes Leiden hervorruft und uns so freilich erst die ganze Größe Gottes erkennen lässt, des Gottes, der für uns klein wird, liebend wird? Ist uns aufgegangen, dass wir der Versöhnung mit Gott bedürfen? »Gott war es, der in Christus die Welt mit sich versöhnte, ihnen ihre Vergehen nicht anrechnete und das Wort der Versöhnung in uns legte. An Christi statt also walten wir des Amtes, sodass Gott durch uns mahnt. An Christi statt bitten wir: Lasst euch mit Gott versöhnen!« (2 Kor 5,19 f.) Die Rechtfertigungslehre stellt – richtig verstanden – tatsächlich die entscheidenden Fragen über Gott, Mensch, Leben und Sterben, über unser Gottesverhältnis und über den rechten Weg unseres Lebens; in diesem Sinn ist sie ein »Prüfstein«, ob wir im Glauben der Apostel stehen oder nicht.

Aber gleichzeitig muss festgehalten werden, dass die Erlösungslehre nicht ein frei verfügbarer theologischer Maßstab für Glaube ist, den man rein intellektuell anwenden und als Messschnur wie eine Metatheorie für die Prüfung der »Theorien« (d. h. der Glaubenslehre und der lebendigen Kirche) gebrauchen könnte. Sie ist nicht ein frei verfügbarer Maßstab, mit dem man sich über die Kirche stellen und über sie befinden kann. Die Rechtfertigungslehre hat vielmehr, wie die Erklärung der Glaubenskongregation mit Recht herausstellt, ihre innere Verankerung im Bekenntnis zu Gott, dem dreifaltigen Gott mit der christologischen Mitte dieses Bekenntnisses. Und dieses Bekenntnis wiederum ist nicht eine Theorie, sondern ist ein Lebensvollzug, der im Sakrament der Taufe verankert ist; Taufe aber wiederum bedeutet Ein-

Der geschaffene Mensch als Gottes Bild

gefügtwerden in den lebendigen Leib Christi, in die glaubende Gemeinschaft, in der sein Wort lebt. Der Glaube ist als Lebensvollzug Teilnahme am gemeinsamen Lebensvollzug des Leibes Christi, der Kirche. Es gibt kein bloß theoretisches Kriterium des Glaubens, sondern der Glaube ist Bekenntnis *(confessio)* und als solche Bekehrung *(conversio)*, und dies wiederum ist, gerade weil wir uns nicht selbst bekehren, zu etwas Neuem und anderem machen können, Handeln eines anderen mit mir – Sakrament – und damit zugleich im Mutterboden der lebendigen Kirche verankert.

Über diese Grundweise und Grundform des Glaubens, um die es geht, muss weiter gesprochen werden. Dabei muss sichtbar werden, dass der Glaube ganz persönlich mich vor den lebendigen Gott stellt, aber vom trinitarischen Gott und von der Leibhaftigkeit Jesu Christi und seiner Geschichtlichkeit her eine wesentlich kommunitäre, sakramentale, ekklesiale Dimension hat, ohne die er überhaupt nicht Glaube wäre.[12]

4. Die eben zitierte »Antwort der Katholischen Kirche« hatte mit einem anderen Punkt Aufregung und heftige Kritik hervorgerufen. Sie hatte im Teil II (Präzisierungen), Punkt 6 gesagt, die Frage der Repräsentativität, d. h. der Möglichkeit verbindlichen Redens in der lutherischen Gemeinschaft müsse noch genauer geklärt werden, und hatte dann formuliert: »Die katholische Kirche erkennt die vom lutherischen Weltbund unternommene große Anstrengung an, durch Konsultation der Synoden den ›mag-

---

[12] Ich möchte in diesem Zusammenhang auf die folgenden Sätze des Tübinger Exegeten Michael Theobald verweisen: »Weder Eigentum des Paulus noch Gemeingut der Kirche kann der Kanon von der Rechtfertigung genannt werden. Jenes nicht, weil Paulus als ältester Zeuge des Satzes mit ihm auf dem Rücken der antiochenischen Gemeinde stand, dieses nicht, weil er in der frühen Kirche nur partiell rezipiert wurde. Das hängt auch damit zusammen, dass er als Kanon oder theologische Richtschnur nie den Autoritätsrang besaß, der den anderen wichtigen Sätzen der frühen Kirche zukam (1 Kor 15,3b–5; Röm 10,9), deren Geschichte in das Credo der Kirche einmündet. Eignete diesen Sätzen ein liturgischer ›Sitz im Leben‹, [...] so formulierten die Kanones theologische Prinzipien, die Handlungsanweisungen enthielten, trugen also verstärkt das Merkmal der Zeitgebundenheit an sich. [...] Hermeneutisch bedeutet diese von Paulus vorgenommene Zuordnung von Kanon und Credo-Sätzen (vgl. auch Gal 2,16/20c), dass seine Rechtfertigungslehre angewandte Christologie ist« (Theobald, *Rechtfertigung*, 191).

374

Wie weit trägt der Konsens über die Rechtfertigungslehre?

nus consensus‹ zu erreichen, um seiner Unterschrift echten kirchlichen Wert zu geben: Es bleibt allerdings die Frage der tatsächlichen Autorität eines solchen synodalen Konsenses, heute und auch in Zukunft, im Leben und in der Lehre der lutherischen Gemeinschaft.«[13]

Diese Anfrage hat, wie schon angedeutet, einen Sturm der Entrüstung ausgelöst, als wolle die katholische Kirche die Gleichberechtigung der Partner im Dialog leugnen. Aber die gestellte Frage hatte eine ganz andere Bedeutung: Sie war nicht kirchenpolitischer, sondern theologischer Natur. Sie zeigt an, dass es in einem zentralen Punkt aufgrund der ökumenischen Gespräche und einfach aufgrund der eigenen ekklesialen Erfahrungen der lutherischen Kirchen einen bedeutenden Fortschritt gibt, der allerdings noch nicht richtig formuliert und geklärt ist. Wenn man das *Sola Scriptura* streng fassen würde, wäre nicht einzusehen, wieso die Autorität der Synoden höher sein könnte als die einer großen Anzahl von Professoren, Fachleuten in der Auslegung der Bibel. Überhaupt ist dann nicht zu begreifen, wieso die Kirchenleitung etwa in einem Lehrzuchtverfahren gegen einen Professor entscheiden kann. Aufgrund einer Mehrheit von Gelehrten, die anderes sagt? Oder aufgrund ihres in den Bekenntnissen formulierten Glaubens, der ihr gemeinsames Kirchesein begründet? Wenn dies, woher kommt das höhere Gewicht dieser Kirchenlehre gegenüber der professoralen, akademischen Position?

Die Synoden sind an sich keine Lehrinstanz, können es nicht sein. Wenn sie nun aber trotzdem ein lehramtliches Gewicht haben sollen, dann deshalb, weil sie den Konsens aller Gläubigen ausdrücken, der als eine geistgewirkte Kraft gilt: Nicht alle Gläubigen können im Irrtum gefangen sein; moralische Einstimmigkeit einer so großen und verschiedenen Menge kann nicht aus dem bloßen Eigenem der Menschen kommen. Natürlich kann man fragen: Wenn aber doch nur Synoden entscheiden, ist die Einstimmigkeit wirklich da?[14] Oder ist nicht die Gegenstimme von glaubenden Gelehrten ein deutlicher Beweis, dass der *magnus*

---

[13] Der Text der »Antwort der Katholischen Kirche« ist veröffentlicht in: KNA ÖKI 27 vom 30. Juni 1998, Dokumentation.
[14] Man darf dabei auch daran erinnern, dass von 124 lutherischen Gliedkirchen

375

consensus nicht erreicht ist? Mit anderen Worten: Es geht um die Frage: Hat die Kirche Lehrautorität oder nicht? Kann die Kirche als Kirche mit Vollmacht etwas verbindlich lehren, was von vielen Gottesgelehrten, Schriftgelehrten, Kennern der Bibel nicht eingesehen, ja bestritten wird? Und wenn es Lehrautorität der Kirche gibt, wer hat sie? Wie findet sie zu ihren Aussagen?

Hier kommt etwas sehr Wichtiges zum Vorschein: Das *Sola Scriptura* (»Allein die Schrift«) muss in unserer völlig veränderten Lage ganz neu bedacht werden und die Frage kirchlicher Autorität, einer Lehrvollmacht der Kirche als Kirche, die über die Autorität der Gelehrtenauslegung hinausreicht und anderer Natur ist als sie, muss gestellt werden.[15] Einfach die ökumenischen Dialoge als solche haben hier eine neue Situation geschaffen, denn hier sprechen nicht Gelehrte mit Gelehrten (das auch), sondern es ist ein Gespräch von Kirchen bzw. Kirchengemeinschaften. Es hat sich sozusagen von selbst, aus dem inneren Auftrag der Kirche und aus ihren Lebensnotwendigkeiten heraus, auch im protestantischen Bereich so etwas wie Lehrautorität in der Kirche (ich sage nicht: Lehramt) gebildet. Dass es so ist, ist ermutigend. Die katholische Kirche wird selbstkritisch ihre Wahrnehmung des Lehramts immer wieder bedenken; umgekehrt ist die evangelische Christenheit aus der Logik der Ökumene heraus auf die Suche nach der rechten Form kirchlicher Lehrvollmacht verwiesen. Auch dies ist ein Auftrag der Rechtfertigungslehre, kein reifes, abrufbares Ergebnis, aber ein Zeichen, dass etwas in Bewegung ist.

Alles zusammen gesehen ist der Rechtfertigungskonsens ein Auftrag, ein Anfang: Wir müssen neu erklären, was Erlösung heißt, wer Gott ist, wer Christus ist, wer wir selber sind. Nichts Geringeres steht auf dem Spiel. Je redlicher und zugleich demütiger und leidenschaftlicher wir diese Fragen so aufgreifen, wie sie uns alle heute bedrängen, desto mehr wird sich zeigen, dass das Ringen um den Glauben uns zueinander führt.

---

89 geantwortet haben; 80 davon positiv, 5 negativ und 4 teils positiv, teils negativ.
[15] Für die Diskussion des *Sola Scriptura* heute ist wichtig Luz, *Bibel*; dazu Reiser, *Bibel und Kirche*.

376

Die Freiheit Gottes und die Macht der Gnade

Geleitwort zu: Ludwig Weimer, *Die Lust an Gott und seiner Sache. Oder lassen sich Gnade und Freiheit, Glaube und Vernunft, Erlösung und Befreiung vereinbaren?*, Freiburg 1981

»Gnade und Freiheit« war das große Thema der Theologie in der Neuzeit. Calvin hatte es auf seine Weise gelöst durch die Lehre von der Prädestination, Luther durch die Trennung von Werk und Glaube, der die Lehre von den zwei Reichen entsprach. Die katholische Theologie versuchte beides zusammenzuhalten und zerfiel darüber in einen Parteienstreit, der sie zu spalten drohte: Die Jesuiten hatten sich gleichsam auf die Seite der Neuzeit gestellt und wurden zu den theologischen Anwälten der Freiheit des Menschen. Die Dominikaner hielten dem die Tradition der Väter und des Mittelalters entgegen; ihnen ging es um die Freiheit Gottes und um die Macht der Gnade. Allen diesen Positionen aber ist gemeinsam, dass sie Gnade als Einschränkung der Freiheit sehen und so versuchen müssen, mit ihr zurechtzukommen. Sie alle stehen im Drama der Emanzipation des Menschen, für den die Liebe des Vaters nicht mehr Voraussetzung des eigenen Lebens, sondern das Bleigewicht der Fremdbestimmung ist, der gegenüber man den Raum des eigenen Seins sichern muss. So fanden alle diese Theologien ihr Ende mit der Aufklärung, die die Gnade als eine unerwünschte Last vollends abschüttelte und die Freiheit allein als Thema des Menschen und seiner künftigen Geschichte zurückließ.

Fast 200 Jahre danach hat sich das Stichwort »Freiheit« in das Thema »Befreiung« umgewandelt, das nun Philosophie und Theologie gleichermaßen beherrscht. Die Frage ist nur, wovon die Befreiung eigentlich befreien will und zu welcher Freiheit sie den Menschen führen kann. Jedenfalls erscheint ihr die Freiheit der Aufklärung inzwischen selbst als etwas, wovon man befreien muss, und so sollte inzwischen auch die Frage wieder möglich geworden sein, ob der Mensch nicht gerade der Gnade bedarf, um frei zu sein. Das Thema »Gnade« ist in den Befreiungstheologien praktisch abwesend: Sie beruhen auf der Ungeduld, die Gnade nicht erwarten kann und sich daher Freiheit selbst geben will, Freiheit, die nicht Gnade jemandes, sondern nur selbstgeschaffene Freiheit ist. Aber angesichts des Dilemmas der aufklärerischen und nachaufklärerischen Freiheit müsste das Thema »Gnade« im Kontext der »Freiheitsgeschichte« einen neuen Rang bekommen. Die Zeit ist reif, es am »Ende der Neuzeit« in einer veränderten Perspektive neu aufzugreifen, in der sich die autonome Freiheit *ad absurdum* geführt hat und Gnade nicht länger als Konkurrenz der Freiheit erscheinen kann, sondern als ihre Ermöglichung neu zu begreifen ist.

Ludwig Weimer hat sich dieser Thematik auf dem Hintergrund seiner Erfahrung von Kirche gestellt, wie er sie in der Integrierten Gemeinde zu München gesammelt hat. Er hat in sein Denken den vielschichtigen Chor der Tradition hineingenommen und seine Stimmen im Zusammenhang unserer neuen Erfahrung neu zu hören und zu deuten versucht. Sein zentraler Gedanke dürfte der Hinweis sein, dass Gnade und Freiheit ja einen Inhalt haben und dass man von diesem Inhalt her ihren Einklang verstehen muss: Gott will etwas mit der Gnade, nämlich das »Reich Gottes«, das das Reich der Freiheit und der Liebe ist. Der Mensch will etwas mit seiner Freiheit, nämlich das Reich der Freiheit, das nur als Reich der Liebe sinnvoll ist. An diesem Inhalt wird das Ineinander von Gnade und Freiheit erkennbar. Durch diesen Inhalt wird die Frage aus ihrer individualistischen Abstraktion befreit und die von Gott her sich versammelnde Gemeinschaft der Menschen – die Kirche – als der Raum der Gnade erkennbar, der zugleich Raum der Freiheit ist.

Ein Buch, das in so viele Diskussionen der Vergangenheit und der Gegenwart eingreift wie dasjenige von Ludwig Weimer, wird sicher auch Widerspruch finden. Auch das Modell von Erfahrung der Kirche, das ihm zugrunde liegt, wird nicht unbestritten bleiben. Wichtig ist für ein Werk dieser Art ja auch nicht, dass es zuletzt in allem Recht behält. Wichtig ist, dass ein zentrales theologisches Thema in der Einheit von Tradition und Gegenwart neu aufgenommen ist und dass entgegen allen Verengungen des Disputs um die Freiheit, die nach wie vor die zentrale Leidenschaft

Die Freiheit Gottes und die Macht der Gnade

unserer neuen Aufklärung darstellt, auch wieder alles das ins Blickfeld gerückt ist, was die Theologie dazu zu sagen hat. Ich wünsche dem Buch und seinem Autor, dass seine Einladung zum Gespräch, die tieferhin eine Einladung zur Erfahrung der Freiheit der Gnade im Glauben der Kirche ist, aufgegriffen werde und dass so dieses Werk zur Vertiefung eines Suchens beiträgt, das für unser aller Zukunft entscheidend ist.

München, 5. Februar 1981

Erich Przywaras Alterswerk

Rezension zu: Erich Przywara, *Alter und Neuer Bund.*
Theologie der Stunde, Wien 1956

War Erich Przywara in den Jahren zwischen den beiden Weltkriegen als der Theologe der *analogia entis* bekannt geworden, so öffnet sein neues Werk: *Alter und Neuer Bund* auch neue Horizonte theologischen Denkens, die sein früheres Anliegen zwar nicht aufheben, es aber doch in neue, größere Zusammenhänge einfügen. Was Przywara hier versucht, ist letztlich nicht weniger als eine neue Grundlegung der Theologie, in der diese wie einst bei den Vätern radikal als Theologie aus *analogia fidei* entfaltet werden soll. Es ist bekannt, dass Karl Barth seinerzeit den Begriff der *analogia fidei* als Gegenbegriff gegen Przywaras *analogia entis* geprägt hatte, um damit ein strenges Glaubensdenken zu kennzeichnen, das jedwede seinsmäßige Ähnlichkeit zwischen Gott und Geschöpf verneint. Demgegenüber greift Przywara auf den vor allem bei Origenes ausgeprägten, ursprünglich katholischen Begriff von *analogia fidei* zurück, der die im Glauben zu erfassende Einheit aller heiligen Schriften, besonders aber der Schriften des Alten und Neuen Testaments, meint. Solche *analogia fidei* ist aber für Przywara nicht irgendein beiläufiges Thema christlicher Theologie, das diese *auch* betreiben kann, neben anderen, sondern ihr Grundprinzip, ohne das sie sich selbst verleugnet. »Das gesamte, unauflösliche Zueinander zwischen Altem und Neuem Bund ist der ›Kanon‹ (Richtmaß) für alle Offenbarungs-Theologie, für alle Offenbarungs-Liturgie, für alle Offenbarungs-Moral [...]: weil all diese Formen als Offenbarungs-Formen allein um den ›Einen Gott‹ gehen, der der ›Eine Gott‹ der Offenbarung einzig ist als der ›Eine Gott Urheber aller Bücher so des Alten wie des Neuen Testaments‹« (531 f.).

Die Theorie dieser *analogia fidei* als analoger Einheit Alten und Neuen Bundes wird in den 22 Seiten des Nachworts (521–

Erich Przywaras Alterswerk

543) meisterlich dargelegt; in der neueren katholischen Literatur dürfte es zu diesem Thema kaum Ausführungen von gleichem Rang geben. Wichtig daran erscheint vor allem, dass Przywara jedwede »Direktheit« in der christlichen Auslegung des Alten Testaments ablehnt, nicht nur die nachchristlich-jüdische Direktheit, die allein die immanent-historische, »jüdische« Bedeutung zulässt und damit die Selbsttranszendierung des Alten Testamentes gänzlich leugnet, sondern ebenso die naiv-christliche Direktheit, die in ihrer naiven Vereinfachungssucht dem Alten Testament sein Eigenes nimmt und so gerade auch das Christliche selbst zerschlägt, das nur als Von-her von der Offenbarung des Alten Bundes es selber ist (524 f.; 531). Vielmehr gilt gegen alle falsche Direktheit eben das Gesetz der Analogie: In seiner eigenen Immanenz von Tod und Auferstehung Israels transzendiert sich das Alte Testament zur Darstellung des Grundgeheimnisses von Tod und Auferstehung überhaupt (524).

Damit ist bereits über die formale Theorie des Zueinander der Testamente hinaus die Sicht ihres materialen Ineinander berührt, wie Przywara sie im Hauptteil seines Werkes (75–517) durch alle Bücher des Alten Testaments hindurch entfaltet. Die einzelnen Stücke dieser Untersuchungen sind aus Vorträgen der Jahre 1943 bis 1945 hervorgegangen, im Einzelnen jedoch vielfach überarbeitet und erweitert, sodass ein systematisches Ganzes entstanden ist. In historischen Einzelfragen (wie z.B. Datierung des Danielbuches, Joëls usw.) wären wohl verschiedentlich noch Korrekturen anzumelden, die aber sachlich von durchaus sekundärer Bedeutung sind; die Gesamtlinie der Auslegung ist von heilsamer Nüchternheit geprägt und vermeidet, getreu den oben genannten Grundsätzen, entschieden jene naive »christliche Direktheit«, durch die frühere Versuche christlicher Auslegung des Alten Testaments bei den Exegeten weitgehendst in Misskredit geraten sind. Przywara sucht zu zeigen – und das dürfte ihm auch in hohem Maß gelungen sein –, dass Tod und Auferstehung das innere Grundgesetz des Alten Testaments selbst sind, in dem ein je größerer Gott immer wieder alle irdischen Formen seines Offenbarseins zerbricht, um gerade in solchem Zusammenbrechen heiliger Institutionen sich selbst immer neu den Weg zur Menschheit zu bahnen. Damit wird eine Theologie, die formal sich als *analogia*

381

fidei versteht, material zur *theologia crucis*. Aber gerade so zeigt sich für Przywara, dass *in* dieser zum theologischen Grundgesetz erhobenen *analogia fidei* das Gesetz der *analogia entis* »einwohnt« (vgl. 542), welch letzteres für ihn ja gerade das Je-Größer-Sein Gottes besagt, die immer neue Überschreitung jeder konkreten Ähnlichkeitsgestalt in die größere Unähnlichkeit hinein. So bleibt diese *theologia analogiae fidei* dennoch und gerade als solche auch *theologia analogiae entis,* ihre *theologia crucis* ist bei aller oft geradezu leidenschaftlichen Strenge doch eine katholische *theologia crucis,* sofern sich *im* Kreuz, im Zusammenbrechen aller irdischen Formen der Gottesnähe dennoch das *admirabile commercium* der realen Hingabe Gottes an die Welt und seines realen Eingehens in die Welt vollzieht.

Der Problemreichtum des Buches, das sich darüber hinaus um die von Joachim von Fiore aufgeworfene Frage der Geistkirche müht und sie an den rechten Platz zu stellen versucht, ist damit nur angedeutet. Man kann sagen, dass Przywara hier (vor allem durch das Nachwort) ein bedeutsames theologisches Grundlagenwerk geschaffen hat, das an sachlichem Gewicht kaum hinter seiner *analogia entis* zurückstehen dürfte und aufmerksame Auseinandersetzung verdient. Freilich wird dem zweierlei hinderlich im Weg stehen, das zum Schluss nicht verschwiegen werden darf. Einmal kann man sich fragen, ob die in jedem Abschnitt angefügten Anwendungen auf die Situation des Abendlandes (»Theologie der Stunde«), die seinerzeit vom Predigtzweck her durchaus sinnvoll waren, im Rahmen des Buches in dieser Breite nicht doch ein störender Fremdkörper sind, zumal ja der Begriff »Abendland« in seiner theologischen Berechtigung noch gar nicht wirklich geklärt ist. Zum andern ist es die eigenwillige Sprache Przywaras, die den Zugang zu seinen Gedanken oft mehr versperrt als öffnet und damit ihren Sinn als Sprache nicht mehr erfüllt. Auch scheint mir in der Hervorhebung der Paradoxie Gottes, in der Darstellung der Theo-moro-logie (vgl. 227) mitunter doch des Guten – oder Schlimmen! – zu viel getan. Es wäre zu wünschen, dass das Buch trotz solcher Hindernisse, die den Zugang erschweren und die Lektüre stellenweise wenig angenehm machen, jenes Echo finde, das es sachlich vollauf verdient.

Karl Barth und der katholische Glaube

Rezension zu: Hans Küng, *Rechtfertigung.*
Die Lehre Karl Barths und eine katholische Besinnung
(= SlgHor 2), Einsiedeln 1957

Als sich vor mehr als vier Jahrhunderten das reformatorische
Christentum aus dem Schoß der Kirche löste, geschah dies maß-
gebend im Zeichen eines Neuverständnisses der Rechtfertigungslehre, in der die Reformation den *Articulus stantis et cadentis
ecclesiae* erblickte. Luther formulierte dies in seinen Tischreden
einmal so scharf: »Fällt aber *die* Lehre, so ist es mit uns gar aus«
(zit. bei Möhler, *Symbolik,* 136). Natürlich haben die getrennten
Kirchen inzwischen eine vielfältige Geschichte durchgemacht, die
der Spaltung kein neues Recht, aber doch neue Gründe schuf.
Dennoch bleibt die Frage nach der Rechtfertigung, d. h. nach
dem Wesen des in Christus geschehenen Heils und seiner Zuwendung an uns, zentral. Damit ist die überragende Bedeutung eines
Werkes ohne weiteres sichtbar, das nach gründlicher und sorg-
fältiger Vergleichung der katholischen Rechtfertigungslehre mit
der eines führenden protestantischen Theologen wie Karl Barth
zu dem Ergebnis kommt, dass die Rechtfertigungslehre Barths
»sachlich in allen Punkten mit der recht verstandenen Lehre der
römisch-katholischen Kirche übereinstimme«. Karl Barth fasst
selbst dieses erstaunliche Ergebnis in einem dem Buch beigefügten, selbstbewussten *Brief an den Verfasser* zusammen (11) – jener
Barth, von dem Hans Urs von Balthasar einmal sagt, dass »in ihm
zum ersten Mal der echte Protestantismus eine – seine – völlig
konsequente Gestalt gefunden hat« (Balthasar, *Karl Barth,* 32).

Ist dieses Ergebnis richtig? Zunächst: Dass Karl Barth richtig
ausgelegt ist, daran kann kein Zweifel sein; kein anderer als Barth
selber bestätigt das in seinem Geleitbrief: »Ihre Leser dürfen sich
also [...] daran halten, dass Sie mich sagen lassen, was ich sage,
und dass ich es so meine, wie Sie es mich sagen lassen« (*Brief an
den Verfasser,* 11). Bleibt die Frage: Wie steht es mit der Darlegung

der katholischen Lehre? Hier mag es zunächst auffallen, dass Küng nicht etwa (wie es unsere Dogmatiken nicht ohne gute Gründe tun) vom tridentinischen Rechtfertigungsdekret ausgeht, um von da aus in historischer und systematischer Analyse Grenze und Weite der katholischen Lehre zu entfalten, sondern seine Gedanken unmittelbar aus der Heiligen Schrift entwickelt, um dann erst die Katholizität dieser Gedanken durch Texte katholischer Autoren aller Zeiten zu belegen. Dieses Verfahren schließt ein wichtiges Geständnis ein: Dass nämlich das tridentinische Dekret »De iustificatione« allein zur Erkenntnis der katholischen Rechtfertigungslehre nicht genügt, sondern – wie nahezu jede dogmatische Formel – einer polemischen Situation ihr Dasein verdankt und so selbst von einer gewissen polemischen Einseitigkeit nicht frei ist, mithin zwar negativ eine endgültige Abgrenzung besorgt, aber keineswegs schon alle positiven Möglichkeiten ausschöpft. Deren Erforschung bleibt vielmehr weiterhin aufgegeben.

Unter diesen – zweifellos berechtigten – Voraussetzungen ist es nicht weiter verwunderlich, wenn man in Küngs »katholischer Antwort« eine Reihe von Aussagen findet, deren man im üblichen katholischen Rechtfertigungstraktat so nicht begegnet: Der christologische Charakter der Schöpfung, die Einheit von Schöpfung und Heilsgeschehen werden stark betont, die bleibende Sündigkeit des Gerechten, dessen Gerechtigkeit »fremde« Gerechtigkeit ist, wird herausgearbeitet bis zur Zulassung eines recht verstandenen *Simul iustus et peccator,* deren Verdienstbegriff wird in seiner Geltungsweise beschränkt und das *sola fide* (mit klarem tridentinischem Recht) in dem Sinn hingenommen, dass der im Glauben zugeeigneten Rechtfertigung kein eigenes Verdienen vorausgehen kann – »Verdienst« ist ja erst aufgrund der schon gegebenen Gnade möglich. Das alles ist in sich gut, wenngleich in vielen Einzelheiten diskutabel. Man freut sich, einmal im katholischen Raum Rechtfertigungslehre so dargestellt zu finden: so ganz von der Bibel her und so gar nicht aus polemischer Verengung heraus. Das ist für das innerkatholische Gespräch (das es ja doch auch gibt und geben muss) ein großer Gewinn.

Aber eine andere Frage ist die: Ist die Konkordanz mit Barth echt? Sind die Fragen hier wirklich bis zur möglichen und nötigen Tiefe vorgetrieben? Das scheint mir an einer Reihe von Punkten

Karl Barth und der katholische Glaube

doch noch zweifelhaft zu sein. Besagt die Innerlichkeit der Rechtfertigung bei Barth und im Katholizismus dasselbe? Bedeutet die seinshafte Verwandlung je das Gleiche? Ist der (mit zweifelhaftem Recht ausgeklammerte) Unterschied in der Erbsündenlehre, in der Bestimmung bzw. Ablehnung der Unterscheidung von schwerer und leichter Sünde, in der Wertung der Sakramente nicht doch logische Konsequenz eines hier wurzelnden und zu schnell überkleisterten Grundunterschieds? Solche Fragen schienen offenzubleiben und noch der Beantwortung zu harren. Es wird hier exakter Gegenüberstellungen bedürfen, in denen sich auch der Rückgriff auf die beiderseitig vorausgesetzten ontologischen Kategorien kaum vermeiden lassen wird, wenn man nicht in der gegenseitigen Abgrenzung von »akthaft« und »seinshaft« schließlich doch aneinander vorbeireden soll. Dass auch für die Beantwortung dieser Fragen noch ungehobene Schätze in der katholischen Überlieferung bereitliegen, ist wohl sicher.

Trotz solcher verbleibender Zweifel kann man mit BARTH dieses Buch »gleich Noah vom Fenster« der Arche aus freudig »als ein weiteres deutliches Symptom dafür« begrüßen, »dass die Sündflut der Zeiten, in denen katholische und protestantische Theologen nur entweder polemisch gegeneinander oder in unverbindlichem Pazifismus, meistens gar nicht, miteinander reden wollten, zwar noch nicht vorbei, aber immerhin im Sinken ist« (*Brief an den Verfasser*, 13). Und für eine solche Gabe verdient Hans Küng den aufrichtigen Dank aller, deren Beten und Arbeiten der Einheit der getrennten Christen gilt.

Rechtfertigungslehre und Christologie

Rezension zu: Hans Küng, *Rechtfertigung.*
Die Lehre Karl Barths und eine katholische Besinnung
(= SlgHor 2), Einsiedeln 1957

Das Gespräch über und mit Karl Barth, das in der deutschsprachigen katholischen Theologie nach 1940 vorübergehend verstummt war, ist seit dem 1951 erschienenen *Karl Barth* von Hans Urs von BALTHASAR erneut in Bewegung gekommen. Balthasars grundlegendes Werk hatte in der Feststellung gegipfelt: »Die im behandelten Gebiet der Theologie verbleibenden Meinungsverschiedenheiten sind nicht kirchenspaltend« (BALTHASAR, *Karl Barth,* 393), wobei Balthasar sein Urteil vor allem auf eine genaue Untersuchung der »Denkform« Barths und nicht so sehr auf eine Analyse der einzelnen Materialprobleme der Theologie gegründet hatte (vgl. die *Rezension zu:* BALTHASAR, *Karl Barth* durch Hermann VOLK). Küng geht nun in seinem Buch einem einzelnen, freilich zentralen Problem der Theologie nach, demjenigen der Rechtfertigung, an dem sich einst die Spaltung der Kirche entzündet hatte. Er kommt zum gleichen Ergebnis: »Was also den behandelten Fragenkreis betrifft, so besteht für K. Barth kein echter Grund für eine Trennung von der alten Kirche« (269).

Zwei Fragen sind angesichts eines solchen Ergebnisses zu stellen: 1. Ist hier Karl Barth richtig ausgelegt? 2. Ist die katholische Lehre zutreffend wiedergegeben? Die Beantwortung der ersten Frage ist dem Rezensenten durch BARTH selbst abgenommen, der in einem *Brief an den Verfasser* darüber schreibt: »Ich gebe Ihnen gerne und dankbar das Zeugnis, dass Sie alles Wichtige, was den bisher erschienenen 10 Bänden der ›Kirchlichen Dogmatik‹ zum Thema ›Rechtfertigung‹ zu entnehmen ist, nicht nur vollständig gesammelt und nicht nur korrekt, d. h. meinem Sinn gemäß, wiedergegeben, sondern [...] auch [...] schön zum Leuchten gebracht haben. Ihre Leser dürfen sich also zunächst (bis sie mich vielleicht auch selbst lesen werden) daran halten, dass Sie

Rechtfertigungslehre und Christologie

mich sagen lassen, was ich sage, und dass ich es so meine, wie Sie es mich sagen lassen« (BARTH, *Brief an den Verfasser*, 11). Es bleibt also die zweite Frage, die durch die positive Beantwortung der ersten nur umso mehr an Interesse und Bedeutung gewinnt. Eine Antwort, die dem Umfang und der Tiefe des Problems vollauf gerecht würde, kann im Rahmen einer umfangsmäßig begrenzten Rezension nicht versucht werden. Es kann lediglich darum gehen, die kritischen Punkte des Ganzen deutlich zu machen, die noch einer weiteren Diskussion bedürfen, ehe ein endgültiges Urteil möglich sein wird.

Küng steckt den Rahmen seiner Darstellung sehr weit und muss dies im Anschluss an Barth auch tun. Denn es ist zweifellos eines der wesentlichen Verdienste von Barth, dass er das Rechtfertigungsproblem aus einer gefährlichen Verselbstständigung herausgenommen und in den großen Zusammenhang des Ganzen der Theologie wieder eingefügt, als ein Stück Christologie verstehen gelehrt hat: Nicht die Rechtfertigung als solche, sondern der Gottmensch Jesus Christus ist das Zentrum der Theologie, »Dogmatik heißt für Barth radikal christozentrische Theologie« (26, vgl. 23–29). So schließt aber die Rechtfertigungslehre die Frage nach dem Verhältnis von Schöpfung und Bund mit ein (29–41), die ihrerseits das katholische Problem des Verhältnisses von *natura* und *supernaturale* aufruft; sie umfasst das Problem der *praedestinatio Christi,* die als *praedestinatio gemina* bereits das ganze Rechtfertigungsproblem umgreift (30 f.; vgl. 47–52; 64–72), und erst von hier aus öffnet sich der Einstieg in die traditionellen Fragen der Rechtfertigungslehre im engeren Sinn (53–97). Küng folgt in seinem »Versuch einer katholischen Antwort« (103–Schluss) dieser Ordnung der Themen Schritt für Schritt. Das könnte schon Anlass zu einem ersten kritischen Einwurf bieten: Ist hier nicht einfach durch die Ordnung der Themen die Gefahr gegeben, die katholische Rechtfertigungslehre im Sinne Barths umzudeuten, müsste die katholische Auffassung nicht viel mehr aus ihren eigenen Ordnungsprinzipien entfaltet werden, um so auch in ihrer eigentümlichen Bedeutung zum Leuchten zu kommen? Oder muss man sagen, dass Rechtfertigungslehre in der katholischen Theologie bisher immer nur apologetisch und so mit einer vom »Gegner« angenommenen Ordnungsform betrieben wurde, so

Der geschaffene Mensch als Gottes Bild

dass sie eine vom Innern der katholischen Theologie her gedachte katholische Gesamtform noch gar nicht gefunden hat? Und – so könnte dann weiter gefragt werden – ist die bei Barth nun geschehene radikale Einfügung in die Christologie vielleicht gar die Vollstreckung eines eigentlich katholischen Anliegens, das infolgedessen in einer katholischen Antwort mit einem besonderen inneren Recht aufgegriffen wird, auch wenn bisherige katholische Darstellungen der Rechtfertigungslehre es aufgrund ihrer apologetischen Einstellung so nicht kannten? Solche Fragen hätten wohl gestellt und beantwortet werden müssen, weil sonst leicht der Eindruck entsteht, dass zwar in den einzelnen Kapiteln Richtiges gesagt wird, dass aber das Ganze, das als solches mehr ist als die Summe der einzelnen Teile, doch von anderswoher entlehnt ist.

Um zum Inhalt der »katholischen Antwort« Küngs im Einzelnen zu kommen: Er schickt zunächst ein methodisches Kapitel voraus (105–127), in dem er, fußend auf einer Analyse des Verhältnisses von Schrift, Überlieferung und Lehramt, seine Methode dahingehend bestimmt, in erster Linie direkt aus der Heiligen Schrift schöpfen zu wollen, »in voller Offenheit für das Wort Gottes auch dann, wenn es weniger Gesehenes sehen lässt« (124). Daran werden möglichst zahlreiche Zeugnisse der Tradition angeschlossen – unter ihnen auch die Denzinger-Texte, die jedoch keine eigens hervorgehobene Stellung einnehmen, sondern zusammen mit der Vielfalt der Überlieferungszeugnisse das unterscheidend Katholische in der Methode besorgen wollen, dass nämlich die Schrift »in der katholischen Kirche und in ihrer verpflichtenden Tradition gelesen« wird (124). Besonderen Wert legt Küng darauf, dass katholische Theologie nicht einfach im Denzinger und im Lehrbuch der Dogmatik festgestellt werden kann: »An keinem menschlichen Ort ist sie bequem lokalisiert: Sie kann dort also auch nicht vom Gegner bequem aufgestöbert und abgestochen werden« (123 f.; vgl. 116). Sie ist immer wieder unmittelbar vom Schriftwort her zu entfalten (116 ff.; 124). Die Rechtfertigungslehre, wie Küng sie, von diesem methodischen Kanon ausgehend, entwickelt, lässt sich in folgenden Grundaussagen zusammenfassen:

1. Schöpfung muss auch in katholischer Sicht als Heilsgeschehen verstanden werden, Christus ist faktischer Seinsgrund der

Rechtfertigungslehre und Christologie

Schöpfung und Wurzel der Seinsstrukturen (147). Der Grund, weshalb alles in Christus geschaffen ist, ist das göttliche Vorauswissen der menschlichen Sünde, die in der Vorausbestimmung Christi gleichsam von vornherein aufgefangen wurde (165). Schöpfung und Heilsgeschehen sind so von der Wurzel her innigst ineinander verflochten; es gibt gewiss Stufen des Seins in Christus, auf denen unsere Unterscheidung von Natur und übernatürlich beruht (148), aber alles ist in Christus, das Sein des Seienden ist als solches christologisch gebaut (zum Ganzen 138–171).

2. Auch nach katholischer Lehre ist die Verderbnis des Sünders derart, dass das ihm verbleibende Gute nicht aus einer selbstherrlichen, unverletzt gebliebenen Natur – also an Christus vorbei und ohne ihn – besteht, sondern was an ihm Gutes ist, stammt aus der erlösenden Kraft Christi (172–188, bes. 178 und 186).

3. Von der Schrift her wird auch der katholische Theologe Rechtfertigung zunächst forensisch als *Gerechterklärung* verstehen, die aber als Gottes *Gerechterklärung* zugleich und in einem Akt Gerechtmachung ist (211). In der Tatsache, dass Barth als Rechtfertigung das Kreuz und die Auferstehung des Herrn, also etwas außerhalb des einzelnen Sünders Geschehendes, ansieht, während er die vom Tridentinum so bezeichnete innere Gerechtmachung als »Heiligung« benennt, sieht Küng nur einen terminologischen Unterschied, da ja auch die katholische Theologie die grundlegende Bedeutung von Kreuz und Auferstehung für das Heil des Einzelnen kenne; lediglich drücke sie diese anstatt mit dem Wort »Rechtfertigung« mit dem Wort »Erlösung« aus (224; zum Ganzen 194–231).

4. Es gibt ein katholisches *Simul iustus et peccator,* sofern der Gerechtfertigte in der Gefahrenzone der Sünde bleibt und seine »eigene« Gerechtigkeit letztlich »fremd«, »äußerlich« bleibt (231–242, bes. 236).

5. Es gibt ein katholisches *sola fide,* sofern nicht menschliche Werke die Rechtfertigung besorgen, sondern Kreuz und Auferstehung des Herrn, deren Heilskraft im Glauben angeeignet wird, welcher dann zu verstehen ist als »die vertrauende, Reue und Buße einschließende Anerkennung und Realisierung des in Jesus

Der geschaffene Mensch als Gottes Bild

Christus ein für alle Mal geschehenen Rechtfertigungsspruches Gottes« (252, zum Ganzen 243–256).

6. Der Begriff »Verdienst« besagt lediglich, »dass der Mensch nicht in träger sittlicher Passivität sitzen bleibe und sein Talent vergrabe, sondern dass er mit ihm wuchere«, das Wort »darf also nicht pharisäisch verstanden werden« (264 f.; vgl. 257–266).

Wie man sieht, ließen sich zu jedem Punkt – von der Methode angefangen – gewichtige Fragen stellen. Ich beschränke mich darauf, zu den die Rechtfertigungslehre im engeren Sinne betreffenden Punkten 3–6 einige Anmerkungen zu machen, zumal das mit 1 und 2 angerührte Problem *natura – supernaturale* auch noch nach *Humani generis* von Pius XII. so verwickelt geblieben ist, dass es falsch wäre, die Diskussion durch notwendig einseitige kritische Bemerkungen einengen und so Entscheidungen vortäuschen zu wollen, die noch gar nicht gefallen sind. Ja, man wird in dieser Sache die Äußerungen Küngs als einen besonders zu begrüßenden Diskussionsbeitrag auffassen dürfen, da er eine allzu sehr in abstrakten Begriffen *(natura – supernaturale, analogia entis – fidei)* festgefahrene Diskussion auf ihre konkrete Mitte hinweist: Jesus Christus; von hier aus könnte und sollte das Gespräch in der Tat neues Leben erhalten.

Mit mehr Reserve stehe ich indes dem Versuch gegenüber, den forensischen Rechtfertigungsbegriff Barths mit demjenigen der katholischen Theologie in Einklang zu bringen. Gewiss: Gottes Gerechtmachen ist ein Gerechtsprechen und umgekehrt. Aber darum geht es ja gar nicht. Ich frage mich: Ist es wirklich nur ein terminologischer Unterschied, wenn Barth da von »Rechtfertigung« spricht, wo wir von »Erlösung« reden, und da »Heiligung« sagt, wo es bei uns »Rechtfertigung« heißt? Ich glaube, hier geht es doch um die Sache selbst. Denn es gibt sehr wohl auf beiden Seiten einen gemeinsamen Sinn des Wortes »Rechtfertigung«, die eben jenes Geschehen ist, durch welches Gott den Sünder wieder als Gerechten annimmt. Nach Barth vollendet sich dieses Geschehen in Christus allein und wird vom Sünder lediglich zur Kenntnis genommen – die *iustificatio* vollzieht sich als solche und ganze *extra nos;* nach katholischer Lehre gehört die den Menschen umwandelnde Einformung der Gerechtigkeit in

390

Rechtfertigungslehre und Christologie

den Sünder noch wesentlich zur *iustificatio* selbst, der gerade das *intra nos* wesentlich ist.

Darauf würde Küng zweifellos antworten: Aber es gibt auch bei Barth eine seinsmäßige Verwandlung des Sünders. Gewiss! Aber diese innere Verwandlung ist Heiligung und nicht Rechtfertigung. Das heißt: Im Menschen geschieht zwar von Christus her wirklich etwas, und der Mensch ist zur Liebe und zum guten Werk zwingend aufgerufen, aber dies alles trägt nicht eigentlich zur Rettung bei, die nun eben doch nicht im Menschen, sondern außerhalb seiner, in Christus geschehen ist. Das, was im Menschen und durch den Menschen geschieht, ist nicht mehr Teil der Rechtfertigung, die vielmehr allein im Kreuz Christi vollzogen ist (Barth, *KD* 4/1, 113, bei Küng, *Rechtfertigung*, 87). Gerade diese Unterscheidung von Rechtfertigung und Heiligung ist aber dem Tridentinum und der katholischen Überlieferung fremd, für sie ist das, was in uns geschieht, wahrhaft heilsbegründend, und das vom Gerechtfertigten zu tuende gute Werk nimmt an dieser heilsbegründenden Funktion teil – auch wenn es selbstverständlich ganz an der vorangehenden, geleitenden und nachfolgenden Kraft der Gnade Christi hängt (D 809 [DS 1545–1547]). Wie sollte man auch sonst den Verlust des Rechtfertigungsstandes in der schweren Sünde und seine Wiedergewinnung im Bußsakrament erklären? Dass Barth die Unterscheidung von schwerer und leichter Sünde ablehnt (Barth, *KD* 4/2, 557 f.; von Küng, *Rechtfertigung*, 62 nur angedeutet), erscheint nun doch nicht so beiläufig, wie denn auch die vom Katholizismus deutlich abweichende Wertung der Sakramente hier ihre Wurzel hat: Das Gewicht, das die katholische Auffassung den Sakramenten beilegt, gründet in der Idee der Innerlichkeit der Rechtfertigung, wie Barths Reduktion der sakramentalen Wirksamkeit in seinem extrinsezistischen Rechtfertigungsbegriff wurzelt. Insofern wäre es wohl doch gut gewesen, die Sakramentenfrage nicht auszuklammern (256), sondern als kritische Rückprobe für die Richtigkeit der erzielten Ergebnisse einzubeziehen.

Wenn man diesen Unterschied zwischen dem Barth'schen *intra nos* (das nur »Heiligung« meint) und dem katholischen *intra nos* (das auf die »Rechtfertigung« selbst geht) ins Auge fasst, dann wird auch die ohnedies etwas mühsame Konkordanz im *Simul iustus et peccator,* im *sola fide* und in der Wertung des *meritum* erneut fragwürdig. Um mich auf die beiden letzteren Begriffe zu beschränken: Gewiss gibt es ein katholisches *sola fide* (244), das sich aber – wie Küng (250) richtig sagt – auf die *fides caritate formata* bezieht, zu der Luther einmal bemerkt: »Darum soll man sich auch für der ›fides formata caritate‹ […] hüten und vorsehen, als für einem recht teuflischen und höllischen Gifte […]. Solange wir in diesem Artikel von der Rechtfertigung zu tun haben, verwerfen und verdammen wir die Werke und schneiden in dieser Sache alle Gesetze und Gesetzeswerke kurz ab« (LUTHER, *Ep Gal* [WA 40/1, 239, 30; 240, 23.25] zitiert nach VAN DE POL, *Das reformatorische Christentum,* 430). Barth hat sich, wie mir scheint, zu dieser Position ausdrücklich bekannt (BARTH, *KD* 4/1, 699; KÜNG, *Rechtfertigung,* 84); sie entspricht auch durchaus seiner Trennung von Rechtfertigung und Heiligung, die damit erneut als der eigentliche Kern der Unterscheidung (und dies eben nicht bloß im terminologischen Sinn!) erscheint. So wird ein Letztes deutlich: Der Begriff des *meritum* im tridentinischen Sinn besagt ein gewisses Eingehen des menschlichen Mitwirkens in die von Gott kommende Heilskausalität, was wiederum bei Barth undenkbar wäre.

Damit komme ich zu der abschließenden Entscheidungsfrage: Muss demnach die Grundthese Küngs, dass Barths Rechtfertigungslehre sachlich mit der recht verstandenen Lehre der katholischen Kirche übereinstimmt, als falsch abgelehnt werden? Ich glaube, dass dies zu behaupten dennoch ein übereiltes Urteil wäre. Zugeben wird man aber müssen, dass der Erweis der Übereinstimmung bei Küng noch nicht durchwegs überzeugend gelungen ist, sondern dass einzelne grundlegende Gegensätze doch vorschnell geglättet sind und dadurch gerade der letzte Austrag verhindert wird. Das schließt nicht aus, dass eine noch tiefer gehende Diskussion möglicherweise dennoch zu einer letzten Einheit vorstößt. Dabei wäre, wie mir scheint, gerade das Problem der Unterscheidung von Rechtfertigung und Heiligung ins Auge zu fassen und auch Unterschied und Einheit des beiderseitigen *intra* bzw. *extra nos (iustitia nostra – aliena)* neu zu bedenken. Eine Einbeziehung des im Mittelalter von den Franziskanern entwickelten dynamischen Seinsbegriffes (vgl. AUER, *Gnadenlehre,* 196–201)

Rechtfertigungslehre und Christologie

könnte einer Verständigung mit Barths dynamisch-aktualem Denken dabei dienlich sein.

Nach diesen kritischen Bemerkungen ist es an der Zeit, endlich zum Positiven zu kommen. Küngs Buch ist eine bedeutende Leistung nicht nur durch seine Darstellung Karl Barths, sondern gerade auch als innerkatholische Besinnung. Es bringt eine Reihe beachtlicher und origineller Anregungen im Einzelnen (so z.B. in dem Exkurs »Der Erlöser in Gottes Ewigkeit«, 277–288) und eine wertvolle biblische Vertiefung der Rechtfertigungslehre im Ganzen, die geeignet ist, doktrinäre Verhärtungen aufzuweichen, indem sie uns neu vor den Spiegel des Evangeliums selber stellt. Auch wo man nicht ohne weiteres zustimmen kann, empfängt zumindest die Diskussion fruchtbare Anregung. Vor allem wird wieder sichtbar, wie das Gespräch zwischen den Konfessionen letztlich immer beiden Seiten dient, indem beide gezwungen werden, neu und tiefer auf den Herrn zu hören, dem sich beide verpflichtet wissen. So wird man Küngs Buch insgesamt als eine bedeutende Leistung verbuchen müssen, deren Wert sich nicht zuletzt auch darin bestätigt, dass sie zur Kritik herausfordert und so zum Weiterdenken zwingt.

Teil C
Maria als typologische und personale Vorwegnahme der Vollendung in der Gnade

Die Tochter Zion.
Betrachtungen über den Marienglauben der Kirche

Vorwort

Das kleine Buch, das ich hiermit der Öffentlichkeit vorlege, ist die Wiedergabe dreier Vorträge, die ich im Frühjahr 1975 in Puchberg bei Linz gehalten habe. Nach dem jahrelangen Zurücktreten des Marianischen in der Kirche wollte man in aller Nüchternheit hören, was nun eigentlich vom Marienglauben geblieben ist und was auch weiterhin bleiben soll. Es ging also um eine Einführung, die nicht in den Details vollständig zu sein brauchte, aber die Perspektive richtig zeigen musste, von der her dann das Einzelne wie das Ganze angemessen begriffen werden kann.

Damit sind zugleich Absicht und Grenze dieser Publikation gekennzeichnet. Bei der Bearbeitung dafür habe ich bewusst den Charakter des Ganzen nicht geändert; es soll ja nicht ein Lehrbuch ersetzt, sondern lediglich der Blick für das Sinngefüge geöffnet werden, der dann auch den Zugang zu den größeren Arbeiten ermöglicht. Um diese Grenze meines kleinen Versuchs nicht zu verwischen, habe ich mit Absicht auch sprachlich das Gelockerte und Improvisatorische des Vortragsstils stehen gelassen. Auch eine sachliche Vervollständigung – etwa durch das Eingehen auf das Matthäuszeugnis über die Jungfrauengeburt – schien mir von der Zielsetzung des Ganzen her nicht geboten. Ich hoffe, dass das kleine Buch auf seine Weise helfen kann, das Unverlierbare am Marienglauben der Kirche neu zu verstehen und anzueignen.

Zuletzt möchte ich nicht versäumen, meinem verehrten Freund Hans Urs von Balthasar von Herzen dafür zu danken, dass er mir geduldig dieses Manuskript abgerungen und es für den Druck noch einmal durchgesehen hat, nachdem meine am Fest der Ankündigung des Herrn an Maria publizierte Berufung zum

Erzbischof von München und Freising mich mit neuen Aufgaben überschüttet hatte.

Pentling, am Fest Christi Himmelfahrt 1977

1. Kapitel
Der biblische Ort der Mariologie

Dem Marienglauben und der Marienfrömmigkeit der Kirche gegenüber wird der aufmerksame Beobachter des kirchlichen Lebens von heute eine eigentümliche Zwiespältigkeit entdecken. Auf der einen Seite entsteht der Eindruck, die Mariologie sei ein aus irrationalen Gründen aufgestiegenes verkleinertes Doppel der Christologie; mehr noch: sie erscheint als der Nachklang uralter religionsgeschichtlicher Muster, die in unausrottbarer Wiederkehr sich auch im Christlichen zur Geltung bringen, obgleich bei näherem Zusehen weder historische noch theologische Gründe dafür sprechen – historische nicht, weil Maria offenbar auf Jesu Weg kaum eine Rolle spiele, eher im Zeichen des Missverständnisses hervortrete; theologische nicht, weil in der Struktur des neutestamentlichen Credo die Jungfrau-Mutter keinen Platz habe. Ja, man ist im Gegenteil nicht verlegen, die außerchristliche Herkünftigkeit des Marianischen zu benennen: aus ägyptischen Mythen, aus dem Kult der Großen Mutter, aus der Diana von Ephesus, die im dortigen Konzil ganz von selbst zur »Gottesmutter« (θεοτόκος) geworden sei … Auf der anderen Seite wirbt man dann doch für Großzügigkeit gegenüber unterschiedlichen Frömmigkeitsformen; ohne puritanische Tendenzen solle man den Romanen eben ihre Madonna lassen.[1] Dahinter mag man eine Haltung sehen, die

---

[1] Vgl. etwa KÜNG, *Christ sein,* 452: »Dabei sollte man poetischen Aussagen in der katholischen Tradition […] und überhaupt persönlichen oder national bedingten Frömmigkeitsformen mehr Freiheit zugestehen«. Auf der anderen Seite sagt Küng: »Auffälligerweise spielt Maria […] in den frühen christlichen Zeugnissen überhaupt keine Rolle« (KÜNG, *Christ sein,* 448). Auf derselben Linie liegt Küngs reichlich rüde Wiederaufnahme der altliberalen Thesen über die θεοτόκος. Er spricht von »Kyrills von Alexandrien großangelegte[r] Manipulation des Konzils von Ephesos 431 und seine[r] (!) Definition der ›Gottesgebäre-

Maria als ... Vorwegnahme der Vollendung der Gnade

nach der Welle der Rationalisierung des Christlichen zusehends stärker wird: die Sehnsucht nach einer Antwort auch auf das Gefühl im Bereich der Religion; die Sehnsucht danach, dass doch auch in der Religion das Bild der Frau als Jungfrau und als Mutter einen Platz haben möge. Freilich wird die bloße Toleranz gegenüber vielfältigen Gebräuchen zur Rechtfertigung der Marienfrömmigkeit nicht ausreichen: Wenn ihr Grund so nichtig ist, wie er etwa in den erwähnten Überlegungen erscheint, dann wäre das Weiterpflegen marianischer Frömmigkeit nichts als eine wahrheitswidrige Gewohnheit. Solche Gewohnheiten sterben entweder ab, weil ihre Wurzel, die Wahrheit, verdorrt ist, oder sie wuchern gegen die Überzeugung weiter und zerstören dann die Zuordnung von Wahrheit und Leben; sie führen damit zu einer Vergiftung des geistig-geistlichen Organismus, deren Folgen unabsehbar sind.

So tut tiefere Besinnung not. Vor der Untersuchung von Einzeltexten muss ein Blick auf das Ganze, die Frage nach der Struktur stehen; erst so lässt sich eine sinnvolle Einordnung des Einzelnen gewinnen. Gibt es überhaupt einen Ort für so etwas wie Mariologie in der Heiligen Schrift, im Ganzen der Anlage ihres Glaubens und ihres Betens? Man kann diese Frage methodisch sozusagen von vorwärts nach rückwärts angehen: vom Neuen Testament zurücklesend ins Alte, oder auch umgekehrt: vom Alten Testament langsam vortastend ins Neue. Am besten sollten beide Wege sich gegenseitig verbinden und durchdringen, damit ein möglichst genaues Bild entsteht. Liest man zunächst von vorne nach rückwärts, oder genauer: vom Ende zum Anfang zurück, so zeigt sich, dass das Marienbild des Neuen Testaments ganz aus den Fäden des Alten Testaments gewoben ist, wobei sich deutlich zwei oder sogar drei Traditionsstränge unterscheiden lassen, die benützt werden, um das Geheimnis Marias auszusagen. Einmal wird in ihre Darstellung aufgenommen das Bild der großen Müt-

rin‹ vor der Ankunft der anderen, antiochenischen Konzilspartei« (KÜNG, Christ sein, 450).»Im Osten, vor allem, kam es im 5. Jahrhundert zu der genannten Definition Marias [...] als ›Mutter Gottes‹: ein neuer nachbiblischer Titel, erst für das vorausgehende Jahrhundert sicher bezeugt, aber nun, nach jener Aktion Kyrills, vom Volk in der Stadt der alten ›Großen Mutter‹ (die ursprünglich jungfräuliche Göttin Artemis, Diana) mit Begeisterung aufgenommen« (KÜNG, Christ sein, 450).

1. Kapitel: Der biblische Ort der Mariologie

ter des Alten Testaments: Sara und vor allem Hanna, die Mutter Samuels; zum anderen wird in ihre Darstellung hineingewoben die ganze Theologie der Tochter Zion, in der vor allem die Propheten das Geheimnis der Erwählung und des Bundes, das Geheimnis der Liebe Gottes zu Israel ausgesagt haben. Im Johannesevangelium kann man vielleicht einen dritten Strang erkennen: Auch die Gestalt Evas, die »Frau« überhaupt wird zur Deutung Marias herangezogen.[2]

Diese Beobachtungen, die wir später werden weiter verfolgen müssen, geben uns den Wegweiser ins Alte Testament hinein, zeigen, wo dort die Elemente liegen, die zukunftsträchtig wurden. Alle spätere Marienfrömmigkeit und -theologie beruht grundlegend darauf, dass es im Alten Testament eine tief verankerte und für dessen Gesamtkonstruktion unerlässliche Theologie der Frau gibt: Einem weit verbreiteten Vorurteil entgegen nimmt die Figur der Frau im Gesamtgefüge alttestamentlichen Glaubens und alttestamentlicher Frömmigkeit einen unersetzlichen Platz ein.[3] Dies ist ein Sachverhalt, der selten genügend gesehen wird, sodass schon von der Einseitigkeit der Lektüre des Alten Testaments her sich keine Tür auftun kann, um das Marianische in der Kirche des Neuen Testaments zu verstehen. Man beachtet gewöhnlich nur die eine Seite: Die Propheten führen einen rigorosen Kampf um die Einzigkeit Gottes gegen die Versuchung der Vielgötterei, und das ist nach Lage der Dinge ein Kampf gegen die Himmelsgöttin, ein Kampf gegen die Fruchtbarkeitsreligion, die Gott als Mann und Frau vorstellt. Dies wiederum ist in der Praxis ein entschlossener Kampf gegen die kultische Darstellung der göttlichen Frau in der Tempelprostitution, ein Kampf gegen einen Kult, der die Fruchtbarkeit durch Nachahmung in kultischer Unzucht feiert. Götzendienst wird von diesen Ausgangspunkten her in der alttestamentlichen Literatur gerne als »Unzucht« bezeichnet. Die Ablehnung dieser Vorstellungen scheint zur Folge zu haben, dass der Kult

---

[2] Vgl. dazu besonders BRAUN, *La mère des fidèles;* WENNEMER, *Die heilsgeschichtliche Stellung Marias.*
[3] Eine scharfsinnige Auseinandersetzung mit dieser Position findet man in dem wichtigen kleinen Buch von Louis BOUYER, *Frau und Kirche.*

Maria als ... Vorwegnahme der Vollendung der Gnade

Israels primär eine Sache der Männer ist, da ja die Frau dabei im Vorhof des Tempels verbleibt.[4]

Daraus ist geschlossen worden, dass im Glauben des Alten Testaments die Frau positiv überhaupt keine Stellung habe; dass es eine Theologie der Frau nicht gebe und nicht geben könne, da es ja vielmehr gerade umgekehrt darum gehe, die Frau aus der Theologie, aus der Rede von Gott auszuscheiden. Das würde dann bedeuten, dass Mariologie in der Tat nur als das Eindringen eines nicht-biblischen Modells angesehen werden könnte. Die Behauptung wird dann konsequent, dass im Konzil von Ephesus (431), das den Titel »Gottesmutter« für Maria bestätigte und verteidigte, in Wirklichkeit die vorher abgewiesene »Große Mutter« der heidnischen Frömmigkeit sich ihren Platz in der Kirche gesichert habe. Aber gerade die alttestamentlichen Voraussetzungen dieser Sicht sind falsch, denn wenn der prophetische Glaube auch das Modell der in »Syzygien«, d. h. paarweise gefassten Gottheiten und deren kultische Entsprechung in der sakralen Prostitution ablehnt, so gibt er auf seine Weise und in seinem Glaubens- und Lebensmodell der Frau dennoch eine unerlässliche Stellung, deren Entsprechung im menschlichen Leben die Ehe ist.[5] Man könnte auch sagen: Wenn die weltweiten Fruchtbarkeitskulte unmittelbar theologisch die Prostitution begründen, so drückt sich die Konsequenz von Israels Gottesglauben für das Verhältnis von Mann und Frau als Ehe aus. Die Ehe ist hier unmittelbar Übersetzung von Theologie, Konsequenz eines Gottesbildes; hier und gerade hier gibt es im eigentlichen Sinn eine Theo-logie der Ehe, wie es im Fruchtbarkeitskult eine Theologie der Prostitution gibt.[6]

---

[4] Dass der Frau im Alten Bund dennoch eine bedeutende kultische und religiöse Stellung zukommt, zeigt sehr schön Bouyer, *Frau und Kirche*, 17 f.

[5] Ausführlicher dazu mein Beitrag *Zur Theologie der Ehe*.

[6] Besonders lehrreich ist hierfür nicht zuletzt das Studium der indischen Religion, wenn etwa selbst das große Ideal der Bhakti (Liebe) im Zusammenhang der Gestalt Krishnas nicht im Symbol der ehelichen Liebe, sondern des Ehebruchs und der freien Liebe dargestellt wird; vgl. dazu Neuner, *Das Christus-Mysterium und die indische Lehre von den Avataras*, hierzu besonders Anm. 34, 801. Noch sehr viel weiter geht die Entwicklung im Shaktismus; interessante Texte und Auslegungen dazu bei Hacker, *Prahlāda* 2, 220 ff.

404

1. Kapitel: Der biblische Ort der Mariologie

Freilich bleibt dies im Alten Testament noch durch manche Kompromisse verschattet, aber was Jesus in Mk 10,1–12 entscheidet und was Eph 5 dann theologisch weiter ausführt, ist reine Konsequenz alttestamentlicher Theologie; zugleich mit dieser Konsequenz tritt dann auch Idee und Realität der Jungfräulichkeit hervor, die mit der theologischen Grundlegung der Ehe engstens verbunden ist, nicht gegen sie steht, sondern ihre Frucht und ihre Bestätigung bedeutet.

Aber versuchen wir endlich, zum Detail zu kommen. Indem wir die Elemente, mit denen das Neue Testament die Gestalt Marias theologisch deutet, ins Alte Testament zurückverfolgten, sind wir bereits auf drei Stränge einer Theologie der Frau gestoßen.

1. An erster Stelle müssen wir jetzt die Gestalt Evas nennen, die als das notwendige Gegenüber des Mannes, Adams, gezeichnet wird, dessen Sein ohne sie »nicht gut« wäre (Gen 2,18). Sie entstammt nicht der Erde, sondern ihm selbst: In der »Sage« von der Rippe drückt sich die innerste Verwiesenheit von Mann und Frau aufeinander hin aus, in der erst die Ganzheit des Menschen sich erfüllt; es zeigt sich die Schöpfungsbestimmtheit des Menschen, im Einssein von Mann und Frau sich selbst zu erfüllen, wie schon vorher Gen 1,27 den Menschen in seiner Gottebenbildlichkeit als von Anfang an männlich und weiblich geschildert und geheimnisvoll verschlüsselt seine Gottebenbildlichkeit an dieses Zueinander geknüpft hatte. Freilich lässt der Text auch die Ambivalenz dieser Zuordnung deutlich werden: Die Frau kann dem Mann zur Versuchung werden, aber zugleich ist sie die Mutter alles Lebens und empfängt von da her ihren Namen; es scheint mir bedeutend, dass er in Gen 3,20 *nach* dem Sündenfall, *nach* den Gerichtsworten Gottes formuliert wird und dass so die unzerstörte Würde und Größe der Frau zum Ausdruck kommt. Sie verwahrt das Geheimnis des Lebens, der Gegenmacht zum Tode, der seinerseits als die Macht des Nichts die Antithese zu Jahwe, dem Schöpfer des Lebens und dem Gott der Lebendigen ist. Sie, die die Frucht zum Tode reicht, deren Auftrag geheimnisvoll dem Tod verschwistert ist, sie ist doch weiterhin die Siegelbewahrerin des Lebens und die Antithese des Todes. Die Frau, die den Schlüssel des Lebens trägt, rührt so direkt an das Geheimnis des Seins, an den lebendigen Gott heran, von dem letztlich alles Leben kommt

Maria als ... Vorwegnahme der Vollendung der Gnade

und der eben darum das Leben, der Lebendige genannt wird.[7] Wir werden sehen, wie im Assumpta-Dogma gerade diese Zusammenhänge wieder aufgegriffen werden.

2. In den Verheißungsgeschichten des Alten Testaments stehen zwar die Väter als die eigentlichen Träger der Geschichte im Vordergrund, aber auch die Mütter spielen eine spezifische Rolle. Sara–Hagar, Rahel–Lea, Hanna–Peninna sind jene Frauenpaare in der Geschichte der Väter, in denen sich das Besondere des Weges der Verheißung abzeichnet. Jedes Mal stehen sich die Fruchtbare und die Unfruchtbare gegenüber, wobei es zu einer merkwürdigen Überquerung der Wertungen kommt.[8] Fruchtbarkeit ist für archaisches Denken Segen, Unfruchtbarkeit ist Fluch. Aber hier kehren sich die Dinge um: Zuletzt erweist sich je die Unfruchtbare als die wahrhaft Gesegnete, während die Fruchtbare ins Gewöhnliche zurücktritt oder gar gegen den Fluch der Verstoßung, des Ungeliebtseins zu kämpfen hat. Der theologische Gehalt dieses Umsturzes der Werte klärt sich erst langsam; Paulus hat daraus seine Theologie der Geistgeburt entwickelt: Der wahre Abrahamssohn ist nicht schon der, der physisch von ihm abstammt, sondern derjenige, der auf eine neue Weise über die bloße physische Geburt hinaus durch die Schöpferkraft des Verheißungswortes Gottes empfangen wird. Nicht schon das physische Leben als solches ist Reichtum, erst die Verheißung, die über dem Leben steht, macht das Leben vollends zum Leben (vgl. Röm 4; Gal 3,1–14; 4,21–31).

Auf einer frühen Stufe alttestamentlicher Entwicklung hatte das Lied Hannas, das im Magnifikat Marias neu aufklingt, daraus eine Theologie der Gnade entwickelt: Der Herr erhebt den Geringen aus dem Staub, den Armen holt er aus der Asche heraus (1 Sam 2,8). Die Hinkehr Gottes zu den Geringen, zu den Machtlosen, zu den Verstoßenen und darin die Liebe Gottes, die wahrhaft rettet, leuchtet für Hanna und für Maria in diesem merkwürdigen Phänomen der ungesegnet-gesegneten Frauen auf. Das

---

[7] Vgl. dazu die Artikel von KAPELRUD, Art. hawwāh und von RINGGREN, Art. hājāh.

[8] Parallel dazu liegt die Umkehr der Wertungen bei den Männern, wo der Jüngere schließlich dem Älteren vorgezogen scheint, vgl. meinen Artikel Fraternité.

406

1. Kapitel: Der biblische Ort der Mariologie

Geheimnis des letzten Platzes (Lk 14, 10) deutet sich an, der Platztausch von Ersten und Letzten (Mk 10, 31), die Umkehr der Wertungen in der Bergpredigt, die Umkehr der in der Hybris gründenden irdischen Wertungen. Aber auch die Theologie der Jungfräulichkeit findet ihren ersten, noch verborgenen Ansatz: Die irdische Unfruchtbarkeit wird zur wahren Fruchtbarkeit …

3. Am Rande des alttestamentlichen Kanons, in seinen Spätschriften entwickelt sich ein neuer und doch auch wieder ganz ursprünglicher Typus von Theologie der Frau: Die großen Rettergestalten Ester und Judit treten hervor, die aber älteste Überlieferung aufnehmen, wie sie etwa in der Gestalt der Richterin Debora verkörpert ist. Beide Frauen haben einen wesentlichen Zug mit den großen Müttern gemeinsam: Die eine ist Witwe, die andere Haremsdame am persischen Königshof; beide finden sich – obgleich unterschiedlich – in einer bedrückten Stellung; beide verkörpern das geschlagene Israel: Israel, das Witwe geworden ist und in Trauer verkümmert; Israel, das verschleppt und geschändet ist unter den Völkern und in ihre Willkür hinein versklavt. Aber beide verkörpern zugleich die unzerstörte seelische Kraft Israels, das nicht nach Art der Weltmächte auftrumpfen kann und gerade so die Mächtigen zu verspotten und zu besiegen weiß. Die Frau als Retterin, als Verkörperung der Hoffnung Israels, tritt damit neben die gesegnet-ungesegneten Mütter. Bezeichnend ist, dass immer schon die Frau zwar nicht als Priesterin, aber als Prophetin und als Richterin-Retterin im Denken und Glauben Israels figuriert, womit ihr Spezifisches, der ihr zugewiesene Ort sich darstellt.[9] In der Sache wiederholt und verstärkt sich das Vorige: Die Unfruchtbare, die Ohnmächtige wird zur Retterin, weil dort die Stätte der Offenbarung für die Macht Gottes ist. Die Frau bleibt nach allen Sündenfällen »Mutter des Lebens«.

4. In der novellistisch-theologischen Gestaltung der Retterfrauen ist bereits vorausgesetzt und neu ausgedrückt, was die prophetische Verkündigung aus dem Bild der großen mütterlichen Frauen an theologischer Vertiefung entwickelt hatte und was als der eigentliche Mittelpunkt in der alttestamentlichen Theologie der Frau anzusehen ist: Israel selbst, das erwählte Volk, wird als Frau,

---

[9] Vgl. Bouyer, *Frau und Kirche*, 14 f.

407

Maria als ... Vorwegnahme der Vollendung der Gnade

als Jungfrau, als Geliebte, als Gattin, als Mutter zugleich ausgelegt. Die großen Frauen Israels repräsentieren, was dieses Volk selber ist. Die Geschichte dieser Frauen wird zur Theologie des Gottesvolkes und darin zugleich zur Theologie des Bundes. Indem aber sie die Kategorie des Bundes fasslich machen, ihr ihren Inhalt und ihre seelische Richtung geben, rückt die Gestalt der Frau ins Innerste alttestamentlicher Frömmigkeit, alttestamentlicher Gottesbeziehung ein. Vermutlich war der Begriff von Bund zunächst weitgehend vom Modell altorientalischer Vasallenverträge geprägt, bei denen der Großkönig Rechte und Pflichten zuteilt.[10] Dieser politisch-juristische Bundesbegriff wird jedoch in der prophetischen Theologie immer mehr vertieft und überwunden: Das Bundesverhältnis Jahwes zu Israel ist ein Bund ehelicher Liebe, die Jahwe selbst (wie es Hosea großartig darstellt) im Innersten aufwühlt und erschüttert: Er hat das junge Mädchen Israel mit einer Liebe geliebt, die sich als unzerstörbar, als ewig erweist. Er kann der Frau seiner Jugend zürnen ob ihres Ehebruchs, er kann sie bestrafen, aber all dies richtet sich zugleich doch gegen ihn selbst, schmerzt ihn, den Liebenden, dessen »Eingeweide sich umkehren« – er kann sie nicht verstoßen, ohne sich gegen sich selbst zu richten. Darin, in seiner eigenen innersten Betroffenheit als Liebender gründet die Ewigkeit und Unwiderruflichkeit des Bundes: »Wie soll ich dich verraten, Efraim, ausliefern dich, Israel [...]? Es kehrt sich mein Herz gegen mich, mein Erbarmen entbrennt zugleich. Ich handle nicht nach der Glut meines Zorns, Ephraim vernichte ich nicht mehr, denn Gott bin ich und nicht Mensch, in deiner Mitte der Heilige; niederzubrennen komme ich nicht« (Hos 11, 8 f.).[11] Das Gottsein Gottes zeigt sich nicht mehr im Strafenkönnen, sondern in der Unzerstörbarkeit und Dauer seiner Liebe.

Das bedeutet: In die Gottesbeziehung Israels gehört nicht nur Gott, sondern gehört Israel als Frau hinein, das in dieser Gottesbeziehung Jungfrau und Mutter zugleich ist. Weil dies so ist, darum drückt sich der Bund, auf dem Israels Volksein und das Israelitsein jedes Einzelnen gründet, zwischenmenschlich in der

---

[10] Vgl. HAMP, Art. Bund; LOHFINK, Art. Bund.
[11] Vgl. GROSS, *Das Hohelied.*

1. Kapitel: Der biblische Ort der Mariologie

Treue des ehelichen Bundes und nicht anders aus: Die Ehe ist die aus dem Bund folgende Form des Zueinander von Mann und Frau, des grundlegenden menschlichen Zueinander, auf dem alle menschliche Geschichte gründet. Sie trägt Theologie in sich, ja, sie ist überhaupt nur theologisch möglich und verständlich. Aber vor allem bedeutet dies auch: Zu Gott, dem Einen, gehört zwar nicht eine Göttin, aber zu ihm, so wie er sich geschichtlich offenbart, gehört das erwählte Geschöpf, gehört Israel, die Tochter Zion, die Frau. Die Frau aus dem Gesamt der Theologie weglassen, heißt, die Schöpfung und die Erwählung (die Heilsgeschichte) negieren und damit die Offenbarung aufheben. In den Frauen Israels, den Müttern, den Retterinnen, in ihrer fruchtbaren Unfruchtbarkeit drückt sich am reinsten und am tiefsten das aus, was Schöpfung ist und was Erwählung ist, was »Israel« als Volk Gottes ist. Weil aber Erwählung und Offenbarung eins sind, darum zeigt sich darin letztlich auch erst in seiner wahren Tiefe, wer und was Gott ist.

Freilich bleibt diese Linie im Alten Testament ebenso unvollendet und offen wie alle anderen Linien des Alten Testaments. Ihre endgültige Bedeutung gewinnt sie erst im Neuen Testament: in der Frau, die selbst als der wahre heilige Rest, als die wirkliche Tochter Zion bezeichnet wird und die darin Mutter des Erlösers, ja Mutter Gottes wird. Eine Aufnahme des Hohenliedes in den Kanon wäre, nebenher gesagt, unmöglich gewesen, wenn nicht diese Theologie der Liebe und der Frau bestanden hätte. Gewiss waren dies, textlich gesehen, profane Liebeslieder mit einem stark erotischen Kolorit. In den Kanon eingegangen sind sie als Ausdruck des Dialogs Gottes mit Israel und insofern ist eine solche Lektüre alles andere als bloße Allegorie.[12]

5. In den Spätschichten des Alten Testaments entwickelt sich noch eine merkwürdige weitere Linie, die ebenfalls im Alten Testament allein nicht deutbar wird: die Gestalt der Weisheit (Sophia) gewinnt zentrale Bedeutung. Sie ist wohl aus ägyptischen Vorlagen übernommen, nun aber dem Glauben Israels angeglichen. Die »Weisheit« erscheint als Mittlerin der Schöpfung

---

[12] Vgl. BOUYER, *Frau und Kirche,* 34 ff.; DE LUBAC, *Der geistige Sinn der Schrift,* 103 u. ö.

409

Maria als … Vorwegnahme der Vollendung der Gnade

und der Heilsgeschichte, als das erste Geschöpf Gottes, in dem sich die reine Urgestalt seines schöpferischen Willens und zugleich die reine *Antwort* ausdrückt, die er findet; ja, man kann sagen, gerade dieser Gedanke der Antwort sei prägend für die alttestamentliche Weisheitsidee. Die Schöpfung antwortet und die Antwort ist Gott so nahe wie ein Spielgefährte, wie eine Liebende.[13]

Wir hatten vorhin festgestellt, dass das Neue Testament zur Deutung Marias auf die alttestamentlichen Mütter, auf die Theologie der Tochter Zion und wohl auch auf Eva zurückgreift und diese drei Linien bündelt. Wir müssen jetzt hinzufügen, dass die kirchliche Liturgie diese alttestamentliche Theologie der Frau des Neuen Bundes erweitert, indem sie auch Ester und Judit, die Retterfrauen marianisch versteht und indem sie die Lesungen über die Weisheit auf Maria hin liest. Das ist in der liturgischen Bewegung und von der christozentrisch orientierten Theologie dieses Jahrhunderts her scharf kritisiert worden; es wurde gesagt, diese Texte könnten und dürften allein christologisch verstanden werden. Nach jahrelanger entschiedener Zustimmung zu dieser Sicht wird mir immer deutlicher, dass sie in Wirklichkeit das Spezifische der Weisheitstexte verkennt. Zwar ist richtig, dass die Christologie wesentliche Elemente der Weisheitsidee in sich aufgenommen hat, sodass man von einem christologischen Strang in der neutestamentlichen Weiterführung des Weisheitsgedankens sprechen muss. Andererseits aber bleibt hier ein Rest übrig, der sich nicht vollständig in die Christologie integrieren lassen konnte: »Weisheit« ist sowohl im Hebräischen wie im Griechischen feminin und solches ist im Sprachbewusstsein der Alten kein leeres grammatikalisches Phänomen. »Sophia« steht als Femininum auf jener Seite der Wirklichkeit, die durch die Frau, durch das Weibliche schlechthin dargestellt ist. Sie bedeutet die Antwort, die aus dem göttlichen Ruf der Schöpfung und der Erwählung hervorkommt. Sie drückt eben dies aus, dass es die reine Antwort gibt und dass in ihr Gottes Liebe ihre unwiderrufliche Wohnstatt findet. Um der vollen Kompliziertheit des Sachverhalts gerecht zu werden, müsste man freilich noch bedenken, dass auch das Wort

---

[13] Vgl. RAD, *Weisheit*, besonders 189–228.

410

1. Kapitel: Der biblische Ort der Mariologie

für »Geist« im Hebräischen (nicht aber im Griechischen) weiblich ist und dass insofern, über die Geistlehre, gleichsam das Urbild des Weiblichen auf eine geheimnisvoll-verhüllte Weise schon in Gott selbst zu ahnen ist. Aber Geistlehre und Weisheitslehre sind getrennte Überlieferungsstränge; die Weisheit verweist, vom Neuen Testament her gesehen, einerseits auf den Sohn als das Wort, in dem Gott erschafft, aber andererseits auch auf das Geschöpf, auf das wahre Israel, das sich in der demütigen Magd personalisiert, deren ganzes Sein die Gebärde des »Fiat mihi secundum verbum tuum« ist. Die Sophia verweist auf den Logos, das Wort, das die Weisheit gründet, aber auch auf die frauliche Antwort, die die Weisheit aufnimmt und zur Frucht bringt. Die Austilgung des Marianischen aus der Sophiologie streicht zu guter Letzt eine ganze Dimension des Biblischen, des Christlichen.

So können wir jetzt sagen: Die Figur der Frau ist für das Gefüge des biblischen Glaubens unentbehrlich. Sie drückt die Realität der Schöpfung, sie drückt die Fruchtbarkeit der Gnade aus. In dem Augenblick, in dem im Neuen Testament die abstrakten Hoffnungsschemata auf Gottes Zuwendung zum Volk in der Gestalt Jesu Christi einen konkreten, personhaften Namen empfangen, tritt auch die Gestalt der Frau, bisher nur typologisch in Israel gesehen und freilich in den großen Frauen Israels vorläufig personalisiert, mit Namen und als personale Zusammenfassung des Prinzips Frau hervor, so, dass das Prinzip nur in der Person wirklich ist, aber die Person gerade als Einzelne immer über sich auf das Umfassende hinausweist, das sie trägt und darstellt: Maria.[14] Das Frauliche im Glauben – konkret also: das Marianische – leugnen oder ablehnen läuft letztlich auf die Negation der Schöpfung und auf die Entwirklichung der Gnade hinaus, auf eine Vorstellung von der Alleinwirksamkeit Gottes, die die Kreatur zum Mummenschanz macht und damit gerade auch den Gott der Bibel verkennt, den dies kennzeichnet, dass er der Schöpfer und der Gott des Bundes ist – der Gott, dem die Strafe an der Geliebten,

---

[14] Auf den Vorgang der Personalisierung als Konstitutiv der neutestamentlichen Gestalt des Bundes verweist überzeugend BALTHASAR, *Umkehr;* die personale Konkretheit von Kirche in Maria gehört zu den Grundanliegen seines Denkens, vgl. zuletzt: BALTHASAR, *Der antirömische Affekt,* 153–187.

Maria als ... Vorwegnahme der Vollendung der Gnade

ihre Verstoßung, selbst zur Passion der Liebe, zum Kreuz wird, das von den Vätern nicht umsonst als Hochzeitsgeschehen gedeutet wurde, als jenes Leiden, in dem Gott das Leid der Ungetreuen auf sich nimmt, um sie so in ewiger Liebe unwiderruflich an sich zu ziehen.[15]

---

[15] Vgl. dazu die tiefgehende Theologie des *sacrum commercium* beim späten Erich PRZYWARA, mit der er erst seiner Analogia-entis-Lehre ihre leider kaum noch beachtete (kreuzes-)theologische Vollgestalt gab, besonders *Alter und Neuer Bund.*

2. Kapitel
Der Marienglaube der Kirche

In dem ersten Gang unserer Erwägungen ist unmittelbar nur von den Aussagen des Alten Testaments die Rede gewesen, freilich so, dass wir sozusagen vom Neuen Testament her nach rückwärts gelesen, also das Alte Testament gleichsam im Neuen Testament betrachtet haben. Dies ist kein Zufall. Das ganze Neue Testament gründet im Alten, will nichts anderes sein als eine neue Lektüre des Alten Testaments im Licht dessen, was mit und durch Jesus von Nazaret geschehen ist.[1] Aber in der Mariologie ist in gewisser Hinsicht der Knoten dieses Zusammenhangs erreicht, sie ist gar nicht anders als in der Einheit mit der prophetischen Theologie des Gottesvolkes als Braut auffindbar und von vornherein, bei Lukas und Johannes, den beiden marianischen Schriftstellern des Neuen Testaments, ganz aus dem Glauben des Alten Testaments gewoben: Wenn bei Christus das Neue *seines* Wortes, seines Lebens, seines Leidens, seines Kreuzes und seiner Auferstehung da ist, das auch die Unterscheidung, den Bruch markiert, so verkörpert Maria, die Schweigende und Glaubende, die Kontinuität, die sich in den Armen Israels vollzieht, in denen, auf die die Seligpreisungen zielen: Selig, die arm sind »im Pneuma« (Mt 5,3). Die Seligpreisungen variieren im Grunde nur die geistige Mitte des Magnifikat: Die Mächtigen stieß er vom Thron, die Niedrigen hat er erhöht (Lk 1,52); diese Mitte des Magnifikat ist zugleich die Mitte der biblischen Theologie des Volkes Gottes überhaupt. Von da her ist auch die besondere Struktur der marianischen Dogmen zu sehen, die, wenn es so steht, gar nicht aus Einzeltexten des

---

[1] Vgl. den klassischen Ausdruck dieser Sicht in der Emmausperikope Lk 24, 13–35; dazu WANKE, *Die Emmauserzählung*; sehr schön auch STÖGER, *Das Evangelium nach Lukas* 2, 313–325.

413

Maria als ... Vorwegnahme der Vollendung der Gnade

Neuen Testaments hergeleitet werden *können*, sondern die große Perspektive der Einheit der Testamente ausdrücken. Sie können nur für eine Sehweise sichtbar werden, die diese Einheit wahrnimmt, d. h. innerhalb einer Perspektive, die die »typologische« Auslegung, den Zusammenklang der einen Geschichte Gottes in der Differenz der unterschiedlichen äußeren Geschichten versteht und vollzieht.

Mit diesen methodischen Einsichten werden zugleich die Gründe deutlich, die in der Neuzeit die Mariologie verdächtig werden ließen, entweder zum Aufstand gegen sie führten oder sie in eine gefährliche Romantik abtrieben. Wo die Einheit von Altem und Neuem Testament zerfällt, geht der Raum der Mariologie, einer gesunden Mariologie verloren. Diese Einheit der Testamente ist wiederum zugleich die Voraussetzung dafür, dass Schöpfungs- und Gnadenlehre intakt bleiben. In der Neuzeit aber hat der Verlust der typologischen Exegese (des Zusammenhangs der einen Geschichte in den vielen Geschichten) faktisch zur Trennung der Testamente geführt und durch eine Isolierung der Gnadenlehre zugleich auch die Schöpfungslehre zusehends bedroht. Insofern zeigt sich hier nebenher, wie sehr das Mariologische Symptom dafür ist, ob die Gewichte des Christlichen richtig liegen.

Das bedeutet keineswegs, dass die neutestamentlichen Texte damit unwichtig werden; es wird lediglich die Perspektive aufgewiesen, in der sie ihre volle Bedeutung entfalten können. Nur weil es hier nicht um eine wissenschaftlich vollständige Erarbeitung der Mariologie, sondern lediglich um eine besinnliche Entfaltung der Grundgehalte der kirchlichen Marienfrömmigkeit gehen soll, wird im Folgenden ein abkürzender Weg versucht: Die Mariologie soll nicht Stück um Stück aus ihren neutestamentlichen Elementen aufgebaut werden; ich stelle vielmehr gleich die drei großen Mariendogmen heraus, deren geistiger Nachvollzug dann von selber auch die biblischen Gründe hervortreten lassen wird. Um welche Aussagen also handelt es sich?

1. Das älteste und grundlegende Mariendogma der Kirche besagt: Maria ist Jungfrau (ἀεὶ παρθένος: Symbola DS 10–30; 42–64; 72; 150) und Mutter, ja, sie darf »Mutter Gottes« genannt werden (θεοτόκος: DS 251, Konzil von Ephesus). Beides hängt eng

414

zusammen: Wenn sie Gottesmutter genannt wird, ist dies zunächst ein Ausdruck für die Einheit von Gottsein und Menschsein in Christus, die so innig ist, dass man nicht für die leiblichen Widerfahrnisse, wie es die Geburt ist, einen vom Ganzen seines Personseins abgetrennten bloß menschlichen Christus konstruieren kann. Dies war die Argumentation der Nestorianer gewesen, die an Stelle des Namens »Gottesmutter« nur die Bezeichnung Christusmutter (Χριστοτόκος) zulassen wollten. Aber in einer solchen Zerteilung der Gestalt Christi, in der das Biologisch-Menschliche vom göttlichen Sein säuberlich geschieden wird, verbergen sich anthropologische und theologische Entscheidungen von großer Bedeutung: Hinter der Formel »Gottesgebärerin« steht die Überzeugung, die Einheit dieses Christus sei derart, dass ich nirgendwo den bloß körperlichen Christus herausdestillieren kann, weil im Menschen auch das Körperliche menschlich-körperlich ist, wie uns die neuere Biologie bestätigt.[2] Des Weiteren gilt, dass in diesem Menschen das Menschliche auf seine einmalige Weise menschlich ist, nämlich als Menschlichkeit des Gott-Menschen; das Göttliche hat sich so wahr und so real dem Menschen geeint, dass es an keiner Schwelle des Menschseins Halt macht, sondern eben dies Menschsein in seiner Ganzheit, folglich auch als Leibliches durchdringt. Dann aber ist die Geburt nicht auf einen bloß somatischen Akt zu reduzieren, wie es in unserer letztlich tief leib- und schöpfungsfeindlichen Emanzipationsphilosophie aussieht, wo das Geschlechtliche als ein winziges und eigentlich ärgerliches Detail erscheint, das mit dem Menschen als solchen gar nichts zu tun hat. Wenn es aber um die Einheit des Menschen so steht, wie der Glaube der Konzilien sie sieht, dann hat Marias Mutterschaft zutiefst mit dem Geheimnis der Inkarnation als solchem zu tun und reicht mitten ins Mysterium selbst hinein. So wird der christologische Satz von der Menschwerdung Gottes in Christus notwendig mariologisch, war es in der Sache von Anfang an; aber umgekehrt gilt: Erst wenn die Christologie so radikal gefasst ist, dass sie auch Maria tangiert und Mariologie

---

[2] Siehe dazu besonders die Arbeiten von Adolf PORTMANN, zuletzt als Zusammenfassung seines ganzen Forschungsweges: *An den Grenzen des Wissens,* besonders 81–107.

wird, ist sie selber so radikal, wie sie vom Glauben der Kirche her sein muss. Das Auftreten eines wirklich mariologischen Sinnes ist der Maßstab dafür, ob der christologische Gehalt voll präsent ist. Der Nestorianismus bedeutet die Konstruktion einer Christologie, aus der die Geburt und die Mutter herausfallen, einer Christologie ohne mariologische Konsequenzen. Gerade dies aber, dass der Gott so weit aus dem Menschen herausoperiert wurde, dass Geburt und Mutterschaft – also die ganze Leibhaftigkeit – außerhalb davon blieben, wurde für das christliche Bewusstsein zum eindeutigen Zeichen dafür, dass nun nicht mehr wirklich von In*karn*ation (*Fleisch*-werdung) die Rede war, dass das Zentrum des Christusgeheimnisses selbst gefährdet oder schon zerstört war. So wurde in der Mariologie die Christologie verteidigt; das bedeutet offensichtlich nicht das Aufbauen einer die Christologie schmälernden Konkurrenz, sondern erst den umfassenden Triumph eines zu seinem letzten Ernst gekommenen Christusbekenntnisses.

Dies Besondere einer Mutterschaft, die den ganzen Menschen für den, der da geboren wird, in Beschlag nimmt, sah die glaubende Kirche gemäß dem Zeugnis von Matthäus und Lukas in der Einheit von Muttersein und Jungfrausein verwirklicht, in der sich zugleich die alttestamentliche Verschränkung von gesegnet und ungesegnet, fruchtbar und unfruchtbar als bleibende Sinngestalt erweist. Die Unvermähltheit, Unfruchtbarkeit, bisher der Fluch der Alleingelassenen und so zukunftslos und darin gegenwartslos Gewordenen, kann nun als Jungfräulichkeit das Geheimnis von Verzicht und Fruchtbarkeit auf immer gültig darstellen und zusammen mit der Ehe, auf die sie verweist, das Besondere des Gottes ausdrücken, der in Schöpfung und Erlösung den Menschen sucht und segnet.

2. Aus der gleichen Wurzel der Theologie des Volkes Gottes und ihrer Vollendung in der neuen Mutterschaft Marias wächst langsam die Gewissheit von Marias Sündlosigkeit als Ausdruck ihrer besonderen Erwählung: *Immaculata conceptio* (DS 2800–2804).

3. Das Bekenntnis zur Sündlosigkeit Marias bringt seinerseits die Überzeugung von ihrer Teilhabe am Auferstehungslos des Sohnes und an seiner Übermächtigung des Todes hervor (DS 3900–3904).

2. Kapitel: Der Marienglaube der Kirche

1. *Das marianische Urdogma: Jungfrau und Mutter*

a) Die neutestamentlichen Texte

Die Reinigung des Christentums, die Suche nach seinem ursprünglichen Wesen wird heute, im Zeitalter des historischen Denkens, fast durchweg in der Form vollzogen, dass man seine ältesten Formen sucht und sie als das allein Maßgebende hinstellt: Das Ursprüngliche wird mit dem Uralten verwechselt. Demgegenüber sieht der Glaube der Kirche in den Aussagen des Anfangs etwas Lebendiges, das sein Baugesetz gerade dadurch einhält, dass es sich entfaltet.

Wie hat sich der Weg zum Bekenntnis von der jungfräulichen Mutterschaft Marias vollzogen? Diese Frage soll hier wiederum, der ganzen Absicht unseres Versuchs entsprechend, nicht in der Form einer streng wissenschaftlichen Analyse verfolgt werden; wir wollen lediglich versuchen, die Hauptstadien im Wachstum der entsprechenden Überlieferung zu überblicken. Bei Paulus spielt die Frage der Geburt Jesu theologisch noch keine Rolle; sein Glaube entwickelt sich ganz von dem Bekenntnis zu Kreuz und Auferstehung her. Nur an einer Stelle lässt sich ein fernes Präludium zu jenen Aussagen feststellen, die dann in den Kindheitsgeschichten bei Matthäus und Lukas ausdrücklich tradiert werden. Wenn Paulus in Gal 4, 4 von Jesus sagt, er sei »geboren aus der Frau«, so geht es ihm einfach darum, dass Jesus an der ganzen Gewöhnlichkeit des Menschseins teilgenommen hat, voll in die »condition humaine« eingetreten ist.[1] Für Paulus heißt dies vor allem: Jesus hat sich gebeugt unter die Last des Gesetzes, einer Religion, die zum Gesetz geworden war und damit mehr Angst als Hoffnung, mehr Trennung als Vereinigung schuf. Er hat unsere Last und unsere Gewöhnlichkeit mitgetragen. Mehr steht an

---

[1] Vgl. zum Text SCHLIER, *Galater,* 194 ff.; MUSSNER, *Galater,* 268 ff. Eigentümlicherweise will Martin Dibelius, der entschiedene Bestreiter des historischen Charakters der Überlieferung von der Jungfrauengeburt, in Gal 4 die Bekanntschaft des heiligen Paulus mit dem von ihm postulierten hellenistischen Theologumenon jungfräulicher Geburt belegt finden; ja, Paulus und Philon sind überhaupt die Belege für die Existenz des »Theologumenon«. Keiner von beiden hält stand, vgl. Anm. 2.

Maria als ... Vorwegnahme der Vollendung der Gnade

dieser Stelle nicht. Freilich, wenn man den ganzen Zusammenhang liest und ihn sozusagen nach vorwärts, auf die künftige Entwicklung hin weiterdenkt, kann man vielleicht doch, wenn auch noch so verhalten, ein wenig mehr von der künftigen Theologie des Weihnachtsgeheimnisses hören. Denn immerhin bringt Paulus im größeren Kontext dieses Wortes die christliche Existenz in Zusammenhang mit den zwei Söhnen Abrahams: Isaak und Ismael. Er stellt fest, dass nicht derjenige Erbe der Verheißung ist, der dem Fleisch nach von Abraham abstammt – Ismael, sondern derjenige, der durch den Geist, durch die lebendige Kraft der Verheißung gezeugt wurde. Er stellt den Christen von Jesus her in diese Linie der Geistgeburt hinein, in die Linie Isaaks, die die neue Abrahamsgeburt der Christusgläubigen ausdrückt (Gal 4,21–31).[2]

Mehr als ein Vorspiel ist dies nicht, die Linien werden nicht ausgezogen. Dies geschieht erst bei Matthäus und Lukas, und zwar in einer doppelten Weise. Zunächst ist hier die besondere Funktion des Stammbaums zu beachten, mit dem die Herkunft Jesu geschildert, dann aber zugleich eine Deutung seines Wesens versucht wird. Der Matthäus-Stammbaum erweist Jesus als Abrahamssohn, vor allem aber zeichnet er ihn als den wahren David, in dem das Zeichen der Hoffnung erfüllt ist, das dieser König Israels immer mehr für sein Volk geworden war. Lukas geht weiter, er führt den Weg Jesu zurück bis Adam, »der von Gott abstammt« (Lk 3, 38). Adam – das ist der Mensch überhaupt. Ein Stammbaum, der bis Adam zurückgeht, will zeigen, dass in Jesus nicht nur die Königshoffnung Israels erfüllt ist, sondern das Fragen des Wesens Mensch überhaupt, das irrend und tastend auf der Suche nach sich selber ist. Jesus ist der Mensch für alle Menschen; der Mensch, in dem sich die göttliche Bestimmung des Menschen, seine göttliche Abstammung erfüllt. In ihm ist das zerrissene Wesen Mensch geeint und mit dem Gott zusammengehalten, von dem es kommt und den es in seiner Verlorenheit sucht. Jesus ist

---

[2] Vgl. SCHLIER, *Galater,* 207–228; MUSSNER, *Galater,* 316–334; für die Auseinandersetzung mit der eben erwähnten These von DIBELIUS (*Jungfrauensohn und Krippenkind,* besonders 28) NELLESSEN, *Das Kind und seine Mutter,* 97–109; MICHEL / BETZ, *Von Gott gezeugt,* 18.

418

2. Kapitel: Der Marienglaube der Kirche

»Adam« – Form des Menschseins überhaupt. Er ist es, weil er »Gottes ist«.

Beiden Stammbäumen kommt es so auf den geschichtlichen und menschheitlichen Zusammenhang Jesu an. Aber beide sind auch überzeugt, dass Jesus nur deshalb die vollendende Frucht der Geschichte sein kann, weil in ihm eine neue Kraft in den verdorrenden Baum dieser Geschichte eingetreten ist – weil er nicht nur von unten ist. Er *ist* Frucht dieses Baumes, ja, aber der Baum kann doch nur Frucht tragen, weil er von außen befruchtet wird. Jesus stammt von unten, und er stammt doch zugleich von oben – beides widerspricht sich nicht. Er ist ganz Mensch, Frucht dieser Erde, und er ist es doch eben deshalb, weil er nicht nur von dieser Erde stammt. Bei Matthäus zeigt sich dies dadurch, dass die Schematik des Stammbaums, die Glied um Glied durch das Wort »er zeugte« verbindet, im letzten Satz umbricht: Josef, der Mann Mariens, *aus der geboren wurde* Jesus, der da genannt wird Christus (Mt 1,16). Bei Lukas zeigt es sich, wenn Jesus nicht als Sohn Josefs figuriert, sondern als der, der »dafür gehalten«, rechtlich so eingestuft wurde (Lk 3,23).

Die geheimnisvolle Andeutung, die hier vorliegt, ist in den Kindheitsgeschichten (Mt 1,18–25; Lk 1–2) des Näheren entfaltet. Wir brauchen ihnen hier nicht im Einzelnen nachzugehen; nur einige Gesichtspunkte des lukanischen Textes, die für das Gesamtverständnis der Mariengestalt wichtig sind, sollen kurz erwähnt werden. Wichtig ist zunächst schon die Ortsbestimmung, die Lukas in gewolltem Gegenüber zur Vorgeschichte Johannes des Täufers gibt. Die Verkündigung der Geburt des Täufers erfolgt im Tempel, an einen amtierenden Priester – gleichsam in der vorgeschriebenen amtlichen Ordnung des Gesetzes, in der Bindung an seinen Kult, seinen Ort und seine Träger. Die Verkündigung an Maria geschieht an eine Frau, in einem unbedeutenden Ort im halbheidnischen Galiläa, den weder Flavius Josephus noch der Talmud nennt. Dies Ganze war »für damaliges jüdisches Empfinden ungewöhnlich. Gott offenbart sich nun, wo und wem er will«[3]. Es beginnt ein neuer Weg, in dessen Mitte nicht mehr der

---

[3] SCHÜRMANN, *Lukas* 1, 42; vgl. auch LAGRANGE, *Evangelium,* 19.

Tempel, sondern die Einfachheit Jesu Christi steht. *Er* ist nun der wahre Tempel, das Zelt der Begegnung.

Der Gruß an Maria (Lk 1,28–32) ist in enger Anlehnung an Zef 3,14–17 formuliert: Maria ist die dort angeredete Tochter Zion, der zugerufen wird »Freue dich«; der gesagt wird, dass der Herr zu ihr kommt; der die Furcht genommen wird, weil der Herr in ihrer Mitte ist, sie zu retten.[4] Laurentin bemerkt dazu sehr schön:»Wie so oft erweist sich das Wort Gottes als ein Samenkorn [...] Man versteht auch, warum Maria bei dieser Botschaft erschrak (Lk 1,29). Ihr Erschrecken kommt nicht aus Unverständnis oder aus jener kleinherzigen Angst, auf die man es bisweilen zurückführen möchte. Es kommt aus der Erschütterung einer jener Begegnungen mit Gott, jener unmessbaren Freuden, die die härtesten Naturen zu erschüttern vermögen.«[5] In der Anrede des Engels kommt das tragende Motiv der lukanischen Darstellung der Mariengestalt überhaupt zum Vorschein: Sie ist in Person das wahre Zion, auf das sich die Hoffnungen in allen Verwüstungen der Geschichte gerichtet haben. Sie *ist* das wahre Israel, in dem Alter und Neuer Bund, Israel und Kirche trennungslos eins sind. Sie ist das »Volk Gottes«, das Frucht trägt aus Gottes gnädiger Macht.

Endlich müssen wir noch auf die Aussage achten, mit der das Geheimnis der neuen Empfängnis und Geburt bedachtsam umschrieben wird: Heiliger Geist wird über dich kommen und Kraft des Höchsten dich überschatten. Im sogenannten *Parallelismus membrorum* werden hier zwei aus verschiedenen Überlieferungssträngen stammende Bilder für das Geheimnisvoll-Unaussprechliche übereinandergelegt. Das erste Bild spielt auf die Schöpfungsgeschichte (Gen 1,2) an und kennzeichnet so den Vorgang als neue Schöpfung: Der Gott, der aus dem Nichts das Sein rief, dessen Geist über den Abgründen schwebte, er, der als »Schöpfergeist« Grund alles Seienden ist – dieser Gott eröffnet hier Neuschöpfung aus und in der alten. Damit wird in aller Nachdrücklichkeit der radikale Einschnitt gekennzeichnet, den das Kommen

---

[4] Vgl. Laurentin, *Lukanische Kindheitsgeschichte*, 75–82; Laurentin, *Court traité*, 25.

[5] Laurentin, *Court traité*, 25.

2. Kapitel: Der Marienglaube der Kirche

Christi bedeutet: Seine Neuheit ist so, dass sie bis in den Grund des Seins hinabreicht; sie ist so, dass sie nur aus der schöpferischen Macht Gottes selbst und von nirgend anders herkommen kann. Das zweite Bild – »Kraft des Höchsten wird dich überschatten« – gehört der Kulttheologie Israels zu; es verweist auf die Wolke, die den Tempel überschattet und damit Gegenwart Gottes anzeigt. Maria erscheint als das heilige Zelt, über dem Gottes verborgene Gegenwart wirksam wird.

Bevor wir uns einer abschließenden theologischen Auswertung zuwenden, müssen wir noch zwei Fragen beantworten. Die erste betrifft die Herkunft der hier bei Matthäus und Lukas verarbeiteten Überlieferung. Die neuere Exegese zeigt, dass die beiden Evangelisten die letzte Gestaltung des Stoffes von ihren theologischen Absichten und Einsichten her selbst vollzogen haben; dieser »schriftstellerische« Anteil der Evangelisten an der Überlieferungsgestalt ist sicher nicht gering zu veranschlagen. Die Exegese zeigt freilich auch, dass beide Evangelisten vorgegebenes Überlieferungsmaterial verwenden, das vor ihnen schon durch tradierende Gemeinschaften geformt worden war. Für Lukas glaubt Schürmann eine Gemeinschaft im Judäa der sechziger Jahre als vorgängige Tradentengruppe benennen zu können.[6] Man wird nicht bestreiten können, dass Lukas selber auf Maria (und damit wohl auf den weiteren Kreis der leiblichen Verwandten Jesu) verweisen wollte (Lk 2, 19.51). Die Aufnahme dieser Stücke ins Evangelium ist demgemäß ein traditionsgeschichtlicher Vorgang besonderer Art: Sie bedeutet, dass Überlieferung, die vorher privat, im engeren Kreise, verwahrt wurde, nun in die öffentliche Verkündigung der Kirche einbezogen wird, den Rang öffentlicher, gemeinkirchlicher Überlieferung erhält. Dies scheint mir für die oft beschworene Frage nach dem Alter dieser Überlieferungen eine wichtige Feststellung. Was die Osterüberlieferung von der Weihnachtsüberlieferung unterscheidet, ist nicht einfach das Alter als solches; Lukas führt die Geburtsgeschichten auf das Gedächtnis Marias zurück, und es besteht kein Grund, hinsichtlich des dann theologisch gestalteten Kerns der Überlieferung ihm zu misstrauen, zumal sich die in ihrem Eigengewicht und ihrer eige-

---

[6] Vgl. Schürmann, *Lukas* 1, 145.

Maria als ... Vorwegnahme der Vollendung der Gnade

nen Stellung nicht übersehbare Gruppe der »Herrenbrüder« als Tradentengemeinschaft anbietet. Der Unterschied besteht hinsichtlich des Kerns also nicht im Alter, sondern in dem unterschiedlichen Rang, den die Überlieferungen zunächst einnahmen, und darin, dass es erst spät, in einem bestimmten Stadium der inneren Entfaltung des Christusbekenntnisses, sinnvoll und nötig wurde, auch diese Traditionen ins gemeinsame und öffentliche Bekenntnis der Kirche zu integrieren. Dies geschieht erst in dem Augenblick, in dem sozusagen der innere Ort dafür bereitet und auch die zeitliche Distanz durchschritten ist, die der Ehrfurcht gerade in diesem Bereich nötig war.

Die zweite Bemerkung betrifft das Fortwirken der Aussage im Inneren der neutestamentlichen Verkündigung. Dem Präludium bei Paulus entspricht eine Anwendung bei Johannes, die das Historische und Einmalige ins Spirituelle und Gemeinsame weiterführt – nicht ein Postludium also, sondern das Aufgreifen des Themas zu einer Fuge, die fortan immer neue Möglichkeiten der Durchführung eröffnete. Im Prolog zu seinem Evangelium bezeichnet Johannes die Christen als diejenigen, »die nicht aus dem Blut noch aus dem Wollen des Fleisches oder des Mannes, sondern aus Gott geboren sind« (Joh 1,13). Hier ist das paulinische Motiv mit der matthäisch-lukanischen Überlieferung zu einer neuen Einheit verknüpft: Christwerdung bedeutet, in das Geheimnis der neuen Geburt Jesu Christi eintreten, in der Wiedergeburt an seiner Geburt beteiligt werden. Natürlich meldet sich auch hier die Streitfrage zu Worte, die sich auf den Ansatz des vierten Evangeliums überhaupt bezieht: Wollte nicht Johannes das »Vulgär-Katholische« hier wie bei den Sakramenten (Taufe, Eucharistie) wie in der Eschatologie (Auferstehung jetzt und am Jüngsten Tag) ins Spirituelle und Existentielle aufheben? Hat man ihn nicht erst nachträglich wieder mit dem verknüpft, was er eigentlich hatte überschreiten wollen? Wir brauchen diese Frage im Rahmen unserer Überlegungen nicht des Weiteren zu diskutieren. Eins aber scheint mir in der ganzen Breite des Sachverhalts klar: Die volle Wucht der spirituellen Weisung des vierten Evangelisten gründet darauf, dass sie einen realen Grund hat. Das »Existentielle« würde gerade dann nichts mehr sagen, wenn es die Deutung von Nichts wäre. Die christliche Neugeburt ist deswegen möglich,

2. Kapitel: Der Marienglaube der Kirche

weil sie in Jesus real geschehen und so unser aller Möglichkeit geworden ist.

b) Der theologische Sinn

Mit diesen Bemerkungen sind wir schon mitten in die Frage nach der Deutung hineingeraten. Warum wurde das Faktum überliefert bzw. in die öffentliche und gemeinschaftliche Überlieferung der Kirche aufgenommen? Erst wenn wir nach dem theologischen Grund für diesen Schritt fragen, werden wir auch vollends klären können, welcher Ernst dem Faktum der Jungfrauschaft Marias in ihrer Mutterschaft zugemessen wurde und zuzumessen ist. Worum also ging und geht es hier? Mir scheint, dass sich hauptsächlich zwei Gründe feststellen lassen.

1. Es liegt eine Aussage über das Handeln Gottes am Menschen und darin eine Aussage über den Menschen selber vor. Empfängnis und Geburt Jesu bedeuten einen neuen Einsatz in der Geschichte, der mehr ist als die Neuheit, die jedem einzelnen Menschen zukommt. Hier beginnt Gott selber neu. Das, was hier anfängt, hat die Qualität einer neuen Schöpfung, es ist Gottes eigenem und ganz spezifischem Eingreifen verdankt. Hier ist wahrhaft »Adam«, der noch einmal und in höherem Sinn als ehedem »von Gott« kommt (vgl. Lk 3, 38). Solche Geburt kann nur der »Unfruchtbaren« widerfahren: Was in Jesaja 54, 1 verheißen wird, ist für Lukas im Geheimnis Marias konkrete Wirklichkeit geworden – das machtlose Israel, menschlich verstoßen und unfruchtbar, hat Frucht getragen. In Jesus hat Gott inmitten der unfruchtbaren und hoffnungslosen Menschheit einen neuen Anfang gesetzt, der nicht Ergebnis ihrer eigenen Geschichte, sondern Geschenk von oben ist. Eine neue Menschwerdung beginnt mit ihm. Im Gegensatz zu allen Erwählten vor ihm *empfängt* er nicht nur Geist, sondern *ist* auch in seiner irdischen Existenz allein durch den Geist und darum die Erfüllung aller Propheten: der wahre Prophet. So wird Maria, die Unfruchtbar-Gesegnete, zum Zeichen der Gnade – zum Zeichen dafür, was das wahrhaft Fruchtbare und Rettende ist: die bereite Offenheit, die sich dem Willen Gottes übereignet.

423

Maria als ... Vorwegnahme der Vollendung der Gnade

2. Es liegt aber auch (und sogar primär) eine eigentlich christologische Aussage vor, die Heinz Schürmann folgendermaßen umschreibt: »Weil das Kind in seinem Ursprung gänzlich gottgewirkt ist, wird es durch und durch ›heilig‹ sein. Nicht nur wird Heiliger Geist es wie Johannes ›vom Mutterschoße an‹ (1,15) erfüllen, sondern Gottes Pneuma wird ihm schöpferisch lebenspendend das Dasein geben, darum sein innerstes Wesen bestimmen und es ›heilig‹ machen.«[7] Gerade das Gegenüber zu Johannes, der in enger Verwandtschaft zu dem vom Mutterschoß an gerufenen Jeremia (Jer 1,5) den Gottesmann des Alten Bundes verkörpert, lässt die Aussage deutlich werden, die Lukas vorlegen will: Hier ist mehr als Prophet, hier ist »Sohn«, weil das Sein als solches Frucht des Pneuma ist.

3. Hans Urs von Balthasar hat diesen Zusammenhang aus der Logik des Menschseins und aus der Logik der Inkarnation, die vorhin schon beim Bedenken des Gottesmutter-Titels aufklang, tiefer begründet. Wenn hier der Sohn wahrhaftig inkarniert ist, dann reicht dies Geschehen eben wirklich bis ins »Fleisch« hinein und umgekehrt: Das »Fleisch« reicht, weil der Mensch nur Einer und ein Ganzer ist, bis in die Personmitte des Logos hinein. Menschwerdung bedeutet in der unaufhebbaren Wesensunterschiedenheit von Gott und Mensch konkrete Lebenseinheit; sie wirkt sich im Menschsein Jesu so aus, dass sein ganzes Leben hineintritt in den Sohnesaustausch mit dem Vater, Denken und Existieren von ihm her und auf ihn zu ist. Hören wir nun dazu Hans Urs von Balthasar: »Konnte dieser Mann, der in einem so einmaligen Verhältnis zum ›Vater im Himmel‹ stand, dem er sich in jeder Hinsicht verdankte, anvertraute, zurückgab – konnte er sich gleichzeitig noch einem anderen Vater verdanken? Konnte er, grob gesagt, zwei Väter haben, was ihn menschlich gezwungen hätte, sich zwei Vätern zu verdanken? Denn er lebte ja nicht in unserer angeblich ›vaterlosen Gesellschaft‹, in der das vierte Gebot bis zum völligen Verschwinden abgeblasst scheint und das Verhältnis zwischen Eltern und Kindern nicht mehr auf einem menschlich ganzheitlichen Verhältnis der Fürsorge und ehrfürchtigen, ehrenden Liebe besteht, sondern auf einen zufälligen Ge-

---

[7] Schürmann, *Lukas* 1, 53 f.

424

2. Kapitel: Der Marienglaube der Kirche

schlechtsakt reduziert wird, der das Kind den Eltern gegenüber zu nichts Wesentlichem verpflichtet [...]. Hätte Jesu exklusive Beziehung zu seinem himmlischen Vater den Handwerker Josef, falls dieser sein leiblicher Vater gewesen wäre, nicht tief beleidigen müssen? Und konnte Jesus, der doch gerade das Halten der Zehn Gebote einschärfte (Mk 10,19), dieses für alle alten Kulturen so lebenswichtige Gebot selber übertreten?«[8] Die irdisch vaterlose Geburt ist der innerlich notwendige Ursprung dessen, der allein zu Gott »mein Vater« sagen durfte, der auch als Mensch von Grund auf Sohn, Sohn dieses Vaters war. Der Josefsstammbaum, den die beiden Evangelisten bringen, verweist auf die rechtliche Stellung Jesu in der Gesellschaft seiner Zeit, verweist auf David und so auf die Messianität. Die Geburt aus der Jungfrau aber verweist auf die Sohnschaft, verweist auf den Vater und damit auf das, was für Jesus unendlich wesentlicher war als die Messianität, auf die er wenig Wert legte, jedenfalls in dem Verständnis, das ihm unter seinen Zeitgenossen und in *ihrer* Auslegung des Alten Testaments begegnete. Die jungfräuliche Geburt ist der notwendige Ursprung dessen, der der Sohn ist und der darin auch erst der messianischen Hoffnung einen bleibenden und über Israel hinausweisenden Sinn gibt.[9] In dieser »neuen Geburt« (*nova nativitas* sagt die Römische Liturgie), die zugleich die Preisgabe der ir-

---

[8] BALTHASAR, *Empfangen durch den Heiligen Geist,* 42.

[9] Ich möchte damit die Grenze meiner oft zitierten Äußerung in: *Einführung,* 252 deutlich herausstellen, wonach Jesu Gottessohnschaft das Herkommen aus einer normalen Ehe an sich nicht ausschließen würde. Ich wollte damit nur ganz deutlich den Unterschied der biologischen und der ontologischen Ebene des Denkens herausstellen und klarmachen, dass die ontologischen Aussagen von Nikäa und Chalkedon als solche nicht mit den Aussagen über die jungfräuliche Empfängnis identisch sind. Dass zwischen beidem – der Personeinheit Jesu mit dem ewigen Sohn des ewigen Vaters und der irdischen Vaterlosigkeit des Menschen Jesus – bei aller Unterschiedenheit der Ebenen eine tiefe, ja unlösbare Entsprechung besteht, sollte damit nicht bestritten werden, wurde aber – wie ich einräume – von mir auch nicht deutlich genug gesagt; insofern besteht die Kritik von BALTHASAR, *Empfangen durch den Heiligen Geist,* 43 zu Recht. Jedem, der nicht nur die erwähnte Passage auf Seite 252 meines Werks, sondern den ganzen Abschnitt 249–257 liest, muss aber auch ohnedies offenkundig sein, dass die Anwendung meiner Ausführungen bei PESCH, *Markus* 1, 323 dem Sinn meiner Überlegungen konträr entgegensteht.

425

Maria als ... Vorwegnahme der Vollendung der Gnade

dischen Fruchtbarkeit, die Preisgabe der Selbstverfügung und Selbstplanung des Lebens einschließt, ist Maria als Mutter wahrhaft »Gottesgebärerin«, nicht nur Organ eines zufälligen körperlichen Geschehens. Den »Sohn« zu gebären schließt die Weggabe seiner selbst in die Fruchtlosigkeit ein; jetzt wird sichtbar, warum die Unfruchtbarkeit Bedingung der Fruchtbarkeit ist – das Geheimnis der alttestamentlichen Mütter wird in Maria durchsichtig. Es erhält seinen Sinn in der christlichen Jungfräulichkeit, die in Maria beginnt.

Nun aber weiß man, dass die Jungfrauengeburt als Faktum, als reale Tatsache der Geschichte, aufs Schärfste bestritten und heute auch von katholischen Theologen weithin aufgegeben wird: Nur auf den geistigen Sinn komme es an, so sagt man, das Biologische könne für die Theologie nicht wichtig sein und sei lediglich als symbolisches Ausdrucksmittel zu werten. Aber dieser Ausweg, so plausibel er scheint, führt in Wirklichkeit in eine Sackgasse; er erweist sich bei näherem Zusehen als Täuschung. Die großzügige Trennung von »Biologie« und Theologie lässt nämlich genau den Menschen aus; sie ist an dieser Stelle ein Widerspruch in sich selber, denn der springende Punkt des Ganzen liegt doch gerade in der Aussage, dass im Humanen auch das Biologische human und erst recht im Theo-humanen *nichts* bloß »biologisch« ist. Die Ausklammerung des Körperlichen oder Geschlechtlichen in die pure Biologie hinein, die Rede also vom »Nur-Biologischen« ist deshalb gerade die Antithese zu dem, was der Glaube meint, der von der Geistigkeit des Biologischen und von der Leibhaftigkeit des Geistigen und Göttlichen reden will. Hier kann man nur alles oder nichts haben; der Versuch, nach Abstoßung des Biologischen ein geistiges Destillat zu behalten, ist Verneinung *jenes* Geistigen, um das es im Glauben an den Fleisch gewordenen Gott geht.

Woher aber stammen dann eigentlich die Schwierigkeiten? Ich glaube, man muss hier zwei Ebenen unterscheiden: Da ist zuerst die Ebene der vordergründigen Probleme, die gewiss wichtige Fragen des historischen Befunds, aber im Grunde doch Zweitrangiges umschließt. Gewöhnlich werden nur diese Probleme genannt, und damit bleibt die Debatte letztlich ein Scheingefecht, weil die wirklichen Gründe – die andere Ebene also – nicht ins

2. Kapitel: Der Marienglaube der Kirche

Spiel kommen, die aufzudecken folglich unsere Aufgabe sein muss.

Aber beginnen wir dennoch damit, zunächst die üblichen Einwände – die Gründe zweiter Ordnung, wie ich sie nennen möchte – in Augenschein zu nehmen. Einer dieser Einwände ist uns vorhin, beim Blick auf die Texte des Neuen Testaments, schon begegnet: Man macht darauf aufmerksam, dass es sich um relativ späte Traditionen handle. Aber erkenntnistheoretisch besagt das wenig, denn Alter ist als solches kein Maßstab der Wahrheit. Dagegen kann man einwenden, das gelte zwar hinsichtlich der geistigen Entfaltung von Einsichten; bei Aussagen über *Ereignisse* sei aber die zeitliche Nähe zum Berichteten ein entscheidendes Kriterium. Demgegenüber muss man dann aber auch auf eine Differenzierung in der Diagnose »relativ spät« drängen. Die schriftstellerische Gestalt mag verhältnismäßig spät sein; die darin gestaltete, aber ihrerseits schon geformte Tradition reicht weiter zurück, und dass ihr einfacher Berichtskern abermals älter sein kann, ist durch keine historische Kritik auszuschließen. Ferner ist immerhin die Übereinstimmung zweier voneinander unabhängiger und in den Details auch ganz anders gestalteter Traditionen hinsichtlich des berichteten Kerns, wie wir sie zwischen Matthäus und Lukas bzw. ihren Quellen feststellen können, ein Maßstab von einiger Bedeutung. Weiterhin hat das stark judenchristliche Gepräge des Ganzen sein Gewicht, verweist es doch auf jene Kreise, die allein als Ersttradenten solcher Aussagen in Frage kommen. Und schließlich hatten wir ja schon festgestellt, dass es für die späte Aufnahme des zuerst privat Weitergegebenen in die öffentliche Überlieferung sehr gute Gründe gibt. »Spät« im eigentlichen Sinn ist die Veröffentlichung, nicht der Traditionskern selbst.

Die zweite Gruppe der vordergründigen Einwände bezieht sich auf die angebliche Ableitbarkeit der Vorstellung von der jungfräulichen Mutter aus religionsgeschichtlichen Parallelen. Seit Martin Dibelius wird dabei mit Vorliebe auf Philon von Alexandrien (ca. 13 v. Chr. bis 45/50 n. Chr.) verwiesen; Dibelius will von Philons Exegese der Mutterschaft der großen Frauen des Alten Testaments – Sara, Lea, Rebekka, Zippora – her zeigen, dass die Idee der ausschließlichen Urheberschaft Gottes bei gewissen Geburten ein Theologumenon des hellenistischen Judentums gewesen sei, das

427

Maria als ... Vorwegnahme der Vollendung der Gnade

von den Christen auf die Erzeugung Jesu angewandt wurde.[10] Gottfried Guthknecht versuchte in Fortführung und Vertiefung der Ansätze von Dibelius klarzumachen, dass es sich nicht um einen genuin hellenistischen Gedanken handelte, sondern um »ein altes ägyptisches Theologumenon«[11]. Demgegenüber hat Ernst Nellessen mit unwiderlegbarer Genauigkeit gezeigt, dass die Auslegung, die Dibelius den Texten Philons gibt, auf einer Lektüre von geradezu bestürzender Schlampigkeit beruht.[12] Jeder, der den Text selber liest und nicht vorher schon vor der Autorität des großen Gelehrten kapituliert, kann sich davon überzeugen: Was Philon bietet, ist eine allegorische und moralische Interpretation der Patriarchengeschichten, nicht ein »hellenistisches Theologumenon« von der Jungfrauengeburt der Gottesmänner; alles, was man aus ihm für unsere Sache entnehmen kann, ist ein geistiger Vorlauf in Richtung auf das Verständnis der Jungfräulichkeit, ihre besondere Weise der Fruchtbarkeit und der Gottnähe und insofern das Vorbereiten eines geistigen Raumes, in dem die Botschaft des Weihnachtsgeheimnisses sich auslegen konnte, aber eben nicht ein Modell der Geschichte selbst. Guthknechts Versuch, die Dinge ins Ägyptische zurückzuverlegen, ist ebenso gescheitert; auch hier darf für die Einzelheiten auf Nellessen verwiesen werden.[13] Dass auch alle weiteren religionsgeschichtlichen Parallelen, die da und dort bemüht werden, nicht treffen, hat Gerhard Delling überzeugend dargetan.[14] Religionsgeschichtliche Parallelen im eigentlichen Sinn zu den neutestamentlichen Weihnachtsgeschichten gibt es nicht. Was es gibt, sind verwandte Motive, die in der einen und anderen Weise mehr oder weniger nahe an die christliche Aussage rühren, und darin sehe ich nichts Negatives: Sie mögen Ausdruck eines psychologischen Archetypus sein, in dessen verworrener Sehnsucht wie in allen echten Archetypen ein tiefes Wissen um Wirklichkeit – und sei

---

[10] Vgl. DIBELIUS, *Jungfrauensohn und Krippenkind,* vgl. Anm. 1 und 2.
[11] GUTHKNECHT, *Jungfrauengeburt,* 83.
[12] Vgl. NELLESSEN, *Das Kind und seine Mutter,* 104–107.
[13] Vgl. NELLESSEN, *Das Kind und seine Mutter,* 108 f.
[14] Vgl. DELLING, Art. παρθένος.

428

es eine ausständige, aber im Warten des menschlichen Herzens vorgeahnte, vorgefragte – zur Aussage kommt.

Die Entschiedenheit aber, mit der heute die Geburt Jesu aus der Jungfrau abgelehnt wird, erklärt sich aus den historischen Problemen nicht. Der eigentlich tragende Grund, der die historischen Fragen auflädt, liegt woanders: in der Differenz unseres Weltbildes zur biblischen Aussage und in der Vorstellung, dass diese in einer naturwissenschaftlich ausgelegten Welt keinen Platz finden könne. An dieser Stelle muss man fragen: Was ist eigentlich ein »Weltbild«? Wie weit hat es den Charakter einer Instanz für das Erkennen? Wenn man näher zusieht und – etwa auf dem Hintergrund von Bultmanns Inanspruchnahme unseres Weltbilds – nachsinnt über dessen Komponenten wie auch über diejenigen früherer Weltbilder, dann wird man sagen können: Ein Weltbild ist immer eine Synthese aus Wissen und Wertungen, die zusammen eine Gesamtansicht des Wirklichen vor-gibt, deren Evidenz und zwingender Charakter auf der Verschmelzung zwischen Wissen und Wertung beruht. Gerade darauf beruht aber auch seine Problematik: Die in einer Zeit eingeübten und plausiblen Wertungen erhalten durch die Zusammenfügung mit dem Gewussten eine Sicherheit und Selbstverständlichkeit, die sie an sich nicht haben und die unter Umständen geradezu zur Sperre für bessere Erkenntnis werden kann. Das Plausible kann auf die Spur des Wahren führen, es kann aber auch Gegensatz zur Wahrheit sein.[15]

Was nun die weltbildliche Vorgabe anlangt, die uns psychologisch nötigen möchte, Jungfrauengeburt für unmöglich zu erklären, so ist klar, dass sie nicht aus Wissen, sondern aus Wertungen folgt. Jungfrauengeburt ist zwar heute wie damals das Unwahrscheinliche, aber keineswegs das schlechthin Unmögliche; es gibt keinen Beweis für ihre Unmöglichkeit, und kein ernster Naturwissenschaftler würde so etwas behaupten. Was uns hier »zwingt«, das Maximum an innerweltlicher Unwahrscheinlichkeit zu einer Unmöglichkeit nicht nur für die Welt, sondern auch für Gott zu erklären, das ist eben nicht mehr Erkenntnis, sondern ein Gefüge von Wertungen mit zwei Hauptkomponenten: Die eine

---

[15] Vgl. dazu GÖRRES, *Glaube und Unglaube;* auch die Hinweise bei BERGER, *Auf den Spuren der Engel.*

Maria als ... Vorwegnahme der Vollendung der Gnade

besteht in unserem stillen Kartesianismus – in jener schöpfungsfeindlichen Emanzipationsphilosophie, die den Leib und die
Geburt aus dem Humanen abdrängen, zum bloß Biologischen erklären möchte;[16] die andere besteht in einem Gottes- und Welt-
begriff, der ein konkretes irdisches Wirken Gottes, bis in Bios und
Materie hinein, für unpassend hält und sich davon lösen möchte:
Im Grunde sind wir, gerade während wir von Leiblichkeit reden
und die Seele verdächtigen, Dualisten – das zeigt sich an dieser
Stelle.

Halten wir hier inne, um das bisher Erreichte zu überblicken
und die nächsten Schritte zu suchen. Wir können jetzt sagen: Der
eigentliche Grund in den Gründen gegen das Bekenntnis zur
Jungfräulichkeit Marias liegt nicht im Bereich historischer (exege-
tischer) Erkenntnis, sondern in weltbildlichen Vorgaben; die exegetischen Gründe explizieren diese Vorgabe mit den Mitteln des
historischen Denkens, ohne selbst von diesem her zwingende Geltung zu haben. Aus dieser ersten Einsicht hat sich inzwischen eine
zweite herausgeschält: Die Ursache des Nein liegt im Weltbild,
aber dessen Folgen berühren das Gottesbild. Der eigentliche Disput findet also nicht, wie es meist hingestellt wird, zwischen historischer Naivität und historischer Kritik statt, sondern zwischen
zwei Vorstellungen vom Verhältnis Gottes zu seiner Welt. Denn in
der Vorstellung, dass das weltlich ganz Unwahrscheinliche auch
das für Gott Unmögliche sei, steckt die stille Voraussetzung, dass
Gott die irdische Geschichte nicht erreichen kann und sie ihn
nicht; sein Einflussfeld wird auf den geistigen Bereich beschränkt.
Damit ist man aber bei einer heidnischen Philosophie angelangt,
wie Aristoteles sie mit einer einzigartigen Konsequenz durch-
gearbeitet hat; Gebet, Gottesbeziehung ist bei ihm als »Selbstpfle-
ge« erklärt; in der Tat kann letztlich, wenn es so steht, nichts anderes davon übrigbleiben.[17]

So geht es hier, wenn man Voraussetzungen und Konsequenzen des Ganzen nachgeht, keineswegs um Beiläufiges, sondern um

---

[16] Den dualistischen Charakter radikaler Emanzipationsphilosophien habe ich
etwas näher darzustellen versucht in: *Der Schöpfer-Gott,* 142 ff. und 150 ff.
[17] Vgl. Aristoteles, *EN* X 9 (ed. Bekker 2, 1178b f.) u. ö.; dazu Dirlmeier,
Erläuterungen, 597 ff.).

430

2. Kapitel: Der Marienglaube der Kirche

die zentralen Fragen: Wer war dieser Jesus?, wer oder was ist der Mensch?, letztlich aber um die Frage aller Fragen: Wer oder was ist Gott? Von ihr hängt immer noch letztentscheidend ab, wie es um den Menschen bestellt ist – auch für ein atheistisches Menschenbild ist auf dem negativen Weg noch einmal die Gottesfrage bestimmend für die Frage nach dem Menschen. Das Zeugnis von der Geburt Jesu aus der Jungfrau Maria ist nicht irgendein idyllischer Andachtswinkel im Gefüge des neutestamentlichen Glaubens; nicht eine kleine Privatkapelle zweier Evangelisten, die man schließlich auch weglassen könnte. Es geht um die Gottesfrage: Ist Gott irgendwo eine Tiefe des Seins, die sozusagen alles unterspült, man weiß nicht recht wie, oder ist er der Handelnde, der Macht hat, der seine Schöpfung kennt und liebt, ihr gegenwärtig ist, in ihr wirkt, immerfort, auch heute? Es geht um die Alternative: Handelt Gott oder handelt er nicht? Kann er überhaupt handeln? Wenn nicht, ist er dann eigentlich »Gott«? Was heißt dann überhaupt »Gott«? Der Glaube an Gott, der in der Neuschöpfung wirklich der Schöpfer geblieben ist – *Creator Spiritus* –, gehört zur Mitte des Neuen Testaments, ist seine eigentliche Bewegungskraft. Die Aussage von der Geburt Jesu aus der Jungfrau Maria will dies beides bezeugen: Gott handelt wirklich; realiter, nicht bloß interpretative, und: die Erde bringt ihre Frucht – eben *weil* er handelt. Das »Natus ex Maria virgine« ist im Kern eine streng theo-logische Aussage: Sie bezeugt den Gott, der die Schöpfung nicht aus den Händen gegeben hat. Darauf gründet die Hoffnung, die Freiheit, die Gelassenheit und die Verantwortung des Christen.

2. Die Freiheit von der Sünde Adams

Gegen das *Immaculata*-Dogma, das wir nun zu bedenken haben, stehen zwei Einwände. Der erste sagt: Bewahrung vor der Erbsünde sei ein Faktum (wenn sie vorliegt). Fakten aber kann man nicht durch Spekulationen ableiten, sondern allein durch Mitteilung (Offenbarung) wissen. Eine solche Mitteilung liege aber bezüglich Marias nicht vor, das ganze erste Jahrtausend weiß nichts davon. Folglich könne die dennoch aufgestellte Behauptung nur eine Grenzüberschreitung der Spekulation darstellen. Der andere Einwand meint, dass mit einer solchen Aussage die Universalität der Gnade bestritten sei. Um diese Frage ging der Disput der mittelalterlichen Theologen; die reformatorische Theologie hat ihr eine noch grundsätzlichere Gestalt gegeben, wenn sie Gnade wesenhaft als Rechtfertigung des *Sünders* bestimmt. Es mag hier genügen, auf den wohl beeindruckendsten Vertreter reformatorischer Gläubigkeit in unserem Jahrhundert zu verweisen: Karl Barth, der in einer Theologie, die Maria irgendwelche Eigenständigkeit in der Heilsgeschichte geben möchte, den Versuch sieht, das Wunder der Offenbarung »nun nachträglich doch vom Menschen, von seiner Empfänglichkeit her, zu beleuchten und zu begründen«.[1] Deshalb kann die Annahme Marias für ihn nur heißen, dass sie »trotz der Sünde, deren sie [...] schuldig ist, als Empfängerin des ewigen Gottes selbst [...] angenommen«[2] wird. Barth steht hier in der Linie von Luthers strenger Entgegensetzung zwischen Gesetz und Evangelium: Zwischen Gott und Mensch gibt es keine Ent-sprechung (Analogie), sondern nur Widerspruch (Dialektik). Wo das Handeln Gottes von der Entsprechung her dargestellt wird, scheint die reine Gnade, die verdienstlose Rechtfertigung des Sünders bestritten.

Aber trifft das so zu? Der Franziskaner Bernhard Langemeyer hat im Anschluss an das Vaticanum II wieder entschieden auf die Typologie (Entsprechungslehre könnte man übersetzen) hingewiesen, die Altes und Neues Testament in der inneren Einheit von Verheißung und Erfüllung verbindet.[3] Typologie als Form der Auslegung schließt Analogie, Ähnlichkeit in der Unähnlichkeit, Einheit in der Geschiedenheit ein. Nun haben auf dieser Einsicht, auf der Bejahung der tiefsten Einheit der Testamente, schon unsere bisherigen Überlegungen beruht. Sie verdeutlichen sich jetzt an einem konkreten Sachverhalt. So weist Langemeyer für unsere Frage darauf hin, dass zur Gerichtspredigt der Propheten (in der das Moment der Diskontinuität liegt) grundsätzlich auch

---

[1] BARTH, *KD* 1/2, 154; dazu den wichtigen Aufsatz von LANGEMEYER, *Konziliare Mariologie,* hierzu besonders 306.

[2] BARTH, *KD* 1/2, 214; LANGEMEYER, *Konziliare Mariologie,* 315 Anm. 61.

[3] Vgl. LANGEMEYER, *Konziliare Mariologie,* 315.

2. Kapitel: Der Marienglaube der Kirche

der Verweis auf den heiligen Rest Israels gehört, der gerettet wird – ein Gedanke, den Paulus ausdrücklich in Röm 11, 5 f. aufnimmt und im christlichen Israel erfüllt sieht. Heiliger Rest, das bedeutet, dass die Kontinuität nicht nur im göttlichen Willen besteht, während in der Geschichte nur Abbruch und Gegensatz läge, sondern dass es Kontinuität auch *in* der Geschichte gibt: Gottes Wort geht nicht leer aus. »Die Rede von einem übriggebliebenen Rest, von einer heiligen Wurzel, wäre unsinnig, wenn der Alte Bund nur zu Abfall und Sünde geführt hätte. Dann gäbe es nur einen Neuanfang.«[4] »Das Handeln Gottes trifft nicht rein vertikal auf die bereits durch sein Handeln gewordene Geschichte auf. Der Glaube fällt nicht vom Himmel. Er wird aus dem Glaubenszeugnis in horizontal-geschichtlicher Begegnung [...] empfangen.«[5] »In Maria ist die leibliche Nachkommenschaft des erwählten Volkes mit dem Glauben an die diesem Volke gegebene Verheißung völlig zur Deckung gekommen. Und damit hat sich – nicht aus menschlicher Leistung, sondern aus der geschichtlich waltenden Gnade des Bundes – schließlich doch noch die Heilsbedeutung erfüllt, die dem Alten Bund nach Gottes Heilsplan zukommen sollte, nämlich leiblich und geistlich das eschatologische Gottesreich zu empfangen, das Gott durch Israel zu allen Völkern der Erde kommen lassen wollte.«[6] Heiliger Rest bedeutet – wiederholen wir es – als strukturelle Aussage, dass Gottes Wort wirklich Frucht bringt, dass Gott nicht der einzige Akteur der Geschichte ist, die so nur ein Selbstgespräch Gottes wäre, sondern dass er Antwort findet, die wahrhaft Antwort ist. Maria als heiliger Rest bedeutet, dass in ihr Alter und Neuer Bund wirklich eins sind. Sie ist ganz Jüdin, ganz Kind Israels, des Alten Bundes und eben damit Kind des Bundes überhaupt, ganz Christin: Mutter des Wortes. Deswegen, weil sie der Neue Bund im Alten Bund, ja, *als* Alter Bund, als Israel ist, deswegen gibt es dort kein Verständnis ihrer Sendung, ihrer Person, wo Altes und Neues Testament auseinanderfallen. Weil sie ganz Antwort, Ent-sprechung ist, gibt es keine Möglichkeit, sie zu verstehen, wo Gnade nur als Widerspruch gelten darf –

---

[4] LANGEMEYER, *Konziliare Mariologie*, 304.
[5] LANGEMEYER, *Konziliare Mariologie*, 313.
[6] LANGEMEYER, *Konziliare Mariologie*, 314.

Antwort, reale Antwort des Geschöpfs als Leugnung der Gnade erscheint. In Wahrheit ist sie Ausdruck der Gnade; denn ein Wort, das nie ankäme, eine Gnade, die nur in der Verfügung Gottes bliebe und nicht Antwort ihm gegenüber würde, die wäre ja keine Gnade, sondern leeres Spiel. Was von Eva her als das Wesen der Frau beschrieben wird: das Gegenüber zu sein, das ganz im Herkommen vom anderen her und doch wahrhaft sein Gegenüber ist, das erhält hier höchste Bedeutung: reine Herkünftigkeit von Gott und zugleich konkretestes Gegenüber im Eigensein der Kreatur, die Antwort geworden ist.

Nach diesen Klärungen bleibt freilich die erste Frage stehen und meldet sich neu zu Wort: Schön und gut, gedanklich mag dies eine sinnvolle Aussage sein, wird jetzt eingewendet, aber wer ermächtigt uns zu der Tatsachenbehauptung, dass ausgerechnet Maria dieser »heilige Rest« ist? Wird hier nicht doch aus dem Prinzip ein Faktum herausgesponnen, das daraus allein nicht folgen kann? Darauf wäre zunächst einmal zu sagen, dass der Begriff Faktum, auf Erbsünde bezogen, in seiner positivistischen Härte ohnedies unanwendbar ist. Denn Erbsünde selbst ist kein Faktum im positivistischen Sinn, konstatierbar wie die Tatsache, dass Goethe am 28. 8. 1749 geboren ist. Die Erbsünde ist ein »Faktum«, eine Realität anderer Art, sodass man um sie überhaupt nur aus der Typologie wissen kann und weiß: Der grundlegende Text Röm 5 ist typologische Auslegung des Alten Testaments. Erbsünde wurde erkennbar im Typus Adam und in seiner Wiederkehr an den Wendepunkten in der Geschichte; ihre Behauptung beruht auf der typologischen Identifikation jedes einzelnen Menschen mit dem Menschen überhaupt, dem Mensch-Durchschnitt, dem Menschen von Anfang an. Erbsünde ist nicht als Faktum vom Anfang her tradiert (und vorher mitgeteilt), sondern durch typologische Schriftdeutung, also auf theologischem (gedanklichem) Weg erkannt. Dies verkannt zu haben, war vielleicht der Hauptfehler der neuscholastischen Erbsündenlehre; im Augenblick, da dieser Fehler mehr oder weniger begangen war, führte er im Zusammenhang mit dem völligen Fehlen des Verständnisses für typologische Identifikation zur Bestreitung der Erbsünde bzw. zur Unmöglichkeit, sie denken und von ihr sprechen zu können. Wenn es so steht, ist klar, dass auch Freiheit von der Erbsünde

2. Kapitel: Der Marienglaube der Kirche

nicht als Faktum mitgeteilt werden kann, sondern theologisch erkannt wird, nicht anders.

Fragt man aber nach einer typologischen Identifikation, die Marias Freiheit von der Erbsünde begründet, so braucht man nicht lange zu suchen. Der Epheserbrief schildert das neue Israel, die Braut, mit den Prädikaten »heilig«, »fleckenlos«, »leuchtend schön«, »ohne Flecken oder Runzel oder dergleichen« (Eph 5,27). In der Vätertheologie ist dieses Bild der *Ecclesia immaculata* in Texten von hymnischer Schönheit weiter entfaltet worden.[7] Das bedeutet: Es gibt in der Schrift und erst recht bei den Vätern von Anfang an eine *Immaculata*-Lehre, freilich als Lehre von der *Ecclesia immaculata;* die *Immaculata*-Lehre wird hier wie die ganze spätere Mariologie zuerst als Ekklesiologie vorweggenommen. Das Bild der Jungfrau-Mutter Kirche ist *sekundär* auf Maria übertragen worden, nicht umgekehrt. Wenn nun das *Immaculata*-Dogma die Aussagen, die zunächst der Antithetik altes-neues Israel zugehören und in diesem Sinn typologisch entwickelte Ekklesiologie sind, auf die konkrete Gestalt Marias anwendet, so bedeutet dies der Sache nach, dass Maria als der Anfang und als die personale Konkretheit der Kirche dargestellt wird. Es bedeutet die Überzeugung, dass jene Wiedergeburt des alten Israel zum neuen, von der der Epheserbrief spricht, in Maria ihren konkreten Vollzugsort hat. Es sagt aus, dass dieses neue Israel (das zugleich das wahre alte Israel, das unzerstörte, der durch Gottes Gnaden gebliebene heilige Rest ist) nicht nur Idee, sondern Person ist – Gott handelt nicht mit Abstrakta, nicht mit Begriffen; der *Typus,* von dem die Ekklesiologie des Neuen Testaments und der Väter spricht, existiert als *Person.* Nun mag man hier noch einmal fragen: Gut, es gibt die *Immaculata*-Lehre im Neuen Testament; all diese marianischen Aussagen sind nicht als solche neu, sondern neu nur in ihrer Personalisierung auf Maria hin. Aber wer rechtfertigt es, den Typus an dieser Stelle und nicht anders zu personalisieren? Auch darauf ist die Antwort nicht schwer. Denn die typologische Identifikation zwischen Maria und Israel, die Präsenz des Typus in der Person, ist bei Lukas (und auf andere Weise bei

---

[7] Vgl. Rahner, *Maria und die Kirche;* Müller, *Ecclesia – Maria.*

Maria als ... Vorwegnahme der Vollendung der Gnade

Johannes) klar vollzogen.[8] Sie steht nicht weniger im Gefüge der biblischen Theologie als die systematische Auslegung des Adam-Christus-Typus in der Erbsündenlehre. Durch die lukanische Gleichsetzung der wahren Tochter Zion mit der hörend-glaubenden Jungfrau ist sie der Sache nach im Neuen Testament voll gegeben.

Noch bleibt eine letzte Frage: Was heißt das eigentlich, »von der Erbsünde bewahrt«? Karl Rahner hat mit Recht darauf aufmerksam gemacht, dass es sich hier nicht einfach um eine chronologische Aussage handeln kann: früher gerechtfertigt als die anderen. Eine solche Rückverlegung der Rechtfertigung in den Akt der Existenzwerdung selbst, eine solche Identifikation von Geburt und Wiedergeburt, von Leben und Gnade muss vielmehr einen axiologischen Sinn haben, der über die zeitliche Vorwegnahme hinausreicht.[9] Insofern steht an diesem Punkt die Frage auf, was denn eigentlich mit Erbsünde gemeint ist, ja, vielleicht kann nur durch die Hereinnahme dieses zweiten typologischen Strangs die verfahrene Lage geheilt werden, in die wir durch die Exklusivsetzung des anderen, des Adamstrangs geraten sind; vielleicht kann erst von hier her wieder der Hebel zu sinnvollen Lösungen gefunden werden. Mit der Behauptung der Erbsündefreiheit Marias ist jede naturalistische Sicht der Erbsünde abgeschnitten. Man wird von hier aus sagen müssen, Erbsünde sei nicht eine Aussage über einen naturalen Mangel im oder am Menschen selbst, sondern eine Relationsaussage, die allein im Beziehungszusammenhang Gott-Mensch sinnvoll formulierbar ist. Was Sünde ist, kann aus dem in sich geschlossenen und isolierten Menschen nicht verstanden werden, sondern nur in einer Anthropologie der Relation; für Gnade gilt notwendig und verstärkt dasselbe. Erbsünde könnten wir dann als eine Aussage über die Ästimation des Menschen durch Gott bezeichnen; dabei muss freilich klar sein, dass diese Ästimation dem Menschen nichts Äußerliches ist, sondern erst sein Allerinnerstes aufdeckt. Das Auseinanderfallen dessen, was der Mensch von Gott her ist, und dessen, was er in sich selber ist, der Widerspruch zwischen dem

---

[8] Vgl. Laurentin, *Court traité*; siehe auch Balthasar, *Wer ist die Kirche?*.
[9] Vgl. Rahner, *Die unbefleckte Empfängnis*.

2. Kapitel: Der Marienglaube der Kirche

Wollen des Schöpfers und dem empirischen Sein des Menschen, das ist die Erbsünde. Die Erbsündefreiheit besagt dann, dass der Widerspruch zwischen dem Ist Gottes und dem »Nicht-Ist« des Menschen bei Maria fehlt und daher das Urteil Gottes über sie reines Ja ist, wie sie selber als reines Ja zu ihm steht: Das Ineinanderfallen seines Ja mit ihrem Sein als Ja, das ist Erbsündelosigkeit. Bewahrung vor der Erbsünde bedeutet also nicht besondere Tüchtigkeit, besondere Leistung; sie bedeutet umgekehrt dies, dass Maria keinen Bereich des Seins, des Lebens, des Willens als nur ihr eignend reserviert, sondern dass sie gerade in der völligen Enteignung an Gott sich selber wahrhaft zu eigen wird: Gnade als Enteignung wird zu Antwort als Übereignung. So wird hier wiederum von einem anderen Aussichtspunkt her das Geheimnis der unfruchtbaren Fruchtbarkeit, das Paradox der unfruchtbaren Mütter, das Geheimnis der Jungfräulichkeit verständlich: Enteignung als Zueigenwerden, als Ort des neuen Lebens.

Die *Immaculata*-Lehre ist damit zuletzt Ausdruck der Gewissheit des Glaubens, dass es die heilige Kirche wirklich gibt – als Person und in Person. Sie ist in diesem Sinn Ausdruck für die Heilsgewissheit der Kirche.[10] Dazu gehört das Wissen darum, dass Gottes Bund in Israel nicht gescheitert ist, sondern zum Reis wurde, aus dem die Blüte, der Erlöser kam. Die *Immaculata*-Lehre bezeugt demnach, dass Gottes Gnade mächtig genug war, um Antwort zu wecken; dass Gnade und Freiheit, Gnade und Selbersein, Verzicht und Erfüllung nur scheinbar einander widersprechen, in Wahrheit aber eins das andere bedingt und schenkt.

3. Die leibliche Aufnahme in die himmlische Herrlichkeit

Noch stärker als im Fall der *Immaculata*-Aussage drängt sich hier der Einwand auf, dass Auferweckung ein Faktum ist, das bezeugt, mitgeteilt werden muss und nicht erdacht werden kann. Aus dieser Auffassung kam der nachdrückliche Einspruch der deutschen

---

[10] Insofern berührt sich die Konkretisierung der Gnadenlehre, die in der Aussage von der *Conceptio immaculata* vorliegt, durchaus mit dem Zentralproblem Luthers, wenn es auch in einer sehr anderen Perspektive erscheint.

437

Maria als ... Vorwegnahme der Vollendung der Gnade

Theologie vor der Dogmatisierung, am eindringlichsten in der bekannten Artikelserie von Berthold Altaner, der mit seiner ganzen Erudition als Historiker zeigte, dass die quellenmäßige Bezeugung unserer Aussage sicher nicht vor dem 6. Jahrhundert beginnt.[1] Insofern ist klar, dass es sich hier nicht um historische Überlieferung eines historischen Faktums handeln kann und dass die Aussage missverstanden ist, wenn sie als solche betrachtet oder dargeboten wird. Darin liegt der entscheidende Unterschied zur Auferstehung Jesu, die zwar auch die Geschichte überschreitet und in diesem Sinn kein historisches Faktum gewöhnlicher Art darstellt; für sie ist aber doch wesentlich, dass sie in die Geschichte hineinreicht und sich in der Historie kundgibt. Der Text der dogmatischen Bulle von 1950 hat diesem Unterschied Rechnung getragen, indem er bei Maria nicht von »resurrectio« (anastasis) spricht, sondern von *assumptio ad caelestem gloriam* – nicht von »Auferstehung«, sondern von »Aufnahme« dem Leib und der Seele nach in die himmlische Herrlichkeit. Er definiert damit den Inhalt dieses Glaubenssatzes deutlich nicht als historische, sondern als theologische Aussage.

Aber was bedeutet dies? Um es zu klären, müsste man auf die Entwicklungsgeschichte des Dogmas wie auch auf die bestimmenden Faktoren seiner Gestaltwerdung eingehen. Dann würde sich zeigen, dass die entscheidende Triebkraft zu dieser Aussage die Verehrung für Maria war; dass das Dogma sozusagen weniger im Inhaltlichen einer Aussage als im Akt der Huldigung, der Verherrlichung seinen Ursprung, seine Triebkraft und auch seine Zielsetzung hat.[2] Das wird auch im Dogmatisierungstext erkennbar, wenn dort gesagt wird, das Dogma werde erlassen zu Ehren des Sohnes, zur Verherrlichung der Mutter und zur Freude der ganzen Kirche.[3] Dieses Dogma wollte ein Akt der Verehrung sein, höchste Form des Marienlobes, der Preisung. Was der Osten in der Weise der Liturgie, des Hymnus, des Ritus tut, geschah im Westen in der Weise der Dogmatisierung, die sozusagen feierlichste Form von Hymnologie sein wollte und auch primär so, als

---

[1] Vgl. ALTANER, *Definibilität;* vgl. SCHMAUS, *Dogmatik* 5, 232 ff.
[2] Ausführliches Material dazu bei LAURENTIN, *La question mariale.*
[3] Vgl. DS 3903.

438

2. Kapitel: Der Marienglaube der Kirche

Verehrungsakt verstanden werden muss. Das unterscheidet die beiden letzten marianischen Dogmen in gewisser Hinsicht von früheren Formen kirchlicher Bekenntnisbildung, obgleich der doxologische Charakter dabei immer mehr oder weniger akzentuiert im Spiele war.

Wir können also sagen: Bei der Dogmatisierung von 1950 handelt es sich um einen Akt der Verehrung Marias, der sozusagen durch die Gestalt des Dogmas höchste und höchstbeständige Preisung der Mutter, Liturgie des Glaubens sein will. Die inhaltliche Aussage, die hier gemacht wird, ist ganz auf Verehrung zugeordnet, aber die Verehrung bedient sich umgekehrt dieses Inhalts und findet hier ihren stärksten Grund: Die Verehrung bezieht sich auf die, die lebt; die zu Hause ist; die wirklich jenseits des Todes, am Ziele angekommen ist. Wir können auch sagen: Die *Assumpta*-Formel expliziert das, was die innere Voraussetzung der Verehrung ist. Nun hat jede Verehrung, die unter dem Prädikat *Sanctus/-a* geschieht, das Leben mit dem Herrn zur Voraussetzung; sie hat nur Sinn, wenn der Verehrte lebt und angekommen ist. Insofern könnte man sagen, das *Assumpta*-Dogma sei einfach oberste Stufe der Kanonisation, in der das Prädikat »Heilig« im strengsten Sinn zuerkannt wird, nämlich in der Bedeutung: ganz und ungeteilt in der eschatologischen Vollendung. Damit tut sich bereits der grundlegende biblische Zusammenhang auf, der die ganze Aussage letztlich deckt. Wenn wir nämlich feststellen dürfen, dass der *Assumpta*-Satz nur inhaltlich umschreibt, was in der höchsten Stufe der Verehrung innerlich vorausgesetzt und gesagt ist, dann kann und muss im selben Atemzug daran erinnert werden, dass das Evangelium selbst Marienverehrung prophezeit und verlangt: »Siehe, von nun an werden mich selig preisen alle Geschlechter« (Lk 1, 48) – dies ist ein Auftrag an die Kirche, dessen Niederschrift durch Lukas voraussetzt, dass es die Marienpreisung in der Kirche seiner Zeit schon gibt und dass er sie zum Auftrag der Kirche auf alle Geschlechter hin rechnet. Er sieht solche Rühmung Marias anheben mit dem Gruß Elisabets: »Selig bist du, die du geglaubt hast« (Lk 1, 45).[4]

---

[4] Vgl. dazu MUSSNER, *Marienverehrung*.

Maria als ... Vorwegnahme der Vollendung der Gnade

In dieser frühesten Gestalt der Marienverehrung spiegelt sich abermals die Einheit der Testamente, die für das ganze marianische Thema kennzeichnend ist: Der Gott Israels wird durch Menschen benannt, an denen er sich groß erwiesen hat, in deren Leben er sichtbar und gegenwärtig wird. Sie sind gleichsam sein Name in der Geschichte, durch sie hat er selbst Namen, durch sie und in ihnen wird er zugänglich.

Er heißt der Gott Abrahams, Isaaks und Jakobs; ihn nennen heißt die Väter nennen, so wie umgekehrt die Väter nennen bedeutet, seiner zu gedenken und ihn zu erkennen. Die Menschen nicht zu nennen, in denen er selbst sichtbar wird, heißt Undankbarkeit, heißt Gedächtnislosigkeit – für den Glauben Israels aber ist es gerade kennzeichnend, dass er Gedächtnis hat und Gedächtnis ist. Die Preisung Marias fügt sich so dem Gottesbild ein, das die Väter dem Gottesnamen verbindet und im Rühmen der Väter Rühmung Gottes gegeben weiß. Stellt man dies fest, so kann man aber aus unserem Zusammenhang die Interpretation des Vätergottes nicht ausklammern, die Jesus in Mk 12, 18–27 gegeben hat. Hier bringt er das Thema Vätergott mit dem Auferstehungsthema in Zusammenhang, verknüpft beide Themen so, dass eins das andere bedingt. Er beweist die Auferstehung nicht aus Einzeltexten der späten prophetischen oder apokalyptischen Literatur (was im Gespräch mit den Sadduzäern auch nicht stichhaltig gewesen wäre), sondern aus dem Gottesbegriff: Gott, der sich Gott Abrahams, Isaaks und Jakobs nennen lässt, ist kein Gott der Toten, sondern der Lebendigen. Dass diese Namen dem Gottesnamen selbst zugehören, beweist die Auferstehung: »Über die Toten aber, dass sie auferstehen – habt ihr nicht im Buch Mosis, beim Dornbusch, gelesen, wie Gott zu ihm sagt: Ich bin der Gott Abrahams und der Gott Isaaks und der Gott Jakobs? Gott aber ist kein Gott der Toten, sondern der Lebenden – ihr irrt viel« (Mk 12, 26 f.). Das Recht der Verehrung trägt die Gewissheit der Todesüberwindung, der Auferstehung in sich.[5]

Freilich drängt sich hier auch noch einmal ein Einwand auf. Man möchte sagen: Überwindung des Todes, ja; aber wieso in

---

[5] Ausführlicher habe ich diese Zusammenhänge dargestellt in meinem Beitrag *Taufe, Glaube und Zugehörigkeit zur Kirche.*

2. Kapitel: Der Marienglaube der Kirche

der höchsten, in der endgültig-eschatologischen Gestalt, wie es die Formel *corpore et anima* andeutet (die man in der Tat »deutsch« einfach mit »eschatologisch« wiederzugeben versucht sein mag)? Nun könnte man hier schon ganz schlicht antworten: Dies ist einfach deshalb erlaubt, weil dieser Name – Maria – für die Kirche selber steht, für *ihr* endgültiges Gerettetsein. Bevor wir aber diese Auskunft vertiefen, wird es sich empfehlen, noch einen vermittelnden Gedanken zu erörtern, der auch im Dogmatisierungstext eine bedeutende Rolle spielt.

So wie das Menschenleben gebaut ist, eingesenkt in eine Welt, in der der Tod die Bedingung des Lebens ist, so ist Geburt immer ambivalent: ein Stirb und ein Werde zugleich. Die Urteilsworte von Gen 3,16 schildern genau dieses Schicksal des Menschen; die Doppelsinnigkeit der Gestalt Evas drückt diese Doppelsinnigkeit des biologischen Werdens aus: Die Geburt ist ein Stück Tod, sie geschieht unter den Zeichen des Todes und verweist auf ihn, den sie in gewisser Hinsicht vorwegnimmt, vorbereitet und auch voraussetzt.[6] Leben gebären heißt immer zugleich: sich selbst dem Sterben öffnen. Wenn aber Maria wirklich Gottes-Gebärerin ist, wenn sie den gebiert, der des Todes Tod und das Leben schlechthin ist, dann ist solches Gottes-Mutter-Sein wirklich »neue Geburt« *(nova nativitas):* eine neue Art des Gebärens, mitten eingelassen ins Alte, so wie Maria Neuer Bund mitten im Alten und als Angehörige des Alten ist. Diese Geburt ist kein Stirb, sondern nur ein Werde, Durchbruch des Lebens, das das Stirb abstreift und endgültig hinter sich lässt. Die Benennung »Gottesgebärerin« verweist so einerseits rückwärts auf die Jungfrau: Dieses Leben ist nicht im täglichen Stirb und Werde empfangen, sondern ist reiner

---

[6] Die Religionen der Welt drücken dies vielfach in tiefsinniger Weise aus. Wichtiges dazu in der Regensburger Dissertation von Adoukonou, *Jalons pour une théologie africaine* 1–2. In der von Adoukonou behandelten Vodoo-Religion (in der in Dahomey [Benin] gelebten Form) werden nach der Geburt eines Kindes Placenta und Nabelschnur in einem feierlichen Begräbnis zu Grabe getragen und in einem Kreis, der die Zeit symbolisiert, beerdigt; darauf wird ein Baum – das Symbol des Lebens – gepflanzt: Die untrennbare Verschwisterung von Geburt und Sterben, von Leben und Tod, die im Mittelpunkt dieser ganzen Religion steht, wird hier im Ritus dargestellt (vgl. Adoukonou, *Jalons pour une théologie africaine* 2, 179 f.).

Anfang; sie weist voraus auf die *Assumpta*: Von dieser Geburt her kommt kein Tod, nur Leben. Diese neue »Generation« hat nicht zu ihrer Bedingung das Abtreten der alten, sondern sie bewirkt die Endgültigkeit des Ganzen.

Aber auch die Verbindung zur *Immaculata*-Aussage tut sich hier auf; sie ließe sich etwa so umschreiben: Wo Totalität der Gnade ist, da ist Totalität des Heils. Wo Gnade nicht in der Gebrochenheit des »gerecht und Sünder zugleich« steht, sondern reines Ja ist, da hat der Tod, der Büttel der Sünde, keinen Raum. Freilich schließt dies nun die Frage ein: Was heißt leib-seelische Aufnahme in die himmlische Herrlichkeit? Was heißt überhaupt »Unsterblichkeit«? Und was heißt »Tod«? Unsterblich ist der Mensch nie aus sich selbst, nur im und am anderen, vorgängig, versuchsweise, bruchstückhaft im Kind, im Ruhm, letztlich und wahr nur im Ganz-anderen und von ihm her: Gott. Sterblich sind wir ob der angemaßten Autarkie des In-sich-selbst-stehen-Wollens, die sich als Täuschung erweist. Tod ist als Scheitern der Autarkie, als Unmöglichkeit, sich selbst Stand zu geben, nicht bloß ein somatisches, sondern ein menschliches Phänomen von umfassender Tiefe. Wo aber der uns nun eingeborene Versuch der Autarkie ganz fehlt, wo die reine Selbstenteignung dessen ist, der sich nicht auf sich selber stellt (= Gnade!), da ist nicht »Tod« (auch wenn somatisches Ende da ist), sondern da geht der ganze Mensch ins Heil, weil er als Ganzer ohne Abzug ewig in Gottes lebenschaffendem Gedächtnis steht, das ihn als ihn selbst, im *eigenen* Leben festhält.[7]

Damit aber kehren wir zurück zu dem, was vorhin angeklungen war. Wer *mit* dem Namen Gottes verherrlicht, gepriesen werden darf, lebt, so hatten wir gesagt. Wir hatten hinzugefügt: Bei Maria und nur bei ihr (soweit wir wissen) gilt dies auf eine endgültige, vorbehaltlose Weise, weil sie für die Kirche selber steht, für ihr endgültiges Gerettetsein, das nicht mehr bloß ausstehende Verheißung, sondern schon Tatsache ist. In diesem Betracht scheint mir Kol 3,3 von einiger Bedeutung: »Ihr seid gestorben und euer Leben ist mit Christus in Gott verborgen«, heißt es da.

---

[7] Ausführlich habe ich die Problematik von Unsterblichkeit und Auferstehung, die hier nicht weiter entfaltet werden kann, in meiner *Eschatologie* dargestellt.

2. Kapitel: Der Marienglaube der Kirche

Das will sagen: Es gibt so etwas wie eine »Himmelfahrt« des Getauften, von der ganz explizit Eph 2,6 spricht: »Er hat euch mit auferweckt und euch in den Himmel zur Rechten Christi Jesu gesetzt.« Taufe ist nach diesem Text Teilhabe nicht nur an der Auferstehung, sondern auch an der Himmelfahrt Jesu. Der Getaufte ist als Getaufter und soweit er dies ist, jetzt schon in die Himmelfahrt einbezogen und lebt sein verborgenes (sein eigentliches!) Leben dort, im erhöhten Herrn. Die Formel von der »Aufnahme« Marias mit Leib und Seele verliert von diesem Text her alles Spekulative und Willkürliche; sie ist in der Tat nur höchste Form von Kanonisierung: Es wird gesagt, dass in der, die den Herrn geboren hat »mit dem Herzen früher als dem Leibe nach«[a] (Augustinus), von der also Glaube, das heißt der innere Gehalt der Taufe, gemäß Lk 1,45 uneingeschränkt behauptet werden kann, und in der so das ganze Wesen der Taufe verwirklicht ist, der Tod verschlungen ist in den Sieg Christi hinein, dass in ihr alles der Taufe (dem Glauben) noch Widerstehende durch den Tod des irdischen Lebens ohne Rückstand überwunden ist. So schließt sich aber diese Aussage, die im Zusammenschluss von Lk 1,45 und Eph 2,6 ihre volle persönliche Deutlichkeit für Maria vom Neuen Testament selbst aus hat, wieder mit den typologischen Zusammenhängen in eins, denen wir die ganze Zeit über nachgegangen sind: Die ganz Getaufte ist als persönliche Wirklichkeit der wahren Kirche zugleich die nicht bloß versprochene, sondern leibhaftige Heilsgewissheit der Kirche, welche in ihr schon gerettet ist: Das neue Israel wird nicht mehr verworfen. Es ist schon in den Himmel aufgefahren, worüber es kostbare Vätertexte gibt, die sachlich doch nur das biblisch schon Gegebene entfalten.[8]

Noch eine Bemerkung zum Schluss. Lukas erzählt in der Geschichte von dem Besuch Marias bei Elisabet, dass Johannes beim Ertönen von Marias Grußwort »vor Freude hüpfte im Mutterschoß« (Lk 1,44). Er verwendet zum Ausdruck der Freude dasselbe Wort σκιρτᾶν (»hüpfen«), das er auch als Ausdruck für die

---

[8] Vgl. RAHNER, *Himmelfahrt der Kirche*; RAHNER, *Mater Ecclesia*; RAHNER, *Maria und die Kirche*; DELAHAYE, *Seelsorgsformen*.

[a] AUGUSTINUS, *Serm* 215, 4 (PL 38, 1074).

443

Maria als … Vorwegnahme der Vollendung der Gnade

Freude derer eingesetzt hat, die von den Seligpreisungen getroffen sind (Lk 6,23). In einer der alten griechischen Übersetzungen des Alten Testaments kommt dieses Wort auch vor, wo der Tanz Davids vor der endlich heimgekehrten Bundeslade beschrieben wird (2 Sam 6,16 Symmachus).[9] Vielleicht hat Laurentin doch nicht völlig unrecht, wenn er die ganze Szene mit der Heimholung der Lade parallel gebaut findet, sodass das Hüpfen des Kindes die ekstatische Freude Davids angesichts der Bürgschaft von Gottes Nähe fortsetzen würde. Aber wie dem auch sei, etwas kommt hier zum Ausdruck, das uns in unserem kritischen Jahrhundert fast ganz abhandengekommen ist und das doch von innen her zum Glauben gehört: Ihm ist die Freude über das Mensch gewordene Wort wesentlich, das Hüpfen vor der Bundeslade in dem selbstvergessenen Frohsein dessen, der Gottes rettende Nähe erkannt hat. Nur wenn man dies versteht, kann man auch Marienverehrung begreifen: Sie ist über alle Probleme hinweg das Hingerissenwerden von der Freude darüber, dass es das wahre Israel unzerstörbar gibt; sie ist das glückselige Einschwingen in die Freude des Magnifikat und damit Lobpreis dessen, dem sich die Tochter Zion verdankt und den sie trägt als die wahre, unverwesliche und unzerstörbare Lade des Bundes.[10]

---

[9] Vgl. LAURENTIN, *Lukanische Kindheitsgeschichte*, 91–94 [zur Übersetzung des Symmachus besonders 92, Anm. 6]. Die von Laurentin vorgelegten Beweise für die Parallelität zwischen Lk 1,39–44.56 und 2 Sam 6,2–11 sind gewiss nicht schlechthin zwingend, scheinen mir in ihrem Gewicht bei SCHÜRMANN, *Lukas* 1,64 f., Anm. 161 aber doch unterschätzt. Positiv im Sinn von Laurentin STÖGER, *Das Evangelium nach Lukas* 2, 54 f.; NELLESSEN, *Das Kind und seine Mutter*, 108.

[10] Zur Gesamtthematik des Buches sei noch besonders verwiesen auf BEINERT, *Heute von Maria reden?*; MÜLLER, *Du bist voll der Gnade*; zur Marienverehrung auf die von Wolfgang Beinert eingeführte Übersetzung des Apostolischen Schreibens *Marialis Cultus* von PAUL VI.: BEINERT, *Marienverehrung* sowie BEINERT, *Maria heute ehren*; zur Mariologie des Vaticanum II auf LAURENTIN, *La Vierge au Concile*; PHILIPS, *L'Eglise et son mystère* II, 207–289; 322.

444

Biblische und systematische Aspekte der Mariologie

»Du bist voll der Gnade«
Elemente biblischer Marienfrömmigkeit

»Von nun an werden mich seligpreisen alle Generationen« – dieses Wort der Mutter Jesu, das uns Lukas (Lk 1,48) überliefert hat, ist Prophezeiung und Auftrag an die Kirche aller Zeiten in einem. So ist dieser Satz aus dem Magnifikat, aus dem geisterfüllten Lobgebet Marias auf den lebendigen Gott, eine der wesentlichen Grundlagen christlicher Marienverehrung. Die Kirche hat nicht aus Eigenem Neues erfunden, als sie anfing, Maria zu rühmen; sie ist nicht aus der Höhe der Anbetung des einzigen Gottes heruntergestürzt in Menschenlob. Sie tut, was sie tun muss und was ihr von Anfang an aufgetragen wurde. Als Lukas diesen Text niederschrieb, stand man schon in der zweiten christlichen Generation, und zum »Geschlecht« der Juden war dasjenige der Heiden hinzugetreten, die Kirche Jesu Christi geworden waren. Das Wort »alle Generationen, alle Geschlechter« fing an, sich mit geschichtlicher Wirklichkeit zu füllen. Der Evangelist hätte die Prophetie Marias gewiss nicht weitergegeben, wenn sie ihm gleichgültig oder überholt erschienen wäre. In seinem Evangelium wollte er »mit Sorgfalt« das festhalten, was »die Augenzeugen und die Diener des Wortes von Anfang an« (Lk 1,2 f.) überliefert hatten, um damit dem Glauben der in die Weltgeschichte hineinschreitenden Christenheit verlässliche Wegweisung zu geben.[1] Die Prophezeiung Marias gehörte zu diesen Elementen, die er »sorgsam« ermittelt hatte und für wichtig genug hielt, um sie als Teil des Evangeliums weiterzugeben. Das setzt voraus, dass dieses Wort nicht ohne Deckung in der Wirklichkeit geblieben war: Die ersten zwei Kapitel des Lukas-Evangeliums lassen einen Überlieferungsraum erkennen, in dem das Gedächtnis Marias gepflegt, in dem die

---

[1] Vgl. MUSSNER, *Καθεξῆς im Lukasprolog.*

Mutter des Herrn geliebt und gelobt wurde. Sie setzen voraus, dass der noch ein wenig naive Ruf der unbekannten Frau: »Selig der Schoß, der dich getragen« (Lk 11,27), nicht verstummt war, sondern im tieferen Verstehen Jesu zugleich zu einer reineren, gültigen Gestalt gefunden hatte. Sie setzen voraus, dass der Gruß Elisabets: »Du bist gesegnet unter den Frauen« (Lk 1,42), den Lukas als ein im Heiligen Geist gesprochenes Wort charakterisiert (Lk 1,41), nicht einmalige Episode geblieben war. Die bestehende Lobpreisung Mariens, wenigstens in einem Strang der frühchristlichen Überlieferung, ist die Grundlage der lukanischen Kindheitsgeschichte. Die Aufzeichnung des Wortes im Evangelium erhebt diese Marienverehrung aus einem Faktum in einen Auftrag an die Kirche aller Orte und aller Zeiten.

Die Kirche unterlässt etwas ihr Anbefohlenes, wenn sie Maria nicht lobt. Sie entfernt sich vom biblischen Wort, wenn die Marienverehrung in ihr verstummt. Sie verherrlicht dann nämlich auch Gott nicht mehr in genügender Weise. Denn Gott kennen wir zum einen durch seine Schöpfung: »Gottes unsichtbare Wirklichkeit wird seit der Erschaffung der Welt an den Werken der Schöpfung durch die Vernunft angeschaut, seine ewige Macht und Gottheit« (Röm 1,20). Wir kennen Gott aber zum anderen und näher durch die Geschichte, die er mit Menschen gemacht hat. Wie sich das Wesen eines Menschen in der Geschichte seines Lebens zeigt und in den Beziehungen, die er knüpft, so macht sich Gott in einer Geschichte sichtbar, in Menschen, durch die sein eigenes Wesen hindurchblickt, so sehr, dass er durch sie »benannt« werden, in ihnen erkannt werden kann: der Gott Abrahams, Isaaks und Jakobs. Durch die Beziehung mit Menschen, durch die Gesichter von Menschen hat er sich ausgelegt und hat *sein* Gesicht gezeigt. Wir können nicht an diesen Gesichtern vorbei nur ihn selber, gleichsam in seiner Reingestalt haben wollen: Das wäre ein selbsterdachter Gott anstelle des wirklichen; hochmütiger Purismus, der die eigenen Gedanken für wichtiger hält als Gottes Taten. Der Magnifikat-Vers zeigt uns, dass Maria einer von den Menschen ist, die auf ganz besondere Weise in den Namen Gottes hineingehören, so sehr, dass wir ihn nicht recht loben, wenn wir sie auslassen. Dann vergessen wir etwas von ihm, was nicht vergessen werden darf. Was eigentlich? Seine Mütterlichkeit, könnten

Maria als ... Vorwegnahme der Vollendung der Gnade

wir in einem ersten Anlauf sagen, die sich in der Mutter des Sohnes reiner und direkter zeigt als irgendwo sonst. Aber das ist natürlich eine viel zu allgemeine Auskunft. Damit wir Maria recht loben und so Gott recht verherrlichen, müssen wir auf alles hören, was uns Schrift und Überlieferung über die Mutter des Herrn sagen, und es in unserem Herzen erwägen. Der Reichtum marianischer Erkenntnis ist durch das Lob »aller Geschlechter« inzwischen fast unüberschaubar geworden. Ich möchte in dieser kurzen Besinnung nur einige der Stichworte neu zu bedenken helfen, die uns der heilige Lukas in dem unerschöpflichen Text seiner Kindheitsgeschichte in die Hand gegeben hat.

Maria, die Tochter Zion – die Mutter der Glaubenden

Beginnen wir mit dem Gruß des Engels an Maria. Für Lukas ist dies jene Urzelle der Mariologie, die Gott durch seinen Boten, den Erzengel Gabriel, uns selbst übergeben wollte. Wörtlich übersetzt lautet der Gruß: »Freue dich, du Gnadenvolle. Der Herr ist mit dir« (Lk 1, 28), »Freue dich« – auf den ersten Blick scheint dies nichts anderes zu sein als die im griechischen Sprachraum übliche Grußformel, und die Überlieferung hat sich denn auch an die Übersetzung »Gegrüßt seist du« gehalten. Aber vom alttestamentlichen Hintergrund her gewinnt diese Grußformel tiefere Bedeutung, wenn wir bedenken, dass das gleiche Wort wie hier bei Lukas viermal in dessen griechischem Text erscheint und hier jedes Mal Ankündigung der messianischen Freude ist (Zef 3, 14; Joël 2, 21; Sach 9, 9; Klgl 4, 21).[2] Mit diesem Gruß beginnt im eigentlichen Sinn das Evangelium, sein erstes Wort ist »Freude« – die von Gott herkommende neue Freude, die die alte und unbeendliche Trauer der Welt durchbricht. Maria wird nicht nur irgendwie gegrüßt; dass Gott sie und in ihr das wartende Israel, die Mensch-

---

[2] Darauf hatte zunächst LYONNET hingewiesen in seinem Beitrag: *XAIPE KEXAPITΩMENH.* Diese Hinweise wurden aufgenommen und entfaltet von LAURENTIN, *Lukanische Kindheitsgeschichte,* 75 ff. Zum gegenwärtigen Stand der Debatte um die Auslegung des Engelsgrußes vgl. MUÑOZ IGLESIAS, *Los evangelios de la infancia* 2, 149–160.

»Du bist voll der Gnade«

heit grüßt, ist Einladung zum Frohwerden von der innersten Tiefe her. Der Grund unserer Traurigkeit ist die Vergeblichkeit unseres Liebens, die Übermacht der Endlichkeit, des Todes, des Leidens, der Bosheit, der Lüge; unser Alleingelassensein in einer widersprüchlichen Welt, in der die rätselhaften Lichtzeichen göttlicher Güte, die durch ihre Ritzen hereinblicken, in Frage gestellt sind durch eine Macht der Finsternis, die entweder auf Gott zurückfällt oder ihn als ohnmächtig erscheinen lässt.

»Freue dich« – warum darf Maria sich freuen in solcher Welt? Die Antwort lautet: »Der Herr ist mit dir«. Um den Sinn dieser Ankündigung zu verstehen, müssen wir noch einmal auf die zugrundeliegenden alttestamentlichen Texte, besonders auf Zefanja zurückgreifen. Sie enthalten immer eine doppelte Verheißung an die Adresse Israels, die Tochter Zion: Gott wird kommen als Retter, und er wird in ihr wohnen. Das Gespräch des Engels mit Maria nimmt diese Verheißung auf und vollzieht dabei eine zweifache Konkretisierung. Was in der Prophezeiung der Tochter Zion gesagt wird, gilt nun Maria: Sie wird mit der Tochter Zion gleichgesetzt, sie ist die Tochter Zion in Person. Parallel dazu wird Jesus, den Maria gebären darf, mit Jahwe, dem lebendigen Gott gleichgesetzt. Jesu Kommen ist das Kommen und Einwohnen Gottes selbst.

Er ist der Retter – das bedeutet der Name Jesus, der sich so vom Herzen der Verheißung her klärt. René Laurentin hat in sorgfältigen Analysen gezeigt, wie Lukas durch feine sprachliche Anspielungen das Thema der Einwohnung vertieft hat: Schon in frühen Überlieferungen erscheint das Wohnen Gottes »im Schoß« Israels – in der Bundeslade. Nun wird dieses Wohnen »im Schoß« Israels ganz wörtlich Wirklichkeit in der Jungfrau von Nazaret, die so zur wahren Bundeslade in Israel wird, wodurch das Symbol der Lade eine unerhörte Kraft der Realität erhält: Gott im Fleisch eines Menschen, das nun sein Wohnsitz wird inmitten der Schöpfung ...[3]

Der Engelsgruß – die nicht von Menschen erdachte Mitte der Mariologie – hat uns zu deren theologischer Grundlage geführt.

---

[3] Vgl. LAURENTIN, *Lukanische Kindheitsgeschichte*, 79–82; MUÑOZ IGLESIAS, *Los evangelios de la infancia* 2, 183 ff.

Maria ist mit der Tochter Zion, mit dem bräutlichen Gottesvolk identifiziert. Alles, was über die *ecclesia* in der Bibel gesagt wird, gilt von ihr, und umgekehrt: Was die Kirche ist und sein soll, erfährt sie konkret im Hinschauen auf Maria. Sie ist ihr Spiegel, das reine Maß ihres Wesens, weil sie ganz im Maß Christi und Gottes steht, von ihm »durchwohnt«. Und wozu anders sollte *ecclesia* da sein als dafür, Gott Wohnung zu werden in der Welt? Gott handelt nicht mit Abstrakta. Er ist Person, und die Kirche ist Person. Je mehr wir, jeder einzeln, Person werden, Person im Sinn der Bewohnbarkeit für Gott, Tochter Zion, desto mehr werden wir eins, und desto mehr sind wir Kirche, desto mehr ist die Kirche sie selbst.

So führt nun die typologische Identifikation zwischen Maria und Zion in eine große Tiefe. Diese Art von Verbindung zwischen Altem und Neuem Testament ist viel mehr als eine interessante historische Konstruktion, durch die der Evangelist Verheißung und Erfüllung verbindet, den Alten Bund im Licht des Christusgeschehens neu auslegt. Maria ist Zion in Person, das bedeutet: Sie lebt das ganz, was mit »Zion« gemeint ist.

Sie baut nicht eine verschlossene Individualität auf, der es auf die Originalität des eigenen Ich ankommt. Sie will nicht nur dieser eine Mensch sein, der sein Ich verteidigt und behütet. Sie sieht das Leben nicht als einen Vorrat von Dingen an, von denen man möglichst viel für das eigene Ich haben will. Sie lebt so, dass sie für Gott durchlässig, »bewohnbar« ist. Sie lebt so, dass sie ein Ort ist für Gott. Sie lebt in das gemeinsame Maß der heiligen Geschichte hinein, sodass uns aus ihr nicht das enge und verengte Ich eines isolierten Einzelnen anblickt, sondern das ganze, wahre Israel. Die »typologische Identifikation« ist spirituelle Realität, gelebtes Leben aus dem Geist der Heiligen Schrift heraus; Eingewurzeltsein im Glauben der Väter und zugleich Ausgestrecktsein in die Höhe und Weite der kommenden Verheißungen. Man versteht, dass die Bibel immer wieder den Gerechten mit dem Baum vergleicht, dessen Wurzeln aus den lebendigen Wassern des Ewigen trinken und dessen Krone das Licht des Himmels auffängt und umsetzt.

Kehren wir nochmals zum Engelsgruß zurück. Maria wird »die Gnadenvolle« genannt. Das griechische Wort für Gnade *(charis)* ist vom gleichen Wortstamm gebildet wie die Wörter Freude, sich

450

»Du bist voll der Gnade«

freuen *(chara, chairein)*.[4] So wird hier auf andere Weise noch einmal derselbe Zusammenhang sichtbar, dem wir schon vom Vergleich mit dem Alten Testament her begegnet sind. Die Freude kommt aus der Gnade. Mit der in die Tiefe gehenden, beständigen Freude kann sich freuen, wer in der Gnade steht. Und umgekehrt: Die Gnade ist die Freude. Was ist Gnade – diese Frage drängt sich vor unserem Text auf. Wir haben in unserem religiösen Denken diesen Begriff wohl allzu sehr verdinglicht, Gnade als ein übernatürliches Etwas betrachtet, das wir in der Seele tragen. Und da wir davon nicht allzu viel oder gar nichts spüren, ist sie uns allmählich belanglos geworden, ein leeres Wort christlicher Sondersprache, das mit der gelebten Wirklichkeit unseres Alltags in keinem Verhältnis mehr zu stehen scheint. In Wirklichkeit ist Gnade ein Beziehungsbegriff: Sie sagt nicht etwas über eine Eigenschaft eines Ich aus, sondern etwas über einen Zusammenhang von ich und du, von Gott und Mensch ... »Du bist voll der Gnade« könnten wir daher auch übersetzen: Du bist voll des Heiligen Geistes, Du stehst im Lebenszusammenhang mit Gott. Petrus Lombardus, von dem das im Mittelalter rund dreihundert Jahre lang allgemein benützte Lehrbuch der Theologie stammt, hat die These aufgestellt, Gnade und Liebe seien das Gleiche, die Liebe aber »ist der Heilige Geist«. Die Gnade im eigentlichen und tiefsten Sinn des Wortes ist nicht ein von Gott kommendes Etwas, sondern Gott selbst.[5] Erlösung bedeutet, dass Gott in seinem eigentlich

---

[4] Vgl. CONZELMANN, Art. χάρις.

[5] Vgl. PETRUS LOMBARDUS, I *Sent* d17 c1 (PL 192, 564). Diese direkte Identifikation von Liebe, Gnade und Heiligem Geist wurde dann allerdings – zu Recht – von allen großen Lehrern der Scholastik abgewiesen, vgl. z. B. BONAVENTURA, I *Sent* comm d17 a und q1 (I 292a–296b); THOMAS VON AQUIN, *Sth* II–II, q23 a2 (ed. Leonina VIII, 164–167). Tatsächlich ist der Gedanke einer geschaffenen Gnade unverzichtbar: Eine Beziehung – die Beziehung Gott-Mensch zumal – lässt den nicht unverändert, der sich in sie einlässt. Dass sie in ihm selbst ankommt, Bestimmung seines eigenen Seins wird, erweist sie erst als wirkliche Beziehung. So soll mit dem im Text Gesagten nicht eine Rückkehr hinter Thomas und Bonaventura zu Petrus Lombardus das Wort geredet werden und auch nicht die reformatorische Polemik gegen die geschaffene Gnade aufgenommen, wohl aber der wesentlich relationale Charakter der Gnade nachdrücklich unterstrichen werden. Zum gegenwärtigen Stand der katholischen Theologie in dieser Frage vgl. AUER, *Gnade*, 156–159; SCHAUF, *M. J. Scheeben;* knappe Hinweise

göttlichen Handeln mit uns nicht weniger gibt als sich selber. Die Gabe Gottes ist Gott, er, der als Heiliger Geist Gemeinschaft mit uns ist. »Du bist voll der Gnade« – das bedeutet also wiederum, dass Maria ein ganz offener Mensch ist, der sich ganz aufgemacht hat, sich kühn und ohne Grenzen, ohne Furcht um sein eigenes Geschick Gott in die Hand gegeben hat. Es bedeutet, dass sie ganz aus und in der Beziehung mit Gott lebt. Sie ist ein hörender und betender Mensch, dessen Sinn und Seele wach sind für die vielfältigen leisen Anrufe des lebendigen Gottes. Sie ist ein betender, ein ganz auf Gott hin ausgestreckter Mensch und darum ein liebender Mensch mit der Weite und Großmut wahrer Liebe, aber auch mit ihrer untrüglichen Fähigkeit des Unterscheidens und mit der Bereitschaft des Leidens, die in der Liebe ist.

Lukas hat diesen Sachverhalt noch von einem anderen Motivkreis her durchleuchtet: Auf seine feinsinnige Art baut er in der Mariengeschichte durch eine Reihe von Anspielungen eine Parallele auf zwischen Abraham, dem Vater der Glaubenden, und Maria, der Mutter der Glaubenden.[6] In der Gnade stehen, das bedeutet: gläubig sein. Glaube schließt die Elemente der Festigkeit, der Zuversicht, der Hingebung, aber auch dasjenige des Dunkels mit ein. Wenn die Beziehung des Menschen zu Gott, die Erschlossenheit der Seele für ihn mit dem Wort »Glaube« gekennzeichnet wird, so wird darin ausgesagt, dass in der Beziehung des menschlichen Ich zum göttlichen Du der unendliche Abstand von Schöpfer und Geschöpf nicht verwischt wird. Es bedeutet, dass das Modell der »Partnerschaft«, das uns so lieb geworden ist, Gott gegenüber versagt, weil es die Hoheit Gottes und die Verborgenheit seines Wirkens nicht genügend auszudrücken vermag. Gerade der ganz in Gott hineingeöffnete Mensch kommt dazu, die Andersheit Gottes anzunehmen, die Verborgenheit seines Willens, der unserem Willen zum durchbohrenden Schwert werden kann. Die Parallele zwischen Maria und Abraham beginnt in der Freude

---

auch in der neuen französischen Ausgabe der Summa theologiae; THOMAS D'AQUIN, *Somme théologique* 3, 159 ff.

[6] Vgl. LAURENTIN, *Lukanische Kindheitsgeschichte*, 98. Vgl. auch die Marienenzyklika JOHANNES PAUL II., *Redemptoris mater;* in meiner Hinführung *Das Zeichen der Frau,* in diesem Band 486–488 und im *Kommentar* von BALTHASAR, 133 ff.

der Verheißung des Sohnes, aber sie schreitet fort bis zur dunklen Stunde des Aufstiegs auf den Berg Morija, das heißt bis zur Kreuzigung Christi und dann freilich auch bis zum Wunder der Rettung Isaaks – zur Auferstehung Jesu Christi. Abraham, Vater des Glaubens – mit diesem Titel ist die einzigartige Stellung des Patriarchen in der Frömmigkeit Israels und im Glauben der Kirche umschrieben. Aber ist es nicht wunderbar, dass – ohne Aufhebung der Stellung Abrahams – für das neue Volk nun eine »*Mutter* der Glaubenden« am Anfang steht, und von ihrem reinen und hohen Bild her immer wieder unser Glaube sein Maß und seinen Weg empfängt?

Maria, Prophetin

Mit dieser betrachtenden Auslegung des Engelsgrußes an Maria haben wir sozusagen den theologischen Ort der Mariologie festgestellt; wir haben auf die Frage geantwortet: Was bedeutet die Gestalt Marias im Gefüge des Glaubens und der Frömmigkeit? Diese Grundeinsicht möchte ich nun noch an zwei Aspekten der Mariengestalt verdeutlichen, die uns gleichfalls im Lukasevangelium begegnen. Der erste Aspekt bezieht sich auf das Gebet Marias, auf ihren meditativen Charakter; wir könnten auch sagen: auf das mystische Element in ihrem Wesen, das die Väter mit dem Prophetischen eng zusammenrücken. Ich denke hier an drei Texte, in denen dieser Gesichtspunkt deutlich zum Vorschein kommt. Der erste findet sich im Zusammenhang der Verkündigungsszene: Maria erschrickt über den Engelsgruß – es ist die heilige Furcht, die den Menschen befällt, wenn die Nähe Gottes, des Ganz-Anderen, ihn anrührt. Sie erschrak, und »sie überlegte, was dieser Gruß bedeute« (Lk 1, 29). Das Wort, das der Evangelist für »überlegen« gebraucht, ist von der griechischen Wurzel »Dialog« her gebildet, d. h.: Maria tritt innerlich mit dem Wort in Zwiesprache. Sie führt einen inneren Dialog mit dem ihr gegebenen Wort, spricht es an und lässt sich von ihm ansprechen, um seinen Sinn zu ergründen. Der zweite entsprechende Text findet sich nach der Erzählung von der Anbetung Jesu durch die Hirten. Da wird gesagt, dass Maria all diese Worte (= Geschehnisse) »bewahrte«, »zusammenhielt«

Maria als ... Vorwegnahme der Vollendung der Gnade

und »zusammensetzte, in ihrem Herzen« (Lk 2,19). Der Evangelist schreibt hier Maria jenes verstehende, meditative Erinnern zu, das dann im Johannesevangelium für die geistgewirkte Entfaltung der Botschaft Jesu in der Zeit der Kirche eine so große Rolle spielen wird. Maria sieht in den Ereignissen »Worte«, ein Geschehen, das von Sinn erfüllt ist, weil es aus Gottes sinnstiftendem Willen kommt. Sie übersetzt die Ereignisse in Worte und dringt in die Worte ein, indem sie sie in das »Herz« hineinnimmt – in jenen inneren Raum des Verstehens, in dem Sinn und Geist, Verstand und Gefühl, äußeres und inneres Anschauen ineinandertreten und so über das Einzelne hinaus die Ganzheit sichtbar und ihre Botschaft verständlich wird. Maria »legt zusammen«, »hält zusammen« – sie fügt das Einzelne ins Ganze, vergleicht und beschaut es, und sie bewahrt es. Das Wort wird Same in gutem Erdreich. Es wird nicht schnell aufgefangen, in ein oberflächliches erstes Begreifen hineinversperrt und dann vergessen, sondern das äußerlich Ergehende erhält im Herzen den Raum des Bleibens und kann so allmählich seine Tiefe enthüllen, ohne dass die Einmaligkeit des Geschehenen verwischt würde. Noch einmal wird dann im Zusammenhang mit der Szene um den zwölfjährigen Jesus im Tempel Ähnliches gesagt. Zuerst gilt: »Sie verstanden das Wort nicht, das er zu ihnen sprach« (Lk 2,50). Auch für den glaubenden, ganz auf Gott hin geöffneten Menschen sind Gottes Worte nicht vom ersten Augenblick an verständlich und einsichtig. Wer von der christlichen Botschaft die Sofort-Verständlichkeit des Banalen verlangt, versperrt Gott den Weg. Wo es nicht die Demut des angenommenen Geheimnisses gibt, die Geduld, die das Unverstandene in sich hineinnimmt, es trägt und sich langsam öffnen lässt, da ist der Same des Wortes auf Stein gefallen; er hat kein Erdreich gefunden. Auch die Mutter versteht in diesem Augenblick den Sohn nicht, aber sie verwahrt wieder »alle diese Worte in ihrem Herzen« (Lk 2,51). Das Wort »bewahren« ist sprachlich nicht genau das gleiche wie nach der Hirtenszene: Wenn in dieser mehr das »Zusammen«, die einende Schau betont wurde, so wird jetzt das »Durch«, das Moment des Durchtragens und des Festhaltens in den Vordergrund gerückt.

Hinter dieser Schilderung Marias wird das Bild des alttestamentlichen Frommen sichtbar, wie ihn die Psalmen, besonders

»Du bist voll der Gnade«

der große Psalm von Gottes Wort, 119, beschreiben. Für das dort sichtbar werdende Bild des Frommen ist es kennzeichnend, dass er das Wort Gottes liebt, in seinem Herzen trägt, über es nachsinnt, es betrachtet bei Tag und Nacht, ganz von ihm durchdrungen und durchlebt ist. Die Väter haben dies in einem schönen und ausdrucksstarken Bild zusammengefasst, das wir beispielsweise bei Theodotos von Ankyra so formuliert finden: »Geboren hat die Jungfrau […] Die Prophetin hat geboren […] Durch das Gehör empfing Maria, die Prophetin, den lebendigen Gott. Denn der natürliche Weg der Reden ist das Gehör.«[7] Die Gottesmutterschaft und das immerwährende Offenstehen für Gottes Wort werden hier ineinander gesehen: Hörend auf den Gruß des Engels, nimmt sie den Heiligen Geist in sich auf. Ganz zum Hören geworden, empfängt sie das Wort so ganz, dass es Fleisch wird in ihr. Dieses Verständnis von Hören, Meditation, Empfangen wird nun mit Begriff und Wirklichkeit des Prophetischen zusammengedacht: Als die bis ins Herz hinein Hörende, die so des Wortes wirklich innewird und es neu der Welt geben kann, ist Maria Prophetin. Alois Grillmeier hat diese Reflexionen der Väter so kommentiert: »Wir sehen z. B. im Bilde von ›Maria der Prophetin‹ keine Spur einer heidnischen Mantik. Maria ist keine Pythia. Indem die Szene der Verkündigung […] und die Begebenheit im Hause des Zacharias zusammengeschaut werden, ergibt sich eine Verlagerung des Schwergewichtes der Prophetie weg vom Ekstatischen zum innerlich-Gnadenhaften. […] Wenn Maria in der Geschichte der Mystik ein Platz gebührt, dann hat ihre Gestalt darin […] die eine Bedeutung, dass an ihr alles vom Peripheren zum Wesentlichen und Innerlichen zieht.«[8] An ihr wird so das neue und eigentlich christliche Verständnis des Propheten deutlich: das Leben in der Helligkeit der Wahrheit, das die eigentliche Weisung in die Zukunft hinein und die einzig gültige Deutung einer jeden Gegenwart ist. In ihr wird die wahre Größe und die tiefste Einfachheit christlicher Mystik sichtbar: Nicht im Außergewöhnlichen, nicht in Entrückung und Schauung besteht es, sondern in dem immer-

---

[7] Theodotos von Ankyra, *Hom* 4 c2 (PG 77, 1392). Siehe dazu den wichtigen Beitrag von Grillmeier, *Maria Prophetin,* Zitat 207 f.

[8] Grillmeier, *Maria Prophetin,* 215 f.

Maria als … Vorwegnahme der Vollendung der Gnade

währenden Austausch der kreatürlichen Existenz mit dem Schöpfer, sodass das Geschöpf immer mehr durchlässig wird für ihn, wirklich in heiliger Brautschaft und Mutterschaft geeint mit ihm. Man soll nicht versuchen, die Bibel zu psychologisieren. Aber vielleicht dürfen wir doch nach den leisen Spuren Ausschau halten, in denen sich diese Art des Seins im biblischen Marienbild konkretisiert. Für mich ist z.B. die Geschichte der Hochzeit zu Kana solch ein Fall. Maria wird abgewiesen. Die Stunde des Herrn ist noch nicht da, die gegebene Stunde aber, die Zeit des öffentlichen Wirkens Jesu, verlangt ihr Zurücktreten und ihr Schweigen. Es erscheint seltsam, fast widersprüchlich, dass sie sich trotzdem an die Diener wendet: »Was er euch sagt, das tut« (Joh 2, 5). Ist es nicht einfach die inneren Bereitschaft, ihn wirken zu lassen, die innere Fügsamkeit für das verborgene Geheimnis der Stunde? Das zweite Beispiel ist Pfingsten. Die Zeit des öffentlichen Wirkens Jesu war die Zeit der Zurückweisungen gewesen, die Zeit ihrer Verborgenheit. Die Pfingstszene aber nimmt den nazaretanischen Beginn wieder auf und stellt den Zusammenhang des Ganzen her. Wie damals Christus aus dem Heiligen Geist geboren worden war, so wird nun durch den Heiligen Geist die Kirche geboren. Maria aber ist in der Mitte der Betenden und Wartenden (Apg 1, 14): Jene Sammlung des Gebetes, die wir als das Charakteristische ihres Wesens erkannt haben, wird wieder der Raum, in den der Heilige Geist eintreten und neue Schöpfung wirken kann. Schließlich möchte ich noch auf das Magnifikat verweisen, das mir wie eine Zusammenfassung all dieser Gesichtspunkte erscheint. Hier vor allem zeigt sich für die Väter Maria als die geisterfüllte Prophetin, besonders in der Vorhersage des Marienlobes aller Geschlechter.[9] Aber dieses prophetische Gebet ist ganz aus den Fäden des Alten Testaments gewoben. Wieweit es dafür vorchristliche Vorstufen gab oder wieweit der Evangelist an seiner Formulierung beteiligt war, sind letztlich ganz sekundäre Fragen. Lukas und die hinter ihm stehende Tradition hören in diesem Gebet die Stimme Marias, der Mutter des Herrn. Sie wissen: So

---

[9] Vgl. Grillmeier, *Maria Prophetin*, 207–213.

456

»Du bist voll der Gnade«

hat sie gesprochen.[10] Sie hat so tief im Wort des Alten Bundes gelebt, dass es ganz von selbst ihr eigenes Wort wurde. Die Bibel war so sehr von ihr durchbetet und durchlebt, so sehr in ihrem Herzen »zusammengehalten«, dass sie in ihrem Wort ihr Leben und das Leben der Welt sah; so sehr ihr eigen, dass sie darin auf ihre Stunde zu antworten vermochte. Gottes Wort war ihr eigenes Wort geworden, und ihr eigenes Wort war hineingegeben in Gottes Wort: Die Grenzen waren aufgehoben, weil ihre Existenz im Hineinleben in das Wort Leben im Raum des Heiligen Geistes war. »Meine Seele macht den Herrn groß« – nicht als ob wir Gott etwas hinzufügen könnten, kommentiert der heilige Ambrosius dazu[a], aber so, dass wir ihn groß sein lassen in uns. Den Herrn groß machen – das bedeutet: nicht sich selbst, den eigenen Namen, das eigene Ich groß machen wollen, sich ausbreiten und Platz verlangen, sondern ihm Raum geben, dass er mehr anwesend sei in der Welt. Es bedeutet, das wahrer zu werden, was wir sind: nicht eine verschlossene Monade, die nur sich selbst darstellt, sondern Bild Gottes. Es bedeutet, frei werden von dem Staub und dem Ruß, der das Bild undurchsichtig macht, es verdeckt, und in der reinen Verwiesenheit auf ihn wahrhaft Mensch werden.

Maria im Geheimnis von Kreuz und Auferstehung

Damit bin ich bei dem zweiten Aspekt des Marienbildes angelangt, den ich noch andeuten wollte. Gott groß machen – das heißt, so sagten wir: sich freigeben für ihn; es bedeutet jenen eigentlichen Exodus, jenen Auszug des Menschen aus sich selbst, den Maximus der Bekenner in seiner Deutung der Passion Christi einzigartig beschrieben hat: den »Übergang vom Gegensatz zur Gemeinschaft der beiden Willen«, der »durch das Kreuz des Ge-

---

[10] Zum Disput um das Magnifikat vgl. SCHÜRMANN, *Lukas* 1, 71–80; MUÑOZ IGLESIAS, *Los evangelios de la infancia* 1, 61–117.

---

[a] Vgl. AMBROSIUS VON MAILAND, *In Luc* 2, 27 (CSEL 32/4, 55).

457

Maria als … Vorwegnahme der Vollendung der Gnade

horsams führt«.[11] Den Kreuzesaspekt der Gnade, der Prophetie, der Mystik finden wir bei Lukas für Maria zuerst in der Begegnung mit dem greisen Simeon ausgesprochen. Der Greis sagt zu Maria in prophetischer Rede: »Siehe, dieser ist gesetzt zum Fall und zur Auferstehung für viele in Israel, zum Zeichen, dem widersprochen wird, und deine eigene Seele wird ein Schwert durchdringen« (Lk 2, 34 f.). Mir kommt dabei die Prophezeiung Natans an David nach dessen Sündenfall in den Sinn: Du hast Urija durch das Schwert der Ammoniter umgebracht. »Darum soll jetzt das Schwert auf ewig nicht mehr von deinem Haus weichen« (2 Sam 12, 9 f.). Das Schwert, das über dem Haus David steht, trifft nun ihr Herz. Im wahren David, Christus, und in seiner Mutter, der reinen Jungfrau, wird der Fluch ausgetragen und überwunden.

Das Schwert wird ihr Herz durchbohren – das ist Hinweis auf die Passion des Sohnes, die zu ihrer eigenen Passion werden wird. Diese Passion beginnt schon mit ihrem nächsten Besuch im Tempel: Sie muss den Vorrang des eigentlichen Vaters und seines Hauses, des Tempels, hinnehmen; sie muss lernen, ihn, den sie geboren hat, freizugeben. Sie muss das Ja zu Gottes Willen, das sie Mutter werden ließ, zu Ende führen, indem sie zurücktritt und ihn in seine Sendung entlässt. In den Zurückweisungen des öffentlichen Lebens und in diesem Zurücktreten geschieht ein wichtiger Schritt, der sich im Kreuz bei dem Wort vollenden wird: »Siehe da, dein Sohn« – nicht mehr Jesus, sondern der Jünger ist nun ihr Sohn. Das Aufnehmen und das Verfügbarsein ist der eine Schritt, der von ihr verlangt wird; das Lassen und das Freigeben der andere. Erst so wird ihre Mutterschaft ganz: Das »Selig der Leib, der dich getragen« wird erst wahr, wo es eingeht in das andere Selig: »Selig, die das Wort Gottes hören und es befolgen« (Lk 11, 27 f.). So ist Maria vorbereitet auf das Geheimnis des Kreuzes, das an Golgota nicht einfach endet. Ihr Sohn bleibt Zeichen des Widerspruchs, und sie bleibt so bis zuletzt in den Schmerz dieses Widerspruchs hineingehalten, in den Schmerz der messianischen Mutterschaft.

---

[11] Vgl. SCHÖNBORN, *Die Christus-Ikone,* 121–135, besonders 131; 133; Zitat 131; MAXIMUS CONFESSOR, *Opusc theol* (PG 91, 48 D–49 A).

»Du bist voll der Gnade«

Der christlichen Frömmigkeit ist gerade das Bild der leidenden, ganz zum Mitleid gewordenen Mutter mit dem toten Sohn
auf dem Schoß besonders teuer geworden. In der mitleidenden
Mutter haben die Leidenden aller Zeiten den reinsten Abglanz
jenes göttlichen Mitleidens gefunden, das die einzig wahre Tröstung ist. Denn aller Schmerz, alles Leid ist seinem letzten Wesen
nach Vereinsamung, Verlust von Liebe, zerstörtes Glück des nicht
mehr Angenommenen. Nur das »Mit« kann Schmerz heilen.

Bei Bernhard von Clairvaux findet sich das wunderbare Wort:
»Gott kann nicht leiden, aber er kann mit-leiden«[12].

Bernhard setzt damit einen gewissen Schlusspunkt unter das
Ringen der Väter um die Neuheit des christlichen Gottesbegriffs.
Zum Wesen Gottes gehörte für antikes Denken die Leidenschafts-
losigkeit der reinen Vernunft. Den Vätern fiel es schwer, diesen
Gedanken abzuweisen und »Leidenschaft« in Gott zu denken,
aber von der Bibel her sahen sie doch sehr wohl, dass die »Offen-
barung der Liebe« alles »erschüttert [...], was die Welt über die
Gottheit gedacht hatte«. Sie sahen, dass es eine innerste Leidenschaft in Gott gibt, die sogar sein eigentliches Wesen ist, die Liebe.
Und weil er Liebender ist, darum ist ihm Leid in der Weise des
Mitleids nicht fremd. »»In seiner Liebe zum Menschen hat der
Leidlose das erbarmende Mitleid erlitten‹«, schreibt Origenes in
diesem Zusammenhang.[13] Man könnte sagen: Das Kreuz Christi
ist das Mitleiden Gottes mit der Welt. Im hebräischen Alten Testament wird Gottes Mitleiden mit dem Menschen nicht durch
einen Terminus aus dem psychologischen Bereich ausgedrückt,
sondern der konkreten Weise semitischen Denkens entsprechend
mit einer Vokabel bezeichnet, die in ihrer Grundbedeutung ein
körperliches Organ meint, nämlich *rah^amim,* was in der Einzahl
genommen den Mutterleib, den Mutterschoß bedeutet. Wie
»Herz« für Gefühl steht, »Lenden« und »Nieren« für Begierde

---

[12] Bernhard von Clairvaux, *In Cant* 26, 5 (PL 183, 906): »impassibilis est
Deus, sed non incompassibilis«. Vgl. De Lubac, *Geist aus der Geschichte*, 285.
Der ganze Abschnitt »Der Gott des Origenes«, 269–289, ist für die Frage wich-
tig. Hans Urs von Balthasar hat mehrfach zu dem damit berührten Thema des
»Schmerzes Gottes« Stellung genommen, zuletzt: *Theodramatik* 4, 191–222.
[13] De Lubac, *Geist aus der Geschichte*, 286; Origenes, *Comm in Mt* 10, 23
[GCS 40, 33].

459

Maria als ... Vorwegnahme der Vollendung der Gnade

und für Schmerz, so wird der Mutterleib zum Wort für das Mitsein mit einem anderen, zum tiefsten Verweis auf die Fähigkeit des Menschen, für einen anderen da zu sein, ihn in sich aufzunehmen, ihn zu erleiden und ihm im Erleiden Leben zu geben. Mit einem Wort aus der Sprache des Leibes sagt uns das Alte Testament, wie Gott uns in sich birgt, in sich trägt in mitleidender Liebe.[14]

Die Sprachen, in die das Evangelium mit seinem Übergang in die heidnische Welt eintrat, kannten solche Ausdrucksweise nicht. Aber das Bild der Pietà, die um den toten Sohn leidende Mutter, wurde zur lebendigen Übersetzung dieses Wortes: In ihr ist das mütterliche Leiden Gottes offenbar. In ihr ist es anschaubar, berührbar geworden. Sie ist die *compassio* Gottes, in einem Menschen dargestellt, der sich ganz in Gottes Geheimnis hat hineinziehen lassen. Weil aber menschliches Leben allzeit Leiden ist, darum ist das Bild der leidenden Mutter, das Bild der *rah^{a}mim* Gottes so wichtig geworden für die Christenheit. Erst in ihr kommt das Kreuzbild zu Ende, weil sie das angenommene, das in der Liebe sich mitteilende Kreuz ist, das uns nun gestattet, in ihrem Mitleiden Gottes Mitleiden zu erfahren. So ist der Schmerz der Mutter österlicher Schmerz, der schon die Umwandlung des Todes in das erlösende Mitsein der Liebe eröffnet. Nur scheinbar haben wir uns dabei weit entfernt von dem »Freue dich«, mit dem die Mariengeschichte beginnt. Denn die Freude, die ihr verkündigt wird, ist nicht die banale Freude, die sich im Vergessen der Abgründe unseres Seins festhält und damit zum Absturz ins Leere verurteilt ist. Es ist die wirkliche Freude, die uns den Exodus der Liebe bis in die brennende Heiligkeit Gottes hineinwagen lässt. Es

---

[14] Wichtig ist dazu die große Anmerkung 52, 1189–1192, in der Enzyklika JOHANNES PAULS II. *Dives in misericordia* (Über das göttliche Erbarmen); vgl. auch Anmerkung 61, 1193. Vgl. auch KÖSTER, Art. σπλάγχνον. Interessant, dass Origenes in der oben zitierten Stelle für das »Leiden Gottes« das Wort σπλαγχνισθήναι gebraucht und es damit als Mitleiden kennzeichnet, das zur Leidlosigkeit Gottes nicht in Widerspruch steht. KÖSTER macht übrigens, Art. σπλάγχνον, 550, darauf aufmerksam, dass in der Septuaginta die geläufige Übersetzung für *rah^{a}mim* nicht σπλάγχνα, sondern οἰκτιρμοί ist, womit das als zu derb empfundene Bild verlassen und durch den Bildgehalt (»Mitleid«) ersetzt wird.

460

»Du bist voll der Gnade«

ist jene wahre Freude, die durch den Schmerz nicht zerstört, sondern erst zur Reife gebracht wird. Nur die Freude, die dem Schmerz standhält und stärker ist als der Schmerz, ist die wahre Freude.

»Selig werden mich preisen alle Geschlechter.« Wir preisen Maria selig mit Worten, die zusammengefügt sind aus dem Gruß des Engels und aus dem Gruß der Elisabet – mit Worten also, die nicht von Menschen erfunden sind, denn über den Gruß Elisabets sagt der Evangelist, dass sie ihn erfüllt vom Heiligen Geist gesprochen habe. »Du bist gesegnet unter den Frauen, und gesegnet ist die Frucht deines Leibes« hat Elisabet gesagt, und wir sagen es ihr nach. Du bist gesegnet – darin klingt am Beginn des Neuen Bundes noch einmal die Verheißung an Abraham auf, dem von Gott gesagt wurde: »Ein Segen sollst du sein [...] durch dich sollen alle Geschlechter der Erde Segen erlangen« (Gen 12, 2 f.). Maria, die den Glauben Abrahams aufgenommen und an sein Ziel geführt hat, ist nun die Gesegnete. Sie ist die Mutter der Glaubenden geworden, durch die alle Geschlechter der Erde Segen erlangen. In diesen Segen stellen wir uns hinein, wenn wir sie preisen. Wir treten in ihn ein, wenn wir mit ihr Glaubende werden und Gott groß machen, dass er unter uns wohne als Gott mit uns: Jesus Christus, der wahre und einzige Erlöser der Welt.

Erwägungen zur Stellung
von Mariologie und Marienfrömmigkeit
im Ganzen von Glaube und Theologie

1. Hintergrund und Bedeutung der mariologischen Aussage
des Zweiten Vatikanischen Konzils

Die Frage nach der Bedeutung von Mariologie und Marienfrömmigkeit kann von der geschichtlichen Situation der Kirche nicht absehen, in der sie erhoben wird. Die tiefe Krise, in die das Denken und Sprechen von und mit Maria in den Jahren nach dem Konzil geraten sind, wird man nur verstehen und richtig beantworten können, wenn man sie im Kontext der größeren Entwicklung sieht, der sie zugehört. Dabei lässt sich feststellen, dass die Periode, die mit dem Ende des Ersten Weltkriegs begann und bis zum Zweiten Vatikanischen Konzil reichte, innerkirchlich durch zwei große geistige Bewegungen bestimmt wurde, die beide in gewissem Sinn – wenn auch auf sehr unterschiedliche Weise – »charismatische« Züge trugen: Schon seit den Marienerscheinungen in der Mitte des 19. Jahrhunderts hatte sich immer stärker eine marianische Bewegung entfaltet, die in La Salette, Lourdes und Fatima ihre charismatischen Wurzeln sehen durfte und mit dem Pontifikat Pius' XII. ihren die ganze Kirche erfassenden Höhepunkt erreichte. Auf der anderen Seite entwickelte sich zwischen den Weltkriegen besonders in Deutschland die liturgische Bewegung, deren Ursprünge in der von Solesmes ausgehenden Erneuerung des benediktinischen Mönchtums, aber auch in der eucharistischen Idee Pius' X. zu suchen sind. Auf dem Hintergrund der Jugendbewegung drang sie – wenigstens in Mitteleuropa – immer mehr in die Breite des Kirchenvolkes vor. Mit ihr verbanden sich ökumenische Bewegung und Bibelbewegung zusehends zu einem einheitlichen großen Strom. Ihr grundlegendes Ziel, die Erneuerung der Kirche aus den Quellen der Schrift

Erwägungen zur Stellung von Mariologie und Marienfrömmigkeit

und der Urgestalt des kirchlichen Betens, fand gleichfalls unter Pius XII. in den Enzykliken über die Kirche und über die Liturgie eine erste amtliche Bestätigung.[1]

Je stärker diese Bewegungen an gesamtkirchlichem Gewicht gewannen, desto mehr wurde auch das Problem ihres gegenseitigen Verhältnisses spürbar. Vielfach erschienen sie von ihren Grundhaltungen wie von ihrer theologischen Richtung her geradezu als konträr. Die liturgische Bewegung kennzeichnete selbst ihre Frömmigkeit gern als »objektiv«-sakramental; dem gegenüber war die starke Betonung des Subjektiven und des Persönlichen in der marianischen Bewegung augenfällig. Die liturgische Bewegung betonte den theozentrischen Charakter des christlichen Gebets, das sich »durch Christus an den Vater« richtet; die marianische schien mit ihrer Parole *per Mariam ad Jesum* durch eine andere Idee des Mittlerischen, durch ein Verweilen bei Jesus und Maria gekennzeichnet, das den klassischen trinitarischen Bezug eher in den Hintergrund rückte. Die liturgische Bewegung suchte nach einer Frömmigkeit, die sich streng am Maß der Bibel oder allenfalls der alten Kirche orientierte; die marianische Frömmigkeit, die sich von den Erscheinungen der Gottesmutter in dieser Zeit ansprechen ließ, war viel stärker durch die Tradition des Mittelalters und der Neuzeit gestaltet: Sie folgte einem anderen Stil des Denkens und des Empfindens.[2] Hier gab es zweifellos Gefahren, die den gesunden Kern bedrohten und ihn für leidenschaftliche Verfechter der anderen Richtung sogar fraglich erscheinen ließen.[3]

---

[1] Vgl. dazu FRINGS, *Das Konzil und die moderne Gedankenwelt*, 31–37 [vgl. JRGS 7, 73–91].

[2] Kennzeichnend für das Gegenüber der zwei Haltungen, das weit über den Bereich des Mariologischen hinausgeht, ist die Fragestellung in Josef Andreas JUNGMANNS Buch *Die Frohbotschaft;* die leidenschaftliche Reaktion auf dieses Werk, das damals aus dem Buchhandel zurückgezogen werden musste, beleuchtet gleichfalls sehr deutlich die Situation. Vgl. die von JUNGMANN 1961 dazu niedergeschriebenen Bemerkungen *Um Liturgie und Kerygma.*

[3] Vgl. die materialreiche Darstellung von LAURENTIN, *La question mariale.* Bezeichnend etwa die auf S. 19 zitierte Warnung von Papst Johannes XXIII. vor gewissen Praktiken oder exzessiven Spezialformen der Frömmigkeit, selbst der Verehrung der Madonna, Frömmigkeitsformen, »die mitunter eine armselige Idee von der Frömmigkeit unseres guten Volkes geben«. In der Schlussanspra-

Maria als ... Vorwegnahme der Vollendung der Gnade

Jedenfalls musste es zu den Aufgaben eines in dieser Zeit gehaltenen Konzils gehören, das richtige Verhältnis zwischen diesen beiden auseinandertreibenden Bewegungen herzustellen und sie (ohne die Spannung einfach aufzugeben) zu einer fruchtbaren Einheit zu führen. Tatsächlich kann man das Ringen der ersten Konzilshälfte – den Disput um die Liturgiekonstitution, um die Lehre von der Kirche und die richtige Einordnung der Mariologie, um Offenbarung, Schrift, Überlieferung und um die Ökumene – nur richtig aus dem Spannungsverhältnis dieser beiden Kräfte verstehen. In all den genannten Auseinandersetzungen vollzog sich, auch wenn dies keineswegs im Vordergrund des Bewusstseins stand, der Sache nach das Ringen um das richtige Verhältnis der zwei charismatischen Ströme, die sozusagen für die Kirche von innen her »die Zeichen der Zeit« bildeten. Die Arbeit an der Pastoralkonstitution sollte dann die Auseinandersetzung mit den von außen her andrängenden »Zeichen der Zeit« bringen. In diesem Drama kommt der berühmten Abstimmung vom 29. Oktober 1963 die Bedeutung einer geistigen Wasserscheide zu. Es ging um die Frage, ob die Mariologie in einem eigenen Text darzustellen oder in die Konstitution über die Kirche aufzunehmen sei: Damit war über Gewicht und Zuordnung der beiden Frömmigkeitslinien zu bestimmen und so die entscheidende Antwort auf die bestehende innere Lage der Kirche zu geben. Beide Seiten entsandten Männer von höchstem Gewicht als Relatoren, um das Plenum für sich zu gewinnen: Franz Kardinal König sprach für die Integration der Texte, die faktisch eine Überordnung der liturgisch-biblischen Frömmigkeit und Theologie bedeuten musste; Rufino Kardinal Santos von Manila plädierte für die Selbstständigkeit des marianischen Elements. Die Abstimmung zeigte mit einem Verhältnis von 1114 zu 1074 Stimmen erstmals eine Teilung der Versammlung in zwei fast gleichgroße Gruppen. Immerhin hatte der von der liturgischen und biblischen Bewegung geprägte Teil der Konzilsväter einen, wenn auch knappen Sieg

---

che der römischen Synode warnte der Papst erneut vor solcher Frömmigkeit, die der Phantasie freies Feld lasse und wenig zur Konzentration der Seele beitrage. »Wir möchten euch einladen, euch an das zu halten, was es an Älterem und Einfacherem in der Praxis der Kirche gibt.«

Erwägungen zur Stellung von Mariologie und Marienfrömmigkeit

errungen und damit einen Entscheid herbeigeführt, dessen Gewicht von schwer zu überschätzender Bedeutung sein sollte.

Theologisch gesehen, muss man der von Kardinal König angeführten Mehrheit zweifellos recht geben. Wenn man die beiden charismatischen Bewegungen nicht als konträr betrachten darf, sondern als komplementär ansehen muss, war eine Integration geboten, die freilich nicht Absorption des einen durch das andere sein durfte. Die innere Offenheit der biblisch-liturgisch-patristischen Frömmigkeit und Theologie auf das Marianische hin war in den Jahren nach dem Zweiten Weltkrieg vor allem durch die Arbeiten von Hugo Rahner[4], Alois Müller[5], Karl Delahaye[6], René Laurentin[7], Otto Semmelroth[8] überzeugend dargestellt worden; in diesen Arbeiten war eine Vertiefung der beiden Richtungen auf ihre Mitte hin geleistet, in der sie sich gegenseitig finden und von der her sie doch ihr besonderes Gepräge bewahren und fruchtbar weiterentfalten konnten. Tatsächlich ist es freilich nur zum Teil gelungen, in dem marianischen Kapitel der Kirchenkonstitution das solchermaßen Vorgezeichnete überzeugend und kraftvoll auszuformen. Überdies war die nachkonziliare Entwicklung weitgehend durch ein Missverständnis der konziliaren Aussagen zum Traditionsbegriff geprägt, das durch die vereinfachende Wiedergabe der Konzilsdispute in der Konzilspublizistik entscheidend gefördert wurde: Die ganze Debatte wurde auf die Frage Geiselmanns nach der inhaltlichen »Suffizienz« der Schrift reduziert[9] und diese wiederum im Sinn eines Biblizismus interpretiert, der das ganze patristische Erbe zur Belanglosigkeit verurteilte und damit auch den vorherigen Sinn der liturgischen Bewegung aushöhlte. Biblizismus aber wurde auf dem Hintergrund der modernen akademischen Situation von selbst zu Historismus; dabei wird

---

[4] Vgl. RAHNER, *Maria und die Kirche*; RAHNER, *Mater Ecclesia*.
[5] Vgl. MÜLLER, *Ecclesia – Maria*.
[6] Vgl. DELAHAYE, *Seelsorgsformen*.
[7] Vgl. LAURENTIN, *Court traité*; LAURENTIN, *Luc 1–2*.
[8] Vgl. SEMMELROTH, *Urbild der Kirche*; vgl. auch SCHMAUS, *Dogmatik 5*.
[9] Dass Geiselmanns Fragestellung in Wirklichkeit am Kern des Problems vorbeiging, habe ich zu zeigen versucht in: *Ein Versuch zur Frage des Traditionsbegriffs*; vgl. auch meinen Kommentar zu Kapitel 2 der Offenbarungskonstitution, in: *Einleitung und Kommentar* zu DV Prooem, 1, 2 und 6, 751–775.

Maria als ... Vorwegnahme der Vollendung der Gnade

man zugeben müssen, dass davon schon die liturgische Bewegung zuvor nicht ganz frei gewesen war. Liest man ihre literarischen Darstellungen heute wieder, so zeigt sich, dass sie allzu sehr von einem archäologischen Denken bestimmt war, das auf einem Verfallsschema beruht: Was nach einem bestimmten Zeitpunkt auftritt, erscheint schon deshalb als minderwertig, als ob die Kirche nicht in allen Zeiten lebendig und daher auch entwicklungsfähig bliebe. Dies alles führte dazu, dass das liturgisch geprägte Denken sich in ein biblizistisch-positivistisches hinein verengte, sich so nach rückwärts verschloss und der Dynamik des sich entfaltenden Glaubens keinen Raum mehr bot. Andererseits führt die Distanz des Historismus notwendig zum »Modernismus«; da das bloß Vergangene nicht lebt, lässt es die Gegenwart allein und führt so zum Experiment des Selbstgemachten. Hinzu kam, dass die neue, ekklesiozentrische Mariologie gerade jenen Konzilsvätern fremd war und weithin fremd blieb, die vor allem Träger der marianischen Frömmigkeit gewesen waren. Das so entstehende Vakuum konnte auch nicht durch die Einführung des Titels »Mutter der Kirche« ausgefüllt werden, die Paul VI. am Ende des Konzils bewusst als Antwort auf die sich schon abzeichnende Krise vornahm. Faktisch führte der Sieg der ekklesiozentrischen Mariologie zunächst zum Kollaps der Mariologie überhaupt. Mir scheint, dass die Veränderung des Gesichts der Kirche in Lateinamerika nach dem Konzil, die zeitweise Konzentration des religiösen Affekts auf die politische Veränderung hin, auch auf dem Hintergrund dieser Vorgänge zu verstehen ist.

2. Die positive Funktion der Mariologie in der Theologie

Die Neubesinnung wurde vor allem auch durch das apostolische Schreiben Pauls VI. über die rechte Form der Marienverehrung vom 2. Februar 1974 in Gang gebracht.[10] Faktisch hatte, wie wir sahen, die Entscheidung von 1963 zur Absorption der Mariologie durch die Ekklesiologie geführt. Eine Wiederbesinnung auf den Text muss davon ausgehen, dass diese seine geschichtliche Wir-

---

[10] Deutsch herausgegeben von Wolfgang Beinert: PAUL VI., *Marienverehrung*.

Erwägungen zur Stellung von Mariologie und Marienfrömmigkeit

kung in Widerspruch zu seiner eigenen Sinngebung steht. Denn das marianische Kapitel VIII war in der Absicht geschaffen, eine innere Entsprechung zu den die Struktur der Kirche darstellenden Kapiteln I–IV herzustellen und in der Balance beider das richtige Gleichgewicht zu finden, in dem die Kräfte der biblisch-ökumenisch-liturgischen Bewegung und die der marianischen Bewegung fruchtbar aufeinander verwiesen sind. Sagen wir es positiv: In Bezug auf den Kirchenbegriff übt eine recht verstandene Mariologie eine doppelte Funktion der Klärung und der Vertiefung aus.

a) Dem maskulinen, aktivistisch-soziologischen Ansatz von *Populus Dei* (Volk Gottes) tritt die Tatsache entgegen, dass Kirche – *Ecclesia* – feminin ist. Das heißt: Es öffnet sich die über das Soziologische hinausweisende Dimension des Mysteriums, in der erst der wirkliche Grund und die einheitgebende Kraft in Erscheinung tritt, worauf Kirche beruht. Kirche ist mehr als »Volk«, mehr als Struktur und Aktion: In ihr lebt das Geheimnis der Mutterschaft und der bräutlichen Liebe, die die Mutterschaft ermöglicht. Kirchenfrömmigkeit, Liebe zur Kirche ist überhaupt nur möglich, wenn es dies gibt. Wo Kirche nur noch maskulin, strukturell, institutionentheoretisch gesehen wird, da ist das Eigentliche von *Ecclesia* ausgefallen – jenes Zentrale, um das es in der Bibel und bei den Vätern in allem Reden von der Kirche geht.[11]

b) Paulus hat die *differentia specifica* der neutestamentlichen Kirche gegenüber dem »wandernden Gottesvolk« des Alten Bundes in dem Begriff »Leib Christi« ausgedrückt: Kirche ist nicht Organisation, sondern Organismus Christi, sie wird nur durch die Vermittlung der Christologie hindurch überhaupt »Volk«, und diese Vermittlung wiederum geschieht im Sakrament, in der Eucharistie, die ihrerseits Kreuz und Auferstehung als Bedingung ihrer Möglichkeit voraussetzt. Deswegen spricht man dann nicht von der Kirche, wenn man »Volk Gottes« sagt, ohne »Leib Christi« mitzusagen oder wenigstens mitzudenken.[12] Aber auch der Leib-Christi-Begriff bedarf im Kontext heutigen Sprechens der Klä-

---

[11] Vgl. dazu die grundlegende Darstellung von Hans Urs von BALTHASAR, *Wer ist die Kirche?*.

[12] Vgl. dazu RATZINGER, *Heilssakrament;* vgl. von mir auch: *Vom Ursprung.*

Maria als ... Vorwegnahme der Vollendung der Gnade

rung, um nicht missverständlich zu sein: Er könnte leicht im Sinn eines Christomonismus ausgelegt werden, einer Absorption der Kirche und so des gläubigen Geschöpfs in die Einzigkeit der Christologie hinein. Paulinisch ist aber das Wort vom »Leib Christi«, der wir sind, immer auf dem Hintergrund der Formel von Genesis 2,24 zu verstehen: »Die beiden werden zu einem Fleisch werden« (vgl. 1 Kor 6,17). Die Kirche ist der Leib, das Fleisch Christi in der geistlichen Spannung der Liebe, in der sich das eheliche Geheimnis von Adam und Eva erfüllt, also in der Dynamik einer Einheit, die das Gegenübersein nicht aufhebt. Das bedeutet: Gerade das eucharistisch-christologische Mysterium der Kirche, das sich in dem Wort vom »Leib Christi« ansagt, bleibt nur dann in seinem rechten Maß, wenn es das marianische Geheimnis einschließt: die hörende Magd, die – in der Gnade frei geworden – ihr *Fiat* spricht und darin Braut und so Leib wird.[13]

Wenn dem so ist, dann kann die Mariologie niemals einfach ins Sachliche der Ekklesiologie aufgelöst werden: Der Typus-Gedanke der Väter ist gründlich missverstanden, wenn er Maria zur bloßen und damit austauschbaren Exemplifikation theologischer Sachverhalte reduziert. Der Sinn des Typus bleibt vielmehr nur gewahrt, wenn die Kirche durch die unvertauschbare persönliche Gestalt Marias in ihrer persönlichen Form erkennbar wird. Nicht die Person ist in der Theologie auf die Sache zurückzuführen, sondern die Sache auf die Person. Eine bloß strukturelle Ekklesiologie muss Kirche zum Aktionsprogramm degenerieren. Erst durch das Marianische wird vollends auch der affektive Bereich im Glauben festgemacht und damit die menschliche Entsprechung zur Wirklichkeit des inkarnierten Logos gewonnen. In diesem Punkt sehe ich die Wahrheit des Wortes von »Maria als der Überwinderin aller Häresien«: Wo es diese affektive Verwurzelung gibt, da ist die Bindung *ex toto corde* – vom Grund des Herzens her – an den *persönlichen* Gott und seinen Christus gegeben und die Umschmelzung der Christologie in ein Jesus-Programm, das atheistisch und das bloß sachlich sein kann, unmög-

---

[13] Vgl. Balthasar, *Wer ist die Kirche?*; siehe auch die schöne Auslegung der Verkündigung an Maria bei Karol Wojtyła, *Zeichen des Widerspruchs,* 50 f.

Erwägungen zur Stellung von Mariologie und Marienfrömmigkeit

lich: Die Erfahrung der letzten Jahre verifiziert heute auf eine erstaunliche Weise den richtigen Gehalt solcher alten Worte.

3. Der Ort der Mariologie im Ganzen der Theologie

Mit dem Gesagten klärt sich auch der Ort der Mariologie in der Theologie. Georg Söll hat in seinem imponierenden Band über die Dogmengeschichte der Mariologie als Fazit seiner historischen Analyse die Zuordnung der Marienlehre zur Christologie und Soteriologie gegen eine Konstruktion von der Ekklesiologie her verteidigt.[14] Ohne die außerordentliche Leistung dieses Werkes oder das Gewicht seiner geschichtlichen Ergebnisse zu mindern, halte ich dem gegenüber den anders angelegten Entscheid der Väter des Vaticanum II für richtig, und zwar sowohl aus einer systematischen wie aus einer gesamtgeschichtlichen Perspektive. Zwar ist der dogmengeschichtliche Befund unbestreitbar, dass die Aussagen über Maria zunächst von der Christologie her notwendig wurden und sich in ihrem Gefüge entwickelt haben. Aber es muss hinzugefügt werden, dass alles so Gesagte keine eigene Mariologie bildete und bilden konnte, sondern Explikation der Christologie blieb. Dagegen wurde in der Zeit der Väter in der Ekklesiologie die ganze Mariologie vorentworfen, freilich ohne den Namen der Mutter des Herrn zu nennen: Die *Virgo Ecclesia,* die *Mater Ecclesia,* die *Ecclesia Immaculata,* die *Ecclesia assumpta* – alles, was später Mariologie sein wird, ist zunächst als Ekklesiologie vorgedacht worden. Obwohl natürlich auch Ekklesiologie nicht von Christologie isolierbar ist, so hat doch die Kirche Christus gegenüber eine relative Selbstständigkeit, wie wir vorhin hörten: die Selbstständigkeit der Braut, die im Ein-Geist-Werden der Liebe dennoch sein Gegenüber bleibt. Erst das Zusammenströmen dieser vorerst namenlosen, aber personal gestalteten Ekklesiologie mit den in der Christologie vorbereiteten Aussagen über Maria, das seit Bernhard von Clairvaux einsetzte, ergab die Mariologie als eigene Ganzheit in der Theologie. So kann man sie weder allein der Christologie noch auch allein der Ekklesiologie

---

[14] Vgl. SÖLL, *Mariologie.*

Maria als ... Vorwegnahme der Vollendung der Gnade

zuordnen (schon gar nicht in ihr als ein mehr oder weniger über-
flüssiges Exempel aufgehen lassen).

Die Rede von Maria markiert vielmehr den *Nexus mysterorum*
– die innere Verwobenheit der Geheimnisse in ihrem Gegenüber
und ihrer Einheit. Wird die Verknüpfung von Christus und Kirche in den Begriffspaaren Bräutigam – Braut, Haupt – Leib an-
sichtig, so ist dies allerdings in Maria noch überschritten, weil sie
ja zu Christus zunächst nicht als Braut, sondern als Mutter steht.
Hier kann man die Funktion des Titels »Mutter der Kirche« erblicken; er drückt das Übersteigen des ekklesiologischen Rahmens
in der Marienlehre und zugleich ihre Zuordnung auf ihn hin
aus.[15]

Demgemäß kann man in der Frage der Zuordnungen auch
nicht einfach argumentieren, Maria sei doch nur deshalb Abbild
der Kirche, weil sie zuerst Mutter des Herrn gewesen sei. Damit
wäre das Verhältnis von Seinsordnung und Erkenntnisordnung
ungebührlich vereinfacht. Einem solchen Ausgangspunkt gegenüber könnte man nämlich zu Recht mit Hinweis auf Stellen wie
Mk 3, 33–35 oder Lk 11, 27 f. fragen, ob denn die leibliche Mutterschaft überhaupt theologisch bedeutsam sei. Die Abdrängung der
Mutterschaft ins bloß Biologische kann nur vermieden werden,
wenn die Lektüre der Heiligen Schrift von einer Hermeneutik ausgehen darf, die diese Teilung ausschließt und die Zuordnung von
Christus und seiner Mutter vom Ansatz des Verstehens her als
theologische Realität erkennt. Diese Hermeneutik ist in der vorhin erwähnten personalen, wenn auch namenlosen Ekklesiologie
der Väter von der Schrift selbst her und aus der inneren Glaubenserfahrung der Kirche entwickelt worden. Sie besagt in Kürze,
dass das vom dreifältigen Gott in der Geschichte gewirkte Heil,
die wahre Mitte aller Geschichte, »Christus und seine Kirche«
heißt – Kirche als Verschmelzung des Geschöpfs mit seinem
Herrn in der bräutlichen Liebe, in der sich ihre Hoffnung auf Vergöttlichung durch den Weg des Glaubens erfüllt.

Wenn demgemäß Christus und *Ecclesia* die hermeneutische
Mitte der Schrift als Darstellung der Heilsgeschichte Gottes mit
dem Menschen sind, dann und erst dann ist der Ort vorgegeben,

---

[15] Zum Titel »Mutter der Kirche« Dürig, *Maria*.

470

Erwägungen zur Stellung von Mariologie und Marienfrömmigkeit

an dem Marias Mutterschaft als letzte personale Konkretisierung von Kirche theologisch bedeutsam wird: Maria ist in dem Augenblick ihres Ja Israel in Person, die Kirche in Person und als Person. Sie ist diese personale Konkretisierung der Kirche zweifellos dadurch, dass sie aufgrund ihres *Fiat* leibhaftig Mutter des Herrn wird. Aber dieses biologische Faktum ist dadurch theologische Wirklichkeit, dass es Verwirklichung des tiefsten geistigen Gehaltes des Bundes ist, den Gott mit Israel schließen wollte: Dies lässt Lukas wundervoll im Zusammenklang von 1,45 (»Selig, die du geglaubt hast«) und 11,27 (»Selig, die das Wort Gottes hören und bewahren«) erkennen. So können wir sagen, dass sich die Aussagen von der Mutterschaft Marias und diejenigen von ihrer Darstellung der Kirche zueinander verhalten wie *factum* und *mysterium facti*, wie die Tatsache und der ihr Bedeutung gebende Sinn. Beides ist untrennbar: Das Faktum ohne seinen Sinn würde blind, der Sinn ohne die Tatsache leer. Die Mariologie kann aus dem bloßen Faktum unmöglich entwickelt werden, sondern nur aus dem in der Hermeneutik des Glaubens verstandenen Faktum. Das hat zur Folge, dass Mariologie nie bloß mariologisch sein kann, sondern in der Ganzheit des Grundgefüges von Christus und Kirche steht, konkretester Ausdruck seines Zusammenhanges ist.[16]

4. Mariologie – Anthropologie – Schöpfungsglaube

Denkt man dies zu Ende, so zeigt sich, dass Mariologie ihrerseits den Kern dessen ausdrückt, was »Heilsgeschichte« ist, andererseits aber bloß heilsgeschichtliches Denken überschreitet. Wird sie als wesentlicher Teil einer Hermeneutik der Heilsgeschichte erkannt, so bedeutet dies, dass einem missverstandenen *Solus Christus* die wahre Größe der Christologie gegenübertritt, die von einem Christus sprechen muss, der »Haupt und Leib« ist, das heißt, der die erlöste Schöpfung in ihrer relativen Selbstständigkeit mitumfasst. Dies weitet aber zugleich den Blick über die

---

[16] Vgl. dazu die eindrucksvolle Untersuchung von Ignace De La Potterie, *La mère de Jésus*, besonders 45 und 89 f.

Heilsgeschichte hinaus, weil es einer falsch verstandenen Allein-wirksamkeit Gottes gegenüber die Realität des Geschöpfes in den Blick bringt, das von Gott zur freien Antwort berufen und be-fähigt ist. In der Mariologie wird sichtbar, dass die Gnadenlehre nicht auf Rücknahme der Schöpfung hinausläuft, sondern das de-finitive Ja zur Schöpfung ist: Mariologie wird so zur Gewähr für die Eigenständigkeit der Schöpfung, zur Bürgschaft des Schöp-fungsglaubens und zum Siegel einer recht gedachten Schöpfungs-lehre. Hier liegen Fragen und Aufgaben bereit, die noch kaum in Angriff genommen sind.

a) Maria erscheint in ihrem gläubigen Gegenüber zum Anruf Gottes als Darstellung der zur Antwort gerufenen Schöpfung, der Freiheit des Geschöpfes, die sich in der Liebe nicht auflöst, son-dern vollendet. Sie ist solche Darstellung des geretteten und frei gewordenen Menschen aber gerade als Frau, das heißt in der leib-lichen Bestimmtheit, die vom Menschen unabtrennbar ist: »Als Mann und Frau erschuf er sie« (Gen 1,27). Das »Biologische« und das Humane sind in ihrer Gestalt untrennbar, so wie das Hu-mane und das »Theologische« untrennbar sind. Alles dies berührt sich einerseits engstens mit den bestimmenden Bewegungen un-serer Zeit, widerspricht ihnen aber zugleich auch zentral. Denn wenn das anthropologische Programm der Gegenwart in einer vordem nicht gekannten Radikalität um »Emanzipation« kreist, so wird damit eine Freiheit gesucht, die auf »Sein wie Gott« (Gen 3,5) abzielt. Zu dieser Vorstellung des »Seins wie Gott« gehört aber die Lösung des Menschen von seiner biologischen Bedingt-heit, von dem »Als Mann und Frau schuf er sie«: Diese Differenz, die zum Menschen als einem biologischen Wesen unaufhebbar gehört und ihn zutiefst zeichnet, wird als vollkommen unerheb-liche Belanglosigkeit, als geschichtlich erfundener »Rollenzwang« in den den Menschen gar nicht eigentlich angehenden »bloß bio-logischen« Bereich verwiesen. Das bedeutet, dass dies »bloß Bio-logische« als Sache dem Menschen verfügbar, außerhalb der hu-manen und geistigen Maßstäbe angesiedelt wird (bis zur freien Verfügung über werdendes Leben); solche Versachlichung des »Biologischen« erscheint dann als Befreiung, in der der Mensch den *Bios* unter sich lässt, ihn frei gebraucht und im Übrigen un-abhängig davon bloß Mensch ist – nicht Mann oder Frau. Aber in

Wirklichkeit trifft er sich damit im Tiefsten seiner selbst und wird sich selbst verächtlich, weil er in Wahrheit eben doch Mensch als Leib, Mensch als Mann oder Frau ist. Macht er diese grundlegende Bestimmtheit seiner selbst zur verächtlichen Kleinigkeit, die man als Sache behandeln kann, so wird er selbst zur Kleinigkeit und zur Sache; die »Befreiung« wird zur Erniedrigung ins Machbare hinein. Wo das Biologische der Humanität entzogen wird, wird die Humanität selbst verneint. So geht es in der Frage, ob es den Mann als Mann und die Frau als Frau geben darf, um das Geschöpf überhaupt. Da diese biologische Bestimmtheit des Humanen in der Frage der Mutterschaft ihre am wenigsten verdeckbare Realität hat, ist eine den *Bios* negierende Emanzipation in besonderer Weise ein Angriff auf die Frau: die Leugnung ihres Rechts, Frau sein zu dürfen. Insofern ist umgekehrt die Erhaltung der Schöpfung in besonderer Weise mit der Frage nach der Frau verbunden, und diejenige, in der das »Biologische« »theologisch«, nämlich Gottesmutterschaft, ist – sie ist in besonderer Weise der Richtpunkt, an dem sich die Wege scheiden.

b) Ebenso wie die Mutterschaft ist die Jungfräulichkeit Marias Bestätigung der Humanität des »Biologischen«, der Ganzheit des Menschen vor Gott und der Einbeziehung seines Menschseins als Mann und Frau in den eschatologischen Anspruch und in die eschatologische Hoffnung des Glaubens. Es ist kein Zufall, dass sie – obzwar als Lebensform auch dem Mann möglich und zugedacht – doch zuerst von der Frau als der eigentlichen Siegelbewahrerin der Schöpfung her formuliert ist und in ihr ihre maßgebende, vom Mann sozusagen nur nachzuahmende Vollgestalt hat.[17]

---

[17] Zur Einheit des Biologischen, des Humanen und des Theologischen De La Potterie, *La mère de Jésus*, 89 f. Vgl. zum Ganzen auch Bouyer, *Frau und Kirche*. Hierher gehört auch die schöne Bemerkung von Albino Luciani, *Ihr ergebener*, 126, der von der Begegnung mit Mädchen einer Schulklasse erzählt, die sich gegen die angebliche Benachteiligung der Frau in der Kirche wandten. Er arbeitet demgegenüber heraus, dass Christus zwar eine menschliche Mutter, aber nicht einen irdischen Vater hatte und haben konnte: Die Vollendung des Geschöpfes als Geschöpf vollzieht sich in der Frau, nicht im Mann.

Maria als ... Vorwegnahme der Vollendung der Gnade

5. Marianische Frömmigkeit

Aus den damit umrissenen Zusammenhängen lässt sich endlich die Struktur der marianischen Frömmigkeit erklären. Ihr traditioneller Ort in der kirchlichen Liturgie ist der Advent und dann überhaupt der Bereich der dem Weihnachtskreis zugeordneten Feste: Lichtmess, Maria Verkündigung.[18]

Wir hatten in unseren bisherigen Überlegungen als das Charakteristische des Marianischen angesehen, dass es personalisierend ist (Kirche nicht als Struktur, sondern als Person und in Person), dass es inkarnierend ist (Einheit von *Bios,* Person und Gottesbeziehung, Eigenständigkeit der Schöpfung im Gegenüber zum Schöpfer, des »Leibes« Christi in Zuordnung zum Haupt) und dass es, von beidem her, den Bereich des Herzens, den affektiven Bereich, einbezieht und so den Glauben in den tiefsten Wurzeln des Menschseins festmacht. Diese Charakterisierungen verweisen auf den Advent als liturgischen Ort des Marianischen und werden ihrerseits von ihm her in ihrer Bedeutung weiter geklärt. Marienfrömmigkeit ist adventlich, von der Freude der Naherwartung erfüllt, dem Inkarnatorischen der geschenkten und sich schenkenden Nähe des Herrn zugeordnet. Ulrich Wickert spricht sehr schön davon, dass Lukas Maria als die zweimal Adventliche zeichnet – zu Anfang des Evangeliums, da sie die Geburt des Sohnes, und zu Anfang der Apostelgeschichte, da sie die Geburt der Kirche erwartet.[19]

Aber im Laufe der Entwicklung ist immer stärker ein zweites Moment dazugekommen. Gewiss, Marienfrömmigkeit ist zunächst inkarnatorisch, dem gekommenen Herrn zugewandt: Sie sucht mit Maria das Verweilen bei ihm zu lernen. Aber das Fest ihrer Aufnahme in den Himmel, das durch das Dogma von 1950 neues Gewicht gewonnen hat, bringt auch die eschatologische Transzendierung der Inkarnation zur Geltung. In den Weg Marias gehört die Erfahrung des Abgewiesenwerdens hinein (Mk 3, 31–

---

[18] Beide Feste sind zwar – der alten Tradition gemäß – im neuen Missale als Christusfeste gesehen, verlieren aber damit keineswegs ihren marianischen Gehalt.

[19] Vgl. WICKERT, *Maria und die Kirche,* 402.

Erwägungen zur Stellung von Mariologie und Marienfrömmigkeit

35; Joh 2,4), die im Weggegebenwerden am Kreuz (Joh 19,26) Teilhabe an der Abweisung wird, die Jesus selbst am Ölberg (Mk 14,34) und am Kreuz (Mk 15,34) erfahren musste. Nur in solcher Abweisung kann sich das Neue begeben; nur durch das Weggehen kann das wirkliche Kommen Ereignis werden (Joh 16,7). So ist Marienfrömmigkeit notwendig auch Passionsfrömmigkeit; in der Prophetie des greisen Simeon von dem das Herz durchbohrenden Schwert (Lk 2,35) hat Lukas von vorneherein Inkarnation und Passion, die freudenreichen und die schmerzenreichen Geheimnisse, ineinander verknotet. Maria erscheint in der Frömmigkeit der Kirche gleichsam als das lebendige Veronika-Bild, als die Ikone Christi, die ihn in die Gegenwart des menschlichen Herzens einholt, sein Bild ins Schauen des Herzens übersetzt und so verstehbar macht. Im Blick auf die *Mater assumpta,* die in den Himmel aufgenommene Jungfrau-Mutter, weitet sich der Advent ins Eschatologische hinein; Inkarnation wird zum Weg, der im Kreuz die Fleischwerdung nicht zurücknimmt, sondern verendgültigt. In diesem Sinn entspricht die mittelalterliche Ausweitung der Marienfrömmigkeit über den Advent hinaus ins Ganze der Heilsgeheimnisse hinein durchaus der Logik des biblischen Glaubens.

Daraus lässt sich zum Schluss eine dreifache Aufgabe marianischer Frömmigkeitserziehung ableiten:

a) Es muss darum gehen, das Eigene des Marianischen gerade dadurch zu erhalten, dass es stetig in seiner strengen Verwiesenheit auf das Christologische vollzogen und so beides zu seiner richtigen Gestalt gebracht wird.

b) Marianische Frömmigkeit darf sich nicht auf Teilaspekte des Christlichen zurückziehen oder gar das Christliche auf Teilaspekte seiner selbst reduzieren; sie muss sich der ganzen Weite des Mysteriums öffnen und selbst Weg zu dieser Weite werden.

c) Marianische Frömmigkeit wird immer in der Spannung von theologischer Rationalität und gläubiger Affektivität stehen. Das liegt in ihrem Wesen, und es geht in ihr gerade darum, keines der beiden verkümmern zu lassen, im Affekt das nüchterne Maß der Ratio nicht zu vergessen, aber auch in der Nüchternheit eines verstehenden Glaubens das Herz nicht zu erdrücken, das oft mehr sieht als der bloße Verstand. Nicht umsonst haben die Väter Mt 5,8 als Mitte ihrer theologischen Erkenntnislehre gefasst: »Selig

475

Maria als … Vorwegnahme der Vollendung der Gnade

sind, die ein reines Herz haben; denn sie werden Gott anschauen«
– das Organ, Gott zu sehen, ist das gereinigte Herz. Marianischer
Frömmigkeit könnte es zukommen, Erweckung des Herzens und
seine Reinigung in den Glauben hinein zu wirken. Wenn es das
Elend des heutigen Menschen ist, immer mehr in bloßen *Bios* und
bloße Rationalität auseinanderzufallen, so könnte sie solcher »De-
komposition« des Humanen entgegenwirken und helfen, die Einheit in der Mitte, vom Herzen her, wiederzufinden.

Das Zeichen der Frau
Versuch einer Hinführung zur Enzyklika »Redemptoris Mater«

Eine Marienenzyklika, ein Marianisches Jahr stoßen im deutschen Katholizismus im Allgemeinen auf wenig Begeisterung. Man fürchtet eine Belastung des ökumenischen Klimas; man sieht die Gefahr einer allzu emotionalen Frömmigkeit, die ernsten theologischen Maßstäben nicht standhalten kann. Nun hat freilich das Aufstehen feministischer Tendenzen ein unerwartetes neues Element ins Spiel gebracht, das die Fronten etwas zu verwirren droht. Zum einen wird da das Marienbild der Kirche als die Kanonisierung der Abhängigkeit der Frau und als die Glorifizierung ihrer Unterdrückung hingestellt: Mit der Verherrlichung der Jungfrau und Mutter, der dienenden, gehorsamen und demütigen, habe man über Jahrhunderte hin die Rolle der Frau fixiert; sie verherrlicht, um sie niederzuhalten. Auf der anderen Seite bietet aber die Gestalt Marias doch den Ansatz für eine neue und revolutionäre Auslegung der Bibel: Befreiungstheologen verweisen auf das »Magnifikat«, das den Sturz der Mächtigen und die Erhöhung der Niedrigen verkündet; es wird zu einem Leittext einer Theologie, die es als ihren Auftrag betrachtet, zum Umsturz der bestehenden Ordnungen anzuleiten.

Die feministische Lektüre der Bibel sieht in Maria die emanzipierte Frau, die frei und ihres Auftrags bewusst einer von Männern beherrschten Kultur entgegentritt. Ihre Gestalt wird – mit anderen scheinbaren Indizien zusammen – zu einem hermeneutischen Schlüssel, der auf ein ursprünglich ganz anderes Christentum verweisen soll, dessen befreiende Wucht dann von der männlichen Machtstruktur bald wieder verdeckt und zugeschüttet worden sei. Das Tendenziöse und Gewaltsame solcher Auslegungen ist leicht zu erkennen, aber sie könnten wohl den einen Vorteil haben, uns wieder hellhöriger zu machen für das, was die Bibel

Maria als ... Vorwegnahme der Vollendung der Gnade

tatsächlich über Maria zu sagen hat. So könnte dies auch die Stunde sein, um einer Marienenzyklika aufmerksamer als gewohnt zuzuhören, der es ihrerseits ganz darum geht, die Bibel zum Sprechen zu bringen.

Um das Päpstliche Lehrschreiben unserem Verstehen anzunähern und seine Lektüre zu erleichtern, möchte ich mit einigen Anmerkungen beginnen, die etwas von der methodischen Eigenart dieses Textes sichtbar werden lassen. In einem zweiten Teil sollen dann vier inhaltliche Schwerpunkte herausgestellt werden.

I. Methodische Aspekte

1. Die Bibel als Ganzheit lesen

Die Enzyklika stellt sich auf weiten Strecken als eine biblische Meditation dar. Sie setzt historisch-kritische Auslegung der Bibel voraus, tut aber ihrerseits den nächsten Schritt – den zu einer eigentlich theologischen Interpretation. Was heißt das? Wie geht das zu? Deren Grundregel findet sich im dritten Kapitel der Offenbarungskonstitution des Zweiten Vatikanischen Konzils: »Da die Heilige Schrift in dem Geist gelesen und ausgelegt werden muss, in dem sie geschrieben wurde, erfordert die rechte Ermittlung des Sinnes der heiligen Texte, dass man mit nicht geringerer Sorgfalt auf den Inhalt und die Einheit der ganzen Schrift achtet, unter Berücksichtigung der lebendigen Überlieferung der Gesamtkirche und der Analogie des Glaubens« (DV 12).

Grundvoraussetzung theologischer Auslegung ist also zunächst die Überzeugung, dass die Schrift – unbeschadet ihrer vielen menschlichen Autoren und der langen Geschichte ihrer Entstehung – dennoch *ein* Buch, eine in allen Spannungen wirkliche innere Einheit ist. Diese Voraussetzung wiederum beruht auf der Überzeugung, dass die Schrift im Letzten doch Werk eines einzigen Autors ist, der einen menschlichen und einen göttlichen Aspekt hat: Sie entstammt dem einen geschichtlichen Subjekt des Volkes Gottes, das in allen Wendungen seiner Geschichte doch seine innere Identität mit sich selbst nicht verloren hat. Wo es nicht beiläufig und äußerlich, sondern aus der Mitte seiner Iden-

Das Zeichen der Frau

tität heraus spricht, spricht es in Stufen seiner Geschichte, aber doch als das eine und selbe. Damit sind wir beim göttlichen Aspekt des Ganzen: Diese innere Identität beruht auf der Führung durch den einen Geist. Wo sich der Kern dieser Identität geltend macht, spricht nicht mehr einfach ein Mensch, ein Volk – da spricht Gott in Menschenworten: der eine Geist, der die bleibende innere Macht ist, die dieses Volk durch seine Geschichte führt.

Die Schrift theologisch auslegen heißt also: nicht nur die neben- und gegeneinanderstehenden historischen Autoren hören, sondern die eine Stimme des Ganzen suchen, die innere Identität, die dieses Ganze trägt und verbindet. Wenn eine bloß historische Methode sozusagen den historischen Augenblick des Werdens rein zu destillieren sucht, ihn damit von allem anderen abgrenzt und in seinen Augenblick hinein fixiert, so hebt theologische Auslegung zwar solches Bemühen an seinem Ort nicht auf, überschreitet es aber: Der Augenblick steht eben doch nicht für sich; er ist Teil eines Ganzen, und auch ihn selber verstehe ich erst recht, wo ich ihn aus dem Ganzen und mit dem Ganzen verstehe. Insofern ist die methodische Form, um die es hier geht, zuletzt sehr einfach: Schrift wird durch Schrift ausgelegt. Schrift legt sich selbst aus. Dieses Zuhören auf die eigene innere Auslegung der Schrift durch die Schrift ist sehr charakteristisch für die Enzyklika. Sie sucht die biblischen Texte nicht in ihren einzelnen Momenten durch die Stimmen von außen zu erklären, die viel historisches Kolorit beitragen, aber ihr Inneres doch nicht aufschließen können. Sie versucht, sie ganz in ihrem eigenen Vielklang zu hören und sie so aus ihren inneren Zuordnungen her zu begreifen.

Schrift als Einheit lesen schließt so konsequenterweise ein zweites Prinzip mit ein: Es bedeutet, sie als Gegenwart zu lesen; in ihr nicht nur Kunde darüber zu suchen, was gewesen ist und was einmal gedacht wurde, sondern Kunde darüber, was wahr ist. Auch dies kann nicht unmittelbar Absicht einer streng historischen Auslegung sein: Sie blickt ja auf den gewesenen Augenblick ihres Entstehens hin und liest sie damit notwendigerweise in ihre Vergangenheit hinein. Daraus kann man dann, wie aus aller Geschichte, auch lernen, aber nur über die Distanz des Vergangenen hinweg. Die Wahrheitsfrage als solche zu stellen, ist der modernen Wissenschaft von ihrem Wesen her ganz fremd. Es ist eine naive,

Maria als ... Vorwegnahme der Vollendung der Gnade

eine unwissenschaftliche Frage. Aber es ist die eigentliche Frage der Bibel als Bibel: »Was ist Wahrheit« – für den aufgeklärten Pilatus ist dies eine Unfrage; sie zu stellen, heißt schon, sie wegzuschieben, und uns geht es nicht anders. Die Frage hat nur Sinn, wenn die Bibel selbst Gegenwart ist, wenn aus ihr ein gegenwärtiges Subjekt spricht und wenn dieses Subjekt sich dadurch von allen anderen lebenden Subjekten der Geschichte abhebt, dass es in der Berührung mit der Wahrheit steht und sie daher in Menschenrede kundgeben kann.

Dies zu glauben, macht das Wesen theologischer Exegese aus. Der Papst spricht mit der Bibel in dieser Haltung. Er nimmt ihre Worte, wie sie sich aus ihrer Sinnganzheit erschließen, als Wahrheit, als Kunde darüber, wie es um Gott und um den Menschen wirklich steht. So geht uns die Bibel wirklich an; so ist sie ohne künstliche Aktualisierungen aus sich selbst heraus im höchsten Maße »aktuell«.

2. Die weibliche Linie in der Bibel

Das sogenannte Ägypter-Evangelium aus dem zweiten Jahrhundert schreibt Jesus das Wort zu: »Ich bin gekommen, die Werke des Weiblichen aufzulösen«[1]. Damit ist ein Grundmotiv gnostischer Interpretation des Christlichen ausgesprochen, das – etwas anders gewendet – sich auch im sogenannten Thomas-Evangelium wiederfindet: »Wenn ihr die zwei (zu) eins macht [...] und das Obere wie das Untere und wenn ihr das Männliche und das Weibliche zu einem Einzigen macht, damit das Männliche nicht männlich (und) das Weibliche (nicht) weiblich ist, [...] dann werdet ihr [ins Reich] eingehen.«[2] So heißt es dort auch in deutlicher

---

[1] SCHNEEMELCHER, *Ägypterevangelium,* 109. Interessant sind die Überlegungen dazu bei KÄSTNER, *Die Stundentrommel,* 267 ff.

[2] Logion 22, 17.19. Ich zitiere nach der koptisch-deutschen Ausgabe GUILLAUMONT, *Evangelium nach Thomas.* Parallelen zum Logion 22 findet man in einer Reihe weiterer Logien, z. B. 37; 106; 46; 31 u. a. Zur Eigenart und zur Datierung des Thomasevangeliums vgl. PUECH, *Gnostische Evangelien,* 199–223. Sehr erhellend zur Bedeutung dieser Texte ist der Beitrag von BAUER, *Jesusworte.* In der gegenwärtigen Feminismus-Debatte wäre es wichtig, den hier sichtbar werden-

Das Zeichen der Frau

Gegenstellung gegen Gal 4,4: »Wenn ihr den seht, der nicht geboren worden ist vom Weibe, werft euch auf euer Antlitz (und) verehrt ihn. Jener ist euer Vater.«[3]

In diesem Zusammenhang ist interessant, dass Romano Guardini als Zeichen für die Überwindung des gnostischen Grundschemas in den johanneischen Schriften darauf hinweist, »dass im Gesamtbau der Apokalypse das Weibliche in jener Ebenbürtigkeit zum Männlichen steht, die Christus ihm gegeben hat. Wohl gehen das Moment des Bösen, des Sinnlichen und des Weiblichen in der Gestalt der babylonischen Dirne zusammen; das wäre aber erst dann gnostisch gedacht, wenn auf der anderen Seite das Gute nur in männlicher Gestalt erschiene. In Wahrheit findet es einen strahlenden Ausdruck in der Erscheinung der von Gestirnen umgebenen Frau. Wollte man aber von einem Übergewicht sprechen, dann würde es eher dem Weiblichen zukommen; denn die Gestalt, in welcher die erlöste Welt sich endgültig verfasst, ist die [...] ›der Braut‹«[4].

Guardini hat mit dieser Bemerkung den Finger auf eine Grundfrage richtiger Auslegung der Bibel gelegt. Gnostische Exegese ist dadurch gekennzeichnet, dass sie das Weibliche mit der Materie, dem Negativen und Nichtigen identifiziert, das nicht zur Heilsaussage der Bibel gehören kann, wobei solche radikalen Positionen freilich auch in ihr Gegenteil, in die Revolte gegen derlei Wertungen und in ihre völlige Umkehrung, umschlagen können.

In der Neuzeit hat sich aus anderen Motiven heraus eine weniger grundsätzliche, aber nicht weniger wirksame Ausschließung des Weiblichen aus der biblischen Botschaft entwickelt: Ein über-

---

den geistesgeschichtlichen Hintergrund der Gestaltwerdung des Christlichen in der antiken Welt vor Augen zu haben, um zu verstehen, wie im kirchlichen Christentum und in seiner Auswahl kanonischer Schriften das Einzigartige und Neue Jesu sich durchhielt gegen die Strömungen, in denen der Zeitgeist sich selbst religiös verklärte und verabsolutierte.

[3] Guillaumont, *Evangelium nach Thomas,* Logion 15, 11.

[4] Guardini, *Das Christusbild,* 208 f. Dieses viel zu wenig beachtete Werk Guardinis enthält eine Fülle wichtiger, bisher nicht aufgenommener Einsichten sowohl zu den Grundsatzfragen theologischer Auslegung der Bibel wie zum rechten Verständnis paulinischer und johanneischer Christologie.

Maria als ... Vorwegnahme der Vollendung der Gnade

anstrengtes *Solus Christus* zwang dazu, jede Mitwirkung des Geschöpfes, jede eigenständige Bedeutung seiner Antwort als Verrat an der Größe der Gnade abzulehnen. So konnte von Eva bis Maria an der fraulichen Linie der Bibel nichts theologisch bedeutsam sein: Was die Väter und das Mittelalter darüber gesagt hatten, wurde unerbittlich als Wiederkehr des Heidnischen, als Verrat an der Einzigkeit des Erlösers gebrandmarkt. Die radikalen Feminismen von heute sind wohl nur als der lang aufgestaute Ausbruch des Unwillens gegen solche Einseitigkeit zu verstehen, der sich nun freilich zu wirklich heidnischen oder neognostischen Positionen versteigt: Die Absage an den Vater und an den Sohn, die sich hier vollzieht, trifft ins Herz des biblischen Zeugnisses.[5]

Umso wichtiger ist es, die Bibel selbst und sie ganz zu lesen. Dann zeigt sich, dass im Alten Testament neben und mit der Linie von Adam zu den Stammvätern und zum Gottesknecht die Linie von Eva über die Stammmütter zu Gestalten wie Debora, Ester, Rut und schließlich zur Sophia hin verläuft – ein Weg, den man theologisch nicht vergleichgültigen kann, auch wenn er so unabgeschlossen und damit in seiner Aussage so offen, so unfertig ist wie das ganze Alte Testament, das in Erwartung des Neuen und seiner Antwort bleibt. Aber wie von Christus her die adamische Linie ihren Sinn erhält, so wird im Licht der Gestalt Marias und in der Stellung der *Ecclesia* die Bedeutung der weiblichen Linie in ihrem unteilbaren Ineinander mit dem christologischen Geheimnis deutlich. Das Verschwinden Marias und der *Ecclesia* in einem Hauptstrom neuzeitlicher Theologie weist auf deren Unfähigkeit hin, Bibel in ihrer Ganzheit zu lesen. Das Abrücken von der *Ecclesia* bringt zunächst den Erfahrungsort zum Verschwinden, an dem solche Einheit sichtbar wird. Alles Weitere folgt dann von selbst. So ist umgekehrt für das Wahrnehmen des Gesamtgefüges das Annehmen des ekklesialen Grundortes vorausgesetzt und damit auch die Absage an eine historistische Auswahl aus dem Neuen Testament, in der das angeblich Älteste zum allein Gültigen

---

[5] Zur feministischen Auflösung des christlichen Gottesbildes lehrreich HENRY, *God, Revelation and Authority* 5; für feministische Interpretation des Neuen Testaments bezeichnend SCHÜSSLER-FIORENZA, *In Memory of Her.*

erklärt und damit Lukas wie Johannes entwertet werden. Aber nur im Ganzen finden wir das Ganze.[6]

Die aktuelle Bedeutung der Enzyklika scheint mir nicht zuletzt darin zu bestehen, dass sie uns anleitet, die weibliche Linie in der Bibel mit ihrem eigenen Heilsgehalt neu zu entdecken und zu erlernen, dass weder die Christologie das Weibliche ausschaltet oder ins Belanglose zurückdrängt noch umgekehrt die Anerkenntnis des Weiblichen die Christologie mindert, sondern dass nur in ihrem rechten Zueinander die Wahrheit über Gott und über uns selbst zum Vorschein kommt. Die Radikalismen, die unsere Zeit zerreißen, den Klassenkampf bis an die Wurzel des Menschseins – ins Zueinander von Mann und Frau – verlegen, sind »Häresie« im wörtlichen Sinn: Auswahl, die sich dem Ganzen verweigert. Nur die Wiedergewinnung der Ganzheit des Biblischen kann den Menschen in jene Mitte zurückbringen, in der er selbst ganz wird. So könnte das Drama von heute hilfreich sein, um die Einladung zu einer auch marianischen Lektüre der Bibel besser zu verstehen, als dies noch vor Kurzem möglich schien; umgekehrt brauchen wir diese Lektüre, um mit der anthropologischen Herausforderung von heute fertig zu werden.

3. Eine geschichtlich-dynamische Mariologie

Um die Eigenart des mariologischen Denkens zu verstehen, dem wir in der Enzyklika begegnen, mag eine sprachliche Beobachtung hilfreich sein. Das mariologische Denken im 19. und frühen 20. Jahrhundert war vor allem darauf ausgerichtet, die Privilegien der Gottesmutter zu erklären, die in ihren großen Würdetiteln zusammengefasst wurden. Nachdem die *Assumpta* mit dem Dogma von der leiblichen Aufnahme Marias in den Himmel gesichert war, rückte der Streit um die Titel »Mittlerin« (*Mediatrix*) und »Miterlöserin« (*Corredemptrix*) in den Vordergrund. In der Enzyklika erscheint der Titel »Miterlöserin«, soweit ich sehe, überhaupt nicht; der Titel »Mittlerin« begegnet uns nur ganz selten,

---

[6] Eine Skizze dieser Zusammenhänge habe ich versucht in meinem kleinen Buch: *Die Tochter Zion*, in diesem Band 397–444.

Maria als ... Vorwegnahme der Vollendung der Gnade

mehr am Rande und in Zitaten. Alles Gewicht liegt demgegenüber auf dem Wort »Vermittlung« (mediazione). Der Akzent liegt auf der Handlung, auf der geschichtlichen Sendung; das Sein wird nur durch die Sendung, durch das geschichtliche Wirken hindurch sichtbar.[7]

In dieser sprachlichen Verschiebung wird der neue Ansatz der Mariologie sichtbar, den der Papst gewählt hat: Es geht nicht darum, in sich ruhende Geheimnisse vor unserem staunenden Beschauen auszubreiten, sondern die geschichtliche Dynamik des Heils zu verstehen, das uns einbegreift, uns unseren Ort in der Geschichte zuweist, schenkend und fordernd. Maria ist weder bloß in der Vergangenheit noch allein in der Höhe des Himmels, der Vorbehaltenheit Gottes angesiedelt; sie ist und bleibt anwesend und wirksam in der gegenwärtigen Geschichtsstunde; sie ist hier und heute handelnde Person. Ihr Leben liegt nicht nur hinter uns, steht nicht bloß über uns; sie geht uns voraus, wie der Papst immer wieder unterstreicht. Sie deutet uns unsere Geschichtsstunde, nicht durch Theorien, sondern handelnd, indem sie den Weg nach vorne weist. In diesem Handlungsgeflecht wird dann freilich auch sichtbar, wer sie ist, wer wir *sind,* aber doch nur dadurch, dass wir uns auf den dynamischen Sinn ihrer Gestalt einlassen. Wir werden uns im zweiten Teil ausführlicher damit befassen müssen, wie auf diese Weise Mariologie zu Geschichtstheologie und zum Handlungsimperativ wird.

4. Bimillenarismus?

Schon in der ersten Enzyklika des Papstes »Redemptor hominis« (1979) klang ein Thema auf, das dann in seiner Heilig-Geist-Enzyklika von 1986 verstärkt wiederkehrte und nun in dem Lehrschreiben über die Muttergottes wieder einen wichtigen Platz ein-

---

[7] Zur Krise der Mariologie im Zusammenhang der konziliaren Besinnung LAURENTIN, *La question mariale*; LAURENTIN, *La Vierge au Concile.* Eine gute Zusammenfassung des gegenwärtigen Fragestandes findet man in dem von Stefano DE FIORES und Salvatore MEO herausgegebenen *Nuovo Dizionario di Mariologia;* vgl. z.B. DE FIORES, Art. Mariologia / Marialogia; MEO, Art. Mediatrice.

Das Zeichen der Frau

nimmt: Der Vorblick auf das Jahr 2000, auf das große Gedenken an Christi Geburt in der »Fülle der Zeit« (Gal 4, 4), dem ein Advent der Geschichte und der Menschheit vorangehen solle. Man könnte geradezu sagen, es sei die Zielsetzung der beiden letzten Enzykliken, diesen Advent einzuleiten. Advent ist in der Liturgie der Kirche marianische Zeit: die Zeit, in der Maria dem Erlöser der Welt in ihrem Schoß Raum gegeben hat, die Erwartung und Hoffnung der Menschheit in sich trug. Advent feiern heißt: marianisch werden, in jenes Mitsein mit dem Ja Marias eintreten, das immer neu der Raum der Gottesgeburt, der »Fülle der Zeit« ist.

Die starke Betonung des Jahres 2000 und die Deutung unserer geschichtlichen Stunde von diesem Gedanken her ruft begreiflicherweise auch Kritik hervor. Die Frage entsteht, ob dies nicht eine Art von neuem Millenarismus sei, eine Zahlenmystik, die die eigentliche Ebene des Christus-Ereignisses verfehlt, das in seiner historischen Dimension einmalig und unwiederholbar, in seiner Heilsmacht aller Zeit seitdem gleichzeitig ist und sie in das Immer des Ewigen hinein öffnet. Die eigentliche Antwort auf diese Einwände ist mit dem vorhin Gesagten schon berührt: In der Tat ist Christus, der Auferstandene, aller Zeit gleichzeitig und insofern jede Zeit gleichartig vor ihm. Aber es gibt doch privilegierte Anlässe des Gedenkens: das Fest. So wie es trotz der Allgegenwart Gottes und trotz der sakramentalen Gegenwart Christi in jedem Tabernakel der Welt eine »Geographie des Glaubens« gibt, auf die der Papst in einem kurzen Exkurs über die großen Wallfahrtsorte hinweist, so gibt es auch Gliederungen der Zeit, die in besonderer Weise zur Besinnung, zum Mitgehen mit der menschlichen Zeit Gottes und so zum Erleben seiner Gleichzeitigkeit mit uns einladen.

Raniero Cantalamessa hat in diesem Zusammenhang auf einen hilfreichen Gedanken verwiesen, den Augustinus in seiner Theologie des Festes entwickelt. Der große Kirchenlehrer sagt in einem seiner Briefe, es gebe zwei Arten von Festfeiern: solche, bei denen es nur auf das jährliche Gedächtnis, die Wiederkehr eines bestimmten Datums, ankommt, und solche, die man in der Weise des Mysteriums feiert. Bei den ersteren steht ein bestimmtes Datum im Vordergrund, das Erinnern weckt; bei der zweiten Art kommt es nicht auf das genaue Datum an, sondern auf das Ein-

485

Maria als ... Vorwegnahme der Vollendung der Gnade

treten in die innere Wirklichkeit eines äußeren Geschehens und auf das Einswerden mit dieser Wirklichkeit.[8]

Von da aus könnten wir sagen: Beim Jubiläum des Jahres 2000 steht nicht das ganz bestimmte Datum im Vordergrund, schon gar nicht so, als ob es in einer Art von Automatismus, wie eine aufgezogene Uhr, als solches bestimmte Wirkungen hervorbringen müsste. Entscheidend ist der innere Hinweis, der in unserer Zeitrechnung als ganzer liegt und in solcher Stunde wieder ins Bewusstsein rücken sollte: der Hinweis auf den, der die Zeit in Händen hält. Er ist »Mysterium«, das die Zeit zugleich berührt und überschreitet; so ist er für uns die Möglichkeit, in der zerfallenden und zerfließenden Zeit Grund zu finden und im Vergehen das Beständige zu wirken.

II. Vier inhaltliche Schwerpunkte

1. Maria – die Glaubende

Die zentrale Haltung, von der aus die Gestalt Marias in der Enzyklika aufgeschlüsselt wird, heißt: Glaube. Wenn Jesus das fleischgewordene Wort ist und aus der Tiefe seines Einsseins mit dem Vater spricht[9], so ist *ihr* Wesen und *ihr* Weg entscheidend dadurch bestimmt, dass sie Glaubende ist. »Selig, die du geglaubt hast« – dieser Zuruf Elisabets an Maria (Lk 1,45) wird zum Schlüsselwort der Mariologie. Maria wird so in den Lobpreis der großen Glaubenden der Geschichte eingeordnet, mit dem das 11. Kapitel des Hebräerbriefes dem Gedächtnis der Zeugen seinen theologischen Ort gegeben hat. Dieser grundlegende biblische Ort wird in der ganzen Enzyklika nicht verlassen und muss zu ihrem rechten Verständnis immer vor Augen gehalten werden. Die Enzyklika wird damit auch zu einer Katechese über den Glauben, über das

---

[8] CANTALAMESSA, *Maria e lo Spirito Santo,* 55; AUGUSTINUS, *Ep* 55 1, 2 (CSEL 34/2, 170).

[9] Zu Erkenntnis und Selbstbewusstsein Christi ist sehr klärend das 1986 in der Editrice Vaticana lateinisch und italienisch veröffentlichte Dokument der ITK, *De Iesu autoconscientia.* Hilfreich ist auch DREYFUS, *Jésus savait-il qu'il était Dieu?.*

Grundverhältnis des Menschen zu Gott. Der Papst sieht Marias Haltung in Verbindung mit der Gestalt Abrahams: Wie Abrahams Glaube zum Anfang des Alten Bundes wurde, so eröffnet der Glaube Marias in der Szene der Verkündigung den Neuen. Glaube ist bei ihr wie bei Abraham ein Gott-Trauen und -Gehorchen, auch auf einem dunklen Weg. Er ist ein Sich-fallen-Lassen, Sich-Freigeben und Sich-Überantworten an die Wahrheit, an Gott. So wird Glaube im Halbdunkel von Gottes unerforschlichen Wegen zur Gleichgestaltung mit ihm (Nr. 14).

Der Papst sieht Marias Ja, ihren Glaubensakt, in der Psalmstelle mitausgelegt, die der Hebräerbrief als das Ja des Sohnes zu Menschwerdung und Kreuz versteht: »Schlacht- und Speiseopfer hast du nicht gefordert, doch einen Leib hast du mir geschaffen […] ja, ich komme […], um deinen Willen, Gott, zu tun« (Hebr 10,5–7; Ps 40,6–8; Nr. 13). In ihrem Ja zur Geburt des Gottessohnes durch die Kraft des Heiligen Geistes aus dem eigenen Schoß stellt Maria ihren Leib, ihr ganzes Selbst als Ort für Gottes Gegenwart zur Verfügung. So fällt in diesem Ja Marias Wille mit dem Willen des Sohnes zusammen. Im Einklang dieses Ja »Einen Leib hast du mir bereitet« wird Menschwerdung möglich, in der – wie Augustinus es gesagt hat – dem leiblichen Empfangen das Empfangen im Geiste Marias voranging.[10]

Der Kreuzcharakter des Glaubens, den Abraham in so radikaler Weise hatte erfahren müssen, zeigt sich dann für Maria zuerst in der Begegnung mit dem greisen Simeon und wieder neu im Verlieren und Wiederfinden des zwölfjährigen Jesus. Der Papst unterstreicht sehr nachdrücklich das Wort des Evangelisten: »Sie verstanden nicht, was er damit sagen wollte« (Lk 2,48–50; Nr. 17). In der innersten Nähe zu Jesus bleibt das Geheimnis doch Geheimnis, das auch Maria nicht anders als im Glauben berührt. Aber gerade so bleibt sie wirklich im Kontakt mit dieser neuen Selbstoffenbarung Gottes, die Fleischwerdung ist. Gerade indem sie zu den »Kleinen« gehört, die das Maß des Glaubens anneh-

---

[10] Der Papst verweist in seiner Enzyklika *Redemptoris Mater,* Nr. 13 dazu auf eine Reihe von Augustinustexten, die das *prius mente quam ventre* unterstreichen, so z. B. Augustinus, Virg 3, 3 (PL 40, 398); Augustinus, Serm 215, 4 (PL 38, 1074).

487

Maria als ... Vorwegnahme der Vollendung der Gnade

men, steht sie in der Verheißung: »Vater [...], du hast all das den Weisen und Klugen verborgen, den Unmündigen aber offenbart [...] Niemand kennt den Sohn, nur der Vater« (Mt 11,25.27; Nr. 17).

Die Meditation über den Glauben Marias findet ihren Höhepunkt und ihre Zusammenfassung in der Auslegung von Marias Stehen unter dem Kreuz. Als Glaubende bewahrt sie treulich in ihrem Herzen alle empfangenen Worte (Lk 1,29; 2,19.51). Aber unter dem Kreuz scheint das ihr gegebene Verheißungswort »Der Herr wird ihm den Thron des Vaters David geben [...] und seine Herrschaft wird kein Ende haben« (Lk 1,32–35) endgültig widerlegt. Der Glaube tritt in seine äußerste Kenose, er steht im totalen Dunkel. Aber eben so ist er vollständige Teilnahme an der Entäußerung Jesu (Phil 2,5–8). Der Ring zum Anfang hin schließt sich: »Einen Leib hast du mir bereitet, siehe, ich komme« – nun wird dies Wort der Bereitschaft angenommen, und gerade das Dunkel Marias ist das Vollwerden jener Willensgemeinschaft, von der wir ausgegangen waren. Glaube – von Abraham her wird es sichtbar – ist Kreuzesgemeinschaft. So wird er am Kreuz erst ganz. So und nicht anders ist er der Raum des von Gott kommenden »Selig«. »Den Unmündigen hast du es offenbart«.

2. Das Zeichen der Frau

Die Katechese über den Glauben schließt den Gedanken des Weges und damit auch denjenigen der Geschichte ein. So verwundert es nicht, dass in einem zweiten Gedankenstrang der Enzyklika auf Maria als Wegweisung für die Geschichte, als Zeichen der Zeit verwiesen wird – wieder in enger Bindung an das biblische Wort. Im zwölften Kapitel der Geheimen Offenbarung ist von dem Zeichen der Frau die Rede, das in einer bestimmten Stunde der Geschichte gegeben wird, um fortan das Miteinander von Himmel und Erde zu bestimmen. Dieser Text enthält einen unübersehbaren Verweis auf die biblische Schilderung des Anfangs der Geschichte, auf jenen geheimnisvollen Text, den die Überlieferung als Proto-Evangelium bezeichnet: »Feindschaft will ich setzen zwischen dich und die Frau, zwischen deinen Nachwuchs und

Das Zeichen der Frau

ihren Nachwuchs. Er trifft dich am Kopf, und du triffst ihn an der Ferse« (Gen 3, 15).

In diesem Strafwort an die Schlange nach dem Sündenfall haben die Väter eine erste Verheißung des Erlösers gesehen – einen Hinweis auf den Nachkommen, der der Schlange den Kopf zertritt. Es gab in der Geschichte keinen Augenblick ohne Evangelium. Im Moment des Sturzes beginnt auch die Verheißung. Wichtig war für die Väter auch, dass schon in diesem ersten Beginn das christologische und das marianische Thema untrennbar verflochten sind. Die erste, im Halbdunkel stehende und erst vom späteren Licht her überhaupt zu entziffernde Verheißung Christi ist eine Verheißung an die Frau, durch die Frau.

Dass Offenbarung ein Weg ist und erst in ihrer Ganzheit spricht, wird gerade auch bei der Analyse dieses Textes deutlich. Das Thema der künftigen Geschichte stellt sich in drei Akteuren dar: die Frau, der Nachkomme, die Schlange. Vom Nachkommen her kündigt sich Segen, Befreiung an: Er trifft die Schlange am Kopf. Aber der Fluch, die Knechtschaft behalten ihre Macht: Die Schlange trifft ihn an der Ferse. Segen und Fluch können sich die Waage halten, der Ausgang des Ganzen bleibt ungewiss. In der Geheimen Offenbarung treten alle drei Akteure noch einmal auf. Das Drama der Geschichte ist in seine Entscheidungsstunde getreten. Aber diese Entscheidung ist nun vorweg schon gefallen in dem, was zu Nazaret geschehen ist: »Sei gegrüßt, du Gnadenvolle« (Lk 1, 28), hatte dort der Engel zu Maria gesagt, die nun als die endgültig gesegnete Frau erscheint.

Im Sinn seines Prinzips der Selbstauslegung der Schrift verdeutlicht der Papst die Bedeutung dieses Segenswortes von der Einleitungsformel des Epheserbriefes her, die mit demselben Vokabular arbeitet und damit dessen Sinn erschließen kann: »Gepriesen sei der Gott und Vater unseres Herrn Jesus Christus: Er hat uns mit allem Segen seines Geistes gesegnet durch unsere Gemeinschaft mit Christus im Himmel. Denn in ihm hat er uns erwählt vor der Erschaffung der Welt [...] Er hat uns aus Liebe im Voraus dazu bestimmt, seine Söhne zu werden durch Jesus Christus [...] zum Lob seiner göttlichen Gnade« (Eph 1, 3–6; Nr. 7–11). Das Wort »Gnadenvolle« verweist auf jene Endgültigkeit des Segens, von der im Epheserbrief die Rede ist, und dort wird auch

489

Maria als … Vorwegnahme der Vollendung der Gnade

sichtbar, dass der »Sohn« das Drama der Geschichte definitiv für den Segen entschieden hat. Darum ist Maria, die ihn geboren hat, wirklich »voll der Gnade« – sie wird zum Zeichen an die Geschichte. Vom Gruß des Engels an ist klar: Der Segen ist stärker als der Fluch. Das Zeichen der Frau ist das Zeichen der Hoffnung geworden, sie ist Wegweiser der Hoffnung. Gottes Entscheidung für den Menschen, die darin sichtbar wird, »ist stärker als jede Erfahrung des Bösen und der Sünde, all jener ›Feindschaft‹, von der die Geschichte des Menschen geprägt ist« (Nr. 11).

Das Marianische Jahr bedeutet in dieser Sicht, dass der Papst in unserer Geschichtsstunde das »Zeichen der Frau« als das wesentliche »Zeichen der Zeit« hinstellen will: Auf der von diesem Zeichen gezeigten Fährte gehen wir in der Spur der Hoffnung auf Christus zu, der die Wege der Geschichte durch diesen Wegweiser führt.

3. Mittlerschaft Marias

Der nächste Gesichtspunkt, auf den ich hinweisen möchte, ist die Lehre von der Mittlerschaft Marias, die der Papst in seiner Enzyklika sehr ausführlich entwickelt. Zweifellos ist dies der Punkt, auf den sich die theologische und die ökumenische Diskussion am meisten konzentrieren werden. Zwar hat auch schon das Zweite Vatikanische Konzil den Titel »Mittlerin« erwähnt[11] und der Sache nach von der Vermittlung Marias gesprochen[12], aber das Thema ist bisher in lehramtlichen Dokumenten nie so ausführlich dargestellt worden. Die Enzyklika geht der Sache nach nicht über das Konzil hinaus, dessen Terminologie sie aufgreift. Aber sie vertieft seine Ansätze und gibt ihnen damit neues Gewicht für Theologie und Frömmigkeit.

Zunächst möchte ich kurz die Begriffe klären, mit denen der Papst den Gedanken der Mittlerschaft theologisch umschreibt und vor Missverständnissen schützt; erst dann kann auch die positive Absicht sinnvoll verstanden werden. Der Heilige Vater

---

[11] Vgl. LG 62.
[12] Vgl. LG 60 und 62.

Das Zeichen der Frau

unterstreicht sehr stark die Mittlerschaft Jesu Christi, aber diese Einzigkeit ist nicht exklusiv, sondern inklusiv, d. h. sie ermöglicht Formen der Teilhabe. Anders gesagt: Die Einzigkeit Christi löscht das Füreinander und Miteinander der Menschen vor Gott nicht aus, die alle auf vielfältige Weise einer dem anderen Mittler zu Gott sein können in der Gemeinschaft mit Jesus Christus. Das ist ein einfacher Sachverhalt unserer täglichen Erfahrung, denn keiner glaubt allein, jeder lebt in seinem Glauben auch von menschlichen Vermittlungen. Keine davon würde von sich her ausreichen, um die Brücke zu Gott hinüberzuschlagen, weil kein Mensch aus Eigenem absolute Gewähr für Gottes Existenz und für seine Nähe übernehmen kann. Aber in der Gemeinschaft mit dem, der selbst diese Nähe ist, können Menschen einander Mittler sein und sind es auch.

Damit ist zunächst ganz allgemein Möglichkeit und Grenze von Mittlerschaft in der Zuordnung zu Christus umschrieben. Von da aus entwickelt der Papst seine Terminologie. Marias Mittlerschaft beruht auf Teilhabe am Mittleramt Christi, sie ist verglichen damit ein Dienst in Unterordnung (Nr. 38). Diese Begriffe sind dem Konzil entnommen, so auch der weitere Satz: Diese Aufgabe strömt »aus dem Überfluss der Verdienste Christi, stützt sich auf seine Mittlerschaft, hängt von ihr vollständig ab und schöpft aus ihr […] [ihre] ganze Wirkkraft« (Nr. 22; LG 60). Marias Mittlerschaft vollzieht sich demgemäß in der Weise der Fürbitte (Nr. 21).

Alles bisher Gesagte gilt für Maria wie für jede menschliche Mitwirkung an der Mittlerschaft Christi. In alledem unterscheidet sich also Marias Mittlerschaft nicht von der anderer Menschen. Der Papst bleibt aber dabei nicht stehen. Auch wenn Marias Mittlerschaft auf der Linie der kreatürlichen Mitwirkung mit dem Werk des Erlösers steht, so trägt sie doch den Charakter des »Außerordentlichen«; sie reicht über die in der Gemeinschaft der Heiligen grundsätzlich jedem Menschen mögliche Weise der Vermittlung in einer einzigartigen Weise hinaus. Auch diese Gedanken entwickelt die Enzyklika in enger Bindung an den biblischen Text.

Eine erste Anschauung von Marias besonderer Weise des Vermittelns eröffnet der Papst in einer eingehenden Meditation des

491

Maria als ... Vorwegnahme der Vollendung der Gnade

Wunders von Kana (vgl. Joh 2,1–12), bei dem das Dazwischentreten Marias bewirkt, dass Christus seine künftige Stunde im Zeichen jetzt schon vorwegnimmt – wie es immer wieder in den Zeichen der Kirche geschieht, in ihren Sakramenten. Die eigentliche begriffliche Ausarbeitung des Besonderen der marianischen Vermittlung erfolgt dann hauptsächlich im dritten Teil, wieder in einer sublimen Verknüpfung verschiedener Schriftstellen, die scheinbar weit auseinanderliegen, aber gerade in ihrem Miteinander – Einheit der Bibel! – überraschende Leuchtkraft entwickeln. Die Grundthese des Papstes lautet: Das Einzigartige an der Mittlerschaft Marias ist es, dass sie mütterliche Vermittlung ist, dem immer neuen Geborenwerden Christi in der Welt zugeordnet. Sie hält die frauliche Dimension im Heilsgeschehen gegenwärtig, die in ihr ihre bleibende Mitte hat. Wo freilich Kirche nur institutionell, nur in Form von Mehrheitsbeschlüssen und Aktionen verstanden wird, bleibt dafür kein Raum übrig. Dieser vordergründigen Soziologisierung des Kirchenbegriffs gegenüber erinnert der Papst an ein viel zu wenig meditiertes Pauluswort: »Ich leide von Neuem Geburtswehen um euch, bis Christus in euch Gestalt annimmt« (Gal 4,19). Leben entsteht nicht durch Machen, sondern durch Geborenwerden und verlangt daher Geburtswehen. Das »mütterliche Bewusstsein der Urkirche«, auf das der Papst hier hinweist, geht uns gerade heute an (Nr. 43).

Nun kann man freilich fragen: Wieso müssen wir diese frauliche und mütterliche Dimension der Kirche für immer in Maria festgemacht sehen? Die Enzyklika setzt ihre Antwort bei einer Schriftstelle an, die auf den ersten Blick aller Marienverehrung entschieden entgegengesetzt scheint. Der unbekannten Frau, die begeistert von Jesu Predigt in einen Lobpreis des Leibes ausgebrochen war, der diesen Mann geboren hatte, hält der Herr die Worte entgegen: »Vielmehr: selig sind die, die das Wort Gottes hören und es befolgen« (Lk 11,28). Damit verbindet der Heilige Vater das in gleiche Richtung gehende Herrenwort: »Meine Mutter und meine Brüder sind die, die das Wort Gottes hören und es tun« (Lk 8,21).

Nur scheinbar stehen wir hier vor antimarianischen Aussagen. In Wirklichkeit eröffnen diese Texte zwei sehr wichtige Erkenntnisse. Die erste: es gibt über die einmalige physische Geburt

Christi hinaus eine andere Dimension der Mutterschaft, die weitergehen kann und muss. Die zweite Erkenntnis: diese Mutterschaft, die immer wieder Christus geboren werden lässt, beruht auf dem Hören, Bewahren und Tun von Jesu Wort. Nun schildert aber gerade Lukas, dessen Evangelium diese beiden Stellen entnommen sind, Maria als die urbildliche Hörerin des Wortes, die das Wort in sich trägt, bewahrt und zur Reife bringt. Das bedeutet: Lukas negiert mit der Überlieferung dieser Herrenworte nicht die Marienverehrung, sondern er will sie gerade zu ihrem wahren Grund führen. Er zeigt, dass Marias Mutterschaft nicht nur einmaliges biologisches Geschehen ist, sondern dass sie Mutter mit ihrer ganzen Person war und ist und daher auch bleibt. An Pfingsten, im Augenblick der Geburt der Kirche aus dem Heiligen Geist, wird dies konkret: Maria ist inmitten der betenden Gemeinde, die durch das Kommen des Geistes Kirche wird (vgl. Apg 1, 12–14; 2, 1 ff.). Die Entsprechung zwischen der Inkarnation Jesu in Nazaret aus der Kraft des Geistes und der Geburt der Kirche an Pfingsten ist unübersehbar. »Die Person, die beide Momente vereinigt, ist Maria« (Nr. 24). In dieser pfingstlichen Szene möchte der Papst gern die Ikone unserer Zeit, die Ikone des Marianischen Jahres, das Zeichen der Hoffnung für unsere Stunde sehen (Nr. 33).

Was Lukas in einem Gewebe von Andeutungen sichtbar macht, findet der Heilige Vater voll ausgeführt im Johannesevangelium – in den Worten des Gekreuzigten an seine Mutter und an den Lieblingsjünger Johannes. Die Worte »Siehe da deine Mutter!« und »Frau, siehe da deinen Sohn!« (Joh 19, 26 f.) haben schon immer das Nachsinnen der Ausleger über den besonderen Auftrag Marias in der Kirche und für die Kirche befruchtet; sie sind mit Recht Mittelpunkt jeder mariologischen Besinnung. Der Heilige Vater versteht sie als Testament Christi vom Kreuz her. Hier wird im Innenraum des Ostergeheimnisses Maria dem Menschen als Mutter gegeben. Eine neue Mutterschaft Marias erscheint, die Frucht der zu Füßen des Kreuzes gereiften neuen Liebe ist (Nr. 23). Die »marianische Dimension im Leben der Jünger Christi [...] nicht nur des Johannes, [...] sondern jedes Jüngers Christi, jedes Christen« wird damit sichtbar. »Die Mutterschaft Marias, die zum Erbe des Menschen wird, ist ein Geschenk, das Christus persönlich jedem Menschen macht« (Nr. 45).

Der Heilige Vater gibt hier eine sehr feinsinnige Auslegung des Wortes, mit dem das Evangelium die Szene abschließt: »Von jener Stunde an nahm sie der Jünger zu sich« (Joh 19,27) – das ist die uns gewohnte Übersetzung. Aber die Tiefe des Vorgangs – so betont der Papst – kommt erst zum Vorschein, wenn wir ganz wörtlich übersetzen. Dann müsste es eigentlich heißen: Er nahm sie in sein Eigenes hinein. Für den Heiligen Vater bedeutet dies eine ganz persönliche Beziehung zwischen dem Jünger – jedem Jünger – und Maria, ein Hineinlassen Marias in das Innerste des eigenen geistigen und geistlichen Lebens, ein Sich-Hineingeben in ihre frauliche und mütterliche Existenz, ein gegenseitiges Sich-Anvertrauen, das immer neu Weg zur Christusgeburt wird, Gestaltwerden Christi im Menschen bewirkt. So wirft aber der marianische Auftrag Licht auf die Gestalt der Frau überhaupt, auf die Dimension des Fraulichen und den besonderen Auftrag der Frau in der Kirche (Nr. 46).

An dieser Stelle schließen sich nun alle Schrifttexte zusammen, die in der Enzyklika zu einem einheitlichen Gewebe verwoben sind. Denn der Evangelist Johannes benennt sowohl in der Kana-Geschichte wie im Kreuzesbericht Maria nicht mit ihrem Namen, nicht als Mutter, sondern unter dem Titel »Frau«. Die Verbindung mit Gen 3 und Offb 12, mit dem Zeichen der »Frau« ist so vom Text her angelegt, und zweifellos steht hinter dieser Benennung bei Johannes die Absicht, Maria als »die Frau« überhaupt ins Allgemeingültige und Zeichenhafte zu erheben.[13] Der Kreuzigungsbericht wird so zugleich zur Geschichtsdeutung, zum Verweis auf das Zeichen der Frau, die in mütterlicher Weise am Kampf gegen die Mächte der Verneinung teilnimmt und darin Zeichen der Hoffnung ist (Nr. 24 und Nr. 47). Alles, was aus diesen Texten folgt, fasst die Enzyklika in einem Satz aus dem Credo Pauls VI. zusammen: »Wir glauben, dass die heiligste Gottesmutter, die neue Eva, Mutter der Kirche, für die Glieder Christi ihre mütterliche Aufgabe im Himmel fortsetzt, indem sie bei der Geburt und

---

[13] Zur modernen exegetischen Debatte über Joh 19, 26f. vgl. SCHNACKENBURG, *Johannes* 3, 321–328; BROWN / DONFRIED / FITZMYER / REUMANN, *Mary,* 206–218; FLANAGAN, *Mary.*

Erziehung des göttlichen Lebens in den Seelen der Erlösten mitwirkt« (Nr. 47).

4. Sinngebung des Marianischen Jahres

Aus all diesen Bausteinen fügt nun der Papst seine Sinngebung des neuen Marianischen Jahres zusammen. Während das Marianische Jahr Pius' XII. den beiden Mariendogmen von der Unbefleckten Empfängnis und der leiblichen Aufnahme Marias in den Himmel zugeordnet war, handelt es sich diesmal um den Hinweis auf die besondere Gegenwart der Muttergottes im Geheimnis Christi und seiner Kirche (Nr. 48). Das neue Marianische Jahr will nicht nur erinnern, sondern vorbereiten (Nr. 49); es hat einen dynamisch nach vorne weisenden Zug. Der Papst erinnert an die Tausendjahrfeier der Taufe des heiligen Wladimir, die als Tausendjahrfeier der Hinwendung Russlands zum christlichen Glauben angesehen werden darf, und verbindet dies mit der Zweitausendjahrfeier der Geburt Christi. Solche Daten verlangen nicht nur Erinnern, sondern mehr noch die neue Zuwendung zu unserer wahren geschichtlichen und menschlichen Identität, die sich in diesen Daten ausspricht. Solche erneute Orientierung unserer Geschichte auf ihren Grund hin ist der tiefste Sinn des Jubiläums, und wer könnte bestreiten, dass wir in unserem geschichtlichen Augenblick mit den sich überstürzenden neuen Erkenntnissen und der gleichzeitigen Krise aller geistigen Werte solcher Ortsbestimmung unserer Existenz dringend bedürfen?

Die Rahmung, die der Papst dem Marianischen Jahr gegeben hat, unterstreicht seine innere Sinngebung ganz augenfällig. Es beginnt mit Pfingsten. Die Pfingstikone sollte, wie schon gesagt, die Ikone unserer Identität und darin unserer wahren Hoffnung werden. Die Kirche muss von Maria neu ihr Kirchesein lernen. Nur in einer Zuwendung zum Zeichen der Frau, zur recht verstandenen fraulichen Dimension der Kirche, geschieht die neue Öffnung zur schöpferischen Kraft des Geistes und damit Gestaltwerden Christi, dessen Gegenwart allein der Geschichte Mitte und Hoffnung geben kann. Das Marianische Jahr schließt mit dem Fest der leiblichen Aufnahme Marias in den Himmel und

Maria als ... Vorwegnahme der Vollendung der Gnade

verweist damit auf das große Zeichen der Hoffnung – auf die in Maria schon gerettete Menschheit, in der zugleich der Ort der Rettung, aller Rettung sichtbar wird.

Im Schlusswort der Enzyklika nimmt der Papst noch eine dramatische Konkretisierung der Ortsbestimmung unserer Gegenwart und damit der Zielbestimmung des Marianischen Jahres vor. Er legt im Zusammenhang seines adventlichen Verständnisses unserer Stunde den alten Adventshymnus »Alma redemptoris mater« aus und unterstreicht darin besonders die Worte »komm, hilf deinem Volk, das sich müht, vom Falle aufzustehn«. Das Marianische Jahr ist gleichsam im neuralgischen Punkt zwischen Fallen und Aufstehen angesiedelt; im Zwielicht zwischen Treffen des Schlangenkopfes und Getroffenwerden der verletzlichen Ferse des Menschen. An diesem Punkt stehen wir immer noch und immer wieder.

Das Marianische Jahr will eine Herausforderung an jedes Gewissen sein, dem Weg des Nicht-Fallens zu folgen – an Maria zu lernen, welches dieser Weg ist. Es soll gleichsam ein einziger lauter Ruf sein: »Komm, hilf deinem Volk, das fällt« (Nr. 52). Das Marianische Jahr, wie die Enzyklika es auslegt, ist weit von bloßer, sentimentaler Devotion entfernt. Es ist ein beschwörender Anruf an unsere Generation, den Auftrag dieser geschichtlichen Stunde zu erkennen und den Weg des Nicht-Fallens inmitten aller Gefährdungen aufzunehmen.

Das Problem der Mariologie
Überlegungen zu einigen Neuerscheinungen[1]

Das Gespräch über die Mariologie und den Weg, den ihre weitere Entwicklung nehmen muss, ist neu in Gang gekommen. Den Anstoß dazu hat kein Geringerer als Papst Johannes XXIII. gegeben, der in einer Ansprache an den Klerus der Diözese Rom vor der Tendenz warnte, gewisse Frömmigkeitsformen in einer übertreibenden Weise zu pflegen, selbst in der Verehrung Unserer Lieben Frau. Gewisse Praktiken würden allein dem Gefühl Genüge tun, reichten aber nicht aus zur Erfüllung der religiösen Verpflichtungen und noch weniger entsprächen sie vollends den drei ersten Geboten des Dekalogs mit ihrer grundlegenden Verpflichtung.[2] In der Schlussrede der römischen Synode insistierte der Papst auf demselben Gedanken. Die Erfahrung des ersten Pontifikatsjahres des neuen Bischofs von Rom habe ihm das Gefühl gegeben, gewisse fromme, devotionell gerichtete Seelen klammerten sich an Sonderdevotionen, an neue Titel und an einen Kult lokaler Inspiration und Prägung, bei dem man den Eindruck habe, er lasse der Phantasie freien Raum und diene wenig der seelischen Sammlung. »Wir möchten euch am Ende der Synode einladen, euch an das zu halten, was es an Einfacherem und Ursprünglicherem in der Praxis der Kirche gibt.«[3] Das gleiche Anliegen kommt nochmal zur Sprache in einer Rede vor allen Seminarrektoren Ita-

---

[1] LAURENTIN, *La question mariale*; ALDAMA, *De quaestione mariali*; ROSCHINI, *La cosiddetta »questione mariana«*; RUSCH, *Mariologische Wertungen*.

[2] Vgl. JOHANNES XXIII., *Ansprache an den Klerus der Diözese Rom* (24. November 1960), 969; zitiert bei ALDAMA, *De quaestione mariali*, 129 und LAURENTIN, *La question mariale*, 19.

[3] JOHANNES XXIII., *Ansprache zum Abschluss der römischen Synode* (31. Januar 1960), 305; zitiert bei ALDAMA, *De quaestione mariali*, 128; LAURENTIN, *La question mariale*, 19.

Maria als ... Vorwegnahme der Vollendung der Gnade

liens. Wieder warnt der Papst vor einer Überbetonung örtlich bestimmter Sonderformen der Frömmigkeit und vor der Tendenz zu bloßen Sentimentalitäten; wieder drängt er darauf, Marienfrömmigkeit in einem wahrhaft katholischen Sinn zu formen und auf ihre biblischen Grundgegebenheiten zu konzentrieren: Jungfräulichkeit, Gottesmutterschaft, Stehen unter dem Kreuz.[4] Auf der gleichen Linie liegt endlich die Reaktion des Papstes auf die Wanderfahrt der Fatima-Madonna durch die Bistümer Italiens zur Vorbereitung der Weihe der italienischen Nation an das unbefleckte Herz Mariens. In seiner Grußbotschaft, die man in dem anschließend an das Ereignis gedruckten Sammelband seltsamerweise zu drucken vergessen (!) hat, erwähnte Johannes XXIII. die Marienweihe kaum, drängte aber dafür darauf, die Verwirklichung der Tugenden und den Realismus des christlichen Lebens ernster zu nehmen.[5] In diesem Zusammenhang wird man sich daran erinnern, dass Pius XII., den man mit Recht als marianischen Papst bezeichnet hat, gegen Ende seines Lebens in zwei Äußerungen eine ähnliche Sorge anklingen ließ, wie sie dann bei Johannes zu einer immer wiederkehrenden Thematik wurde: in der bekannten Äußerung gegenüber Pater Leiber, die Fragen der

---

[4] Vgl. JOHANNES XXIII., *Ansprache an die Seminarrektoren Italiens* (29. Juli 1961), 564; ALDAMA, *De quaestione mariali*, 130. Aldama macht ebd. auf einen vierten ähnlichen Text aufmerksam, in: JOHANNES XXIII., *Rundfunkbotschaft an den Marianischen Kongress in Lisieux* (9. Juli 1961), 505f. In die gleiche Richtung weist die durchgehende ausdrückliche christologische Orientierung der marianischen Texte Johannes' XXIII. Das gleiche Anliegen wird sichtbar in: PAUL VI., *Predigt in Castel Gandolfo* (15. August 1964). Er betont die völlige Rückbezogenheit Marias auf Christus mit dem schönen Vergleich: »La lampada è bella se ha la sua luce; e la luce di Maria è il Christo.« Ausdrücklich wendet er sich gegen den Quasi-Mythos, als müsse uns Marias Barmherzigkeit vor dem richterlichen Zorn ihres Sohnes schützen, einen Mythos, dessen Vorhandensein ALDAMA, *De quaestione mariali*, 136 und ROSCHINI, *La cosiddetta »questione mariana«*, 51f. gegen RUSCH, *Mariologische Wertungen*, 140f. und LAURENTIN, *La question mariale*, 91f. bestritten hatten. Der Papst sagt dazu: »Da qualche ingenua mentalità si ritiene la Madonna più misericordiosa del Signore: con giudizio infantile si arriva a definire il Signore più severo di Lei, e che bisogna ricorrere alla Madonna poiché, altrimenti, il Signore ci castiga. Certo: alla Madonna è affidato un preclaro ufficio di intercessione, ma la sorgente d'ogni bontà è il Signore« (PAUL VI., *Predigt in Castel Gandolfo* [15. August 1964], 1).
[5] Vgl. LAURENTIN, *La question mariale*, 168, Anm. 7.

498

Mediatrix und Corredemptrix seien nicht definitionsreif,[6] sowie in seiner Botschaft an den internationalen Mariologenkongress zu Rom, in der der Papst zum Erstaunen mancher Mariologen nicht nur vor falscher Ängstlichkeit in Sachen Mariologie warnte, sondern ebenso vor falscher und maßloser Übertreibung und stattdessen die *via media* empfahl.[7]

Die Äußerungen Johannes' XXIII. stellen einen entscheidenden Einschnitt in der Entwicklung der Mariologie dar: Nach einer wenigstens seit der Gegenreformation anhaltenden Periode sorgloser Expansion, die sich im Lauf des 19. Jahrhunderts immer mehr zu einer eigentlichen marianischen Bewegung verdichtet und unter Pius XII. ihren die ganze Kirche erfassenden Höhepunkt erreicht hatte, sind nun Theologie und Kirche zu einem neuen Stadium der Besinnung, der Verinnerlichung, der Vertiefung nach dem Maßstab des Ursprünglichen aufgerufen. Die Gegenbewegung der Vereinfachung und Reinigung ist nach der Periode der Häufung und Vermehrung als Notwendigkeit erkannt. Bedeutsame Anläufe in dieser Richtung waren in einzelnen, aus der Masse der mariologischen Produktionen herausragenden Arbeiten seit Längerem festzustellen; unter ihnen sind vor allem die Arbeiten von Alois Müller und René Laurentin zu nennen.[8] Neuerdings haben zwei Untersuchungen deutlich in diesem Sinn Stellung genommen. Der Innsbrucker Bischof Rusch markiert in seinem Artikel »Mariologische Wertungen« die Punkte, an denen marianische Theologie und Frömmigkeit in eine Sackgasse zu führen und das christlich Zentrale zu verdunkeln oder an die Seite zu schieben drohen. Er stellt seine Überlegungen in den großen Rahmen der Geschichte christlicher Frömmigkeit, wie sie vor allem durch die Forschungen von Josef Andreas Jungmann deutlich geworden ist, und verweist auf das biblische Marienbild, das die Grundlage aller Marientheologie und -frömmigkeit bleiben muss und in seinem wahren Reichtum gar nicht ausgeschöpft ist.

---

[6] Vgl. Leiber, *Pius XII.*, 86; Rusch, *Mariologische Wertungen,* 148.

[7] Pius XII., *Rundfunkbotschaft an den internationalen Mariologenkongress zu Rom* (24. Oktober 1954), 679.

[8] Müller, *Ecclesia – Maria;* Müller, *Du bist voll der Gnade;* Müller, *Fragen und Aussichten.* Von den zahlreichen wichtigen Werken von René Laurentin seien nur genannt: *Court traité* und *Luc I–II.*

Maria als ... Vorwegnahme der Vollendung der Gnade

Ungefähr gleichzeitig damit erschien »La question mariale« von René Laurentin, ein mit der ganzen Kraft persönlichster Betroffenheit geschriebenes Bekenntnisbuch, das die Frage in einer Offenheit, in einem Reichtum geschichtlichen und sachlichen Wissens sowie in einer Redlichkeit kirchlicher Gesinnung entfaltet, die diesem Werk eine einzigartige Bedeutung sichern.

Den Inhalt von Laurentins Analysen im Einzelnen wiedergeben zu wollen, würde den Rahmen dieser Überlegungen sprengen. Es mag genügen, die Kapitel zu benennen, in die das Buch sich aufgliedert. Das erste Kapitel »Die gegenwärtige Situation: Aufschwung oder Krise?« zeigt zunächst anhand eindrucksvollen Zahlenmaterials die quantitative Abundanz des Marianischen in Kirche und Theologie der Gegenwart, dessen kritische Sichtung zu der Diagnose führt: »Das Obermaß, das sich auf der quantitativen Ebene zeigt, besteht ebenso im qualitativen Bereich: Die Intensität des marianischen Eifers geht, hier oder da, nicht ohne ein gewisses Fieber ab, nicht ohne übertreibungslose Resultate, nicht ohne Abirrungen.«[9] Das zweite Kapitel nimmt eine »Historische Beleuchtung« vor. Es klärt die gegensätzlichen Ursprünge und Intentionen von marianischer Bewegung und eucharistischer Anbetungsbewegung einerseits, von biblisch-liturgisch-missionarischer, d. h. ekklesiologischer Bewegung andererseits; es klärt vor allem den Ursprung einer eigentlichen »Bewegung« marianischer Art, zu der es etwa in der Ostkirche keine Parallele gibt: Er liegt in dem sich zwischen den Bettelorden hinziehenden Immakulistenstreit, hängt also (wie wir hinzufügen können) mit jener Art von Parteibildung zusammen, wie sie nur im Schoß der abendländischen Kirche durch die ordensmäßige Bindung der Theologie und die dadurch bedingten gruppenmäßigen Gegensätze möglich wurde. Die Gruppenpolemik, die sich auf diese Weise herausbildet, »verengt die Auffassungskraft für die Wahrheit und treibt so jede Partei in die ihr eigene Übertreibung hinein [...] Eine der Wirkungen der Psychologie des Kampfes, die sich in diesen Streitigkeiten entwickelte, bestand darin, retrospektiv die Geschichte der Marienlehre in eine Reihe von siegreichen Kämpfen umzudeuten, in denen die Vorkämpfer der Jungfrau ihre Feinde zer-

---

[9] Laurentin, *La question mariale*, 24.

Das Problem der Mariologie

malmt hatten [...] Es geht weiter: Wenn die Polemik kraft der Gewichtigkeit der Sachverhalte zu einem notwendigen Verteidigungsakt für das Wesentliche wird, erwirbt sie sich Ruhmestitel wie das Töten im Kriege. So brachte man es fertig, marianische Polemik zu einem höheren Frömmigkeitsakt zu erheben und aus der Aggressivität eine Tugend zu machen. Die marianische Bewegung trägt so an einem schweren Erbe.«[10] Das dritte Kapitel bietet eine »Analyse der zwei Richtungen«, auf die wir noch werden zurückkommen müssen. In der Ausgewogenheit seiner Aussagen wie im Reichtum seiner Information bildet es das Herzstück des Buches, zusammen mit dem vierten Kapitel »Via Aurea«, in dem Laurentin positiv die Prinzipien einer Synthese umreißt. Das fünfte Kapitel behandelt »Das ökumenische Problem«; es ist wichtig nicht nur durch die positiven Regeln ökumenischer Arbeit im mariologischen Bereich und durch die heilsame Warnung vor falschen Erwartungen aufgrund irgendwelcher von Zeit zu Zeit auftauchender Gerüchte über marianische Tendenzen auf protestantischer Seite, die regelmäßig auf absurden Übertreibungen oder glatten Missverständnissen beruhen; es ist wichtig vor allem auch durch die Herausarbeitung der ostkirchlichen Position, für welche die seit dem Spätmittelalter bei uns entwickelte Form von Mariologie so völlig unzugänglich ist, dass heute in Sachen Mariologie der Gegensatz, den die Ostkirchen uns gegenüber empfinden, kaum noch geringer ist als der von Seiten der reformatorischen Christenheit angemeldete. Das ist ohne Zweifel ein sehr ernstes Symptom, das in der katholischen Theologie längst noch nicht genügend zur Kenntnis genommen wird.

Wichtig ist aber auch, dass Laurentin deutlich werden lässt, dass es bei dem Bemühen, den Fortschritt der Mariologie nicht mehr einfach in der Expansion, sondern – im Sinn Johannes' XXIII. – in der Richtung der Reinigung und Vertiefung aufs Ursprüngliche hin zu suchen, keineswegs – wie engagierte Mariologen meinen – um einen aus Furcht vor dem protestantischen Einspruch geborenen Irenismus geht, sondern einfach um die Wahrheitsfrage selbst und – wenn man so will – um einen inner-

---

[10] LAURENTIN, *La question mariale*, 63 f.

Maria als … Vorwegnahme der Vollendung der Gnade

katholischen Ökumenismus zwischen zwei geistigen Richtungen, die sich bisher immer mehr einander zu entfremden drohten.

Es wäre verwunderlich gewesen, wenn Rusch und Laurentin unwidersprochen geblieben wären. Die bekannten Mariologen Roschini und Aldama haben sich eingehend und mit großer Entschiedenheit gegen sie gewandt und das Vorhandensein einer marianischen Frage, einer Krise, ja auch eines eigentlichen »Maximalismus« radikal bestritten. Eine detaillierte Auseinandersetzung, wie sie wünschenswert wäre, würde ein kleines Buch verlangen; sie im Rahmen eines begrenzten Artikels zu geben ist unmöglich. Sie hätte auf eine Fülle von Einzelheiten einzugehen, die hier nicht aufgeführt werden können. So wäre z. B. zu zeigen, dass Roschini durchweg (z. T. und in geringerem Maß auch Aldama) die Thesen seiner Gegner vereinfacht und vergröbert, öfter geradezu entstellt. Ein Beispiel muss genügen. Nach Roschini würde Laurentin behaupten, dass die marianische Bewegung unter ihrer Form als Bewegung die Frucht von weniger reinen historischen Umständen sei.[11] Liest man den Kontext bei Laurentin[12], so sieht die Sache doch erheblich anders aus: Laurentin stellt fest, dass die marianische Bewegung in der Verlängerung einer authentischen Tradition der Kirche steht, aber unter ihrer spezifischen Form als Bewegung Frucht weniger reiner historischer Umstände ist, von denen sie ein Interesse haben sollte, loszukommen. Das ist doch etwas anderes. Eine ähnliche, zum Teil noch weitergehende Verwischung der Nuancen, die das Bild verändert und verschiebt, lässt sich, wie gesagt, durchgehend feststellen.

Des Weiteren wäre eine kritische Analyse der von Aldama[13] vorgelegten päpstlichen Dokumente vonnöten, in welcher der unterschiedliche Rang der einzelnen Texte wie die unterschiedliche Stellung der einzelnen Päpste einfach nicht übergangen werden dürfte (auch nicht, wenn man die Seite 34 f. gegebenen Bemerkungen berücksichtigt). So kann z. B. die bewusst unternommene Häufung von marianischen Texten Johannes' XXIII. nichts daran ändern, dass er in der Liste der Päpste, die Maria mit neuen Titeln

---

[11] Vgl. Roschini, *La cosiddetta »questione mariana«,* 7.
[12] Vgl. Laurentin, *La question mariale,* 160.
[13] Vgl. Aldama, *De quaestione mariali,* 8–35.

Das Problem der Mariologie

geschmückt haben[14], nur mit dem einen, vor ihm von Pius X. gebrauchten Titel »opifera« vertreten ist – weil es ihm ganz offensichtlich nicht um »Titelmariologie« ging, wenn man es einmal so benennen darf.

Wenden wir uns statt der vielen Einzelfragen, über die an sich geredet werden müsste, einigen grundsätzlicheren Problemen zu, die die Arbeiten von Roschini und Aldama stellen!

1. Weder bei Aldama noch bei Roschini ist der Gegensatz der Richtungen, der sich innerhalb der katholischen Theologie in Sachen Mariologie aufgetan hat, in dem Sinn begriffen, in dem Laurentin ihn klargelegt hat; darin offenbart sich ohne Zweifel ein tiefgehendes und das Wesen der Sache selbst betreffendes Unvermögen, jene Probleme zu sehen, von denen Theologen wie Rusch, Laurentin, Müller und alle, die eines Sinnes mit ihnen sind, bewegt werden. Nach Roschini würde Laurentin zwei Tendenzen behaupten, eine maximalistische und eine minimalistische; die erste würde dazu tendieren, die marianischen Dogmen und Feste zu vermehren, die zweite, sie zu reduzieren; die erste hätte das Bestreben, die Privilegien Marias möglichst zu erweitern, die zweite, sie möglichst einzuengen.[15] Eine derartige Wiedergabe verflacht nicht nur die viel nuancenreichere und differenziertere Darstellung Laurentins, der sich überdies sehr wohl des generalisierenden Charakters jeder zusammenfassenden Gegenüberstellung bewusst ist; sie verfehlt vor allem den Kernpunkt von Laurentins Analyse, der nämlich darin besteht, dass Laurentin die in mariologischen Kreisen entwickelten Kategorien Maximalismus und Minimalismus als unbrauchbar und als Ausdruck einer falschen Grundeinstellung überführt. Er macht darauf aufmerksam, dass diese beiden Wörter exakt dem Sinn und der Etymologie zweier international gewordener russischer Wörter entsprechen: Bolschewiken und Menschewiken, Leute des Viel und des Wenig, des nur überhaupt Möglichen und des Kompromisses, harte und weiche. »Die Kategorien, die nach dem Mehr und dem Weniger gebildet sind, sind demnach in jeder Hinsicht irreführend. Sie tendieren dazu, die Frage in dieser Weise zu stellen: Wollen sie

---

[14] Vgl. ALDAMA, *De quaestione mariali*, 23.
[15] Vgl. ALDAMA, *De quaestione mariali*, 66; 70 ff.

503

Maria als … Vorwegnahme der Vollendung der Gnade

großzügig sein mit der Jungfrau oder nicht? Ihre Glorie vermehren oder vermindern? Aber die Frage so stellen heißt, sich auf einer falschen, gefühlsmäßigen Ebene engagieren und die theologischen Kriterien in den Hintergrund drängen.«[16] In der Konzilsdiskussion hat Kardinal Alfrink den gleichen Gedankengang vorgetragen, der in der Tat für eine richtige Beurteilung der Fragestellung entscheidend sein dürfte. Die quantitativen Kategorien Maximalist und Minimalist sind zutiefst untheologische, ja theologisch falsche Kategorien, denn in der Theologie geht es um wahr oder unwahr, nicht um viel oder wenig. Die Quantität ist niemals ein theologischer Maßstab. So drückt die Erfindung solcher Unterscheidungen (deren tieferer Sinn zweifellos die Bloßstellung der schäbigen Gesinnung der Minimalisten war, denen gegenüber der Maximalist immer eine ritterliche und generöse Figur bleibt) – diese Erfindung, sagen wir, drückt eine theologische Desorientierung aus, die bedenklich ist. Das ursprüngliche Feld solcher Unterscheidungen, wenn man sie überhaupt in der Kirche für möglich und sinnvoll hält, ist der Bereich der Frömmigkeitsübung, in dem man allenfalls über ein Mehr oder Weniger rechtmäßig streiten kann, obwohl auch für die Frömmigkeit die oberste Norm in der Wahrheit liegt. Dass man aber, anstatt die Frömmigkeit an der Theologie zu normieren, die Theologie in den Dienst devotioneller Quantität stellt, ist doch wohl Ausdruck einer nicht leicht zu nehmenden Verschiebung der Ebenen. Wie stark und selbstverständlich die Vorherrschaft des quantitativen Prinzips in der Mariologie geworden ist, wird wohl am eindringlichsten daran sichtbar, dass Roschini wie Aldama die Kritik Laurentins daran überhaupt nicht wahrzunehmen vermochten, sondern ihm mit unreflektierter Selbstverständlichkeit die ihnen geläufige Gegenüberstellung von Maximalisten und Minimalisten zuschreiben. Man könnte von hier aus geneigt sein, das wirkliche Gegenüber, um das es geht, mit den Begriffen quantitative und theologische Mariologie zu beschreiben; auch wenn man sich über den unzulänglichen Charakter jedes verallgemeinernden Etiketts keinem Zweifel hingibt, wird man sagen dürfen, dass eine solche Kennzeichnung den wirklichen Gegensatz erheblich genauer trifft

---

[16] LAURENTIN, *La question mariale,* 68 f.

als die unsachgemäßen Schlagworte Maximalismus und Minimalismus.

2. Laurentin hat den Nerv des mariologischen Problems getroffen mit dem Hinweis auf das schiefe Verhältnis der Mariologie zur Exegese, indem sie entweder die Bibel vernachlässige oder sich ihr mit unwissenschaftlichen Methoden nähere. Er fügt die sprechende Anekdote bei, er habe einen Bibliker, der einen Artikel über den *sensus plenior* geschrieben hatte, gefragt, ob er ihm einen Fall von *sensus plenior* außerhalb der Mariologie nennen könne. »Nach einem Augenblick des Überlegens gestand er mir, er finde keinen.«[17]

Es muss sehr nachdenklich stimmen, dass Roschini, der sonst jeder Frage mehrere Seiten widmet, zu diesem Grundproblem nur zwei Zeilen zu bieten hat und dass auch Aldama nichts anderes als er zu sagen weiß: Beide begnügen sich mit dem Hinweis, die Exegeten würden den Theologen ganz allgemein die gleichen Vorwürfe machen wie den Mariologen.[18] Ist damit irgendetwas beantwortet? Oder ist es nicht eher ein in seiner Offenheit geradezu bestürzendes Eingeständnis, wie gleichgültig der quantitativen Mariologie Bibel und Exegese tatsächlich sind?

Der Sachverhalt verdeutlicht sich noch, wenn wir auf die von Roschini kurz umrissene Skizze seiner Exegese von Lk 11,27 f.[19] achten, in der sein mariologisches Grundprinzip zur Sprache kommt, ein metaphysisch ausgeweitetes Verständnis von Gottesmutterschaft, das er kurz vorher[20] gegen die Kritik von Müller und Rusch zu verteidigen sucht. In Lk 11,27 f. stehen sich bekanntlich gegenüber einerseits der Makarismus der Frau, die den Schoß seligpreist, der Christus getragen, und auf der anderen Seite die Korrektur des Herrn: »Vielmehr, selig, die das Wort Gottes hören und es bewahren.« Dazu meint Roschini, diese Frau habe die physiologische, fleischliche, menschliche Mutterschaft Marias gepriesen. Die Entgegnung Jesu unterscheide nun das, »was rein

---

[17] LAURENTIN, *La question mariale*, 47.
[18] Vgl. ROSCHINI, *La cosiddetta »questione mariana«*, 23 f.; ALDAMA, *De questione mariali*, 57.90.
[19] Vgl. ROSCHINI, *La cosiddetta »questione mariana«*, 33 f.
[20] Vgl. ROSCHINI, *La cosiddetta »questione mariana«*, 24 ff.

Maria als ... Vorwegnahme der Vollendung der Gnade

fleischlich und menschlich ist (wie es jene Frau intendierte) von dem, was geistig und göttlich ist (der Glaube und die Werke)«[21]. Die göttliche Mutterschaft aber komme überhaupt nicht ins Gespräch. Und das Gleiche gelte natürlich auch von Augustins Auslegung, dass es mehr bedeutete für Maria, Schülerin als Mutter des Herrn zu sein. Diese »maternità divina«, die beide Male gänzlich außerhalb des Gespräches bleibt, ist aber Roschinis tragendes mariologisches Grundprinzip, »la radice, la fonte, la ragione suprema di tutta la grazia, di tutti i privilegi di Maria«[22].

Nun, in einem hat Roschini hier ohne Zweifel recht: Von dieser »maternità divina« als einem dritten Prinzip zwischen Glaube und physischer Mutterschaft, das von jeder sonstigen Begnadigung essentiell verschieden und als eine »relazione reale fondata sulla reale e fisica generazione della divina persona del Verbo secondo l'umana natura«[23] zu definieren wäre, ist weder im Lukasevangelium noch bei Augustinus die Rede, weder an den zitierten noch an irgendwelchen anderen Stellen. Aber dieser Mittelbegriff ist dort nicht einfach ausgelassen, sondern auch ausgeschlossen; das Lukasevangelium lässt eine solche Einschiebung schlechterdings nicht zu und die Texte Augustins ebenfalls nicht. Das sagt nicht, dass die Analyse des lukanischen Textes, seine Zuordnung von Glaube und Mutterschaft, nicht zu tiefgehenden und für ein theologisches Verständnis des Mariengeheimnisses entscheidenden Einsichten führen, die sich dem ersten Blick keineswegs aufdrängen; die exegetischen Untersuchungen von Laurentin haben den geistigen Reichtum solcher Texte überzeugend aufgedeckt.[24] Aber es sagt, dass das mariologische Prinzip Roschinis ohne Halt in der Schrift ist, ja im Widerspruch zu ihr steht.

3. In diesem Zusammenhang drängt sich eine kurze Bemerkung zum Problem des Verhältnisses zwischen Mariologie und Christologie auf. Laurentin hat in diesem Zusammenhang auf das eigentümlich Schillernde des von den Mariologen geprägten Begriffs *ordo hypostaticus* (für den es meines Wissens im Deut-

---

[21] Roschini, *La cosiddetta »questione mariana«*, 33.
[22] Roschini, *La cosiddetta »questione mariana«*, 34.
[23] Roschini, *La cosiddetta »questione mariana«*, 25.
[24] Vgl. die beiden in Anm. 8 genannten Arbeiten.

Das Problem der Mariologie

schen noch kein einheitlich angenommenes Äquivalent gibt) aufmerksam gemacht, in dem sich die für die heutige Mariologie
kennzeichnende Verwischung der Grenzen zwischen Christologie
und Mariologie symptomatisch anzeigt. Dieser Begriff der »hypostatischen Ordnung« tritt bei den Mariologen immer mehr in den
Vordergrund gegenüber dem der hypostatischen Union. »Die
hypostatische Union ist in der Tat das am meisten Eigene und
Unmitteilbare im Geheimnis Christi: die persönliche Vereinigung
seiner Menschheit mit dem Wort, in dem sie subsistiert. Der Begriff der hypostatischen Ordnung schließt demgegenüber ein, was
dieser Union zugeordnet ist, also die Gottesmutterschaft, die in
der Tat auf die Person des Wortes innerlich bezogen ist.«[25] Man
fühlt sich ein wenig an Teilhards Begriff des »milieu divin« erinnert, dem Hans Urs von Balthasar nicht zu Unrecht vorgeworfen hat, dass er das unerbittliche Gegenüber von Kreatur und Gott
in eine schillernde Übergänglichkeit erweicht. Dieser Vorgang ist
hier deutlich: Die Neubildung der Idee eines hypostatischen Be-
reichs gestattet es, das Persönlichste und Unmitteilbarste am
Christusgeheimnis zu verflüssigen, und lädt so dazu ein, Grenzen
zu überschreiten, die nicht überschritten werden können und
dürfen.

Wiederum ist es bezeichnend, dass Aldama in seiner Gegen-
kritik sich wohl mit den Einzelgefahren auseinandersetzt, von
denen bei Laurentin die Rede ist, aber die Anfechtung der zugrundeliegenden Kategorie des *ordo hypostaticus* selbst gar nicht
zu bemerken scheint.[26] Er verwendet ihn vielmehr unreflektiert
als Beweismittel weiter, und eben dieses Schon-nicht-mehr-Reflek-
tieren, das Übersehen der aufgeworfenen Frage ist wohl wiederum
am meisten symptomatisch für den kritischen Zustand, in den
eine unkritische Mariologie geraten ist.

Die Sorge, die Laurentin im Zusammenhang mit dem Begriff
ordo hypostaticus anmeldet, deckt sich mit einem anderen Grund-
symptom eines verschobenen Verhältnisses zwischen Mariologie
und Christologie, das eine eingehende und ernste Untersuchung
verdiente: die immer zahlreicheren Äquivokationen zwischen den

---

[25] LAURENTIN, *La question mariale*, 31.
[26] Vgl. ALDAMA, *De quaestione mariali*, 53; 67.

507

Maria als ... Vorwegnahme der Vollendung der Gnade

beiden Bereichen, deren Vorhandensein Aldama übrigens im Vorbeigehen zugibt.[27] Es gibt heute kaum noch christologische Würdetitel, die nicht auch auf Maria angewendet würden. Natürlich kann die Theologie hier mit subtilen Unterscheidungen dafür sorgen, dass die Lehre intakt und der Sinnunterschied theoretisch gewahrt bleibt. Aber ein solches Vorgehen verkennt die Bedeutung der Sprache, die nicht durch Unterscheidungen dirigierbar ist und ihr eigenes Gefälle hat. Im Bewusstsein des Gläubigen, dem die Distinktionen der Gelehrten unverständlich und unwirklich bleiben, vermischen sich die Ebenen geradezu notwendig, und auch in der Theologie kann die Gleichheit der Begriffe nicht ohne gefährliche Folgen bleiben. Der Respekt vor dem Wort und vor der Wirklichkeit müsste uns hindern, Ungleiches gleich zu benennen. Die Dogmengeschichte der ersten Jahrhunderte ist auf weite Strecken hin nichts anderes als ein Ringen um die rechte theologische Sprache, deren Stammeln gerade im Sagen des Unsagbaren der Wachsamkeit und Sorgfalt bedarf. Dass der heutigen Theologie eine ähnliche Achtung vor der Eigenbedeutung des Wortes vielfach fremd geworden ist, kann ihr bei der Erfüllung ihrer Aufgabe nur schaden. Übrigens liegt hier – und das ist tröstlich – ein Hauptgrund für die ablehnende Haltung einer starken Gruppe von Konzilsvätern gegenüber dem Titel *Mediatrix*: Wenn – wie alle betonen – das Wort »Mittler« bei Maria etwas wesentlich anderes meint als bei Christus, dann muss man gerade auch um der marianischen Sache selbst willen zu ihrem Ausdruck ein anderes Wort wählen. Hier war wirklich etwas vom Geist der alten Konzilien lebendig, die es nicht für Buchstabenkrämerei hielten, um das Jota im Homoousios zu streiten, weil sie um den Rang des Wortes für das Verstehen der Wirklichkeit noch wussten.

4. Einen entscheidenden Punkt, an dem sich die Richtungen in der Mariologie trennen, hat Aldama[28] richtig aufgedeckt in dem unterschiedlichen praktischen Verhältnis zu den Texten des kirchlichen Lehramtes; damit hängt – wie Aldama gleichfalls richtig gesehen hat[29] – eine unterschiedliche Einstellung zu dem Verhält-

---

[27] Vgl. ALDAMA, *De questione mariali*, 139; vgl. das Canisius-Zitat, 74, Anm. 83.
[28] Vgl. ALDAMA, *De quaestione mariali*, 72.
[29] Vgl. ALDAMA, *De quaestione mariali*, 72 f.

Das Problem der Mariologie

nis von historischer und spekulativer Theologie und so überhaupt ein unterschiedliches Verständnis des Methodenproblems in der Theologie zusammen. An dieser Stelle ist wohl der eigentliche Kernpunkt der Schwierigkeit erreicht, und jedes weitere Gespräch wird, bevor man in materiale Einzelheiten eintritt, an diesem Punkt anzusetzen haben. Andernfalls wird man praktisch in verschiedenen Sprachen und auf verschiedenen Ebenen reden, ohne sich überhaupt gegenseitig treffen zu können. Freilich wird es dabei vonnöten sein, dass jene Freiheit, die Aldama immer wieder für das vorandrängende Denken der Mariologen fordert[30], auch für die Untersuchung dieser Frage gilt. Ein erster Ansatz eines solchen Gesprächs würde sich ergeben, wenn man das Methodenkapitel bei Aldama[31] mit den wertvollen Ausführungen vergleichen würde, die kürzlich Magnus Löhrer, »Zur Interpretation lehramtlicher Aussagen als Frage des ökumenischen Gesprächs«, vorgelegt hat.[32] In den Ausführungen Aldamas fehlt es hier sicher nicht an richtigen und beherzigenswerten Beobachtungen; andererseits wird man sie von einer bedenklichen Einseitigkeit nicht lossprechen können. Sie anzunehmen, hieße in Wirklichkeit, die historische Komponente der Theologie streichen. Es sei erlaubt, diese nach meinem Dafürhalten für die ganze Problematik zentrale Feststellung mit einigen Belegen zu erhärten. Wir lesen bei Aldama: »Quae essentialis relatio[33] pro theologo in eo est ut fontes legantur sub luce magisterii, non magisterium sub lumine fontium.«[34] »Quae vero adhuc a magistero non docentur expresse, ea licet utique theologo in fontibus invenire; ita tamen ut non solum haec aliis a magisterio edoctis contraria non sint, verum etiam illis positive consonent.«[35] »[...] mariologi ad fontes accedentis laborem non in eo esse primum [...] ut nova in illis inveniat, sed ut propositas a magisterio veritates in eisdem quaerat.

---

[30] Z.B. Seite 133; 135 f.; 75.

[31] Vgl. ALDAMA, *De quaestione mariali*, 77–99.

[32] LÖHRER, *Zur Interpretation lehramtlicher Aussagen*.

[33] Nämlich die »relatio existens inter magisterium ecclesiasticum et fontes«, ALDAMA, *De quaestione mariali*, 81.

[34] ALDAMA, *De quaestione mariali*, 81; vgl. ebenso ROSCHINI, *La cosiddetta »questione mariana«*, 37 f., Anm. 54.

[35] ALDAMA, *De quaestione mariali*, 81.

Maria als ... Vorwegnahme der Vollendung der Gnade

Quaerat utique iuxta probatas cuiuslibet investigationis leges [...] Inde a priori certo constat veritatem a magisterio propositam vero aliquo modo in fidei deposito esse contentam. Hanc theologus a limine habet certitudinem. Dum ergo alii, fontes propriae investigationis adeuntes, ante inceptum laborem quid in fontibus de facto inveniatur ignorant, theologus ab initio illud scit plena certitudine. Ideoque illi scientifice quaerunt ignotam *veritatem* a fontibus prolatam; hi scientifice investigant *modum,* quo fontes veritatem praecognitam proferant. Unde tandem dici fortasse potest, non methodum esse diversam, sed differre obiectum investigationis.«[36] Diese Regeln annehmen heißt, die Quellen als Quellen ausschalten und nur noch eine einzige Quelle anerkennen: das Lehramt, für dessen Aussagen der Theologe Belegstellen aus alten Zeiten sammeln darf. Aber er liest die alten Texte dann nicht aus sich selbst und in sich selbst, sondern er weiß im Voraus »mit fester Gewissheit«, was sie enthalten, und stellt nur noch fest, wie sie es enthalten. Den Quellen ist damit jede selbstständige Bedeutung innerhalb der theologischen Arbeit genommen; die Polarität von Lehramt und Quellen ist zugunsten des ersteren aufgelöst, was zugleich die Preisgabe der historischen Theologie und einen Lehramtspositivismus bedeutet, in dem Tradition mit der Setzung des Lehramts praktisch zusammenfällt. Man kann Aldama durchaus zugestehen, dass es in der von ihm als minimalistisch gekennzeichneten Richtung die gegenteilige Gefahr eines bloßen Historismus gibt, der das Lehramt kaum noch zur Geltung kommen lässt und wenig Sinn für die Funktion der spekulativen Methode entwickelt. Aber ob man die Polarität nach der einen oder anderen Seite hin auflöst, in jedem Fall verfehlt man das Wesen der Theologie und beraubt sie ihres wahren Reichtums. Wo nicht mehr frisches Wasser aus den Quellen nachströmt, wo die Quellen nicht mehr in ihrer eigenen Kraft unmittelbar zur Wirkung kommen, verliert sich die Theologie in Unfruchtbarkeit und spitzfindigen Schlussfolgerungen.

Dagegen kann auch nicht mit Aldama gesagt werden, die Einheit Gottes verbürge die apriorische Identität der lehramtlichen

---

[36] Aldama, *De quaestione mariali,* 87 f.

510

Das Problem der Mariologie

Aussage mit den Quellen.[37] Die Fülle in der Einheit Gottes ist reicher und die Einbeziehung der *causae secundae* realistischer, als eine solche formallogische Konstruktion sehen kann. Man braucht sich nur an den ungeheuren Spannungsreichtum innerhalb der Heiligen Schrift, zwischen Altem und Neuem Testament zunächst, aber auch innerhalb der Testamente selbst zu erinnern, um das Ungenügen eines solchen bloß aus der Logik deduzierten Einheitsbegriffs vor Augen zu haben. Die eine Offenbarungswahrheit ist uns nicht anders als in der vielfältigen Spannung der *analogia fidei* gegeben, die auch durch den Dienst des Lehramtes nicht zu einer gradlinigen Einheit hin aufgelöst, sondern um die zusätzliche Spannung zwischen kirchlicher Auslegung und quellenmäßiger Aussage bereichert wird. Dabei ist überdies noch die Illusion abzuweisen, als ob die lehramtliche Auslegung das interpretationslos Klare und die Aussagen der Quellen das an sich völlig Unklare wären. Einerseits haben die Quellen durchaus ihre eigene Klarheit, andererseits haben die lehramtlichen Verlautbarungen ihre Geschichte, ihre Geschichtlichkeit und so ihre Auslegungsbedürftigkeit von ihrem geschichtlichen Ganzen wie von ihrer wesentlichen Zuordnung zu den Quellen her. Hans Urs von Balthasar hat einmal darauf hingewiesen, »dass die entscheidenden Sätze des Baius, Jansenius und Quesnel, die die Kirche verurteilt hat, wenn nicht wörtlich, so doch fast wörtlich bei Augustin und zum Teil unter den Canones des Konzils von Orange stehen«[38]. Das ist nur eins der Phänomene, an denen die Geschichtlichkeit und die Auslegungsbedürftigkeit auch der lehramtlichen Aussagen vom Ganzen der Glaubensgegebenheiten her und auf dies Ganze hin deutlich wird. So dürfte es wohl zuallererst nötig sein, diese Frage gründlich und ernst zu diskutieren, um die Voraussetzungen für ein fruchtbares Gespräch über die materialen Einzelfragen zu bereiten.

Insgesamt aber wird man es bereits als einen bedeutenden Fortschritt und als eine wertvolle Frucht des vom Konzil geschaffenen neuen Klimas bezeichnen dürfen, dass mit den hier angezeigten Werken das Gespräch über die Problematik der Mario-

---

[37] Vgl. ALDAMA, *De quaestione mariali*, 87.
[38] BALTHASAR, *Karl Barth*, 282.

logie nun innerhalb der Kirche in Gang gekommen ist. Wenn es in einem so mutigen und offenen Geist geführt wird, wie ihn die Arbeiten von Rusch und Laurentin zeigen, und wenn die Verteidigung des bisherigen Stils von Mariologie in einer so noblen Weise geschieht wie bei Aldama, darf man mit Grund für die Mariologie jenen inneren Fortschritt erhoffen, dessen sie nach der Phase der äußeren Expansion dringend bedarf.[39]

---

[39] Nach Fertigstellung dieser Arbeit erschien bei Herder eine deutsche Übersetzung des hier angezeigten Buches von René LAURENTIN unter dem Titel: *Die marianische Frage.*

»Entwicklung hebt Identität nicht auf«

Geleitwort zu: Franz Mußner, Maria, die Mutter Jesu
im Neuen Testament, St. Ottilien 1993

Marienverehrung ist aus der katholischen Kirche wie aus den Kirchen des Ostens nicht wegzudenken. Die Gläubigen wissen, dass Christus nur *einen* Vater hatte, den im Himmel. Aber sie wissen auch, dass er aus einer menschlichen Mutter kam und dass er durch sie nun ganz und wirklich dem Menschengeschlecht zugehört: der einen Menschheit, die wir alle sind. »Er hat Fleisch angenommen aus Maria, der Jungfrau«, sagt – der Schrift gemäß – das Glaubensbekenntnis. Diese menschliche Frau – Maria – ist es, die ihn in die Gemeinsamkeit des Menschseins hineinbindet, sodass der ewige Sohn des Vaters nun auch in der Zeit geborener Sohn Marias ist. In den Stammbäumen Israels, die uns Matthäus und Lukas bieten, muss schließlich der Mann Josef zur Seite treten und mit ihm die ganze Männerreihe: Maria, »die niedrige Magd« (das heißt, wie Franz Mußner in diesem Buch zeigt: die Unbekannte, die Anonyme, die Stammbaumlose) ist der geheimnisvolle Faden, durch den Christus in das Gewebe der Menschheit hineinverwoben ist. So konnte es nur logisch sein, dass sich die Verehrung der Menschen, die Christus lieben und als Sohn Gottes anbeten, auch der Frau zuwandte, durch die er der unsrige ist und durch die Gott selbst ein »Gott mit uns« werden wollte. Neben dem Herrengebet und diesem zugeordnet ist daher allmählich das *Ave Maria* zu einem Grundgebet der Christenheit geworden. Mit seiner Zusammenfügung von Stücken verschiedenen Ursprungs spiegelt es die Synthese des Glaubens wider. Es beginnt mit dem Gruß des Engels an die Begnadete, die zur Mutter Christi berufen war (vgl. Lk 1,28); es fährt fort mit dem Gruß der Elisabet, den sie vom Geist erfüllt Maria zurief (vgl. Lk 1,41 f.); daran schließt sich die Anrufung um Fürbitte »jetzt und in der Stunde unseres Todes« an, die aus dem Herzen der Christenheit aufgestie-

Maria als ... Vorwegnahme der Vollendung der Gnade

gen ist. Wer so betet, weiß, dass er damit den vom Heiligen Geist
kommenden Impuls der Elisabet aufnimmt und der Prophezeiung
entspricht, die im Magnifikat enthalten ist: »Selig werden mich
preisen alle Geschlechter« (Lk 1,48). Schließlich ist im Rosen-
kranz das *Ave Maria* für die betenden Christen zu einer Art von
Jakobsleiter geworden, auf der sie die Geheimnisse Jesu auf- und
abwandern und mit ihnen durch die Täler und Höhen ihres eigenen Lebens pilgern.

Insofern antwortet das weitgehend aus biblischen Texten ge-
wobene zentrale Mariengebet der katholischen Christenheit
durch seine Herkunft und Struktur selbst auf die Frage, ob Marienfrömmigkeit rechtens sei oder eine unbiblische, halb heidnische
Sonderwelt neben die Christusoffenbarung gestellt habe. Dieses
Gebet bürgt für die Rechtmäßigkeit, ja Notwendigkeit des Marienlobes in der Kirche; es ist zugleich der gültige Maßstab aller Mariologie. Damit ist kein engherziger Biblizismus gefordert. Das
Wort der Bibel ist nie ausgeschöpft und das Wachstum des Glaubens kann nie abgeschlossen werden. Weil er lebendig ist, entfaltet
er sich und bleibt gerade im lebendigen Wachsen sich selber treu.
Deshalb kann und darf Marienfrömmigkeit wie alles theologische
Denken und Reden über den bloßen Wortlaut der Bibel hinaus-
gehen, aber sie bleibt an die inneren Maße der Bibel, an die
Grundgestalt ihrer Botschaft gebunden: Entwicklung hebt Identität nicht auf, sondern ist Ausdruck ihrer Lebendigkeit und ihres
Reichtums; sonst wäre sie nicht mehr Entwicklung, sondern Abfall. Weil es so ist, muss alles Denken über Maria und alles Beten
zu ihr sich immer von neuem auf die Heilige Schrift besinnen,
nicht nur, um sich des Bleibens in der Identität, des Stehens auf
dem gültigen Grund zu vergewissern, sondern auch um immer
wieder von der geistlichen Fülle des biblischen Wortes befruchtet
zu werden.

Franz Mußner, dem Altmeister einer methodisch fast skrupu-
lös genauen und geistlich tiefen Exegese, ist zu danken, dass er uns
in diesem Buch sechs Studien zum Thema »Maria, die Mutter Jesu
im Neuen Testament« vorlegt. In den ersten Beiträgen sehen wir
das langsame Werden der Marienverehrung, das sich noch innerhalb der Zeit des Neuen Testaments, im Innenraum der Offenbarung also, zuträgt. Für Paulus ist es nur wichtig, dass Jesus aus

514

»Entwicklung hebt Identität nicht auf«

einer Frau geboren wurde und so zum Menschengeschlecht – mehr zum Volk Gottes, dem Volk der Verheißungen gehört: Angehöriger dieses Volkes ist nach jüdischer Überlieferung, wer von einer jüdischen Mutter geboren wurde. So erklärt sich der Nachdruck, den Paulus darauf legt, dass Jesus »aus einer Frau geworden ist« (Gal 4, 4). Aber noch bleibt in den Briefen des Apostels Maria in ihrer ταπείνωσις, in jener Namenlosigkeit verborgen, von der sie selbst im Magnifikat gesprochen hat (vgl. Lk 1, 48). Markus kennt zwar ihren Namen (vgl. Mk 6, 3), aber für ihn ist noch ganz die Sorge bestimmend, dass die neue Familie Jesu werde, die ihm Mutter, Vater, Bruder, Schwester ist. Bei Matthäus wird die Gestalt Marias, der jungfräulichen Mutter, schon viel deutlicher. Aber erst bei Lukas wird klar, dass die Mutterschaft der Gemeinde, die ja immer in Personen lebendig sein muss, ihre ganze Reinheit und Größe in Maria gefunden hat, in der Frau, die ihm Mutter dem Leibe und dem Geiste nach war, sodass in ihr das »Selig« ganz erfüllt ist, das Jesus im Blick auf die spricht, die ihm geistlich Mutter werden (vgl. Lk 11, 28). Der Gruß der Elisabet und das Magnifikat zeigen, das die im dritten Evangelium sich ausdrückende Kirche dieses »Selig« mit Elisabet auf Maria hin konkretisiert hat (vgl. Lk 1, 45) und den Lobpreis eröffnet hat, der von jetzt an durch alle Generationen gehen wird (vgl. Lk 1, 48).

Mit den ersten beiden Beiträgen des Buches, die uns so in den Werdegang der Marienverehrung hineinblicken lassen, sind die drei folgenden Abhandlungen eng verbunden. Die beiden Studien über den Glauben Marias im Licht des Römerbriefs und über Maria als Königin der Propheten stellen spezifische Aspekte heraus, die auf die große Untersuchung über das »semantische Universum« der Verkündigungsperikope verweisen. Über die für unseren Glauben wesentliche Frage der Geburt Jesu aus der Jungfrau ist in jüngster Zeit viel Oberflächliches gesagt und geschrieben worden. So kann man die methodische Genauigkeit und den sachlichen Ernst von Mußners Studie nur begrüßen. Was zum Beispiel neuerdings über die angeblich ägyptische Herkunft der Erzählung von der Jungfrauengeburt behauptet worden ist, erweist sich als haltlos angesichts der »Sonderungskunst« und der »Reinigungskunst«, die der Verfasser in Sachen Analogie bei Platon erlernt und in der Schule moderner historischer Methoden vertieft hat.

515

Maria als ... Vorwegnahme der Vollendung der Gnade

Demgegenüber zeigt sich, dass wir mit diesen Texten uns ganz im Glauben Israels bewegen. Er bestimmt das »semantische Universum« – den wirklichen Kontext dieser Geschichte. Maria steht im Glauben Abrahams, und dieser Glaube ist es, den Gott sucht, um Neues wirken zu können. So wird die innere Einheit von Altem und Neuem Testament sichtbar; es wird sichtbar, dass Maria ganz Jüdin ist und gerade so ganz zu Christus gehört. Dies scheint mir auch das Wichtigste an der eindrucksvollen Analyse der apokalyptischen Erzählung über »Sonnenweib und Drache« zu sein (vgl. Offb 12, 1–17): Die Einheit von Gottesvolk in Altem und Neuem Bund wird sichtbar. Mit ihr zeigt sich die Untrennbarkeit von korporativer und individueller Deutung des Textes. Unsere Alternativen – Israel oder Kirche, Gottesvolk oder Maria – werden hinfällig angesichts eines Denkens, in dem Person und Gemeinschaft sich ineinander darstellen und die Geschichte Gottes als eine einzige in ihrer Kontinuität und ihren Verwandlungen gesehen wird. Wer Mußners Studien gelesen hat, wird das Bekenntniswort »geboren aus Maria, der Jungfrau« mit erneuerter Gewissheit und mit einem vertieften Verstehen von Gottes großen Taten beten. Denn eine »Gottesgeschichte« ist die Erzählung von der jungfräulichen Empfängnis, wie uns Mußner zeigt, und erst von da aus auch eine Geschichte über Christus und über Maria.

Der Verfasser hat das Buch seiner lang verstorbenen Mutter zugeeignet, die ihm »Maria zur Begleiterin« in seinem Leben gemacht hat. Möge diese Schrift viele zu neuem Verständnis der Gestalt Marias und zu einer biblisch vertieften Verehrung der Mutter Jesu führen.

Rom, Allerheiligen 1993

Eine Theologie über Fatima

Rezension zu: Virgil Marion, *Eine Theologie über Fatima. Versuch einer Sinndeutung der Sühneforderung Marias*, Innsbruck 1960

Von anderen Werken über Fatima ist Virgil Marions Buch insofern vorteilhaft unterschieden, als es im eigentlichen Sinn Theologie zu treiben versucht, d. h. über das Vordergründige der Fatimafrömmigkeit hinweg nach dem Kern der dort ergangenen Botschaft fragt und es unternimmt, sie einzuordnen in die großen Zusammenhänge des neutestamentlichen Glaubens, ja, die wesentliche Identität der Fatima-Botschaft mit den Grundgegebenheiten des biblischen Zeugnisses aufzuweisen versucht, sodass Fatima letztlich nur eine beschwörende Erinnerung an diese Grundgegebenheiten wäre.

Der theologische Entwurf, den Marion zu diesem Ende vorlegt, sieht etwa folgendermaßen aus: Nach ihm ist Christus das absolute Ziel der Schöpfung, das Mysterium Christi ist der Seinsgrund der ganzen Schöpfung und der Mensch ist geschaffen als Bild Christi, der da ist das Bild des unsichtbaren Gottes. Bild-Gottes-Sein bedeutet zugleich Träger des Gottesnamens und so der dynamischen Wirkmacht Gottes, der Kraft des geistigen Ausstrahlens und Ansichziehens zu sein. Der Sündenfall verkehrt diese Grundbefindlichkeit des Menschen ins Gegenteil, der Mensch strahlt nun die Dynamis des Bösen aus und schändet den ihm eingeprägten Gottesnamen: Die Blasphemie, die Lästerung des Gottesnamens ist die eigentliche Sünde des Menschen, aus der alle übrigen sich sekundär ergeben – hier erweist sich Marion als Ausleger der Botschaft von Fatima, die primär von dieser Sünde zu reden scheint. In Christus, dem Menschgewordenen, ergeht von neuem die Berufung des Menschen, Träger des Gottesnamens, d. h. der Wirkmacht göttlicher Heiligkeit zu sein, er bringt den Kairos der Rekapitulation, »die totale Überwindung des universalen Sündenunheils in der Schöpfung« (19). Diese Überwindung kann nun

Maria als ... Vorwegnahme der Vollendung der Gnade

nach Marion nicht in Form einer bloß moralischen stellvertretenden Genugtuung bestehen, sondern die Erneuerung muss der Verderbnis entsprechen, also innerlich, seinsmäßig vollzogen werden. Einerseits ist es hier Gott, der in Gnaden den Menschen von neuem ruft, ihn reinigt und entsühnt, gleichzeitig muss aber der Mensch »die Umwendung und Einkehr zum Herzen vollziehen« (28), »muss sich selbst entsühnen und heiligen durch das Opfer, das heißt durch totale Selbstentäußerung und totale Hingabe der ganzen Persönlichkeit an Gott allein« (40). Diese Totalhingabe an Gott ist die allein wirkliche Anbetung Gottes, sie setzt den heiligen Gottesnamen und seine wirkende Macht wieder ins Recht, sie ist die Erlösung des Menschen, sie ist vor allem auch identisch mit Sühne, Weihe und Heiligung. »›Sich-weihen‹ besagt keineswegs ›Zuflucht-suchen‹ und ›Sich-in-Schutz-Begeben‹ für dieses Erdenleben, sondern: sich entsühnen und heiligen« (44). »Daher ist es auch ganz klar, dass der Mensch diese Weihe an Gott unter der speziellen Rücksicht der Weihe an das Unbefleckte Herz Marias ausschließlich nur durch das reale Unbeflecktmachen des eigenen menschlichen Herzens wirklich vollziehen kann; und damit notwendig zugleich durch das Unbeflecktmachen der ganzen menschlichen Persönlichkeit vom Innersten her« (51). Wieder wird also an diesem zweiten Angelpunkt des Ganzen der Fatima-Ausleger spürbar, der einerseits die Idee der Marienweihe und der Sühneanbetung zu verinnerlichen und theozentrisch zu läutern sucht, der dann aber andererseits die so interpretierte Fatima-Idee zur Grundgegebenheit der Heilsordnung überhaupt erhebt und Fatima als entscheidungsvollen Ruf zur Mitte interpretiert: Erschien vorhin die Lästerung des Gottesnamens als die eigentliche Sünde, so wird nun umgekehrt erklärt, der also verstandenen Sühneanbetung komme »Notwendigkeit und ausschließlich einzige Wirksamkeit [...] zur Rettung und zum Heile der anderen Menschen« zu (11), ja: »Die Weihe an das Unbefleckte Herz Marias ist nicht eine private ›fromme Andachtsübung‹, [...] nicht ein privates oder gemeinsames Schutzsuchen und nicht eine freie, persönliche Verdienstleistung, sondern absolute, universale Notwendigkeit für alle (für jeden Einzelnen, für die ganze Kirche, die ganze Menschheit)« (9).

Nach dem bisher Gesagten wird es kaum verständlich sein,

Eine Theologie über Fatima

wieso man den Akt der persönlichen, inneren Totalhingabe an Gott, der noch dazu nach Marion jedwede geschöpfliche Vermittlung ausschließt (39; 45), als »Weihe an das Unbefleckte Herz Marias« bezeichnen kann. Um das begreiflich zu machen, muss noch kurz das mariologische Nebenthema skizziert werden, das hier mit dem christologischen Hauptmotiv eng verbunden ist. Danach gilt, dass Maria in sich das Mysterium der heiligen »Kirche« konzentriert, »das heißt der mystisch mit Christus in Seinem Heiligen Geist geeinten und darum heiligen Menschheit« (31). Jedwede Verfälschung der Kirche, speziell die Verselbstständigung der kreatürlichen Realität der äußeren Mittel, jede Selbstzwecklichkeit des Kultes, in der der Mensch sich der Totalhingabe der Person entzieht, ist demnach Blasphemie, die unmittelbar Gott selber trifft, »in Christus, dem Haupte der Kirche, aber auch besonders im Unbefleckten Herzen Marias« (31). Wenn nun einerseits die Grundsünde der Blasphemie jeweils speziell auch Maria trifft, so kommt auch der Gegenhaltung der Totalhingabe ein besonderer Bezug zu Maria zu. »Durch Marias Stellung nach dem Heilsratschluss Gottes in dieser konkreten absoluten christozentrischen Welt- und Heilsordnung enthält zwar tatsächlich notwendig jede wahre Entsühnung und Weihe des Menschen an Gott [...] auch zugleich die Sühne und Weihe an Marias Unbeflecktes Herz. In der heutigen Zeit aber ist es wohl nötig, dies den Menschen [...] zu Bewusstsein zu bringen und eindringlich einzuschärfen« (52). Das Spezifische der Herz-Mariä-Verehrung, das unserer Zeit besonders nötig ist, sieht Marion in der Wahrhaftigkeit, in der Innerlichkeit (mit scharfen Worten gegen die Flucht in die apostolische Tätigkeit und gegen die Verselbstständigung des kultischen Gottesdienstes, besonders 55 f.) und in der wahren Jungfräulichkeit als der Aufhebung des geteilten Herzens und der vollen Totalhingabe an Gott.

Schon diese kurze Skizze der Thesen Marions dürfte sichtbar werden lassen, dass das Buch am Ende einen zwiespältigen Eindruck hinterlässt. Es ist sicher erfreulich, dass hier versucht wird, marianische Frömmigkeit dem großen Strom der christozentrischen Theologie einzufügen, sie einer wahrhaft theozentrischen Haltung dienstbar zu machen. Aber der einseitige Ansatz bei der Botschaft von Fatima führt dann eben doch zu Willkürlichkeiten,

519

Maria als ... Vorwegnahme der Vollendung der Gnade

die das Gesamtbild am Ende schief erscheinen lassen. Kann man denn wirklich mit Recht sagen, dass die Sünde gegen das zweite Gebot die Grundsünde schlechthin ist, oder ist hier der Sinn dieses Gebotes nicht bedenklich überzogen? Die Gegenprobe macht das noch deutlicher: Wenn Marion erklärt, im ersten Gebot sei »das ganze Gesetz konzentriert enthalten« (58) und dabei das erste Gebot auf das (in seinem Sinn ausgelegte) zweite hin denkt, so wird man ihm doch sogleich entgegenhalten müssen, dass Jesus mit dem ersten Gebot (das er in der Fassung des Deuteronomium und nicht, wie Marion, in der des Exodus zitiert) sogleich die Forderung der Nächstenliebe gleichrangig verbindet und darin das ganze Gesetz konzentriert sieht (Mk 12,28–34 par.; vgl. Röm 13,8 ff.). Das gibt aber sofort völlig andere Akzente. Vor allem wird sichtbar, dass die einseitige Betonung der Innerlichkeit, die kaum noch einen Zugang zum apostolischen Dienst und zur liturgischen Gemeinschaft lässt, ganz einfach dem biblischen Zeugnis zuwiderläuft. Gewiss kommt dem Ruf zur Innerlichkeit in der Welt von heute verstärkte Bedeutung zu, aber das kann doch nicht heißen, dass man darüber die apostolische Dimension des christlichen Daseins beiseiteschieben darf. Mit dieser Tendenz hängt auch die Isolierung des Einzelnen vor Gott zusammen, die Verkennung des Geheimnisses der *communio sanctorum*, des realen Dienstes der Heiligen füreinander. Es ist schwer einzusehen, wie Marion die völlige Leugnung geschöpflicher Heilsbeziehungen und Heilsvermittlungen mit dem Heilstun Christi vereinbaren will, der doch gerade als *Mensch* Mittler zwischen Gott und den Menschen ist (1 Tim 2,5). Wäre dies besser bedacht worden, so wäre zweifellos auch das Urteil über Anselms Genugtuungslehre wesentlich maßvoller ausgefallen, das in dieser Schärfe sicherlich unhaltbar ist (39 f.).

Vor allem drängt sich aber am Schluss noch ein Gedanke auf: Ich kann nicht finden, dass aus Marions Ausführungen die Notwendigkeit der Fatima-Frömmigkeit hervorleuchtet, die zu beweisen doch offenbar sein Anliegen ist. Sondern am Ende erscheint es völlig beiläufig, dass man den Grundakt der Totalhingabe an Gott auch als Weihe an das Unbefleckte Herz Marias bezeichnen kann, ja, man wird diese Benennung, die einen Teilaspekt des Ganzen akzentuieren soll, nur als Verdeckung des wirklichen Zentrums empfinden können. Wenn Marion sagen will, dass die Anbetung Gottes absolut notwendig ist, wird ihm niemand widersprechen; wenn er äußerliche Formen der Marienfrömmigkeit für unnötig erklärt, kann er gleichfalls auf die Zustimmung der Einsichtigen rechnen; aber was es dann noch heißen soll, dass die Weihe an das Unbefleckte Herz Marias eine absolute, universale Notwendigkeit für alle sei (9), ist schlechterdings nicht einzusehen. Man sollte doch schließlich den Worten ihren Sinn lassen. Entweder man redet von Marienweihe, und dann handelt es sich um eine ganz bestimmte, einzelne Frömmigkeitsform, die in die Wahl des Einzelnen gestellt ist; oder man redet von der Anbetung Gottes, die eines jeden Aufgabe ist, aber dann redet man eben nicht mehr von der Marienweihe. Vielleicht gibt es heute für die Theologie kaum eine größere Gefahr als die der Vermengung und Entleerung der Worte und damit einer letzten Unernsthaftigkeit. Man stellt neue Formeln auf, die sich eigentlich mit überlieferten Worten nicht vereinbaren lassen. So erklärt man flugs, das Wort habe eben in diesem Zusammenhang einen anderen Sinn. Indes – die Worte haben ihr Eigengewicht, das man ihnen nicht nehmen kann und darf, soll ein Gespräch unter Menschen und so Gemeinschaft des Geistes und des Glaubens möglich bleiben. Wer will, dass die Dinge an ihrem Ort bleiben, muss auch die Worte, welche die Dinge bezeichnen, an ihrem Ort lassen. Wer will, dass Anbetung Anbetung bleibt, muss sie auch Anbetung nennen, und wer will, dass Marienweihe Marienweihe bleibt, muss sie auch Marienweihe nennen. Um es nochmal zu sagen: Marions Buch ist offenbar von dem lobenswerten Bestreben getragen, eine zeitgenössische Frömmigkeitsübung – die Fatimafrömmigkeit – nicht einfach oberflächlich hinzunehmen, sondern ihren Sinngrund zu ertasten, sie in ihrer vollen Tiefe zu ergreifen. Aber das Sinndeuten kann zur Gefahr werden, wenn es einem Gebilde eine Bedeutung beimisst, die es gar nicht hat. Dann ist Oberflächlichkeit vielleicht sogar die geringere Gefahr als falsche Tiefe. Was die Kinder von Fatima im Anschluss an ihre Visionen forderten, war eine bestimmte Frömmigkeitsübung und dabei sollte man es belassen, denn das allein entspricht den geschichtlichen Gegebenheiten. Wir sollten wohl nicht immer gleich das Große suchen, sondern lieber einsehen lernen, dass auch das Kleine seine eigene Größe

Maria als ... Vorwegnahme der Vollendung der Gnade

hat. Insofern versagt Marions Buch gerade in seinem Eigentlichen: in der Theologie von Fatima. Für den aufmerksamen Leser beweist es am Ende das Gegenteil dessen, was es will, nämlich, dass die Botschaft von Fatima trotz ihrer unleugbaren Bedeutung nicht im Zentrum der christlichen Existenz liegt. Daran kann auch die tiefsinnigste Spekulation nichts ändern, der man die verdiente Achtung gewiss nicht versagt, wenn man sie darauf hinweist, dass sie am falschen Orte tätig ist.

Kommentar zum Geheimnis von Fatima

Wer den Text des sogenannten dritten »Geheimnisses« von Fatima aufmerksam liest, der hier im Auftrag des Heiligen Vaters erstmals wörtlich veröffentlicht wird, wird nach allen vorangegangenen Spekulationen vermutlich enttäuscht oder verwundert sein. Keine großen Geheimnisse werden enthüllt; der Vorhang vor der Zukunft wird nicht aufgerissen. Wir sehen im Zeitraffer die Kirche der Martyrer des nun abgelaufenen Jahrhunderts in einer schwer deutbaren Symbolsprache zusammengefasst. Ist es nun das, was die Mutter des Herrn der Christenheit, der Menschheit in einer Zeit großer Fragen und Bedrängnisse kundgeben wollte? Hilft es uns im Anbruch des neuen Jahrtausends? Oder sind es vielleicht gar nur Spiegelungen der Innenwelt von Kindern, die in einem Milieu tiefer Frömmigkeit aufgewachsen, zugleich aber auch von den drohenden Gewittern ihrer Zeit aufgewühlt waren? Wie sollen wir die Vision verstehen, was von ihr halten?

Öffentliche Offenbarung und Privatoffenbarungen –
ihr theologischer Ort

Bevor wir den Versuch einer Interpretation unternehmen, deren wesentliche Linien in der Ansprache zu finden sind, die Kardinal Sodano am 13. Mai dieses Jahres am Ende der vom Heiligen Vater zelebrierten Eucharistiefeier in Fatima gehalten hat, sind einige grundsätzliche Klärungen darüber notwendig, wie nach der Lehre der Kirche Phänomene wie dasjenige von Fatima grundsätzlich ins Leben des Glaubens einzuordnen sind. Die Lehre der Kirche unterscheidet zwischen der »öffentlichen Offenbarung« und den »Privatoffenbarungen«. Zwischen beiden besteht nicht nur ein

Maria als … Vorwegnahme der Vollendung der Gnade

gradueller, sondern ein wesentlicher Unterschied. Das Wort »öffentliche Offenbarung« bezeichnet das der ganzen Menschheit zugedachte Offenbarungshandeln Gottes, das seinen Niederschlag in der zweiteiligen Bibel aus Altem und Neuem Testament gefunden hat. »Offenbarung« heißt es, weil Gott darin sich selbst Schritt um Schritt den Menschen zu erkennen gegeben hat, bis zu dem Punkt hin, da er selbst Mensch wurde, um durch den menschgewordenen Sohn Jesus Christus die ganze Welt an sich zu ziehen und mit sich zu vereinigen. Es handelt sich also nicht um intellektuelle Mitteilungen, sondern um einen Prozess des Lebens, in dem Gott auf die Menschen zugeht; in diesem Prozess werden dann freilich auch Inhalte für den Intellekt und für das Verstehen von Gottes Geheimnis sichtbar. Der Prozess richtet sich an den ganzen Menschen und so auch an den Verstand, aber nicht nur an ihn. Weil Gott nur einer ist, ist auch die Geschichte, die er mit der Menschheit eingeht, eine einzige, die für alle Zeiten gilt und mit Leben, Tod und Auferstehung Jesu Christi ihre Vollendung erreicht hat. In Christus hat Gott alles, nämlich sich selbst gesagt, und deswegen ist die Offenbarung mit der Gestaltwerdung des Christusgeheimnisses im Neuen Testament abgeschlossen. Der Katechismus der Katholischen Kirche zitiert, um diese Endgültigkeit und Vollständigkeit der Offenbarung zu verdeutlichen, einen Text des heiligen Johannes vom Kreuz: »Seit er uns seinen Sohn geschenkt hat, der sein Wort ist, hat Gott uns kein anderes Wort zu geben. Er hat alles zumal in diesem einen Worte gesprochen […]. Denn was er ehedem nur stückweise zu den Propheten geredet, das hat er nunmehr im Ganzen gesprochen, indem er uns das Ganze gab, nämlich seinen Sohn. Wer demnach jetzt noch ihn befragen oder von ihm Visionen oder Offenbarungen haben wollte, der würde nicht bloß unvernünftig handeln, sondern Gott geradezu beleidigen, weil er seine Augen nicht einzig auf Christus richten würde, ohne jegliches Verlangen nach anderen oder neuen Dingen.«[1]

Die Tatsache, dass mit Christus und mit seiner Bezeugung in den Büchern des Neuen Testaments die allen Völkern zugedachte eine Offenbarung Gottes abgeschlossen ist, bindet die Kirche an

---

[1] KKK 65; JOHANNES VOM KREUZ, *Aufstieg* II 20, 204.

524

Kommentar zum Geheimnis von Fatima

das einmalige Ereignis der heiligen Geschichte und an das biblische Wort, das dieses Ereignis verbürgt und auslegt, aber sie bedeutet nicht, dass die Kirche nun nur auf die Vergangenheit schauen könnte und so zu einer unfruchtbaren Wiederholung verurteilt wäre. Der KKK sagt dazu: »Obwohl die Offenbarung abgeschlossen ist, ist ihr Inhalt nicht vollständig ausgeschöpft; es bleibt Sache des christlichen Glaubens, im Lauf der Jahrhunderte nach und nach ihre ganze Tragweite zu erfassen.«[2] Sehr schön sind die beiden Aspekte von Bindung an das Einmalige und Fortschritt in dessen Verstehen in den Abschiedsreden des Herrn ausgelegt, wo der scheidende Christus den Jüngern sagt: »Noch vieles habe ich euch zu sagen, aber ihr könnt es jetzt nicht tragen. Wenn aber jener kommt, der Geist der Wahrheit, wird er euch in die ganze Wahrheit führen. Denn er wird nicht aus sich selbst heraus reden [...]. Er wird mich verherrlichen, denn er wird von dem, was mein ist, nehmen und es verkünden« (Joh 16,12–14). Einerseits führt der Geist und eröffnet so Erkenntnis, für deren Tragen vorher die Voraussetzung fehlte – das ist die immer unabgeschlossene Weite und Tiefe des christlichen Glaubens. Andererseits ist dieses Führen ein »Nehmen« aus dem Schatz Jesu Christi selbst, dessen unerschöpfliche Tiefe sich in diesem Führen offenbart. Der Katechismus zitiert dazu ein tiefes Wort von Papst Gregor dem Großen: »Die göttlichen Worte wachsen mit den Lesenden«[3]. Das II. Vatikanische Konzil kennt drei wesentliche Wege, wie sich die Führung des Heiligen Geistes in der Kirche und so das »Wachsen des Wortes« vollzieht: Es vollzieht sich durch Betrachtung und Studium der Gläubigen, durch innere Einsicht, die aus geistlicher Erfahrung stammt, und durch die Verkündigung derer, »die mit der Nachfolge im Bischofsamt das sichere Charisma der Wahrheit empfangen haben«[4].

An dieser Stelle wird es nun möglich, den Begriff der »Privatoffenbarung« richtig einzuordnen, der sich auf alle nach dem Abschluss des Neuen Testaments auftauchenden Schauungen und Offenbarungen bezieht, also die Kategorie ist, unter die wir die

---

[2] KKK 66.
[3] KKK 94; Gregor der Grosse, *In Ez hom* I 7, 8 (PL 76, 843 D).
[4] DV 8.

525

Maria als ... Vorwegnahme der Vollendung der Gnade

Botschaft von Fatima einordnen müssen. Hören wir auch dazu zunächst den KKK: »Im Laufe der Jahrhunderte gab es sogenannte ›Privatoffenbarungen‹, von denen einige durch die kirchliche Autorität anerkannt wurden. [...] Sie sind nicht dazu da, die endgültige Offenbarung Christi zu ›vervollkommnen‹ [...], sondern sollen helfen, in einem bestimmten Zeitalter tiefer aus ihr zu leben.«[5] Zweierlei wird klar:

1. Die Autorität der Privatoffenbarungen ist wesentlich unterschieden von der einen, öffentlichen Offenbarung: Diese fordert unseren Glauben an, denn in ihr spricht durch Menschenworte und durch die Vermittlung der lebendigen Gemeinschaft der Kirche hindurch Gott selbst zu uns. Der Glaube an Gott und sein Wort unterscheidet sich von allem menschlichen Glauben, Vertrauen, Meinen. Die Gewissheit, dass Gott redet, gibt mir die Sicherheit, dass ich der Wahrheit selbst begegne, und damit eine Gewissheit, die in keiner menschlichen Form von Erkenntnis sonst vorkommen kann. Es ist die Gewissheit, auf die ich mein Leben baue und der ich im Sterben traue.

2. Die Privatoffenbarung ist eine Hilfe zu diesem Glauben, und sie erweist sich als glaubwürdig gerade dadurch, dass sie mich auf die eine, öffentliche Offenbarung verweist. Prosper Kardinal Lambertini, nachher Papst Benedikt XIV., sagt in seinem klassisch, ja normativ gewordenen Traktat über die Selig- und Heiligsprechungen dazu: »Eine Zustimmung des katholischen Glaubens wird anerkannten Privatoffenbarungen in diesem Sinne nicht geschuldet, und sie ist auch nicht möglich. Diese Offenbarungen fordern vielmehr eine Zustimmung des menschlichen Glaubens gemäß den Regeln der Klugheit, die sie uns als wahrscheinlich und glaubwürdig darstellen.«[(a)] Der flämische Theologe Edouard Dhanis, herausragender Kenner dieser Materie, stellt zusammenfassend fest, dass die kirchliche Approbation einer Privatoffenbarung drei Elemente umfasst: Die betreffende Botschaft enthält nichts, was dem Glauben und den guten Sitten entgegensteht; es ist erlaubt, sie zu veröffentlichen, und die Gläubigen sind autorisiert, ihr in kluger

---

[5] KKK 67.

[(a)] LAMBERTINI, *Beatificatione et Canonizatione* II 32, 11, 349.

526

Weise ihre Zustimmung zu schenken.[6] Eine solche Botschaft kann eine wertvolle Hilfe sein, das Evangelium in der jeweils gegenwärtigen Stunde besser zu verstehen und zu leben; deswegen soll man sie nicht achtlos beiseiteschieben. Sie ist eine Hilfe, die angeboten wird, aber von der man nicht Gebrauch machen muss.

Der Maßstab für Wahrheit und Wert einer Privatoffenbarung ist demgemäß ihre Hinordnung auf Christus selbst. Wenn sie uns von ihm wegführt, wenn sie sich verselbstständigt oder sich gar als eine andere und bessere Ordnung, als wichtiger denn das Evangelium ausgibt, dann kommt sie sicher nicht vom Heiligen Geist, der uns in das Evangelium hinein- und nicht aus ihm herausführt. Das schließt nicht aus, dass eine Privatoffenbarung neue Akzente setzt, dass sie neue Weisen der Frömmigkeit herausstellt oder alte vertieft und erweitert. Aber in alledem muss es doch darum gehen, dass sie Glaube, Hoffnung und Liebe nährt, die der bleibende Weg des Heils für alle sind. Wir können hinzufügen, dass Privatoffenbarungen häufig primär aus der Volksfrömmigkeit kommen und auf sie zurückwirken, ihr neue Impulse geben und neue Formen eröffnen. Dies schließt nicht aus, dass sie auch in die Liturgie selbst hineinwirken, wie etwa Fronleichnam und das Herz-Jesu-Fest zeigen. In gewisser Hinsicht bildet sich im Verhältnis von Liturgie und Volksfrömmigkeit das Verhältnis zwischen Offenbarung und Privatoffenbarungen ab: Die Liturgie ist das Maß, sie ist der direkt aus dem Evangelium genährte Lebensausdruck der Kirche im Ganzen. Volksfrömmigkeit bedeutet, dass der Glaube im Herzen der einzelnen Völker Wurzel schlägt, sodass er in die Welt des Alltags hineingetragen wird. Die Volksfrömmigkeit ist die erste und grundlegende Weise von »Inkulturation« des Glaubens, die sich immer wieder von der Weisung der Liturgie her ordnen und leiten lassen muss, aber umgekehrt sie vom Herzen her befruchtet.

Damit sind wir schon von den eher negativen Abgrenzungen, die zunächst notwendig waren, zur positiven Bestimmung der Privatoffenbarungen übergegangen: Wie kann man sie von der Schrift her richtig einordnen? Was ist ihre theologische Kategorie? Der älteste uns erhaltene Paulusbrief, wohl überhaupt das älteste

---

[6] Vgl. Dhanis, *Sguardo su Fatima,* hierzu 397.

Schriftstück des Neuen Testaments, der Erste Brief an die Thessalonicher, scheint mir da eine Wegweisung zu geben. Der Apostel sagt da: »Löscht den Geist nicht aus! Verachtet prophetisches Reden nicht! Prüft alles und behaltet das Gute!« (1 Thess 5,19–21). Zu allen Zeiten ist der Kirche das Charisma der Prophetie gegeben, die geprüft werden muss, aber auch nicht verachtet werden darf. Dabei müssen wir bedenken, dass Prophetie im Sinn der Bibel nicht Wahrsagerei bedeutet, sondern Deutung von Gottes Willen für die Gegenwart, die auch den rechten Weg in die Zukunft zeigt. Der Wahrsager antwortet auf die Neugier des Verstandes, die den Schleier der Zukunft wegreißen will; der Prophet begegnet der Blindheit des Willens und des Denkens und macht Gottes Willen als Anspruch und Wegweisung für die Gegenwart deutlich. Das Moment der Vorhersage von Zukünftigem ist dabei sekundär. Wesentlich ist die Vergegenwärtigung der einen Offenbarung, die mir so auf den Leib rückt: Das prophetische Wort ist Ermahnung oder auch Tröstung oder beides ineinander. Insofern kann man das Charisma der Prophetie mit der Kategorie der »Zeichen der Zeit« in Verbindung bringen, die vom II. Vaticanum herausgestellt worden ist: »Das Aussehen der Erde und des Himmels könnt ihr deuten. Warum könnt ihr dann die Zeichen dieser Zeit nicht deuten?« (Lk 12,56). Unter den »Zeichen der Zeit« ist in diesem Wort Jesu sein eigener Weg, er selbst zu verstehen. Die Zeichen der Zeit im Licht des Glaubens deuten heißt, die Anwesenheit Christi in der jeweiligen Zeit erkennen. In den von der Kirche anerkannten Privatoffenbarungen – also auch in Fatima – geht es darum: uns die Zeichen der Zeit verstehen zu helfen und auf sie die richtige Antwort im Glauben zu finden.

Die anthropologische Struktur der Privatoffenbarungen

Nachdem wir mit diesen Überlegungen eine theologische Ortsbestimmung der Privatoffenbarungen versucht haben, müssen wir vor dem Mühen um eine Auslegung der Botschaft von Fatima auch noch kurz ihren anthropologischen (psychologischen) Charakter etwas aufzuhellen versuchen. Die theologische Anthropologie unterscheidet in diesem Zusammenhang drei Arten von

Kommentar zum Geheimnis von Fatima

Wahrnehmung oder »Schau«: das Schauen mit den Sinnen, also die äußere körperliche Wahrnehmung; das Wahrnehmen von innen her und die geistige Anschauung *(visio sensibilis – imaginativa – intellectualis)*. Es ist klar, dass es sich bei den Visionen von Lourdes, Fatima usw. nicht um die gewöhnliche äußere Sinneswahrnehmung handelt: Die Bilder und Gestalten, die gesehen werden, stehen nicht äußerlich im Raum da, wie etwa ein Baum oder ein Haus da sind. Das ist zum Beispiel bei der Höllenvision oder auch bei der im dritten Geheimnis geschilderten Vision ganz offenkundig, lässt sich aber auch für die anderen Visionen leicht zeigen, zumal nicht alle Anwesenden die Gesichte sahen, sondern eben nur die »Seher«. Ebenso ist deutlich, dass es sich nicht um bildlose intellektuelle »Schau« handelt, wie sie in den hohen Stufen der Mystik vorliegt. So geht es um die mittlere Kategorie, das innere Wahrnehmen, das freilich für den Seher eine Gegenwartskraft erhält, die für ihn der äußeren sinnlichen Erscheinung gleichkommt.

Schauen von innen bedeutet nicht, dass es sich um Fantasie handelt, die nur Ausdruck subjektiver Einbildung wäre. Vielmehr bedeutet es, dass die Seele vom Impuls realer, wenngleich übersinnlicher Wirklichkeit berührt und für das Sehen des Nichtsinnlichen, des nicht den Sinnen Sichtbaren geöffnet wird – ein Schauen mit den »inneren Sinnen«. Es handelt sich um echte »Gegenstände«, die die Seele berühren, obwohl sie nicht unserer gewohnten Sinnenwelt zugehören. Dazu ist eine innere Wachheit des Herzens erfordert, die unter dem Druck der gewaltigen äußeren Wirklichkeiten und der die Seele erfüllenden Bilder und Gedanken meistens nicht gegeben ist. Der Mensch wird aus dem bloß Äußeren herausgeführt, und tiefere Dimensionen der Wirklichkeit rühren ihn an, machen sich ihm sichtbar. Vielleicht wird von daher sogar verständlich, warum gerade Kinder bevorzugte Empfänger solcher Erscheinungen sind: Die Seele ist noch weniger verstellt, die innere Wahrnehmungsfähigkeit noch weniger versehrt. »Aus dem Mund von Kindern und Säuglingen schaffst du dir Lob«, antwortet Jesus mit einem Psalmwort (Ps 8,3) auf die Kritik der Hohenpriester und Ältesten, die den Hosanna-Ruf der Kinder als unangemessen empfanden (Mt 21,16).

Die »innere Schau« ist nicht Fantasie, sondern eine wirkliche

529

Maria als ... Vorwegnahme der Vollendung der Gnade

und eigentliche Weise der Wahrnehmung, sagten wir. Aber sie bringt auch Einschränkungen mit sich. Schon bei der äußeren Schau ist immer auch der subjektive Faktor beteiligt: Wir sehen nie das reine Objekt, sondern es kommt zu uns durch den Filter unserer Sinne, die einen Übersetzungsvorgang zu leisten haben. Das ist bei der Schau von innen noch deutlicher, vor allem dann, wenn es sich um Wirklichkeiten handelt, die an sich unseren Horizont überschreiten. Das Subjekt, der Schauende, wird noch stärker in Anspruch genommen. Er sieht mit seinen Möglichkeiten, mit den für ihn zugänglichen Weisen des Vorstellens und Erkennens. In der inneren Schau liegt noch weit mehr als in der äußeren ein Übersetzungsvorgang vor, sodass das Subjekt an der Bildwerdung dessen, was sich zeigt, wesentlich mitbeteiligt ist. Das Bild kann nur nach seinen Maßen und seinen Möglichkeiten ankommen. Deswegen sind solche Schauungen nie die reine »Fotografie« des Jenseits, sondern sie tragen auch die Möglichkeiten und Grenzen des wahrnehmenden Subjekts an sich.

Das kann man an allen großen Visionen der Heiligen zeigen; es gilt natürlich auch für die Schauungen der Kinder von Fatima. Die von ihnen aufgezeichneten Bilder sind keineswegs bloß Ausdruck ihrer Fantasie, sondern Frucht einer wirklichen Wahrnehmung von oben und innen her, aber sie sind auch nicht so vorzustellen, dass einen Augenblick der Schleier vom Jenseits weggerückt würde und der Himmel in seinem reinen An-sich-Sein erschiene, wie wir ihn einmal in der endgültigen Vereinigung mit Gott zu sehen hoffen. Die Bilder sind vielmehr sozusagen zusammengesetzt aus dem von oben kommenden Anstoß und aus den dafür vorliegenden Möglichkeiten des wahrnehmenden Subjekts, das heißt der Kinder. Deswegen ist die Bildsprache dieser Schauungen symbolische Sprache. Kardinal Sodano sagt dazu: »Sie beschreiben nicht im fotografischen Sinn die Einzelheiten der zukünftigen Ereignisse, sondern fassen auf einem gemeinsamen Hintergrund Tatsachen verdichtend zusammen, die sich zeitlich in einer nicht präzisierten Abfolge und Dauer erstrecken.«[b] Dieses Zusammenfassen von Zeiten und Räumen in einem einzigen Bild ist typisch für solche Visionen, die meist erst im Rückblick angemessen ent-

---

[b] CDF, *Fatima*, 31.

schlüsselt werden können. Nicht jedes Bildelement muss dabei einen konkreten historischen Sinn ergeben. Es zählt die Schauung als ganze und von der Ganzheit der Bilder her müssen die Details eingeordnet werden. Was die Mitte eines Bildes ist, enthüllt sich letztlich aus dem, was die Mitte christlicher »Prophetie« überhaupt ist: Die Mitte ist da, wo Schauung zum Anruf wird und auf den Willen Gottes zuführt.

Versuch einer Auslegung des »Geheimnisses« von Fatima

Der erste und der zweite Teil des Geheimnisses von Fatima sind von der Literatur schon so ausführlich diskutiert worden, dass sie hier nicht noch einmal ausgelegt werden müssen. Ich möchte nur in Kürze auf den springenden Punkt aufmerksam machen. Die Kinder haben einen schrecklichen Augenblick lang eine Vision der Hölle erlebt. Sie haben den Fall der »Seelen der armen Sünder«[c] gesehen. Und nun wird ihnen gesagt, warum sie diesem Augenblick ausgesetzt wurden: »per salvarle« – um einen Weg der Rettung zu zeigen. Das Wort aus dem Ersten Petrusbrief kommt einem in den Sinn: »Ziel eures Glaubens ist die Rettung der Seelen« (1 Petr 1,9). Als Weg dafür wird – für Menschen aus dem angelsächsischen und deutschen Kulturraum überraschend – angegeben: die Verehrung für das unbefleckte Herz Mariens. Zum Verständnis muss hier ein kurzer Hinweis genügen. »Herz« bedeutet in der Sprache der Bibel die Mitte der menschlichen Existenz, das Zusammenströmen von Verstand, Wille, Gemüt und Sinnen, in dem der Mensch seine Einheit und seine innere Richtung findet. Das »unbefleckte Herz« ist gemäß Mt 5,8 ein Herz, das ganz zu einer inneren Einheit von Gott her gefunden hat und daher »Gott sieht«. »Devozione« (Verehrung) zum Unbefleckten Herzen Mariens ist daher Zugehen auf diese Herzenshaltung, in der das »Fiat« – dein Wille geschehe – zur formenden Mitte der ganzen Existenz wird. Wenn jemand einwenden möchte, wir sollten doch nicht einen Menschen zwischen uns und Christus stellen, so ist daran zu erinnern, dass Paulus sich nicht scheut, zu

---

[c] CDF, *Fatima,* 18.

Maria als ... Vorwegnahme der Vollendung der Gnade

seinen Gemeinden zu sagen: »Ahmt mich nach!« (1 Kor 4,16; Phil 3,17; 1 Thess 1,6; 2 Thess 3,7.9). Am Apostel können sie konkret ablesen, was Nachfolge Christi heißt. Von wem aber könnten wir es über alle Zeiten hin besser erlernen als von der Mutter des Herrn?

So kommen wir endlich zu dem hier erstmals ungekürzt veröffentlichten dritten Teil des Geheimnisses von Fatima. Wie aus der vorangehenden Dokumentation hervorgeht, ist die Auslegung, die Kardinal Sodano in seiner Rede vom 13. Mai geboten hat, zuerst Schwester Lucia persönlich vorgelegt worden. Schwester Lucia hat dazu zunächst bemerkt, dass ihr das Gesicht, aber nicht seine Auslegung geschenkt wurde. Die Auslegung komme nicht dem Seher, sondern der Kirche zu. Sie hat aber nach der Lektüre des Textes gesagt, dass diese Auslegung dem entspricht, was sie erfahren hatte, und dass sie von ihrer Seite diese Interpretation als sachgerecht anerkennt. Im Folgenden kann also nur noch versucht werden, diese Auslegung von den bisher entwickelten Maßstäben her zu begründen und zu vertiefen.

Wie wir als Schlüsselwort des ersten und zweiten Geheimnisses »salvare le anime« (die Seelen retten) erkannten, so ist das Schlüsselwort dieses Geheimnisses der dreimalige Ruf: »Penitenza, Penitenza, Penitenza«[d] (Buße, Buße, Buße)! Wir werden an den Anfang des Evangeliums erinnert: »Tut Buße und glaubt an das Evangelium« (Mk 1,15). Die »Zeichen der Zeit« verstehen heißt: Die Dringlichkeit von Buße – Umkehr – Glaube begreifen. Das ist die richtige Antwort auf den historischen Augenblick, der von großen Gefahren umstellt ist, die in den folgenden Bildern gezeichnet werden. Ich darf hier eine persönliche Erinnerung einflechten: In einem Gespräch mit mir hat Schwester Lucia gesagt, ihr werde immer mehr deutlich, dass das Ziel der ganzen Erscheinungen gewesen sei, sich mehr in Glaube, Hoffnung und Liebe einzuüben – alles andere sei nur Hinführung dazu.

Gehen wir nun etwas näher auf die einzelnen Bilder ein. Der Engel mit dem Flammenschwert zur Linken der Muttergottes erinnert an ähnliche Bilder der Geheimen Offenbarung. Er stellt die Gerichtsdrohung dar, unter der die Welt steht. Dass sie in einem

---

[d] CDF, *Fatima*, 23.

Flammenmeer verbrennen könnte, erscheint heute keineswegs mehr als bloße Fantasie: Der Mensch selbst hat das Flammenschwert mit seinen Erfindungen bereitgestellt. Die Vision zeigt dann die Gegenkraft zur Macht der Zerstörung – zum einen den Glanz der Muttergottes, zum anderen, gleichsam aus ihm hervorkommend, den Ruf zur Buße. Damit wird das Moment der Freiheit des Menschen ins Spiel gebracht: Die Zukunft ist keineswegs unabänderlich determiniert, und das Bild, das die Kinder sahen, ist kein im Voraus aufgenommener Film des Künftigen, an dem nichts mehr geändert werden könnte. Die ganze Schauung ergeht überhaupt nur, um die Freiheit auf den Plan zu rufen und sie ins Positive zu wenden. Der Sinn der Schauung ist es eben nicht, einen Film über die unabänderlich fixierte Zukunft zu zeigen. Ihr Sinn ist genau umgekehrt, die Kräfte der Veränderung zum Guten hin zu mobilisieren. Deswegen gehen fatalistische Deutungen des Geheimnisses völlig an der Sache vorbei, die zum Beispiel sagen, der Attentäter vom 13. Mai 1981 sei nun einmal ein von der Vorsehung gelenktes Werkzeug göttlichen Planens gewesen und habe daher gar nicht frei handeln können, oder was sonst an ähnlichen Ideen umläuft. Die Vision spricht vielmehr von Gefährdungen und vom Weg der Heilung.

Die folgenden Sätze des Textes lassen den Bildcharakter der Schauung noch einmal sehr deutlich werden: Gott bleibt das unmessbare und all unser Sehen überschreitende Licht. Die Menschen erscheinen wie in einem Spiegel. Diese innere Einschränkung der Vision, deren Grenzen hier anschaulich angegeben werden, müssen wir fortwährend gegenwärtig halten. Das Künftige zeigt sich nur »in Spiegel und Gleichnis« (vgl. 1 Kor 13,12). Wenden wir uns nun den einzelnen Bildern zu, die in dem Text des Geheimnisses folgen. Der Ort des Geschehens wird mit drei Symbolen beschrieben: ein steiler Berg, eine halb in Trümmern liegende große Stadt und schließlich ein gewaltiges Kreuz aus unbehauenen Stücken. Berg und Stadt symbolisieren die Orte der menschlichen Geschichte: Geschichte als mühevollen Aufstieg zur Höhe, Geschichte als Ort menschlichen Bauens und Zusammenlebens, zugleich als Ort der Zerstörungen, in denen der Mensch sein eigenes Werk vernichtet. Die Stadt kann Ort der Gemeinsamkeit und des Fortschritts, aber auch Ort der Gefährdung

Maria als … Vorwegnahme der Vollendung der Gnade

und der äußersten Bedrohung sein. Auf dem Berg steht das Kreuz – Ziel und Orientierungspunkt der Geschichte. Im Kreuz ist die Zerstörung in Rettung umgewandelt; es steht als Zeichen der Not der Geschichte und als Verheißung über ihr.

Dann erscheinen da menschliche Personen: Der weißgekleidete Bischof (»wir hatten die Ahnung, dass es der Papst war«[e]), weitere Bischöfe, Priester, Ordensleute und schließlich Männer und Frauen aus allen Klassen und Ständen. Der Papst geht offenbar den anderen voraus, zitternd und leidend ob all der Schrecken, die ihn umgeben. Nicht nur die Häuser der Stadt liegen teils in Trümmern – sein Weg führt an den Leichen der Getöteten vorbei. Der Weg der Kirche wird so als ein Kreuzweg, als Weg in einer Zeit der Gewalt, der Zerstörungen und der Verfolgungen geschildert. Man darf in diesem Bild die Geschichte eines ganzen Jahrhunderts abgebildet finden. Wie die Orte der Erde in den beiden Bildern von Berg und Stadt zusammengeschaut und auf das Kreuz hingeordnet sind, so sind auch die Zeiten zusammengezogen: In der Schau können wir das abgelaufene Jahrhundert als Jahrhundert der Martyrer, als Jahrhundert der Leiden und der Verfolgungen der Kirche, als das Jahrhundert der Weltkriege und vieler lokaler Kriege erkennen, die die ganze zweite Hälfte des Jahrhunderts ausgefüllt und neue Formen der Grausamkeit hervorgebracht haben. Im »Spiegel« dieser Vision sehen wir die Blutzeugen von Jahrzehnten vorüberziehen. Hier scheint es angebracht, einen Satz aus dem Brief anzuführen, den Schwester Lucia am 12. Mai 1982 an den Heiligen Vater gerichtet hat: »Der dritte Teil des Geheimnisses bezieht sich auf die Worte Unserer Lieben Frau: ›Wenn nicht, wird es (Russland) seine Irrtümer über die Welt ausbreiten und Kriege und Verfolgungen der Kirche anstiften. Die Guten werden gemartert werden, der Heilige Vater wird viel zu leiden haben, verschiedene Nationen werden vernichtet werden‹.«[f]

Im Kreuzweg eines Jahrhunderts spielt die Figur des Papstes eine besondere Rolle. In seinem mühsamen Hinaufsteigen auf den Berg dürfen wir ruhig mehrere Päpste zusammengefasst fin-

---

[e] CDF, *Fatima*, 23.
[f] CDF, *Fatima*, 10 f.

534

Kommentar zum Geheimnis von Fatima

den, die von Pius X. angefangen bis zum jetzigen Papst die Leiden
des Jahrhunderts mittrugen und in ihnen auf dem Weg zum
Kreuz voranzugehen sich mühten. Auf der Straße der Martyrer
wird in der Vision auch der Papst ermordet. Musste der Heilige
Vater, als er sich nach dem Attentat vom 13. Mai 1981 den Text
des dritten Geheimnisses vorlegen ließ, darin nicht sein eigenes
Geschick erkennen? Er war sehr nahe an der Grenze des Todes
gewesen und hat selber seine Rettung mit den folgenden Worten
gedeutet: Es war »›eine mütterliche Hand‹«, die »›die Flugbahn
der Kugel leitete‹ und es dem ›Papst, der mit dem Tode rang‹,
erlaubte, ›an der Schwelle des Todes‹ stehenzubleiben«[g] (13. Mai
1994). Dass da eine »mano materna« (mütterliche Hand) die töd-
liche Kugel doch noch anders geleitet hat, zeigt nur noch einmal,
dass es kein unabänderliches Schicksal gibt, dass Glaube und Gebet Mächte sind, die in die Geschichte eingreifen können, und
dass am Ende das Gebet stärker ist als die Patronen, der Glaube
mächtiger als Divisionen.

Der Schluss des Geheimnisses erinnert an Bilder, die Lucia in
frommen Büchern gesehen haben mag und deren Inhalt aus frühen Einsichten des Glaubens geschöpft ist. Es ist ein tröstendes
Bild, das eine Geschichte aus Blut und Tränen durchsichtig ma-
chen will auf Gottes heilende Macht. Engel fangen unter den
Kreuzarmen das Martyrerblut auf und tränken damit die Seelen,
die sich auf den Weg zu Gott machen. Das Blut Christi und das
Blut der Martyrer werden hier zusammengeschaut: Das Blut der
Martyrer fließt aus den Armen des Kreuzes. Ihr Martyrium gehört
mit dem Leiden Christi zusammen, ist mit diesem eins geworden.
Sie ergänzen für den Leib Christi, was an seinen Leiden noch fehlt
(Kol 1,24). Ihr Leben ist selbst Eucharistie geworden, eingegangen
in das Mysterium des gestorbenen Weizenkorns und nimmt an
dessen Fruchtbarkeit teil. Das Blut der Martyrer ist Samen christ-
licher Existenz, hat Tertullian gesagt.[h] Wie aus dem Tode Christi,
aus seiner geöffneten Seite, die Kirche entsprungen ist, so ist das
Sterben der Zeugen fruchtbar für das weitere Leben der Kirche.
Die an ihrem Anfang so bedrückende Vision des dritten Geheim-

[g] CDF, *Fatima,* 32.
[h] Vgl. Tertullian, *Apol* L 13 (CChr.SL 1, 171).

535

Maria als ... Vorwegnahme der Vollendung der Gnade

nisses schließt also mit einem Bild der Hoffnung: Kein Leiden ist umsonst, und gerade eine leidende Kirche, eine Kirche der Martyrer, wird zum Wegzeichen auf der Suche der Menschen nach Gott. In Gottes guten Händen sind nicht nur die Leidenden geborgen wie Lazarus, der den großen Trost fand und geheimnisvoll Christus darstellt, der zum armen Lazarus für uns werden wollte; mehr als das: Vom Leiden der Zeugen kommt eine Kraft der Reinigung und der Erneuerung, weil es Vergegenwärtigung von Christi eigenem Leiden ist und seine heilende Wirkung an die Gegenwart weiterreicht.

Damit sind wir bei einer letzten Frage angelangt: Was hat das Geheimnis von Fatima als Ganzes (in seinen drei Teilen) zu bedeuten? Was sagt es uns? Zunächst müssen wir mit Kardinal Sodano festhalten, dass »die Geschehnisse, auf die sich der dritte Teil des Geheimnisses von Fatima bezieht, nunmehr der Vergangenheit anzugehören scheinen«[i]. Soweit einzelne Ereignisse dargestellt werden, gehören sie nun der Vergangenheit an: Wer auf aufregende apokalyptische Enthüllungen über das Weltende oder den weiteren Verlauf der Geschichte gewartet hatte, muss enttäuscht sein. Solche Stillungen unserer Neugier bietet uns Fatima nicht, wie denn überhaupt der christliche Glaube nicht Futter für unsere Neugierde sein will und kann. Was bleibt, haben wir gleich zu Beginn unserer Überlegungen über den Text des Geheimnisses gesehen: die Führung zum Gebet als Weg zur »Rettung der Seelen« und im gleichen Sinn der Hinweis auf Buße und Bekehrung.

Ich möchte am Ende noch ein weiteres mit Recht berühmt gewordenes Stichwort des Geheimnisses aufgreifen: »Mein Unbeflecktes Herz wird siegen.«[j] Was heißt das? Das für Gott geöffnete, durch das Hinschauen auf Gott rein gewordene Herz ist stärker als Gewehre und Waffen aller Art. Das »Fiat« Marias, das Wort ihres Herzens, hat die Weltgeschichte gewendet, weil es den Retter eingelassen hat in diese Welt – weil im Raum dieses Ja Gott Mensch werden konnte und es nun ewig bleibt. Das Böse hat Macht in der Welt, wir sehen es und erfahren es immer wieder; es hat Macht, weil unsere Freiheit sich immer wieder von Gott

---

[i] CDF, *Fatima*, 32.
[j] CDF, *Fatima*, 18.

536

Kommentar zum Geheimnis von Fatima

abdrängen lässt. Aber seit Gott selbst ein menschliches Herz hat und so die Freiheit des Menschen ins Gute hinein, auf Gott zu, gewendet hat, hat die Freiheit zum Bösen nicht mehr das letzte Wort. Seitdem gilt: »In der Welt werdet ihr Drangsal haben, aber seid nur getrost, ich habe die Welt überwunden« (Joh 16,33). Dieser Verheißung uns anzuvertrauen, lädt uns die Botschaft von Fatima ein.

Maria zeigt uns, worauf es ankommt
Fatima, 13. Oktober 1996

1. Lesung: Est 4, 17ff.
2. Lesung: Eph 2, 4–7
Evangelium: Joh 2, 1–11

Etwa sechshundert Liter köstlichen Weins hat der Herr den Hochzeitsgästen von Kana aus dem Wasser geschenkt, das die Diener seiner Weisung gemäß geschöpft hatten. Auch wenn wir daran denken, dass orientalische Hochzeiten eine volle Woche dauerten und dass der ganze Familienclan der Brautleute versammelt war, bleibt dies eine unbegreifliche Fülle. Die Fülle, der Überfluss ist das Zeichen Gottes in seiner Schöpfung: Er verschwendet das ganze All, um den Menschen Raum zu geben. Er gibt Leben in unbegreiflicher Fülle. Und in der Erlösung verschwendet er sich selbst, wird ein Mensch, geht in die ganze Armut des Menschseins ein, weil ihm nichts ausreicht, um seine Liebe zu zeigen. Überfluss ist Ausdruck der Liebe, die nicht rechnet und nicht zählt, sondern, ohne nach sich selbst zu fragen, sich verschenkt. Der Überfluss von Kana fügt sich ein in die Weise, wie Gott sich dem Menschen zeigt – die ganze Geschichte hindurch. Er lässt uns die Herrlichkeit, die Größe und die unerschöpfliche Güte Gottes ahnen.

Neben dem Weinwunder steht im Evangelium das Brotwunder (vgl. Joh 6, 1–13), in dem der Herr mit fünf Broten die Tausenden sättigt und so viel gibt, dass zwölf Körbe voll Brot übrigbleiben. Wenn Brot das Sinnbild ist für das, was der Mensch zum Leben braucht, so ist Wein an sich schon Sinnbild für den Überfluss, den wir auch nötig haben. Er ist Zeichen der Freude, der Verklärung der Schöpfung. Er holt uns aus der Traurigkeit und der Müdigkeit des Alltags heraus und lässt das Miteinander zum Fest werden. Er weitet die Sinne und die Seele, er löst die Zunge und öffnet das Herz; er schiebt die Schranken, die unsere Existenz begrenzen, ein wenig hinaus. So ist der Wein zum Sinnbild für die Gabe des Heiligen Geistes geworden: Die Überlieferung spricht von der »nüchternen Trunkenheit«, die der Geist uns verleiht, und geht wohl

Maria zeigt uns, worauf es ankommt

dabei von der Pfingstgeschichte aus, in der die Apostel den Außenstehenden wie Trunkene erschienen (vgl. Apg 2, 13). Sie waren nüchtern und sie waren trunken zugleich: von der Freude des Heiligen Geistes erfüllt, der ihr Leben weit geöffnet hatte, ihnen Worte eingab, die nicht aus ihnen selber kamen, sie die Schönheit des Lebens spüren ließ, das vom Licht des lebendigen Gottes erleuchtet wird. So fangen wir schon an, etwas von der Bedeutung dieses Weinwunders zu verstehen, das ja Johannes ausdrücklich als ein Zeichen beschreibt – also als eine Wirklichkeit, die über das unmittelbar Geschehene hinaus auf Größeres verweist. Die große Gabe lässt die Unerschöpflichkeit der Liebe Gottes ahnen, sie spricht von einer Liebe, die aus dem Ewigen kommt, die unermesslich und daher erlösend ist. Das Weinwunder hilft uns so zu verstehen, was es heißt, durch Christus im Glauben den Heiligen Geist zu empfangen – eine neue Höhe und eine neue Fülle des Lebens.

Aber wir müssen noch einen Schritt weitergehen: Der Wein schafft Festlichkeit, hatten wir gesagt. In der Tat steht er in unserem Evangelium im Zusammenhang einer Hochzeit. Er verweist auf das Große, das in ihr geschieht: das Einswerden zweier Menschen durch die vom Schöpfer in sie eingesenkte Liebe, die sie zu »einem Fleisch« werden lässt (Gen 2, 24), wie Adam nach dem biblischen Bericht am Schöpfungsmorgen sagt, in dem Augenblick, in dem Gott ihm die Frau zuführt und damit erst sein Leben ganz werden lässt. So weist aber das Zeichen von Kana in eine noch größere Tiefe hinein: Jesus ist gekommen, um die menschliche Natur, den Menschen selbst in die hochzeitliche Gemeinschaft mit Gott hineinzuführen. Gott und sein Geschöpf sollen eins werden – nicht »ein Fleisch«, sondern »ein Geist«, wie Paulus sagt (1 Kor 6, 17). Paulus drückt es auch so aus: Die Gläubigen werden zusammen mit Christus ein einziger Leib, sein Leib (vgl. 1 Kor 12, 27). In der Menschwerdung im Schoß Marias war diese Hochzeit letztlich schon geschehen: Gott, der Sohn Gottes, hatte menschliches Fleisch, das Menschsein selbst so an sich gezogen, dass der wahre Mensch Jesus und der ewige Sohn Gottes nur eine Person miteinander bilden. Diese im Geheimnis der Inkarnation geschehene Hochzeit muss nun ausgeweitet werden, die ganze Geschichte hindurch. Der Herr will »alle an sich ziehen« (Joh

539

Maria als … Vorwegnahme der Vollendung der Gnade

12,32), damit schließlich »Gott alles in allem sei« (1 Kor 15,28). Die Stunde Jesu, von der er in der Antwort an seine Mutter spricht, ist die Stunde der Hochzeit. Auf diese Stunde geht er zu, für sie ist er da. Sie beginnt, wie wir gesagt haben, mit der Empfängnis im Schoß der Mutter, und sie erreicht ihren Höhepunkt am Kreuz, das Johannes immer zugleich als den Augenblick der Verherrlichung Jesu bezeichnet. Am Kreuz gibt er sich ganz. Das Kreuz ist der Akt, in dem er sich völlig und endgültig an die Menschen verschenkt und uns alle so in seine Arme zieht. Weil es die letzte und höchste Stufe der Liebe ist, darum ist es in aller Erniedrigung die Stunde der Herrlichkeit. Gottes Liebe wird nirgends so gewaltig sichtbar wie in dem Augenblick, in dem der Sohn uns »bis ans Ende« geliebt hat (Joh 13,1). Aus der geöffneten Seite Jesu sind Blut und Wasser geflossen (Joh 19,34), Taufe und Eucharistie. Die beiden Grundsakramente der Kirche entspringen hier. Die Eucharistie ist die endgültige Gabe des neuen Weines in einem Überfluss und einer Fülle, die durch alle Jahrhunderte und für alle Generationen reichen. Auf diesen Wein als reale Schenkung von Jesu Liebe, als reales Erscheinen seiner göttlichen Herrlichkeit unter uns, weist die Weinspende von Kana voraus.

Am Schluss der Geschichte von Kana steht ein bedeutsames Wort, in dem der Evangelist den Sinn dieses Ereignisses aufdeckt: Jesus »offenbarte seine Herrlichkeit, und seine Jünger glaubten an ihn«. Das eigentliche Ziel des Ereignisses von Kana ist nicht der Wein – er ist nur Zeichen, und er ist längst verbraucht und vergangen. Das Ziel war das Erscheinen der Herrlichkeit Jesu, das Aufscheinen von Gottes unendlicher Güte, und so das Erwachen des Glaubens in den Jüngern. Das tiefere Wunder von Kana ist der Glaube der Jünger, die anfangen, durch das äußere Geschehen hindurch zu schauen und das Größere zu erkennen: Gottes heilige Gegenwart in unserer Mitte.

Darum geht es auch heute, und von hier aus verstehen wir die Sendung Marias, die in der Hochzeitsgeschichte sichtbar wird. Maria bittet den Herrn nicht um ein Wunder. Noch war überhaupt nicht klar, ob Wunder zu wirken zu seiner Sendung gehöre. Sie trägt einfach die Schwierigkeit vor den Herrn hin, in die die Freunde geraten waren. Sie legt alles Jesus in die Hände und überlässt ihm, was er tut. Auch die scheinbare Abweisung entmutigt

540

Maria zeigt uns, worauf es ankommt

sie nicht. Ihr Vertrauen zu Jesus, ihrem Sohn, und ihr Einssein mit seinem noch unbekannten Willen bleiben ungebrochen. An dieser Stelle schon spricht sie zu uns: Auch wir müssen in unserer Beziehung zum Herrn immer wieder durch Abweisungen hindurchgehen. »Meine Gedanken sind nicht eure Gedanken« (Jes 55,8). Die Wahrheit dieses Bibelwortes erfahren wir in unserem Leben. Dann ist es wichtig, unseren Eigensinn abzulegen, uns nicht der Enttäuschung oder gar dem Zweifel zu überlassen. Gerade so können wir lernen, unseren oft verkehrten Willen umwandeln zu lassen, dass er dem Willen Gottes gemäß und so recht werde.

An dieser Stelle steht dann das Wort Marias an die Diener, das nach dem *Fiat* vielleicht ihr schönstes Wort ist. Im Letzten ist es nur Anwendung des *Fiat,* ihres Ja, auf uns alle und für uns alle: »Was er euch sagt, das tut«. Das bedeutet für uns: Legt euren Willen in seinen Willen hinein. Seid hörend und bereit für seinen Anruf. Seht ihn als den Herrn an, der Weg weist und auf rechte Weise führt. Mit diesem Wort lädt sie die Diener und uns zum Glauben ein. Sie hat das Weinwunder als solches nicht erbeten, sondern ganz offengelassen, was der Herr tun werde. Aber sie hat zum Glauben gerufen und so zum eigentlichen Wunder hingeführt. Elisabet hatte Maria bei ihrem Besuch mit den Worten gegrüßt: »Selig bist du, weil du geglaubt hast« (Lk 1,45). In ihrem Glauben hat sie die Tür aufgetan für die Menschwerdung des Wortes, für die heilige Hochzeit zwischen dem ewigen Gott und seinem Geschöpf, dem Menschen. Aus ihrem Glauben heraus, als Glaubende wird sie nun die Wegführerin – *Hodegetria,* sagt die Ostkirche – zum Glauben hin, in das hochzeitliche Geheimnis der Liebe Christi hinein. So hat sie den Kern des Ereignisses vorweggenommen und zeigt uns den Kern, das Bleibende, worauf es für immer ankommt.

»Was er euch sagt, das tut« – glaubt an Jesus Christus, den Sohn des lebendigen Gottes. Glaubt mit einem Glauben, der Liebe ist; glaubt mit einem Glauben, der nicht bloß Theorie ist, sondern Leben; glaubt mit einem Glauben, der Gottes Willen annimmt, auch wenn wir ihn nicht kennen und wenn er gegen unseren Willen steht. Glaubt, dann werdet ihr mitten in den irdischen Dingen die Herrlichkeit Gottes, den Überfluss und den Glanz seiner Liebe sehen. Glaubt, dann werdet ihr sehend: Wo andere nur das Kreuz,

Maria als ... Vorwegnahme der Vollendung der Gnade

das Scheitern, ein schimpfliches Ende sehen, seht ihr das Übermaß der verschwenderischen Liebe Gottes, seine Herrlichkeit, die uns rettet. Glaubt – dann empfangt ihr den köstlichen Wein von Gottes Gegenwart in eurem Leben. Glaubt, und die armseligen Wasser des Alltags, die armseligen Gaben, die wir bringen können, wandeln sich in den Wein seiner heiligen Nähe.

So redet Maria zu uns, gerade hier in Fatima. Am Kreuz hat der Herr sie zur Mutter des Lieblingsjüngers, zur Mutter aller seiner Jünger, zu unserer Mutter gemacht (Joh 19, 26 f.). Deswegen kann sie nicht mehr aus der Geschichte verschwinden. Deswegen ist sie mit ihm und für ihn da. Deswegen redet sie auch heute zu uns. Durch die beiden großen Zeichen Lourdes und Fatima steht sie unter uns und spricht uns an. Es braucht nicht vieler Worte, denn alles ist gesagt in dem einen wesentlichen Wort: »Was er euch sagt, das tut.« Maria hat zu den Kleinen, den Unmündigen geredet, mitten in einer aufgeklärten Welt voll Wissensstolz und Fortschrittsglauben, aber in einer Welt auch voller Zerstörungen, voller Angst und voller Verzweiflung: »Sie haben keinen Wein mehr«, nur Wasser. Wie sehr gilt das gerade heute. Maria spricht zu den Unmündigen, um uns zu zeigen, worauf es ankommt: auf das eine Notwendige, auf das ganz Einfache, auf das, was für alle gleich wichtig und gleich möglich ist: glauben an Jesus Christus, die gesegnete Frucht ihres Leibes. Wir danken ihr für ihre mütterliche Gegenwart. Dafür, dass sie an diesem Ort lebendig und laut zu uns redet. Wir bitten sie: »Zeige uns Jesus nach dieser Verbannung, du gütige, du milde, du süße Jungfrau Maria!«

»Gott hat die Schöpfung nicht aus der Hand gelassen«

Eröffnung des 17. Marianischen und
10. Mariologischen Weltkongresses,
Kevelaer, 11. September 1987

Lesung: Apg 1, 12–14
Evangelium: Lk 1, 26–38

Liebe Mitbrüder im bischöflichen und priesterlichen Amt, liebe
Brüder und Schwestern im Herrn!

Wenn wir in dieser Stunde Gott feiern, dann treten wir hinein in
das Beten der Jahrhunderte, die hier ihre Leiden und Freuden zur
Mutter aller Gnaden getragen haben. Wir bitten in dieser Stunde
um den Heiligen Geist, dass er uns Licht sei und Weg für diese
Tage, für diese Zeit, und wir tun es im Hinschauen auf Maria, in
Gemeinschaft mit ihr, die von einem alten Gebetswort »Gefäß des
Heiligen Geistes« genannt wird. Darin verdichtet sich, was die
Heilige Schrift von ihr sagt: dass sie nicht ein Mensch war, der –
in sich geschlossen – sich selbst zu vollenden und zu verwirklichen suchte, sondern ganz offen; jemand, der nicht bloß aus
dem Eigenen lebte, sondern im Geheimnis des Heiligen Geistes
stand. Wenn sich so in dieser Stunde ein Zusammenhang zwischen Maria und dem Heiligen Geist aufdrängt, dann verbinden
wir nicht mit der Gewalttätigkeit eigener Spekulationen zwei
Wirklichkeiten, die eigentlich weit auseinanderliegen. Wir schau-
en vielmehr auf einen inneren Zusammenhang hin: Der Heilige
Geist, verborgen und geheimnisvoll in sich selbst, macht sich uns
sichtbar, hörbar, verständlich und nahe durch Menschen hindurch, in denen er wirkt und die sich ihm öffnen. Umgekehrt tritt
diese Frau, Maria, aus der Vergangenheit mitten in unsere Gegenwart herein gerade dadurch, dass sie nicht nur sie selber war, sondern in dem Beständigen lebte, in der Gnade des Heiligen Geistes.
Wenn wir uns von ihr führen lassen wollen, um geistlich und so
lebendig zu werden, d. h. das wahre, das beständige Leben zu fin-

543

Maria als … Vorwegnahme der Vollendung der Gnade

den, dann drängt sich uns von selber die Frage auf: Wie ist das, wenn ein Mensch geistlich ist, »voll des Heiligen Geistes«, »Gefäß des Geistes«, aus und mit ihm lebend?

1. »Du bist voll der Gnade«

Die Lesungen aus der Heiligen Schrift, die uns eben begegnet sind, stellen uns drei Bilder vor die Seele, in denen etwas davon sichtbar wird. Das erste: »Der Engel tritt zu Maria ein und grüßt sie.« Maria ist ein Mensch, der wach genug ist nach innen und nach oben, um den Engel wahrzunehmen und seinen Gruß zu hören; ein Mensch, dessen Welt nicht in dem Greifbaren endet, dessen Ohren nicht vollgeschrien sind von dem Lärm dieser Welt, dessen Augen nicht geblendet sind von ihren Bildern, sodass sie durch all dies hindurch in das Ganze hineinsehen und hineinhören können. Der Engel grüßt sie: »Freue dich, Maria, denn du bist voll der Gnade.« Sie kann sich freuen, nicht irgendwelcher banaler Erfolge wegen, sondern freuen aus dem eigentlichen und tiefsten Grund heraus – weil sie voll der Gnade ist. Im Geist der Heiligen Schrift dürfen wir dieses »voll der Gnade« auch übersetzen: voll des Heiligen Geistes. Denn die Gnade ist ja nicht irgendein Ding, das Gott uns gibt, sondern Gottes Gabe ist Er selbst. Die Gnade, die er gibt, besteht eben darin, dass er uns anrührt, mit uns in Gemeinschaft tritt; dass er unser wird und so wir seiner und damit offen, weit und groß, wahrhaft wir selbst. Die Gnade, das ist Gott als der Sich-schenken-Könnende, Gott als Gabe, als sich mitteilende Kraft. Genau dies ist die Beschreibung für den Heiligen Geist, durch den wir in die sich mitteilende Macht der dreifaltigen Liebe Gottes hineingeführt werden. »Du bist voll des Heiligen Geistes.« Das bedeutet noch einmal: Maria ist ein Mensch, dessen Lebensraum nicht nur das Zuhandene ist, sondern der Grund aller Dinge, der lebendige Gott, die schöpferische Liebe selbst. In ihm bewegt sie sich, lebt sie und ist sie (vgl. Apg 17,28).

Fragen wir jetzt noch einmal: Wie sieht das praktisch aus? Wieder bietet uns die Schrift eine Reihe von Bildern und Worten an, die uns eine Vorstellung erschließen. Als Erstes möchte ich das

544

»Gott hat die Schöpfung nicht aus der Hand gelassen«

Magnifikat nehmen, das Gebet also, mit dem Maria Elisabets Gruß beantwortete. Wir dürfen dabei ruhig jene etwas allzu besserwisserischen Einsprüche beiseitelassen, die sagen, so könne Maria nicht gesprochen haben; das sei zu gelehrt, zu überlegt, zu bedacht. Das müsse irgendwann von urchristlichen Lehrern komponiert worden sein. Lukas als Sprecher der Kirche des Anfangs, der näher am Ereignis war als wir alle, wusste, dass dies gleichsam der Originalton der Jungfrau von Nazaret gewesen ist, dass in Marias Worten sie selbst uns hörbar und sichtbar wird.

Was aber vernehmen wir, wenn wir ihr zuhören? Zunächst einmal dies, dass sie ein Mensch ist, der in der Nähe Gottes lebt; ein Mensch, für den Gott nicht irgendetwas Äußerliches und Fremdes ist, das man in bestimmten Stunden herbeiruft und sonst beiseitelässt. Gott ist vielmehr der beständige Raum ihres inneren Lebens. Anders gesagt: Sie ist ein betender Mensch, der vom Grund seiner Existenz her im Gespräch mit Gott, im Miteinander mit ihm lebt. Darum weiß sie mit ihm zu reden; darum geht ihr Reden von selbst ins Beten über; darum sind Gebetsworte nicht etwas, was sie mühsam erarbeiten muss, sondern sind von selber da. Gottes Worte aus der Bibel werden ihr zu eigenen Worten, weil Gottes Wort ihr Leben geworden ist. Das Wunderbare am Magnifikat ist ja, dass es ein Geflecht von Worten der Bibel ist, die aber nicht künstlich aneinandergereiht werden, sondern aus dem Inneren gelebten Lebens als Einheit hervortreten. Maria lebt im Wort der Schrift, sodass Gottes Wort ihr Wort wird und ihr Leben ist. Gottes Wort ist Gegenwart des Heiligen Geistes unter uns. In ihm spricht Er. Wenn Maria zu Hause ist in Gottes Wort, dann heißt dies, dass sie durch das Daheimsein im Worte Gottes voll des Geistes ist. Dazu will sie uns zuallererst hinführen, dass Gottes Wort für uns nicht eine fremde, erhabene Sache sei, die wir vielleicht am Festtag irgendwann aufschlagen und wieder beiseitelegen, nicht irgendein Studienobjekt, das wir aufspießen, wie man Schmetterlinge in einer Sammlung zusammenstellt, wie man Dinge analysiert und zerlegt; Raum des Lebens soll es uns werden, in dem wir daheim sind, in dem unser Zuhause ist. Man spürt an diesem Gebetstext, wie da nicht gelehrter Verstand Worte zurechtgedacht hat und nun nachsprechen kann; die heiligen Worte sind vielmehr vom Grund des Lebens her angeeignet. Bewusstes

Maria als ... Vorwegnahme der Vollendung der Gnade

und Unbewusstes, Denken und Schauen durchdringen sich: Die Person, die hier betet, ist eins mit sich selbst, und sie ist in ihrer Ganzheit, bis in den Grund des Unbewussten hinunter, durchtränkt und durchlebt vom Worte Gottes. Weil es so ist, weil Maria von innen her in dieses Wort hinein und dann neu von ihm heraus lebt, darum lebt sie auch in Gottes Willen. Dieser Wille ist ihr nicht ein fremdes Gesetz, das sie vergewaltigt oder gegen das sie sich wehrt. Er ist für sie von innen her kommender Ruf geworden. Aus dem ständigen Leben mit Gottes Wort und Willen kommt ihre Fühlsamkeit für die Antriebe Gottes, für sein Wollen in jeder Stunde. Denken wir beispielsweise an Kana, wo sie durch das Wort der Abweisung hindurch spürt, was zu geschehen hat (vgl. Joh 2, 1–12). Was hier in Erscheinung tritt, zeigt sich dann auf ihrem ganzen Weg immer neu. Immer ist ihr Weg gezeichnet durch das Ihn-Lassen, durch das Ihn-Freigeben und darin Sich-Freigeben, worin sie das Grundwort ihres Lebens einlöst: »Mir geschehe, wie du gesagt hast.« Ihr Leben ist ein fortwährendes und immer neues Einwilligen in Gottes Willen; dieses große Ja wächst folgerichtig heraus aus ihrem Eingesenktsein in Gottes Wort und Gottes Sinn.

2. »Du wirst einen Sohn empfangen«

»Voll des Heiligen Geistes«. Dieser Gruß, der uns erkennen lässt, aus welchem Grund sie lebt und von wo sie die innere Einheit ihrer Person empfangen hat, lässt uns nun auch die zweite Rede des Engels verstehen: »Heiliger Geist wird über dich kommen«, und »du wirst einen Sohn gebären«. »Man wird ihn Sohn Gottes nennen.« Schöpfungsmorgen wiederholt sich darin. So wie damals über dem Abgrund der Heilige Geist schwebte und Chaos in Kosmos, Nichts in Sein verwandelte, so wie die Kraft des Heiligen Geistes Schöpfung rief, damit ein Raum sei für Gottes Liebe, so ist nun wieder Heiliger Geist über der, die ganz offen ist für ihn und die so gleichsam die heilige Erde für Gottes neue Schöpfung wird. Gott beginnt inmitten der alten Schöpfung neue Schöpfung, und erst damit wird Gottes Schöpfung ganz. Denn so führt er alles Geschaffene in sich hinein, eint sich der Schöpfung und die

»Gott hat die Schöpfung nicht aus der Hand gelassen«

Schöpfung mit sich. Wieder brauchen wir uns durch jene aufgeklärte Banalität nicht beunruhigen zu lassen, die uns sagt, so etwas – Geburt aus der Jungfrau – könne gar nicht geschehen. Wir brauchen uns nicht aufzuhalten bei jener Banalität, für die nur das gilt, was der mittleren Erfahrung jeden Tag zugänglich wird. Der Einspruch wird auch nicht dadurch gewichtiger, dass man uns versichert, das Ganze habe ohnedies keinen Sinn; wir könnten nichts damit anfangen. Unmöglich für Gott ist nur das Widersinnige, das Absurde, das Unmoralische, das Gottes-Unwürdige. Aber nicht unmöglich ist es für Gott, in seiner Schöpfung zu handeln. Nie hat er sie aus den Händen gelassen. Nicht unmöglich ist es für Gott, das Ganze seiner Schöpfung immerfort in Händen zu halten. Nicht unmöglich ist es für ihn, mit ihr sich zu einen und darin das Neue zu tun. Dies ist in der Tat das Wesentliche an dem Zeichen der Geburt aus der Jungfrau: Gott hat die Schöpfung nicht aus der Hand gelassen. Gott ist nicht nur ein Gott der Gedanken, der Ideen und der Meinungen. Gottes Macht endet nicht an der Grenze der Materie und ihrer Gesetze. Die ganze Schöpfung ist bis in die Materie hinein innere Einheit; die ganze Schöpfung ist aus dem Grundgesetz der Liebe Gottes geworden und von ihr her geprägt. Wie also sollte Gottes Liebe plötzlich Ohnmacht sein in dieser Schöpfung? Hier geht es um grundlegend Wichtiges, das wir heute, in der Bedrängnis der Schöpfung, wieder neu verstehen: Es ist wesentlich, dass auch die Materie Gott gehört; dass es nur *eine* Schöpfung Gottes gibt und dass er in ihr bis in ihren Grund hinab da ist und in ihr zu wirken vermag. Neuschöpfung geschieht in ihr, indem er als Geist Macht in der Materie ist; sie geschieht, indem er selbst Geschöpf wird und doch Schöpfer bleibt.

Wenn uns dann gesagt wird, dass doch die Mythen alle das Gleiche erzählen, dann müssen wir uns an ein Prinzip erinnern, das uns John Henry Kardinal Newman auf den Spuren der Väter gelehrt hat. Dieses Prinzip verlangt zunächst Sorgfalt des Zusehens und lehrt so Unterscheidung. Alle die Mythen, die Ähnliches erzählen, sind bei näherem Hinschauen mehr unähnlich als ähnlich zu dem, was in der Stunde der Verkündigung zu Nazaret geschehen ist. Aber es gilt in der Tat auch die Ähnlichkeit, die so viele zur Gleichsetzung führt. So aber weisen diese Geschichten

547

Maria als … Vorwegnahme der Vollendung der Gnade

auf eine wichtige Wahrheit hin: Im Tiefsten sehnt sich der Mensch danach, eins zu werden mit seinem Schöpfer, und er weiß auch, dass dies nur geschehen kann, wenn Gott sich herabbeugt zu ihm. Und so hält er die ganze Geschichte hindurch Ausschau nach diesem Ereignis. In all den Mythen von Gottesgeburten geschieht – in oft verworrenen Gestalten – ein Zugehen der Sehnsucht des Menschen auf das Geheimnis Jesu Christi hin. In ihnen liegt das Rufen nach dem menschgewordenen Gott, nach der neuen Schöpfung; das Rufen nach dem Sohn, damit wir Söhne und Töchter werden, Kinder Gottes, in deren Erlösung die Schöpfung miterlöst ist.

3. »Sie waren vereint im Gebet mit den Frauen und mit Maria«

Von dieser Einsicht her finden wir den Weg zu dem dritten Bild, das ich Ihnen hier in Erinnerung rufen wollte: Maria mit den Aposteln, mit den Verwandten Jesu, mit den 120 Jüngern, betend vereint im Abendmahlssaal (vgl. Apg 1, 13 f.). Über diese betende Gemeinschaft kam – wie einst in Nazaret zu Maria – der Heilige Geist, und so wurde sie Kirche. Wir erfahren an dieser Stelle, wie Kirche zustande kommt: nicht durch Beschlüsse, durch Resolutionen, durch Pläne. Kirche kann nicht gemacht, sie muss geboren werden, weil sie lebendig ist. Zu diesem Geborenwerden der Kirche gehört immer zweierlei: zunächst die Kreatur, die offen ist für das Geheimnis des Heiligen Geistes, sich nicht schließt, um sich selbst zu genügen, sondern sich öffnet und ausstreckt nach ihm; zum anderen braucht es dazu Gottes eigenes Tun. Lukas hat ganz bewusst den Anfang seines Evangeliums und den Anfang der Apostelgeschichte, der Kirchengeschichte, parallelisiert. Beide Male steht am Anfang Maria, stellvertretend für Israel, für die Menschheit überhaupt; beide Male steht am Anfang das Wirken des Heiligen Geistes. So zeigt uns der Evangelist, dass in der pfingstlichen Stunde für die ganze Weite der Geschichte in der Kirche, in der Geburt von Christi weltumspannendem Leib das endgültig wird, was in der Stunde zu Nazaret begonnen hat.

Maria steht in der Mitte. Sie verkörpert beides: zunächst die leibliche Nähe zu Jesus, die immer für die Kirche entscheidend ist,

»Gott hat die Schöpfung nicht aus der Hand gelassen«

weil sie immer Leib ist und nie bloß Idee; weil sie immer von ihrem schöpferischen Beginn in Nazaret her lebt; Maria verweist aber auch auf das Wirken des Geistes, der der Schöpfergeist ist und Kirche schafft. Sie umfasst beide Seiten des Seins von Kirche, und so lässt sie uns sichtbar werden, wie auch in dieser Stunde Kirche geboren werden kann. Maria ist nicht abstrakter Typus, an dem man einiges über das christliche Leben ablesen könnte; sie ist nicht eine Figur einer fernen Vergangenheit. Von den beiden ineinander verschränkten Geschichten über den Anfang des Evangeliums – Nazaret und Jerusalem – gilt, was der heilige Bernhard über die wesentlichen Gründungsereignisse des Christlichen überhaupt sagt: *Semel est semper* – das einmalig, ein für alle Mal Geschehene wird nicht Vergangenheit, sondern ist das wahrhaft Bleibende.[a] Das Einmalige ist im Glauben zugleich das Immerwährende.

So ist auch Maria nicht Vergangenheit, nicht ins Damals verschlossen. Und sie ist nicht Abstraktion, sondern sie ist und bleibt die Mutter, damals und immer. Nur im Versammeltsein mit ihr, im Einssein mit der Gnadenvollen, können wir immer neu Geburt der Kirche empfangen. Wir wollen in dieser Stunde darum beten, dass auch heute wieder Kirche geboren werde, dass Christus durch den Glauben Gestalt annehme in uns.

---

[a] Vgl. BERNHARD VON CLAIRVAUX, *Serm div* V 1 (PL 183, 554).

ANHANG

Literaturverzeichnis

I. Quellen

Ambrosius von Mailand
- *Expositio Evangelii secundum Lucam* (CSEL 32/4, ed. C. Schenkl, 1902).
- *Hexameron* (CSEL 32/1, ed. C. Schenkl, 1896, 1–261).

Aristoteles
- *Metaphysik* (ed. Bekker 2, 980–1093).
- *Nikomachische Ethik* (ed. Bekker 2, 1094–1181).

Athanasius
- *De decretis Nicaenae synodi* (ed. Opitz 2/1, 1–45).
- *Expositio fidei* (PG 25, 199–208).
- *Orationes adversus Arianos* (PG 26, 12–526).
- *De sententia Dionysii* (ed. Opitz 2/1, 46–67).
- *De synodis Arimini in Italia et Seleucia in Isauria,* (ed. Opitz 2/1, 231–278).

Augustinus
- *De civitate Dei* (PL 41, 13–804).
- *Epistulae* (CSEL 34, CSEL 44, CSEL 57, CSEL 58, ed. A. Goldbacher, 1895–1923).
- *De Genesi ad litteram* (PL 34, 245–486).
- *De moribus ecclesiae catholicae et de moribus Manichaeorum* (PL 32, 1309–1378).
- *De ordine* (PL 32, 977–1020).
- *De quantitate animae* (PL 32, 1035–1082).
- *De sancta virginitate* (PL 40, 395–428).
- *De sermone domini in monte* (PL 34, 1229–1507).
- *Sermones* (PL 38).
- *De Trinitate* (BAug 15–16, 1955; PL 42, 819–1098; CChr.SL 50.50A).

Benedikt von Nursia, *Regula Benedicti* (PL 66, 215–932).

Anhang

Bernhard von Clairvaux
- *Sermones de diversis* (PL 183, 537A–786).
- *Sermones in cantica canticorum* (PL 183, 785A–1198A).

Bonaventura, *Opera omnia,* Quaracchi 1882–1902:
- *In IV Libros Sententiarum* (I–IV).
- *De mysterio Ss. Trinitatis* (V 45–115).
- *De perfectione evangelica* (V 117–198).
- *Breviloquium* (V 199–291).
- *Itinerarium mentis in Deum* (V 293–316).
- *De reductione artium ad theologiam* (V 317–325).
- *In Hexaëmeron* (V 327–454).

Candidus Arianus
- *Epistola ad Marium Victorinum* (PL 8, 1035–1040).
- *Liber de generatione divina* (PL 8, 1013–1020).

Clemens von Alexandrien
- *Eclogae propheticae* (GCS 17, ed. O. Stählin, Leipzig 1909, 135–155).
- *Excerpta ex Theodoto* (GCS 17, ed. O. Stählin, Leipzig 1909, 103–134).
- *Fragmente* (GCS 17, ed O. Stählin, Leipzig 1909, 193–230).
- *Paedagogus* (GCS 12, ed. O. Stählin, Leipzig 1905, 87–292).
- *Protrepticos* (GCS 12, ed. O. Stählin, Leipzig 1905, 1–86).
- *Stromata* I–VI (GCS 15, ed. O. Stählin, Leipzig 1906).
- *Stromata* VII–VIII (GCS 17, ed. O. Stählin, Leipzig 1909, 1–102).

Clemens von Rom, *Epistula Clementis ad Corinthios* (ed. Fischer, 24–107).

Collectio codicis Novariensis XXX, *Exempla sanctorum patrum* (ACO IV/II, 74–95).

Didache [Zwölfapostellehre] (ed. Lietzmann).

Dionysius Areopagita
- *De divinis nominibus* (PG 3, 586–996).
- *De mystica theologia* (PG 3, 997–1064).

Epiphanius von Salamis, *(Ancoratus und Panarion)* III. *Panarion haer.* 65–80 (GCS 37, ed. K. Holl, Leipzig 1933).

Eusebius von Caesarea
- *De ecclesiastica theologia* (GCS 14, 59–182).
- *Praeparatio evangelica* (GCS 43/1–2, ed. K. Mras, Berlin 1956).

554

Literaturverzeichnis

GREGOR DER GROSSE, *Homiliae in Ezechielem* (PL 76, 785–1072).

GREGOR VON NAZIANZ, *Orationes* 27–45 (PG 36, 9–623); dt. (ed. Barbel, 37–277).

GREGOR VON NYSSA, *In scripturae verba, Faciamus hominem ad imaginem et similitudinem nostram* (PG 44, 257–298).

HERMAS, *Der Hirte des Hermas* (BKV[1] 35, 179–289).

HERMES TRISMEGISTOS, *Stobaeus* (ed. Scott 1, 380–532).

HILARIUS VON POITIERS, *Liber de synodis seu de fide orientalium* (PL 10, 471–546).

HIPPOLYT VON ROM, *Elenchos* (GCS 26, 1–293).

IGNATIUS VON ANTIOCHIEN, *Epistula ad Ephesios* (ed. Funk, 213–223).

IRENÄUS VON LYON, *Adversus haereses* (PG 7, 433–1224).

JOHANNES MAXENTIUS, *Professio brevissima catholicae fidei* (ACO IV/II, 11).

JOHANNES PHILOPONOS, *Ausgewählte Schriften* (ed. Böhm).

MAXIMUS CONFESSOR
- *Drei geistliche Schriften* (ed. Bausenhart).
- *Opuscula theologica et polemica ad Marinum* (PG 91, 9–286).

ORIGENES
- *Commentarius in Matthaeum* I (GCS 40, ed. E. Klostermann, 1935).
- *Contra Celsum* V–VIII (GCS 3, ed. P. Koetschau, 1899).
- *Fragmenta in Epistulam ad Hebraeos* (PG 14, 1307 f.; ed. Lommatzsch 5, 297–300).
- *Homiliae in Numeri* (GCS 30, ed. W. A. Baehrens, 1921, 1–285).
- *De oratione* (GCS 3, ed. P. Koetschau, 1899, 295–403).
- *De Principiis* (GCS 22, ed. P. Koetschau, 1913).

PETRUS LOMBARDUS, *Sententiarum libri quatuor* (PL 192, 519–964).

Pistis Sophia (GCS 13, ed. C. Schmidt, Leipzig 1905, 1–254).

PLATON
- *Phaidros* (ed. Burnet 2, 227–279).

Anhang

- *Horoi* (ed. Burnet 5/2, 414–416).
- *Nomoi* (ed. Burnet 5/1–2, 624–969).

PLOTIN, *Enneades* (ed. Henry / Schwyzer 1–3).

Schrift an Diognet (ed. Wengst, 312–341).

TERTULLIAN
- *Adversus marcionem* (CChr.SL 1, 437–726).
- *Adversus Praxean* (CChr.SL 2, 1159–1205).
- *De anima* (CChr.SL 2, 779–869; ed. Waszink).
- *Apologeticum* (CChr.SL 1, 77–171).

THEODOTOS VON ANKYRA, *Homiliae* (PG 77, 1349–1432).

THOMAS VON AQUIN
- *Scriptum super sententiis* III (ed. Moos).
- *Somme théologique* 1–4 (Paris 1984–1986).
- *Summa contra gentiles* (ed. Leonina XIII–XV), Rom 1918–1930.
- *Summa theologiae* (ed. Leonina IV–XII), Rom 1888–1906.

II. Sekundärliteratur

AALEN, Sverre, *Die Begriffe »Licht« und »Finsternis« im Alten Testament, im Spätjudentum und im Rabbinismus,* Oslo 1951; zitiert: AALEN, *»Licht« und »Finsternis«.*

AALEN, Sverre, Art. Licht und Finsternis, in: RGG^3 4 [1960] 357–359; zitiert: AALEN, Art. Licht.

ADAM, Karl, *Das Wesen des Katholizismus,* Düsseldorf [13]1957; zitiert: ADAM, *Katholizismus.*

ADOUKONOU, Barthélémy, *Jalons pour une théologie africaine. Essai d'une herméneutique chrétienne du Vodun dahoméen,* 2 Bände, Paris 1980; zitiert: ADOUKONOU, *Jalons pour une théologie africaine* 1–2.

ALDAMA, José Antonio de, *De quaestione mariali in hodierna vita Ecclesiae,* Rom 1964; zitiert: ALDAMA, *De questione mariali.*

ALFARO, Juan, Art. Gratia supponit naturam, in: LThK^2 4 [1960] 1169–1171; zitiert: ALFARO, Art. Gratia supponit naturam.

ALTANER, Berthold, *Zur Frage der Definibilität der Assumptio B.M.V.,* in: ThRv 44 (3/1948) 129–140; zitiert: ALTANER, *Definibilität.*

ALTNER, Günter u. a., *Sind wir noch zu retten? Schöpfungsglaube und Verantwortung für unsere Erde,* Regensburg 1978; zitiert: ALTNER, *Sind wir noch zu retten?.*

Literaturverzeichnis

AMERY, Carl, *Das Ende der Vorsehung. Die gnadenlosen Folgen des Christentums*, Hamburg 1972; zitiert: AMERY, *Das Ende der Vorsehung.*

Antwort der Katholischen Kirche auf die Gemeinsame Erklärung zur Rechtfertigungslehre des Lutherischen Weltbundes und der Katholischen Kirche, u. a. in: KNA ÖKI 27 vom 30. Juni 1998; zitiert: *Antwort der Katholischen Kirche.*

ARMSTRONG, Arthur Hilary, *The architecture of the intelligible Universe in the Philosophy of Plotinus. An analytical and historical study* (= Cambridge classical studies 6), Cambridge 1940; zitiert: ARMSTRONG, *Architecture.*

AUER, Johann, *Die Entwicklung der Gnadenlehre in der Hochscholastik 1* (= FThSt 62), Freiburg 1942; zitiert: AUER, *Gnadenlehre.*

AUER, Johann, *Das Evangelium der Gnade* (= KKD 5), Regensburg 1970; zitiert: AUER, *Gnade.*

AUER, Johann, *Die Welt – Gottes Schöpfung* (= KKD 3), 2. durchgesehene und ergänzte Auflage, Regensburg 1983; zitiert: AUER, *Die Welt – Gottes Schöpfung.*

BACON, Francis, *De dignitate et augmentis scientiarum*, in: James Spedding, *Francis Bacon. Works 4*, London 1870, 273–498; zitiert: BACON, *Dig et aug.*

BAEUMKER, Clemens, *Witelo. Ein Philosoph und Naturforscher des XIII. Jahrhunderts* (= BGPhMA 3/2), Münster 1908; zitiert: BAEUMKER, *Witelo.*

BALTHASAR, Hans Urs von, *Karl Barth. Darstellung und Deutung seiner Theologie*, Köln 1951; zitiert: BALTHASAR, *Karl Barth.*

BALTHASAR, Hans Urs von, *Sponsa Verbi. Skizzen zur Theologie 2*, Einsiedeln 1961; zitiert: BALTHASAR, *Sponsa Verbi 2*; darin:

- *Fides Christi*, 45–79; zitiert: BALTHASAR, *Fides Christi.*
- *Wer ist die Kirche?*, 148–202; zitiert: BALTHASAR, *Wer ist die Kirche?.*

BALTHASAR, Hans Urs von, *Der antirömische Affekt*, Freiburg 1974; zitiert: BALTHASAR, *Der antirömische Affekt.*

BALTHASAR, Hans Urs von, *Umkehr im Neuen Testament*, in: IKaZ Communio 3 (1974) 481–491; zitiert: BALTHASAR, *Umkehr.*

BALTHASAR, Hans Urs von, *Empfangen durch den Heiligen Geist, geboren von der Jungfrau Maria*, in: Wilhelm Sandfuchs (Hg.), *Ich glaube. Vierzehn Betrachtungen zum Apostolischen Glaubensbekenntnis*, Würzburg 1975, 39–49; zitiert: BALTHASAR, *Empfangen durch den Heiligen Geist.*

BALTHASAR, Hans Urs von, *Theodramatik 4. Das Endspiel*, Einsiedeln 1983; zitiert: BALTHASAR, *Theodramatik 4.*

BALTHASAR, Hans Urs von, *Kommentar von Hans Urs von Balthasar*, in: Johannes Paul II., *Maria – Gottes Ja zum Menschen*, 129–143; zitiert: BALTHASAR, *Kommentar.*

BARBEL, Joseph, *Gregor von Nazianz. Die fünf theologischen Reden* (= Test. 3), Düsseldorf 1963; zitiert: ed. Barbel.

BARRAGÁN, Javier Lozano, *Teología y medicina*, Bogotá 2000; zitiert: BARRAGÁN, *Teología y medicina.*

BARTH, Karl, *Der Römerbrief*, Bern 1919; zitiert: BARTH, *Der Römerbrief.*

Anhang

BARTH, Karl, *Kirchliche Dogmatik*, Zürich 1932–1967; zitiert: BARTH, *KD*.

BARTH, Karl, *Ein Brief an den Verfasser*, in: KÜNG, *Rechtfertigung*, 11–14; zitiert: BARTH, *Brief an den Verfasser*.

BAUER, Johannes B., *Echte Jesusworte?*, in: Willem Cornelis van Unnik, *Evangelien aus dem Nilsand*, Frankfurt 1960, 108–150; zitiert: BAUER, *Jesusworte*.

BAUMANN, Rolf, *Mitte und Norm des Christlichen. Eine Auslegung von 1 Korinther 1, 1–3, 4* (= NTA.NF 5), Münster 1968; zitiert: BAUMANN, *Mitte und Norm des Christlichen*.

BAUMANN, Urs, *Erbsünde? Ihr traditionelles Verständnis in der Krise heutiger Theologie* (= Ökumenische Forschungen II. Soteriologische Abteilung 2), Freiburg 1970; zitiert: BAUMANN, *Erbsünde?*.

BAUSENHART, Guido, *Maximus der Bekenner. Drei geistliche Schriften*, übersetzt von Guido Bausenhart, Einsiedeln 1996; zitiert: ed. Bausenhart.

BEILLEVERT, Paul, Art. Création, in: Cath. 3 [1952] 276–288; zitiert: BEILLEVERT, Art. Création.

BEINERT, Wolfgang, *Heute von Maria reden? Kleine Einführung in die Mariologie* (= BThF 1), Freiburg 1974; zitiert: BEINERT, *Heute von Maria reden?*.

BEINERT, Wolfgang, *Die rechte Pflege und Entfaltung der Marienverehrung. Apostolisches Schreiben »Marialis Cultus« vom 2. Februar 1974*, Leutesdorf am Rhein 1974; zitiert: BEINERT, *Marienverehrung*.

BEINERT, Wolfgang (Hg.), *Maria heute ehren. Eine theologisch-pastorale Handreichung*, Freiburg 1977; zitiert: BEINERT, *Maria heute ehren*.

BERDIAEV, Nicolas, *Le sens de la création. Un essai de justification de l'homme*, Paris 1955; zitiert: BERDIAEV, *Le sens de la création*.

BERGER, Peter L., *Auf den Spuren der Engel. Die moderne Gesellschaft und die Wiederentdeckung der Transzendenz*, Frankfurt 1970; zitiert: BERGER, *Auf den Spuren der Engel*.

BERGMANN, Jan / BOTTERWECK, Gerhard Johannes, Art. jāḏaʾ, in: ThWAT 3 [1982] 479–512; zitiert: BERGMANN / BOTTERWECK, Art. jāḏaʾ.

BERTRAM, Georg, Art. ἔργον κτλ, in: ThWNT 2 [1935] 631–653; zitiert: BERTRAM, Art. ἔργον.

BEUMER, Johannes, *Gratia supponit naturam. Zur Geschichte eines theologischen Prinzips*, in: Gr. (1939) 381–406; 535–552; zitiert: BEUMER, *Gratia*.

BIALAS, Martin, *Lieben und Leiden. Betrachtungen im Geiste des hl. Paul vom Kreuz*, Innsbruck 1994; zitiert: BIALAS, *Lieben und Leiden*.

BLOCH, Ernst, *Das Prinzip Hoffnung. In fünf Teilen*, Kapitel 1–37, in: Ders., *Gesamtausgabe in 16 Bänden* 5/1, Frankfurt 1959; zitiert: BLOCH, *Das Prinzip Hoffnung*.

BÖHM, Walter, *Johannes Philoponos. Grammatikos von Alexandrien. Ausgewählte Schriften: Christliche Naturwissenschaft im Ausklang der Antike, Vorläufer der modernen Physik, Wissenschaft und Bibel*, übersetzt, eingeleitet und kommentiert von Walter Böhm, Paderborn 1967; zitiert: ed. Böhm.

558

Literaturverzeichnis

Bonhoeffer, Dietrich, *Schöpfung und Fall. Theologische Auslegung von Genesis 1 bis 3,* München ³1955; zitiert: Bonhoeffer, *Schöpfung und Fall.*

Boros, Ladislaus, *Mysterium mortis. Der Mensch in der letzten Entscheidung,* Olten / Freiburg 1962; zitiert: Boros, *Mysterium mortis.*

Bouillard, Henri, *Karl Barth II. Parole de Dieu et existence humaine 1* (= Théologie 39/1), Paris 1957; zitiert: Bouillard, *Karl Barth II/1.*

Bouyer, Louis, *Frau und Kirche* (= Kriterien 42), Einsiedeln 1977; französisches Original: *Mystère et ministères de la femme* (= Présence et pensée 31), Paris 1976; zitiert: Bouyer, *Frau und Kirche.*

Braun, François Marie, *La mère des fidèles. Essai de théologie johannique,* Tournai 1954; zitiert: Braun, *La mère des fidèles.*

Brecht, Bertolt, *Großer Dankchoral,* in: Ders., *Gesammelte Werke 8. Gedichte 1,* Frankfurt 1967, 215 f.; zitiert: Brecht, *Großer Dankchoral.*

Brinktrine, Johannes, *Die Lehre von der Schöpfung,* Paderborn 1956; zitiert: Brinktrine, *Schöpfung.*

Bröker, Werner, *Der Sinn von Evolution. Ein naturwissenschaftlich-theologischer Diskussionsbeitrag,* Düsseldorf 1967; zitiert: Bröker, *Evolution.*

Brown, Raymond E. / Donfried, Karl P. / Fitzmyer, Joseph A. / Reumann, John (Hg.), *Mary in the New Testament. A collaborative assessment by Protestant and Roman catholic scholars,* Philadelphia/NY 1978; zitiert: Brown / Donfried / Fitzmyer / Reumann, *Mary.*

Brunner, Peter, *Gott, das Nichts und die Kreatur,* in: KuD 6 (3/1960) 172–193; zitiert: Brunner, *Gott.*

Buber, Martin, *Bilder von Gut und Böse,* Köln ²1953; zitiert: Buber, *Gut und Böse.*

Bultmann, Rudolf, *Das Evangelium des Johannes* (= KEK 2), Göttingen ¹⁵1957; zitiert: Bultmann, *Johannes.*

Bultmann, Rudolf, *Neues Testament und Mythologie,* in: KuM 1, Hamburg ³1954, 15–48; zitiert: Bultmann, *Neues Testament und Mythologie.*

Bultmann, Rudolf, *Zur Geschichte der Lichtsymbolik im Altertum,* in: Philologus 97 (1948) 1–36; zitiert: Bultmann, *Lichtsymbolik.*

Bunge, Gabriel, *Geistliche Vaterschaft. Christliche Gnosis bei Evagrios Pontikos* (= BSPLi 23), Regensburg 1988; zitiert: Bunge, *Geistliche Vaterschaft.*

Burnet, John, *Platonis Opera 1–5,* Oxford 1900–1907; zitiert: ed. Burnet.

Buttiglione, Rocco / Scola, Angelo, *Von Abraham zu Prometheus. Zur Problematik der Schöpfung innerhalb des modernen Denkens,* in: IKaZ Communio 5 (1976) 30–41; zitiert: Buttiglione / Scola, *Von Abraham zu Prometheus.*

Calvez, Jean-Yves / Perrin, Jacques, *Kirche und Wirtschaftsgesellschaft. Die Soziallehre der Päpste von Leo XIII. bis zu Johannes XXIII. 2,* Recklinghausen 1965; zitiert: Calvez / Perrin, *Kirche und Wirtschaftsgesellschaft 2.*

Cantalamessa, Raniero, *Maria e lo Spirito Santo,* in: Hans Urs von Balthasar u. a., *Verso il terzo millenio sotto l'azione dello Spirito. Per una lettura della*

Anhang

»*Dominum et vivificantem*«, Vatikanstadt 1986, 49–55; zitiert: CANTALA-MESSA, *Maria e lo Spirito Santo*.

CHESTERTON, Gilbert Keith, *Der heilige Franziskus von Assisi. Ein Heiligenbild ohne Goldgrund*, Freiburg 1959; zitiert: CHESTERTON, *Franziskus*.

CLAUDIUS, Matthias, *Der Mensch lebt und bestehet*, in: Ders., *Das Tagverkünden. Gedichte* (Feldpostausgabe), Potsdam 1943, 7; zitiert: CLAUDIUS, *Der Mensch lebt und bestehet*.

COLPE, Carsten/ HAENCHEN, Ernst / KRETSCHMAR, Georg, Art. Gnosis, in: RGG³ 2 [1958] 1648–1661; zitiert: COLPE / HAENCHEN / KRETSCHMAR, Art. Gnosis.

CONRAD-MARTIUS, Hedwig, *Das Sein*, München 1957; zitiert: CONRAD-MARTIUS, *Das Sein*.

CONZELMANN, Hans, Art. χάρις κτλ, in: ThWNT 9 [1973] 363–366; zitiert: CONZELMANN, Art. χάρις.

COX, Harvey, *Stadt ohne Gott?*, Stuttgart ³1967; zitiert: COX, *Stadt ohne Gott?*.

CULLMANN, Oscar, *Die Christologie des Neuen Testaments*, Tübingen 1957; zitiert: CULLMANN, *Christologie*.

CUMONT, Franz Valery Marie, *Lux perpetua*, Paris 1949; zitiert: CUMONT, *Lux perpetua*.

DARLAPP, Adolf, *Fundamentale Theologie der Heilsgeschichte*, in: MySal 1, 3–156; zitiert: DARLAPP, *Heilsgeschichte*.

DE FIORES, Stefano / MEO, Salvatore (Hg.), *Mariologia*, Turin 1985; zitiert: DE FIORES / MEO, *Nuovo Dizionario di Mariologia*.

DE FIORES, Stefano, Art. Mariologia / Marialogia, in: DE FIORES / MEO, *Nuovo Dizionario di Mariologia*, 891–920; zitiert: DE FIORES, Art. Mariologia / Marialogia.

DE LA POTTERIE, Ignace, *La mère de Jésus et la conception virginale du Fils de Dieu. Etude de théologie johannique*, in: Mar. 40 (1978) 41–90; zitiert: DE LA POTTERIE, *La mère de Jésus*.

DE LUBAC, Henri, *Catholicisme. Les aspects sociaux du dogme* (= UnSa 3), Paris 1938; dt. *Katholizismus als Gemeinschaft*, ins Deutsche übertragen von Hans Urs von Balthasar, Einsiedeln 1943; u. d. T. *Glauben aus der Liebe*. »*Catholicisme*«, Einsiedeln ²1970; zitiert: DE LUBAC, *Catholicisme* (dt.).

DE LUBAC, Henri, *Der geistige Sinn der Schrift* (= ChHe Reihe 2, 5), Einsiedeln 1952; zitiert: DE LUBAC, *Der geistige Sinn der Schrift*.

DE LUBAC, Henri, *Geist aus der Geschichte. Das Schriftverständnis des Origenes*, Einsiedeln 1968; französisches Original: *Histoire et Esprit. L'intelligence de l'Écriture d'après Origène* (= Theologie 16), Paris 1950; zitiert: DE LUBAC, *Geist aus der Geschichte*.

DELAHAYE, Karl, *Erneuerung der Seelsorgsformen aus der Sicht der frühen Patristik. Ein Beitrag zur theologischen Grundlegung kirchlicher Seelsorge* (= UTS 8), Freiburg 1958; zitiert: DELAHAYE, *Seelsorgsformen*.

DELLING, Gerhard, Art. παρθένος, in: ThWNT 5 [1954] 824–835; zitiert: DELLING, Art. παρθένος.

Literaturverzeichnis

DENIS, Paul, *Les origines du monde et de l'humanité* (= Études religieuses 670), Lüttich 1950; zitiert: DENIS, *Les origines du monde.*

DEWART, Leslie, *Die Grundlagen des Glaubens,* 2 Bände, Einsiedeln 1971; zitiert: DEWART, *Die Grundlagen des Glaubens* 1–2.

DIBELIUS, Martin, *Jungfrauensohn und Krippenkind,* in: Ders., *Botschaft und Geschichte* 1. *Zur Evangelienforschung,* Tübingen 1953, 1–78; zitiert: DIBELIUS, *Jungfrauensohn und Krippenkind.*

DIELS, Hermann, *Die Fragmente der Vorsokratiker,* herausgegeben von Walther Kranz, 3 Bände, Berlin [8]1956; zitiert: DIELS, *Fragmente* 1–3.

DIRLMEIER, Franz, *Erläuterungen,* in: Ders., *Aristoteles. Nikomachische Ethik,* übersetzt von Franz Dirlmeier (= Aristoteles: Werke in deutscher Übersetzung 6), Darmstadt 1956, 243–606; zitiert: DIRLMEIER, *Erläuterungen.*

DHANIS, Edouard, *Sguardo su Fatima e bilancio di una discussione,* in: La Civiltà cattolica 104 (2/1953) 392–406; zitiert: DHANIS, *Sguardo su Fatima.*

DOERNE, Martin, *Christlicher Schöpfungsglaube* (= Erkenntnis und Glaube 4), Berlin 1950; zitiert: DOERNE, *Christlicher Schöpfungsglaube.*

DÖLGER, Franz Joseph, *Die Sonne der Gerechtigkeit und der Schwarze. Eine religionsgeschichtliche Studie zum Taufgelöbnis,* Münster 1918; zitiert: DÖLGER, *Sonne.*

DÖLGER, Franz Joseph, *Sol salutis. Gebet und Gesang im christlichen Altertum; mit besonderer Rücksicht auf die Ostung in Gebet und Liturgie* (= LF 4/5), Münster [2]1925; zitiert: DÖLGER, *Sol salutis.*

DÖRMANN, Johannes, *War Johannes Jakob Bachofen Evolutionist?,* in: Anthr. 60 (1965) 1–48; zitiert: DÖRMANN, *Johannes Jakob Bachofen.*

DÖRRIE, Heinrich, Art. Emanation, in: RGG[3] 2 [1958] 449 f.; zitiert: DÖRRIE, Art. Emanation.

DREYFUS, François, *Jésus savait-il qu'il était Dieu?,* Paris 1984; zitiert: DREYFUS, *Jésus savait-il qu'il était Dieu?.*

DULLES, Avery Robert, *Justification Today. A New Ecumenical Breakthrough,* Fordham 1999; zitiert: DULLES, *Justification.*

DUMAS, André / PESCH, Otto Hermann, *Geschichte und Kosmos,* in: FEINER / VISCHER, *Neues Glaubensbuch,* 423–444; zitiert: DUMAS / PESCH, *Geschichte und Kosmos.*

DÜRIG, Walter, *Maria – Mutter der Kirche. Zur Geschichte und Theologie des neuen liturgischen Marientitels,* St. Ottilien 1979; zitiert: DÜRIG, *Maria.*

EDSMAN, Carl-Martin, Art. Schöpfung I. Schöpfung und Weltentstehung, religionsgeschichtlich, in: RGG[3] 5 [1961] 1469–1473; zitiert: EDSMAN, Art. Schöpfung I.

EIGEN, Manfred / WINKLER, Ruthild, *Das Spiel. Naturgesetze steuern den Zufall,* München [3]1990; zitiert: EIGEN / WINKLER, *Das Spiel.*

EINSTEIN, Albert, *Mein Weltbild,* herausgegeben von Carl Seelig, Zürich 1953; zitiert: EINSTEIN, *Mein Weltbild.*

ELIADE, Mircea, *Die Religionen und das Heilige. Elemente der Religionsgeschichte* (= RWA 8), Salzburg 1954; zitiert: ELIADE, *Religionen.*

Anhang

FAYE, Hervé, *Sur l'origine du monde. Théories cosmogoniques des anciens et des modernes*, Paris 1884; zitiert: FAYE, *Sur l'origine du monde*.

FEINER, Johannes / VISCHER, Lukas (Hg.), *Neues Glaubensbuch. Der gemeinsame christliche Glaube*, Freiburg 1973; zitiert: FEINER / VISCHER, *Neues Glaubensbuch*.

FISCHER, Joseph A., *Die Apostolischen Väter*, eingeleitet, herausgegeben und übertragen von Joseph A. Fischer, Darmstadt 1956, 109–226; zitiert: ed. Fischer.

FLANAGAN, Neal M., *Mary in the Theology of John's Gospel*, in: Mar. 40 (1978) 110–120; zitiert: FLANAGAN, *Mary*.

FLÖHL, Rainer (Hg.), *Genforschung – Fluch oder Segen? Interdisziplinäre Stellungnahmen* (= Gentechnik 3), München 1985; zitiert: FLÖHL, *Genforschung*.

FOERSTER, Werner, Art. κτίζω, in: ThWNT 3 [1938] 999–1034; zitiert: FOERSTER, Art. κτίζω.

FOHRER, Georg, Art. σοφία κτλ. B. Altes Testament, in: ThWNT 7 [1964] 476–496; zitiert: FOHRER, Art. σοφία B.

FRINGS, Josef, *Das Konzil und die moderne Gedankenwelt*, Köln 1962; zitiert: FRINGS, *Das Konzil und die moderne Gedankenwelt*.

Fundamenten en perspectieven van belijden. Proeve van beschrijving, 's-Gravenhage 1949; zitiert: *Fundamenten en perspectieven*.

FUNK, Franz Xaver von, *Patres apostolici* I, Tübingen 1901; zitiert: ed. Funk.

GARRIGOU-LAGRANGE, Réginald, *De Deo trino et creatore. Commentarius in Summa Theologicam S. Thomae (Ia q 27–119)*, Turin [2]1951; zitiert: GARRIGOU-LAGRANGE, *De Deo trino et creatore*.

Gemeinsame Erklärung zur Rechtfertigungslehre des Lutherischen Weltbundes und der Katholischen Kirche (GER), u. d. T.: *Entscheidender Schritt. Die lutherisch-katholische Erklärung zur Rechtfertigungslehre*, u. a. in: HerKorr 51 (1997) 191–200; zitiert: *Entscheidender Schritt*.

GÉREST, Claude, *Der Teufel in der theologischen Landschaft der Hexenjäger des 15. Jahrhunderts. Eine Studie über den »Hexenhammer«*, in: Concilium 11 (1975) 173–183; zitiert: GÉREST, *Teufel*.

GESE, Hartmut, *Zur biblischen Theologie. Alttestamentliche Vorträge* (= BEvTh 78), München [3]1989; zitiert: GESE, *Zur biblischen Theologie*.

GILSON, Etienne, *Die Philosophie des heiligen Bonaventura*, Darmstadt 1959; zitiert: GILSON, *Bonaventura*.

GLOEGE, Gerhard, Art. Schöpfung IV. Systematisch, in: RGG[3] 5 [1961] 1478–1490; zitiert: GLOEGE, Art. Schöpfung IV.

GOETHE, Johann Wolfgang von, *Grabschrift*, in: Ders., *Goethes Werke* 1. *Gedichte* 2 (= Weimarer Ausgabe), Weimar 1888, 289; zitiert: GOETHE, *Grabschrift*.

GOETHE, Johann Wolfgang von, *Faust II*, in: Ders., *Goethes Werke* 3. *Dramatische Dichtungen* 1 (= Hamburger Ausgabe), München [13]1986, 146–422; zitiert: GOETHE, *Faust II*.

Literaturverzeichnis

GOETHE, Johann Wolfgang von, *Aus meinem Leben. Dichtung und Wahrheit*, in: Ders., *Goethes Werke 9, Autobiographische Schriften* 1 (= Hamburger Ausgabe), München [9]1981; zitiert: GOETHE, *Aus meinem Leben. Dichtung und Wahrheit.*

GÖRRES, Albert, *Glaube und Unglaube in psychoanalytischer Sicht*, in: IKaZ Communio 2 (1973) 481–504; zitiert: GÖRRES, *Glaube und Unglaube.*

GÖRRES, Albert, *Kennt die Psychologie den Menschen? Fragen zwischen Psychotherapie, Anthropologie und Christentum*, München [2]1986; zitiert: GÖRRES, *Kennt die Psychologie den Menschen?.*

GRILLMEIER, Alois, *Maria Prophetin*, in: Ders., *Mit ihm und in ihm. Christologische Forschungen und Perspektiven*, Freiburg 1975, 198–216; zitiert: GRILLMEIER, *Maria Prophetin.*

GRISON, Michel, *Geheimnis der Schöpfung. Was sagen Naturwissenschaft, Philosophie und Theologie vom Ursprung der Welt, der Lebewesen und der Menschen?*, München 1960; zitiert: GRISON, *Geheimnis.*

GROSS, Heinrich, *Das Hohelied der Liebe Gottes. Zur Theologie von Hosea 11*, in: Heribert Rossmann / Joseph Ratzinger (Hg.), *Mysterium der Gnade. Festschrift für Johann Auer*, Regensburg 1975, 83–91; zitiert: GROSS, *Das Hohelied.*

GUARDINI, Romano, *Das Christusbild der paulinischen und johanneischen Schriften*, Mainz [3]1987; zitiert: GUARDINI, *Das Christusbild.*

GUARDINI, Romano, *Freiheit, Gnade, Schicksal. Drei Kapitel zur Deutung des Daseins*, München 1948; zitiert: GUARDINI, *Freiheit, Gnade, Schicksal.*

GUARDINI, Romano, *Das Recht des werdenden Menschenlebens*, in: Ders., *Sorge um den Menschen* 1, Mainz 1988, 153–175; zitiert: GUARDINI, *Das Recht des werdenden Menschenlebens.*

GUELLUY, Robert, *La création* (= MyC.D 4), Tournai 1963; zitiert: GUELLUY, *La création.*

GUILLAUMONT, Antoine (Hg.), *Evangelium nach Thomas*. Koptischer Text herausgegeben und übersetzt von Antoine Guillaumont, Henri-Charles Puech und Gilles Quispel, Leiden 1959; zitiert: GUILLAUMONT, *Evangelium nach Thomas.*

GUNDERMANN, Iselin, *Untersuchungen zum Gebetbüchlein der Herzogin Dorothea von Preußen* (= WAAFLNW 36), Köln 1966; zitiert: GUNDERMANN, *Untersuchungen.*

GUTHKNECHT, Gottfried, *Das Motiv der Jungfrauengeburt in religionsgeschichtlicher Beleuchtung*, Greifswald 1952; zitiert: GUTHKNECHT, *Jungfrauengeburt.*

HAAG, Herbert, *Abschied vom Teufel* (= ThMed 23), Einsiedeln 1969; zitiert: HAAG, *Abschied.*

HAAG, Herbert (Hg.), *Teufelsglaube*, Tübingen 1974; zitiert: HAAG, *Teufelsglaube.*

Anhang

HACKER, Paul, *Prahlāda. Werden und Wandlungen einer Idealgestalt. Beiträge zur Geschichte des Hinduismus 2. Weiterentwicklung nach dem Bhāgavatapurāna*. Nebenwirkungen, Wiesbaden 1960; zitiert: HACKER, *Prahlāda* 2.

HAECKER, Theodor, *Schöpfer und Schöpfung*, Leipzig 1934; zitiert: HAECKER, *Schöpfer und Schöpfung*.

HAMP, Vinzenz, Art. Bund I. Altes Testament, in: LThK² 2 [1958] 770–774; zitiert: HAMP, Art. Bund.

HAMP, Vinzenz, Art. Weisheit I. Biblisch, in: HThG 2 [1963] 800–805; zitiert: HAMP, Art. Weisheit.

HARTL, Friedrich, *Der Begriff des Schöpferischen. Deutungsversuche der Dialektik durch Ernst Bloch und Franz von Baader* (= RSTh 18), Frankfurt 1979; zitiert: HARTL, *Der Begriff des Schöpferischen*.

HAURET, Charles, *Origines de l'univers et de l'homme d'après la Bible. Genèse 1–3*, Luçon 1950; zitiert: HAURET, *Origines*.

HEMPEL, Johannes, *Die Lichtsymbolik im Alten Testament*, in: StGen 13 (1960), 352–368; zitiert: HEMPEL, *Lichtsymbolik*.

HENGSTENBERG, Hans-Eduard, *Das Band zwischen Gott und Schöpfung*, Regensburg 1948; zitiert: HENGSTENBERG, *Gott und Schöpfung*.

HENGSTENBERG, Hans-Eduard, *Sein und Ursprünglichkeit. Zur philosophischen Grundlegung der Schöpfungslehre* (= BSH), München 1958; zitiert: HENGSTENBERG, *Sein und Ursprünglichkeit*.

HENNECKE, Edgar / SCHNEEMELCHER, Wilhelm, *Neutestamentliche Apokryphen I. Evangelien*, 3. völlig neubearbeitete Auflage, Tübingen 1959; zitiert: HENNECKE / SCHNEEMELCHER, *Neutestamentliche Apokryphen I*.

HENRY, Carl F. X., *God, Revelation and Authority 5. God, who stands and stays*, Waco/TX 1984; zitiert: HENRY, *God, Revelation and Authority 5*.

HENRY, Paul, *Plotin et l'occident. Firmicus Maternus, Marius Victorinus, Saint Augustin et Macrobe* (= SSL 15), Louvain 1934; zitiert: HENRY, *Plotin et l'occident*.

HENRY, Paul / SCHWYZER, Hans-Rudolf, *Plotini opera*, 3 Bände, Paris / Brüssel, 1951–1973; zitiert: ed. Henry / Schwyzer 1–3.

HOMMES, Ulrich, *Die Frage nach dem Heil*, in: Ulrich Hommes / Joseph Ratzinger, *Das Heil des Menschen*, München 1975, 11–30; zitiert: HOMMES, *Die Frage nach dem Heil*.

HOVE, Aloïs van, *Tractatus de deo creante et elevante*, Mechelen 1944; zitiert: HOVE, *Tractatus de deo creante et elevante*.

HUMMEL, Karl, *Was Theologen nicht mehr sagen sollten. Überlegungen eines Naturwissenschaftlers*, in: ThQ 149 (1969) 336–343; zitiert: HUMMEL, *Was Theologen nicht mehr sagen sollten*.

HUXLEY, Aldous, *Brave New World*, New York 1982; deutsche Übersetzung: *Schöne neue Welt*, Frankfurt 1987; zitiert: HUXLEY, *Brave New World*.

HUXLEY, Aldous, *Brave New World Revisited*, London 1983; deutsche Übersetzung: *Wiedersehen mit der schönen neuen Welt*, München 1958, Neuausgabe 1987; zitiert: HUXLEY, *Brave New World Revisited*.

Literaturverzeichnis

INTERNATIONALE THEOLOGISCHE KOMMISSION, *De Iesu autoconscientia quam scilicet de se ipso et de sua missione habuit. 4 propositiones explanantur,* Vatikanstadt 1986; zitiert: ITK, *De Iesu autoconscientia.*

ISTITUTO DI SCIENZE RELIGIOSE DI DIOCESI DI AREZZO-CORTONA-SANSE-POLCRO (Hg.), *Purificazione della memoria,* Arezzo 2000; zitiert: ISTITUTO DI SCIENZE RELIGIOSE, *Purificazione.*

IVÁNKA, Endre von, *»Teilhaben«, »Hervorgang« und »Hierarchie« bei Pseudo-Dionysios und bei Proklos,* in: Actes du XIe Congrès International de Philosophie 12 (1953) 153–158; zitiert: IVÁNKA, *»Teilhaben«, »Hervorgang« und »Hierarchie«.*

JERRENTRUP-HEIDE, Christa, *Die Menschheit woher – wohin? Ein Durchbruch zu Uranfängen und ihre Bedeutung für Gegenwart und Zukunft,* Köln 1971; zitiert: JERRENTRUP-HEIDE, *Die Menschheit woher – wohin?.*

JOEST, Wilfried, *Ontologie der Person bei Luther,* Göttingen 1967; zitiert: JOEST, *Ontologie der Person bei Luther.*

JOHANNES PAUL II., Enzyklika *Redemptor hominis* vom 4. März 1979 (= VApS 6), Bonn 1979; in: AAS 71 (1979) 274–286; zitiert: JOHANNES PAUL II., *Redemptor hominis.*

JOHANNES PAUL II., Enzyklika *Dives in misericordia* vom 30. November 1980, in: AAS 72 (1980) 1177–1232; zitiert: JOHANNES PAUL II., *Dives in misericordia.*

JOHANNES PAUL II., Apostolisches Schreiben *Familiaris consortio* vom 22. November 1981 (= VApS 33), Bonn 1981; in: AAS 74 (1982) 81–191; zitiert: JOHANNES PAUL II., *Familiaris consortio.*

JOHANNES PAUL II., Enzyklika *Dominum et vivificantem* vom 18. Mai 1986 (= VApS 71) Bonn 1986, in: AAS 78 (1986) 809–900; zitiert: JOHANNES PAUL II., *Dominum et vivificantem.*

JOHANNES PAUL II., Enzyklika *Redemptoris Mater* vom 25. März 1987 (= VApS 75), Bonn 1987; in: AAS 79 (1987) 361–433; zitiert: JOHANNES PAUL II., *Redemptoris Mater.*

JOHANNES PAUL II., *Maria – Gottes Ja zum Menschen. Enzyklika »Mutter des Erlösers«,* Freiburg 1987; zitiert: JOHANNES PAUL II., *Maria – Gottes Ja zum Menschen.*

JOHANNES PAUL II., Apostolisches Schreiben *Mulieris dignitatem* vom 15. August 1988 (= VApS 86), Bonn 1988; in: AAS 80 (1988), 1653–1729; zitiert: JOHANNES PAUL II., *Mulieris dignitatem.*

JOHANNES PAUL II., Nachsynodales Apostolisches Schreiben *Christifideles laici* vom 30. Dezember 1988 (= VApS 87), Bonn 1989; in: AAS 81 (1989), 393–521; zitiert: JOHANNES PAUL II., *Christifideles laici.*

JOHANNES PAUL II., Enzyklika *Fides et ratio* über das Verhältnis von Glaube und Vernunft vom 14. September 1998 (= VApS 135), Bonn 1998; in: AAS 91 (1999) 5–88; zitiert: JOHANNES PAUL II., *Fides et ratio.*

JOHANNES VOM KREUZ, *Aufstieg zum Berge Karmel* (= Sämtliche Werke 1), München ^5 1957; zitiert: JOHANNES VOM KREUZ, *Aufstieg.*

Anhang

JOHANNES XXIII., *Ansprache zum Abschluss der römischen Synode* am 31. Januar 1960, in: AAS 52 (1960) 297–306; zitiert: JOHANNES XXIII., *Ansprache zum Abschluss der römischen Synode* (31. Januar 1960).

JOHANNES XXIII., *Ansprache an den Klerus der Diözese Rom* am 24. November 1960, in: AAS 52 (1960) 967–979, zitiert: JOHANNES XXIII., *Ansprache an den Klerus der Diözese Rom* (24. November 1960).

JOHANNES XXIII., Enzyklika *Mater et magistra* vom 15. Mai 1961, in: AAS 53 (1961) 401–464; zitiert: JOHANNES XXIII., *Mater et magistra*.

JOHANNES XXIII., *Rundfunkbotschaft an den Marianischen Kongress in Lisieux* am 9. Juli 1961, in: AAS 53 (1961) 504–506; zitiert: JOHANNES XXIII., *Rundfunkbotschaft an den Marianischen Kongress in Lisieux* (9. Juli 1961).

JOHANNES XXIII., *Ansprache an die Seminarrektoren Italiens* am 29. Juli 1961, in: AAS 53 (1961) 559–565; zitiert: JOHANNES XXIII., *Ansprache an die Seminarrektoren Italiens* (29. Juli 1961).

JONAS, Hans, *Gnosis und spätantiker Geist*, 2 Bände, Göttingen ²1954–1954; zitiert: JONAS, *Gnosis und spätantiker Geist* 1–2/1.

JÜNGEL, Eberhard, *Das Evangelium von der Rechtfertigung des Gottlosen als Zentrum des christlichen Glaubens. Eine theologische Studie in ökumenischer Absicht*, Tübingen 1998; zitiert: JÜNGEL, *Rechtfertigung*.

JUNGMANN, Josef Andreas, *Die Frohbotschaft und unsere Glaubensverkündigung*, Regensburg 1936; zitiert: JUNGMANN, *Frohbotschaft*.

JUNGMANN, Josef Andreas, *Um Liturgie und Kerygma*, in: Balthasar Fischer / Hans Bernhard Meyer (Hg.), *J. A. Jungmann. Ein Leben für Liturgie und Kerygma*, Innsbruck 1975, 12–18; zitiert: JUNGMANN, *Um Liturgie und Kerygma*.

KABASILAS, Nikolaos, *Das Buch vom Leben in Christus* (= CMe 14), übersetzt von Gerhard Hoch, Einsiedeln ²1981; zitiert: KABASILAS, *Leben in Christus*.

KAISER, Otto, *Der Prophet Jesaja. Kapitel 1–12* (= ATD 17), Göttingen ²1963; zitiert: KAISER, *Der Prophet Jesaja*.

KALIBA, Clemens, *Die Welt als Gleichnis des dreieinigen Gottes. Entwurf zu einer trinitarischen Ontologie* (= RWA 4), Salzburg 1952; zitiert: KALIBA, *Die Welt als Gleichnis*.

KANT, Immanuel, *Grundlegung zur Metaphysik der Sitten*, in: Ders., *Kant's Gesammelte Schriften* (= Akademie-Ausgabe 4), Berlin 1911, 385–463; zitiert: KANT, *Grundlegung*.

KAPELRUD, Arvid S., Art. hawwāh, in: ThWAT 2 [1977] 794–798; zitiert: KAPELRUD, Art. hawwāh.

KASCH, Wilhelm, Art. Schöpfung III. NT, in: EKL 3 [1959] 833 f.; zitiert: KASCH, Art. Schöpfung III.

KÄSTNER, Erhart, *Die Stundentrommel vom heiligen Berg Athos*, Wiesbaden 1956; zitiert: KÄSTNER, *Die Stundentrommel*.

Die katholische Glaubenswelt. Wegweisung und Lehre 1. Die Quellen der Theologie. Gott und seine Schöpfung, herausgegeben von einer Arbeitsgemein-

Literaturverzeichnis

schaft von Theologen, Freiburg 1959; zitiert: *Die katholische Glaubenswelt* 1.

KERTELGE, Karl, *Jesus, seine Wundertaten und der Satan,* in: Concilium 11 (1975) 168–173; zitiert: KERTELGE, *Jesus.*

KINDER, Ernst, Art. Schöpfung IV. Dogmatisch, in: EKL 3 [1959] 835–839; zitiert: KINDER, Art. Schöpfung IV.

KITTEL, Gerhard, Art. λέγω κτλ. D. »Wort« und »Reden« im NT, in: ThWNT 4 [1942] 100–140; zitiert: KITTEL, Art. λέγω.

KLEMM, Peter, Art. Schöpfung V. In der kirchlichen Unterweisung, in: RGG[3] 5 [1961] 1490–1492; zitiert: KLEMM, Art. Schöpfung V.

KOCH, Josef, *Über die Lichtsymbolik im Bereich der Philosophie und der Mystik des Mittelalters,* in: StGen 13 (1960) 653–670; zitiert: KOCH, *Über die Lichtsymbolik.*

KÖHLER, Oskar, Art. Jugendbewegung, in: LThK[2] 5 [1960] 1181 f.; zitiert: KÖHLER, Art. Jugendbewegung.

KÖSTER, Helmut, Art. σπλάγχνον κτλ, in: ThWNT 7 [1964] 548–559; zitiert: KÖSTER, Art. σπλάγχνον.

KONGREGATION FÜR DIE GLAUBENSLEHRE, *Die Botschaft von Fatima* (= VApS 147), Bonn 2000; zitiert: CDF, *Fatima.*

KONGREGATION FÜR DIE GLAUBENSLEHRE, *Die Unantastbarkeit des menschlichen Lebens. Zu ethischen Fragen der Biomedizin. Instruktion der Kongregation für die Glaubenslehre.* Mit einem Kommentar von Robert Spaemann, Freiburg 1987; zitiert: CDF, *Die Unantastbarkeit des menschlichen Lebens.*

KRAFT, Heinz, *ΟΜΟΟΥΣΙΟΣ,* in: ZKG 66 (1954/55) 1–24; zitiert: KRAFT, *ΟΜΟΟΥΣΙΟΣ.*

KRANZ, Walther, *Kosmos* (= Archiv für Begriffsgeschichte 2), Bonn 1958; zitiert: KRANZ, *Kosmos.*

KRIELE, Martin, *Befreiung und politische Aufklärung. Plädoyer für die Würde des Menschen,* Freiburg 1980; zitiert: KRIELE, *Befreiung.*

KUHN, Helmut, *Romano Guardini – Philosoph der Sorge,* St. Ottilien 1987; zitiert: KUHN, *Romano Guardini.*

KÜNG, Hans, *Rechtfertigung. Die Lehre Karl Barths und eine katholische Besinnung* (= SlgHor 2), Einsiedeln 1957; zitiert: KÜNG, *Rechtfertigung.*

KÜNG, Hans, *Christ sein,* München 1974; zitiert: KÜNG, *Christ sein.*

KUSS, Otto, *Der Römerbrief,* 1. Lieferung: Röm 1, 1–6, 11, Regensburg 1957; zitiert: KUSS, *Römerbrief.*

La foi des catholiques. Catéchèse fondamentale, herausgegeben von Bruno Chenu, Paris 1984; zitiert: *La foi des catholiques.*

LACKMANN, Max, *Vom Geheimnis der Schöpfung. Die Geschichte der Exegese von Römer 1, 18–23; 2, 14–16 und Acta 14, 15–17, 17, 22–29 vom 2. Jahrhundert bis zum Beginn der Orthodoxie,* Stuttgart 1952; zitiert: LACKMANN, *Vom Geheimnis der Schöpfung.*

Anhang

LAGRANGE, Marie-Joseph, *Das Evangelium von Jesus Christus*, Heidelberg 1949; zitiert: LAGRANGE, *Evangelium*.

LAKNER, Franz, Art. Gottebenbildlichkeit, III. Dogmatisch, in: LThK² 4 [1960] 1090–1092; zitiert: LAKNER, Art. Gottebenbildlichkeit.

LAMBERTINI, Prosper, *De Servorum Dei Beatificatione Et Beatorum Canonizatione* II, Bolognia 1735; zitiert: LAMBERTINI, *Beatificatione et Canonizatione* II.

LANGEMEYER, Bernhard, *Konziliare Mariologie und biblische Typologie. Zum ökumenischen Gespräch über Maria nach dem Konzil*, in: Catholica 21 (1967) 295–316; zitiert: LANGEMEYER, *Konziliare Mariologie*.

LAU, Franz, Art. Schöpfungsordnung, in: RGG³ 5 [1961] 1492–1494; zitiert: LAU, Art. Schöpfungsordnung.

LAURENTIN, René, *Court traité de théologie mariale*, Paris 1953; zitiert: LAURENTIN, *Court traité*.

LAURENTIN, René, *Structure et théologie de Luc 1–2*, Paris 1957; zitiert: LAURENTIN, *Luc 1–2*.

LAURENTIN, René, *La question mariale*, Paris 1963; zitiert: LAURENTIN, *La question mariale*.

LAURENTIN, René, *Die marianische Frage*, Freiburg i. Br. 1965; zitiert: LAURENTIN, *Die marianische Frage*.

LAURENTIN, René, *La Vierge au Concile. Présentation, texte et traduction du chapitre VIII de la Constitution dogmatique Lumen Gentium consacré à la Bienheureuse Vierge Marie, mère de Dieu dans le mystère de l'Eglise*, Paris 1965; zitiert: LAURENTIN, *La Vierge au Concile*.

LAURENTIN, René, *Struktur und Theologie der lukanischen Kindheitsgeschichte*. Aus dem Französischen von P. W. Arnold (= SBB 1), Stuttgart 1967; französisches Original: *Luc 1–2*; zitiert: LAURENTIN, *Lukanische Kindheitsgeschichte*.

LEHMANN, Karl, *Kreatürlichkeit des Menschen als Verantwortung für die Erde*, in: ALTNER, *Sind wir noch zu retten?*, 41–64; zitiert: LEHMANN, *Kreatürlichkeit*.

LEHMANN, Karl / PANNENBERG, Wolfhart (Hg.), *Lehrverurteilungen – kirchentrennend? I. Rechtfertigung, Sakramente und Amt im Zeitalter der Reformation und heute* (= Dialog der Kirchen 4), Freiburg 1986; zitiert: LEHMANN / PANNENBERG, *Lehrverurteilungen – kirchentrennend? I.*

LEHMANN, Karl (Hg.), *Lehrverurteilungen – kirchentrennend? II. Materialien zu den Lehrverurteilungen und zur Theologie der Rechtfertigung* (= Dialog der Kirchen 5), Freiburg 1989; zitiert: LEHMANN, *Lehrverurteilungen – kirchentrennend? II.*

LEIBER, Robert, *Pius XII.*, in: StdZ 163 (1958/59) 81–99; zitiert: LEIBER, *Pius XII.*

LEIMAN, Sid Z., *Therapeutic homicide. A philosophic and Halakhic critique of Harris' »survival lottery«*, in: J Med Philos 8 (1983) 257–267; zitiert: LEIMAN, *Therapeutic homicide*.

Literaturverzeichnis

LÉJEUNE, Jérôme, *La science seule ne peut pas sauver le monde,* in: Résurrection, Nouvelle Serie 14 (1988) 13–23; zitiert: LÉJEUNE, *La science.*

LEO XIII., Enzyklika *Rerum novarum* vom 15. Mai 1891, in: ASS 23 (1890/91) 641–670; zitiert: LEO XIII., *Rerum novarum.*

LIETZMANN, Hans (Hg.), *Die Didache. Mit kritischem Apparat herausgegeben von Hans Lietzmann,* Berlin ⁵1948; zitiert: ed. Lietzmann.

LIMBECK, Meinrad, *Satan und das Böse im Neuen Testament,* in: HAAG, *Teufelsglaube,* 271–388; zitiert: LIMBECK, *Satan und das Böse im Neuen Testament.*

Liturgia horarum iuxta ritum Romanum II, Typis Polyglottis Vaticanis 1972; zitiert: *Liturgia horarum II.*

LIZOTTE, Aline, *Réflexions philosophiques sur l'âme et la personne de l'embryon,* in: Anthropotes 3 (2/1987) 155–195; zitiert: LIZOTTE, *Réflexions philosophiques.*

LOHFINK, Norbert, Art. Bund, in: BL² [1968] 267–273; zitiert: LOHFINK, Art. Bund.

LOHFINK, Norbert, *Der Schöpfergott und der Bestand von Himmel und Erde. – Das Alte Testament zum Zusammenhang von Schöpfung und Heil,* in: ALTNER, *Sind wir noch zu retten?;* zitiert: LOHFINK, *Schöpfergott.*

LÖHRER, Magnus, *Überlegungen zur Interpretation lehramtlicher Aussagen als Frage des ökumenischen Gesprächs,* in: Johann B. Metz / Walter Kern / Adolf Darlapp / Herbert Vorgrimler (Hg.), *Gott in Welt* 2, Festschrift für Karl Rahner zum 60. Geburtstag, Freiburg 1964, 499–523; zitiert: LÖHRER, *Zur Interpretation lehramtlicher Aussagen.*

LOMMATZSCH, Karl Heinrich Eduard (Hg.), *Opera omnia quae graece vel latine tantum exstant* (25 Bände), Berlin 1831–1848; zitiert: ed. Lommatzsch 1–25.

LOVEJOY, Arthur O., *The great chain of being. A study of the history of an idea* (= William James lectures 1933), Cambridge/MA 1953; zitiert: LOVEJOY, *The great chain of being.*

LÖW, Reinhard, *Leben aus dem Labor. Gentechnologie und Verantwortung – Biologie und Moral,* München 1985; zitiert: LÖW, *Leben aus dem Labor.*

LÖW, Reinhard, *Die moralische Dimension von Organtransplantationen,* in: Scheidewege 17 (1987/88), 16–48; zitiert: LÖW, *Organtransplantationen.*

LUCIANI, Albino, *Ihr ergebener Albino Luciani. Briefe an Persönlichkeiten,* München 1978; zitiert: LUCIANI, *Ihr ergebener.*

LUTHER, Martin, *Operationes in psalmos,* 1519–1521, in: WA 5, 19–673; zitiert: LUTHER, *Op in ps.*

LUTHER, Martin, *In epistolam S. Pauli ad Galatas Commentarius ex praelectione D. M. Lutheri collectus,* [1531] 1535, in: WA 40/1, 33–688; zitiert: LUTHER, *Ep Gal.*

LUZ, Ulrich, *Kann die Bibel heute noch Grundlage für die Kirche sein? Über die Aufgabe der Exegese in einer religiös pluralistischen Gesellschaft,* in: NTS 44 (1998) 317–339; zitiert: LUZ, *Bibel.*

Anhang

Lyonnet, Stanislas, *XAIPE KEXAPITΩMENH*, in: Biblica 20 (2/1939) 131–141; zitiert: Lyonnet, *XAIPE KEXAPITΩMENH*.

Marion, Virgil, *Eine Theologie über Fatima. Versuch einer Sinndeutung der Sühneforderung Marias*, Innsbruck 1960; zitiert: Marion, *Fatima*.

Marmann, Michael Johann, *Praeambula ad gratiam. Entstehungsgeschichte des Axioms »gratia praesupponit naturam«*, Dissertation, Regensburg 1974; zitiert: Marmann, *Praeambula ad gratiam*.

Martelet, Gustave: *Der Erstgeborene aller Schöpfung. Für eine christologische Schau der Schöpfung*, in: IKaZ Communio 5 (1976) 15–29; zitiert: Martelet, *Der Erstgeborene*.

Marx, Karl, *Nationalökonomie und Philosophie. Über den Zusammenhang der Nationalökonomie mit Staat, Recht, Moral und bürgerlichem Leben*, in: Ders., *Der historische Materialismus. Die Frühschriften* 1, herausgegeben von Siegfried Landshut und Jakob Peter Mayer unter Mitwirkung von Friedrich Salomon, Leipzig 1932, 283–375; zitiert: Marx, *Nationalökonomie und Philosophie*.

Meo, Salvatore, Art. Mediatrice, in: De Fiores / Meo, *Nuovo Dizionario di Mariologia*, 920–935; zitiert: Meo, Art. Mediatrice.

Messerschmid, Felix, Art. Kath. Jugendbewegung, in: RGG[3] 3 [1959] 1020–1022; zitiert: Messerschmid, Art. Kath. Jugendbewegung.

Metz, Johann Baptist, Art. Weisheit II. Theologisch, in: HThG 2 [1963] 805–813; zitiert: Metz, Art. Weisheit.

Michel, Otto / Betz, Otto, *Von Gott gezeugt*, in: Walther Eltester (Hg.), *Judentum, Urchristentum, Kirche. Festschrift für Joachim Jeremias* (= BZNW 26), Berlin 1960, 3–23; zitiert: Michel / Betz, *Von Gott gezeugt*.

Michel, Otto, Art. Schöpfung III. Im NT, in: RGG[3] 5 [1961] 1476 f.; zitiert: Michel, Art. Schöpfung III.

Michl, Johann, Art. Engel I–IV, in: RAC 5 [1962] 53–200; zitiert: Michl, Art. Engel I–IV.

Miller, Otto, *Die Rasse des Kain und die Rasse des Abel*, in: Ermländischer Hauskalender 92 (1959) 112; zitiert: Miller, *Die Rasse des Kain*.

Mitterer, Albert, *Die Entwicklungslehre Augustins im Vergleich mit dem Weltbild des hl. Thomas und dem der Gegenwart*, Wien 1956; zitiert: Mitterer, *Entwicklungslehre Augustins*.

Möhler, Johann Adam, *Symbolik*, Mainz [12]1900; zitiert: Möhler, *Symbolik*.

Moltmann, Jürgen, *Theologie der Hoffnung. Untersuchungen zur Begründung und zu den Konsequenzen einer christlichen Eschatologie*, München 1964; zitiert: Moltmann, *Theologie der Hoffnung*.

Monod, Jacques, *Zufall und Notwendigkeit. Philosophische Fragen der modernen Biologie*, München [5]1973; (Taschenbuch) München 1975; zitiert: Monod, *Zufall und Notwendigkeit*.

Moos, Maria Fabianus, *S. Thomae Aquinatis, Scriptum super sententiis magistri Petri Lombardi* III, Paris 1933; zitiert: ed. Moos.

Mouiren, Trophime, *La création*, Paris 1961; zitiert: Mouiren, *La création*.

Literaturverzeichnis

MULDOON, Thomas, *Theologiae dogmaticae praelectiones. Quas in scholis facultatis theologicae sydnegensis habebat* 3. *De Deo creante et elerante*, Rom 1959; zitiert: MULDOON, *Theologiae dogmaticae praelectiones* 3.

MÜLLER, Alois, *Ecclesia - Maria. Die Einheit Marias und der Kirche* (= Par. 5), 2. überarbeitete Auflage, Fribourg 1955; zitiert: MÜLLER, *Ecclesia - Maria.*

MÜLLER, Alois, *Du bist voll der Gnade. Eine kleine Marienlehre*, Olten 1957; zitiert: MÜLLER, *Du bist voll der Gnade.*

MÜLLER, Alois, *Fragen und Aussichten der heutigen Mariologie*, in: Johannes Feiner / Josef Trütsch / Franz Böckle (Hg.), *Fragen der Theologie heute*, Einsiedeln 1957, 301–317; zitiert: MÜLLER, *Fragen und Aussichten.*

MÜLLER, Hermann Friedrich, *Plotinische Studien I. I. Ist die Metaphysik des Plotinos ein Emanationssystem?*, in: Hermes 48 (1913) 408–425; zitiert: MÜLLER, *Plotinische Studien I.*

MUÑOZ IGLESIAS, Salvador, *Los evangelios de la infancia 1. Los cánticos del evangelio de la infancia según San Lucas* (= Puer natus 1), Madrid 1983; zitiert: MUÑOS IGLESIAS, *Los evangelios de la infancia 1.*

MUÑOZ IGLESIAS, Salvador, *Los evangelios de la infancia 2. Los anuncios angélicos previos en el Evangelio lucano de la Infancia* (= Biblioteca de Autores Cristianos 488), Madrid 1986; zitiert: MUÑOS IGLESIAS, *Los evangelios de la infancia 2.*

MUSSNER, Franz, *Lk 1, 48 f; 11, 27 f und die Anfänge der Marienverehrung in der Urkirche*, in: Catholica 21 (1967) 287–294; zitiert: MUSSNER, *Marienverehrung.*

MUSSNER, Franz, *Der Galaterbrief* (= HThKNT 9), Freiburg 1974; zitiert: MUSSNER, *Galater.*

MUSSNER, Franz, *Καθεξῆς im Lukasprolog*, in: Earle Ellis / Erich Grässer (Hg.), *Jesus und Paulus. Festschrift für Werner Georg Kümmel zum 70. Geburtstag*, Göttingen 1975, 253–255; zitiert: MUSSNER, *Καθεξῆς im Lukasprolog.*

MUSSNER, Franz, *Maria, die Mutter Jesu im Neuen Testament*, St. Ottilien 1993; zitiert: MUSSNER, *Maria.*

NELLESSEN, Ernst, *Das Kind und seine Mutter. Struktur und Verkündigung des 2. Kapitels im Matthäusevangelium* (= SBS 39), Stuttgart 1969; zitiert: NELLESSEN, *Das Kind und seine Mutter.*

NEUNER, Josef, *Das Christus-Mysterium und die indische Lehre von den Avatāras*, in: Alois Grillmeier / Heinrich Bacht (Hg.), *Das Konzil von Chalkedon 3. Geschichte und Gegenwart. Im Auftrag der Theologischen Fakultät SJ Sankt Georgen Frankfurt*, Würzburg 1954, 785–824; zitiert: NEUNER, *Das Christus-Mysterium und die indische Lehre von den Avatāras.*

NIETZSCHE, Friedrich, *Also sprach Zarathustra*, in: Ders., *Werke IV*, herausgegeben von Alfred Baeumler, Leipzig 1930, 1–363; zitiert: NIETZSCHE, *Also sprach Zarathustra.*

571

Anhang

NOCK, Arthur Darby (Hg.), *Hermès trismégiste. Corpus Hermeticum*, 4 Bände, übersetzt von André-Jean Festugière, Paris 1945–1954; zitiert: ed. Nock 1–4.

NOË, François de la, *Die Welt in der Schöpfung*, Paderborn 1960; zitiert: NOË, *Die Welt in der Schöpfung*.

NORDEN, Eduard, *Die Geburt des Kindes. Geschichte einer religiösen Idee* (= SWB 3), Berlin 1924; zitiert: NORDEN, *Die Geburt des Kindes*.

NÖTSCHER, Friedrich, *Zur theologischen Terminologie der Qumran-Texte* (= BBB 10), Bonn 1956; zitiert: NÖTSCHER, *Terminologie der Qumran-Texte*.

OCÁRIZ, Fernando, *Naturaleza, gracia y gloria* (= BTeo 24), Pamplona 2000; zitiert: OCÁRIZ, *Naturaleza, gracia y gloria*.

OEPKE, Albrecht, Art. λάμπω κτλ, in: ThWNT 4 [1942] 17–28; zitiert: OEPKE, Art. λάμπω.

OPITZ, Hans-Georg, *Athanasius. Werke*, 3 Bände, Berlin 1935–1941; zitiert: ed. Opitz 1–3.

OPITZ, Hans-Georg, *Urkunden zur Geschichte des arianischen Streites 318–328*, in: ed. Opitz 3/1–2; zitiert: OPITZ, *Urk*.

OVERHAGE, Paul / RAHNER, Karl, *Das Problem der Hominisation. Über den biologischen Ursprung des Menschen*, Freiburg 1961; zitiert: OVERHAGE / RAHNER, *Hominisation*.

PANNENBERG, Wolfhart (Hg.), *Lehrverurteilungen – kirchentrennend? III. Materialien zur Lehre von den Sakramenten und vom kirchlichen Amt* (= Dialog der Kirchen 6), Freiburg 1990; zitiert: PANNENBERG, *Lehrverurteilungen – kirchentrennend? III*.

PANNENBERG, Wolfhart / SCHNEIDER, Theodor (Hg.), *Lehrverurteilungen – kirchentrennend? IV. Antworten auf kirchliche Stellungnahmen* (= Dialog der Kirchen 8), Freiburg 1994; zitiert: PANNENBERG / SCHNEIDER, *Lehrverurteilungen – kirchentrennend? IV*.

PASCAL, Blaise, *Pensées*, in: Ders., *Œuvres complètes. Texte établi et annoté par Jacques Chevalier* (= Bibliothèque de la Pléiade 34), Paris 1954, 1103–1348; zitiert: PASCAL, *Pensées* (1954).

PAUL VI., *Predigt in Castel Gandolfo am 15. August 1964*, in: OR Nr. 189 vom 17/18.08.1964, 1 f.; zitiert: PAUL VI., *Predigt in Castel Gandolfo* (15. August 1964).

PAUL VI., Apostolisches Schreiben *Marialis Cultus* vom 2. Februar 1974, in: AAS 66 (1974) 113–168; zitiert: PAUL VI., *Marialis Cultus*.

PAUL VI., *Die rechte Pflege und Entfaltung der Marienverehrung. Apostolisches Schreiben »Marialis Cultus« vom 2. Februar 1974*. Mit einer Einführung von Wolfgang Beinert, Leutesdorf am Rhein 1974; zitiert: PAUL VI., *Marienverehrung*.

PESCH, Rudolf, *Das Markusevangelium. Erster Teil* (= HThKNT 2/1), Freiburg 1976; zitiert: PESCH, *Markus 1*.

Literaturverzeichnis

Peterson, Erik, *Einige Bemerkungen zum Hamburger Papyrus-Fragment der Acta Pauli*, in: VigChr 3 (1949) 142–162; zitiert: Peterson, *Bemerkungen*.

Pettazzoni, Raffaele, *Der allwissende Gott. Zur Geschichte der Gottesidee*, Frankfurt 1960; zitiert: Pettazzoni, *Gott*.

Philips, Gérard, *L'église et son mystère au deuxième Concile du Vatican. Histoire, texte et commentaire de la Constitution Lumen Gentium* II, Paris 1968; zitiert: Philips, *L'église et son mystère* II.

Pieper, Josef, *Einleitung*, in: Thomas von Aquin, *Sentenzen über Gott und die Welt*, lateinisch-deutsch (= CMe 33), zusammengestellt, verdeutscht und eingeleitet von Josef Pieper, Einsiedeln ²1987, 9–40; zitiert: Pieper, *Einleitung*.

Pieper, Josef, *Zustimmung zur Welt. Eine Theorie des Festes*, München ²1964; zitiert: Pieper, *Zustimmung zur Welt*.

Pieper, Josef, *Kümmert euch nicht um Sokrates. Drei Fernsehspiele*, München 1966; zitiert: Pieper, *Sokrates*.

Pieper, Josef, *Über die Liebe*, München 1972; zitiert: Pieper, *Über die Liebe*.

Pieper, Josef, *Missbrauch der Sprache – Missbrauch der Macht*, in: Ders., *Über die Schwierigkeit, heute zu glauben. Aufsätze und Reden*, München 1974, 255–282; zitiert: Pieper, *Missbrauch*.

Pieper, Josef, *Über den Begriff der Sünde*, München 1977; zitiert: Pieper, *Über den Begriff der Sünde*.

Pinard, Henry, Art. Création, in: DThC 3/2 [1908] 2034–2201; zitiert: Pinard, Art. Création.

Pius XI., Enzyklika *Quadragesimo anno* vom 15. Mai 1931, in: AAS 23 (1931) 177–228; zitiert: Pius XI., *Quadragesimo anno*.

Pius XII., Enzyklika *Humani generis* vom 12. August 1950, in: AAS 42 (1950) 561–577; zitiert: Pius XII., *Humani generis*.

Pius XII., *Ansprache an katholische Studenten der Sorbonne* am 9. April 1953, in: AAS 45 (1953) 275–277; zitiert: Pius XII., *Ansprache an katholische Studenten der Sorbonne*.

Pius XII., *Rundfunkbotschaft an den internationalen Mariologenkongress zu Rom* am 24. Oktober 1954, in: AAS 46 (1954) 677–680; zitiert: Pius XII., *Rundfunkbotschaft an den internationalen Mariologenkongress zu Rom* (24. Oktober 1954).

Plöger, Otto, Art. Schöpfung I. Schöpfung und Weltentstehung, in: EKL 3 [1959] 831 f.; zitiert: Plöger, Art. Schöpfung I.

Plöger, Otto, Art. Schöpfung II. AT, in: EKL 3 [1959] 832 f.; zitiert: Plöger, Art. Schöpfung II.

Portmann, Adolf, *Biologie und Geist* (= Herder-Bücherei 137), Freiburg 1963; zitiert: Portmann, *Biologie und Geist*.

Portmann, Adolf, *An den Grenzen des Wissens. Vom Beitrag der Biologie zu einem neuen Weltbild*, Wien 1974; zitiert: Portmann, *An den Grenzen des Wissens*.

Anhang

Przywara, Erich, *Analogia entis,* München 1926; zitiert: Przywara, *Analogia entis.*

Przywara, Erich, *Religionsphilosophie katholischer Theologie,* München 1926; zitiert: Przywara, *Religionsphilosophie.*

Przywara, Erich, *Natur und Übernatur,* in: Ders., *Ringen der Gegenwart* 1, Augsburg 1929, 419–442; zitiert: Przywara, *Natur und Übernatur.*

Przywara, Erich, *Der Grundsatz »Gratia non destruit, sed supponit et perficit naturam«. Eine ideengeschichtliche Interpretation,* in: Scholastik 17 (1942) 178–186; zitiert: Przywara, *Grundsatz.*

Przywara, Erich, *Alter und Neuer Bund. Theologie der Stunde,* Wien 1956; zitiert: Przywara, *Alter und Neuer Bund.*

Przywara, Erich, Art. Analogia entis (Analogie), in: LThK² 1 [1957] 470–473; zitiert: Przywara, Art. Analogia entis.

Puech, Henri-Charles, *La ténèbre mystique chez le Pseudo-Denys l'Aréopagite et dans la tradition patristique,* in: Etudes Carmélitaines 23 (2/1938) 33–53; zitiert: Puech, *La ténèbre mystique.*

Puech, Henri-Charles, *Gnostische Evangelien und verwandte Dokumente,* in: Hennecke / Schneemelcher, *Neutestamentliche Apokryphen* 1, 158–271; zitiert: Puech, *Gnostische Evangelien.*

Quispel, Gilles, *Philo und die altchristliche Häresie,* in: ThZ 5 (1949) 429–436; zitiert: Quispel, *Philo und die altchristliche Häresie.*

Quispel, Gilles, *Gnosis als Weltreligion,* Zürich 1951; zitiert: Quispel, *Gnosis.*

Quispel, Gilles, *Der gnostische Anthropos und die jüdische Tradition,* in: ErJb 22 (1953) 195–234; zitiert: Quispel, *Der gnostische Anthropos und die jüdische Tradition.*

Rad, Gerhard von, *Das erste Buch Mose (Genesis)* (= ATD 2/4), Göttingen 1964, ¹²1987; zitiert: Rad, *1 Mose.*

Rad, Gerhard von, *Weisheit in Israel,* Neukirchen-Vluyn 1970; zitiert: Rad, *Weisheit.*

Rahner, Hugo, *Mater ecclesia. Lobpreis der Kirche aus dem ersten Jahrtausend christlicher Literatur,* Einsiedeln / Köln 1944; zitiert: Rahner, *Mater ecclesia.*

Rahner, Hugo, *Maria und die Kirche. 10 Kapitel über das geistliche Leben,* Innsbruck 1951; zitiert: Rahner, *Maria und die Kirche.*

Rahner, Hugo, *Griechische Mythen in christlicher Deutung,* Darmstadt 1957; zitiert: Rahner, *Mythen.*

Rahner, Hugo, *Himmelfahrt der Kirche,* Freiburg 1961; zitiert: Rahner, *Himmelfahrt der Kirche.*

Rahner, Karl, *Hörer des Wortes. Zur Grundlegung einer Religionsphilosophie,* München 1941; zitiert: Rahner, *Hörer des Wortes.*

Rahner, Karl, *Schriften zur Theologie* 1, Einsiedeln 1954; zitiert: Rahner, *Schriften zur Theologie* 1; darin:

- *Die unbefleckte Empfängnis,* 223–237; zitiert: Rahner, *Die unbefleckte Empfängnis.*

574

Literaturverzeichnis

- *Theologisches zum Monogenismus*, 253–322; zitiert: RAHNER, *Theologisches zum Monogenismus*.

RATSCHOW, Carl Heinz, *Das Heilshandeln und das Welthandeln Gottes. Gedanken zur Lehrgestaltung des Providentia-Glaubens in der evangelischen Dogmatik* (= NZSTH 1), Berlin 1959; zitiert: RATSCHOW, *Das Heilshandeln und das Welthandeln Gottes.*

RATZINGER, Joseph, *Volk und Haus Gottes in Augustins Lehre von der Kirche* [1954], in: JRGS 1, 43–419; zitiert: RATZINGER, *Volk und Haus Gottes.*

RATZINGER, Joseph, *Vom Ursprung und vom Wesen der Kirche* [1956], in: JRGS 8, 140–156; zitiert: RATZINGER, *Vom Ursprung.*

RATZINGER, Joseph, *Licht und Erleuchtung. Erwägungen zu Stellung und Entwicklung des Themas in der abendländischen Geistesgeschichte* [1960], in: JRGS 2, 712–733; zitiert: RATZINGER, *Licht und Erleuchtung.*

RATZINGER, Joseph / FRIES, Heinrich (Hg.), *Einsicht und Glaube. Gottlieb Söhngen zum 70. Geburtstag am 21. Mai 1962*, Freiburg 1962; zitiert: RATZINGER / FRIES, *Einsicht und Glaube.*

RATZINGER, Joseph, *Der Wortgebrauch von natura und die beginnende Verselbständigung der Metaphysik bei Bonaventura* [1963], in: JRGS 2, 767–786; zitiert: RATZINGER, *Wortgebrauch von natura.*

RATZINGER, Joseph, Art. Fraternité, in: DSp 5 [1964] 1141–1167, deutsche Übersetzung: Brüderlichkeit, in: JRGS 1, 608–648; zitiert: RATZINGER, Art. Fraternité.

RATZINGER, Joseph, *Ein Versuch zur Frage des Traditionsbegriffs* [1965], in: JRGS 9, 391–431; zitiert: RATZINGER, *Ein Versuch zur Frage des Traditionsbegriffs.*

RATZINGER, Joseph, *Das Problem der Dogmengeschichte in der Sicht der katholischen Theologie* [1966], in: JRGS 9, 553–595; zitiert: RATZINGER, *Das Problem der Dogmengeschichte.*

RATZINGER, Joseph, *Einleitung und Kommentar zur dogmatischen Konstitution über die göttliche Offenbarung »Dei Verbum«*, Prooemium, Erstes, Zweites und Sechstes Kapitel [1967], in: JRGS 7, 715–791; zitiert: RATZINGER, *Einleitung und Kommentar* zu DV Prooem, 1, 2 und 6.

RATZINGER, Joseph, *Einführung in das Christentum* [1968], in: JRGS 4, 29–322; zitiert: RATZINGER, *Einführung.*

RATZINGER, Joseph, *Zur Theologie der Ehe* [1969], in: JRGS 4, 565–592; zitiert: RATZINGER, *Zur Theologie der Ehe.*

RATZINGER, Joseph, *Gott hat Namen* [1976], in: JRGS 3, 129–137; zitiert: RATZINGER, *Gott hat Namen.*

RATZINGER, Joseph, *Der Schöpfer-Gott* [1976], in: JRGS 3, 147–155; zitiert: RATZINGER, *Der Schöpfer-Gott.*

RATZINGER, Joseph, *Taufe, Glaube und Zugehörigkeit zur Kirche – die Einheit von Struktur und Gehalt* [1976], in: JRGS 4, 495–515; zitiert: RATZINGER, *Taufe, Glaube und Zugehörigkeit zur Kirche.*

Anhang

RATZINGER, Joseph, *Eschatologie. Tod und ewiges Leben* [1977], in: JRGS 10, 29–276; zitiert: RATZINGER, *Eschatologie.*

RATZINGER, Joseph, *Glaube als Vertrauen und Freude – Evangelium* [1977], in: JRGS 6, 954–965; zitiert: RATZINGER, *Evangelium.*

RATZINGER, Joseph, *Die Kirche als Heilssakrament* [1977], in: JRGS 8, 244–257; zitiert: RATZINGER, *Heilssakrament.*

RATZINGER, Joseph / STROBA, Jerzy / WOJTYŁA, Karol, *Gottes Anruf – unser Weg,* Freiburg 1978; zitiert: RATZINGER / STROBA / WOJTYŁA, *Gottes Anruf.*

REGAMEY, Constantin, *Die Religionen Indiens,* in: CRE 3 [1951] 71–227; zitiert: REGAMEY, *Die Religionen Indiens.*

REGAMEY, Constantin, Art. Fahrzeug I. Das Kleine Fahrzeug (Hīnayāna), in: LThK² 3 [1959] 1341 f.; zitiert: REGAMEY, Art. Fahrzeug I.

REINELT, Heinz / SCHEFFCZYK, Leo / VOLK, Hermann, Art. Schöpfung, in: HThG 2 [1963] 494–517; zitiert: REINELT / SCHEFFCZYK / VOLK, Art. Schöpfung.

REISER, Marius, *Bibel und Kirche. Eine Antwort an A. Luz,* in: TThZ 108 (1999) 62–81; zitiert: REISER, *Bibel und Kirche.*

REITZENSTEIN, Richard, *Poimandres. Studien zur griechisch-ägyptischen und frühchristlichen Literatur,* Leipzig 1904; zitiert: REITZENSTEIN, *Poimandres.*

RENCKENS, Henricus, *Urgeschichte und Heilsgeschichte. Israels Schau in der Vergangenheit nach Gen. 1–3,* Mainz 1959; zitiert: RENCKENS, *Urgeschichte und Heilsgeschichte.*

RIEDL, Rupert, *Biologie der Erkenntnis. Die stammesgeschichtlichen Grundlagen der Vernunft,* 3. durchgesehene Auflage, Berlin 1981; zitiert: RIEDL, *Biologie.*

RIEDL, Rupert, *Strategie der Genesis. Naturgeschichte der realen Welt,* München ⁵1986; zitiert: RIEDL, *Strategie.*

RINGGREN, Helmer, Art. hājäh, in: ThWAT 2 [1977] 874–898; zitiert: RINGGREN, Art. hājäh.

ROBINSON, James M., *Kerygma und historischer Jesus,* Zürich 1960; zitiert: ROBINSON, *Kerygma.*

RÖDDING, Gerhard, *Das Seinsproblem in der Schöpfungslehre Karl Barths,* in: KuD 10 (1/1964), 1–47; zitiert: RÖDDING, *Seinsproblem.*

ROQUES, René, *L'univers dionysien. Structure hierarchique du monde selon le Pseudo-Denys,* Paris 1954; zitiert: ROQUES, *L'univers dionysien.*

ROQUES, René, Art. Dionysius Areopagita, in: RAC 3 [1957] 1075–1121; zitiert: ROQUES, Art. Dionysius Areopagita.

ROSCHINI, Gabriele Maria, *La cosiddetta »questione mariana«. Risposta ai rilievi critici del Prof. R. Laurentin, di S. E. Mons. P. Rusch e del Prof. A. Mueller,* Vicenza 1964; zitiert: ROSCHINI, *La cosiddetta »questione mariana«.*

RUSCH, Paulus, *Mariologische Wertungen,* in: ZkTh 85 (1963) 129–161; zitiert: RUSCH, *Mariologische Wertungen.*

Literaturverzeichnis

SALIÈGE, Jules Géraud, *Écrits spirituels*, Paris 1960; zitiert: SALIÈGE, *Écrits spirituels*.

SARMIENTO, Augusto / ESCRIVA-IVARS, Javier (Hg.), *Enchiridion Familiae. Textos del magisterio pontificio y conciliar sobre el matrimonio y la familia*, 6 Bände, Madrid 1992; zitiert: SARMIENTO / ESCRIVA-IVARS, *Enchiridion Familiae* 1–6.

SARTRE, Jean-Paul, *Ist der Existentialismus ein Humanismus?*, in: Ders., *Drei Essays*, Frankfurt 1966, 7–51; zitiert: SARTRE, *Ist der Existentialismus ein Humanismus?*.

SCHARBERT, Josef, *Genesis 1–11* (= NEB.AT 1), Würzburg 1983; zitiert: SCHARBERT, *Genesis 1–11*.

SCHAUF, Heribert, *M. J. Scheeben de inhabitatione Spiritus Sancti*, in: Accademia Romana di San Tommaso d'Aquino e di Religione Cattolica (Hg.), *M. J. Scheeben. Teologo cattolico d'ispirazione tomista* (= Studi tomistici 33), Vatikanstadt 1988, 237–249; zitiert: SCHAUF, *M. J. Scheeben*.

SCHEDL, Claus, *Geschichte des Alten Testaments* 1, Innsbruck 1956; zitiert: SCHEDL, *Geschichte des Alten Testaments* 1.

SCHEFFCZYK, Leo, *Schöpfung und Vorsehung. Der trinitarische Gott, die Schöpfung, die Sünde* (= HDG 2), Freiburg 1963; zitiert: SCHEFFCZYK, *Schöpfung und Vorsehung*.

SCHILLEBEECKX, Edward, *Die eucharistische Gegenwart. Zur Diskussion über die Realpräsenz* (= Theologische Perspektiven), aus dem Niederländischen von Hugo Zulauf, Düsseldorf 1967; zitiert: SCHILLEBEECKX, *Die eucharistische Gegenwart*.

SCHLETTE, Heinz Robert, *Epiphanie als Geschichte. Ein Versuch*, München 1966; zitiert: SCHLETTE, *Epiphanie*.

SCHLIER, Heinrich, *Der Brief an die Galater*, Göttingen [12]1962 (= KEK 7); zitiert: SCHLIER, *Galater*.

SCHMAUS, Michael, *Katholische Dogmatik 2. Gott der Schöpfer und Erlöser*, 3. und 4., umgearbeitete Auflage, München 1949, zitiert: SCHMAUS, *Dogmatik* 2.

SCHMAUS, Michael, *Katholische Dogmatik 2/1. Gott der Schöpfer*, München [6]1962; zitiert: SCHMAUS, *Dogmatik* 2/1.

SCHMAUS, Michael, *Katholische Dogmatik 5. Mariologie*, München 1955; zitiert: SCHMAUS, *Dogmatik* 5.

SCHMID, Josef, *Das Evangelium nach Markus* (= RNT 2), Regensburg [4]1958; zitiert: SCHMID, *Markus*.

SCHMIDT, Peter, *»Ich glaube an Gott, den Schöpfer Himmels und der Erde«*, in: IKaZ Communio 5 (1976) 1–14; zitiert: SCHMIDT, *Ich glaube an Gott*.

SCHMOLL, Heike, *Fauler Frieden in Augsburg*, in: Frankfurter Allgemeine Zeitung 253 (30.10.1999) 1; zitiert: SCHMOLL, *Fauler Frieden*.

SCHNACKENBURG, Rudolf, *Das Johannesevangelium. Dritter Teil* (= HThKNT 4/3), Freiburg [6]1992; zitiert: SCHNACKENBURG, *Johannes* 3.

Anhang

SCHNÄDELBACH, Herbert, *Der Fluch des Christentums. Die sieben Geburtsfehler einer alt gewordenen Weltreligion. Eine kulturelle Bilanz nach zweitausend Jahren,* in: Die Zeit 20 (11.05.2000) 41 f.; zitiert: SCHNÄDELBACH, *Fluch des Christentums.*

SCHNÄDELBACH, Herbert, *Vorträge und Abhandlungen 3. Philosophie in der modernen Kultur,* Frankfurt 2000; zitiert: SCHNÄDELBACH, *Philosophie.*

SCHNEEMELCHER, Wilhelm, *Ägypterevangelium,* in: HENNECKE / SCHNEEMELCHER, *Neutestamentliche Apokryphen 1,* 109–117; zitiert: SCHNEEMELCHER, *Ägypterevangelium.*

SCHOLEM, Gershom, *Zur Kabbala und ihrer Symbolik,* Zürich 1960; zitiert: SCHOLEM, *Kabbala.*

SCHÖNBORN, Christoph, *Die Christus-Ikone. Eine theologische Hinführung,* Schaffhausen 1984; zitiert: SCHÖNBORN, *Die Christus-Ikone.*

SCHOONENBERG, Piet, *Heet geloof van ons doopsel I. Gesprekken over de Apostolische geloofsbelijdenis,* 's-Hertogenbosch 1955; zitiert: SCHOONENBERG, *Heet geloof I.*

SCHOOYANS, Michel, *Maîtrise de la vie domination des hommes* (= CSyc. CC 9), Paris 1986; zitiert: SCHOOYANS, *Maîtrise de la vie.*

SCHUBERT, Kurt, Art. Golem, in: LThK² 4 [1960] 1046; zitiert: SCHUBERT, Art. Golem.

SCHUCK, Martin, *Christenschelte in aufklärerischem Gewand. Herbert Schnädelbachs Provokation in der »ZEIT« und die Reaktionen,* in: MdKI 4 (2000) 66–70; zitiert: SCHUCK, *Christenschelte.*

SCHÜRMANN, Heinz, *Das Gebet des Herrn. Aus der Verkündigung Jesu* (= Die Botschaft Gottes 2/6), Freiburg 1957; zitiert: SCHÜRMANN, *Gebet.*

SCHÜRMANN, Heinz, *Das Lukasevangelium. Erster Teil* (= HThKNT 3/1), Freiburg 1969; zitiert: SCHÜRMANN, *Lukas 1.*

SCHÜSSLER-FIORENZA, Elisabeth, *In Memory of Her. A Feminist theological reconstruction of Christian origins,* New York 1983; zitiert: SCHÜSSLER-FIORENZA, *In Memory of Her.*

SCHWARTE, Karl-Heinz, *Die Vorgeschichte der augustinischen Weltalterlehre* (= Ant. R. 1/12), Bonn 1966; zitiert: SCHWARTE, *Vorgeschichte.*

SCHWEGLER, Theodor, *Die biblische Urgeschichte. Im Lichte der Forschung,* München 1960; zitiert: SCHWEGLER, *Die biblische Urgeschichte.*

SCHWYZER, Hans-Rudolf, Art. Plotinos, in: PRE 21,1 [1951] 471–592; zitiert: SCHWYZER, Art. Plotinos.

SCOTT, Walter, *Hermes Trismegistos. Hermetica,* 4 Bände, Oxford 1924–1936; zitiert: ed. Scott 1–4.

SECKLER, Max, *Der Fortschrittsgedanke in der Theologie,* in: Johannes Neumann / Joseph Ratzinger, *Theologie im Wandel. Festschrift zum 150-jährigen Bestehen der katholisch-theologischen Fakultät an Universität Tübingen 1817–1967,* München 1967, 41–67; zitiert: SECKLER, *Der Fortschrittsgedanke.*

578

Literaturverzeichnis

SEMMELROTH, Otto, *Urbild der Kirche. Organischer Aufbau des Mariengeheimnisses*, Würzburg 1950; zitiert: SEMMELROTH, *Urbild der Kirche*.

SEMMELROTH, Otto, *Die Welt als Schöpfung. Zwischen Glauben und Naturwissenschaft*, Frankfurt 1962; zitiert: SEMMELROTH, *Welt*.

SERRES, Michel, *Geleitwort*, in: TESTART, *Das transparente Ei*, 1–14; zitiert: SERRES, *Geleitwort*.

SERTILLANGES, Antonin D., *L'idée de création et ses retentissements en philosophie*, Paris 1945; zitiert: SERTILLANGES, *L'idée de création*.

SIEBEN, Hermann Josef, *Ausgestreckt nach dem, was vor mir ist. Geistliche Texte von Origenes bis Johannes Climacus*, Trier 1998; zitiert: SIEBEN, *Ausgestreckt*.

SMULDERS, Pieter, *Theologie und Evolution. Versuch über Teilhard de Chardin*, Essen 1963; zitiert: SMULDERS, *Theologie und Evolution*.

SÖDING, Thomas (Hg.), *Worum geht es in der Rechtfertigungslehre? Das biblische Fundament der »Gemeinsamen Erklärung« von katholischer Kirche und Lutherischem Weltbund* (= QD 180), Freiburg 1999; zitiert: SÖDING, *Rechtfertigungslehre*.

SÖHNGEN, Gottlieb, *Analogia fidei I. Gottähnlichkeit allein aus Glauben*, in: Cath(M) 3 (1934) 113–136; zitiert: SÖHNGEN, *Analogia fidei I*.

SÖHNGEN, Gottlieb, *Analogia fidei II. Die Einheit in der Glaubenswissenschaft*, in: Cath(M) 3 (1934) 176–208; zitiert: SÖHNGEN, *Analogia fidei II*.

SÖHNGEN, Gottlieb, *Humanität und Christentum*, Essen 1946; zitiert: SÖHNGEN, *Humanität*.

SÖHNGEN, Gottlieb, *Die Einheit in der Theologie. Gesammelte Abhandlungen, Aufsätze, Vorträge*, München 1952; zitiert: SÖHNGEN, *Einheit in der Theologie*; darin:

- *Wissenschaft und Weisheit im augustinischen Gedankengefüge*, 101–106; zitiert: SÖHNGEN, *Wissenschaft und Weisheit*.
- *Analogia entis oder analogia fidei?*, 235–247; zitiert: SÖHNGEN, *Analogia entis oder analogia fidei?*.
- *Natürliche Theologie und Heilsgeschichte*, 248–264; zitiert: SÖHNGEN, *Natürliche Theologie und Heilsgeschichte*.

SÖLL, Georg, *Mariologie* (= HDG 3/4) Freiburg 1978; zitiert: SÖLL, *Mariologie*.

SPAEMANN, Robert / Löw, Reinhard, *Die Frage Wozu? Geschichte und Wiederentdeckung des teleologischen Denkens*, München ³1991; zitiert: SPAEMANN / Löw, *Die Frage Wozu?*.

SPAEMANN, Robert (Hg.), *Evolutionstheorie und menschliches Selbstverständnis. Zur philosophischen Kritik eines Paradigmas moderner Wissenschaft* (= Civitas-Resultate 6) Weinheim 1985; zitiert: SPAEMANN, *Evolutionstheorie*.

SPAEMANN, Robert / Löw, Reinhard / KOSLOWSKI, Peter (Hg.), *Evolutionismus und Christentum* (= Civitas-Resultate 9), Weinheim 1986; zitiert: SPAEMANN / Löw / KOSLOWSKI, *Evolutionismus und Christentum*.

Anhang

SPAEMANN, Robert, *Kommentar,* in: CDF, *Die Unantastbarkeit des menschlichen Lebens,* 67–95; zitiert: SPAEMANN, *Kommentar.*

STANGE, Carl, *Schöpfung und Heilsgeschichte,* in: ZSTh 23 (1954) 89–101; zitiert: STANGE, *Schöpfung und Heilsgeschichte.*

STAUDINGER, Hugo / BEHLER, Wolfgang (Hg.), *Chance und Risiko der Gegenwart. Eine kritische Analyse der wissenschaftlich-technischen Welt,* Paderborn ²1978; zitiert: STAUDINGER / BEHLER, *Chance und Risiko der Gegenwart.*

STÖGER, Alois, *Das Evangelium nach Lukas 2* (= GSL.NT 3/2), Düsseldorf 1966; zitiert: STÖGER, *Das Evangelium nach Lukas 2.*

SUENENS, Léon-Joseph, *Erneuerung und Mächte der Finsternis,* Salzburg 1983; zitiert: SUENENS, *Erneuerung.*

TESTART, Jacques, *Das transparente Ei,* übersetzt von Robert Debotel, Frankfurt 1988; französisches Original: *L'oeuf transparent,* Paris 1986; zitiert: TESTART, *Das transparente Ei.*

TETTAMANZI, Dionigi, *Bambini fabbricati. Fertilizzazione in vitro, embryo transfer* (= Azione pastorale 5), Casale Montferrato 1985; zitiert: TETTAMANZI, *Bambini fabbricati.*

THEOBALD, Michael, *Der Kanon von der Rechtfertigung (Gal 2,16; Röm 3,28) – Eigentum des Paulus oder Gemeingut der Kirche?,* in: SÖDING, *Rechtfertigungslehre,* 131–192; zitiert: THEOBALD, *Rechtfertigung.*

THIELICKE, Helmut, *Der evangelische Glaube I. Prolegomena. Die Beziehung der Theologie zu den Denkformen der Neuzeit,* Tübingen 1968; zitiert: THIELICKE, *Der evangelische Glaube I.*

TRESMONTANT, Claude, *Einführung in das Denken Teilhard de Chardins,* Freiburg 1961; zitiert: TRESMONTANT, *Teilhard de Chardin.*

TRESMONTANT, Claude, *La métaphysique du christianisme et la naissance de la philosophie chrétienne,* Paris 1961; zitiert: TRESMONTANT, *La métaphysique du christianisme.*

UTZ, Arthur-Fridolin / GRONER, Joseph-Fulko (Hg.), *Aufbau und Entfaltung des gesellschaftlichen Lebens. Soziale Summe Pius XII. 2,* Fribourg ²1963; zitiert: UTZ / GRONER, *Aufbau und Entfaltung des gesellschaftlichen Lebens 2.*

VÁLYI NAGY, Ervin, *Was heißt »Wiederkunft Christi«? Dritte Stellungnahme,* in: Paul Schütz (Hg.), *Was heißt »Wiederkunft Christi«? Analysen und Thesen* (= Kirche im Gespräch), Freiburg 1972, 48–65; zitiert: VÁLYI NAGY, *»Wiederkunft Christi«?.*

VAN DE POL, Willem Hendrik, *Das reformatorische Christentum in phänomenologischer Betrachtung,* Einsiedeln / Zürich / Köln 1956; zitiert: VAN DE POL, *Das reformatorische Christentum.*

VOEGELIN, Eric, *Wissenschaft, Politik und Gnosis,* München 1959; zitiert: VOEGELIN, *Wissenschaft, Politik und Gnosis.*

VOLK, Hermann, *Kreatürlichkeit,* in: MThZ 2 (1951) 197–210; zitiert: VOLK, *Kreatürlichkeit.*

Literaturverzeichnis

VOLK, Hermann, *Rezension zu:* BALTHASAR, *Karl Barth,* in: ThRv 50 (1954) 19–27; zitiert: VOLK, *Rezension zu:* BALTHASAR, *Karl Barth.*

VOLK, Hermann, *Schöpfungsglaube und Entwicklung* (= Schriften der Gesellschaft zur Förderung der Westfälischen Wilhelms-Universität zu Münster 33), Münster 1955; zitiert: VOLK, *Schöpfungsglaube und Entwicklung.*

VRIEZEN, Theodorus Christiaan, *Theologie des Alten Testaments in Grundzügen,* Neukirchen 1957; zitiert: VRIEZEN, *Theologie des Alten Testaments.*

WALZ, Angelus, *Thomas von Aquin. Lebensgang und Lebenswerk des Fürsten der Scholastik,* Basel 1953; zitiert: WALZ, *Thomas von Aquin.*

WANKE, Joachim, *Die Emmauserzählung. Eine redaktionsgeschichtliche Untersuchung zu LK 24, 13–35* (= EThSt 31), Leipzig 1973; zitiert: WANKE, *Die Emmauserzählung.*

WASZINK, Jan Hendrik, *Quinti Septimi Florentis Tertulliani. De anima,* Amsterdam 1947; zitiert: ed. Waszink.

WASZINK, Jan Hendrik, Art. Basilides, in: RAC 1 [1950] 1217–1225; zitiert: WASZINK, Art. Basilides.

WEIL, Simone, *Schwerkraft und Gnade,* München [3]1981; zitiert: WEIL, *Schwerkraft und Gnade.*

WEIMER, Ludwig, *Die Lust an Gott und seiner Sache. Oder lassen sich Gnade und Freiheit, Glaube und Vernunft, Erlösung und Befreiung vereinbaren?,* Freiburg [2]1982; zitiert: WEIMER, *Die Lust an Gott.*

WEISER, Artur *Das Buch Hiob* (= ATD 13), Göttingen [8]1988; zitiert: WEISER, *Hiob.*

WEIZSÄCKER, Viktor von, *Am Anfang schuf Gott Himmel und Erde. Grundfragen der Naturphilosophie,* Göttingen 1954; zitiert: WEIZSÄCKER, *Am Anfang schuf Gott.*

WENGST, Klaus (Hg.), *Didache (Apostellehre), Barnabasbrief, Zweiter Klemensbrief, Schrift an Diognet* (= SUC 2), Darmstadt 1984; zitiert: ed. Wengst.

WENNEMER, Karl, *Die heilsgeschichtliche Stellung Marias in johanneischer Sicht,* in: Carl Feckes (Hg.), *Die heilsgeschichtliche Stellvertretung der Menschheit durch Maria. Ehrengabe an die Unbefleckt Empfangene von der Mariologischen Arbeitsgemeinscheinschaft deutscher Theologen dargereicht,* Paderborn 1954, 42–78; zitiert: WENNEMER, *Die heilsgeschichtliche Stellung Marias.*

WESTERMANN, Claus, *Genesis 1–11* (= BKAT 1/1), Neukirchen-Vluyn 1974, [3]1983, zitiert: WESTERMANN, *Genesis.*

WICKERT, Ulrich, *Maria und die Kirche,* in: ThGl 68 (1978) 384–407; zitiert: WICKERT, *Maria und die Kirche.*

WIDENGREN, Geo, *Die Religionen Irans* (= Die Religionen der Menschheit 14), Stuttgart 1965; zitiert: WIDENGREN, *Die Religionen Irans.*

WILCKENS, Ulrich, *Weisheit und Torheit. Eine exegetisch-religionsgeschichtliche Untersuchung zu 1. Kor 1 und 2* (= BHT 26), Tübingen 1959; zitiert: WILCKENS, *Weisheit und Torheit.*

Anhang

WILCKENS, Ulrich, Art. σοφία κτλ. A. Von der griechischen Frühzeit bis zum philosophischen Gebrauch in der Spätantike, in: ThWNT 7 [1964] 465–475; zitiert: WILCKENS, Art. σοφία A.

WILCKENS, Ulrich, Art. σοφία κτλ. C. Judentum, in: ThWNT 7 [1964] 497–510; zitiert: WILCKENS, Art. σοφία C.

WILCKENS, Ulrich, Art. σοφία κτλ. E. Neues Testament, in: ThWNT 7 [1964] 514–526; zitiert: WILCKENS, Art. σοφία E.

WINGREN, Gustaf, *Schöpfung und Gesetz* (= ThÖ 9), Göttingen 1960; zitiert: WINGREN, *Schöpfung und Gesetz.*

WOJTYŁA, Karol, *Zeichen des Widerspruchs. Besinnung auf Christus,* Freiburg 1979; zitiert: WOJTYŁA, *Zeichen des Widerspruchs.*

WRIGHT, George Ernest, Art. Schöpfung II. Im AT, in: RGG^3 5 [1961] 1473–1476; zitiert: WRIGHT, Art. Schöpfung II.

Editorische Hinweise

I. Zur Gesamtausgabe

Die Gesammelten Schriften Joseph Ratzingers (JRGS) verstehen sich als »Ausgabe letzter Hand« des Theologen Joseph Ratzinger in deutscher Sprache. Angezielt ist die möglichst vollständige Präsentation des gedruckten Werkes, ergänzt um bislang ungedruckte oder noch nicht auf Deutsch publizierte Texte in einer systematischen Ordnung, die chronologische und sachliche Gesichtspunkte miteinander verbindet.

Die Monographien Joseph Ratzingers werden in sich unverändert in die Gesammelten Schriften aufgenommen und ergänzt jeweils um weitere thematisch verwandte Texte. Wie vom Autor auch früher vielfach praktiziert, werden den ausdrücklich wissenschaftlichen Texten solche beigefügt, die anderen literarischen Gattungen angehören, wie beispielsweise Lexikonartikel, Buchbesprechungen und schließlich auch Predigten und Meditationen.

Die Aufsatzbände Joseph Ratzingers, die zu bestimmten Etappen des Wirkens des Theologen, Bischofs und Präfekten der Kongregation für die Glaubenslehre thematisch zusammengehörige Beiträge vereinen, werden aufgelöst und die einzelnen Schriften in die neue Systematik eingefügt.

Die Gesammelten Schriften werden eröffnet – hinsichtlich der Bandzählung, nicht unbedingt was den tatsächlichen Zeitpunkt des Erscheinens betrifft – mit den beiden wissenschaftlichen Qualifikationsschriften Joseph Ratzingers: seiner Dissertation über das Kirchenverständnis Augustins und seiner Habilitationsschrift über die Geschichtstheologie und das Offenbarungsverständnis Bonaventuras. Angefügt werden jeweils weitere Studien und Texte zu Augustinus bzw. Bonaventura.

583

Anhang

Band 3 nimmt die Antrittsvorlesung von Professor Ratzinger *Der Gott des Glaubens und der Gott der Philosophen* 1959 in Bonn zum Ausgangspunkt und ordnet ihr alle weiteren Texte im Themenbereich fides et ratio zu. Hierher gehören beispielsweise auch alle Reflexionen über die geistesgeschichtlichen Grundlagen Europas.

Band 4 geht aus von der *Einführung in das Christentum* (1968) und schließt weitere Texte im Themenbereich von Bekenntnis des Glaubens, Taufe, Umkehr, Nachfolge und Christlicher Existenzvollzug an.

Die Bände 5 bis 12 orientieren sich im weitesten Sinne am Themenkanon der Systematischen Theologie.

Band 5 vereint die Texte, die den Traktaten Schöpfungslehre, Anthropologie und Gnadenlehre zuzurechnen sind, wobei die Mariologie als heilsgeschichtlich konkretisierte Gnadenlehre präsentiert wird.

Band 6 stellt, ausgehend von der Jesus-Trilogie *Jesus von Nazareth* (2007, 2011, 2012), die Studien zur Christologie zusammen.

Band 7 und Band 8 decken mit der Ekklesiologie einen weiteren Arbeitsschwerpunkt Joseph Ratzingers ab, wobei Band 7 zunächst alle Texte zur Lehre des Konzils zusammenstellt: die im Zuge der Vorbereitung des Zweiten Vatikanischen Konzils entstandenen, dann aber auch die aus unmittelbarem Erleben geschriebenen Berichte sowie die im Anschluss verfassten Kommentare und nicht zuletzt eine Reihe von Wortmeldungen hinsichtlich der Rezeption der Konzilstexte. Band 8 bringt die ekklesiologischen Arbeiten im engeren Sinne und integriert vor allem auch Joseph Ratzingers Schriften zur Ökumene.

Am Schnittpunkt von Fundamentaltheologie und Dogmatik steht Band 9, der Joseph Ratzingers über den gesamten Zeitraum seines Wirkens entstandene Arbeiten zur Theologischen Erkenntnislehre und Hermeneutik versammelt, insbesondere auch seine Studien zum Schriftverständnis und zur spezifischen Zuordnung von Offenbarung, Tradition, Schrift und Lehramt.

Band 10 nimmt die *Eschatologie* (1977), das einzige von Joseph Ratzinger veröffentlichte dogmatisch-theologische Lehrbuch, zum Ausgangspunkt und ordnet ihm alle weiteren Studien und Texte im Themenbereich Hoffnung, Tod, Auferstehung, Ewiges Leben zu.

Editorische Hinweise

Mit den Bänden 11 und 12 unterstreicht der Autor ausdrücklich weitere Hauptanliegen seines Denkens. Mit der *Theologie der Liturgie* in Band 11, womit der Heilige Vater die Veröffentlichung seiner gesammelten theologischen Schriften eröffnen wollte, stellt er das Gesamtwerk unter das Vorzeichen einer konsequenten Theozentrik. Band 12 versammelt eigens die ansonsten auch in die Ekklesiologie oder Sakramentenlehre zu integrierenden Texte zum geistlichen Dienstamt und präsentiert sie unter dem Titel *Künder des Wortes und Diener eurer Freude.*

Band 13 versammelt Joseph Ratzingers zahlreiche Interviews, sowohl frühe und kürzere wie auch die drei in Buchform erschienenen, wobei das Gespräch mit Vittorio Messori 1984/85 den Anfang machte und die beiden Bücher von und mit Peter Seewald (1996 und 2000) folgten.

Band 14 präsentiert eine möglichst große Auswahl aus dem umfangreichen homiletischen Werk Joseph Ratzingers, wobei auch weniger bekannte und bislang unveröffentlichte Ansprachen und Meditationen Berücksichtigung finden.

Band 15 vereint, ausgehend von Joseph Ratzingers 1997/98 erschienener Autobiographie *Aus meinem Leben,* weitere biographische Texte und Beiträge persönlichen Charakters, beispielsweise die zahlreichen Wortmeldungen in Bezug auf seinen Vorgänger Papst Johannes Paul II., seinen Bruder Georg Ratzinger und viele weitere Ansprachen zu Jubiläen, Würdigungen etc.

Band 16 wird eine vollständige Bibliographie der Werke Joseph Ratzingers in deutscher Sprache bieten sowie ein ausführliches systematisches Register zu allen Bänden, welches das Gesamtwerk in seiner inneren Vernetzung erfasst. Die einzelnen Bände werden jeweils durch ausführliche Inhaltsverzeichnisse sowie Personen- und Schriftstellenregister erschlossen.

Wo immer es möglich war, wurde bei der Titulierung der Bände der JRGS auf in Originalveröffentlichungen bereits verwendete Formulierungen zurückgegriffen.

Binnenverweise auf eigene Texte des Autors werden, soweit es der Stand der Edition jeweils schon zulassen wird, mit einem Hinweis auf den entsprechenden Band und die Seitenzahl der JRGS in eckiger Klammer kenntlich gemacht.

Anhang

Textvorlage ist in aller Regel die jüngste, vom Autor selbst durchgesehene Fassung. Hinweise auf Textvarianten werden nur in den äußerst seltenen Fällen gegeben, in denen sich eine inhaltliche Veränderung zeigt.

Auf Dubletten oder allzu zeitbedingte und situationsabhängige Titel wird auf Wunsch des Autors verzichtet. Diese werden im Rahmen der editorischen Hinweise allerdings einzeln aufgeführt und auch in der als Band 16 geplanten Gesamtbibliographie verzeichnet sein.

Alle Texte, auch die darin angeführten Zitate, sind nach den Regeln der gemäßigten Variante der neuen deutschen Rechtschreibung vereinheitlicht. Endnoten wurden in Fußnoten umgewandelt. Auf die Abkürzung a. a. O. wird grundsätzlich verzichtet.

Einige wenige Tippfehler oder offensichtliche Errata sind stillschweigend korrigiert.

Vorworte des Autors, die sich auf die Angabe von Formalia beschränken und nicht auch bereits inhaltlich bedeutsam sind, werden nicht in das Textkorpus aufgenommen, sondern im Rahmen der Hinweise zur Edition vermerkt.

Die JRGS verwenden folgende Symbole und Schreibweisen:

Hochgestellte Ziffern	Fußnoten des Autors
Hochgestellte Sternchen	Zusätze des Herausgebers
Hochgestellte Kleinbuchstaben	Fußnoten des Herausgebers zur Wiedergabe von Textvarianten des Autors (frühere Textfassungen)
Hochgestellte Kleinbuchstaben in Klammern	Redaktionelle Anmerkungen
Eckige Klammern mit Punkten [...]	Auslassungen des Autors
Kursivdruck	Titel von Büchern und Zeitschriftenartikeln; Hervorhebungen des Autors
Kapitälchen	Familiennamen der Autoren oder Herausgeber; redaktionelle Überschriften
[JRGS 8 ...]	Querverweise innerhalb der Werkausgabe erfolgen durch den Zusatz (Werke, Band, Seite)

586

Editorische Hinweise

II. Zum vorliegenden Band 5

Schöpfungslehre, Anthropologie und Mariologie in den Texten von Joseph Ratzinger werden in Band 5 unter dem Titel *Herkunft und Bestimmung* zusammengestellt und in einer Mischung aus chronologischen und systematischen Erwägungen gegliedert. In den unterschiedlichen Genera wie Monographien, Beiträge in Sammelbänden, Rezensionen, Geleitworte und Predigten spiegelt sich die intensive Beschäftigung des Autors mit den drei Traktaten der systematischen Theologie wider. Die Ordnung der einzelnen Teile folgt der Methodik der Gesamtedition, d.h., wo möglich, wird eine geschlossene Monographie am Anfang des Teils dokumentiert, der Arbeiten zu Einzelaspekten folgen. Auf offenkundige Dubletten und Geleitworte, die sich darauf beschränkten, das Buch lediglich zu empfehlen, ohne eine inhaltliche Auseinandersetzung anzubieten, wurde verzichtet.

Band 5 ist geprägt vom Versuch, drei Traktate der Dogmatik so zu verknüpfen, dass sich darin auch das Anliegen des Autors wiederfinden lässt, der immer wieder auf die innere Verknüpfung der Einzeldisziplinen und Einzeltraktate in der Theologie hingewiesen hat. Zugleich wird durch die Gliederung der Teile A bis C das Spektrum seiner Gedanken zum jeweiligen Themenfeld dokumentiert. So bleiben alle Äußerungen erhalten, obwohl auf zu situationsbezogene und dublettenhafte Wortmeldungen verzichtet wurde.

Sind Texte mehrfach publiziert worden, ist in der Regel die jüngste Drucklegung herangezogen worden. In den Fällen, in denen der Autor das Originalmanuskript dem Institut zur Verfügung gestellt hat, fand dieses als Quelle für JRGS 5 Verwendung. Abdrucke auf der Basis von Tonträgern sind vom Institut erfasst und für die Veröffentlichung geringfügig sprachlich überarbeitet worden, der Duktus des gesprochenen Wortes aber blieb erhalten.

Die Übersetzungen stammen von Dr. Karl Pichler, München, der auch die editorische Arbeit mit Recherchen zu entlegenen Quellenangaben unterstützt hat.

Schöpfung, Mensch und Maria werden in der Theologie von Joseph Ratzinger in ihrer inneren Bezogenheit dargestellt und erläutert. Der Schöpfungsglaube ist die Voraussetzung für die An-

587

Anhang

nahme des Menschen in seiner Geschöpflichkeit, aus der heraus er dann seine eigentliche Bestimmung als Mensch erschließen kann. Eingefügt in eines der Leitthemen der Theologie des Autors, die Verhältnisbestimmung von Glaube und Vernunft, sind die Ausführungen zur Vernunftgemäßheit des Glaubens an einen Schöpfergott und das sich daraus ableitbare Ineinandergreifen von naturwissenschaftlicher und theologischer Erkenntnis der Welt in ihrer Aktualität stets bleibend und für den Disput in der postmetaphysischen Zeit eine Argumentationshilfe. Auch die zentralen Begriffe des Menschen wie Freiheit, Abhängigkeit, Erlösung und Rechtfertigung sind hineingestellt in den großen Zusammenhang von Vernunftgebrauch und Erlösungsbedürftigkeit des Menschen. Der Methode der Edition folgend, finden sich auch Predigten dokumentiert, um die Synthese von Lehre und Verkündigung darzustellen, die ein besonderes Merkmal des wissenschaftlichen und seelsorglichen Denkens und Verkündigens von Joseph Ratzinger ist.

Teil A
Herkunft aus Gottes ewiger Vernunft und Liebe

Im Anfang schuf Gott.
Vier Predigten über Schöpfung und Fall
Konsequenzen des Schöpfungsglaubens

Im Anfang schuf Gott. Vier Predigten über Schöpfung und Fall eröffnet Band 5 der JRGS. Der im Wewel-Verlag ursprünglich erschienene Titel vereinigt die im März 1981 im Münchener Liebfrauendom gehaltenen Fastenpredigten zur Frage nach dem Schöpfungsglauben in seinen Herausforderungen durch die modernen Naturwissenschaften und die anhaltende »Bedrohung des Lebendigen durch das Werk des Menschen«. Der Freiburger Johannes Verlag legte die Ausführungen über Schöpfung und Fall erneut mit einer eigens dafür vom Autor zur Verfügung gestellten *Vorbemerkung zur Neuauflage* 1996 vor und ergänzte die Fastenpredigten mit der Gastvorlesung *Konsequenzen des Schöpfungsglaubens*, die der Autor bei der Thomasfeier der Katholisch-Theo-

588

Editorische Hinweise

logischen Fakultät der Universität Salzburg vom 14. März 1979 gehalten hat. Die Vorlesung wurde vom ORF übertragen und zunächst in den Salzburger Universitätsreden als Band 68 im Anton Pustet Verlag 1980 erstmalig veröffentlicht. Anlässlich der Wahl zum Papst legte der Johannes Verlag 2005 den Band unverändert erneut auf. An dieser Stelle wird als Textgrundlage die jüngste Drucklegung herangezogen. Alle Auflagen sind den »Zuhörern im Münchener Liebfrauendom dankbar zugeeignet«.

Der 2009 von Michael Langer und Karl-Heinz Kronawetter verantwortete Sammelband *Gottes Projekt. Nachdenken über Schöpfung und Kirche*, der die Vorträge von Joseph Ratzinger bei den zweiten St. Georgener Gesprächen im bischöflichen Bildungsheim St. Georgen / Längsee vom 24. bis 28. September 1985 dokumentiert, wurde als Dublette an dieser Stelle nicht aufgenommen. Bei den ersten vier Beiträgen handelt es sich um die Münchener Fastenpredigten von 1981, die lediglich kurz zu Beginn auf den tagesaktuellen Bezug einstimmen.

Schöpfung, Geschöpf und das Heil der Welt

Unter der redaktionell eingefügten Zwischenüberschrift *Schöpfung, Geschöpf und das Heil der Welt* finden sich Einzelbeiträge, Rezensionen und Lexikonartikel zum Thema von Teil A.

Zu Beginn steht der Artikel *Schöpfung* aus Band 9 der zweiten Auflage des LThK aus dem Jahr 1964. Sämtliche Binnenverweise auf weitere Artikel im Lexikon sowie interne Abkürzungen sind der besseren Lesbarkeit wegen aufgelöst worden. JRGS 5 übernimmt den Text unverändert von seiner bisherigen einzigen Veröffentlichung.

Schöpfungsglaube und Evolutionstheorie geht zurück auf eine Sendung im »Süddeutschen Rundfunk«, die nicht näher bestimmbar ist. In *Wer ist das eigentlich – Gott?* kam es zur ersten Drucklegung, die Hans Jürgen Schultz in München 1969 organisierte. Aufnahme fand der Radiobeitrag auch in den vom Autor selbst bearbeiteten Sammelband *Dogma und Verkündigung* 1973. Vor der letzten Veröffentlichung in *Credo für heute. Was Christen glauben*, die Holger Zaborowski und Alwin Letzkus 2006 im Verlag Herder

589

Anhang

in Kooperation mit dem Verlag des Vatikans LEV herausgaben, kam es 1979 in dem von Willi Kraning initiierten Sammelband *»Ich glaube«. Strukturen des Christlichen* im Leipziger St. Benno Verlag zu einer weiteren Dokumentation. Der jeweils unveränderte Neudruck wurde für JRGS 5 aus der jüngsten Fassung übernommen. Der Münchener Verlag Quartino fertigte darüber hinaus 2008 drei Audio-CDs unter dem Stichwort *Schöpfung oder Evolution?* an, die Originalbeiträge verschiedener Autoren aus Produktionen des Südwestrundfunks aus den Jahren 1954 bis 2008 vereinen.

Bislang unveröffentlicht ist die Predigt bei der Morgenandacht im »Haus Ohrbeck« in der Diözese Osnabrück während einer Priestertagung zum Thema »Kirche der Zukunft« vom 18. bis 20. Februar 1974. *Die Arche Noah – Vorausbild der Kirche* lautet der redaktionelle Titel. Die Abschrift erfolgte nach einem Tonbandmitschnitt durch Frau Barbara Krämer und Herrn Dr. Franz-Xaver Heibl, Wissenschaftliche Mitarbeiter im *Institut Papst Benedikt XVI.* Der Charakter des gesprochenen Wortes wurde trotz einer sprachlichen Überarbeitung beibehalten. Die Kassetten wurden uns von Pfarrer Erhard Bögershausen zur Verfügung gestellt.

1959 erschien im »Reallexikon für Antike und Christentum« der Artikel zur *Emanation.* Innerhalb des ausführlichen Textes wurden Binnenverweise und redaktionsinterne Abkürzungen gelöscht. Unverändert werden die Ausführungen an dieser Stelle erstmalig wieder dem Leser zugänglich gemacht.

Für das »Handbuch Theologischer Grundbegriffe« verfasste der Autor 1963 einen Artikel zum Thema *Licht.* Nach der Tilgung der lexikoninternen Abkürzungen und Verweise findet er nun unverändert Aufnahme in JRGS 5.

In der »Theologischen Quartalschrift« setzt sich der Tübinger Professor Joseph Ratzinger 1969 mit den Ausführungen des Naturwissenschaftlers und Orientalisten Karl Hummel auseinander. Das *Nachwort des Theologen* bezieht sich auf die in der gleichen Ausgabe vorgestellten Thesen zur Verhältnisbestimmung von Glaube und Naturwissenschaften, mit besonderem Blick auf den Schöpfungsglauben und die Frage der Evolution. Die Erwiderung des Theologen wird unverändert erstmalig wieder an dieser Stelle publiziert.

590

Editorische Hinweise

Für die »Theologische Revue« rezensierte Joseph Ratzinger im Jahr 1974 das Buch von Christa Jerrentrup-Heide, *Die Menschheit woher – wohin?* Diese, anlässlich des hundertsten Jahrestags der Veröffentlichung von *Die Abstammung des Menschen* von Charles Darwin 1871 vorbereitete Publikation, setzt die Diskussion um evolutive Entwicklung des Lebens und Schöpfungsglaube auf dem Hintergrund des Verhältnisses von Naturwissenschaft und Glaube fort. Die Diskussion wird unverändert, aber unter dem redaktionellen Titel *Die Erbsünde – ein »präkosmisches Geschehen«?* in der Edition vorgelegt.

Evolution als Anfrage an Glaube und Theologie ist das Geleitwort zum ausführlichen Themenband *Evolutionismus und Christentum,* den Robert Spaemann, Reinhard Löw und Peter Koslowski 1986 in Weinheim als Band 9 der Civitas-Resultate Reihe herausgegeben haben, der die Akten des Kongresses »Christlicher Glaube und Evolutionstheorie« im April 1985 in Rom zu Philosophie, Theologie und Evolution vereint. Ausgerichtet wurde das Symposium von der Kongregation für die Glaubenslehre und dem Lehrstuhl I für Philosophie der Ludwig-Maximilians-Universität in München. JRGS 5 dokumentiert erstmalig wieder das jetzt mit einem redaktionellen Titel versehene Geleitwort des Präfekten der Kongregation für die Glaubenslehre.

»Die Vermittlung des Epiphanie-Begriffs« ist die redaktionelle Überschrift zur Rezension des Buches von Heinz Robert Schlette, *Epiphanie als Geschichte,* die Prof. Joseph Ratzinger 1967 für die »Theologische Revue« verfasste. Die kritisch-würdigenden Überlegungen zum Entwurf Schlettes zur Heilsgeschichte, zu Epiphanie als Kosmos und zur Offenbarung werden unverändert aufgenommen in JRGS 5.

Die *Gedanken zu den Versuchungen Jesu (Mk 1, 12f. par.)* dienen als redaktioneller Untertitel für die Betrachtungen des Autors für die Bistumsblätter der (Erz-)bistümer Aachen, Bamberg, München und Freising, Passau, Regensburg, Rottenburg und Speyer aus dem Jahr 1973, die ihn leicht irreführend überschrieben haben mit *Abschied vom Teufel? Die Macht der Dämonen in den Abgründen der modernen Existenz.* Der Haupttitel *Abschied vom Teufel?* ist *Dogma und Verkündigung* entnommen und ist zugleich ein kritischer Diskussionsbeitrag zum Buch von Herbert

Anhang

Haag *Abschied vom Teufel,* das 1969 erschienen ist. Die Ausführungen zum theologischen und naturwissenschaftlichen Weltbild im Koordinatensystem der Moderne und im Blick auf biblische und theologiegeschichtliche Erkenntnisse finden sich erstmals wieder in JRGS 5. Auszüge wurden ebenfalls unter den Stichworten *Dämonen* und *Teufel? – Die Macht des »Zwischen«* zuvor in *Der Glaube der Kirche* veröffentlicht, einer Stichwortsammlung aus Texten von Joseph Ratzinger / Benedikt XVI., die für die Deutsche Bischofskonferenz vom *Institut Papst Benedikt XVI.* im Jahr 2011 anlässlich des Pastoralbesuches des Papstes in Deutschland zusammengestellt und von Erzbischof Robert Zollitsch herausgegeben wurde. 2014 erfolgte im Verlag Herder davon eine erweiterte Fassung als *Kleines ABC des Glaubens.*

Der Stärkere und der Starke (Mk 3, 27). Zum Problem der Mächte des Bösen in der Sicht des christlichen Glaubens wurde am 21. März 1977 im »Bayerischen Rundfunk« ausgestrahlt und im gleichen Jahr in die Textsammlung von Manfred Adler, Corrado Balducci, Hans Bender, Katharina Elliger, Heinz-Joachim Fischer, Herbert Haag, Karl Rahner, Andreas Resch und Adolf Rodewyk *Tod und Teufel in Klingenberg. Eine Dokumentation* aufgenommen. Joseph Ratzinger bezieht sich jedoch ausschließlich auf die grundsätzliche Frage nach der Existenz und Bedeutung negativer Mächte in der Sicht christlicher Überlieferung, wie er ausführlich in den Fußnoten schreibt. Darin verweist er auch darauf, dass das Manuskript für eine Tagung beim Katholischen Bildungswerk Linz am 28. April 1975 unter dem Titel *Das theologische Problem des Bösen* Verwendung fand, die bereits vor den Ereignissen in Klingenberg stattgefunden hat.

Für das in Salzburg 1983 erschienene Buch des belgischen Kardinals Léon-Joseph Suenens (1904–1996), *Erneuerung und Mächte der Finsternis* steuerte der damalige Präfekt der Kongregation für die Glaubenslehre, Joseph Kardinal Ratzinger, ein kurzes Vorwort bei, in dem er für eine ausgewogene, am gemeinsamen Glauben der Kirche orientierte Verknüpfung von persönlicher Erfahrung und dogmatischer Gewissheit plädiert. In JRGS 5 wird der Text unter dem redaktionellen Titel *Christliche Freiheit und Zuversicht* erstmalig wieder zugänglich.

592

Editorische Hinweise

Teil B
Der geschaffene Mensch als Gottes Bild

Die Sendung des Menschen in der Welt

Die folgenden Schriften und Predigten zur Anthropologie werden in drei thematischen Abteilungen vorgestellt. Als Verbindungsglied zum Teil A mit der Entfaltung der Schöpfungslehre ist konsequent verbunden die Reflexion zur Sendung und zum Gesandtsein des Menschen in der Welt in seinem Geschaffensein. Mit *Was ist der Mensch?* hebt somit Teil B mit der fundamentalen Frage nach der existentiellen Bestimmung des Menschen an. Die Quelle ist ein sich im Archiv des Instituts befindlicher Tonträger, der von Prof. Vinzenz Pfnür (1937–2012), Wissenschaftlicher Mitarbeiter von Prof. Joseph Ratzinger in Münster und langjähriger Herausgeber der »Theologischen Revue« (1971–1995) sowie Professor für Kirchengeschichte und ihre Didaktik in Münster (1976–2002) vermittelt wurde. Nach Auskunft von Prof. Siegfried Wiedenhofer (1941–2015), der von 1966 bis 1977 Assistent bei Prof. Ratzinger gewesen ist, handelt es sich um einen Vortrag aus der Zeit in Tübingen zwischen 1966 und 1969. Genauere Details konnten bisher nicht ermittelt werden. Die Ersterfassung wurde von Frau Jutta Gerardy, Trier, vorgenommen, der eine geringfügige Bearbeitung und das Einfügen von Zwischenüberschriften durch Rudolf Voderholzer, damals Professor für Dogmatik und Dogmengeschichte in Trier, folgten. Zur Erstveröffentlichung kam es in den »Mitteilungen. Institut Papst Benedikt XVI.« 2008. Für JRGS 5 wurde ein erneuter Abgleich mit dem Tondokument und eine geringfügige Überarbeitung unter Beibehaltung des Vortragsstiles vorgenommen.

Für die Sammlung kirchlicher Lehrtexte über Ehe und Familie, die das Institut für Familienwissenschaften der Universität Navarra zusammen mit dem Römischen Institut Johannes Paul II. für Ehe und Familie 1992 in den Bänden des *Enchiridion Familiae* vorgelegt hat, verfasste der damalige Präfekt der Kongregation für die Glaubenslehre, Joseph Kardinal Ratzinger, im Jahr 1990 ein Geleitwort mit Gedanken zur christlichen Familie als Wohnstatt Gottes, das in JRGS 5 mit der redaktionellen Überschrift

Anhang

»*Sorge um das Menschsein des Menschen*« dokumentiert wird. In der Erstveröffentlichung findet sich ebenfalls eine spanische Version des Textes.

1994 ehrte der Autor das Buch *Lieben und Leiden. Betrachtungen im Geiste des hl. Paul vom Kreuz* seines Schülers Martin Bialas mit einem Geleitwort, das, für JRGS 5 mit dem redaktionellen Titel *Die Schule des guten Lebens* versehen, zentrale Aspekte der Veröffentlichung aufgreift.

Aufruf zu einer menschlichen Gesellschaft ist ein Beitrag für *Christ in Staat und Wirtschaft. Mitteilungen der Werkgemeinschaften (Soziales Seminar München)*, der im Mai 1980 erschienen ist. Der unveränderte erneute Abdruck der Reflexionen zur christlichen Soziallehre im Anschluss an Papst Leo XIII. in »Deutsche Tagespost« ist die Vorlage für die Drucklegung in JRGS 5.

Papst Johannes Paul II. veröffentlichte am 22. November 1981 das Apostolische Schreiben *Familiares consortio* über die Aufgaben der christlichen Familie in der Welt von heute. Auf Bitten der Redaktion des »Osservatore Romano« kommentierte der Präfekt der Kongregation für die Glaubenslehre für die Ausgabe vom 18. Juni 1982 das päpstliche Schreiben mit zentralen Ausführungen zur christlichen *Ehe und Familie im Plan Gottes*. Intern erfolgte bereits im Januar 1982 ein Abdruck in der »Münchener Ordinariatskorrespondenz«.

Der Verlag Herder, Freiburg, besorgte eine Dokumentation des Apostolischen Schreibens *Mulieris dignitatem* vom 15. August 1988 über die Würde und Berufung der Frau anlässlich des Marianischen Jahres unter dem Titel *Die Zeit der Frau*. Neben dem Kommentar von Elisabeth Gössmann ist eine ausführliche Hinführung des Präfekten der Kongregation für die Glaubenslehre, Joseph Kardinal Ratzinger, die zentrale Analyse des päpstlichen Schreibens. Sie wird in JRGS 5 unter dem Originaltitel *Die Frau, Hüterin des Menschen* erstmalig wieder dem Leser zur Verfügung gestellt.

Bei dem in *Theologische Prinzipienlehre* 1982 unter dem Stichwort »Das anthropologische Bezugsfeld« eingeordneten Titel *Die Gabe der Weisheit* handelt es sich ursprünglich um einen am 19. Mai 1977 ausgestrahlten Beitrag im »Bayerischen Rundfunk«. Dieser fand Aufnahme in der von Wilhelm Sandfuchs organisier-

594

Editorische Hinweise

ten Sammlung von acht Betrachtungen zu den Gaben des Geistes, die im selben Jahr in Würzburg herausgegeben wurde. Neben Karl Lehmann, Hans Urs von Balthasar und Walter Kasper u. a. sind Joseph Ratzingers Gedanken zur messianischen Gabe des Geistes an den Menschen auch eine Antwort auf die Suche nach der eigenen Identität als Mensch.

Redaktionell betitelt mit *Freiheit als zentrale Wirklichkeit* ist das Vorwort (Prólogo) für das von Fernando Ocáriz veröffentlichte Werk *Naturaleza, gracia y gloria*, das 2000 und in zweiter Auflage im Folgejahr in Pamplona erschienen ist. Das Vorwort wurde bereits 1999 verfasst und datiert. Im Jahr 2003 erfolgte die italienische Publikation unter dem Titel *Natura, grazia e gloria*. Für JRGS 5 wird das Vorwort mit den Erläuterungen zu den übernatürlich-trinitarischen Aspekten der christlichen Anthropologie als deutsche Erstveröffentlichung in der Übersetzung aus dem spanischen Original und nach einem Abgleich mit der italienischen Version von Dr. Karl Pichler, München, vorgestellt.

Grundfragen des Menschseins

Ebenfalls von Dr. Karl Pichler stammt die Übersetzung des Vortrages »... *ecce homo*« vom 19. Dezember 1987 anlässlich der Tagung »Il diritto alla vita e l'Europa« am Istituto Patristico Augustinianum in Rom, der unter dem redaktionell gewählten Titel *»Seht, das ist der Mensch« (Joh 19, 5)* in JRGS 5 an dieser Stelle mit seinen fundamentalen Äußerungen zur Unverfügbarkeit und Würde des menschlichen Lebens eingeordnet wird. Nach zwei italienischen Veröffentlichungen in den Kongressakten und in der Zeitschrift »Il Sabato« wurden Auszüge in der deutschen Ausgabe des »Osservatore Romano« im Januar 1988 zur Verfügung gestellt. 2005 erschien der Beitrag nochmals in *L'Europa de Benedetto nella crisi delle culture*. In JRGS 5 liegt eine vollständige deutsche Erstveröffentlichung vor.

Der Mensch zwischen Reproduktion und Schöpfung ist die Rede im Rahmen der 900-Jahr-Feier der Universität Bologna am 20. April 1988, die in einer leicht veränderten Fassung erneut vorgetragen wurde am 23. Oktober 1988 anlässlich der Verleihung

595

Anhang

der Ehrendoktorwürde der katholischen Universität Lublin. Zu einer ersten Drucklegung kam es in der »Internationalen Katholischen Zeitschrift Communio« im Folgejahr und 1990 zu einer weiteren, in dem von Reinhard Löw in Köln herausgegebenen Sammelband *Bioethik. Philosophisch-theologische Beiträge zu einem brisanten Thema.* Die *theologischen Fragen zum Ursprung des menschlichen Lebens,* so der Untertitel, beschäftigen sich ausführlich mit der Verhältnisbestimmung von Naturwissenschaft und Glaube mit Blick auf die Entstehung des Lebens und reagieren auf die Evolutionslehre ebenso, wie auf die unterschiedlichen Methoden der Naturwissenschaften und der Theologie, um bleibende Unterschiede wie mögliche Überschneidungen zu benennen. JRGS 5 greift für die Einordnung an dieser Stelle auf die erste Drucklegung zurück.

Der fundamentale Beitrag zu ethischen und moralischen Grundsätzen hinsichtlich Forschung und Technik, der zunächst in Heft 5 »Christliches Krankenhaus« des 31. Jahrgangs der »Ordensnachrichten« 1992 erschien, wird unter dem Originaltitel *Der Mensch – Objekt oder Person? Christliche Erwägungen zu Fragen der Bioethik* erneut angeboten. Die Erstveröffentlichung des Vortrags auf der Tagung des »Comitato di bioetica dell'IDI« (Istituto Dermopatico dell'Immacolata) am 25. Juni 1991 erfolgte in italienischer Sprache in »La civiltà cattolica« 1991. Nach einer weiteren, fast zeitgleichen Veröffentlichung auf Englisch in »Dolentium Hominum«, wird der Redebeitrag an dieser Stelle in JRGS 5 eingeordnet.

Jeder Mensch ist ein Ebenbild Gottes ist das Eröffnungsreferat des »Internationalen Medizinerkongresses« im Vatikan im Dezember 1996, das erstmals in »Deutsche Tagespost« im März des darauffolgenden Jahres dokumentiert worden ist. Die Ursprungsveröffentlichung findet sich in »Dolentium hominum« 1997 unter dem Titel *The likeness of God in the Human Being.* Der »Osservatore Romano« lieferte in seiner deutschen Ausgabe noch im Jahr des Kongresses einen ausführlichen Bericht. JRGS 5 greift auf die bisher einzige deutsche Publikation zurück. Das Epiphanius-Zitat in der Anmerkung 1 wurde aus dem Französischen von Dr. Karl Pichler, München, für die deutschen Leser übersetzt und mit einer gängigen Ausgabe belegt.

596

Editorische Hinweise

Heilung der wahren Wunde der Menschheit ist das redaktionell betitelte Vorwort zu Javier Lozano Barragáns Studie *Teología y medicina*, die 2000 in Kolumbien, ein Jahr später in einer italienischen Fassung in Bologna erschien. Die Übersetzung aus dem spanischen Original fertigte Dr. Karl Pichler, München, für das Institut an. Mit dieser deutschen Erstveröffentlichung legt der Autor fundamentale Aspekte des Themenfeldes ganzheitliche Heilung und Verkündigung vor.

Unter dem redaktionellen Titel *Nur wer Gott kennt, findet den Menschen* wird die Predigt im Freisinger Mariendom anlässlich des Korbiniansfestes der Jugend am 12. November 1978 präsentiert. Die einzig bisherige Verschriftlichung derselbigen – unter dem Titel »*Was ist der Mensch?*« – fand sich in der internen Informationsreihe der »Münchener Ordinariatskorrespondenz«. Erstmals einer breiten Leserschaft wird der Wortlaut zur Verfügung gestellt in JRGS 5.

Bei der Morgenandacht im Rahmen der Priestertagung »Kirche der Zukunft« im »Haus Ohrbeck« in der Diözese Osnabrück hielt Prof. Joseph Ratzinger am 20. Februar 1974 die Predigt *Taufe – Heilung unserer Blindheit*. Quelle dieser Erstveröffentlichung unter redaktionellem Titel ist ein Tonbandmitschnitt, der dem Institut von Pfarrer Erhard Bögershausen zur Verfügung gestellt wurde. Die (wegen seiner schlechten Tonqualität schwierige) Abschrift erfolgte durch Frau Barbara Krämer, Wissenschaftliche Mitarbeiterin im Institut. Für bessere Lesbarkeit wurde eine leichte Überarbeitung vorgenommen, der Duktus des gesprochenen Wortes aber beibehalten.

Gnade und Rechtfertigung

Unter der Zwischenüberschrift *Gnade und Rechtfertigung* sind Artikel, Geleitworte und Rezensionen zur einschlägigen Literatur eingeordnet.

Mit seinem Beitrag zur von ihm und Heinrich Fries herausgegebenen Festschrift *Einsicht und Glaube* zu Ehren seines akademischen Lehrers Gottlieb Söhngen zum 70. Geburtstag erläutert Joseph Ratzinger 1962 das scholastische Axiom *Gratia*

Anhang

praesupponit naturam. Mit einer abweichenden kurzen Vorbemerkung fand der Artikel erneut Aufnahme in *Dogma und Verkündigung* 1973, aus dem auch die Version für JRGS 5 – nach einem Abgleich mit der Festschrift – entnommen ist.

Die »Gemeinsame Erklärung zur Rechtfertigungslehre«, die 1999 unterzeichnet wurde, hatte bereits im Vorfeld der Berichterstattung zu ausführlichen Stellungnahmen und Diskussionen geführt.

Wie weit trägt der Konsens über die Rechtfertigungslehre? ist die leicht überarbeitete Fassung des Vortrags vom 4. November 1999 in Duisburg-Hamborn bei dem traditionellen »Brudermahl des ökumenischen Gesprächskreises«, der im Folgejahr in der »Internationalen Katholischen Zeitschrift Communio« erstmals dokumentiert wurde und in JRGS unverändert Eingang gefunden hat.

Für die Veröffentlichung von Ludwig Weimer, *Die Lust an Gott und seiner Sache oder: Lassen sich Gnade und Freiheit, Glaube und Vernunft, Erlösung und Befreiung vereinbaren?*, die 1981 erstmalig erschien, verfasste Joseph Ratzinger ein kurzes Geleitwort, in dem er die inhaltlichen Bezüge herausstellte. Der darin ohne Titel vorangestellte und hier unverändert aufgenommene Text wird für JRGS 5 redaktionell überschrieben mit *Die Freiheit Gottes und die Macht der Gnade.* Zu einer weiteren Veröffentlichung kam es in dem von Traudl Wallbrecher, Ludwig Weimer und Arnold Stötzel herausgegebenen Werk *30 Jahre Wegbegleitung. Joseph Ratzinger / Papst Benedikt XVI. und die Katholische Integrierte Gemeinde,* das 2006 im Verlag Urfeld erschienen ist.

Die ausführliche Rezension *Erich Przywaras Alterswerk* ist in der Zeitschrift »Wort und Wahrheit« dessen Buch *Alter und Neuer Bund. Theologie der Stunde* gewidmet. Erstmalig werden die Reflexionen zur *analogia entis* und *analogia fidei* an dieser Stelle wieder zur Verfügung gestellt.

Es folgen zwei aussagekräftige Besprechungen zu Hans Küngs Buch *Rechtfertigung. Die Lehre Karl Barths und eine katholische Besinnung,* das 1957 in Einsiedeln erschienen ist. Die erste aus dem Erscheinungsjahr des Buches in »Wort und Wahrheit« trägt den Titel *Karl Barth und der katholische Glaube.* Die zweite, ausführlichere, aus dem Jahr 1958 entstammt der »Theologischen Revue« und untermauert – unter der redaktionellen Überschrift

Editorische Hinweise

Rechtfertigungslehre und Christologie – die Notwendigkeit, die Rechtfertigungslehre in den gesamten Kontext der theologischen Traktate, insbesondere in einen engen Bezug zur Christologie zu stellen. Beide Texte werden in JRGS 5 erstmalig nach über 60 Jahren wieder als Diskussionsbeitrag zu Rechtfertigung und Gnade zur Verfügung gestellt.

Teil C
Maria als typologische und personale Vorwegnahme der Vollendung in der Gnade

Die Tochter Zion.
Betrachtungen über den Marienglauben der Kirche

Kurz vor seiner Ernennung zum Erzbischof von München und Freising 1977 führte Joseph Ratzinger drei Vorträge, die er in Puchberg bei Linz 1975 gehalten hatte, zu dem Band *Die Tochter Zion. Betrachtungen über den Marienglauben der Kirche* zusammen. Auf Bitten von Hans Urs von Balthasar, wie der Autor in seinem mit »Pentling, am Fest Christi Himmelfahrt 1977« datierten *Vorwort*, schreibt, kam es dann zu einer Veröffentlichung im Johannes Verlag Einsiedeln. Bis zum Jahr 2007 erfuhr es insgesamt jeweils unveränderte Neuauflagen und Übersetzungen in verschiedene Sprachen. Die beiden Kapitel *Der biblische Ort der Mariologie* und *Der Marienglaube der Kirche* bilden die Vorträge ab. JRGS 5 übernimmt unverändert die Struktur und die Texte an dieser Stelle.

Biblische und systematische Aspekte der Mariologie

»Du bist voll der Gnade«. Elemente biblischer Marienfrömmigkeit ist der Vortrag aus Anlass des Marianischen Jahres vor Priestern und pastoralen Mitarbeitern im italienischen Wallfahrtsort Loreto am 7. März 1988. Erstmalig dokumentiert wurde er in der »Internationalen Katholischen Zeitschrift Communio« noch im gleichen Jahr. 1992 folgte die Aufnahme in den vom Autor in Zusammen-

Anhang

arbeit mit Peter Henrici in Köln herausgegebenen Sammelband *Credo. Ein theologisches Lesebuch,* dem sich ein erneuter Abdruck in *Maria – Kirche im Ursprung,* das er gemeinsam mit Hans Urs von Balthasar 1980 mit unveränderten Neuauflagen bis 1985 verantwortete, anschloss. Bei der vierten Auflage 1997 und einer weiteren 2005 im Johannes Verlag wurde eine leicht erweiterte Fassung vorgelegt. Der Band wurde in zahlreiche Sprachen übersetzt. Eine vorläufig letzte Publikation erfolge durch Holger Zaborowski und Alwin Letzkus in der Anthologie *Credo für heute. Was Christen glauben* 2006 in Freiburg, die für den Wiederabdruck in JRGS 5 herangezogen wurde.

Erwägungen zur Stellung von Mariologie und Marienfrömmigkeit im Ganzen von Glaube und Theologie ist das Referat auf der Frühjahrsvollversammlung der Deutschen Bischofskonferenz in Stapelfeld / Cloppenburg vom 5. bis 8. März 1979. Dort hielt der Erzbischof von München und Freising auch die in JRGS 14, 1271–1280 dokumentierte Predigt *»Mein Wort kehrt nicht erfolglos zu mir zurück!«.* Der Vortrag fand Aufnahme in das »Hirtenwort der deutschen Bischöfe« *Maria, Mutter des Herrn,* das vom Sekretariat der Deutschen Bischofskonferenz 1979 in Bonn herausgegeben wurde. In der bereits erwähnten Veröffentlichung mit Hans Urs von Balthasar *Maria – Kirche im Ursprung* wurde eine leicht erweiterte Fassung 1997 verantwortet. Im »Theologischen Jahrbuch Leipzig« und in einer Sonderbeilage der Zeitschrift »Theologisches« kam es 1983 und 1985 zu weiteren Dokumentationen.

Das Zeichen der Frau ist der *Versuch einer Hinführung zur Enzyklika »Redemptoris Mater«* von Papst Johannes Paul II. vom 25. März 1987, der im Freiburger Verlag Herder im Jahr des Erscheinens des päpstlichen Schreibens in *Papst Johannes Paul II., Maria – Gottes Ja zum Menschen. Enzyklika »Mutter des Erlösers«* erschienen ist.

Für die »Theologische Revue« verfasste Joseph Ratzinger 1965 eine ausführliche Sammelrezension zu René Laurentin, *La question mariale* (Paris 1963), Josephus A. de Aldama, *De questione mariali in hodierna vita Ecclesiae* (Rom 1964), Gabriele M. Roschini, *La cosiddetta »questione Mariana«* (Vicenza 1963) und Paulus Rusch, *Mariologische Wertungen* (1963). Überschrieben mit *Das Problem der Mariologie. Überlegungen zu einigen Neu-*

600

Editorische Hinweise

erscheinungen wird die Auseinandersetzung mit unterschiedlichen Ansätzen an dieser Stelle erstmals wieder dem Leser zugänglich gemacht.

Für das Buchprojekt *Maria, die Mutter Jesu im Neuen Testament* seines ehemaligen Kollegen an der Regensburger Katholisch-Theologischen Fakultät, Prof. Franz Mußner, steuerte der Autor ein umfangreiches Geleitwort bei. Der mit »Rom, Allerheiligen 1993« gezeichnete Text ist in JRGS 5 redaktionell mit »*Entwicklung hebt Identität nicht auf*« betitelt. Bereits 1994 kam es zu einer weiteren Publikation in »Bote von Fatima«.

Wieder eine Buchbesprechung ist *Eine Theologie über Fatima*, die in der »Münchener Theologischen Zeitschrift« 1961 veröffentlicht wurde. Der Autor setzt sich mit der Veröffentlichung von Virgil Marion, *Eine Theologie über Fatima. Versuch einer Sinndeutung der Sühneforderung Marias*, auseinander, die ein Jahr zuvor in Innsbruck publiziert wurde.

Kommentar zum Geheimnis von Fatima entstammt der von der Kongregation für die Glaubenslehre veranlassten Publikation *Die Botschaft von Fatima*, die im Rahmen der »Verlautbarungen des Apostolischen Stuhls« 2000 erschienen ist. Unter demselben Titel erfolgten im gleichen Jahr Abdrucke in der deutschen Ausgabe des »Osservatore Romano«, in der Monatszeitschrift »30Tage«, in »Bote von Fatima« sowie in Auszügen im »Klerusblatt«. Eine erste Veröffentlichung findet sich unter der abweichenden Überschrift »*Schauungen sind nie die reine Fotografie des Jenseits*« in der Zeitung »Die Tagespost« vom 27. Juni 2000. Bereits in der italienischen Ausgabe des »Osservatore Romano« vom 26. / 27. Juni 2000 findet sich unter dem Titel *L'intervento del Cardinale Joseph Ratzinger* ein Auszug des Kommentars, der im Pressesaal des Vatikans (Sala Stampa) zur Vorstellung des Dritten Geheimnisses von Fatima vorgetragen wurde. Die Reflexion zum theologischen Ort von öffentlichen und privaten Offenbarungen mit Blick auf die anthropologische Struktur von Offenbarung wurde in der Folgezeit in zahlreiche Sprachen übersetzt.

Bei der internationalen Jubiläumswallfahrt nach Fatima predigte am 13. Oktober 1996 der Präfekt der Kongregation für die Glaubenslehre. Für JRGS 5 wurde die Version aus dem »Bote von Fatima« 1996 mit der Überschrift *Maria zeigt uns, worauf es an-*

Anhang

kommt übernommen, die mit dem Originalmanuskript des Autors abgeglichen wurde. Erneut dokumentiert in »Die Tagespost« im Folgejahr und in »idu Maria Roggendorf« (Informationsdienst zu Ehren der Unbefleckten Gottesmutter Maria) im Dezember 1996 mit dem abweichenden Titel *Die Mutter des Herrn zeigt uns den Weg zum Glauben.* Die jüngste Drucklegung erfolgte mit geringfügigen Abweichungen und mit der abweichenden Überschrift »*Was er euch sagt, das tut*« in Joseph Ratzinger, *Der Weg des Lebens. Predigten im Kirchenjahr,* das von Manuel Schlögl in zweiter Auflage 2017 vorgelegt wurde.

Mit der Predigt unter der redaktionellen Überschrift »*Gott hat die Schöpfung nicht aus der Hand gelassen*« zur Eröffnung des 17. Marianischen und 10. Mariologischen Weltkongresses am 11. September 1987 in der Marienbasilika in Kevelaer und mit einem Gebet schließt JRGS 5. Basis der Dokumentation ist das Originalmanuskript des Autors. Eine Veröffentlichung der Predigt unter dem abweichenden Titel *Nicht unmöglich ist es für Gott, in seiner Schöpfung zu handeln* findet sich in *Maria, Mater Fidelium, Mutter der Glaubenden. Nachlese zum 17. Marianischen und 10. Mariologischen Weltkongress in Kevelaer vom 11. bis 20. 9. 1987,* die von der Wallfahrtsleitung 1988 herausgegeben worden ist. Weitere Drucklegungen erfolgten in der Dokumentation des Rahmenprogramms, die German Rovira im Auftrag des Internationalen Mariologischen Arbeitskreises unter dem Titel *Maria, Mutter der Glaubenden* 1989 verantwortete. Die jüngste Dokumentation findet sich in der ebenfalls von der Wallfahrtsdirektion organisierten Veröffentlichung *Marienpilger in Kevelaer – Nachfolger im Petrusamt* 2005.

An dieser Stelle der Editorischen Hinweise sei darauf aufmerksam gemacht, dass die Marienpredigten von Joseph Ratzinger bereits in JRGS 14 aufgenommen worden sind. Um den Charakter eines geistlichen Begleiters durch das Kirchenjahr mit seinen Festen und Hochfesten, geprägten Zeiten und seinen Gedenktagen und Heiligenfesten zu bewahren, wurden in den Band *Predigten. Homilien – Ansprachen – Meditationen* der »Joseph Ratzinger Gesammelte Schriften« die Marienpredigten abgedruckt. Die beiden Bände sind, hinsichtlich der mariologischen Aussagen, somit aufeinander bezogen.

Editorische Hinweise

Am Ende ist es mir als Herausgeber eine Freude, den Dank gegenüber allen die am Entstehen dieses Bandes der »Joseph Ratzinger Gesammelte Schriften« mitgewirkt haben, auszusprechen.

Allen voran seien die Mitarbeiterinnen und Mitarbeiter des Institut Papst Benedikt XVI. in Regensburg genannt. Für die konzeptionelle Arbeit, die Textrecherche, die editorischen Arbeiten und die Erstellung des Manuskripts unter der Leitung von Herrn Dr. Christian Schaller danke ich aufrichtig den wissenschaftlichen Mitarbeiterinnen und Mitarbeitern Frau Lic. iur. can., Dipl. Theol. Barbara Krämer, der Theologin Frau Tanja Constien und Herrn Dr. Franz-Xaver Heibl. Die bibliothekarische und archivarische Unterstützung erfolgte durch Frau Dr. Katharina del Bianco und Herrn Hans Christian Bauer, M.A. Für die allgemeine Organisation durch das Sekretariat danke ich Frau Gerlinde Frischeisen für ihren engagierten Einsatz.

Für die notwendigen Übersetzungsarbeiten sei Herr Dr. Karl Pichler, München, genannt. Für die Zusammenarbeit mit dem Verlag Herder steht Herr Dr. Stephan Weber, der das Projekt bis zur Drucklegung umsichtig betreut hat. Herrn Dr. Alwin Letzkus danke ich für Durchführung der Korrekturarbeiten.

Dankbar bin ich ebenfalls H. H. Erzbischof Dr. Georg Gänswein, Präfekt des Päpstlichen Hauses und Privatsekretär von Papst em. Benedikt XVI., und Sr. Birgit Wansing, Rom, die für eine ungehinderte Kontaktaufnahme mit dem Autor stehen.

Das Kuratorium des Instituts und alle, die durch Anregungen und Hilfestellungen ihren Beitrag zur Entstehung dieses Bandes beigetragen haben, seien herzlich bedankt.

Bibliographische Nachweise[1]

Teil A
Herkunft aus Gottes ewiger Vernunft und Liebe

Im Anfang schuf Gott.
Vier Predigten über Schöpfung und Fall
Konsequenzen des Schöpfungsglaubens

Vorwort, in: Joseph Ratzinger, Im Anfang schuf Gott. Vier Predigten über Schöpfung und Fall – Konsequenzen des Schöpfungsglaubens, Einsiedeln 1996 / ²2005 (mit Vorbemerkung zur
Neuauflage, Rom, am Fest Peter und Paul 1996), 9 f.; zuvor in:
Joseph Ratzinger, Im Anfang schuf Gott. Vier Münchener Fastenpredigten über Schöpfung und Fall, München 1986, 9; 60 f.
[A_057]

Vorbemerkung zur Neuauflage, in: Joseph Ratzinger, Im Anfang
schuf Gott. Vier Predigten über Schöpfung und Fall – Konsequenzen des Schöpfungsglaubens, Einsiedeln 1996 / ²2005
(mit Vorbemerkung zur Neuauflage, Rom, am Fest Peter und
Paul 1996), 11. [A_057]

---

[1] Die in eckigen Klammern beigefügten Signaturen beziehen sich auf: Joseph
Ratzinger / Papst Benedikt XVI., *Das Werk. Bibliographisches Hilfsmittel zur
Erschließung des literarisch-theologischen Werkes von Joseph Ratzinger bis zur
Papstwahl,* herausgegeben vom Schülerkreis, Redaktion: Vinzenz Pfnür, Augsburg 2009. Dort findet sich neben den kompletten bibliographischen Angaben
auch die Auflistung sämtlicher bislang erschienener Übersetzungen sowie ge-
gebenenfalls Rezensionen oder Internetadressen bei zusätzlicher Online-Publi-
kation. Die Abkürzung u. d. T. besagt »unter dem Titel«; o. T. bedeutet »ohne
Titel«. Als erste bibliographische Angabe nach dem Titel wird die jeweilige
Textgrundlage für JRGS genannt. Daran schließt sich der Hinweis auf die Erstveröffentlichung an.

Bibliographische Nachweise

Gott der Schöpfer. 1. Fastenpredigt, München, 8. März 1981, in: Joseph Ratzinger, Im Anfang schuf Gott. Vier Predigten über Schöpfung und Fall – Konsequenzen des Schöpfungsglaubens, Einsiedeln 1996 / ²2005 (mit Vorbemerkung zur Neuauflage, Rom, am Fest Peter und Paul 1996), 13–27; zuvor in: Joseph Ratzinger, Im Anfang schuf Gott. Vier Münchener Fastenpredigten über Schöpfung und Fall, München 1986, 11–21; 61. [A_057]

Der Sinn der biblischen Schöpfungsberichte. 2. Fastenpredigt, München, 15. März 1981, in: Joseph Ratzinger, Im Anfang schuf Gott. Vier Predigten über Schöpfung und Fall – Konsequenzen des Schöpfungsglaubens, Einsiedeln 1996 / ²2005 (mit Vorbemerkung zur Neuauflage, Rom, am Fest Peter und Paul 1996), 29–44; zuvor in: Joseph Ratzinger, Im Anfang schuf Gott. Vier Münchener Fastenpredigten über Schöpfung und Fall, München 1986, 23–35; 61 f. [A_057]

Die Erschaffung des Menschen. 3. Fastenpredigt, München, 22. März 1981, in: Im Anfang schuf Gott. Vier Predigten über Schöpfung und Fall – Konsequenzen des Schöpfungsglaubens, Einsiedeln 1996 / ²2005 (mit Vorbemerkung zur Neuauflage, Rom, am Fest Peter und Paul 1996), 45–59; zuvor in: Joseph Ratzinger, Im Anfang schuf Gott. Vier Münchener Fastenpredigten über Schöpfung und Fall, München 1986, 36–46; 62 f. [A_057]

Sünde und Erlösung. 4. Fastenpredigt, München, 29. März 1981, in: Joseph Ratzinger, Im Anfang schuf Gott. Vier Predigten über Schöpfung und Fall – Konsequenzen des Schöpfungsglaubens, Einsiedeln 1996 / ²2005 (mit Vorbemerkung zur Neuauflage, Rom, am Fest Peter und Paul 1996), 61–76; zuvor in: Joseph Ratzinger, Im Anfang schuf Gott. Vier Münchener Fastenpredigten über Schöpfung und Fall, München 1986, 47–59; 64. [A_057]

Konsequenzen des Schöpfungsglaubens, in: Joseph Ratzinger, Im Anfang schuf Gott. Vier Predigten über Schöpfung und Fall – Konsequenzen des Schöpfungsglaubens, Einsiedeln 1996 / ²2005 (mit Vorbemerkung zur Neuauflage, Rom, am Fest Peter und Paul 1996), 77–94; zuvor in: Joseph Ratzinger, Konsequenzen des Schöpfungsglaubens (= Salzburger Universitätsreden 68), Salzburg 1980. [A_057; A_040]

605

Anhang

Schöpfung, Geschöpf und das Heil der Welt

Schöpfung [Lexikonartikel, 1964], in: LThK² 9 [1964] 460–466. [B_0154]

Schöpfungsglaube und Evolutionstheorie, in: Joseph Ratzinger / Benedikt XVI., Credo für heute. Was Christen glauben, herausgegeben von Holger Zaborowski und Alwin Letzkus, Freiburg 2006, 35–50; zuvor in: Hans Jürgen Schultz (Hg.), Wer ist das eigentlich – Gott?, München 1969, 232–245. [B_241]

Die Arche Noah – Vorausbild der Kirche. Predigt im Rahmen der Morgenandacht, Haus Ohrbeck / Georgsmarienhütte, 19. Februar 1974, Tonarchiv IPB; bislang unveröffentlicht.

Emanation [Lexikonartikel, 1959], in: RAC 4 [1959] 1219–1228. [B_58]

Licht [Lexikonartikel, 1963], in: HThG 2 [1963] 44–54. [B_131]

Nachwort des Theologen. Zu: Karl Hummel, Was Theologen nicht mehr sagen sollten. Überlegungen eines Naturwissenschaftlers, in: ThQ 149 (1969) 336–343, in: ThQ 149 (1969) 343–349. [B_242]

Die Erbsünde – ein »präkosmisches Geschehen«? Rezension zu: Christa Jerrentrup-Heide, Die Menschheit woher – wohin? Ein Durchbruch zu Uranfängen und ihre Bedeutung für Gegenwart und Zukunft, Köln 1971, in: ThRv 70 (1974) 234–236 (o. T.). [B_325]

Evolution als Anfrage an Glaube und Theologie. Geleitwort zu: Robert Spaemann / Reinhard Löw / Peter Koslowski, Evolutionismus und Christentum (= Civitas-Resultate 9), Weinheim 1986, VII–IX (o. T.). [B_761]

»Die Vermittlung des Epiphanie-Begriffs«. Rezension zu: Heinz Robert Schlette, Epiphanie als Geschichte. Ein Versuch, München 1966, in: ThRv 63 (1967) 34–36 (o. T.). [B_217]

Abschied vom Teufel? Gedanken zu den Versuchungen Jesu (Mk 1, 12f. par.), in: Joseph Ratzinger, Dogma und Verkündigung, München 1973, ²1974, ³1977 (verändert); Donauwörth ⁴2005, 221–230; zuvor u. d. T. *Abschied vom Teufel? Die Macht der Dämonen in den Abgründen der modernen Existenz*, in: Regensburger Bistumsblatt Nr. 10 vom 11.08.1973, 6–8; u. a. [B_292]

606

Bibliographische Nachweise

Der Stärkere und der Starke (Mk 3, 27). Zum Problem der Mächte des Bösen in der Sicht des christlichen Glaubens, in: Manfred Adler u. a., Tod und Teufel in Klingenberg. Eine Dokumentation, Aschaffenburg 1977, 84–99. [B_364]
Christliche Freiheit und Zuversicht. Vorwort zu: Léon-Joseph Suenens, Erneuerung und Mächte der Finsternis, Salzburg 1983, 5–7 (o. T.). [B_705]

Teil B
Der geschaffene Mensch als Gottes Bild

Die Sendung des Menschen in der Welt

Was ist der Mensch?, in: MIPB 1 (2008) 28–32.41–49. [B_199]
»Sorge um das Menschsein des Menschen«. Geleitwort zu: Augusto Sarmiento / Javier Escriva-Ivars (Hg.), Enchiridion Familiae. Textos del magisterio pontificio y conciliar sobre el matrimonio y la familia, 6 Bände, Madrid 1992, Band 1, CXV–CXX (o. T.). [B_941]
Die Schule des guten Lebens. Geleitwort zu: Martin Bialas CP, Lieben und Leiden. Betrachtungen im Geiste des hl. Paul vom Kreuz, Innsbruck 1994, 5 f. (o. T.). [B_992a]
Aufruf zu einer menschlichen Gesellschaft, in: Deutsche Tagespost Nr. 67 vom 03. 06. 1980, 6; zuvor in: Christ in Staat und Wirtschaft. Mitteilungen der Werkgemeinschaften (Soziales Seminar München) Nr. 5, Mai 1980, 1–3. [B_569]
Ehe und Familie im Plan Gottes. Zum Apostolischen Schreiben »Familiaris consortio«, in: OR (D) Nr. 25 vom 18. 06. 1982, 8 f.; zuvor in: MOK Nr. 3 vom 21. 01. 1982. [B_661]
Die Frau, Hüterin des Menschen. Versuch einer Hinführung zum Apostolischen Schreiben »Mulieris Dignitatem«, in: Johannes Paul II., Die Zeit der Frau. Apostolisches Schreiben *Mulieris dignitatem,* Freiburg 1988, 109–120. [B_820]
Die Gabe der Weisheit, in: Joseph Ratzinger, Theologische Prinzipienlehre. Bausteine zur Fundamentaltheologie, München 1982, ²1983; ND Donauwörth 2005, 372–382; zuvor in: Wil-

Anhang

helm Sandfuchs (Hg.), Die Gaben des Geistes. Acht Betrachtungen, Würzburg 1977, 35–48. [B_368]

Freiheit als zentrale Wirklichkeit. Vorwort zu: Fernando Ocáriz, Naturaleza, gracia y gloria (= BTeo 24), Pamplona 2000, 13–15 (o. T.); deutsche Erstveröffentlichung; Übersetzung aus dem Spanischen von Dr. Karl Pichler. [B_1217; vgl. B_1304]

Grundfragen des Menschseins

»Seht, das ist der Mensch« (Joh 19, 5) deutsche Erstveröffentlichung von». … ecce homo« in: Il diritto alla vita e l'Europa: atti del convegno di studio: Roma, 18–19 dicembre 1987, supervisione di Elena Longo. Roma: Gruppo del Partito Popolare Europeo al Parlamento Europeo (Movimiento per la vita, Universita degli studi La Sapienza, Roma; Movimiento per la vita italiano; Accademia ippocratica; Movimiento di solidarieta civile) 1988, 155–161; Übersetzung aus dem Italienischen von Dr. Karl Pichler. [B_814]

Der Mensch zwischen Reproduktion und Schöpfung. Theologische Fragen zum Ursprung des menschlichen Lebens, in: IKaZ Communio 18 (1989) 61–71; in: Reinhard Löw (Hg.), Bioethik. Philosophisch-theologische Beiträge zu einem brisanten Thema, Köln 1990, 28–47. [B_821]

Der Mensch – Objekt oder Person? Christliche Erwägungen zu Fragen der Bioethik, in: ON 31 (5/1992) 12–22; zuvor u. d. T. *La Bioetica nella prospettiva cristiana,* in: La Civiltà Cattolica 142 (1991) III, 465–474. [B_911; vgl. B_910]

Jeder Mensch ist ein Ebenbild Gottes. Über die Würde von geistig Behinderten und psychisch Kranken, in: Deutsche Tagespost Nr. 29 vom 06. 03. 1997, 6; zuvor u. d. T. *The Likeness of God in the Human Being,* in: Dolentium hominum 34 (1/1997) 16–20. [B_1036]

Heilung der wahren Wunde der Menschheit. Vorwort zu: Javier Lozano Barragán, Teología y medicina (= Colección Selaré 54), Bogotá 2000, 9 f. (o. T.); deutsche Erstveröffentlichung; Übersetzung aus dem Spanischen von Dr. Karl Pichler. [B_1216]

Bibliographische Nachweise

Nur wer Gott kennt, findet den Menschen. Korbiniansfest der Jugend, Freising, 12. November 1978, u.d.T. *Was ist der Mensch?*, in: MOK Nr. 37 vom 16.11.1978. [B_467]

Taufe – Heilung unserer Blindheit. Predigt im Rahmen der Morgenandacht, Haus Ohrbeck / Georgsmarienhütte, 20. Februar 1974, in: Tonarchiv IPB; bislang unveröffentlicht.

Gnade und Rechtfertigung

Gratia praesupponit naturam. Erwägungen über Sinn und Grenze eines scholastischen Axioms, in: Joseph Ratzinger, Dogma und Verkündigung, München 1973, ²1974, ³1977 (verändert); Donauwörth ⁴2005, 157–177; zuvor in: Joseph Ratzinger / Heinrich Fries (Hg.), Einsicht und Glaube. Gottlieb Söhngen zum 70. Geburtstag am 21. Mai 1962, Freiburg 1962, 135–149. [B_109]

Wie weit trägt der Konsens über die Rechtfertigungslehre?, in: IKaZ Communio 29 (2000) 424–437. [B_1123]

Die Freiheit Gottes und die Macht der Gnade. Geleitwort zu: Ludwig Weimer, Die Lust an Gott und seiner Sache. Oder lassen sich Gnade und Freiheit, Glaube und Vernunft, Erlösung und Befreiung vereinbaren?, Freiburg 1981, 5f. (o. T.). [B_655]

Erich Przywaras Alterswerk. Rezension zu: Erich Przywara, Alter und Neuer Bund. Theologie der Stunde, *Wien 1956*, in: WuW 13 (1958) 220f. [B_039]

Karl Barth und der katholische Glaube. Rezension zu: Hans Küng, Rechtfertigung. Die Lehre Karl Barths und eine katholische Besinnung (= SlgHor 2), *Einsiedeln 1957*, in: WuW 12 (1957) 840f. [B_025]

Rechtfertigungslehre und Christologie. Rezension zu: Hans Küng, Rechtfertigung. Die Lehre Karl Barths und eine katholische Besinnung (= SlgHor 2), *Einsiedeln 1957*, in: ThRv 54 (1958) 30–35 (o. T.). [B_036]

Anhang

Teil C
Maria als typologische und personale Vorwegnahme
der Vollendung in der Gnade

Die Tochter Zion.
Betrachtungen über den Marienglauben der Kirche

Vorwort, in: Joseph Ratzinger, Die Tochter Zion. Betrachtungen über den Marienglauben der Kirche (= Kriterien 44), Einsiedeln 1977, ²1977, ³1978, ⁴1990, ⁵2007, 7 f. [A_028]

Der biblische Ort der Mariologie, in: Joseph Ratzinger, Die Tochter Zion. Betrachtungen über den Marienglauben der Kirche (= Kriterien 44), Einsiedeln 1977, ²1977, ³1978, ⁴1990, ⁵2007, 9–27. [A_028]

Der Marienglaube der Kirche, in: Die Tochter Zion. Betrachtungen über den Marienglauben der Kirche (= Kriterien 44), Einsiedeln 1977, ²1977, ³1978, ⁴1990, ⁵2007, 29–83. [A_028/ darin: B_328]

Biblische und systematische Aspekte der Mariologie

»Du bist voll der Gnade«. Elemente biblischer Marienfrömmigkeit, in: Credo für heute. Was Christen glauben, herausgegeben von Holger Zaborowski und Alwin Letzkus, Freiburg 2006, 55–74; zuvor in: IKaZ Communio 17 (1988) 540–550. [B_819]

Erwägungen zur Stellung von Mariologie und Marienfrömmigkeit im Ganzen von Glaube und Theologie, in: Hans Urs von Balthasar / Joseph Ratzinger, Maria – Kirche im Ursprung, Freiburg (Herder) 1980, ²1981, ³1985; erweiterte Auflage, Freiburg (Johannes) ⁴1997, ⁵2005, 15–40; zuvor in: Maria, die Mutter des Herrn. Hirtenwort der deutschen Bischöfe (= DtBis 18), herausgegeben vom Sekretariat der Deutschen Bischofskonferenz, Bonn 1979, 15–27. [B_487]

Das Zeichen der Frau. Versuch einer Hinführung zur Enzyklika »Redemptoris Mater«, in: Hans Urs von Balthasar / Joseph Ratzinger, Maria – Kirche im Ursprung, erweiterte Auflage, Freiburg ⁴1997, ⁵2005, 31–52; zuvor in: Papst Johannes Paul II.,

Bibliographische Nachweise

Maria – Gottes Ja zum Menschen. Enzyklika »Mutter des Erlösers« [Redemptoris Mater], Freiburg 1987, 105–128. [B_806]

Das Problem der Mariologie. *Überlegungen zu einigen Neuerscheinungen,* in: ThRv 61 (1965) 73–82. [B_182]

»Entwicklung hebt Identität nicht auf«. Geleitwort zu: Franz Mußner, Maria, die Mutter Jesu im Neuen Testament, St. Ottilien 1993, 7–12 (o. T.). [B_967]

Eine Theologie über Fatima. Rezension zu: Virgil Marion, Eine Theologie über Fatima. Versuch einer Sinndeutung der Sühneforderung Marias, *Innsbruck 1960,* in: MThZ 12 (1961) 305–307. [B_103]

Kommentar zum Geheimnis von Fatima, in: CDF, Die Botschaft von Fatima (= VApS 147), Bonn 2000, 33–44; zuvor u. d. T. *»Schauungen sind nie die reine Fotografie des Jenseits«,* in: Die Tagespost Nr. 76 vom 27.06.2000, 5–6. [B_1152]

Maria zeigt uns, worauf es ankommt. Fatima, 13. Oktober 1996, in: Bote von Fatima 54 (12/1996) Nr. 12, 162–165. [B_1028]

»Gott hat die Schöpfung nicht aus der Hand gelassen«. Eröffnung des 17. Marianischen und 10. Mariologischen Weltkongresses, Kevelaer, 11. September 1987, Manuskript des Autors; u. d. T. *»Nicht unmöglich ist es für Gott, in seiner Schöpfung zu handeln«,* in: Joseph Ratzinger, Marienpilger in Kevelaer. Nachfolger im Petrusamt, herausgegeben von der Wallfahrtsleitung Kevelaer, Kevelaer 2005, 26–35; zuvor in: Maria, Mater Fidelium, Mutter der Glaubenden. Nachlese zum 17. Marianischen und 10. Mariologischen Weltkongress in Kevelaer, vom 11. bis 20.09.1987. Bilder und Texte, herausgegeben von der Wallfahrtsleitung Kevelaer, Kevelaer 1988, 11–19. [B_807]

Anhang

Die folgenden Titel wurden nicht aufgenommen.

Als Dubletten scheiden aus:

Gottes Projekt. Nachdenken über Schöpfung und Kirche, mit einem Geleitwort von Egon Kapellari, herausgegeben von Michael Langer und Karl-Heinz Kronawetter, in Zusammenarbeit mit Georg Schmuttermayr, Regensburg 2009. [A_133]

Mirabile sintesi del Card. Joseph Ratzinger sulla »Redemptoris Mater« nel discorso ai giornalisti nella Sala Stampa della Santa Sede, in: Joseph Ratzinger ed altri, La Madonna a vent'anni dal Concilio. Conferenze della Settimana Mariana, Santuario-Basilica Maria SS. Consolatrice del Carpinello Visciana (Napoli) 1–5 settembre 1986, Rom 1987, 13–22. [B_805]

Life in the Design of God and the Project of Man, in: Dolentium Hominum 28 (1/1995) 10–13. [B_1012]

Peccato e redenzione, in: Da duemila anni Cristo, compagnia di Dio all'uomo, a cura di Stefania Ragusa e Alberto Savorana, Mailand 1999, 59–61. [B_1124]

L'intervento del Cardinale Joseph Ratzinger, in: OR Nr. 147 vom 26–27.06.2000, 9. [B_1151]

Préface zu: Nicolas Damien, Quand le ciel parle aux hommes de ce temps. Les récentes manifestations de la Vierge Marie reconnues par l'Eglise catholique (1947–2002), Paris 2005, 9–14. [B_1364]

Nicht aufgenommen wurden:

Gibt es den Teufel?, BR (F) »Im Gespräch« vom 21.04.1978. [B_430]

Wie ernst ist uns Gottes Gnade?, Vortrag in der Evang.-Luth. Christuskirche, Rom 1998, veröffentlicht auf: Eberhard von Gemmingen, Ökumenefragen, 1. Vortrag, CD 196, Radio Vatikan 2006. [B_1081]

Das Geheimnis und das Wirken der Gnade, in: 30Tage 9 (6–7/1999) 9–12. [B_1112]

Dal Palazzo di vetro un'ideologia per la felicità di pochi, in: Avvenire vom 15.09.2000, 23. [B_1160]

612

Bibliographische Nachweise

Für eine eigenständige Veröffentlichung sind vorgesehen:
De muneribus familiae christianae in mundo hodierno. Relatio ante disceptationem, in: Nikola Eterović, Joseph Ratzinger Benedetto XVI e il Sinodo dei Vescovi, Vatikanstadt 2014, 14–59.

[B 581]
De muneribus familiae christianae in mundo hodierno. Relatio post disceptationem, in: Nikola Eterović, Joseph Ratzinger Benedetto XVI e il Sinodo dei Vescovi, Vatikanstadt 2014, 60–97.

Schriftstellenregister

Altes Testament

Gen

1	41, 104, 106, 174, 176	3,3	79
1,1	320	3,5	472
1,1ff.	106	3,6	76
1,1–19	37–47	3,8–13	79
1,2	420	3,15	489
1,3	74, 144	3,16	251, 441
1,14–19	140	3,17ff.	108
1,20–2,4	48–60	3,19	221
1,26	295, 318	3,20	405
1,26f.	63, 212, 250	3,21f.	223
1,26.31	284	4	222
1,27	405, 472	4,1	297
1,28	56, 108	4,10	278
1,31	124, 329	4,17–22	108
1–2	106	6	222
1–2,4a	104	6,5–8; 7,1–5.10	124–127
1–2,4	103	8,21	221
1–3	249	9,5f.	214
2	106, 222	9,6	63, 278
2,1–4	106	10	62
2,4–9	61–72	11	222
2,4b–25	104	12,2f.	461
2,7	221, 321	32,23–33	189
2,15	56f.		
2,18	405	**Ex**	
2,24	295, 468, 539	4,24–26	189
3	75, 82, 162, 223, 494	20,2f.	104
3,1	77		
3,1–12.17–19.23–24	73–83	**Lev**	
		16	189

615

Anhang

Num			17,15	140
6,25	140		19	141
22,22	189		19,9	140
			19,13	370
Dtn			22,7	329
6,4f.	520		27,1	140
			40,6-8	487
1 Sam			57,8ff.	140
2,8	406		90,14	140
			93	19
2 Sam			96,5	195
6,2-11	444		104	19
6,16	444		106,36f.	189
12,9f.	458		112,4	140
22,29	140		119	455
24,1	189		119,73	296
			119,105	140
1 Chr			139,13.15	296
21,1	189		143,8	140
2 Chr			**Koh**	
36,21	55		2,14	177
Est			**Weish**	
4,17ff.	538-542		2,23	319
			2,24	189
2 Makk			7,25	132f., 135
7,28	101		11,17	19, 101
Ijob			**Sir**	
1,6ff.	189		17,3	319
10,8-11	297			
14,15	108		**Jes**	
15,7f.	82, 162		11	260
			11,1-5	258
Ps			13,21	189
4,7	140		34,12-14	189
5,4	140		40-66	103
6	90		42,1.4	141
8	213		42,2	335
8,3	529		42,6	141
8,5	319		43,1	63
8,6	213		45,23	82
8,7	108		49,6	141

Schriftstellenregister

51, 4b	141	**Hos**	
54, 1	423	6, 1 ff.	140
55, 8	541	11, 8 f.	408
60, 19	140		
64, 7	108	**Joël**	
		2, 21	448
Jer			
1, 5	424	**Zef**	
5, 22–27	103	3, 5	140
		3, 14	448
Klgl		3, 14–17	420
4, 21	448		
		Sach	
Ez		3, 1 ff.	189
28, 13	103	9, 9	448

Neues Testament

Mt		6, 3	515
1, 16	419	8, 14–21	124–127
1, 18–25	419	8, 22–26	333–336
4, 8 f.	192	8, 35	146
5, 3	413	10, 1–12	109, 405
5, 8	475, 531	10, 18	225
5, 9	268	10, 19	425
7, 2	283	10, 31	347, 407
7, 11	221	12, 18–27	440
7, 12	312	12, 26 f.	440
10, 1	326	12, 28–34 par.	520
11, 25.27	488	14, 34	475
12, 43–45	196	15, 34	475
21, 16	529		
25, 40	282	**Lk**	
		1–2	419
Mk		1, 2 f.	446
1, 12 f. par.	173–182	1, 15	424
1, 15	73, 83, 532	1, 26–38	543
1, 35–39	178	1, 28	448, 489, 513
3, 14 f.	178	1, 28–32	420
3, 20–30	178, 192	1, 29	420, 453, 488
3, 27	173, 183–200	1, 32–35	488
3, 31–35	474	1, 39–44.56	444
3, 33–35	470	1, 41	447

Anhang

1,41f.	513	1,17	105
1,42	447	2,1–11	538
1,44	443	2,1–12	492, 546
1,45	439, 443, 471, 486, 515, 541	2,4	475
		2,5	456
1,48	439, 446, 514f.	3,14	83
1,52	413	5,17	106
1,64f.	444	5,19	82
1,71–80	457	5,44	142
1,78	144	6,1–13	538
2,19	454	7,18	142
2,19.51	421, 488	8,30–47	142
2,34f.	458	12,24	65
2,35	475	12,31	192
2,48–50	487	12,32	539f.
2,50	454	12,43	142
2,51	454	13,1	540
2,54f.	444	14,9	231
3,23	419	14,30	192
3,38	418, 423	16,7	475
4,1–13	173–182	16,8f.	75
4,6	192	16,11	192
6,23	444	16,12–14	525
8,21	492	16,33	537
11,22	173	19,5	71, 222, 228, 277–285, 329
11,24–26	196		
11,27	447, 471	19,26	475
11,27f.	458, 470, 505	19,26f.	493f., 542
11,28	492, 515	19,27	494
12,56	528	19,34	540
14,10	407		
18,19	225	**Apg**	
22,28	178	1,12–14	493, 543
24,13–35	413	1,13f.	548
		1,14	456
Joh		2,1ff.	493
1	106	2,13	539
1,1	106, 176, 301, 320	17,27	15
1,1.3	45	17,28	544
1,3	54, 102f.		
1,3–10	103	**Röm**	
1,8	143	1,19b–20	15
1,9	143	1,20	447
1,13	422	1,26	353f.

Schriftstellenregister

2,14	353, 355	4,21–31	406, 418
2,27	353	5,1	272
4	406		
5	162, 434	**Eph**	
8,19	270	1,3–6	489
8,29	270, 320	2,3	346, 354f.
10,9	374	2,4–7	538
11,5f.	433	2,6	443
11,21	353	2,18	270
13,8ff.	520	4,6	16
		5	405
1 Kor		5,21	252f.
1,26f.	348	5,21–33	252
4,16	532	5,25	253
6,9f.	230	5,27	435
6,17	468, 539	6,12	181, 192
8,4ff.	195		
8,6	103, 106	**Phil**	
10,14–21	195	2,5–8	488
11,14	354	2,5–11	82, 226
12,27	539	2,6	162
13,12	533	3,17	532
15,3b–5	374		
15,28	359, 540	**Kol**	
15,44–48	65	1,13–17	103, 106
15,45	321	1,15	65, 320
15,46	94	1,15–23	54
15,49	320f.	1,16	54
		1,24	535
2 Kor		3,3	442
4,4	192, 320		
4,6	320	**1 Thess**	
5,19f.	373	1,6	532
		5,19–21	202, 528
Gal			
2,15	353	**2 Thess**	
2,16	374	3,7.9	532
3,1–14	406		
4	417	**1 Tim**	
4,4	417, 481, 485, 515	2,5	520
4,5–7	272		
4,8	353	**Tit**	
4,19	492	3,4	228, 359

Anhang

Hebr

1,2	103, 106
1,3	133
10,5.7	254
10,5–7	487
11	486

1 Petr

1,9	531

2 Petr

1,4	270

1 Joh

1,5	141, 151
3,2	66, 323
3,8	178
4,18	202

Offb

5	359
12	488, 494
12,1–17	516

Namenregister

Aalen, Sverre 151
Abel 223–226
Abraham 43, 66, 188, 223, 352 f., 358, 418, 452 f., 461, 487 f., 516
Adam 65, 76, 79 f., 82 f., 104, 122, 161–164, 213, 226–228, 296 f., 321 f., 324, 346, 405, 418 f., 423, 431, 434, 436, 468, 482, 539
Adam, Karl 158
Adoukonou, Barthélémy 94, 441
Aldama, José Antonio de 497 f., 502–505, 507–512
Alexander von Alexandrien 133 f.
Alexander von Thessalonich 133
Alfaro, Juan 341
Alfrink, Bernhard Jan (Kardinal) 504
Altaner, Berthold 438
Altner, Günter 85
Ambrosius von Mailand 145, 457
Amery, Carl 56
Anselm von Canterbury 351, 520
Aristoteles 47, 430
Arius 133 f.
Armstrong, Arthur Hilary 138
Artemis ↗ Diana
Asasel 189
Asklepios 315
Athanasius 133 f., 144
Auer, Johann 77, 84, 352, 392, 451
Augustinus, Aurelius 134–136, 146–149, 162, 218, 266–268, 270, 308, 340, 351, 443, 485–487, 506, 511

Bacon, Francis 57
Baeumker, Clemens 137 f., 151
Bajus, Michael (Baius) 511
Balthasar, Hans Urs von 110, 151, 170, 255, 344, 383, 386, 399, 411, 424 f., 436, 452, 459, 467 f., 507, 511
Barbel, Joseph 192
Barragán, Javier Lozano 326–328
Barth, Karl 105, 110, 340, 343 f., 346, 358, 380, 383–385, 386–393, 432
Basilides 130
Basilius der Große 179
Bauer, Johannes B. 480
Baumann, Rolf 260
Baumann, Urs 165
Bausenhart, Guido 372
Beck, Christian Daniel 111
Behler, Wolfgang 57, 87
Beillevert, Paul 109
Beinert, Wolfgang 444, 466
Benedikt von Nursia 52, 371
Benedikt XIV. (Papst) 526
Berdiaev, Nicolas 110
Berengar von Tours 156
Berger, Peter L. 193 f., 429
Bergmann, Jan 296
Bernhard von Clairvaux 459, 469, 549
Bertram, Georg 109
Betz, Otto 418
Beumer, Johannes 341, 347
Bialas, Martin 233 f.
Bileam 189
Bloch, Ernst 58, 91

621

Anhang

Bonaventura 49f., 137, 147f., 167, 266f., 340, 347–351, 355, 451
Bonhoeffer, Dietrich 110
Boros, Ladislaus 162
Botterweck, Gerhard Johannes 296
Bouillard, Henri 110
Bouyer, Louis 403f., 407, 409, 473
Braun, François Marie 403
Brecht, Bertold 330
Brinktrine, Johannes 110
Bröker, Werner 120
Brown, Raymond E. 494
Brunner, Peter 110
Bruno, Giordano 19, 86f., 89
Buber, Martin 189
Bultmann, Rudolf 142f., 151, 171, 346, 429
Bunge, Gabriel 231
Buttiglione, Rocco 87, 90–92, 96

Calvez, Jean-Yves 236
Calvin, Johannes 361, 377
Campenhausen, Hans von 172
Candidus Arianus 133
Canisius, Petrus 508
Cantalamessa, Raniero 485f.
Chanel, Pierre Louis-Marie 197
Chesterton, Gilbert Keith 84, 201, 233
Claudius, Matthias 39
Clemens von Alexandrien 130–132, 315
Colpe, Carsten 138
Conrad-Martius, Hedwig 358
Conzelmann, Hans 451
Cordier, Baude 137
Cox, Harvey 182
Cullmann, Oscar 171, 357
Cumont, Franz Valery Marie 151
Cyrill von Alexandrien 401f.

Darlapp, Adolf 169
Darwin, Charles 111f.
David 189, 418, 425, 444, 458, 488
De Fiores, Stefano 484

De La Potterie, Ignace 471, 473
De Lubac, Henri 192, 357f., 409, 459
Debora 407, 482
Delahaye, Karl 443, 465
Delitzsch, Franz 295
Delling, Gerhard 428
Denis, Paul 110
Deuterojesaja 141
Dewart, Leslie 89
Diana 401f.
Dibelius, Martin 417f., 427f.
Diels, Hermann 130, 261f.
Diognet 285
Diogenes von Sinope 222
Dionysius Areopagita 137, 149–151
Dionysius von Alexandria 133
Dirlmeier, Franz 430
Dhanis, Edouard 526f.
Doerne, Martin 110
Dölger, Franz Joseph 151
Donfried, Karl P. 494
Dörmann, Johannes 111
Dorothea von Preußen 90
Dörrie, Heinrich 130, 138
Drewermann, Eugen 367
Dreyfus, François 486
Dulles, Avery Robert 369
Dumas, André 33, 38
Dürig, Walter 470

Ebeling, Gerhard 171
Edsman, Carl-Martin 109
Eigen, Manfred 67
Einstein, Albert 49
Eliade, Mircea 139, 151
Elija 76
Elisabet 439, 443, 447, 461, 486, 513–515, 541, 545
Epiphanius von Salamis 319f.
Esau 223, 225f.
Escrivá de Balaguer, Josemaría 273
Escriva-Ivars, Javier 229
Ester 407, 410, 482
Euseb von Nikomedien 133

Namenregister

Eusebius von Caesarea 130, 133
Eva 76, 79, 297, 403, 405, 410, 434,
  441, 468, 482

Faust, Heinrich (literarische Figur bei
  ↗ Goethe) 291 f.
Faye, Hervé 49
Feiner, Johannes 33
Fitzmyer, Joseph A. Gabriel 494
Flanagan, Neal M. 494
Flavius Josephus 419
Flöhl, Rainer 290
Foerster, Werner 105, 109
Fohrer, Georg 266
Frings, Josef 463

Galen, Clemens August Graf von 318
Galilei, Galileo 39, 57, 87, 89, 174 f.
Garrigou-Lagrange, Réginald 110
Geiselmann, Josef Rupert 465
Gérest, Claude 198
Gese, Hartmut 42
Gilson, Etienne 267
Gloege, Gerhard 102, 104, 109
Goethe, Johann Wolfgang von 74,
  291 f., 298, 356, 434
Görres, Albert 89, 94, 429
Graß, Hans 172
Gregor der Große (Papst) 370, 525
Gregor von Nazianz 135, 191 f.
Gregor von Nyssa 177, 294
Grillmeier, Alois 455 f.
Grimm, Jacob 111
Grison, Michel 110
Groner, Joseph-Fulko 235
Groß, Heinrich 408
Guardini, Romano 231, 282 f., 481
Guelluy, Robert 110
Guillaumont, Antoine 480 f.
Gundermann, Iselin 90
Guthknecht, Gottfried 428

Haag, Herbert 173–175, 180, 193
Hacker, Paul 365, 404

Haecker, Theodor 110
Haenchen, Ernst 138
Hagar 406
Hamp, Vinzenz 258, 408
Hanna 403, 406
Hartl, Friedrich 58, 91
Hauret, Charles 110
Hegel, Georg Wilhelm Friedrich 67,
  90 f., 288
Heisenberg, Werner 184
Helios 144 f.
Hempel, Johannes 151
Hengstenberg, Hans-Eduard 110
Henry, Carl F. X. 482
Henry, Paul 136, 138
Heraklit 261
Hermas 102
Hermes Trismegistos 130
Hilarius von Poitiers 133 f.
Hillel (Rabbi) 265
Hippolyt von Rom 130
Hoch, Gerhard 372
Hommes, Ulrich 91
Homunculus 290–292, 298 f.
Hosea 408
Höß, Rudolf 78
Hove, Aloïs von 110
Hummel, Karl 152–159
Huxley, Aldous 293, 299

Ignatius von Antiochien 229–231
Irenäus von Lyon 128 f., 131 f., 343
Isaak 66, 223, 418, 453
Isai 258, 260
Ismael 223, 418
Ivánka, Endre von 138

Jakob 66, 189, 223, 225 f.
Jamblichos von Chalkis (Jamblich) 136
Jansenius, Cornelius 511
Jeremia 424
Jerrentrup-Heide, Christa 160–165
Jesaja 260, 268
Joachim von Fiore 382

623

Anhang

Joest, Wilfried 89
Johannes (Evangelist) 45, 54, 71, 83, 142 f., 193, 329, 413, 422, 436, 483, 493 f., 539 f.
Johannes der Täufer 419, 424, 443
Johannes Maxentius 135
Johannes Paul I. (Papst) 473
Johannes Paul II. (Papst) 249, 270, 309, 332, 363, 452, 460, 468
Johannes Philoponos 154
Johannes Scotus Eriugena 149
Johannes vom Kreuz 150, 524
Johannes XXIII. (Papst) 201, 238, 463, 497–499, 501 f.
Jonas, Hans 129, 131 f., 138, 151
Judit 407, 410
Jüngel, Eberhard 369
Jungmann, Josef Andreas 463, 499
Justinian I. 132
Justinus der Gnostiker 129

Kabasilas, Nikolaos 372
Kafka, Franz 222
Kain 108, 223–226
Kaiser, Otto 258 f.
Kaliba, Clemens 110
Kant, Immanuel 64, 209, 251, 312
Kapelrud, Arvid S. 406
Kasch, Wilhelm 109
Kästner, Erhart 480
Keller, Albert 365–367
Kerinth 130
Kertelge, Karl 193, 196
Kinder, Ernst 109
Kingu (babyl. Gottheit) 186
Kittel, Gerhard 105
Klemm, Peter 109
Koch, Josef 149, 151
Koetschau, Paul 132
Köhler, Oskar 343
König, Franz (Kardinal) 464 f.
Kopernikus, Nikolaus 111, 174
Koslowski, Peter 166–168
Köster, Helmut 460

Kraft, Heinz 133 f., 138
Kranz, Walther 110
Kretschmar, Georg 138
Kriele, Martin 64
Krishna 404
Kuhn, Helmut 231
Küng, Hans 383–385, 386–393, 401 f.
Kuss, Otto 352
Kyrill von Alexandrien ↗ Cyrill von Alexandrien

Lackmann, Max 110
Lagrange, Marie-Joseph 419
Lakner, Franz 321 f.
Lambertini, Prosper ↗ Benedikt XIV. (Papst)
Langemeyer, Bernhard 432 f.
Laplace, Pierre-Simon 48, 67
Lau, Franz 109
Laurentin, Réne 420, 436, 438, 444, 448 f., 452, 463, 465, 484, 497–507, 512
Lazarus 536
Lea 406, 427
Lehmann, Karl 85, 369
Leiber, Robert 498 f.
Leiman, Sid Z. 299
Léjeune, Jérôme 287
Leo XIII. (Papst) 235 f.
Lévi-Strauss, Claude 94
Limbeck, Meinrad 192 f.
Lizotte, Aline 287
Lohfink, Norbert 85, 408
Löhrer, Magnus 509
Lohse, Bernhard 365
Lommatzsch, Karl Heinrich Eduard 134
Lovejoy, Arthur O. 103, 110
Löw, Reinhard 67, 166–168, 290, 299
Luciani, Albino ↗ Johannes Paul I. (Papst)
Lukas (Evangelist) 193, 413, 416–419, 421, 423 f., 427, 435, 439, 443, 446–

624

Namenregister

449, 452, 456, 458, 471, 474 f., 483,
493, 513, 515, 545, 548
Luther, Martin 89 f., 361 f., 364–366,
369 f., 377, 383, 392, 432, 437
Luz, Ulrich 376
Lyonnet, Stanislas 448

Marduk 43, 186
Maria (Mutter Jesu) 16 f., 21, 164, 254,
401–406, 410 f., 413–417, 419–421,
426, 430–443, 446–450, 452–458,
461, 462 f., 468–475, 477 f., 482–496,
498, 502 f., 505 f., 508, 513–516, 518–
521, 536, 539–546, 548 f.
Marion, Virgil 517–522
Marmann, Michael Johann 84, 94,
340
Martelet, Gustave 97
Marx, Karl 19, 57, 91 f., 96, 298
Marxsen, Willi 172
Matthäus (Evangelist) 192, 416–419,
421, 427, 513, 515
Mauriac, François 50
Maximus Confessor 322, 372, 457 f.
Meister Eckhart 149
Meo, Salvatore 484
Mephistopheles (literarische Figur bei
⁊ Goethe) 291
Messerschmid, Felix 343
Metz, Johann Baptist 261, 267
Michel, Otto 109, 418
Michl, Johann 189
Miller, Otto 224
Mitterer, Albert 154
Möhler, Johann Adam 383
Moltmann, Jürgen 171 f.
Monod, Jacques 18, 50, 67–70, 287
Moos, Maria Fabianus 267
Mose 189
Mouiren, Trophime 110
Muldoon, Thomas 110
Müller, Alois 435, 444, 465, 499, 503,
505
Müller, Hermann Friedrich 130, 138

Muñoz Iglesias, Salvador 448 f., 457
Mußner, Franz 417 f., 439, 446, 513–
516
Mutter Teresa ⁊ Teresa von Kalkutta

Natan 458
Nellessen, Ernst 418, 428, 444
Neuner, Josef 404
Newman, John Henry 158, 160, 199,
547
Nietzsche, Friedrich 222, 342 f., 359
Nikolaus von Kues 149
Noach 124, 126, 278, 385
Noë, François de la 162
Norden, Eduard 145
Nötscher, Friedrich 141, 151
Nygren, Anders 94

Ocáriz Braña, Fernando 270–273
Oepke, Albrecht 141, 145, 151
Opitz, Hans-Georg 133 f.
Oppenheimer, Robert 78
Origenes 131–134, 144 f., 149, 161 f.,
380, 459 f.
Orpheus 130
Overhage, Paul 110

Pannenberg, Wolfhart 369
Pascal, Blaise 160, 215, 356
Paul VI. (Papst) 173, 444, 466, 494,
498
Paul vom Kreuz 233 f.
Paulin von Tyrus 133
Paulus 54, 82, 176 f., 181, 192, 194 f.,
226, 230, 260, 346, 348, 352–355,
374, 406, 417 f., 422, 433, 467, 514 f.,
531, 539
Perrin, Jacques 236
Pesch, Otto Hermann 33, 38
Pesch, Rudolf 425
Peterson, Erik 131, 138
Petrus Lombardus 451
Pettazzoni, Raffaele 139, 151, 195
Philips, Gérard 444

625

Anhang

Philon von Alexandrien 131, 137, 417, 427 f.
Photius 131
Pieper, Josef 20, 58, 73 f., 77 f., 84, 94, 97, 262, 366
Pilatus 71 f., 222, 228, 282, 329, 332, 480
Pinard, Henry 109
Pius X. (Papst) 462, 503, 535
Pius XI. (Papst) 236 f.
Pius XII. (Papst) 235 f., 390, 462 f., 495, 498 f.
Platon 130, 132, 139, 149, 262–264, 266, 515
Plöger, Otto 109
Plotin 135 f., 146, 149
Poimandres 129
Portmann, Adolf 93, 415
Proklos 136
Prometheus 187
Przywara, Erich 341, 343, 359, 380–382, 412
Pseudo-Dionysius ↗ Dionysius Areopagita
Puech, Henri-Charles 151, 480

Quesnel, Pasquier 511
Quispel, Gilles 135, 138

Rad, Gerhard von 52, 76 f., 266, 296, 410
Rahel 406
Rahner, Hugo 144 f., 151, 435, 443, 465
Rahner, Karl 110, 162, 358, 436
Ratschow, Carl Heinz 110
Rebekka 427
Regamey, Constantin 102, 195
Reimarus, Hermann Samuel 175
Reinelt, Heinz 84, 109
Reiser, Marius 376
Reitzenstein, Richard 130, 138
Renckens, Henricus 110
Rengstorf, Karl Heinrich 172
Reumann, John 494

Riedl, Rupert 67
Ringgren, Helmer 406
Robinson, James M. 357
Rödding, Gerhard 110
Roques, René 136–138, 149–151
Roschini, Gabriele Maria 497 f., 502–506, 509
Rosetti, Dante Gabriel 233
Rousseau, Jean-Jacques 93
Rusch, Paulus 497–499, 502 f., 505, 512
Rut 482

Saliège, Jules Géraud (Kardinal) 356 f.
Samuel 403
Santos, Lucia de Jesus dos 532, 534 f.
Santos, Rufino Jiao (Kardinal) 464
Sara 403, 406, 427
Sarmiento, Augusto 229
Sartre, Jean-Paul 18, 93, 209, 340
Scharbert, Josef 52, 76
Schauf, Heribert 451
Schedl, Claus 44, 186
Scheeben, Matthias Joseph 451
Scheffczyk, Leo 84, 109 f.
Schillebeeckx, Edward 156
Schlette, Heinz Robert 169–172
Schlier, Heinrich 417 f.
Schmaus, Michael 39, 110, 341, 438, 465
Schmid, Josef 357
Schmidt, Peter 97
Schmitt, Joseph 172
Schmoll, Heike 362 f.
Schnackenburg, Rudolf 494
Schnädelbach, Herbert 368
Schneemelcher, Wilhelm 480
Schneider, Reinhold 160
Schneider, Theodor 369
Scholem, Gershom 291
Schönborn, Christoph 322, 458
Schoonenberg, Piet 110
Schooyans, Michel 290
Schubert, Kurt 290

Namenregister

Schuck, Martin 368
Schürmann, Heinz 184, 419, 421, 424, 444, 457
Schüssler-Fiorenza, Elisabeth 482
Schwarte, Karl-Heinz 54
Schwegler, Theodor 110
Schwyzer, Hans-Rudolf 138
Scola, Angelo (Kardinal) 87, 90–92, 96
Seckler, Max 158 f.
Selene 144 f.
Semmelroth, Otto 110, 465
Serres, Michel 282
Sertillanges, Antonin D. 110
Set 224 f.
Sieben, Hermann Josef 372
Simeon 458, 475, 487
Skinner, Burrhus Frederic 94
Smulders, Pieter 123
Sodano, Angelo (Kardinal) 523, 530, 532, 536
Söding, Thomas 369
Söhngen, Gottlieb 268, 339 f., 344, 359
Sokrates 262
Söll, Georg 469
Spaemann, Robert 67, 166, 168, 298
Stange, Carl 110
Staudinger, Hugo 57, 87
Stöger, Alois 413, 444
Stroba, Jerzy 332
Suenens, Léon-Joseph (Kardinal) 201–203
Symmachus 444

Tatian 131
Teilhard de Chardin 121 f., 166, 507
Teresa von Kalkutta 331 f.
Tertullian 134 f., 323, 535
Testart, Jacques 282
Tettamanzi, Dionigi 290
Theobald, Michael 374
Theodotos von Ankyra 455
Theognost 133
Thiamat 186
Thielicke, Helmut 291

Thomas von Aquin 84, 137, 267 f., 272, 300, 339 f., 451 f.
Tillich, Paul 160
Tresmontant, Claude 110, 122

Urija 458
Utz, Arthur-Fridolin 235

Valentinus 130
Vályi Nagy, Ervin 164
Van de Pol, Willem Hendrik 344 f., 358, 392
Vincentius Victor 134 f.
Vischer, Lukas 33
Voegelin, Eric 92, 96
Volk, Hermann 84, 109 f., 113, 386
Vriezen, Theodorus Christiaan 105

Wachsmuth, Wilhelm 111
Wagner (literarische Figur bei ↗ Goethe) 291
Walz, Angelus 138
Wanke, Joachim 413
Waszink, Jan Hendrik 129
Weil, Simone 74
Weimer, Ludwig 377 f.
Weiser, Artur 82
Weizsäcker, Viktor von 110
Wennemer, Karl 403
Westermann, Claus 42, 52, 76, 187, 295–297
Wickert, Ulrich 474
Widengren, Geo 195
Wilckens, Ulrich 260, 263–265
Wingren, Gustaf 110
Winkler, Ruthild 67
Wladimir I. von Kiew 495
Wojtyła, Karol ↗ Johannes Paul II. (Papst)
Wright, George Ernest 105, 108 f.

Zippora 427
Zoroaster / Zarathustra 194 f.
Zwingli, Huldrych 361

627